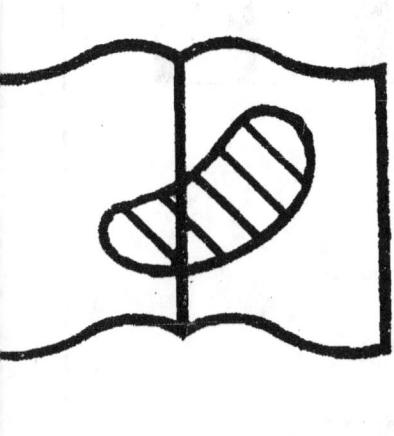

Visibilité partielle

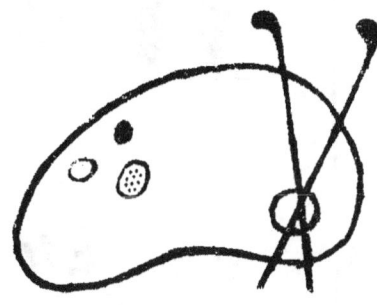

Début d'une série de documents en couleur

VALABLE POUR TOUT OU PARTIE DU DOCUMENT REPRODUIT

LES TROIS VILLES

ROME

PAR

ÉMILE ZOLA

TRENTE-TROISIÈME MILLE

PARIS
BIBLIOTHÈQUE-CHARPENTIER
G. CHARPENTIER ET E. FASQUELLE, ÉDITEURS
11, RUE DE GRENELLE, 11

1896

G. CHARPENTIER et E. FASQUELLE, Éditeurs
11, rue de Grenelle, Paris
Extrait du Catalogue de la BIBLIOTHÈQUE-CHARPENTIER
à 3 fr. 50 le volume

ŒUVRES D'ÉMILE ZOLA

LES ROUGON-MACQUART

HISTOIRE NATURELLE ET SOCIALE D'UNE FAMILLE SOUS LE SECOND EMPIRE

La Fortune des Rougon	1 vol.
La Curée	1 vol.
Le Ventre de Paris	1 vol.
La Conquête de Plassans	1 vol.
La Faute de l'abbé Mouret	1 vol.
Son Excellence Eugène Rougon	1 vol.
L'Assommoir	1 vol.
Une Page d'amour	1 vol.
Nana	1 vol.
Pot-Bouille	1 vol.
Au Bonheur des Dames	1 vol.
La Joie de vivre	1 vol.
Germinal	1 vol.
L'Œuvre	1 vol.
La Terre	1 vol.
Le Rêve	1 vol.
La Bête humaine	1 vol.
L'Argent	1 vol.
La Débâcle	1 vol.
Le Docteur Pascal	1 vol.

LES TROIS VILLES

Lourdes	1 vol.
Rome	1 vol.
Paris (EN PRÉPARATION)	1 vol.

ROMANS ET NOUVELLES

Thérèse Raquin	1 vol.	Contes à Ninon	1 vol.
Madeleine Férat	1 vol.	Nouveaux Contes à Ninon	1 vol.
La Confession de Claude	1 vol.	Le capitaine Burle	1 vol.
Naïs Micoulin	1 vol.	Les Mystères de Marseille	1 vol.

Le Vœu d'une morte . . . 1 vol.

ŒUVRES CRITIQUES

Mes Haines	1 vol.	Le Naturalisme au théâtre	1 vol.
Le Roman expérimental	1 vol.	Nos auteurs dramatiques	1 vol.
Les Romanciers naturalistes	1 vol.	Documents littéraires	1 vol.

Une Campagne, 1880-1881 . . . . 1 vol.

THÉATRE

Thérèse Raquin. — Les Héritiers Rabourdin. — Le Bouton de Rose
UN VOLUME

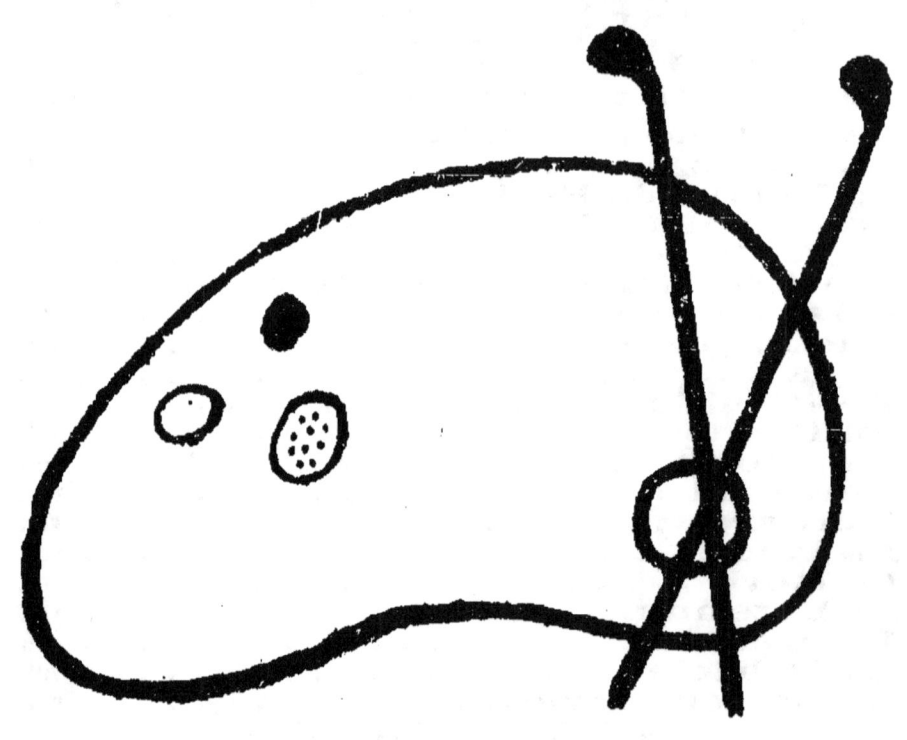

Fin d'une série de documents en couleur

ROME

G. CHARPENTIER et E. FASQUELLE, Éditeurs
11, RUE DE GRENELLE, 11

OUVRAGES DU MÊME AUTEUR
DANS LA BIBLIOTHÈQUE-CHARPENTIER
à 3 fr. 50 chaque volume.

LES ROUGON-MACQUART
HISTOIRE NATURELLE ET SOCIALE D'UNE FAMILLE SOUS LE SECOND EMPIRE

LA FORTUNE DES ROUGON	31ᵉ mille.	1 vol.
LA CURÉE	43ᵉ mille.	1 vol.
LE VENTRE DE PARIS	37ᵉ mille.	1 vol.
LA CONQUÊTE DE PLASSANS	37ᵉ mille.	1 vol.
LA FAUTE DE L'ABBÉ MOURET	49ᵉ mille.	1 vol.
SON EXCELLENCE EUGÈNE ROUGON	30ᵉ mille.	1 vol.
L'ASSOMMOIR	136ᵉ mille.	1 vol.
UNE PAGE D'AMOUR	86ᵉ mille.	1 vol.
NANA	176ᵉ mille.	1 vol.
POT-BOUILLE	88ᵉ mille.	1 vol.
AU BONHEUR DES DAMES	66ᵉ mille.	1 vol.
LA JOIE DE VIVRE	51ᵉ mille.	1 vol.
GERMINAL	99ᵉ mille.	1 vol.
L'ŒUVRE	56ᵉ mille.	1 vol.
LA TERRE	113ᵉ mille.	1 vol.
LE RÊVE	99ᵉ mille.	1 vol.
LA BÊTE HUMAINE	94ᵉ mille.	1 vol.
L'ARGENT	83ᵉ mille.	1 vol.
LA DÉBÂCLE	187ᵉ mille.	1 vol.
LE DOCTEUR PASCAL	88ᵉ mille.	1 vol.

LES TROIS VILLES

LOURDES	138ᵉ mille.	1 vol.

ROMANS ET NOUVELLES

CONTES A NINON. Nouvelle édition.	1 vol.
NOUVEAUX CONTES A NINON. Nouvelle édition.	1 vol.
LA CONFESSION DE CLAUDE. Nouvelle édition.	1 vol.
THÉRÈSE RAQUIN. Nouvelle édition.	1 vol.
MADELEINE FÉRAT. Nouvelle édition.	1 vol.
LE VŒU D'UNE MORTE. Nouvelle édition.	1 vol.
LES MYSTÈRES DE MARSEILLE. Nouvelle édition.	1 vol.
LE CAPITAINE BURLE. Nouvelle édition.	1 vol.
NAÏS MICOULIN. Nouvelle édition.	1 vol.

THÉÂTRE

THÉRÈSE RAQUIN. — LES HÉRITIERS RABOURDIN. — LE BOUTON DE ROSE.	1 vol.

ŒUVRES CRITIQUES

MES HAINES.	1 vol.
LE ROMAN EXPÉRIMENTAL.	1 vol.
LE NATURALISME AU THÉÂTRE.	1 vol.
NOS AUTEURS DRAMATIQUES.	1 vol.
LES ROMANCIERS NATURALISTES.	1 vol.
DOCUMENTS LITTÉRAIRES.	1 vol.
UNE CAMPAGNE, 1880-1881.	1 vol.

EN COLLABORATION

LES SOIRÉES DE MÉDAN	1 vol

LES TROIS VILLES

ROME

PAR

ÉMILE ZOLA

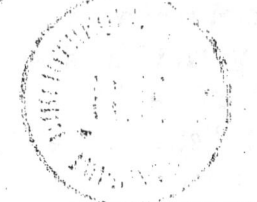

TRENTE-TROISIÈME MILLE

PARIS
BIBLIOTHÈQUE-CHARPENTIER
G. CHARPENTIER et E. FASQUELLE, éditeurs
11, RUE DE GRENELLE, 11

1896
Tous droits réservés.

ROME

I

Pendant la nuit, le train avait eu de grands retards, entre Pise et Civita-Vecchia, et il allait être neuf heures du matin, lorsque l'abbé Pierre Froment, après un dur voyage de vingt-cinq heures, débarqua enfin à Rome. Il n'avait emporté qu'une valise, il sauta vivement du wagon, au milieu de la bousculade de l'arrivée, écartant les porteurs qui s'empressaient, se chargeant lui-même de son léger bagage, dans la hâte qu'il éprouvait d'être arrivé, de se sentir seul et de voir. Et, tout de suite, devant la Gare, sur la place des Cinq-Cents, étant monté dans une des petites voitures découvertes, rangées le long du trottoir, il posa la valise près de lui, après avoir donné l'adresse au cocher :

— Via Giulia, palazzo Boccanera.

C'était un lundi, le 3 septembre, par une matinée de ciel clair, d'une douceur, d'une légèreté délicieuses. Le cocher, un petit homme rond, aux yeux brillants, aux dents blanches, avait eu un sourire en reconnaissant un prêtre français, à l'accent. Il fouetta son maigre cheval, la voiture partit avec la vive allure de ces fiacres romains, si propres, si gais. Mais, presque aussitôt, après avoir longé les verdures du petit square, arrivé sur la place des

Thermes, il se retourna, souriant toujours, désignant de son fouet des ruines.

— Les Thermes de Dioclétien, dit-il en un mauvais français de cocher obligeant, désireux de plaire aux étrangers, pour s'assurer leur clientèle.

Des hauteurs du Viminal, où se trouve la Gare, la voiture descendit au grand trot la pente raide de la rue Nationale. Et, dès lors, il ne cessa plus, il tourna la tête à chaque monument, le montra du même geste. Dans ce bout de large voie, il n'y avait que des bâtisses neuves. Sur la droite, plus loin, montaient des massifs de verdure, en haut desquels s'allongeait un interminable bâtiment jaune et nu, couvent ou caserne.

— Le Quirinal, le palais du roi, dit le cocher.

Pierre, depuis une semaine que son voyage était décidé, passait les jours à étudier la topographie de Rome sur des plans et dans des livres. Aussi aurait-il pu se diriger, sans avoir à demander son chemin, et les explications le trouvaient prévenu. Ce qui le déroutait pourtant, c'étaient ces pentes soudaines, ces continuelles collines qui étagent en terrasses certains quartiers. Mais la voix du cocher se haussa, bien qu'un peu ironique, et le mouvement de son fouet se fit plus ample, lorsque, sur la gauche, il nomma une immense construction, fraîche et crayeuse encore, tout un pâté gigantesque de pierres, surchargé de sculptures, de frontons et de statues.

— La Banque Nationale.

Plus bas, comme la voiture tournait sur une place triangulaire, Pierre, qui levait les yeux, fut ravi en apercevant, très haut, supporté par un grand mur lisse, un jardin suspendu, d'où se dressait, dans le ciel limpide, l'élégant et vigoureux profil d'un pin parasol centenaire. Il sentit toute la fierté et toute la grâce de Rome.

— La villa Aldobrandini.

Puis, ce fut, plus bas encore, une vision rapide qui acheva de le passionner. La rue faisait de nouveau un coude brusque, lorsque, dans l'angle, une trouée de lumière se produisait. C'était, en contre-bas, une place blanche, comme un puits de soleil, empli d'une aveuglante poussière d'or; et, dans cette gloire matinale, s'érigeait une colonne de marbre géante, toute dorée du côté où l'astre la baignait à son lever, depuis des siècles. Il fut surpris, quand le cocher la lui nomma, car il ne se l'était pas imaginée ainsi, dans ce trou d'éblouissement, au milieu des ombres voisines.

— La colonne Trajane.

Au bas de la pente, la rue Nationale tournait une dernière fois. Et ce furent encore des noms jetés, au trot vif du cheval : le palais Colonna, dont le jardin est bordé de maigres cyprès; le palais Torlonia, à demi éventré pour les embellissements nouveaux; le palais de Venise, nu et redoutable, avec ses murs crénelés, sa sévérité tragique de forteresse du moyen âge, oubliée là dans la vie bourgeoise d'aujourd'hui. La surprise de Pierre augmentait, devant l'aspect inattendu des choses. Mais le coup fut rude surtout, lorsque le cocher, de son fouet, lui indiqua triomphalement le Corso, une longue rue étroite, à peine aussi large que notre rue Saint-Honoré, blanche de soleil à gauche, noire d'ombre à droite, et au bout de laquelle la lointaine place du Peuple faisait comme une étoile de lumière : était-ce donc là le cœur de la ville, la promenade célébrée, la voie vivante où affluait tout le sang de Rome?

Déjà la voiture s'engageait dans le cours Victor-Emmanuel, qui continue la rue Nationale, les deux trouées dont on a coupé l'ancienne cité de part en part, de la Gare au pont Saint-Ange. A gauche, l'abside ronde du Gesù était toute blonde de gaieté matinale. Puis, entre l'église et le lourd palais Altieri, qu'on n'avait point osé jeter bas, la rue s'étranglait, on entrait dans une ombre humide, glaciale. Et, au delà, devant la façade du Gesù, sur la place, le soleil recommençait, éclatant, déroulant ses nappes dorées; tandis qu'au loin, au fond de la rue d'Aracœli, noyée d'ombre également, des palmiers ensoleillés apparaissaient.

— Le Capitole, là-bas, dit le cocher.

Le prêtre se pencha vivement. Mais il ne vit que la tache verte, au bout du ténébreux couloir. Il était pénétré comme d'un frisson par ces alternatives soudaines de chaude lumière et d'ombre froide. Devant le palais de Venise, devant le Gesù, il lui avait semblé que toute la nuit des jours anciens lui glaçait les épaules; puis, c'était, à chaque place, à chaque élargissement des voies nouvelles, une rentrée dans la lumière, dans la douceur gaie et tiède de la vie. Les coups de soleil jaune tombaient des toitures, découpaient nettement les ombres violâtres. Entre les façades, on apercevait des bandes de ciel très bleu et très doux. Et il trouvait à l'air qu'il respirait un goût spécial, encore indéterminé, un goût de fruit qui augmentait en lui la fièvre de l'arrivée.

Malgré son irrégularité, c'est une fort belle voie moderne que le cours Victor-Emmanuel; et Pierre pouvait se croire dans une grande ville quelconque, aux vastes bâtisses de rapport. Mais, quand il passa devant la Chancellerie, le chef-d'œuvre de Bramante, le monument type de la Renaissance romaine, son étonnement revint, son esprit retourna aux palais qu'il venait déjà d'entrevoir, à cette architecture nue, colossale et lourde, ces immenses cubes de pierre, pareils à des hôpitaux ou à des prisons. Jamais il ne se serait imaginé ainsi les fameux palais romains, sans grâce ni fantaisie, sans magnificence extérieure. C'était évidemment fort beau, il finirait par comprendre, mais il devrait y réfléchir.

Brusquement, la voiture quitta le populeux cours Victor-Emmanuel, pénétra dans des ruelles tortueuses, où elle avait peine à passer. Le calme s'était fait, le désert, la vieille ville endormie et glaciale, au sortir du clair soleil et des foules de la ville nouvelle. Il se rappela les plans consultés, il se dit qu'il approchait de la via Giulia ; et sa curiosité qui avait grandi, s'accrut alors jusqu'à le faire souffrir, désespéré de ne pas en voir, de ne pas en savoir tout de suite davantage. Dans l'état de fièvre où il était depuis son départ, les étonnements qu'il éprouvait à ne pas trouver les choses telles qu'il les avait attendues, les chocs que venait de recevoir son imagination, aggravaient sa passion, le jetaient au désir aigu et immédiat de se contenter. Neuf heures sonnaient à peine, il avait toute la matinée pour se présenter au palais Boccanera : pourquoi ne se faisait-il pas conduire sur-le-champ à l'endroit classique, au sommet d'où l'on voyait Rome entière, étalée sur les sept collines ? Quand cette pensée fut entrée en lui, elle le tortura, il finit par céder.

Le cocher ne se retournait plus, et Pierre dut se soulever, pour lui crier la nouvelle adresse :

— A San Pietro in Montorio.

D'abord, l'homme s'étonna, parut ne pas comprendre. D'un signe de son fouet, il indiqua que c'était là-bas, au loin. Enfin, comme le prêtre insistait, il se remit à sourire complaisamment, avec un branle amical de la tête. Bon, bon ! il voulait bien, lui.

Et le cheval repartit d'un train plus rapide, au milieu du dédale des rues étroites. On en suivit une, étranglée entre de hauts murs, où le jour descendait comme au fond d'une tranchée. Puis, au bout, il y eut une rentrée soudaine en plein soleil, on traversa le Tibre sur l'antique pont de Sixte IV, tandis qu'à droite et à gauche s'étendaient les nouveaux quais, dans le ravage et les plâtres neufs des constructions récentes. De l'autre côté, le Transtévère lui aussi était éventré ; et la voiture monta la pente du Janicule, par une voie large qui portait, sur de grandes plaques, le nom de Garibaldi. Une dernière fois, le cocher eut son geste d'orgueil bon enfant, en nommant cette voie triomphale.

1.

la Ville prédestinée du rêve ardent qu'il faisait depuis des mois! elle était là enfin, il la voyait! Des orages, les jours précédents, avaient abattu les grandes chaleurs d'août. Cette admirable matinée de septembre fraîchissait dans le bleu léger du ciel sans tache, infini. Et c'était une Rome noyée de douceur, une Rome du songe, qui semblait s'évaporer au clair soleil matinal. Une fine brume bleuâtre flottait sur les toits des bas quartiers, mais à peine sensible, d'une délicatesse de gaze; tandis que la Campagne immense, les monts lointains se perdaient dans du rose pâle. Il ne distingua rien d'abord, il ne voulait s'arrêter à aucun détail, il se donnait à Rome entière, au colosse vivant, couché là devant lui, sur ce sol fait de la poussière des générations. Chaque siècle en avait renouvelé la gloire, comme sous la sève d'une immortelle jeunesse. Et ce qui le saisissait, ce qui faisait battre son cœur plus fort, à grands coups, dans cette première rencontre, c'était qu'il trouvait Rome telle qu'il la désirait, matinale et rajeunie, d'une gaieté envolée, immatérielle presque, toute souriante de l'espoir d'une vie nouvelle, à cette aube si pure d'un beau jour.

Alors, Pierre, immobile et debout devant l'horizon sublime, les mains toujours serrées et brûlantes, revécut en quelques minutes les trois dernières années de sa vie. Ah! quelle année terrible, la première, celle qu'il avait passée au fond de sa petite maison de Neuilly, portes et fenêtres closes, terré là comme un animal blessé qui agonise! Il revenait de Lourdes l'âme morte, le cœur sanglant, n'ayant plus en lui que de la cendre. Le silence et la nuit s'étaient faits sur les ruines de son amour et de sa foi. Des jours et des jours s'écoulèrent, sans qu'il entendît ses veines battre, sans qu'une lueur se levât, éclairant les ténèbres de son abandon. Il vivait machinalement, il attendait d'avoir le courage de se reprendre à l'existence, au nom de la raison souveraine, qui lui avait fait tout sacrifier. Pourquoi donc n'était-il pas plus résis-

— Via Garibaldi.

Le cheval avait dû ralentir le pas, et Pierre, pris d'une impatience enfantine, se retournait pour voir, à mesure que la ville, derrière lui, s'étendait et se découvrait davantage. La montée était longue, des quartiers surgissaient toujours, jusqu'aux lointaines collines. Puis, dans l'émotion croissante qui faisait battre son cœur, il trouva qu'il gâtait la satisfaction de son désir, en l'émiettant ainsi, à cette conquête lente et partielle de l'horizon. Il voulait recevoir le coup en plein front, Rome entière vue d'un regard, la ville sainte ramassée, embrassée d'une seule étreinte. Et il eut la force de ne plus se retourner, malgré l'élan de tout son être.

En haut, il y a une vaste terrasse. L'église San Pietro in Montorio se trouve là, à l'endroit où saint Pierre, dit-on, fut crucifié. La place est nue et rousse, cuite par les grands soleils d'été; pendant qu'un peu plus loin, derrière, les eaux claires et grondantes de l'Acqua Paola tombent à gros bouillons des trois vasques de la fontaine monumentale, dans une éternelle fraîcheur. Et, le long du parapet qui borde la terrasse, à pic sur le Transtévère, s'alignent toujours des touristes, des Anglais minces, des Allemands carrés, béants d'admiration traditionnelle, leur Guide à la main, qu'ils consultent, pour reconnaître les monuments.

Pierre sauta lestement de la voiture, laissant sa valise sur la banquette, faisant signe d'attendre au cocher, qui alla se ranger près des autres fiacres et qui resta philosophiquement sur son siège, au plein soleil, la tête basse comme son cheval, tous deux résignés d'avance à la longue station accoutumée.

Et Pierre, déjà, regardait de toute sa vue, de toute son âme, debout contre le parapet, dans son étroite soutane noire, les mains nues et serrées nerveusement, brûlantes de sa fièvre. Rome, Rome ! la Ville des Césars, la Ville des Papes, la Ville éternelle qui deux fois a conquis le monde, çonnets, des fillettes, des tout petits tombés à la rue, pendant que les pères et les mères travaillaient, buvaient ou mouraient. Souvent le père avait disparu, la mère se prostituait, l'ivrognerie et la débauche étaient entrées au logis avec le chômage; et c'était la nichée au ruisseau, les plus jeunes crevant de froid et de faim sur le pavé, les autres s'envolant pour le vice et le crime. Un soir, rue de Charonne, sous les roues d'un fardier, il avait retiré deux petits garçons, deux frères, qui ne purent même lui donner une adresse, venus ils ne savaient d'où. Un autre soir, il rentra avec une petite fille dans ses bras, un petit ange blond de trois ans à peine, trouvée sur un banc, et qui pleurait, en disant que sa maman l'avait laissée là. Et, plus tard, forcément, de ces maigres et pitoyables oiseaux culbutés du nid, il remonta aux parents, il fut amené à pénétrer de la rue dans les bouges, s'engageant chaque jour davantage dans cet enfer, finissant par en connaître toute l'épouvantable horreur, le cœur saignant, éperdu d'angoisse terrifiée et de charité vaine.

Ah! la dolente cité de la misère, l'abîme sans fond de la déchéance et de la souffrance humaines, quels voyages effroyables il y fit, pendant ces deux années qui bouleversèrent son être! Dans ce quartier Sainte-Marguerite, au sein même de ce faubourg Saint-Antoine si actif, si courageux à la besogne, il découvrit des maisons sordides, des ruelles entières de masures sans jour, sans air, d'une humidité de cave, où croupissait, où agonisait, empoisonnée, toute une population de misérables. Le long de l'escalier branlant, les pieds glissaient sur les ordures amassées. A chaque étage, recommençait le même dénuement, tombé à la saleté, à la promiscuité la plus basse. Des vitres manquaient, le vent faisait rage, la pluie entrait à flots. Beaucoup couchaient sur le carreau nu, sans jamais se dévêtir. Pas de meubles, pas de linge, une vie de bête qui se contente et se soulage comme elle peut, au hasard de l'instinct et de la rencontre. Là dedans, tant et plus fort, pourquoi ne conformait-il pas sa vie tranquillement à ses certitudes nouvelles ? Puisqu'il refusait de quitter la soutane, fidèle à un amour unique et par dégoût du parjure, pourquoi ne se donnait-il pas pour besogne quelque science permise à un prêtre, l'astronomie ou l'archéologie ? Mais quelqu'un pleurait en lui, sa mère sans doute, une immense tendresse éperdue que rien n'avait assouvie encore, qui se désespérait sans fin de ne pouvoir se contenter. C'était la continuelle souffrance de sa solitude, la plaie restée vive, dans la haute dignité de sa raison reconquise.

Puis, un soir d'automne, par un triste ciel de pluie, le hasard le mit en relations avec un vieux prêtre, l'abbé Rose, vicaire à Sainte-Marguerite, dans le faubourg Saint-Antoine. Il alla le voir, au fond du rez-de-chaussée humide qu'il occupait, rue de Charonne, trois pièces transformées en asile, pour les petits enfants abandonnés, qu'il ramassait dans les rues voisines. Et, dès ce moment, sa vie changea, un intérêt nouveau et tout-puissant y était entré, il devint l'aide peu à peu passionné du vieux prêtre. Le chemin était long, de Neuilly à la rue de Charonne. D'abord, il ne le fit que deux fois par semaine. Puis, il se dérangea tous les jours, il partait le matin pour ne rentrer que le soir. Les trois pièces ne suffisant plus, il avait loué le premier étage, il s'y était réservé une chambre, où il finit par coucher souvent; et toutes ses petites rentes passaient là, dans ce secours immédiat donné à l'enfance pauvre; et le vieux prêtre, ravi, touché aux larmes de ce jeune dévouement qui lui tombait du ciel, l'embrassait en pleurant, l'appelait l'enfant du bon Dieu.

La misère, la scélérate et abominable misère, Pierre alors la connut, vécut chez elle, avec elle, pendant deux années. Cela commença par ces petits êtres qu'il ramassait sur le trottoir, que la charité des voisins lui amenait, maintenant que l'asile était connu du quartier: des garen tas, tous les sexes, tous les âges, l'humanité revenue à l'animalité par la dépossession de l'indispensable, par une indigence telle, qu'on s'y disputait à coups de dents les miettes balayées de la table des riches. Et le pis y était cette dégradation de la créature humaine, non plus le libre sauvage qui allait nu, chassant et mangeant sa proie dans les forêts primitives, mais l'homme civilisé retourné à la brute, avec toutes les tares de sa déchéance, souillé, enlaidi, affaibli, au milieu du luxe et des raffinements d'une cité reine du monde.

Pierre, dans chaque ménage, retrouvait la même histoire. Au début, il y avait eu de la jeunesse, de la gaieté, la loi du travail acceptée courageusement. Puis, la lassitude était venue : toujours travailler pour ne jamais être riche, à quoi bon ? L'homme avait bu pour le plaisir d'avoir sa part de bonheur, la femme s'était relâchée des soins du ménage, buvant elle aussi parfois, laissant les enfants pousser au hasard. Le milieu déplorable, l'ignorance et l'entassement avaient fait le reste. Plus souvent encore, le chômage était le grand coupable : il ne se contente pas de vider le tiroir aux économies, il épuise le courage, il habitue à la paresse. Pendant des semaines, les ateliers se vident, les bras deviennent mous. Impossible, dans ce Paris si enfiévré d'action, de trouver la moindre besogne à faire. Le soir, l'homme rentre en pleurant, ayant offert ses bras partout, n'ayant pas même réussi à être accepté pour balayer les rues, car l'emploi est recherché, il y faut des protections. N'est-ce pas monstrueux, sur ce pavé de la grande ville où resplendissent, où retentissent les millions, un homme qui cherche du travail pour manger, et qui ne trouve pas, et qui ne mange pas ? La femme ne mange pas, les enfants ne mangent pas. Alors, c'était la famine noire, l'abrutissement, puis la révolte, tous les liens sociaux rompus, sous cette affreuse injustice de pauvres êtres que leur faiblesse condamnait à la mort. Et le vieil ouvrier, celui dont cinquante années de dur labeur avaient usé les membres, sans qu'il pût mettre un sou de côté, sur quel grabat d'agonie tombait-il pour mourir, au fond de quelle soupente ? Fallait-il donc l'achever d'un coup de marteau, comme une bête de somme fourbue, le jour où, ne travaillant plus, il ne mangeait plus ? Presque tous allaient mourir à l'hôpital. D'autres disparaissaient, ignorés, emportés dans le flot boueux de la rue. Un matin, au fond d'une hutte infâme, sur de la paille pourrie, Pierre en découvrit un, mort de faim, oublié là depuis une semaine, et dont les rats avaient dévoré le visage.

Mais ce fut un soir du dernier hiver que sa pitié déborda. L'hiver, les souffrances des misérables deviennent atroces, dans les taudis sans feu, où la neige entre par les fentes. La Seine charrie, le sol est couvert de glace, toutes sortes d'industries sont forcées de chômer. Dans les cités des chiffonniers, réduits au repos, des bandes de gamins s'en vont pieds nus, vêtus à peine, affamés et toussant, emportés par de brusques rafales de phtisie. Il trouvait des familles, des femmes avec des cinq et six enfants, blottis en tas pour se tenir chaud, et qui n'avaient pas mangé depuis trois jours. Et ce fut le soir terrible, lorsque, le premier, il pénétra, au fond d'une allée sombre, dans la chambre d'épouvante, où une mère venait de se suicider avec ses cinq petits, de désespoir et de faim, un drame de la misère dont tout Paris allait frissonner pendant quelques heures. Plus un meuble, plus un linge, tout avait dû être vendu, pièce à pièce, chez le brocanteur voisin. Rien que le fourneau de charbon fumant encore. Sur une paillasse à moitié vide, la mère était tombée en allaitant son dernier né, un nourrisson de trois mois ; et une goutte de sang perlait au bout du sein, vers lequel se tendaient les lèvres avides du petit mort. Les deux fillettes, trois ans et cinq ans, deux blondines jolies, dormaient aussi là leur éternel sommeil, côte à côte ; tandis que, des deux garçons, plus âgés, l'un s'était anéanti, la tête entre les mains, accroupi contre le mur, pendant que l'autre avait agonisé par terre, en se débattant, comme s'il s'était traîné sur les genoux, pour ouvrir la fenêtre. Des voisins accourus racontaient la banale, l'affreuse histoire : une lente ruine, le père ne trouvant pas de travail, glissant à la boisson peut-être, le propriétaire las d'attendre, menaçant le ménage d'expulsion, et la mère perdant la tête, voulant mourir, décidant sa nichée à mourir avec elle, pendant que son homme, sorti depuis le matin, battait vainement le pavé. Comme le commissaire arrivait pour les constatations, ce misérable rentra ; et, quand il eut vu, quand il eut compris, il s'abattit ainsi qu'un bœuf assommé, il se mit à hurler d'une plainte incessante, un tel cri de mort, que toute la rue terrifiée en pleurait.

Ce cri horrible de race condamnée qui s'achève dans l'abandon et dans la faim, Pierre l'avait emporté au fond de ses oreilles, au fond de son cœur ; et il ne put manger, il ne put s'endormir, ce soir-là. Était-ce possible, une abomination pareille, un dénuement si complet, la misère noire aboutissant à la mort, au milieu de ce grand Paris regorgeant de richesses, ivre de jouissances, jetant pour le plaisir les millions à la rue? Quoi! d'un côté de si grosses fortunes, tant d'inutiles caprices satisfaits, des vies comblées de tous les bonheurs! de l'autre, une pauvreté acharnée, pas même du pain, aucune espérance, les mères se tuant avec leurs nourrissons, auxquels elles n'avaient plus à donner que le sang de leurs mamelles taries! Et une révolte le souleva, il eut un instant conscience de l'inutilité dérisoire de la charité. A quoi bon faire ce qu'il faisait, ramasser les petits, porter des secours aux parents, prolonger les souffrances des vieux? L'édifice social était pourri à la base, tout allait crouler dans la boue et dans le sang. Seul, un grand acte de justice pouvait balayer l'ancien monde, pour reconstruire le nouveau. Et, à cette minute, il sentit si nettement la

cassure irréparable, le mal sans remède, le chancre de
la misère sûrement mortel, qu'il comprit les violents,
prêt lui-même à accepter l'ouragan dévastateur et purificateur, la terre régénérée par le fer et le feu, comme
autrefois, lorsque le Dieu terrible envoyait l'incendie
pour assainir les villes maudites.

Mais l'abbé Rose, ce soir-là, en l'entendant sangloter,
monta le gronder paternellement. C'était un saint, d'une
douceur et d'un espoir infinis. Désespérer, grand Dieu!
quand l'Évangile était là! Est-ce que la divine maxime :
Aimez-vous les uns les autres, ne suffisait pas au salut du
monde? Il avait l'horreur de la violence, et il disait que,
si grand que fût le mal, on en viendrait tout de même
bien vite à bout, le jour où l'on retournerait en arrière,
à l'époque d'humilité, de simplicité et de pureté, lorsque
les chrétiens vivaient en frères innocents. Quelle délicieuse peinture il faisait de la société évangélique, dont
il évoquait le renouveau avec une gaieté tranquille,
comme si elle devait se réaliser le lendemain! Et Pierre
finit par sourire, par se plaire à ce beau conte consolateur, dans son besoin d'échapper au cauchemar affreux
de la journée. Ils causèrent très tard, ils reprirent les
jours suivants ce sujet de conversation que le vieux prêtre
chérissait, abondant toujours en nouveaux détails, parlant
du règne prochain de l'amour et de la justice, avec la
conviction touchante d'un brave homme qui était certain
de ne pas mourir sans avoir vu Dieu sur la terre.

Alors, chez Pierre, une évolution nouvelle se fit. La
pratique de la charité, dans ce quartier pauvre, l'avait
amené à un attendrissement immense : son cœur défaillait, éperdu, meurtri de cette misère qu'il désespérait de
jamais guérir. Et, sous ce réveil du sentiment, il sentait
parfois céder sa raison, il retournait à son enfance, à ce
besoin d'universelle tendresse que sa mère avait mis en
lui, imaginant des soulagements chimériques, attendant
une aide des puissances inconnues. Puis, sa crainte, sa

haine de la brutalité des faits, acheva de le jeter au désir
croissant du salut par l'amour. Il était grand temps de conjurer l'effroyable catastrophe inévitable, la guerre fratricide des classes qui emporterait le vieux monde, condamné
à disparaître sous l'amas de ses crimes. Dans la conviction
où il était que l'injustice se trouvait à son comble, que
l'heure vengeresse allait sonner où les pauvres forceraient les riches au partage, il se plut dès lors à rêver
une solution pacifique, le baiser de paix entre tous les
hommes, le retour à la morale pure de l'Évangile, telle
que Jésus l'avait prêchée. D'abord, des doutes le torturèrent : était-ce possible, ce rajeunissement de l'antique
catholicisme, allait-on pouvoir le ramener à la jeunesse,
à la candeur du christianisme primitif? Il s'était mis à
l'étude, lisant, questionnant, se passionnant de plus en
plus pour cette grosse question du socialisme catholique,
qui justement menait grand bruit depuis quelques années;
et, dans son amour frissonnant des misérables, préparé
comme il l'était au miracle de la fraternité, il perdait peu
à peu les scrupules de son intelligence, il se persuadait
que le Christ, une seconde fois, devait venir racheter
l'humanité souffrante. Enfin, cela se formula nettement
dans son esprit, en cette certitude que le catholicisme,
épuré, ramené à ses origines, pouvait être l'unique pacte,
la loi suprême qui sauverait la société actuelle, en conjurant la crise sanglante dont elle était menacée. Deux
années auparavant, lorsqu'il avait quitté Lourdes, révolté
par toute cette basse idolâtrie, la foi morte à jamais et
l'âme inquiète pourtant devant l'éternel besoin du divin
qui tourmente la créature, un cri était monté en lui, du
plus profond de son être : une religion nouvelle! une
religion nouvelle! Et, aujourd'hui, c'était cette religion
nouvelle, ou plutôt cette religion renouvelée, qu'il
croyait avoir découverte, dans un but de salut social,
utilisant pour le bonheur humain la seule autorité morale
debout, la lointaine organisation du plus admirable

outil qu'on ait jamais forgé pour le gouvernement des peuples.

Durant cette période de lente formation que Pierre traversa, deux hommes, en dehors de l'abbé Rose, eurent une grande influence sur lui. Une bonne œuvre l'avait mis en rapport avec monseigneur Bergerot, un évêque, dont le pape venait de faire un cardinal, en récompense de toute une vie d'admirable charité, malgré la sourde opposition de son entourage qui flairait chez le prélat français un esprit libre, gouvernant en père son diocèse ; et Pierre s'enflamma davantage au contact de cet apôtre, de ce pasteur d'âmes, un de ces chefs simples et bons, tels qu'il les souhaitait à la communauté future. Mais la rencontre qu'il fit du vicomte Philibert de la Choue, dans des associations catholiques d'ouvriers, fut encore plus décisive pour son apostolat. Le vicomte, un bel homme, d'allures militaires, à la face longue et noble, gâtée par un nez cassé et trop petit, ce qui semblait indiquer l'échec final d'une nature mal d'aplomb, était un des agitateurs les plus actifs du socialisme catholique français. Il possédait de grands domaines, une grande fortune, bien qu'on racontât que des entreprises agricoles malheureuses lui en avaient emporté déjà près de la moitié. Dans son département, il s'était efforcé d'installer des fermes modèles, où il avait appliqué ses idées en matière de socialisme chrétien ; et il ne semblait guère, non plus, que le succès l'encourageât. Seulement, cela lui avait servi à se faire nommer député, et il parlait à la Chambre, il y exposait le programme du parti, en longs discours retentissants. D'ailleurs, d'une ardeur infatigable, il conduisait des pèlerinages à Rome, il présidait des réunions, faisait des conférences, se donnait surtout au peuple, dont la conquête, disait-il dans l'intimité, pouvait seule assurer le triomphe de l'Église. Et il eut de la sorte une action considérable sur Pierre, qui admirait naïvement en lui les qualités dont il se sentait dépourvu, un esprit d'organisation, une volonté militante un peu brouillonne, tout entière appliquée à recréer en France la société chrétienne. Le jeune prêtre apprit beaucoup dans sa fréquentation, mais il resta quand même le sentimental, le rêveur dont l'envolée, dédaigneuse des nécessités politiques, allait droit à la cité future du bonheur universel ; tandis que le vicomte avait la prétention d'achever la ruine de l'idée libérale de 89, en utilisant, pour le retour au passé, la désillusion et la colère de la démocratie.

Pierre passa des mois enchantés. Jamais néophyte n'avait vécu si absolument pour le bonheur des autres. Il fut tout amour, il brûla de la passion de son apostolat. Ce peuple misérable qu'il visitait, ces hommes sans travail, ces mères, ces enfants sans pain, le jetaient à la certitude de plus en plus grande qu'une nouvelle religion devait naître, pour faire cesser une injustice dont le monde révolté allait violemment mourir ; et cette intervention du divin, cette renaissance du christianisme primitif, il était résolu à y travailler, à la hâter de toutes les forces de son être. Sa foi catholique restait morte, il ne croyait toujours pas aux dogmes, aux mystères, aux miracles. Mais un espoir lui suffisait, celui que l'Église pût encore faire du bien, en prenant en main l'irrésistible mouvement démocratique moderne, afin d'éviter aux nations la catastrophe sociale menaçante. Son âme s'était calmée, depuis qu'il se donnait cette mission, de remettre l'Évangile au cœur du peuple affamé et grondant des faubourgs. Il agissait, il souffrait moins de l'affreux néant qu'il avait rapporté de Lourdes ; et, comme il ne s'interrogeait plus, l'angoisse de l'incertitude ne le dévorait plus. C'était avec la sérénité d'un simple devoir accompli qu'il continuait à dire sa messe. Même il finissait par penser que le mystère qu'il célébrait ainsi, que tous les mystères et tous les dogmes n'étaient en somme que des symboles, des rites nécessaires à l'enfance de l'humanité, et dont on se débarrasserait plus tard, lorsque l'humanité grandie, épurée, instruite, pourrait supporter l'éclat de la vérité nue.

Et Pierre, dans son zèle d'être utile, dans sa passion de crier tout haut sa croyance, s'était trouvé un matin à sa table, écrivant un livre. Cela était venu naturellement, ce livre sortait de lui comme un appel de son cœur, en dehors de toute idée littéraire. Le titre, une nuit qu'il ne dormait pas, avait brusquement flamboyé, dans les ténèbres : *la Rome nouvelle.* Et cela disait tout, car n'était-ce pas de Rome, l'éternelle et la sainte, que devait partir le rachat des peuples ? L'unique autorité existante se trouvait là, le rajeunissement ne pouvait naître que de la terre sacrée où avait poussé le vieux chêne catholique. En deux mois, il écrivit ce livre, qu'il préparait depuis un an sans en avoir conscience, par ses études sur le socialisme contemporain. C'était en lui comme un bouillonnement de poète, il lui semblait parfois rêver ces pages, tandis qu'une voix intérieure et lointaine les lui dictait. Souvent, lorsqu'il lisait au vicomte Philibert de la Choue les lignes écrites la veille, celui-ci les approuvait vivement, au point de vue de la propagande, en disant que le peuple avait besoin d'être ému pour être entraîné, et qu'il aurait fallu aussi composer des chansons pieuses, amusantes pourtant, qu'on aurait chantées dans les ateliers. Quant à monseigneur Bergerot, sans examiner le livre au point de vue du dogme, il fut touché profondément du souffle ardent de charité qui sortait de chaque page, il commit même l'imprudence d'écrire une lettre approbative à l'auteur, en l'autorisant à la mettre comme préface en tête de l'œuvre. Et c'était cette œuvre, publiée en juin, que la congrégation de l'Index allait frapper d'interdiction, c'était pour la défense de cette œuvre que le jeune prêtre venait d'accourir à Rome, plein de surprise et d'enthousiasme, tout enflammé du désir de faire triompher sa foi, résolu à plaider sa cause lui-même devant le Saint-Père, dont il était convaincu d'avoir exprimé simplement les idées.

Pendant que Pierre revivait ainsi ses trois années dernières, il n'avait pas bougé, debout contre le parapet, devant cette Rome tant rêvée et tant souhaitée. Derrière lui, des arrivées et des départs brusques de voitures se succédaient, les maigres Anglais et les Allemands lourds défilaient, après avoir donné à l'horizon classique les cinq minutes marquées dans le Guide; tandis que le cocher et le cheval de son fiacre attendaient complaisamment, la tête basse sous le grand soleil, qui chauffait la valise restée seule sur la banquette. Et lui semblait s'être aminci encore, dans sa soutane noire, comme élancé, immobile et fin, tout entier au spectacle sublime. Il avait maigri après Lourdes, son visage s'était fondu. Depuis que sa mère l'emportait de nouveau, le grand front droit, la tour intellectuelle qu'il devait à son père, semblait décroître, pendant que la bouche de bonté, un peu forte, le menton délicat, d'une infinie tendresse, dominaient, disaient son âme, qui brûlait aussi dans la flamme charitable des yeux.

Ah! de quels yeux tendres et ardents il la regardait, la Rome de son livre, la Rome nouvelle dont il avait fait le rêve! Si, d'abord, l'ensemble l'avait saisi, dans la douceur un peu voilée de l'admirable matinée, il distinguait maintenant des détails, il s'arrêtait à des monuments. Et c'était avec une joie enfantine qu'il les reconnaissait tous, pour les avoir longtemps étudiés sur des plans et dans des collections de photographies. Là, sous ses pieds, le Transtévère s'étendait, au bas du Janicule, avec le chaos de ses vieilles maisons rougeâtres, dont les tuiles mangées de soleil cachaient le cours du Tibre. Il restait un peu surpris de l'aspect plat de la ville, regardée ainsi du haut de cette terrasse, comme nivelée par cette vue à vol d'oiseau, à peine bossuée des sept fameuses collines, une houle presque insensible au milieu de la mer

élargie des façades. Là-bas, à droite, se détachant en
violet sombre sur les lointains bleuâtres des monts Albains,
c'était bien l'Aventin avec ses trois églises à demi cachées
parmi des feuillages ; et c'était aussi le Palatin découronné, qu'une ligne de cyprès bordait d'une frange noire.
Le Cœlius, derrière, se perdait, ne montrait que les arbres
de la villa Mattei, pâlis dans la poussière d'or du soleil.
Seuls, le mince clocher et les deux petits dômes de
Sainte-Marie-Majeure indiquaient le sommet de l'Esquilin,
en face et très loin, à l'autre bout de la ville ; tandis que,
sur les hauteurs du Viminal, il n'apercevait, noyée de
lumière, qu'une confusion de blocs blanchâtres, striés de
petites raies brunes, sans doute des constructions récentes,
pareilles à une carrière de pierres abandonnée. Longtemps il chercha le Capitole, sans pouvoir le découvrir.
Il dut s'orienter, il finit par se convaincre qu'il en voyait
bien le campanile, en avant de Sainte-Marie-Majeure,
là-bas, cette tour carrée, si modeste, qu'elle se perdait
au milieu des toitures environnantes. Et, à gauche, le Quirinal venait ensuite, reconnaissable à la longue façade du
palais royal, cette façade d'hôpital ou de caserne, d'un
jaune dur, plate et percée d'une infinité de fenêtres régulières. Mais, comme il achevait de se tourner, une
soudaine vision l'immobilisa. En dehors de la ville, au-dessus des arbres du jardin Corsini, le dôme de Saint-Pierre lui apparaissait. Il semblait posé sur la verdure ;
et, dans le ciel d'un bleu pur, il était lui-même d'un
bleu de ciel si léger, qu'il se confondait avec l'azur
infini. En haut, la lanterne de pierre qui le surmonte,
toute blanche et éblouissante de clarté, était comme
suspendue.

Pierre ne se lassait pas, et ses regards revenaient sans
cesse d'un bout de l'horizon à l'autre. Il s'attardait aux
nobles dentelures, à la grâce fière des monts de la
Sabine et des monts Albains, semés de villes, dont la
ceinture bornait le ciel. La Campagne romaine s'étendait

par échappées immenses, nue et majestueuse, tel qu'un désert de mort, d'un vert glauque de mer stagnante ; et il finit par distinguer la tour basse et ronde du tombeau de Cæcilia Metella, derrière lequel une mince ligne pâle indiquait l'antique voie Appienne. Des débris d'aqueducs semaient l'herbe rase, dans la poussière des mondes écroulés. Et il ramenait ses regards, et c'était la ville de nouveau, le pêle-mêle des édifices, au petit bonheur de la rencontre. Ici, tout près, il reconnaissait, à sa loggia tournée vers le fleuve, l'énorme cube fauve du palais Farnèse. Plus loin, cette coupole basse, à peine visible, devait être celle du Panthéon. Puis, par sauts brusques, c'étaient les murs reblanchis de Saint-Paul hors les Murs, pareils à ceux d'une grange colossale, les statues qui couronnent Saint-Jean de Latran, légères, à peine grosses comme des insectes ; puis, le pullulement des dômes, celui du Gesù, celui de Saint-Charles, celui de Saint-André de la Vallée, celui de Saint-Jean des Florentins ; puis, tant d'autres édifices encore, resplendissants de souvenirs, le Château Saint-Ange dont la statue étincelait, la villa Médicis qui dominait la ville entière, la terrasse du Pincio où blanchissaient des marbres parmi des arbres rares, les grands ombrages de la villa Borghèse, au loin, fermant l'horizon de leurs cimes vertes. Vainement il chercha le Colisée. Le petit vent du nord qui soufflait, très doux, commençait pourtant à dissiper les buées matinales. Sur les lointains vaporeux, des quartiers entiers se dégageaient avec vigueur, tels que des promontoires, dans une mer ensoleillée. Çà et là, parmi l'amoncellement indistinct des maisons, un pan de muraille blanche éclatait, une rangée de vitres jetait des flammes, un jardin étalait une tache noire, d'une puissance de coloration surprenante. Et le reste, le pêle-mêle des rues, des places, les îlots sans fin, semés en tous sens, s'emmêlaient, s'effaçaient dans la gloire vivante du soleil, tandis que de hautes fumées blanches, montées des toits, traversaient avec lenteur l'infinie pureté du ciel.

Mais bientôt Pierre, par un secret instinct, ne s'intéressa plus qu'à trois points de l'horizon immense. Là-bas, la ligne de cyprès minces qui frangeait de noir la hauteur du Palatin, l'émotionnait ; il n'apercevait, derrière, que le vide, les palais des Césars avaient disparu, écroulés, rasés par le temps ; et il les évoquait, il croyait les voir se dresser comme des fantômes d'or, vagues et tremblants, dans la pourpre de la matinée splendide. Puis, ses regards retournaient à Saint-Pierre ; et là le dôme était debout encore, abritant sous lui le Vatican qu'il savait être à côté, collé au flanc du colosse ; et il le trouvait triomphal, couleur du ciel, si solide et si vaste, qu'il lui apparaissait comme le roi géant, régnant sur la ville, vu de partout, éternellement. Puis, il reportait les yeux en face, vers l'autre mont, au Quirinal, où le palais du roi ne lui semblait plus qu'une caserne plate et basse, badigeonnée de jaune. Et toute l'histoire séculaire de Rome, avec ses continuels bouleversements, ses résurrections successives, était là pour lui, dans ce triangle symbolique, dans ces trois sommets qui se regardaient, par-dessus le Tibre : la Rome antique épanouissant, en un entassement de palais et de temples, la fleur monstrueuse de la puissance et de la splendeur impériales ; la Rome papale, victorieuse au moyen âge, maîtresse du monde, faisant peser sur la chrétienté cette église colossale de la beauté reconquise ; la Rome actuelle, celle qu'il ignorait, qu'il avait négligée, dont le palais royal, si nu, si froid, lui donnait une pauvre idée, l'idée d'une tentative bureaucratique et fâcheuse, d'un essai de modernité sacrilège sur une cité à part, qu'il aurait fallu laisser au rêve de l'avenir. Cette sensation presque pénible d'un présent importun, il l'écartait, il ne voulait pas s'arrêter à tout un quartier neuf, toute une petite ville blafarde, en construction sans doute encore, qu'il voyait distinctement près de Saint-Pierre, au bord du fleuve. Sa Rome nouvelle, à lui, il l'avait rêvée, et il la rêvait encore, même en face du Palatin anéanti dans la poussière des siècles, du dôme de Saint-Pierre dont la grande ombre endormait le Vatican, du palais du Quirinal refait à neuf et repeint, régnant bourgeoisement sur les quartiers nouveaux qui pullulaient de toutes parts, éventrant la vieille ville aux toits roux, éclatante sous le clair soleil matinal.

La Rome nouvelle, le titre de son livre se remit à flamboyer devant Pierre, et une autre songerie l'emporta, il revécut son livre, après avoir revécu sa vie. Il l'avait écrit d'enthousiasme, utilisant les notes amassées au hasard; et la division en trois parties s'était tout de suite imposée : le passé, le présent, l'avenir.

Le passé, c'était l'extraordinaire histoire du christianisme primitif, de la lente évolution qui avait fait de ce christianisme le catholicisme actuel. Il démontrait que, sous toute évolution religieuse, se cache une question économique, et qu'en somme l'éternel mal, l'éternelle lutte n'a jamais été qu'entre le pauvre et le riche. Chez les Juifs, immédiatement après la vie nomade, lorsqu'ils ont conquis Chanaan et que la propriété se crée, la lutte des classes éclate. Il y a des riches et il y a des pauvres : dès lors naît la question sociale. La transition avait été brusque, l'état de choses nouveau empira si rapidement, que les pauvres, se rappelant encore l'âge d'or de la vie nomade, souffrirent et réclamèrent avec d'autant plus de violence. Jusqu'à Jésus, les prophètes ne sont que des révoltés, qui surgissent de la misère du peuple, qui disent ses souffrances, accablent les riches, auxquels ils prophétisent tous les maux, en punition de leur injustice et de leur dureté. Jésus lui-même n'est que le dernier d'eux, et il apparaît comme la revendication vivante du droit des pauvres. Les prophètes, socialistes et anarchistes, avaient prêché l'égalité sociale, en demandant la destruction du monde, s'il n'était point juste Lui, apporte également aux misérables la haine du riche. Tout son enseignement est une menace contre la richesse, contre la propriété ; et, si l'on entendait par le Royaume des cieux, qu'il promettait, la paix et la fraternité sur cette terre, il n'y aurait plus là qu'un retour à l'âge d'or de la vie pastorale, que le rêve de la communauté chrétienne, tel qu'il semble avoir été réalisé après lui, par ses disciples. Pendant les trois premiers siècles, chaque église a été un essai de communisme, une véritable association, dont les membres possédaient tout en commun, hors les femmes. Les apologistes et les premiers pères de l'Église en font foi, le christianisme n'était alors que la religion des humbles et des pauvres, une démocratie, un socialisme, en lutte contre la société romaine. Et, quand celle-ci s'écroula, pourrie par l'argent, elle succomba sous l'agio, les banques véreuses, les désastres financiers, plus encore que sous le flot des barbares et le sourd travail de termites des chrétiens. La question d'argent est toujours à la base. Aussi en eut-on une nouvelle preuve, lorsque le christianisme, triomphant enfin, grâce aux conditions historiques, sociales et humaines, fut déclaré religion d'État. Pour assurer complètement sa victoire, il se trouva forcé de se mettre avec les riches et les puissants ; et il faut voir par quelles subtilités, quels sophismes, les pères de l'Église en arrivent à découvrir dans l'Évangile de Jésus la défense de la propriété. Il y avait là pour le christianisme une nécessité politique de vie, il n'est devenu qu'à ce prix le catholicisme, l'universelle religion. Dès lors, la redoutable machine s'érige, l'arme de conquête et de gouvernement : en haut, les puissants, les riches, qui ont le devoir de partager avec les pauvres, mais qui n'en font rien ; en bas, les pauvres, les travailleurs, à qui l'on enseigne la résignation et l'obéissance, en leur réservant le Royaume futur, la compensation divine et éternelle. Monument admirable,

qui a duré des siècles, où tout est bâti sur la promesse
de l'au-delà, sur cette soif inextinguible d'immortalité
et de justice dont l'homme est dévoré.

Cette première partie de son livre, cette histoire du
passé, Pierre l'avait complétée par une étude à grands
traits du catholicisme jusqu'à nos jours. C'était d'abord
saint Pierre, ignorant, inquiet, tombant à Rome par un
coup de génie, venant réaliser les oracles antiques qui
avaient prédit l'éternité du Capitole. Puis, c'étaient les
premiers papes, de simples chefs d'associations funéraires, c'était le lent avènement de la papauté toute-puissante, en continuelle lutte de conquête dans le monde
entier, s'efforçant sans relâche de satisfaire son rêve de
domination universelle. Au moyen âge, avec les grands
papes, elle crut un instant toucher au but, être la
maîtresse souveraine des peuples. La vérité absolue ne
serait-ce pas le pape pontife et roi de la terre, régnant sur
les âmes et sur les corps de tous les hommes, comme
Dieu lui-même, dont il est le représentant? Cette ambition totale et démesurée, d'une logique parfaite, a été
remplie par Auguste, empereur et pontife, maître du
monde; et, renaissant toujours des ruines de la Rome
antique, c'est la figure glorieuse d'Auguste qui a hanté
les papes, c'est le sang d'Auguste qui a battu dans leurs
veines. Mais le pouvoir s'étant dédoublé après l'effondrement de l'empire romain, il fallut partager, laisser à
l'empereur le gouvernement temporel, en ne gardant sur
lui que le droit de le sacrer, par délégation divine. Le
peuple était à Dieu, le pape donnait le peuple à l'empereur, au nom de Dieu, et pouvait le reprendre, pouvoir
sans limite dont l'excommunication était l'arme terrible,
souveraineté supérieure qui acheminait la papauté à la
possession réelle et définitive de l'empire. En somme,
entre le pape et l'empereur, l'éternelle querelle a été le
peuple qu'ils se disputaient, la masse inerte des humbles
et des souffrants, le grand muet dont de sourds gronde-

ments disaient seuls parfois l'inguérissable misère. On disposait de lui comme d'un enfant, pour son bien ; et l'Église aidait vraiment à la civilisation, rendait des services à l'humanité, répandait d'abondantes aumônes. Toujours, le rêve ancien de la communauté chrétienne revenait, au moins dans les couvents : un tiers des richesses amassées pour le culte, un tiers pour les prêtres, un tiers pour les pauvres. N'était-ce pas la vie simplifiée, l'existence rendue possible aux fidèles sans désirs terrestres, en attendant les satisfactions inouïes du ciel? Donnez-nous donc la terre entière, nous ferons ainsi trois parts des biens d'ici-bas, et vous verrez quel âge d'or régnera, au milieu de la résignation et de l'obéissance de tous !

Mais Pierre montrait ensuite la papauté assaillie par les plus grands dangers, au sortir de sa toute-puissance du moyen âge. La Renaissance faillit l'emporter dans son luxe et son débordement, dans le bouillonnement de sève vivante jaillie de l'éternelle nature, méprisée, laissée pour morte pendant des siècles. Plus menaçants encore étaient les sourds réveils du peuple, du grand muet, dont la langue semblait commencer à se délier. La Réforme avait éclaté comme une protestation de la raison et de la justice, un rappel aux vérités méconnues de l'Évangile ; et il fallut, pour sauver Rome d'une disparition totale, la rude défense de l'Inquisition, le lent et obstiné labeur du concile de Trente qui raffermit le dogme et assura le pouvoir temporel. Ce fut alors l'entrée de la papauté dans deux siècles de paix et d'effacement, car les solides monarchies absolues qui s'étaient partagé l'Europe pouvaient se passer d'elle, ne tremblaient plus devant les foudres de l'excommunication devenues innocentes, n'acceptaient plus le pape que comme un maître de cérémonie, chargé de certains rites. Un déséquilibrement s'était produit dans la possession du peuple : si les rois tenaient toujours le peuple de Dieu, le pape devait seulement enregistrer la donation une fois pour toutes, sans avoir à intervenir, quelle que fût l'occasion, dans le gouvernement des États. Jamais Rome n'a été moins près de réaliser son rêve séculaire de domination universelle. Et, quand la Révolution française éclata, on put croire que la proclamation des droits de l'homme allait tuer la papauté, dépositaire du droit divin que Dieu lui avait délégué sur les nations. Aussi quelle inquiétude première, quelle colère, quelle défense désespérée, au Vatican, contre l'idée de liberté, contre ce nouveau credo de la raison libérée et de l'humanité rentrant en possession d'elle-même ! C'était le dénouement apparent de la longue lutte entre l'empereur et le pape, pour la possession du peuple : l'empereur disparaissait, et le peuple, libre désormais de disposer de lui, prétendait échapper au pape, solution imprévue où paraissait devoir crouler tout l'antique échafaudage du catholicisme.

Pierre terminait ici la première partie de son livre, par un rappel du christianisme primitif, en face du catholicisme actuel, qui est le triomphe des riches et des puissants. Cette société romaine que Jésus était venu détruire, au nom des pauvres et des humbles, la Rome catholique ne l'a-t-elle pas rebâtie, à travers les siècles, dans son œuvre politique d'argent et d'orgueil? Et quelle triste ironie, quand on constatait qu'après dix-huit cents ans d'Évangile, le monde s'effondrait de nouveau dans l'agio, les banques véreuses, les désastres financiers, dans cette effroyable injustice de quelques hommes gorgés de richesses, parmi les milliers de leurs frères qui crevaient de faim ! Tout le salut des misérables était à recommencer. Mais ces choses terribles, Pierre les disait en des pages si adoucies de charité, si noyées d'espérance, qu'elles y avaient perdu leur danger révolutionnaire. D'ailleurs, nulle part il n'attaquait le dogme. Son livre n'était que le cri d'un apôtre, en sa forme sentimentale de poème, où brûlait l'unique amour du prochain.

Ensuite, venait la seconde partie de l'œuvre, le présent, l'étude de la société catholique actuelle. Là, Pierre avait fait une peinture affreuse de la misère des pauvres, de cette misère d'une grande ville, qu'il connaissait, dont il saignait pour en avoir touché les plaies empoisonnées. L'injustice ne se pouvait plus tolérer, la charité devenait impuissante, la souffrance était si épouvantable, que tout espoir se mourait au cœur du peuple. Ce qui avait contribué à tuer la foi en lui, n'était-ce pas le spectacle monstrueux de la chrétienté, dont les abominations le corrompaient, l'affolaient de haine et de vengeance? Et tout de suite, après ce tableau d'une civilisation pourrie, en train de crouler, il reprenait l'histoire à la Révolution française, à l'immense espérance que l'idée de liberté avait apportée au monde. En arrivant au pouvoir, la bourgeoisie, le grand parti libéral, s'était chargé de faire enfin le bonheur de tous. Mais le pis est que la liberté, décidément, après un siècle d'expérience, ne semble pas avoir donné aux déshérités plus de bonheur. Dans le domaine politique, une désillusion commence. En tout cas, si le troisième état se déclare satisfait, depuis qu'il règne, le quatrième état, les travailleurs, souffrent toujours et continuent à réclamer leur part. On les a proclamés libres, on leur a octroyé l'égalité politique, et ce ne sont en somme que des cadeaux dérisoires, car ils n'ont, comme jadis, sous leur servitude économique, que la liberté de mourir de faim. Toutes les revendications socialistes sont nées de là, le problème terrifiant dont la solution menace d'emporter la société actuelle, s'est posé dès lors entre le travail et le capital. Quand l'esclavage a disparu du monde antique, pour faire place au salariat, la révolution fut immense; et, certainement, l'idée chrétienne était un des facteurs puissants qui ont détruit l'esclavage. Aujourd'hui qu'il s'agit de remplacer le salariat par autre chose, peut-être par la participation de l'ouvrier aux bénéfices, pourquoi donc le christianisme ne tenterait-il pas d'avoir une action nouvelle? Cet avènement prochain et fatal de la démocratie, c'est une autre phase de l'histoire humaine qui s'ouvre, c'est la société de demain qui se crée. Et Rome ne pouvait se désintéresser, la papauté allait avoir à prendre parti dans la querelle, si elle ne voulait pas disparaître du monde, comme un rouage devenu décidément inutile.

De là naissait la légitimité du socialisme catholique. Lorsque, de toutes parts, les sectes socialistes se disputaient le bonheur du peuple à coups de solutions, l'Église devait apporter la sienne. Et c'était ici que la Rome nouvelle apparaissait, et que l'évolution s'élargissait, dans un renouveau d'espérance illimitée. Évidemment, l'Église catholique n'avait rien, en son principe, de contraire à une démocratie. Il lui suffirait même de reprendre la tradition évangélique, de redevenir l'Église des humbles et des pauvres, le jour où elle rétablirait l'universelle communauté chrétienne. Elle est d'essence démocratique, et si elle s'est mise avec les riches, avec les puissants, lorsque le christianisme est devenu le catholicisme, elle n'a fait qu'obéir à la nécessité de se défendre pour vivre, en sacrifiant de sa pureté première; de sorte qu'aujourd'hui, si elle abandonnait les classes dirigeantes condamnées, pour retourner au petit peuple des misérables, elle se rapprocherait simplement du Christ, elle se rajeunirait, se purifierait des compromissions politiques qu'elle a dû subir. En tous temps, l'Église, sans renoncer en rien à son absolu, a su plier devant les circonstances : elle réserve sa souveraineté totale, elle tolère simplement ce qu'elle ne peut empêcher, elle attend avec patience, même pendant des siècles, la minute où elle redeviendra la maîtresse du monde. Et, cette fois, la minute n'allait-elle pas sonner, dans la crise qui se préparait? De nouveau, toutes les puissances se disputent la possession du peuple. Depuis que la liberté et l'instruction ont fait de lui une force, un être de conscience et de volonté réclamant sa part, tous les gouvernants veulent le gagner, régner par lui et même avec lui, s'il le faut. Le socialisme, voilà l'avenir, le nouvel instrument de règne ; et tous font du socialisme, les rois ébranlés sur leur trône, les chefs bourgeois des républiques inquiètes, les meneurs ambitieux qui rêvent du pouvoir. Tous sont d'accord que l'État capitaliste est un retour au monde païen, au marché d'esclaves, tous parlent de briser l'atroce loi de fer, le travail devenu une marchandise soumise aux lois de l'offre et de la demande, le salaire calculé sur le strict nécessaire dont l'ouvrier a besoin pour ne pas mourir de faim. En bas, les maux grandissent, les travailleurs agonisent de famine et d'exaspération, pendant qu'au-dessus de leurs têtes les discussions continuent, les systèmes se croisent, les bonnes volontés s'épuisent à tenter des remèdes impuissants. C'est le piétinement sur place, l'effarement affolé des grandes catastrophes prochaines. Et, parmi les autres, le socialisme catholique, aussi ardent que le socialisme révolutionnaire, est entré à son tour dans la bataille, en tâchant de vaincre.

Alors, toute une étude suivait des longs efforts du socialisme catholique, dans la chrétienté entière. Ce qui frappait surtout, c'était que la lutte devenait plus vive et plus victorieuse, dès qu'elle se livrait sur une terre de propagande, encore non conquise complètement au christianisme. Par exemple, dans les nations où celui-ci se trouvait en présence du protestantisme, les prêtres luttaient pour la vie avec une passion extraordinaire, disputaient aux pasteurs la possession du peuple, à coups de hardiesses, de théories audacieusement démocratiques. En Allemagne, la terre classique du socialisme, monseigneur Ketteler parla un des premiers de frapper les riches de contributions, créa plus tard une vaste agitation que tout le clergé dirige aujourd'hui, grâce à des associations et à des journaux nombreux. En Suisse, monseigneur Mermillod plaida si haut la cause des pauvres, que les évêques, maintenant, y font presque cause commune avec les socialistes démocrates, qu'ils espèrent convertir sans doute au jour du partage. En Angleterre, où le socialisme pénètre avec tant de lenteur, le cardinal Manning remporta des victoires considérables, prit la défense des ouvriers, pendant une grève fameuse, détermina un mouvement populaire que signalèrent de fréquentes conversions. Mais ce fut surtout en Amérique, aux États-Unis, que le socialisme catholique triompha, dans ce milieu de pleine démocratie, qui a forcé des évêques tels que monseigneur Ireland à se mettre à la tête des revendications ouvrières : toute une Église nouvelle semble là en germe, confuse encore et débordante de sève, soulevée d'un espoir immense, comme à l'aurore du christianisme rajeuni de demain. Et, si l'on passe ensuite à l'Autriche et à la Belgique, nations catholiques, on voit que, chez la première, le socialisme catholique se confond avec l'antisémitisme, et que, chez la seconde, il n'a aucun sens précis ; tandis que le mouvement s'arrête et même disparaît, dès qu'on descend à l'Espagne et à l'Italie, ces vieilles terres de foi, l'Espagne toute aux violences des révolutionnaires, avec ses évêques têtus qui se contentent de foudroyer les incroyants comme aux jours de l'Inquisition, l'Italie immobilisée dans la tradition, sans initiative possible, réduite au silence et au respect, autour du Saint-Siège. En France, pourtant, la lutte restait vive, mais surtout une lutte d'idées. La guerre, en somme, s'y menait contre la Révolution, et il semblait qu'il eût suffi de rétablir l'ancienne organisation des temps monarchiques, pour retourner à l'âge d'or. C'était ainsi que la question des corporations ouvrières était devenue l'affaire unique, comme la panacée à tous les maux des travailleurs. Mais on était loin de s'entendre: les uns, les catholiques qui repoussaient l'ingérence de l'État, qui préconisaient une action purement morale, voulaient les corporations libres; tandis que les autres, les jeunes, les impatients, résolus à l'action, les demandaient obligatoires, avec capital propre, reconnues et protégées par l'État. Le vicomte Philibert de la Choue avait particulièrement mené une ardente campagne, par la parole, par la plume, en faveur de ces corporations obligatoires; et son grand chagrin était de n'avoir pu encore décider le pape à se prononcer ouvertement sur le cas de savoir si les corporations devaient être ouvertes ou fermées. A l'entendre, le sort de la société était là, la solution paisible de la question sociale ou l'effroyable catastrophe qui devait tout emporter. Au fond, bien qu'il refusât de l'avouer, le vicomte avait fini par en venir au socialisme d'État. Et, malgré le manque d'accord, l'agitation restait grande, des tentatives peu heureuses étaient faites, des sociétés coopératives de consommation, des sociétés d'habitations ouvrières, des banques populaires, des retours plus ou moins déguisés aux anciennes communautés chrétiennes; pendant que, de jour en jour, au milieu de la confusion de l'heure présente, dans le trouble des âmes et dans les difficultés politiques que traversait le pays, le parti catholique militant sentait son espérance grandir, jusqu'à la certitude aveugle de reconquérir bientôt le gouvernement du monde.

Justement, la deuxième partie du livre finissait par un tableau du malaise intellectuel et moral où se débat cette fin de siècle. Si la masse des travailleurs souffre d'être mal partagée et exige que, dans un nouveau partage, on lui assure au moins son pain quotidien, il semble que l'élite n'est pas plus contente, se plaignant du vide où la laissent sa raison libérée, son intelligence élargie. C'est la fameuse banqueroute du rationalisme, du positivisme et de la science elle-même. Les esprits que dévore le besoin de l'absolu, se lassent des tâtonnements, des lenteurs de cette science qui admet les seules vérités prouvées ; ils sont repris de l'angoisse du mystère, il leur faut une synthèse totale et immédiate, pour pouvoir dormir en paix ; et, brisés, ils retombent à genoux sur la route, éperdus à la pensée qu'ils ne sauront jamais tout, préférant Dieu, l'inconnu révélé, affirmé en un acte de foi. Aujourd'hui encore, en effet, la science ne calme ni notre soif de justice, ni notre désir de sécurité, ni l'idée séculaire que nous nous faisons du bonheur, dans la survie, dans une éternité de jouissances. Elle n'en est qu'à épeler le monde, elle n'apporte, pour chacun, que la solidarité austère du devoir de vivre, d'être un simple facteur du travail universel ; et comme l'on comprend la révolte des cœurs, le regret de ce ciel chrétien, peuplé de beaux anges, plein de lumière, de musiques et de parfums ! Ah ! baiser ses morts, se dire qu'on les retrouvera, qu'on revivra avec eux une immortalité glorieuse ! et avoir cette certitude de souveraine équité pour supporter l'abomination de l'existence terrestre ! et tuer ainsi l'affreuse pensée du néant, et échapper à l'horreur de la disparition du moi, et se tranquilliser enfin dans l'inébranlable croyance qui remet au lendemain de la mort la solution heureuse de tous les problèmes de la destinée ! Ce rêve, les peuples le rêveront longtemps encore. C'est ce qui explique comment, à cette fin de siècle, par suite du surmenage des esprits, par suite également du trouble profond où est l'humanité, grosse d'un monde prochain, le sentiment religieux s'est réveillé, inquiet, tourmenté d'idéal et d'infini, exigeant une loi morale et l'assurance d'une justice supérieure. Les religions peuvent disparaître, le sentiment religieux en créera de nouvelles, même avec la science. Une religion nouvelle ! une religion nouvelle ! et n'était-ce pas le vieux catholicisme qui, dans cette terre contemporaine où tout semblait devoir favoriser ce miracle, allait renaître, jeter des rameaux verts, s'épanouir en une toute jeune et immense floraison ?

Enfin, dans la troisième partie de son livre, Pierre

avait dit, en phrases enflammées d'apôtre, ce qu'allait
être l'avenir, ce catholicisme rajeuni, apportant aux nations agonisantes la santé et la paix, l'âge d'or oublié du
christianisme primitif. Et, d'abord, il débutait par un portrait attendri et glorieux de Léon XIII, le pape idéal, le
prédestiné chargé du salut des peuples. Il l'avait évoqué,
il l'avait vu ainsi, dans son désir brûlant de la venue d'un
pasteur qui mettait fin à la misère. Ce n'était pas un portrait d'étroite ressemblance, mais le sauveur nécessaire,
l'inépuisable charité, le cœur et l'intelligence larges, tels
qu'il les rêvait. Pourtant, il avait fouillé les documents,
étudié les encycliques, basé la figure sur les faits : l'éducation religieuse à Rome, la courte nonciature à Bruxelles,
le long épiscopat à Pérouse. Dès que Léon XIII est pape,
dans la difficile situation laissée par Pie IX, se révèle la
dualité de sa nature, le gardien inébranlable du dogme,
le politique souple, résolu à pousser la conciliation aussi
loin qu'il le pourra. Nettement, il rompt avec la philosophie moderne, il remonte, par delà la Renaissance, au
moyen âge, il restaure dans les écoles catholiques la
philosophie chrétienne, selon l'esprit de saint Thomas
d'Aquin, le docteur angélique. Puis, le dogme mis de la
sorte à l'abri, il vit d'équilibre, donne des gages à toutes
les puissances, s'efforce d'utiliser toutes les occasions. On
le voit, d'une activité extraordinaire, réconcilier le Saint-
Siège avec l'Allemagne, se rapprocher de la Russie, contenter la Suisse, souhaiter l'amitié de l'Angleterre, écrire
à l'empereur de la Chine pour lui demander de protéger les
missionnaires et les chrétiens de son empire. Plus tard,
il interviendra en France, reconnaîtra la légitimité de la
République. Dès le début, une pensée se dégage, la pensée
qui fera de lui un des grands papes politiques ; et c'est,
d'ailleurs, la pensée séculaire de la papauté, la conquête
de toutes les âmes, Rome centre et maîtresse du monde.
Il n'a qu'une volonté, qu'un but, travailler à l'unité de
l'Église, ramener à elle les communions dissidentes, pour

la rendre invincible, dans la lutte sociale qui se prépare. En Russie, il tâche de faire reconnaître l'autorité morale du Vatican ; en Angleterre, il rêve de désarmer l'Église anglicane, de l'amener à une sorte de trêve fraternelle ; mais, en Orient surtout, il convoite un accord avec les Églises schismatiques, qu'il traite en simples sœurs séparées, dont son cœur de père sollicite le retour. De quelle force victorieuse Rome ne disposerait-elle pas, le jour où elle régnerait sans conteste sur les chrétiens de la terre entière ?

Et c'est ici qu'apparaît l'idée sociale de Léon XIII. Encore évêque de Pérouse, il avait écrit une lettre pastorale, où se montrait un vague socialisme humanitaire. Puis, dès qu'il a coiffé la tiare, il change d'opinion, foudroie les révolutionnaires, dont l'audace alors terrifiait l'Italie. Tout de suite, d'ailleurs, il se reprend, averti par les faits, comprenant le danger mortel de laisser le socialisme aux mains des ennemis du catholicisme. Il écoute les évêques populaires des pays de propagande, cesse d'intervenir dans la querelle irlandaise, retire l'excommunication dont il avait frappé aux États-Unis les Chevaliers du travail, défend de mettre à l'index les livres hardis des écrivains catholiques socialistes. Cette évolution vers la démocratie se retrouve dans ses plus fameuses encycliques : *Immortale Dei*, sur la constitution des États ; *Libertas*, sur la liberté humaine ; *Sapientiæ*, sur les devoirs des citoyens chrétiens ; *Rerum novarum*, sur la condition des ouvriers ; et c'est particulièrement cette dernière qui semble avoir rajeuni l'Église. Le pape y constate la misère imméritée des travailleurs, les heures de travail trop longues, le salaire trop réduit. Tout homme a le droit de vivre, et le contrat extorqué par la faim est injuste. Ailleurs, il déclare qu'on ne doit pas abandonner l'ouvrier, sans défense, à une exploitation qui transforme en fortune pour quelques-uns la misère du plus grand nombre. Forcé de rester vague sur les questions d'organisation, il se borne à encourager le mouvement corporatif, qu'il place sous le patronage de l'État; et, après avoir ainsi restauré l'idée de l'autorité civile, il remet Dieu en sa place souveraine, il voit surtout le salut par des mesures morales, par l'antique respect dû à la famille et à la propriété. Mais cette main secourable de l'auguste vicaire du Christ, tendue publiquement aux humbles et aux pauvres, n'était-ce pas le signe certain d'une nouvelle alliance, l'annonce d'un nouveau règne de Jésus sur la terre? Désormais, le peuple savait qu'il n'était pas abandonné. Et, dès lors, dans quelle gloire était monté Léon XIII, dont le jubilé sacerdotal et le jubilé épiscopal avaient été fêtés pompeusement, parmi le concours d'une foule immense, des cadeaux sans nombre, des lettres flatteuses envoyées par tous les souverains!

Ensuite, Pierre avait traité la question du pouvoir temporel, ce qu'il croyait devoir faire librement. Sans doute il n'ignorait pas que, dans sa querelle avec l'Italie, le pape maintenait aussi obstinément qu'au premier jour ses droits sur Rome; mais il s'imaginait qu'il y avait là une simple attitude nécessaire, imposée par des raisons politiques, et qui disparaîtrait, quand sonnerait l'heure. Lui, était convaincu que, si jamais le pape n'avait paru plus grand, il devait à la perte du pouvoir temporel cet élargissement de son autorité, cette splendeur pure de toute-puissance morale où il rayonnait. Quelle longue histoire de fautes et de conflits que celle de la possession de ce petit royaume de Rome, depuis quinze siècles! Au quatrième siècle, Constantin quitte Rome, il ne reste au Palatin vide que quelques fonctionnaires oubliés, et le pape, naturellement, s'empare du pouvoir, la vie de la cité passe au Latran. Mais ce n'est que quatre siècles plus tard que Charlemagne reconnaît les faits accomplis, en donnant formellement au pape les États de l'Église. La guerre, dès lors, n'a plus cessé entre la puissance spirituelle et les puissances temporelles, souvent latente, parfois aiguë, dans le sang et dans les flammes. Aujourd'hui, n'est-il pas déraisonnable de rêver, au milieu de l'Europe en armes, la papauté reine d'un lambeau de territoire, où elle serait exposée à toutes les vexations, où elle ne pourrait être maintenue que par une armée étrangère? Que deviendrait-elle, dans le massacre général qu'on redoute? et combien elle est plus à l'abri, plus digne, plus haute, dégagée de tout souci terrestre, régnant sur le monde des âmes! Aux premiers temps de l'Église, la papauté, de locale, de purement romaine, s'est peu à peu catholicisée, universalisée, conquérant son empire sur la chrétienté entière. De même, le sacré collège, qui a continué d'abord le sénat romain, s'est internationalisé ensuite, a fini de nos jours par être la plus universelle de nos assemblées, dans laquelle siègent des membres de toutes les nations. Et n'est-il pas évident que le pape, appuyé ainsi sur les cardinaux, est devenu là seule et grande autorité internationale, d'autant plus puissante qu'elle est libérée des intérêts monarchiques et qu'elle parle au nom de l'humanité, par-dessus même la notion de patrie? La solution tant cherchée, au milieu de si longues guerres, est sûrement là : ou donner la royauté temporelle du monde au pape, ou ne lui en laisser que la royauté spirituelle. Représentant de Dieu, souverain absolu et infaillible par délégation divine, il ne peut que rester dans le sanctuaire, si, déjà maître des âmes, il n'est pas reconnu par tous les peuples comme l'unique maître des corps, le roi des rois.

Mais quelle étrange aventure que cette poussée nouvelle de la papauté dans le champ ensemencé par la Révolution française, ce qui l'achemine peut-être vers la domination dont la volonté la tient debout depuis tant de siècles! Car la voilà seule devant le peuple; les rois sont abattus; et, puisque le peuple est libre désormais de se donner à qui bon lui semble, pourquoi ne se donnerait-il pas à elle? Le déchet certain que subit l'idée de liberté permet tous les espoirs. Sur le terrain économique, le parti libéral semble vaincu. Les travailleurs, mécontents de 89, se plaignent de leur misère aggravée, s'agitent, cherchent le bonheur désespérément. D'autre part, les régimes nouveaux ont accru la puissance internationale de l'Église, les membres catholiques sont en nombre dans les parlements des républiques et des monarchies constitutionnelles. Toutes les circonstances paraissent donc favoriser cette extraordinaire fortune du catholicisme vieillissant, repris d'une vigueur de jeunesse. Jusqu'à la science qu'on accuse de banqueroute, ce qui sauve du ridicule le *Syllabus*, trouble les intelligences, rouvre le champ illimité du mystère et de l'impossible. Et, alors, on rappelle une prophétie qui a été faite, la papauté maîtresse de la terre, le jour où elle marcherait à la tête de la démocratie, après avoir réuni les Églises schismatiques d'Orient à l'Église catholique, apostolique et romaine. Les temps étaient sûrement venus, puisque le pape, donnant congé aux grands et aux riches de ce monde, laissait à l'exil les rois chassés du trône, pour se remettre, comme Jésus, avec les travailleurs sans pain et les mendiants des routes. Encore peut-être quelques années de misère affreuse, d'inquiétante confusion, d'effroyable danger social, et le peuple, le grand muet dont on a disposé jusqu'ici, parlera, retournera au berceau, à l'Église unifiée de Rome, pour éviter la destruction menaçante des sociétés humaines.

Et Pierre terminait son livre par une évocation passionnée de la Rome nouvelle, de la Rome spirituelle qui règnerait bientôt sur les peuples réconciliés, fraternisant dans un autre âge d'or. Il y voyait même la fin des superstitions, il s'était oublié, sans aucune attaque directe aux dogmes, jusqu'à faire le rêve du sentiment religieux élargi, affranchi des rites, tout entier à l'unique satisfaction de la charité humaine ; et, encore blessé de son voyage à Lourdes, il avait cédé au besoin de contenter son cœur. Cette superstition de Lourdes, si grossière, n'était-elle pas le symptôme exécrable d'une époque de trop de souffrance? Le jour où l'Évangile serait universellement répandu et pratiqué, les souffrants cesseraient d'aller chercher si loin, dans des conditions si tragiques, un soulagement illusoire, certains dès lors de trouver assistance, d'être consolés et guéris chez eux, dans leurs maisons, au milieu de leurs frères. Il y avait, à Lourdes, un déplacement de la fortune inique, un spectacle effroyable qui faisait douter de Dieu, une continuelle cause de combat, qui disparaîtrait dans la société vraiment chrétienne de demain. Ah! cette société, cette communauté chrétienne, c'était au désir ardent de sa prochaine venue que toute l'œuvre aboutissait! Le christianisme enfin redevenant la religion de justice et de vérité qu'il était, avant de s'être laissé conquérir par les riches et les puissants! Les petits et les pauvres régnant, se partageant les biens d'ici-bas, n'obéissant plus qu'à la loi égalitaire du travail! Le pape seul debout à la tête de la fédération des peuples, souverain de paix, ayant la simple mission d'être la règle morale, le lien de charité et d'amour qui unit tous les êtres! Et n'était-ce pas la réalisation prochaine des promesses du Christ? Les temps allaient s'accomplir, la société civile et la société religieuse se recouvriraient, si parfaitement, qu'elles ne feraient plus qu'une; et ce serait l'âge de triomphe et de bonheur prédit par tous les prophètes, plus de luttes possibles, plus d'antagonisme entre le corps et l'âme, un merveilleux équilibre qui tuerait le mal, qui mettrait sur la terre le royaume de Dieu. La Rome nouvelle, centre du monde, donnant au monde la religion nouvelle!

Pierre sentit des larmes lui monter aux yeux, et d'un geste inconscient, sans s'apercevoir qu'il étonnait les maigres Anglais et les Allemands trapus, défilant sur la terrasse, il ouvrit les bras, il les tendit vers la Rome réelle, baignée d'un si beau soleil, qui s'étendait à ses pieds. Serait-elle douce à son rêve? Allait-il, comme il l'avait dit, trouver chez elle le remède à nos impatiences et à nos inquiétudes? Le catholicisme pouvait-il se renouveler, revenir à l'esprit du christianisme primitif, être la religion de la démocratie, la foi que le monde moderne bouleversé, en danger de mort, attend pour s'apaiser et vivre? Et il était plein de passion généreuse, plein de foi. Il revoyait le bon abbé Rose, pleurant d'émotion en lisant son livre; il entendait le vicomte Philibert de la Choue lui dire qu'un livre pareil valait une armée; il se sentait surtout fort de l'approbation du cardinal Bergerot, cet apôtre de la charité inépuisable. Pourquoi donc la congrégation de l'Index menaçait-elle son œuvre d'interdit? Depuis quinze jours, depuis qu'on l'avait officieusement prévenu de venir à Rome, s'il voulait se défendre, il retournait cette question, sans pouvoir découvrir quelles pages étaient visées. Toutes lui paraissaient brûler du plus pur christianisme. Mais il arrivait frémissant d'enthousiasme et de courage, il avait hâte d'être aux genoux du pape, de se mettre sous son auguste protection, en lui disant qu'il n'avait pas écrit une ligne sans s'inspirer de son esprit, sans vouloir le triomphe de sa politique. Était-ce possible que l'on condamnât un livre où, très sincèrement, il croyait avoir exalté Léon XIII, en l'aidant dans son œuvre d'unité chrétienne et d'universelle paix?

Un instant encore, Pierre resta debout contre le parapet. Depuis près d'une heure, il était là, ne parvenant pas à rassasier sa vue de la grandeur de Rome, qu'il aurait voulu posséder tout de suite, dans l'inconnu qu'elle lui cachait. Oh! la saisir, la savoir, connaître à l'instant le mot vrai qu'il venait lui demander! C'était une expérience encore, après Lourdes, et plus grave, décisive, dont il sentait bien qu'il sortirait raffermi ou foudroyé à jamais. Il ne demandait plus la foi naïve et totale du petit enfant, mais la foi supérieure de l'intellectuel, s'élevant au-dessus des rites et des symboles, travaillant au plus grand bonheur possible de l'humanité, basé sur son besoin de certitude. Son cœur battait à ses tempes : quelle serait la réponse de Rome ? Le soleil avait grandi, les quartiers hauts se détachaient avec plus de vigueur sur les fonds incendiés. Au loin, les collines se doraient, devenaient de pourpre, tandis que les façades prochaines se précisaient, très claires, avec leurs milliers de fenêtres, nettement découpées. Mais des vapeurs matinales flottaient encore, des voiles légers semblaient monter des rues basses, noyant les sommets, où elles s'évaporaient, dans le ciel ardent, d'un bleu sans fin. Il crut un instant que le Palatin s'était effacé, il en voyait à peine la sombre frange de cyprès, comme si la poussière même de ses ruines la cachait. Et le Quirinal surtout avait disparu, le palais du roi semblait s'être reculé dans une brume, si peu important avec sa façade basse et plate, si vague au loin, qu'il ne le distinguait plus ; tandis que, sur la gauche, au-dessus des arbres, le dôme de Saint-Pierre avait grandi encore, dans l'or limpide et net du soleil, tenant tout le ciel, dominant la ville entière.

Ah ! la Rome de cette première rencontre, la Rome matinale où, brûlant de la fièvre de l'arrivée, il n'avait pas même aperçu les quartiers neufs, de quel espoir illimité elle le soulevait, cette Rome qu'il croyait trouver là vivante, telle qu'il l'avait rêvée ! Et, par ce beau jour, pendant que, debout, dans sa mince soutane noire, il la contemplait ainsi, quel cri de prochaine rédemption lui paraissait monter des toits, quelle promesse de paix universelle sortait de cette terre sacrée, deux fois reine du monde ! C'était la troisième Rome, la Rome nouvelle, dont la paternelle tendresse, par-dessus les frontières, allait à tous les peuples, pour les réunir, consolés, en une commune étreinte. Il la voyait, il l'entendait, si rajeunie, si douce d'enfance, sous le grand ciel pur, comme envolée dans la fraîcheur du matin, dans la candeur passionnée de son rêve.

Enfin, Pierre s'arracha au spectacle sublime. La tête basse, en plein soleil, le cocher et le cheval n'avaient pas bougé. Sur la banquette, la valise brûlait, chauffée par l'astre déjà lourd. Et il remonta dans la voiture, en donnant de nouveau l'adresse :

— Via Giulia, palazzo Boccanera.

II

A cette heure, la rue Giulia, qui s'étend toute droite sur près de cinq cents mètres, du palais Farnèse à l'église Saint-Jean des Florentins, était baignée d'un soleil clair dont la nappe l'enfilait d'un bout à l'autre, blanchissant le petit pavé carré de sa chaussée sans trottoirs; et la voiture la remonta presque entièrement, entre les vieilles demeures grises, comme endormies et vides, aux grandes fenêtres grillées de fer, aux porches profonds laissant voir des cours sombres, pareilles à des puits. Ouverte par le pape Jules II, qui rêvait de la border de palais magnifiques, la rue, la plus régulière, la plus belle de Rome à l'époque, avait servi de Corso au seizième siècle. On sentait l'ancien beau quartier, tombé au silence, au désert de l'abandon, envahi par une sorte de douceur et de discrétion cléricales. Et les vieilles façades se succédaient, les persiennes closes, quelques grilles fleuries de plantes grimpantes, des chats assis sur les portes, des boutiques obscures où sommeillaient d'humbles commerces, installés dans des dépendances; tandis que les passants étaient rares, d'actives bourgeoises qui se hâtaient, de pauvres femmes en cheveux traînant des enfants, une charrette de foin attelée d'un mulet, un moine superbe drapé de bure, un vélocipédiste filant sans bruit et dont la machine étincelait au soleil.

Enfin, le cocher se tourna, montra un grand bâtiment carré, au coin d'une ruelle qui descendait vers le Tibre.

— Palazzo Boccanera.

Pierre leva la tête, et ce sévère logis, noirci par l'âge, d'une architecture si nue et si massive, lui serra un peu le cœur. Comme le palais Farnèse et comme le palais Sacchetti, ses voisins, il avait été bâti par Antonio da San Gallo, vers 1540 ; même, comme pour le premier, la tradition voulait que l'architecte eût employé, dans la construction, des pierres volées au Colisée et au Théâtre de Marcellus. Vaste et carrée sur la rue, la façade à sept fenêtres avait trois étages, le premier très élevé, très noble. Et, pour toute décoration, les hautes fenêtres du rez-de-chaussée, barrées d'énormes grilles saillantes, dans la crainte sans doute de quelque siège, étaient posées sur de grandes consoles et couronnées par des attiques qui reposaient elles-mêmes sur des consoles plus petites. Au-dessus de la monumentale porte d'entrée, aux battants de bronze, devant la fenêtre du milieu, régnait un balcon. La façade se terminait, sur le ciel, par un entablement somptueux, dont la frise offrait une grâce et une pureté d'ornements admirables. Cette frise, les consoles et les attiques des fenêtres, les chambranles de la porte étaient de marbre blanc, mais si terni, si émietté, qu'ils avaient pris le grain rude et jauni de la pierre. A droite et à gauche de a porte, se trouvaient deux antiques bancs portés par des griffons, de marbre également ; et l'on voyait encore, encastrée dans le mur, à l'un des angles, une adorable fontaine Renaissance, aujourd'hui tarie, un Amour qui chevauchait un dauphin, à peine reconnaissable, tellement l'usure avait mangé le relief.

Mais les regards de Pierre venaient d'être attirés surtout par un écusson sculpté au-dessus d'une des fenêtres du rez-de-chaussée, les armes des Boccanera, le dragon ailé soufflant des flammes ; et il lisait nettement la devise, restée intacte : *Bocca nera, Alma rossa,* bouche noire, âme rouge. Au-dessus d'une autre fenêtre, en pendant, il y avait une de ces petites chapelles encore nombreuses à Rome, une sainte Vierge vêtue de satin, devant laquelle une lanterne brûlait en plein jour.

Le cocher, comme il est d'usage, allait s'engouffrer sous le porche sombre et béant, lorsque le jeune prêtre, saisi de timidité, l'arrêta.

— Non, non, n'entrez pas, c'est inutile.

Et il descendit de la voiture, le paya, se trouva, avec sa valise à la main, sous la voûte, puis dans la cour centrale, sans avoir rencontré âme qui vive.

C'était une cour carrée, vaste, entourée d'un portique, comme un cloître. Sous les arcades mornes, des débris de statues, des marbres de fouille, un Apollon sans bras, une Vénus dont il ne restait que le tronc, étaient rangés contre les murs; et une herbe fine avait poussé entre les cailloux qui pavaient le sol d'une mosaïque blanche et noire. Jamais le soleil ne semblait devoir descendre jusqu'à ce pavé moisi d'humidité. Il régnait là une ombre, un silence, d'une grandeur morte et d'une infinie tristesse.

Pierre, surpris par le vide de ce palais muet, cherchait toujours quelqu'un, un concierge, un serviteur; et il crut avoir vu filer une ombre, il se décida à franchir une autre voûte, qui conduisait à un petit jardin, sur le Tibre. De ce côté, la façade, tout unie, sans un ornement, n'offrait que les trois rangées de ses fenêtres symétriques. Mais le jardin lui serra le cœur davantage, par son abandon. Au centre, dans un bassin comblé, avaient poussé de grands buis amers. Parmi les herbes folles, des orangers aux fruits d'or mûrissants indiquaient seuls le dessin des allées, qu'ils bordaient. Contre la muraille de droite, entre deux énormes lauriers, il y avait un sarcophage du deuxième siècle, des faunes violentant des femmes, toute une effrénée bacchanale, une de ces scènes d'amour vorace, que la Rome de la décadence mettait sur les tombeaux; et, transformé en auge, ce sarcophage de marbre, effrité, verdi, recevait le mince filet d'eau qui coulait d'un large masque tragique, scellé dans le mur.

Sur le Tibre, s'ouvrait anciennement là une sorte de loggia à portique, une terrasse d'où un double escalier descendait au fleuve. Mais les travaux des quais étaient en train d'exhausser les berges, la terrasse se trouvait déjà plus bas que le nouveau sol, parmi des décombres, des pierres de taille abandonnées, au milieu de l'éventrement crayeux et lamentable qui bouleversait le quartier.

Cette fois, Pierre fut certain d'avoir vu l'ombre d'une jupe. Il retourna dans la cour, il s'y trouva en présence d'une femme qui devait approcher de la cinquantaine, mais sans un cheveu blanc, l'air gai, très vive, dans sa taille un peu courte. Pourtant, à la vue du prêtre, son visage rond, aux petits yeux clairs, avait exprimé comme une méfiance.

Lui, tout de suite, s'expliqua, en cherchant les quelques mots de son mauvais italien.

— Madame, je suis l'abbé Pierre Froment...

Mais elle ne le laissa pas continuer, elle dit en très bon français, avec l'accent un peu gras et traînard de l'Ile-de-France :

— Ah! monsieur l'abbé, je sais, je sais... Je vous attendais, j'ai des ordres.

Et, comme il la regardait, ébahi :

— Moi, je suis Française... Voici vingt-cinq ans que j'habite leur pays, et je n'ai pas encore pu m'y faire, à leur satané charabia!

Alors, Pierre se souvint que le vicomte Philibert de la Choue lui avait parlé de cette servante, Victorine Bosquet, une Beauceronne, d'Auneau, venue à Rome à vingt-deux ans, avec une maîtresse phtisique, dont la mort brusque l'avait laissée éperdue, comme au milieu d'un pays de sauvages. Aussi s'était-elle donnée corps et âme à la comtesse Ernesta Brandini, une Boccanera, qui venait d'accoucher et qui l'avait ramassée sur le pavé pour en faire la bonne de sa fille Benedetta, avec l'idée qu'elle l'aiderait à apprendre le français. Depuis vingt-cinq ans dans la famille, elle s'était haussée au rôle de gouvernante, tout en restant une illettrée, si dénuée du don des langues, qu'elle n'était parvenue qu'à baragouiner un italien exécrable, pour les besoins du service, dans ses rapports avec les autres domestiques.

— Et monsieur le vicomte va bien? reprit-elle avec sa familiarité franche. Il est si gentil, il nous fait tant de plaisir, quand il descend ici, à chacun de ses voyages!... Je sais que la princesse et la contessina ont reçu de lui, hier, une lettre qui vous annonçait.

C'était, en effet, le vicomte Philibert de la Choue qui avait tout arrangé pour le séjour de Pierre à Rome. De l'antique et vigoureuse race des Boccanera, il ne restait que le cardinal Pio Boccanera, la princesse sa sœur, vieille fille qu'on appelait par respect donna Serafina, puis leur nièce Benedetta, dont la mère, Ernesta, avait suivi au tombeau son mari le comte Brandini, et enfin leur neveu, le prince Dario Boccanera, dont le père, le prince Onofrio Boccanera, était mort, et la mère, une Montefiori, remariée. Par le hasard d'une alliance, le vicomte s'était trouvé petit parent de cette famille : son frère cadet avait épousé une Brandini, la sœur du père de Benedetta; et c'était ainsi, à titre complaisant d'oncle, qu'il avait séjourné plusieurs fois au palais de la rue Giulia, du vivant du comte. Il s'était attaché à la fille de celui-ci, surtout depuis le drame intime d'un fâcheux mariage, qu'elle tâchait de faire annuler. Maintenant qu'elle était revenue près de sa tante Serafina et de son oncle le cardinal, il lui écrivait souvent, il lui envoyait des livres de France. Entre autres, il lui avait donc adressé celui de Pierre, et toute l'histoire était partie de là, des lettres échangées, puis une lettre de Benedetta annonçant que l'œuvre était dénoncée à la congrégation de l'Index, conseillant à l'auteur d'accourir et lui offrant gracieusement l'hospitalité au palais. Le vicomte, aussi étonné que le jeune prêtre, n'avait pas compris; mais il l'avait décidé à partir, par bonne politique, passionné lui-même pour une victoire qu'à l'avance il faisait sienne. Et, dès lors, l'effarement de Pierre se comprenait, tombant dans cette demeure inconnue, engagé dans une aventure héroïque dont les raisons et les conditions lui échappaient.

Victorine reprit tout d'un coup :

— Mais je vous laisse là, monsieur l'abbé... Je vais vous conduire dans votre chambre. Où est votre malle?

Puis, lorsqu'il lui eut montré sa valise, qu'il s'était décidé à poser par terre, en lui expliquant que, pour un séjour de quinze jours, il s'était contenté d'une soutane de rechange, avec un peu de linge, elle sembla très surprise.

— Quinze jours! vous croyez ne rester que quinze jours? Enfin, vous verrez bien.

Et, appelant un grand diable de laquais qui avait fini par se montrer :

— Giacomo, montez ça dans la chambre rouge... Si monsieur l'abbé veut me suivre?

Pierre venait d'être tout égayé et réconforté par cette rencontre imprévue d'une compatriote, si vive, si bonne femme, au fond de ce sombre palais romain. Maintenant, en traversant la cour, il l'écoutait lui conter que la princesse était sortie, et que la contessina, comme on continuait à appeler Benedetta dans la maison, par tendresse, malgré son mariage, n'avait pas encore paru ce matin-là, un peu souffrante. Mais elle répétait qu'elle avait des ordres.

L'escalier se trouvait dans un angle de la cour, sous le portique : un escalier monumental, aux marches larges et basses, si douces, qu'un cheval aurait pu les monter aisément, mais aux murs de pierre si nus, aux paliers si vides et si solennels, qu'une mélancolie de mort tombait des hautes voûtes.

Arrivée au premier étage, Victorine eut un sourire, en

remarquant l'émoi de Pierre. Le palais semblait inhabité, pas un bruit ne venait des salles closes. Elle désigna simplement une grande porte de chêne, à droite.

— Son Éminence occupe ici l'aile sur la cour et sur la rivière, oh! pas le quart de l'étage seulement... On a fermé tous les salons de réception sur la rue. Comment voulez-vous entretenir une pareille halle, et pourquoi faire? Il faudrait du monde.

Elle continuait de monter de son pas alerte, restée étrangère, trop différente sans doute pour être pénétrée par le milieu ; et, au second étage, elle reprit :

— Tenez! voici, à gauche, l'appartement de donna Serafina et, à droite, voici celui de la contessina. C'est le seul coin de la maison un peu chaud, où l'on se sente vivre... D'ailleurs, c'est lundi aujourd'hui, la princesse reçoit ce soir. Vous verrez ça.

Puis, ouvrant une porte qui donnait sur un autre escalier, très étroit :

— Nous autres, nous logeons au troisième... Si monsieur l'abbé veut bien me permettre de passer devant lui?

Le grand escalier d'honneur s'arrêtait au second; et elle expliqua que le troisième étage était seulement desservi par cet escalier de service, qui descendait à la ruelle longeant le flanc du palais, jusqu'au Tibre. Il y avait là une porte particulière, c'était très commode.

Enfin, au troisième, elle suivit un corridor, elle montra de nouveau des portes.

— Voici le logement de don Vigilio, le secrétaire de Son Éminence... Voici le mien... Et voici celui qui va être le vôtre... Chaque fois que monsieur le vicomte vient passer quelques jours à Rome, il n'en veut pas d'autre. Il dit qu'il est plus libre, qu'il sort et qu'il rentre quand il veut. Je vous donnerai, comme à lui, une clef de la porte en bas... Et puis, vous allez voir quelle jolie vue!

Elle était entrée. Le logement se composait de deux pièces, un salon assez vaste, tapissé d'un papier rouge à grands ramages, et une chambre au papier gris de lin, semé de fleurs bleues décolorées. Mais le salon faisait l'angle du palais, sur la ruelle et sur le Tibre; et elle était allée tout de suite aux deux fenêtres, l'une ouvrant sur les lointains du fleuve, en aval, l'autre donnant en face sur le Transtévère et sur le Janicule, de l'autre côté de l'eau.

— Ah! oui, c'est très agréable! dit Pierre qui l'avait suivie, debout près d'elle.

Giacomo, sans se presser, arriva derrière eux, avec la valise. Il était onze heures passées. Alors, voyant le prêtre fatigué, comprenant qu'il devait avoir très faim, après un tel voyage, Victorine offrit de lui faire servir tout de suite à déjeuner, dans le salon. Ensuite, il aurait l'après-midi pour se reposer ou pour sortir, et il ne verrait ces dames que le soir, au dîner. Il se récria, déclara qu'il sortirait, qu'il n'allait certainement pas perdre une après-midi entière. Mais il accepta de déjeuner, car, en effet, il mourait de faim.

Cependant, Pierre dut patienter une grande demi-heure encore. Giacomo, qui le servait sous les ordres de Victorine, était sans hâte. Et celle-ci, pleine de méfiance, ne quitta le voyageur qu'après s'être assurée qu'il ne manquait réellement de rien.

— Ah! monsieur l'abbé, quelles gens, quel pays! Vous ne pouvez pas vous en faire la moindre idée. J'y vivrais cent ans, que je ne m'y habituerais pas... Mais la contessina est si belle, si bonne!

Puis, tout en mettant elle-même sur la table une assiette de figues, elle le stupéfia, quand elle ajouta qu'une ville où il n'y avait que des curés ne pouvait pas être une bonne ville. Cette servante incrédule, si active et si gaie, dans ce palais, recommençait à l'effarer.

— Comment! vous êtes sans religion?

— Non, non! monsieur l'abbé, les curés, voyez-vous, ce n'est pas mon affaire. J'en avais déjà connu un, en

France, quand j'étais petite. Plus tard, ici, j'en ai trop vu, c'est fini... Oh! je ne dis pas ça pour Son Éminence, qui est un saint homme digne de tous les respects... Et l'on sait, dans la maison, que je suis une honnête fille: jamais je ne me suis mal conduite. Pourquoi ne me laisserait-on pas tranquille, du moment que j'aime bien mes maîtres et que je fais soigneusement mon service?

Elle finit par rire franchement.

— Ah! quand on m'a dit qu'un prêtre allait venir, comme si nous n'en avions déjà pas assez, ça m'a fait d'abord grogner dans les coins... Mais vous m'avez l'air d'un brave jeune homme, je crois que nous nous entendrons à merveille... Je ne sais pas à cause de quoi je vous en raconte si long, peut-être parce que vous venez de France et peut-être aussi parce que la contessina s'intéresse à vous... Enfin, vous m'excusez, n'est-ce pas? monsieur l'abbé, et croyez-moi, reposez-vous aujourd'hui, ne faites pas la bêtise d'aller courir leur ville, où il n'y a pas des choses si amusantes qu'ils le disent.

Lorsqu'il fut seul, Pierre se sentit brusquement accablé, sous la fatigue accumulée du voyage, accrue encore par la matinée de fièvre enthousiaste qu'il venait de vivre; et, comme grisé, étourdi par les deux œufs et la côtelette mangés en hâte, il se jeta tout vêtu sur le lit, avec la pensée de se reposer une demi-heure. Il ne s'endormit pas sur-le-champ, il songeait à ces Boccanera, dont il connaissait en partie l'histoire, dont il rêvait la vie intime, dans le grossissement de ses premières surprises, au travers de ce palais désert et silencieux, d'une grandeur si délabrée et si mélancolique. Puis, ses idées se brouillèrent, il glissa au sommeil, parmi tout un peuple d'ombres, les unes tragiques, les autres douces, des faces confuses qui le regardaient de leurs yeux d'énigme, en tournoyant dans l'inconnu.

Les Boccanera avaient compté deux papes, l'un au treizième siècle, l'autre au quinzième ; et c'était de ces deux élus, maîtres tout-puissants, qu'ils tenaient autrefois leur immense fortune, des terres considérables du côté de Viterbe, plusieurs palais dans Rome, des objets d'art à emplir des galeries, un amas d'or à combler des caves. La famille passait pour la plus pieuse du patriciat romain, celle dont la foi brûlait, dont l'épée avait toujours été au service de l'Église ; la plus croyante, mais la plus violente, la plus batailleuse aussi, continuellement en guerre, d'une sauvagerie telle, que la colère des Boccanera était passée en proverbe. Et de là venaient leurs armes, le dragon ailé soufflant des flammes, la devise ardente et farouche, qui jouait sur leur nom : *Bocca nera, Alma rossa*, bouche noire, âme rouge, la bouche enténébrée d'un rugissement, l'âme flamboyant comme un brasier de foi et d'amour. Des légendes de passions folles, d'actes de justice terribles, couraient encore. On racontait le duel d'Onfredo, le Boccanera qui, vers le milieu du seizième siècle, avait justement fait bâtir le palais actuel, sur l'emplacement d'une antique demeure, démolie. Onfredo, ayant su que sa femme s'était laissé baiser sur les lèvres par le jeune comte Costamagna, le fit enlever un soir, puis amener chez lui, les membres liés de cordes ; et là, dans une grande salle, avant de le délivrer, il le força de se confesser à un moine. Ensuite, il coupa les cordes avec un poignard, il renversa les lampes, il cria au comte de garder le poignard et de se défendre. Pendant près d'une heure, dans une obscurité complète, au fond de cette salle encombrée de meubles, les deux hommes se cherchèrent, s'évitèrent, s'étreignirent, en se lardant à coups de lame. Et, quand on enfonça les portes, on trouva, parmi des mares de sang, au travers des tables renversées, des sièges brisés, Costamagna le nez coupé, les cuisses déchiquetées de trente-deux blessures, tandis qu'Onfredo avait perdu deux doigts de la main droite, les épaules trouées comme un crible. Le miracle fut que ni l'un ni l'autre n'en moururent. Cent ans plus tôt, sur cette même rive du Tibre, une Boccanera, une enfant de seize ans à peine, la belle et passionnée Cassia, avait frappé Rome de terreur et d'admiration. Elle aimait Flavio Corradini, le fils d'une famille rivale, exécrée, que son père, le prince Boccanera, lui refusait rudement, et que son frère aîné, Ercole, avait juré de tuer, s'il le surprenait jamais avec elle. Le jeune homme la venait voir en barque, elle le rejoignait par le petit escalier qui descendait au fleuve. Or, Ercole, qui les guettait, sauta un soir dans la barque, planta un couteau en plein cœur de Flavio. Plus tard, on put rétablir les faits, on comprit que Cassia, alors, grondante, folle et désespérée, faisant justice, ne voulant pas elle-même survivre à son amour, s'était jetée sur son frère, avait saisi de la même étreinte irrésistible le meurtrier et la victime, en faisant chavirer la barque. Lorsqu'on avait retrouvé les trois corps, Cassia serrait toujours les deux hommes, écrasait leurs visages l'un contre l'autre, entre ses bras nus, restés d'une blancheur de neige.

Mais c'étaient là des époques disparues. Aujourd'hui, si la foi demeurait, la violence du sang semblait se calmer chez les Boccanera. Leur grande fortune aussi s'en était allée, dans la lente déchéance qui, depuis un siècle, frappe de ruine le patriciat de Rome. Les terres avaient dû être vendues, le palais s'était vidé, tombant peu à peu au train médiocre et bourgeois des temps nouveaux. Eux, du moins, se refusaient obstinément à toute alliance étrangère, glorieux de leur sang romain resté pur. Et la pauvreté n'était rien, ils contentaient là leur orgueil immense, ils vivaient à part, sans une plainte, au fond du silence et de l'ombre où s'achevait leur race. Le prince Ascanio, mort en 1848, avait eu, d'une Corvisieri, quatre enfants : Pio, le cardinal, Serafina, qui ne s'était pas mariée pour demeurer près de son frère ; et, Ernesta n'ayant laissé qu'une fille, il ne restait donc comme héritier mâle, seul continuateur du nom, que le fils d'Onofrio, le jeune prince Dario, âgé de trente ans. Avec lui, s'il mourait sans postérité, les Boccanera, si vivaces, dont l'action avait empli l'histoire, devaient disparaître.

Dès l'enfance, Dario et sa cousine Benedetta s'étaient aimés d'une passion souriante, profonde et naturelle. Ils étaient nés l'un pour l'autre, ils n'imaginaient pas qu'ils pussent être venus au monde pour autre chose que pour être mari et femme, lorsqu'ils seraient en âge de se marier. Le jour où, déjà près de la quarantaine, le prince Onofrio, homme aimable très populaire dans Rome, dépensant son peu de fortune au gré de son cœur, s'était décidé à épouser la fille de la Montefiori, la petite marquise Flavia, dont la beauté superbe de Junon enfant l'avait rendu fou, il était allé habiter la villa Montefiori, la seule richesse, l'unique propriété que ces dames possédaient, du côté de Sainte-Agnès hors les Murs : un vaste jardin, un véritable parc, planté d'arbres centenaires, où la villa elle-même, une assez pauvre construction du dix-septième siècle, tombait en ruine. De mauvais bruits couraient sur ces dames, la mère presque déclassée depuis qu'elle était veuve, la fille trop belle, les allures trop conquérantes. Aussi le mariage avait-il été désapprouvé formellement par Serafina, très rigide, et par le frère aîné, Pio, alors seulement camérier secret participant du Saint-Père, chanoine de la Basilique vaticane. Et, seule, Ernesta avait gardé avec son frère, qu'elle adorait pour son charme rieur, des relations suivies ; de sorte que, plus tard, sa meilleure distraction était devenue, chaque semaine, de mener sa fille Benedetta passer toute une journée à la villa Montefiori. Et quelle journée délicieuse pour Benedetta et pour Dario, âgés elle de dix ans, lui de quinze, quelle journée, tendre et fraternelle, au travers de ce jardin si vaste, presque abandonné, avec ses pins parasols, ses buis géants, ses bouquets de chênes verts, dans lesquels on se perdait comme dans une forêt vierge !

Ce fut une âme de passion et de souffrance que la

pauvre âme étouffée d'Ernesta. Elle était née avec un besoin de vivre immense, une soif de soleil, d'existence heureuse, libre et active, au plein jour. On la citait pour ses grands yeux clairs, pour l'ovale charmant de son doux visage. Très ignorante, comme toutes les filles de la noblesse romaine, ayant appris le peu qu'elle savait dans un couvent de religieuses françaises, elle avait grandi cloîtrée au fond du noir palais Boccanera, ne connaissant le monde que par la promenade quotidienne qu'elle faisait en voiture, avec sa mère, au Corso et au Pincio. Puis, à vingt-cinq ans, lasse et désolée déjà, elle contracta le mariage habituel, elle épousa le comte Brandini, le dernier-né d'une très noble famille, très nombreuse et pauvre, qui dut venir habiter le palais de la rue Giulia, où toute une aile du second étage fut disposée pour que le jeune ménage s'y installât. Et rien ne fut changé, Ernesta continua de vivre dans la même ombre froide, dans ce passé mort dont elle sentait de plus en plus sur elle le poids, comme une pierre de tombe. C'était d'ailleurs, de part et d'autre, un mariage très honorable. Le comte Brandini passa bientôt pour l'homme le plus sot et le plus orgueilleux de Rome. Il était d'une religion stricte, formaliste et intolérant, et il triompha, lorsqu'il parvint, après des intrigues sans nombre, de sourdes menées qui durèrent dix ans, à se faire nommer grand écuyer de Sa Sainteté. Dès lors, avec sa fonction, il sembla que toute la majesté morne du Vatican entrât dans son ménage. Encore la vie fut-elle possible pour Ernesta, sous Pie IX, jusqu'en 1870 : elle osait ouvrir les fenêtres sur la rue, recevait quelques amies sans se cacher, acceptait des invitations à des fêtes. Mais, lorsque les Italiens eurent conquis Rome et que le pape se déclara prisonnier, ce fut le sépulcre, rue Giulia. On ferma la grande porte, on la verrouilla, on en cloua les battants, en signe de deuil ; et, pendant douze années, on ne passa que par le petit escalier, donnant sur la ruelle. Défense également d'ouvrir les persiennes de la façade. C'était la bouderie, la protestation du monde noir, le palais tombé à une immobilité de mort ; et une réclusion totale, plus de réceptions, de rares ombres, les familiers de donna Serafina, qui, le lundi, se glissaient par la porte étroite, entre-bâillée à peine. Alors, pendant ces douze années lugubres, la jeune femme pleura chaque nuit, cette pauvre âme sourdement désespérée agonisa d'être ainsi enterrée vive.

Ernesta avait eu sa fille Benedetta assez tard, à trente-trois ans. D'abord, l'enfant lui fut une distraction. Puis, l'existence réglée la reprit dans son broiement de meule, elle dut mettre la fillette au Sacré-Cœur de la Trinité des Monts, chez les religieuses françaises qui l'avaient instruite elle-même. Benedetta en sortit grande fille, à dix-neuf ans, sachant le français et l'orthographe, un peu d'arithmétique, le catéchisme, quelques pages confuses d'histoire. Et la vie des deux femmes avait continué, une vie de gynécée où l'Orient se sent déjà, jamais une sortie avec le mari, avec le père, les journées passées au fond de l'appartement clos, égayées par l'unique, l'éternelle promenade obligatoire, le tour quotidien au Corso et au Pincio. A la maison, l'obéissance restait absolue, le lien de famille gardait une autorité, une force, qui les pliait toutes deux sous la volonté du comte, sans révolte possible ; et, à cette volonté, s'ajoutait celle de donna Serafina et du cardinal, sévères défenseurs des vieilles coutumes. Depuis que le pape ne sortait plus dans Rome, la charge de grand écuyer laissait des loisirs au comte, car les écuries se trouvaient singulièrement réduites ; mais il n'en faisait pas moins au Vatican son service, simplement d'apparat, avec un déploiement de zèle dévot, comme une protestation continue contre la monarchie usurpatrice installée au Quirinal. Benedetta venait d'avoir vingt ans, lorsque son père rentra, un soir, d'une cérémonie à Saint-Pierre, toussant et frissonnant. Huit jours après, il mourait, emporté par une fluxion de poitrine. Et, au milieu de leur deuil, ce fut une délivrance inavouée pour les deux femmes, qui se sentirent libres.

Dès ce moment, Ernesta n'eut plus qu'une pensée, sauver sa fille de cette affreuse existence murée, ensevelie. Elle s'était trop ennuyée, il n'était plus temps pour elle de renaître, mais elle ne voulait pas que Benedetta vécût à son tour une vie contre nature, dans une tombe volontaire. D'ailleurs, une lassitude, une révolte pareilles se montraient chez quelques familles patriciennes, qui, après la bouderie des premiers temps, commençaient à se rapprocher du Quirinal. Pourquoi les enfants, avides d'action, de liberté et de grand soleil, auraient-ils épousé éternellement la querelle des pères ? et, sans qu'une réconciliation pût se produire entre le monde noir et le monde blanc, des nuances se fondaient déjà, des alliances imprévues avaient lieu. La question politique laissait Ernesta indifférente ; elle l'ignorait même ; mais ce qu'elle désirait avec passion, c'était que sa race sortît enfin de cet exécrable sépulcre, de ce palais Boccanera, noir, muet, où ses joies de femme s'étaient glacées d'une mort si longue. Elle avait trop souffert dans son cœur de jeune fille, d'amante et d'épouse, elle cédait à la colère de sa destinée manquée, perdue en une imbécile résignation. Et le choix d'un nouveau confesseur, à cette époque, influa encore sur sa volonté ; car elle était restée très religieuse, pratiquante, docile aux conseils de son directeur. Pour se libérer davantage, elle venait de quitter le père jésuite choisi par son mari lui-même, et elle avait pris l'abbé Pisoni, le curé d'une petite église voisine, Sainte-Brigitte, sur la place Farnèse. C'était un homme de cinquante ans, très doux et très bon, d'une charité rare en pays romain, dont l'archéologie, la passion des vieilles pierres, avait fait un ardent patriote. On racontait que, si humble qu'il fût, il avait à plusieurs reprises servi d'intermédiaire entre le Vatican et le Quirinal, dans des affaires délicates ; et, devenu aussi le confesseur de Benedetta, il aimait à entretenir la mère et la fille de la grandeur de l'unité italienne, de la domination triomphale de l'Italie, le jour où le pape et le roi s'entendraient.

Benedetta et Dario s'aimaient comme au premier jour, sans hâte, de cet amour fort et tranquille des amants qui se savent l'un à l'autre. Mais il arriva, alors, qu'Ernesta se jeta entre eux, s'opposa obstinément au mariage. Non, non, pas Dario! pas ce cousin, le dernier du nom, qui enfermerait lui aussi sa femme dans le noir tombeau du palais Boccanera! Ce serait l'ensevelissement continué, la ruine aggravée, la même misère orgueilleuse, l'éternelle bouderie qui déprime et endort. Elle connaissait bien le jeune homme, le savait égoïste et affaibli, incapable de penser et d'agir, destiné à enterrer sa race en souriant, à laisser crouler les dernières pierres de la maison sur sa tête, sans tenter un effort pour fonder une famille nouvelle; et ce qu'elle voulait, c'était une fortune autre, son enfant renouvelée, enrichie, s'épanouissant à la vie des vainqueurs et des puissants de demain. Dès ce moment, la mère ne cessa de s'entêter à faire le bonheur de sa fille malgré elle, lui disant ses larmes, la suppliant de ne pas recommencer sa déplorable histoire. Cependant, elle aurait échoué, contre la volonté paisible de la jeune fille qui s'était donnée à jamais, si des circonstances particulières ne l'avaient mise en rapport avec le gendre qu'elle rêvait. Justement, à la villa Montefiori, où Benedetta et Dario s'étaient engagés, elle fit la rencontre du comte Prada, le fils d'Orlando, un des héros de l'unité italienne. Venu de Milan à Rome, avec son père, à l'âge de dix-huit ans, lors de l'occupation, il était entré d'abord au ministère des Finances, comme simple employé, tandis que le vieux brave, nommé sénateur, vivait petitement d'une modeste rente, l'épave dernière d'une fortune mangée au service de la patrie. Mais, chez le jeune homme, la belle folie guerrière de l'ancien compagnon de Garibaldi s'était tournée en un furieux appétit de butin, au lendemain de la victoire, et il était devenu un des vrais conquérants de Rome, un des hommes de proie qui dépeçaient et dévoraient la ville. Lancé dans d'énormes spéculations sur les terrains, déjà riche, à ce qu'on racontait, il venait de se lier avec le prince Onofrio, qu'il avait affolé, en lui soufflant l'idée de vendre le grand parc de la villa Montefiori, pour y construire tout un quartier neuf. D'autres affirmaient qu'il était l'amant de la princesse, la belle Flavia, plus âgée que lui de neuf ans, superbe encore. Et il y avait en effet, chez lui, une violence de désir, un besoin de curée dans la conquête, qui lui ôtait tout scrupule devant le bien et la femme des autres. Dès la première rencontre, il voulut Benedetta. Celle-ci, il ne pouvait l'avoir comme maîtresse, elle n'était qu'à épouser; et il n'hésita pas un instant, il rompit net avec Flavia, brusquement affamé de cette pure virginité, de ce vieux sang patricien qui coulait dans un corps si adorablement jeune. Quand il eut compris qu'Ernesta, la mère, était pour lui, il demanda la main de la fille, certain de vaincre. Ce fut une grande surprise, car il avait une quinzaine d'années de plus qu'elle; mais il était comte, il portait un nom déjà historique, il entassait les millions, bien vu au Quirinal, en passe de toutes les chances. Rome entière se passionna.

Jamais ensuite Benedetta ne s'était expliqué comment elle avait pu finir par consentir. Six mois plus tôt, six mois plus tard, certainement, un pareil mariage ne se serait pas conclu, devant l'effroyable scandale soulevé dans le monde noir. Une Boccanera, la dernière de cette antique race papale, donnée à un Prada, à un des spoliateurs de l'Église ! Et il avait fallu que ce projet fou tombât à une heure particulière et brève, au moment où un rapprochement suprême était tenté entre le Vatican et le Quirinal. Le bruit courait que l'entente allait se faire enfin, que le roi consentait à reconnaître au pape la propriété souveraine de la cité Léonine et d'une étroite bande de territoire, allant jusqu'à la mer. Dès lors, le mariage de Benedetta et de Prada ne devenait-il pas comme le symbole de l'union, de la réconciliation nationale? Cette belle enfant, le lis pur du monde noir, n'était-il pas l'holocauste consenti, le gage accordé au monde blanc? Pendant quinze jours, on ne causa pas d'autre chose, et l'on discutait, on s'attendrissait, on espérait. La jeune fille, elle, n'entrait guère dans ces raisons, n'écoutant que son cœur, dont elle ne pouvait disposer, puisqu'elle l'avait donné déjà. Mais, du matin au soir, elle avait à subir les prières de sa mère, qui la suppliait de ne pas refuser la fortune, la vie qui s'offrait. Surtout elle était travaillée par les conseils de son confesseur, le bon abbé Pisoni, dont le zèle patriotique éclatait en cette circonstance : il pesait sur elle de toute sa foi aux destinées chrétiennes de l'Italie, il remerciait la Providence d'avoir choisi une de ses ouailles pour hâter un accord qui devait faire triompher Dieu dans le monde entier. Et, à coup sûr, l'influence de son confesseur fut une des causes décisives qui la déterminèrent, car elle était très pieuse, très dévote particulièrement à une Madone, dont elle allait adorer l'image chaque dimanche, dans la petite église de la place Farnèse. Un fait la frappa beaucoup, l'abbé Pisoni lui raconta que la flamme de la lampe qui brûlait devant l'image, devenait blanche, chaque fois qu'il s'agenouillait lui-même, en suppliant la Vierge de conseiller le mariage rédempteur à sa pénitente. Ainsi agirent des forces supérieures; et elle cédait par obéissance à sa mère, que le cardinal et donna Serafina avaient combattue, puis qu'ils laissèrent faire à son gré, lorsque la question religieuse intervint. Elle avait grandi dans une pureté, dans une ignorance absolue, ne sachant rien d'elle-même, si fermée à la vie, que le mariage avec un autre que Dario était simplement la rupture d'une longue promesse d'existence commune, sans l'arrachement physique de sa chair et de son cœur. Elle pleura beaucoup, et elle épousa Prada, en un jour d'abandon, ne trouvant pas la volonté de résister aux siens et à tout le monde, consommant une union dont Rome entière était devenue complice.

Et alors, le soir même des noces, ce fut le coup de foudre. Prada, le Piémontais, l'Italien du Nord et de la conquête, montra-t-il la brutalité de l'envahisseur, voulut-il traiter sa femme comme il avait traité la ville, en maître impatient de se contenter? ou bien la révélation de l'acte fut-elle seulement imprévue pour Benedetta, trop salissante de la part d'un homme qu'elle n'aimait pas et qu'elle ne put se résigner à subir? Jamais elle ne s'expliqua clairement. Mais elle ferma violemment la porte de sa chambre, la verrouilla, refusa avec obstination de la rouvrir à son mari. Pendant un mois, il dut y avoir des tentatives furieuses de Prada, que cet obstacle à sa passion affolait. Il était outragé, il saignait dans son orgueil et dans son désir, jurait de dompter sa femme, comme on dompte une jument indocile, à coups de cravache. Et toute cette rage sensuelle d'homme fort se brisait contre l'indomptable volonté qui avait poussé en un soir, sous le front étroit et charmant de Benedetta. Les Boccanera s'étaient réveillés en elle : tranquillement, elle ne voulait pas; et rien au monde, pas même la mort, ne l'aurait forcée à vouloir. Puis, c'était chez elle, devant cette brusque connaissance de l'amour, un retour à Dario, une certitude qu'elle devait donner son corps à lui seul, puisque à lui seul elle l'avait promis. Le jeune homme, depuis le mariage qu'il avait dû accepter comme un deuil, voyageait en France. Elle ne s'en cacha même pas, lui écrivit de revenir, s'engagea de nouveau à ne jamais appartenir à un autre. D'ailleurs, sa dévotion avait grandi encore, cet entêtement de garder sa virginité à l'amant choisi se mêlait, dans son culte, à une pensée de fidélité à Jésus. Un cœur ardent de grande amoureuse s'était révélé en elle, prêt au martyre pour la foi jurée. Et, quand sa mère, désespérée, la suppliait à mains jointes de se résigner au devoir conjugal, elle répondait qu'elle ne devait rien, puisqu'elle ne savait rien en se mariant. Du reste, les temps changeaient, l'accord avait échoué entre le Vatican et le Quirinal, à ce point, que les journaux des deux partis venaient de reprendre, avec une violence nouvelle, leur campagne d'outrages; et ce mariage triomphal auquel tout le monde avait travaillé, comme à un gage de paix, croulait dans la débâcle, n'était plus qu'une ruine ajoutée à tant d'autres.

Ernesta en mourut. Elle s'était trompée, son existence manquée d'épouse sans joie aboutissait à cette suprême erreur de la mère. Le pis était qu'elle restait seule, sous l'entière responsabilité du désastre, car son frère, le cardinal, et sa sœur, donna Serafina, l'accablaient de reproches. Pour se consoler, elle n'avait que le désespoir de l'abbé Pisoni, doublement frappé, par la perte de ses espérances patriotiques et par le regret d'avoir travaillé à une telle catastrophe. Et, un matin, on trouva Ernesta, toute froide et blanche dans son lit. On parla d'une rupture au cœur; mais le chagrin avait pu suffire, elle souffrait affreusement, discrètement, sans se plaindre, comme elle avait souffert toute sa vie. Il y avait déjà près d'un an que Benedetta était mariée, se refusant à son mari, mais ne voulant pas quitter le domicile conjugal, pour éviter à sa mère le coup terrible d'un scandale public. Sa tante Serafina agissait pourtant sur elle, en lui donnant l'espoir d'une annulation de mariage possible, si elle allait se jeter aux genoux du Saint-Père; et elle finissait par la convaincre, depuis que, cédant elle-même à de certains conseils, elle lui avait donné pour directeur son propre confesseur, le père jésuite Lorenza, en remplacement de l'abbé Pisoni. Ce père jésuite, âgé de trente-cinq ans à peine, était un homme grave et aimable, aux yeux clairs, d'une grande force dans la persuasion. Benedetta ne se décida qu'au lendemain de la mort de sa mère, et seulement alors elle revint habiter, au palais

Boccanera, l'appartement où elle était née, où sa mère venait de s'éteindre. Tout de suite, d'ailleurs, le procès en annulation de mariage fut porté, pour une première instruction, devant le cardinal vicaire, chargé du diocèse de Rome. On racontait que la contessina ne s'y était décidée qu'après avoir obtenu une audience secrète du pape, qui lui avait témoigné la plus encourageante sympathie. Le comte Prada parlait d'abord de forcer judiciairement sa femme à réintégrer le domicile conjugal. Puis, supplié par son père, le vieil Orlando, que cette affaire désolait, il se contenta d'accepter le débat devant l'autorité ecclésiastique, exaspéré surtout de ce que la demanderesse alléguait que le mariage n'avait pas été consommé, par suite d'impuissance du mari. C'est un des motifs les plus nets, acceptés comme valables en cour de Rome. Dans son mémoire, l'avocat consistorial Morano, une des autorités du barreau romain, négligeait simplement de dire que cette impuissance avait pour cause unique la résistance de la femme; et tout un débat se livrait sur ce point délicat, si scabreux, que la vérité semblait impossible à faire : on donnait, de part et d'autre, des détails intimes en latin, on produisait des témoins, des amis, des domestiques, ayant assisté à des scènes, racontant la cohabitation d'une année. Enfin, la pièce la plus décisive était un certificat, signé par deux sages-femmes, qui, après examen, concluaient à la virginité intacte de la jeune fille. Le cardinal vicaire, agissant comme évêque de Rome, avait donc déféré le procès à la congrégation du Concile, ce qui était pour Benedetta un premier succès, et les choses en étaient là, elle attendait que la congrégation se prononçât définitivement, avec l'espoir que l'annulation religieuse du mariage serait ensuite un argument irrésistible pour obtenir le divorce devant les tribunaux civils. Dans l'appartement glacial où sa mère Ernesta, soumise et désespérée, venait de mourir, la contessina avait repris sa vie de jeune fille et se montrait très calme, très forte en sa

passion, ayant juré de ne se donner à personne autre
qu'à Dario, et de ne se donner à lui que le jour où un
prêtre les aurait saintement unis devant Dieu.

Justement, Dario, lui aussi, était venu habiter le palais
Boccanera, six mois plus tôt, à la suite de la mort de son
père et de toute une catastrophe qui l'avait ruiné. Le
prince Onofrio, après avoir, sur le conseil de Prada,
vendu la villa Montefiori dix millions à une compagnie
financière, s'était laissé prendre à la fièvre de spéculation
qui brûlait Rome, au lieu de garder ses dix millions en
poche, sagement; si bien qu'il s'était mis à jouer, en rachetant ses propres terrains, et qu'il avait fini par tout
perdre, dans le krach formidable où s'engloutissait la
fortune de la ville entière. Totalement ruiné, endetté
même, le prince n'en continuait pas moins ses promenades au Corso de bel homme souriant et populaire,
lorsqu'il était mort accidentellement, des suites d'une
chute de cheval; et, onze mois plus tard, sa veuve, la
toujours belle Flavia, qui s'était arrangée pour repêcher
dans le désastre une villa moderne et quarante mille
francs de rente, avait épousé un homme magnifique, son
cadet de dix ans, un Suisse nommé Jules Laporte,
ancien sergent de la garde du Saint-Père, ensuite cour-
tier marron d'un commerce de reliques, aujourd'hui
marquis Montefiori, ayant conquis le titre en conquérant
la femme, par un bref spécial du pape. La princesse Boccanera était redevenue la marquise Montefiori. Et c'était
alors que, blessé, le cardinal Boccanera avait exigé que
son neveu Dario vînt occuper, près de lui, un petit appartement, au premier étage du palais. Dans le cœur du
saint homme, qui semblait mort au monde, l'orgueil du
nom demeurait, une tendresse pour ce frêle garçon, le
dernier de la race, le seul par qui la vieille souche pût
reverdir. Il ne se montrait d'ailleurs pas hostile au mariage avec Benedetta, qu'il aimait aussi d'une affection
paternelle, si fier et si hautement convaincu de leur

piété, en les prenant tous les deux près de lui, qu'il dédaignait les bruits abominables que les amis du comte Prada, dans le monde blanc, faisaient courir, depuis la réunion du cousin et de la cousine sous le même toit. Donna Serafina gardait Benedetta, comme lui-même gardait Dario, et dans le silence, dans l'ombre du vaste palais désert, ensanglanté autrefois par tant de violences tragiques, il n'y avait plus qu'eux quatre, avec leurs passions maintenant assoupies, derniers vivants d'un monde qui croulait, au seuil d'un monde nouveau.

Lorsque, brusquement, l'abbé Pierre Froment se réveilla, la tête lourde de rêves pénibles, il fut désolé de voir que le jour tombait. Sa montre, qu'il se hâta de consulter, marquait six heures. Lui qui comptait se reposer une heure au plus, en avait dormi près de sept, dans un accablement invincible. Et, même éveillé, il restait sur le lit, brisé, comme vaincu déjà avant d'avoir combattu. Pourquoi donc cette prostration, ce découragement sans cause, ce frisson de doute, venu il ne savait d'où, pendant son sommeil, et qui abattait son jeune enthousiasme du matin? Les Boccanera étaient-ils liés à cette faiblesse soudaine de son âme? Il avait entrevu, dans le noir de ses rêves, des figures si troubles, si inquiétantes, et son angoisse continuait, il les évoquait encore, effaré de se réveiller ainsi au fond d'une chambre ignorée, pris du malaise de l'inconnu. Les choses ne lui semblaient plus raisonnables, il ne s'expliquait pas comment c'était Benedetta qui avait écrit au vicomte Philibert de la Choue pour le charger de lui apprendre que son livre était dénoncé à la congrégation de l'Index; et quel intérêt elle pouvait avoir à ce que l'auteur vînt se défendre à Rome; et dans quel but elle avait poussé l'amabilité jusqu'à vouloir qu'il descendît chez eux. Sa stupeur, en somme, était d'être là, étranger, sur ce lit, dans cette pièce, dans ce palais dont il entendait autour de lui le grand silence de mort. Les membres anéantis, le cerveau comme vide, il avait une brusque lucidité, il comprenait que des choses lui échappaient, que toute une complication devait se cacher sous l'apparente simplicité des faits. Mais ce ne fut qu'une lueur, le soupçon s'effaça, et il se leva violemment, il se secoua, en accusant le triste crépuscule d'être la cause unique de ce frisson et de cette désespérance, dont il avait honte.

Pierre, alors, pour se remuer, se mit à examiner les deux pièces. Elles étaient meublées d'acajou, simplement, presque pauvrement, des meubles dépareillés, datant du commencement du siècle. Le lit n'avait pas de tentures, ni les fenêtres, ni les portes. Par terre, sur le carreau nu, passé au rouge et ciré, des petits tapis de pied s'alignaient seuls devant les sièges. Et il finit par se rappeler, en face de cette nudité et de cette froideur bourgeoises, la chambre où il avait couché, enfant, à Versailles, chez sa grand'mère, qui avait tenu là un petit commerce de mercerie, sous Louis-Philippe. Mais, à un mur de la chambre, devant le lit, un ancien tableau l'intéressa, parmi des gravures enfantines et sans valeur. C'était, à peine éclairé par le jour mourant, une figure de femme, assise sur un soubassement de pierre, au seuil d'un grand et sévère logis, dont on semblait l'avoir chassée. Les deux battants de bronze venaient de se refermer à jamais, et elle demeurait là, drapée dans une simple toile blanche, tandis que des vêtements épars, lancés rudement, au hasard, traînaient sur les épaisses marches de granit. Elle avait les pieds nus, les bras nus, la face entre ses mains convulsées de douleur, une face qu'on ne voyait pas, que les ondes d'une admirable chevelure noyait, voilait d'or fauve. Quelle douleur sans nom, quelle honte affreuse, quel abandon exécrable, cachait-elle ainsi, cette rejetée, cette obstinée d'amour, dont on rêvait sans fin l'histoire, d'un cœur éperdu? On la sentait adorablement jeune et belle, dans sa misère, dans ce lambeau de linge drapé à ses épaules; mais le reste d'elle appartenait au mystère, et sa passion, et peut-être son infortune, et sa faute peut-être. A moins qu'elle ne fût là seulement le symbole de tout ce qui frissonne et pleure, sans visage, devant la porte éternellement close de l'invisible. Longtemps il la regarda, si bien qu'il s'imagina enfin distinguer son profil, d'une souffrance, d'une pureté divines. Ce n'était qu'une illusion, le tableau avait beaucoup souffert, noirci, délaissé, et il se demandait de quel maître inconnu pouvait bien être ce panneau, pour l'émouvoir à ce point. Sur le mur d'à côté, une Vierge, une mauvaise copie d'une toile du dix-huitième siècle, l'irrita par la banalité de son sourire.

Le jour tombait de plus en plus, et Pierre ouvrit la fenêtre du salon, s'accouda. En face de lui, sur l'autre rive du Tibre, se dressait le Janicule, le mont d'où il avait vu Rome, le matin. Mais ce n'était plus, à cette heure trouble, la ville de jeunesse et de rêve, envolée dans le soleil matinal. La nuit pleuvait en une cendre grise, l'horizon se noyait, indistinct et morne. Là-bas, à gauche, il devinait de nouveau le Palatin, par-dessus les toits; et, à droite, là-bas, c'était toujours le dôme de Saint-Pierre, couleur d'ardoise, sur le ciel de plomb; tandis que derrière lui, le Quirinal, qu'il ne pouvait voir, devait sombrer lui aussi sous la brume. Quelques minutes se passèrent, et tout se brouilla encore, il sentit Rome s'évanouir, s'effacer dans son immensité, qu'il ignorait. Son doute et son inquiétude sans cause le reprirent, si douloureusement, qu'il ne put rester à la fenêtre davantage; il la referma, alla s'asseoir, laissa les ténèbres le submerger, d'un flot d'infinie tristesse. Et sa rêverie désespérée ne prit fin que lorsque la porte s'ouvrit doucement et que la clarté d'une lampe égaya la pièce.

C'était Victorine qui entrait avec précaution, en apportant de la lumière.

— Ah! monsieur l'abbé, vous voici debout. J'étais venue vers quatre heures; mais je vous ai laissé dormir.

Et vous avez joliment bien fait de dormir à votre contentement.

Puis, comme il se plaignait d'être courbaturé et frissonnant, elle s'inquiéta.

— N'allez pas prendre leurs vilaines fièvres! Vous savez que le voisinage de leur rivière n'est pas sain. Don Vigilio, le secrétaire de Son Éminence, les a, les fièvres, et je vous assure que ce n'est pas drôle.

Aussi lui conseilla-t-elle de ne pas descendre et de se recoucher. Elle l'excuserait auprès de la princesse et de la contessina. Il finit par la laisser dire et faire, car il était hors d'état d'avoir une volonté. Sur son conseil, il dîna pourtant, il prit un potage, une aile de poulet et des confitures, que Giacomo, le valet, lui monta. Et cela lui fit grand bien, il se sentit comme réparé, à ce point qu'il refusa de se mettre au lit et qu'il voulut absolument remercier ces dames, le soir même, de leur aimable hospitalité. Puisque donna Serafina recevait le lundi, il se présenterait.

— Bon, bon! approuva Victorine. Du moment que vous allez bien, ça vous distraira... Le mieux est que don Vigilio, votre voisin, entre vous prendre à neuf heures et qu'il vous accompagne. Attendez-le.

Pierre venait de se laver et de passer sa soutane neuve, lorsque, à neuf heures précises, un coup discret fut frappé à la porte. Un petit prêtre se présenta, âgé de trente ans à peine, maigre et débile, la face longue et ravagée, couleur de safran. Depuis deux années, des crises de fièvre, chaque jour, à la même heure, le dévoraient. Mais, dans sa face jaunie, ses yeux noirs, quand il oubliait de les éteindre, brûlaient, embrasés par son âme de feu.

Il fit une révérence et dit simplement, en un français très pur :

— Don Vigilio, monsieur l'abbé, et entièrement à votre service... Si vous voulez bien que nous descendions?

Alors, Pierre le suivit, en le remerciant. Don Vigilio, d'ailleurs, ne parla plus, se contenta de répondre par des sourires. Ils avaient descendu le petit escalier, ils se trouvèrent au second étage, sur le vaste palier du grand escalier d'honneur. Et Pierre restait surpris et attristé du faible éclairage, de loin en loin des becs de gaz d'hôtel garni louche, dont les taches jaunes étoilaient à peine les profondes ténèbres des hauts couloirs sans fin. C'était gigantesque et funèbre. Même sur le palier, où s'ouvrait la porte de l'appartement de donna Serafina, en face de celle qui conduisait chez sa nièce, rien n'indiquait qu'il pût y avoir réception, ce soir-là. La porte restait close, pas un bruit ne sortait des pièces, dans le silence de mort montant du palais entier. Et ce fut don Vigilio, qui, après une nouvelle révérence, tourna discrètement le bouton, sans sonner.

Une seule lampe à pétrole, posée sur une table, éclairait l'antichambre, une large pièce aux murs nus, peints à fresque d'une tenture rouge et or, drapée régulièrement tout autour, à l'antique. Sur les chaises, quelques paletots d'homme, deux manteaux de femme, étaient jetés; tandis que les chapeaux encombraient une console. Un domestique, assis, le dos au mur, sommeillait.

Mais, comme don Vigilio s'effaçait pour le laisser entrer dans un premier salon, une pièce tendue de brocatelle rouge, à demi obscure et qu'il croyait vide, Pierre se trouva en face d'une apparition noire, une femme vêtue de noir, dont il ne put distinguer les traits d'abord. Il entendit heureusement son compagnon qui disait, en s'inclinant :

— Contessina, j'ai l'honneur de vous présenter monsieur l'abbé Pierre Froment, arrivé de France ce matin.

Et il demeura un instant seul avec Benedetta, au milieu de ce salon désert, dans la lueur dormante de deux lampes voilées de dentelle. Mais, à présent, un bruit de voix venait du salon voisin, un grand salon dont la porte, ouverte à deux battants, découpait un carré de clarté plus vive.

Tout de suite la jeune femme s'était montrée accueillante, avec une parfaite simplicité.

— Ah! monsieur l'abbé, je suis heureuse de vous voir. J'ai craint que votre indisposition ne fût grave. Vous voilà tout à fait remis, n'est-ce pas?

Il l'écoutait, séduit par sa voix lente, légèrement grasse, où toute une passion contenue semblait passer dans beaucoup de sage raison. Et il la voyait enfin, avec ses cheveux si lourds et si bruns, sa peau si blanche, d'une blancheur d'ivoire. Elle avait la face ronde, les lèvres un peu fortes, le nez très fin, des traits d'une délicatesse d'enfance. Mais c'étaient surtout les yeux, chez elle, qui vivaient, des yeux immenses, d'une infinie profondeur, où personne n'était certain de lire. Dormait-elle? Rêvait-elle? Cachait-elle la tension ardente des grandes saintes et des grandes amoureuses, sous l'immobilité de son visage? Si blanche, si jeune, si calme, elle avait des mouvements harmonieux, toute une allure très réfléchie, très noble et rythmique. Et, aux oreilles, elle portait deux grosses perles, d'une pureté admirable, des perles qui venaient d'un collier célèbre de sa mère, et que Rome entière connaissait.

Pierre s'excusa, remercia.

— Madame, je suis confus, j'aurais voulu dès ce matin vous dire combien j'étais touché de votre bonté trop grande.

Il avait hésité à l'appeler madame, en se rappelant le motif allégué dans son instance en nullité de mariage. Mais, évidemment, tout le monde l'appelait ainsi. Son visage, d'ailleurs, était resté tranquille et bienveillant, et elle voulut le mettre à son aise.

— Vous êtes chez vous, monsieur l'abbé. Il suffit que notre parent, monsieur de la Choue, vous aime et s'intéresse à votre œuvre. Vous savez que j'ai pour lui une grande affection...

Sa voix s'embarrassa un peu, elle venait de comprendre qu'elle devait parler du livre, la seule cause du voyage et de l'hospitalité offerte.

— Oui, c'est le vicomte qui m'a envoyé votre livre. Je l'ai lu, je l'ai trouvé très beau. Il m'a troublée. Mais je ne suis qu'une ignorante, je n'ai certainement pas tout compris, et il faudra que nous en causions, vous m'expliquerez vos idées, n'est-ce pas, monsieur l'abbé?

Dans ses grands yeux clairs, qui ne savaient pas mentir, il lut alors la surprise, l'émoi d'une âme d'enfant, mise en présence d'inquiétants problèmes qu'elle n'avait jamais soulevés. Ce n'était donc pas elle qui s'était prise de passion, qui avait voulu l'avoir près d'elle, pour le soutenir, pour être de sa victoire? Il soupçonna de nouveau, et très nettement cette fois, une influence secrète, quelqu'un dont la main menait tout, vers un but ignoré. Mais il était charmé de tant de simplicité et de franchise, chez une créature si belle, si jeune et si noble; et il se donnait à elle, dès ces quelques mots échangés. Il allait lui dire qu'elle pouvait disposer de lui, entièrement, lorsqu'il fut interrompu par l'arrivée d'une autre femme, également vêtue de noir, dont la haute et mince taille se détacha durement dans le cadre lumineux de la porte grande ouverte du salon voisin.

— Eh bien! Benedetta, as-tu dit à Giacomo de monter voir? Don Vigilio vient de descendre, et il est seul. C'est inconvenant.

— Mais non, ma tante, monsieur l'abbé est ici.

Et elle se hâta de les présenter l'un à l'autre.

— Monsieur l'abbé Pierre Froment... La princesse Boccanera.

Il y eut des saluts cérémonieux. Elle devait toucher à la soixantaine, et elle se serrait tellement, qu'on l'eût prise, par derrière, pour une jeune femme. C'était d'ailleurs sa coquetterie dernière, les cheveux tout blancs, épais et rudes encore, n'ayant gardé de noirs que les sourcils, dans sa face longue aux larges plis, plantée du grand nez volontaire de la famille. Elle n'avait jamais été belle, et elle était restée fille, blessée mortellement du choix du comte Brandini qui avait voulu Ernesta, sa cadette, résolue dès lors à mettre ses joies dans l'unique satisfaction de l'orgueil héréditaire du nom qu'elle portait. Les Boccanera avaient déjà compté deux papes, et elle espérait bien ne pas mourir avant que son frère le cardinal fût le troisième. Elle s'était faite sa femme de charge secrète, elle ne l'avait pas quitté, veillant sur lui, le conseillant, menant la maison souverainement, accomplissant des miracles pour cacher la ruine lente qui en faisait crouler les plafonds sur leurs têtes. Si, depuis trente ans, elle recevait chaque lundi quelques intimes, tous du Vatican, c'était par haute politique, pour rester le salon du monde noir, une force et une menace.

Aussi Pierre devina-t-il à son accueil combien peu il pesait devant elle, petit prêtre étranger qui n'était pas même prélat. Et cela l'étonnait encore, posait de nouveau la question obscure : pourquoi l'avait-on invité, que venait-il faire dans ce monde fermé aux humbles? Il la savait d'une austérité de dévotion extrême, il crut finir par comprendre qu'elle le recevait seulement par égard pour le vicomte ; car, à son tour, elle ne trouva que cette phrase :

— Nous sommes si heureuses d'avoir de bonnes nouvelles de monsieur de la Choue! Il y a deux ans, il nous a amené un si beau pèlerinage!

Elle passa la première, elle introduisit enfin le jeune prêtre dans le salon voisin. C'était une vaste pièce carrée, tendue de vieille brocatelle jaune, à grandes fleurs Louis XIV. Le plafond, très élevé, avait un revêtement merveilleux de bois sculpté et peint, des caissons à rosaces d'or. Mais le mobilier était disparate. De hautes glaces, deux superbes consoles dorées, quelques beaux fauteuils du dix-septième siècle; puis, le reste lamentable, un lourd guéridon empire tombé on ne savait d'où, des choses hétéroclites venues de quelque bazar, des photographies affreuses, traînant sur les marbres précieux des consoles. Il n'y avait là aucun objet d'art intéressant. Aux murs, d'anciens tableaux médiocres; excepté un primitif inconnu et délicieux, une Visitation du quatorzième siècle, la Vierge toute petite, d'une délicatesse pure d'enfant de dix ans, tandis que l'Ange, immense, superbe, l'inondait du flot d'amour éclatant et surhumain; et, en face, un antique portrait de famille, celui d'une jeune fille très belle, coiffée d'un turban, que l'on croyait être le portrait de Cassia Boccanera, l'amoureuse et la justicière, qui s'était jetée au Tibre avec son frère, Ercole, et le cadavre de son amant, Flavio Corradini. Quatre lampes éclairaient, d'une grande lueur calme, la pièce fanée, comme jaunie d'un mélancolique coucher de soleil, grave, vide et nue, sans un bouquet de fleurs.

Tout de suite, donna Serafina présenta Pierre d'un mot; et, dans le silence, dans l'arrêt brusque des conversations, il sentit les regards qui se fixaient sur lui, comme sur une curiosité promise et attendue. Il y avait là une dizaine de personnes au plus, parmi lesquelles Dario, debout, causant avec la petite princesse Celia Buongiovanni, amenée par une vieille parente, qui entretenait à demi-voix un prélat, monsignor Nani, tous deux assis dans un coin d'ombre. Mais Pierre venait surtout d'être frappé par le nom de l'avocat consistorial Morano, dont le vicomte, en l'envoyant à Rome, avait cru devoir lui expliquer la situation particulière dans la maison, afin de lui éviter des fautes. Depuis trente ans, Morano était l'ami de donna Serafina. Cette liaison, autrefois coupable, car l'avocat avait femme et enfants, était devenue, après son veuvage, et surtout avec le temps, une liaison excusée, acceptée par tous, une sorte de ces vieux ménages naturels que la tolérance mondaine consacre. Tous les deux, très dévots, s'étaient certainement assuré les indulgences

nécessaires. Et Morano se trouvait là, à la place qu'il
occupait depuis plus d'un quart de siècle, au coin de
la cheminée, bien que le feu de l'hiver n'y fût pas
allumé encore. Et, lorsque donna Serafina eut rempli
son devoir de maîtresse de maison, elle reprit elle-
même sa place, à l'autre coin de la cheminée, en face
de lui.

Alors, tandis que Pierre s'asseyait, près de don Vigilio,
silencieux et discret sur une chaise, Dario continua plus
haut l'histoire qu'il contait à Celia. Il était joli homme,
de taille moyenne, svelte et élégant, portant toute sa
barbe brune et très soignée, avec la face longue, le nez
fort des Boccanera, mais les traits adoucis, comme amollis
par le séculaire appauvrissement du sang.

— Oh! une beauté, répéta-t-il avec emphase, une
beauté étonnante!

— Qui donc? demanda Benedetta, en les rejoignant.

Celia, qui ressemblait à la petite Vierge du primitif,
accroché au-dessus de sa tête, s'était mise à rire.

— Mais, chère, une pauvre fille, une ouvrière, que
Dario a vue aujourd'hui.

Et Dario dut recommencer son récit. Il passait dans
une étroite rue, du côté de la place Navone, quand il
avait aperçu, sur les marches d'un perron, une belle
et forte fille de vingt ans, effondrée, qui pleurait à gros
sanglots. Touché surtout de sa beauté, il s'était approché
d'elle, avait fini par comprendre qu'elle travaillait dans la
maison, une fabrique de perles de cire, mais que le chômage était venu, que l'atelier venait de fermer, et qu'elle
n'osait rentrer chez ses parents, tellement la misère y
était grande. Sous le déluge de ses larmes, elle levait sur
lui des yeux si beaux, qu'il avait fini par tirer de sa poche
quelque argent. Et elle s'était levée d'un bond, toute
rouge et confuse, se cachant les mains dans sa jupe, ne
voulant rien prendre, disant qu'il pouvait la suivre, s'il

voulait, et qu'il donnerait ça à sa mère. Puis, elle avait filé vivement, vers le pont Saint-Ange.

— Oh! une beauté, répéta-t-il d'un air d'extase, une beauté magnifique!... Plus grande que moi, mince encore dans sa force, avec une gorge de déesse! Un vrai antique, une Vénus à vingt ans, le menton un peu fort, la bouche et le nez d'une correction de dessin parfaite, les yeux, ah! les yeux si purs, si larges!... Et nu-tête, coiffée d'un casque de lourds cheveux noirs, la face éclatante, comme dorée d'un coup de soleil!

Tous s'étaient mis à écouter, ravis, dans cette passion de la beauté que, malgré tout, Rome garde au cœur.

— Elles deviennent bien rares, ces belles filles du peuple, dit Morano. On pourrait battre le Transtévère, sans en rencontrer. Voici qui prouve pourtant qu'il en existe encore, au moins une.

— Et comment l'appelles-tu, ta déesse? demanda Benedetta souriante, amusée et extasiée ainsi que les autres.

— Pierina, répondit Dario, riant lui aussi.

— Et qu'en as-tu fait?

Mais le visage excité du jeune homme prit une expression de malaise et de peur, comme celui d'un enfant, qui, dans ses jeux, tombe sur une laide bête.

— Ah! ne m'en parle pas, j'ai eu bien du regret... Une misère, une misère à vous rendre malade!

Il l'avait suivie par curiosité, il était arrivé, derrière elle, de l'autre côté du pont Saint-Ange, dans le quartier neuf en construction, bâti sur les anciens Prés du Château; et là, au premier étage d'une des maisons abandonnées, à peine sèche et déjà en ruine, il était tombé sur un spectacle affreux, dont son cœur restait soulevé : toute une famille, la mère, le père, un vieil oncle infirme, des enfants, mourant de faim, pourrissant dans l'ordure. Il choisissait les termes les plus nobles pour en parler, il écartait l'horrible vision d'un geste effrayé de la main.

— Enfin, je me suis sauvé, et je vous réponds que je n'y retournerai pas.

Il y eut un hochement de tête général, dans le silence froid et gêné qui s'était fait. Morano conclut en une phrase amère, où il accusait les spoliateurs, les hommes du Quirinal, d'être l'unique cause de toute la misère de Rome. Est-ce qu'on ne parlait pas de faire un ministre du député Sacco, cet intrigant compromis dans toutes sortes d'aventures louches? Ce serait le comble de l'impudence, la banqueroute infaillible et prochaine.

Et seule Benedetta, dont le regard s'était fixé sur Pierre, en songeant à son livre, murmura :

— Les pauvres gens! c'est bien triste, mais pourquoi donc ne pas retourner les voir?

Pierre, dépaysé et distrait d'abord, venait d'être profondément remué par le récit de Dario. Il revivait son apostolat au milieu des misères de Paris, il s'attendrissait pitoyablement, en retombant, dès son arrivée à Rome, sur des souffrances pareilles. Sans le vouloir, il haussa la voix, il dit très haut :

— Oh! madame, nous irons les voir ensemble, vous m'emmènerez. Ces questions me passionnent tant!

L'attention de tous fut ainsi ramenée sur lui. On se mit à le questionner, il les sentit inquiets de son impression première, de ce qu'il pensait de leur ville et d'eux-mêmes. Surtout on lui recommandait de ne pas juger Rome sur les apparences. Enfin, quel effet lui avait-elle produit? Comment l'avait-il vue, comment la jugeait-il? Et lui, poliment, s'excusait de ne pouvoir répondre, n'ayant rien vu, n'étant pas même sorti. Mais on ne l'en pressa que plus vivement, il eut la sensation nette d'un travail sur lui, d'un effort pour l'amener à l'admiration et à l'amour. On le conseillait, on l'adjurait de ne pas céder à des désillusions fatales, de persister, d'attendre que Rome lui révélât son âme.

— Monsieur l'abbé, combien de temps comptez-vous

rester parmi nous? demanda une voix courtoise, d'un timbre doux et clair.

C'était monsignor Nani, assis dans l'ombre, qui parlait haut pour la première fois. A diverses reprises, Pierre avait cru s'apercevoir que le prélat ne le quittait pas de ses yeux bleus, très vifs, tandis qu'il semblait écouter attentivement le lent bavardage de la tante de Celia. Et, avant de répondre, il le regarda dans sa soutane lisérée de cramoisi, l'écharpe de soie violette serrée à la taille, l'air jeune encore bien qu'il eût dépassé la cinquantaine, avec ses cheveux restés blonds, son nez droit et fin, sa bouche du dessin le plus délicat et le plus ferme, aux dents admirablement blanches.

— Mais, monseigneur, une quinzaine de jours, trois semaines peut-être.

Le salon entier se récria. Comment! trois semaines? Il avait la prétention de connaître Rome en trois semaines! Il fallait six mois, un an, dix ans! L'impression première était toujours désastreuse; et, pour en revenir, cela demandait un long séjour.

— Trois semaines! répéta donna Serafina de son air de dédain. Est-ce qu'on peut s'étudier et s'aimer, en trois semaines? Ceux qui nous reviennent, ce sont ceux qui ont fini par nous connaître.

Nani, sans s'exclamer avec les autres, s'était d'abord contenté de sourire. Il avait eu un petit geste de sa main fine, qui trahissait son origine aristocratique. Et, comme Pierre, modestement, s'expliquait, disait que, venu pour faire certaines démarches, il partirait lorsque ces démarches seraient faites, le prélat conclut, en souriant toujours:

— Oh! monsieur l'abbé restera plus de trois semaines, nous aurons le bonheur, j'espère, de le posséder longtemps.

Bien que dite avec une tranquille obligeance, cette phrase troubla le jeune prêtre. Que savait-on, que voulait-on dire? Il se pencha, il demanda tout bas à don Vigilio, demeuré près de lui, muet :

— Qui est-ce, monsignor Nani?

Mais le secrétaire ne répondit pas tout de suite. Son visage fiévreux se plomba encore. Ses yeux ardents virèrent, s'assurèrent que personne ne le surveillait. Et, dans un souffle :

— L'assesseur du Saint-Office.

Le renseignement suffisait, car Pierre n'ignorait pas que l'assesseur, qui assistait en silence aux réunions du Saint-Office, se rendait chaque mercredi soir, après la séance, chez le Saint-Père, pour lui rendre compte des affaires traitées l'après-midi. Cette audience hebdomadaire, cette heure passée avec le pape, dans une intimité qui permettait d'aborder tous les sujets, donnait au personnage une situation à part, un pouvoir considérable. Et, d'ailleurs, la fonction était cardinalice, l'assesseur ne pouvait être ensuite nommé que cardinal.

Monsignor Nani, qui semblait parfaitement simple et aimable, continuait à regarder le jeune prêtre d'un air si encourageant, que ce dernier dut aller occuper, près de lui, le siège laissé enfin libre par la vieille tante de Celia. N'était-ce pas un présage de victoire, cette rencontre, faite le premier jour, d'un prélat puissant dont l'influence lui ouvrirait peut-être toutes les portes? Il se sentit alors très touché, lorsque celui-ci, dès la première question, lui demanda obligeamment, d'un ton de profond intérêt :

— Alors, mon cher fils, vous avez donc publié un livre?

Et, repris par l'enthousiasme, oubliant où il était, Pierre se livra, conta son initiation de brûlant amour au travers des souffrants et des humbles, rêva tout haut le retour à la communauté chrétienne, triompha avec le catholicisme rajeuni, devenu la religion de la démocratie universelle. Peu à peu, il avait de nouveau élevé la voix; et le silence se faisait dans l'antique salon sévère, tous s'étaient remis à l'écouter, au milieu d'une surprise croissante, d'un froid de glace, qu'il ne sentait pas.

Doucement, Nani finit par l'interrompre, avec son éternel sourire, dont la pointe d'ironie ne se montrait même plus.

— Sans doute, sans doute, mon cher fils, c'est très beau, oh! très beau, tout à fait digne de l'imagination pure et noble d'un chrétien... Mais que comptez-vous faire, maintenant?

— Aller droit au Saint-Père, pour me défendre.

Il y eut un léger rire réprimé, et donna Serafina exprima l'avis général, en s'écriant:

— On ne voit pas comme ça le Saint-Père!

Mais Pierre se passionna.

— Moi, j'espère bien que je le verrai... Est-ce que je n'ai pas exprimé ses idées? Est-ce que je n'ai pas défendu sa politique? Est-ce qu'il peut laisser condamner mon livre, où je crois m'être inspiré du meilleur de lui-même?

— Sans doute, sans doute, se hâta de répéter Nani, comme s'il eût craint qu'on ne brusquât trop les choses avec ce jeune enthousiaste. Le Saint-Père est d'une intelligence si haute! Et il faudra le voir... Seulement, mon cher fils, ne vous excitez pas de la sorte, réfléchissez un peu, prenez votre heure...

Puis, se tournant vers Benedetta:

— N'est-ce pas? Son Éminence n'a pas encore vu monsieur l'abbé. Dès demain matin, il faudra qu'elle daigne le recevoir, pour le diriger de ses sages conseils.

Jamais le cardinal Boccanera ne montait assister aux réceptions de sa sœur, le lundi soir. Il était toujours là, en pensée, comme le maître absent et souverain.

— C'est que, répondit la contessina en hésitant, je crains bien que mon oncle ne soit pas dans les idées de monsieur l'abbé.

Nani se remit à sourire.

— Justement, il lui dira des choses bonnes à entendre.

Et il fut convenu tout de suite, avec don Vigilio, que celui-ci inscrirait le prêtre pour une audience, le lendemain matin, à dix heures.

Mais, à ce moment, un cardinal entra, vêtu de l'habit de ville, la ceinture et les bas rouges, la simarre noire, lisérée et boutonnée de rouge. C'était le cardinal Sarno, un très ancien familier des Boccanera; et, pendant qu'il s'excusait d'avoir travaillé très tard, le salon se taisait, s'empressait, avec déférence. Mais, pour le premier cardinal qu'il voyait, Pierre éprouvait une déception vive, car il ne trouvait pas la majesté, le bel aspect décoratif, auquel il s'était attendu. Celui-ci apparaissait petit, un peu contrefait, l'épaule gauche plus haute que la droite, le visage usé et terreux, avec des yeux morts. Il lui faisait l'effet d'un très vieil employé de soixante-dix ans, hébété par un demi-siècle de bureaucratie étroite, déformé et alourdi de n'avoir jamais quitté le rond de cuir, sur lequel il avait vécu sa vie. Et, en réalité, son histoire entière était là : enfant chétif d'une petite famille bourgeoise, élève au Séminaire romain, plus tard professeur de droit canonique pendant dix ans à ce même Séminaire, puis secrétaire à la Propagande, et enfin cardinal depuis vingt-cinq ans. On venait de célébrer son jubilé cardinalice. Né à Rome, il n'avait jamais passé hors de Rome un seul jour, il était le type parfait du prêtre grandi à l'ombre du Vatican et maître du monde. Bien qu'il n'eût occupé aucune fonction diplomatique, il avait rendu de tels services à la Propagande, par ses habitudes méthodiques de travail, qu'il était devenu président d'une des deux commissions qui se partagent le gouvernement des vastes pays d'Occident, non encore catholiques. Et c'était ainsi qu'au fond de ces yeux morts, dans ce crâne bas, d'expression obtuse, il y avait la carte immense de la chrétienté.

Nani lui-même s'était levé, plein d'un sourd respect

devant cet homme effacé et terrible, qui avait les mains partout, aux coins les plus reculés de la terre, sans être jamais sorti de son bureau. Il le savait, dans son apparente nullité, dans son lent travail de conquête méthodique et organisée, d'une puissance à bouleverser les empires.

— Est-ce que Votre Éminence est remise de ce rhume, qui nous a désolés ?

— Non, non, je tousse toujours... Il y a un couloir pernicieux. J'ai le dos glacé, dès que je sors de mon cabinet.

A partir de ce moment, Pierre se sentit tout petit et perdu. On oubliait même de le présenter au cardinal. Et il dut rester là pendant près d'une heure encore, regardant, observant. Ce monde vieilli lui parut alors enfantin, retourné à une enfance triste. Sous la morgue, la réserve hautaine, il devinait maintenant une réelle timidité, la méfiance inavouée d'une grande ignorance. Si la conversation ne devenait pas générale, c'était que personne n'osait; et il entendait, dans les coins, des bavardages puérils et sans fin, les menues histoires de la semaine, les petits bruits des sacristies et des salons. On se voyait fort peu, les moindres aventures prenaient des proportions énormes. Il finit par avoir la sensation nette qu'il se trouvait transporté dans un salon français du temps de Charles X, au fond d'une de nos grandes villes épiscopales de province. Aucun rafraîchissement n'était servi. La vieille tante de Celia venait de s'emparer du cardinal Sarno, qui ne répondait pas, hochant le menton de loin en loin. Don Vigilio n'avait pas desserré les dents de la soirée. Une longue conversation, à voix très basse, s'était engagée entre Nani et Morano, tandis que donna Serafina, qui se penchait pour les écouter, approuvait d'un lent signe de tête. Sans doute, ils causaient du divorce de Benedetta, car ils la regardaient de temps à autre, d'un air grave. Et, au milieu de la vaste pièce, dans la clarté dormante des lampes, il n'y avait que le groupe jeune, formé

par Benedetta, Dario et Celia, qui semblât vivre, babillant
à demi-voix, étouffant parfois des rires.

Tout d'un coup, Pierre fut frappé de la grande ressemblance qu'il y avait entre Benedetta et le portrait de Cassia, pendu au mur. C'était la même enfance délicate, la même bouche de passion et les mêmes grands yeux infinis, dans la même petite face ronde, raisonnable et saine. Il y avait là, certainement, une âme droite et un cœur de flamme. Puis, un souvenir lui revint, celui d'une peinture de Guido Reni, l'adorable et candide tête de Béatrice Cenci, dont le portrait de Cassia lui parut, à cet instant, être l'exacte reproduction. Cette double ressemblance l'émut, lui fit regarder Benedetta avec une inquiète sympathie, comme si toute une fatalité violente de pays et de race allait s'abattre sur elle. Mais elle était si calme, l'air si résolu et si patient ! Et, depuis qu'il se trouvait dans ce salon, il n'avait surpris, entre elle et Dario, aucune tendresse qui ne fût fraternelle et gaie, surtout de sa part, à elle, dont le visage gardait la sérénité claire des grands amours avouables. Un moment, Dario lui avait pris les mains, en plaisantant, les avait serrées ; et, s'il s'était mis à rire un peu nerveusement, avec de courtes flammes au bord des cils, elle, sans hâte, avait dégagé ses doigts, comme en un jeu de vieux camarades tendres. Elle l'aimait, visiblement, de tout son être, pour toute la vie.

Mais Dario ayant étouffé un léger bâillement, en regardant sa montre, et s'étant esquivé, pour rejoindre des amis qui jouaient chez une dame, Benedetta et Celia vinrent s'asseoir sur un canapé, près de la chaise de Pierre ; et ce dernier surprit, sans le vouloir, quelques mots de leurs confidences. La petite princesse était l'aînée du prince Matteo Buongiovanni, père de cinq enfants déjà, marié à une Mortimer, une Anglaise qui lui avait apporté cinq millions. D'ailleurs, on citait les Buongiovanni comme une des rares familles du patriciat de Rome riches encore, debout au milieu des ruines du passé croulant de toutes parts. Eux aussi avaient compté deux papes, ce qui n'empêchait pas le prince Matteo de s'être rallié au Quirinal, sans toutefois se fâcher avec le Vatican. Fils lui-même d'une Américaine, n'ayant plus dans les veines le pur sang romain, il était d'une politique plus souple, fort avare, disait-on, luttant pour garder un des derniers la richesse et la toute-puissance de jadis, qu'il sentait condamnée à l'inévitable mort. Et c'était dans cette famille, d'orgueil superbe, dont l'éclat continuait à emplir la ville, qu'une aventure venait d'éclater, soulevant des commérages sans fin : l'amour brusque de Celia pour un jeune lieutenant, à qui elle n'avait jamais parlé; l'entente passionnée des deux amants qui se voyaient chaque jour au Corso, n'ayant pour tout se dire que l'échange d'un regard; la volonté tenace de la jeune fille qui, après avoir déclaré à son père qu'elle n'aurait pas d'autre mari, attendait inébranlable, certaine qu'on lui donnerait l'homme de son choix. Le pis était que ce lieutenant, Attilio Sacco, se trouvait être le fils du député Sacco, un parvenu, que le monde noir méprisait, comme vendu au Quirinal, capable des plus laides besognes.

— C'est pour moi que Morano a parlé tout à l'heure, murmurait Celia à l'oreille de Benedetta. Oui, oui, quand il a maltraité le père d'Attilio, à propos de ce ministère dont on s'occupe... Il a voulu m'infliger une leçon.

Toutes deux s'étaient juré une éternelle tendresse, dès le Sacré-Cœur, et Benedetta, son aînée de cinq ans, se montrait maternelle.

— Alors, tu n'es pas plus raisonnable, tu penses toujours à ce jeune homme?

— Oh! chère, vas-tu me faire de la peine, toi aussi!... Attilio me plaît, et je le veux. Lui, entends-tu! et pas un autre. Je le veux, je l'aurai, parce qu'il m'aime et que je l'aime... C'est tout simple.

Pierre, saisi, la regarda. Elle était un lis candide et

fermé, avec sa douce figure de vierge. Un front et un nez d'une pureté de fleur, une bouche d'innocence aux lèvres closes sur les dents blanches, des yeux d'eau de source, clairs et sans fond. Et pas un frisson sur les joues d'une fraîcheur de satin, pas une inquiétude ni une curiosité dans le regard ingénu. Pensait-elle? Savait-elle? Qui aurait pu le dire! Elle était la vierge dans tout son inconnu redoutable.

— Ah! chère, reprit Benedetta, ne recommence pas ma triste histoire. Ça ne réussit guère, de marier le pape et le roi.

— Mais, dit Celia avec tranquillité, tu n'aimais pas Prada, tandis que moi j'aime Attilio. La vie est là, il faut aimer.

Cette parole, prononcée si naturellement par cette enfant ignorante, troubla Pierre à un tel point, qu'il sentit des larmes lui monter aux yeux. L'amour, oui! c'était la solution à toutes les querelles, l'alliance entre les peuples, la paix et la joie dans le monde entier. Mais donna Serafina s'était levée, en se doutant du sujet de conversation qui animait les deux amies. Et elle jeta un coup d'œil à don Vigilio, que celui-ci comprit, car il vint dire tout bas à Pierre que l'heure était venue de se retirer. Onze heures sonnaient, Celia partait avec sa tante, sans doute l'avocat Morano voulait garder un instant le cardinal Sarno et Nani pour causer en famille de quelque difficulté qui se présentait, entravant l'affaire du divorce. Dans le premier salon, lorsque Benedetta eut baisé Celia sur les deux joues, elle prit congé de Pierre avec beaucoup de bonne grâce.

— Demain matin, en répondant au vicomte, je lui dirai combien nous sommes heureux de vous avoir, et pour plus longtemps que vous ne croyez... N'oubliez pas, à dix heures, de descendre saluer mon oncle le cardinal.

En haut, au troisième étage, comme Pierre et don Vigilio, tenant chacun un bougeoir que le domestique leur avait remis, allaient se séparer devant leurs portes, le premier ne put s'empêcher de poser au second une question qui le tracassait.

— C'est un personnage très influent que monsignor Nani?

Don Vigilio s'effara de nouveau, fit un simple geste en ouvrant les deux bras, comme pour embrasser le monde. Puis, ses yeux flambèrent, une curiosité parut le saisir à son tour.

— Vous le connaissiez déjà, n'est-ce-pas? demanda-t-il sans répondre.

— Moi! pas du tout!

— Vraiment!... Il vous connaît très bien, lui! Je l'ai entendu parler de vous, lundi dernier, en des termes si précis, qu'il m'a semblé au courant des plus petits détails de votre vie et de votre caractère.

— Jamais je n'avais même entendu prononcer son nom.

— Alors, c'est qu'il se sera renseigné.

Et don Vigilio salua, rentra dans sa chambre; tandis que Pierre, qui s'étonnait de trouver la porte de la sienne ouverte, en vit sortir Victorine, de son air tranquille et actif.

— Ah! monsieur l'abbé, j'ai voulu m'assurer par moi-même que vous ne manquiez de rien. Vous avez de la bougie, vous avez de l'eau, du sucre, des allumettes... Et, le matin, que prenez-vous? Du café? Non! du lait pur, avec un petit pain. Bon! pour huit heures, n'est-ce pas?... Et reposez-vous, dormez bien. Moi, les premières nuits, oh! j'ai eu une peur des revenants, dans ce vieux palais! Mais je n'en ai jamais vu la queue d'un. Quand on est mort, on est trop content de l'être, on se repose.

Pierre, enfin, se trouva seul, heureux de se détendre, d'échapper au malaise de l'inconnu, de ce salon, de ces gens, qui se mêlaient, s'effaçaient en lui comme des ombres, sous la lumière dormante des lampes. Les revenants, ce sont les vieux morts d'autrefois dont les âmes en peine reviennent aimer et souffrir, dans la poitrine des vivants d'aujourd'hui. Et, malgré son long repos de la journée, jamais il ne s'était senti si las, si désireux de sommeil, l'esprit confus et brouillé, craignant bien de n'avoir rien compris. Lorsqu'il se mit à se déshabiller, l'étonnement d'être là, de se coucher là, le reprit avec une intensité telle, qu'il crut un moment être un autre. Que pensait tout ce monde de son livre? Pourquoi l'avait-on fait venir en ce froid logis qu'il devinait hostile? Était-ce donc pour l'aider ou pour le vaincre? Et il ne revoyait, dans la lueur jaune, dans le morne coucher d'astre du salon, que donna Serafina et l'avocat Morano, aux deux coins de la cheminée, tandis que, derrière la tête passionnée et calme de Benedetta, apparaissait la face souriante de monsignor Nani, aux yeux de ruse, aux lèvres d'indomptable énergie.

Il se coucha, puis se releva, étouffant, ayant un tel besoin d'air frais et libre, qu'il alla ouvrir toute grande la fenêtre, pour s'y accouder. Mais la nuit était d'un noir d'encre, les ténèbres avaient submergé l'horizon. Au firmament, des brumes devaient cacher les étoiles, la voûte opaque pesait, d'une lourdeur de plomb; et, en face, les maisons du Transtévère dormaient depuis longtemps, pas une fenêtre ne luisait, un bec de gaz scintillait seul, au loin, comme une étincelle perdue. Vainement il chercha le Janicule. Tout sombrait au fond de cette mer du néant, les vingt-quatre siècles de Rome, le Palatin antique et le moderne Quirinal, le dôme géant de Saint-Pierre, effacé du ciel par le flot d'ombre. Et, au-dessous de lui, il ne voyait pas, n'entendait même pas le Tibre, le fleuve mort dans la ville morte.

III

A dix heures moins un quart, le lendemain matin, Pierre descendit au premier étage du palais, pour se présenter à l'audience du cardinal Boccanera. Il venait de se réveiller plein de courage, repris par l'enthousiasme naïf de sa foi; et rien n'était resté de son singulier accablement de la veille, des doutes et des soupçons qui l'avaient saisi, au premier contact de Rome, dans la fatigue de l'arrivée. Il faisait si beau, le ciel était si pur, que son cœur s'était remis à battre d'espérance.

Sur le vaste palier, la porte de la première antichambre se trouvait large ouverte, à deux battants. Le cardinal, un des derniers cardinaux du patriciat romain, tout en fermant les salons de gala dont les fenêtres donnaient sur la rue et qui se pourrissaient de vétusté, avait gardé l'appartement de réception d'un de ses grands-oncles, cardinal comme lui, vers la fin du dix-huitième siècle. C'était une série de quatre immenses pièces, hautes de six mètres, qui prenaient jour sur la ruelle en pente, descendant au Tibre; et le soleil n'y pénétrait jamais, barré par les noires maisons d'en face. L'installation avait donc été conservée dans tout le faste et la pompe des princes d'autrefois, grands dignitaires de l'Église. Mais aucune réparation n'était faite, aucun soin n'était pris, les tentures pendaient en loques, la poussière mangeait les meubles, au milieu d'une complète insouciance, où l'on sentait comme une volonté hautaine d'arrêter le temps.

Pierre éprouva un léger saisissement, en entrant dans

la première pièce, l'antichambre des domestiques. Jadis, deux gendarmes pontificaux, en tenue, restaient là à demeure, parmi un flot de valets ; et un seul domestique, aujourd'hui, augmentait encore par sa présence fantomatique la mélancolie de cette vaste salle, à demi obscure. Surtout ce qui frappait la vue, en face des fenêtres, c'était un autel drapé de rouge, surmonté d'un baldaquin tendu de rouge, sous lequel étaient brodées les armes des Boccanera, le dragon ailé, soufflant des flammes, avec la devise : *Bocca nera, Alma rossa*. Et le chapeau rouge du grand-oncle, l'ancien grand chapeau de cérémonie, se trouvait également là, ainsi que les deux coussins de soie rouge et les deux antiques parasols, pendus au mur, qu'on emportait dans le carrosse, à chaque sortie. Au milieu de l'absolu silence, on croyait entendre le petit bruit discret des mites qui rongeaient depuis un siècle tout ce passé mort, qu'un coup de plumeau aurait fait tomber en poudre.

La seconde antichambre, celle où se tenait autrefois le secrétaire, une salle aussi vaste, était vide ; et Pierre dut la traverser, il ne découvrit don Vigilio que dans la troisième, l'antichambre noble. Avec son personnel désormais réduit au strict nécessaire, le cardinal avait préféré avoir son secrétaire sous la main, à la porte même de l'ancienne salle du trône, dans laquelle il recevait. Et don Vigilio, si maigre, si jaune, si frissonnant de fièvre, était là comme perdu, à une toute petite et pauvre table noire, chargée de papiers. Plongé au fond d'un dossier, il leva la tête, reconnut le visiteur ; et, d'une voix basse, à peine un murmure dans le silence :

— Son Éminence est occupée... Veuillez attendre.

Puis, il se replongea dans sa lecture, sans doute pour échapper à toute tentative de conversation.

N'osant s'asseoir, Pierre examina la pièce. Elle était peut-être encore plus délabrée que les deux autres, avec sa tenture de damas vert, élimée par l'âge, pareille à la mousse qui se décolore sur les vieux arbres. Mais le plafond restait superbe, toute une décoration somptueuse, une haute frise dont les ornements peints et dorés encadraient un Triomphe d'Amphitrite, d'un des élèves de Raphaël. Et, selon l'antique usage, c'était dans cette pièce que la barrette était posée, sur une crédence, au pied d'un grand crucifix d'ébène et d'ivoire.

Mais, comme il s'habituait au demi-jour, il fut tout d'un coup très intéressé par un portrait en pied du cardinal, peint récemment. Celui-ci y était représenté en grand costume de cérémonie, la soutane de moire rouge, le rochet de dentelle, la cappa jetée royalement sur les épaules. Et ce haut vieillard de soixante-dix ans avait gardé, dans ce vêtement d'Église, son allure fière de prince, entièrement rasé, les cheveux si blancs et si drus encore, qu'ils foisonnaient en boucles sur les épaules. C'était le masque dominateur des Boccanera, le nez fort, la bouche grande, aux lèvres minces, dans une face longue, coupée de larges plis; et surtout les yeux de sa race éclairaient la face pâle, des yeux très bruns, de vie ardente, sous des sourcils épais, restés noirs. La tête laurée, il aurait rappelé les têtes des empereurs romains, très beau et maître du monde, comme si le sang d'Auguste avait battu dans ses veines.

Pierre savait son histoire, et ce portrait l'évoquait en lui. Élevé au Collège des Nobles, Pio Boccanera n'avait quitté Rome qu'une fois, très jeune, à peine diacre, pour aller à Paris présenter une barrette, comme ablégat. Puis, sa carrière ecclésiastique s'était déroulée souverainement, les honneurs lui étaient venus d'une façon toute naturelle, dus à sa naissance: consacré de la main même de Pie IX, fait plus tard chanoine de la Basilique vaticane et camérier secret participant, nommé Majordome après l'occupation italienne, et enfin cardinal en 1874. Depuis quatre ans, il était camerlingue, et l'on racontait tout bas que Léon XIII l'avait choisi pour cette charge, comme Pie IX autrefois l'avait choisi lui-même, afin de l'écarter de la succession au trône pontifical ; car, si, en le nommant, le conclave avait méconnu la tradition qui voulait que le camerlingue ne pût être élu pape, sans doute reculerait-on devant une infraction nouvelle. Et l'on disait encore que la lutte sourde continuait, comme sous le règne passé, entre le pape et le camerlingue, ce dernier à l'écart, condamnant la politique du Saint-Siège, d'opinion radicalement opposée en tout, attendant muet, dans le néant actuel de sa charge, la mort du pape, qui lui donnerait le pouvoir intérimaire jusqu'à l'élection du pape nouveau, le devoir d'assembler le conclave et de veiller à la bonne expédition transitoire des affaires de l'Église. L'ambition de la papauté, le rêve de recommencer l'aventure du cardinal Pecci, camerlingue et pape, n'était-il pas derrière ce grand front sévère, dans la flamme même de ces regards noirs ? Son orgueil de prince romain ne connaissait que Rome, il se faisait presque une gloire d'ignorer totalement le monde moderne, et il se montrait d'ailleurs très pieux, d'une religion austère, d'une foi pleine et solide, incapable du plus léger doute.

Mais un chuchotement tira Pierre de ses réflexions. C'était don Vigilio qui l'invitait à s'asseoir, de son air prudent.

— Ce sera long peut-être, vous pouvez prendre un tabouret.

Et il se mit à couvrir une grande feuille jaunâtre d'une écriture fine, tandis que Pierre, machinalement, pour obéir, s'asseyait, sur un des tabourets de chêne, rangés le long du mur, en face du portrait. Il retomba dans une rêverie, il crut voir renaître et éclater, autour de lui, le faste princier d'un des cardinaux d'autrefois. D'abord, le jour où il était nommé, le cardinal donnait des fêtes, des réjouissances publiques, dont certaines sont citées encore pour leur splendeur. Pendant trois journées, les portes des salons de réception restaient grandes ouvertes, entrait qui voulait; et, de salle en salle, des huissiers lançaient, répétaient les noms, patriciat, bourgeoisie, menu peuple, Rome entière, que le nouveau cardinal accueillait avec une bonté souveraine, tel qu'un roi ses sujets. Puis, c'était toute une royauté organisée, certains cardinaux jadis déplaçaient plus de cinq cents personnes avec eux, avaient une maison qui comprenait seize offices, vivaient au milieu d'une véritable cour. Même, plus récemment, lorsque la vie se fut simplifiée, un cardinal, s'il était prince, avait droit à un train de gala de quatre voitures, attelées de chevaux noirs. Quatre domestiques le précédaient, en livrée à ses armes, portant le chapeau, les coussins et les parasols. Il était en outre accompagné du secrétaire en manteau de soie violette, du caudataire revêtu de la croccia, sorte de douillette en laine violette, avec des revers de soie, et du gentilhomme, en costume Henri II, tenant la barrette entre ses mains gantées. Quoique diminué déjà, le train de maison comprenait encore l'auditeur chargé du travail des congrégations, le secrétaire uniquement employé à la correspondance, le maître de chambre qui introduisait les visiteurs, le gentilhomme qui portait la barrette, et le caudataire, et le chapelain, et le maître de maison, et le valet de chambre, sans compter la nuée des valets en sous-ordre, les cuisiniers, les cochers, les palefreniers, un véritable peuple dont bourdonnaient les palais immenses. Et c'était de ce peuple que Pierre, par la pensée, remplissait les trois vastes antichambres, précédant la salle du trône, c'était ce flot de laquais en livrée bleue, aux passementeries armoriées, ce monde d'abbés et de prélats en manteaux de soie, qui revivait devant lui, mettant toute une vie passionnée et magnifique sous les hauts plafonds vides, dans les demi-ténèbres qu'il éclairait de sa splendeur ressuscitée.

Mais, aujourd'hui, surtout depuis l'entrée des Italiens à Rome, les grandes fortunes des princes romains s'étaient presque toutes effondrées, et le faste des hauts dignitaires de l'Église avait disparu. Dans sa ruine, le patriciat, s'écartant des charges ecclésiastiques, mal rémunérées, de gloire médiocre, les abandonnait à l'ambition de la petite bourgeoisie. Le cardinal Boccanera, le dernier prince d'antique noblesse revêtu de la pourpre, n'avait guère, pour tenir son rang, que trente mille francs environ, les vingt-deux mille francs de sa charge, augmentés de ce que lui rapportaient certaines autres fonctions ; et jamais il n'aurait pu s'en tirer, si donna Serafina n'était venue à son aide, avec les miettes de l'ancienne fortune patrimoniale, qu'il avait jadis abandonnée à ses deux sœurs et à son frère. Donna Serafina et Benedetta faisaient ménage à part, vivaient chez elles, avec leur table, leurs dépenses personnelles, leurs domestiques. Le cardinal n'avait avec lui que son neveu Dario, et jamais il ne donnait un dîner ni une réception. La plus grande dépense était son unique voiture, le lourd carrosse à deux chevaux que le cérémonial lui imposait, car un cardinal ne peut marcher à pied dans Rome. Encore son cocher, un vieux serviteur, lui épargnait-il un palefrenier, par son entêtement à soigner seul le carrosse et les deux chevaux noirs, vieillis comme lui dans la famille. Il y avait deux laquais, le père et le fils, ce dernier né au palais. La femme du cuisinier aidait à la cuisine. Mais les réductions portaient plus encore sur l'antichambre noble et sur la première antichambre ; tout l'ancien personnel si brillant et si nombreux se réduisait maintenant à deux petits prêtres, don Vigilio, le secrétaire, qui était en même temps l'auditeur et le maître de maison, et l'abbé Paparelli, le caudataire, qui servait aussi de chapelain et de maître de chambre. Où la foule des gens à gages de toutes conditions avait circulé, emplissant les salles de leur éclat, on ne voyait plus que ces deux petites soutanes noires filer sans bruit, deux ombres discrètes perdues dans la grande ombre des pièces mortes.

Et comme Pierre la comprenait, à présent, la hautaine

insouciance du cardinal, laissant le temps achever son
œuvre de ruine, dans ce palais des ancêtres, auquel il ne
pouvait rendre la vie glorieuse d'autrefois! Bâti pour cette
vie, pour le train souverain d'un prince du seizième
siècle, le logis croulait, déserté et noir, sur la tête de son
dernier maître, qui n'avait plus assez de serviteurs pour
le remplir, et qui n'aurait pas su comment payer le plâtre
nécessaire aux réparations. Alors, puisque le monde
moderne se montrait hostile, puisque la religion n'était
plus reine, puisque la société était changée et qu'on allait
à l'inconnu, au milieu de la haine et de l'indifférence des
générations nouvelles, pourquoi donc ne pas laisser le
vieux monde tomber en poudre, dans l'orgueil obstiné de
sa gloire séculaire? Les héros seuls mouraient debout,
sans rien abandonner du passé, fidèles jusqu'au dernier
souffle à la même foi, n'ayant plus que la douloureuse
bravoure, l'infinie tristesse d'assister à la lente agonie de
leur Dieu. Et, dans le haut portrait du cardinal, dans sa
face pâle, si fière, si désespérée et brave, il y avait cette
volonté têtue de s'anéantir sous les décombres du vieil
édifice social, plutôt que d'en changer une seule pierre.

Le prêtre fut tiré de sa rêverie par le frôlement d'une
marche furtive, un petit trot de souris, qui lui fit tourner
la tête. Une porte venait de s'ouvrir dans la tenture, et il
eut la surprise de voir s'arrêter devant lui un abbé d'une
quarantaine d'années, gros et court, qu'on aurait pris pour
une vieille fille en jupe noire, très âgée déjà, tellement
sa face molle était couturée de rides. C'était l'abbé
Paparelli, le caudataire, le maître de chambre, qui, à ce
dernier titre, se trouvait chargé d'introduire les visiteurs ;
et il allait questionner celui-ci, en l'apercevant là, lorsque
don Vigilio intervint, pour le mettre au courant.

— Ah! bien, bien! monsieur l'abbé Froment, que Son
Éminence daignera recevoir... Il faut attendre, il faut
attendre.

Et, de sa marche roulante et muette, il alla reprendre

sa place dans la seconde antichambre, où il se tenait d'habitude.

Pierre n'aima point ce visage de vieille dévote, blêmi par le célibat, ravagé par des pratiques trop rudes ; et, comme don Vigilio ne s'était pas remis au travail, la tête lasse, les mains brûlées de fièvre, il se hasarda à le questionner. Oh ! l'abbé Paparelli, un homme de la foi la plus vive, qui restait par simple humilité dans un poste modeste, près de Son Éminence ! D'ailleurs, celle-ci voulait bien l'en récompenser, en ne dédaignant pas, parfois, d'écouter ses avis. Et il y avait, dans les yeux ardents de don Vigilio, une sourde ironie, une colère voilée encore, tandis qu'il continuait à examiner Pierre, l'air rassuré un peu, gagné par l'évidente droiture de cet étranger, qui ne devait faire partie d'aucune bande. Aussi finissait-il par se départir de sa continue et maladive méfiance. Il s'abandonna jusqu'à causer un instant.

— Oui, oui, il y a parfois beaucoup de besogne, et assez dure... Son Éminence appartient à plusieurs congrégations, le Saint-Office, l'Index, les Rites, la Consistoriale. Et, pour l'expédition des affaire qui lui incombent, c'est entre mes mains que tous les dossiers arrivent. Il faut que j'étudie chaque affaire, que je fasse un rapport, enfin que je débrouille la besogne... Sans compter que toute la correspondance, d'autre part, me passe par les mains. Heureusement, Son Éminence est un saint, qui n'intrigue ni pour lui ni pour les autres, ce qui nous permet de vivre un peu à l'écart.

Pierre s'intéressait vivement à ces détails intimes d'une de ces existences de prince de l'Église, si cachées d'ordinaire, déformées souvent par la légende. Il sut que le cardinal, hiver comme été, se levait à six heures du matin. Il disait sa messe dans sa chapelle, une petite pièce, meublée seulement d'un autel en bois peint, et où personne n'entrait jamais. D'ailleurs, son appartement particulier ne se composait que d'une chambre à coucher, une salle à manger et un cabinet de travail, des pièces modestes, étroites, qu'on avait taillées dans une grande salle, à l'aide de cloisons. Il y vivait très enfermé, sans luxe aucun, en homme sobre et pauvre. A huit heures, il déjeunait, une tasse de lait froid. Puis, les matins de séance, il se rendait aux congrégations dont il faisait partie ; ou bien, il restait chez lui, à recevoir. Le dîner était à une heure, et la sieste venait ensuite, jusqu'à quatre heures et même cinq en été, la sieste de Rome, le moment sacré, pendant lequel pas un domestique n'aurait osé même frapper à la porte. Les jours de beau temps, au réveil, il faisait une promenade en voiture, du côté de l'ancienne voie Appienne, d'où il revenait au coucher du soleil, lorsqu'on sonnait l'*Ave Maria*. Et enfin, après avoir reçu de sept à neuf, il soupait, rentrait dans sa chambre, ne reparaissait plus, travaillait seul ou se couchait. Les cardinaux vont chez le pape deux ou trois fois par mois, à jours fixes, pour les besoins du service. Mais, depuis bientôt un an, le camerlingue n'avait pas été admis en audience particulière, ce qui était un signe de disgrâce, une preuve de guerre, dont tout le monde noir causait bas, avec prudence.

— Son Éminence est un peu rude, continuait don Vigilio doucement, heureux de parler, dans un moment de détente. Mais il faut la voir sourire, lorsque sa nièce, la contessina, qu'elle adore, descend l'embrasser... Vous savez que, si vous êtes bien reçu, vous le devrez à la contessina...

A ce moment, il fut interrompu. Un bruit de voix venait de la deuxième antichambre, et il se leva vivement, il s'inclina très bas, en voyant entrer un gros homme à la soutane noire ceinturée de rouge, coiffé d'un chapeau noir à torsade rouge et or, et que l'abbé Paparelli amenait, avec tout un déploiement d'humbles révérences. Il avait fait signe à Pierre de se lever également, il put lui souffler encore :

— Le cardinal Sanguinetti, préfet de la congrégation de l'Index.

Mais l'abbé Paparelli se prodiguait, s'empressait, répétait d'un air de béate satisfaction :

— Votre Éminence révérendissime est attendue. J'ai ordre de l'introduire tout de suite... Il y a déjà là Son Éminence le Grand Pénitencier.

Sanguinetti, la voix haute, le pas sonore, eut un éclat brusque et familier.

— Oui, oui, une foule d'importuns qui m'ont retenu ! On ne fait jamais ce qu'on veut. Enfin, j'arrive.

C'était un homme de soixante ans, trapu et gras, la face ronde et colorée, avec un nez énorme, des lèvres épaisses, des yeux vifs toujours en mouvement. Mais il frappait surtout par son air de jeunesse active, turbulente presque, les cheveux bruns encore, à peine semés de fils d'argent, très soignés, ramenés en boucles sur les tempes. Il était né à Viterbe, avait fait ses classes au séminaire de cette ville, avant de venir à Rome les achever à l'Université Grégorienne. Ses états de service ecclésiastique disaient son chemin rapide, son intelligence souple : d'abord, secrétaire de nonciature à Lisbonne ; ensuite, nommé évêque titulaire de Thèbes et chargé d'une mission délicate, au Brésil ; dès son retour, fait nonce à Bruxelles, puis à Vienne ; et enfin cardinal, sans compter qu'il venait d'obtenir l'évêché suburbicaire de Frascati. Rompu aux affaires, ayant pratiqué toute l'Europe, il n'avait contre lui que son ambition trop affichée, son intrigue toujours aux aguets. On le disait maintenant irréconciliable, exigeant de l'Italie la reddition de Rome, bien qu'autrefois il eût fait des avances au Quirinal. Dans sa furieuse passion d'être le pape de demain, il sautait d'une opinion à une autre, se donnait mille peines pour conquérir des gens, qu'il lâchait ensuite. Deux fois déjà, il s'était fâché avec Léon XIII, puis avait cru politique de faire sa soumission. La vérité était que, candidat presque avoué à la papauté, il s'usait par son continuel effort, trempant dans trop de choses, remuant trop de monde.

Mais Pierre n'avait vu en lui que le préfet de la congrégation de l'Index ; et une idée seule l'émotionnait, celle que cet homme allait décider du sort de son livre. Aussi, lorsque le cardinal eut disparu et que l'abbé Paparelli fut retourné dans la deuxième antichambre, ne put-il s'empêcher de demander à don Vigilio :

— Leurs Éminences le cardinal Sanguinetti et le cardinal Boccanera sont donc très liées ?

Un sourire pinça les lèvres du secrétaire, pendant que ses yeux flambaient d'une ironie dont il n'était plus maître.

— Oh ! très liées, non, non !... Elles se voient, quand elles ne peuvent pas faire autrement.

Et il expliqua qu'on avait des égards pour la haute naissance du cardinal Boccanera, de sorte qu'on se réunissait volontiers chez lui, lorsqu'une affaire grave se présentait, comme ce jour-là précisément, nécessitant une entrevue, en dehors des séances habituelles. Le cardinal Sanguinetti était le fils d'un petit médecin de Viterbe.

— Non, non ! Leurs Éminences ne sont pas liées du tout... Quand on n'a ni les mêmes idées, ni le même caractère, il est bien difficile de s'entendre. Et surtout quand on se gêne !

Il avait dit cela plus bas, comme à lui-même, avec son sourire mince. D'ailleurs, Pierre écoutait à peine, tout à sa préoccupation personnelle.

— Peut-être bien est-ce pour une affaire de l'Index qu'ils sont réunis ? demanda-t-il.

Don Vigilio devait savoir le motif de la réunion. Mais il se contenta de répondre que, pour une affaire de l'Index, la réunion aurait eu lieu chez le préfet de la congrégation. Et Pierre, cédant à son impatience, en fut réduit à lui poser une question directe.

— Mon affaire à moi, l'affaire de mon livre, vous la connaissez, n'est-ce pas? Puisque Son Éminence fait partie de la congrégation, et que les dossiers vous passent par les mains, vous pourriez peut-être me donner quelque utile renseignement. Je ne sais rien, et j'ai une telle hâte de savoir !

Du coup, don Vigilio fut repris de son inquiétude effarée. Il bégaya d'abord, disant qu'il n'avait pas vu le dossier, ce qui était vrai.

— Je vous assure, aucune pièce ne nous est encore parvenue, j'ignore absolument tout.

Puis, comme le prêtre allait insister, il lui fit signe de se taire, il se remit à écrire, jetant des regards furtifs vers la deuxième antichambre, craignant sans doute que l'abbé Paparelli n'écoutât. Décidément, il avait parlé beaucoup trop. Et il se rapetissait à sa table, fondu, disparu dans son coin d'ombre.

Alors, Pierre revint à sa rêverie, envahi de nouveau par tout cet inconnu qui l'entourait, par la tristesse ancienne et ensommeillée des choses. D'interminables minutes durent s'écouler, il était près de onze heures. Et un bruit de porte, un bruit de voix l'éveilla enfin. Il s'inclina respectueusement devant le cardinal Sanguinetti, qui s'en allait en compagnie d'un autre cardinal, très maigre, très grand, avec une figure grise et longue d'ascète. Mais ni l'un ni l'autre ne parut même apercevoir ce simple petit prêtre étranger, incliné ainsi sur leur passage. Ils causaient haut, familièrement.

— Ah ! oui, le vent descend, il a fait plus chaud qu'hier.

— C'est à coup sûr du siroco pour demain.

Le silence retomba, solennel, dans la grande pièce obscure. Don Vigilio écrivait toujours, sans qu'on entendît le petit bruit de sa plume sur le dur papier jaunâtre. Il y eut un léger tintement de sonnette fêlée. Et l'abbé Paparelli accourut de la deuxième antichambre, disparut un instant dans la salle du trône, puis revint appeler d'un signe Pierre, qu'il annonça d'une voix légère.

— Monsieur l'abbé Pierre Froment.

La salle, très grande, était une ruine, elle aussi. Sous l'admirable plafond de bois sculpté et doré, les tentures rouges des murs, une brocatelle à grandes palmes, s'en allaient en lambeaux. On avait fait quelques reprises, mais l'usure moirait de tons pâles la pourpre sombre de la soie, autrefois d'un faste éclatant. La curiosité de la pièce était l'ancien trône, le fauteuil de velours rouge où prenait place jadis le Saint-Père, quand il rendait visite au cardinal. Un dais, également de velours rouge, le surmontait, sous lequel se trouvait accroché le portrait du pape régnant. Et, selon la règle, le fauteuil était retourné contre le mur, pour indiquer que personne ne devait s'y asseoir. D'ailleurs, il n'y avait pour tout mobilier, dans la vaste salle, que des canapés, des fauteuils, des chaises, et une merveilleuse table Louis XIV, de bois doré, à dessus de mosaïque, représentant l'enlèvement d'Europe.

Mais Pierre ne vit d'abord que le cardinal Boccanera, debout près d'une autre table, qui lui servait de bureau. Dans sa simple soutane noire, lisérée et boutonnée de rouge, celui-ci lui apparaissait plus grand et plus fier encore que sur son portrait, dans son costume de cérémonie. C'étaient bien les cheveux blancs en boucles, la face longue, coupée de larges plis, au nez fort et aux lèvres minces; et c'étaient les yeux ardents éclairant la face pâle, sous les épais sourcils restés noirs. Seulement, le portrait ne donnait pas la souveraine et tranquille foi qui se dégageait de cette haute figure, une certitude totale de savoir où était la vérité, et une absolue volonté de s'y tenir à jamais.

Boccanera n'avait pas bougé, regardant fixement, de son regard noir, s'avancer le visiteur; et le prêtre, qui connaissait le cérémonial, s'agenouilla, baisa la grosse émeraude qu'il portait au doigt. Mais, tout de suite, le cardinal le releva.

— Mon cher fils, soyez le bienvenu chez nous... Ma nièce m'a parlé de votre personne avec tant de sympathie, que je suis heureux de vous recevoir.

Il s'était assis près de la table, sans lui dire encore de prendre lui-même une chaise, et il continuait à l'examiner, en parlant d'une voix lente, fort polie.

— C'est hier matin que vous êtes arrivé, et bien fatigué, n'est-ce pas?

— Votre Éminence est trop bonne... Oui, brisé, autant d'émotion que de fatigue. Ce voyage est pour moi si grave!

Le cardinal sembla ne pas vouloir entamer dès les premiers mots la question sérieuse.

— Sans doute, il y a tout de même loin de Paris à Rome. Aujourd'hui, ça se fait assez rapidement. Mais, jadis, quel voyage interminable!

Sa parole se ralentit.

— Je suis allé à Paris une seule fois, oh! il y a longtemps, cinquante ans bientôt, et pour y passer une semaine à peine... Une grande et belle ville, oui, oui! beaucoup de monde dans les rues, des gens très bien élevés, un peuple qui a fait des choses admirables. On ne peut l'oublier, même dans les tristes heures actuelles, la France a été la fille aînée de l'Église... Depuis cet unique voyage, je n'ai pas quitté Rome.

Et, d'un geste de tranquille dédain, il acheva sa pensée. A quoi bon des courses au pays du doute et de la rébellion? Est-ce que Rome ne suffisait pas, Rome qui gouvernait le monde, la ville éternelle qui, aux temps prédits, devait redevenir la capitale du monde?

Pierre, muet, évoquant en lui le prince violent et batailleur d'autrefois, réduit à porter cette simple soutane, le trouva beau, dans son orgueilleuse conviction que Rome se suffisait à elle-même. Mais cette obstination d'ignorance, cette volonté de ne tenir compte des autres nations que pour les traiter en vassales, l'inquiétèrent, lorsque, par un retour sur lui-même, il songea au motif qui l'amenait. Et, comme le silence s'était fait, il crut devoir rentrer en matière par un hommage.

— Avant toute autre démarche, j'ai voulu mettre mon respect aux pieds de Votre Éminence, car c'est en elle seule que j'espère, c'est elle que je supplie de vouloir bien me conseiller et me diriger.

De la main, alors, Boccanera l'invita à s'asseoir sur une chaise, en face de lui.

— Certainement, mon cher fils, je ne vous refuse pas mes conseils. Je les dois à tout chrétien désireux de bien faire. Vous auriez tort, seulement, de compter sur mon influence : elle est nulle. Je vis complètement à l'écart, je ne puis et ne veux rien demander... Voyons, cela ne va pas nous empêcher de causer un peu.

Il continua, aborda très franchement la question, sans ruse aucune, en esprit absolu et vaillant qui ne redoute pas les responsabilités.

— N'est-ce pas? vous avez écrit un livre, *la Rome nouvelle*, je crois, et vous venez pour défendre ce livre, qui est déféré à la congrégation de l'Index... Moi, je ne l'ai pas encore lu. Vous comprenez que je ne puis tout lire. Je lis seulement les œuvres que m'envoie la congrégation, dont je fais partie depuis l'an dernier; et même je me contente souvent du rapport que rédige pour moi mon secrétaire... Mais ma nièce Benedetta a lu votre livre, et elle m'a dit qu'il ne manquait pas d'intérêt, qu'il l'avait d'abord un peu étonnée et beaucoup émue ensuite... Je vous promets donc de le parcourir, d'en étudier les passages incriminés avec le plus grand soin.

Pierre saisit l'occasion, pour commencer à plaider sa cause. Et il pensa que le mieux était d'indiquer tout de suite ses références, à Paris.

— Votre Éminence comprend ma stupeur, quand j'ai

su qu'on poursuivait mon livre... Monsieur le vicomte Philibert de la Choue, qui veut bien me témoigner quelque amitié, ne cesse de répéter qu'un livre pareil vaut au Saint-Siège la meilleure des armées.

— Oh! de la Choue, de la Choue, répéta le cardinal avec une moue de bienveillant dédain, je n'ignore pas que de la Choue croit être un bon catholique... Il est un peu notre parent, vous le savez. Et, quand il descend au palais, je le vois volontiers, à la condition de ne pas causer de certains sujets, sur lesquels nous ne pourrons jamais nous entendre... Mais enfin le catholicisme de ce distingué et bon de la Choue, avec ses corporations, ses cercles d'ouvriers, sa démocratie débarbouillée et son vague socialisme, ce n'est en somme que de la littérature.

Le mot frappa Pierre, car il en sentit toute l'ironie méprisante, dont lui-même se trouvait atteint. Aussi s'empressa-t-il de nommer son autre répondant, qu'il pensait d'une autorité indiscutable.

— Son Éminence le cardinal Bergerot a bien voulu donner à mon œuvre une entière approbation.

Du coup, le visage de Boccanera changea brusquement. Ce ne fut plus le blâme railleur, la pitié que soulève l'acte inconsidéré d'un enfant, destiné à un avortement certain. Une flamme de colère alluma les yeux sombres, une volonté de combat durcit la face entière.

— Sans doute, reprit-il lentement, le cardinal Bergerot a une réputation de grande piété, en France. Nous le connaissons peu, à Rome. Personnellement, je l'ai vu une seule fois, quand il est venu pour le chapeau. Et je ne me permettrais pas de le juger, si, dernièrement, ses écrits et ses actes n'avaient contristé mon âme de croyant. Je ne suis malheureusement pas le seul, vous ne trouverez ici, dans le Sacré Collège, personne qui l'approuve.

Il s'arrêta, puis se prononça, d'une voix nette.

— Le cardinal Bergerot est un révolutionnaire.

Cette fois, la surprise de Pierre le rendit un instant muet. Un révolutionnaire, grand Dieu! ce pasteur d'âmes si doux, d'une charité inépuisable, dont le rêve était que Jésus redescendît sur la terre, pour faire régner enfin la justice et la paix! Les mots n'avaient donc pas la même signification partout, et dans quelle religion tombait-il, pour que la religion des pauvres et des souffrants devînt une passion condamnable, simplement insurrectionnelle?

Sans pouvoir comprendre encore, il sentit l'impolitesse et l'inutilité d'une discussion, il n'eut plus que le désir de raconter son livre, de l'expliquer et de l'innocenter. Mais, dès les premiers mots, le cardinal l'empêcha de poursuivre.

— Non, non, mon cher fils. Cela nous prendrait trop de temps, et je veux lire les passages... Du reste, il est une règle absolue : tout livre est pernicieux et condamnable qui touche à la foi. Votre livre est-il profondément respectueux du dogme?

— Je le pense, et j'affirme à Votre Éminence que je n'ai pas entendu faire une œuvre de négation.

— C'est bon, je pourrai être avec vous, si cela est vrai... Seulement, dans le cas contraire, je n'aurais qu'un conseil à vous donner, retirer vous-même votre œuvre, la condamner et la détruire, sans attendre qu'une décision de l'Index vous y force. Quiconque a produit le scandale, doit le supprimer et l'expier, en coupant dans sa propre chair. Un prêtre n'a pas d'autre devoir que l'humilité et l'obéissance, l'anéantissement complet de son être, dans la volonté souveraine de l'Église. Et même pourquoi écrire? car il y a déjà de la révolte à exprimer une opinion à soi, c'est toujours une tentation du diable qui vous met la plume à la main. Pourquoi courir le risque de se damner, en cédant à l'orgueil de l'intelligence et de la domination?... Votre livre, mon cher fils, c'est encore de la littérature, de la littérature!

Ce mot revenait avec un mépris tel, que Pierre sentit toute la détresse des pauvres pages d'apôtre qu'il avait écrites, tombant sous les yeux de ce prince devenu un saint. Il l'écoutait, il le regardait grandir, pris d'une peur et d'une admiration croissantes.

— Ah! la foi, mon cher fils, la foi totale, désintéressée, qui croit pour l'unique bonheur de croire! Quel repos, lorsqu'on s'incline devant les mystères, sans chercher à les pénétrer, avec la conviction tranquille qu'en les acceptant, on possède enfin le certain et le définitif! N'est-ce pas la plus complète satisfaction intellectuelle, cette satisfaction que donne le divin conquérant la raison, la disciplinant et la comblant, à ce point qu'elle est comme remplie et désormais sans désir? En dehors de l'explication de l'inconnu par le divin, il n'y a pas, pour l'homme, de paix durable possible. Il faut mettre en Dieu la vérité et la justice, si l'on veut qu'elles règnent sur cette terre. Quiconque ne croit pas est un champ de bataille livré à tous les désastres. C'est la foi seule qui délivre et apaise!

Et Pierre resta silencieux un instant, devant cette grande figure qui se dressait. A Lourdes, il n'avait vu que l'humanité souffrante se ruer à la guérison du corps et à la consolation de l'âme. Ici, c'était le croyant intellectuel, l'esprit qui a besoin de certitude, qui se satisfait, en goûtant la haute jouissance de ne plus douter. Jamais encore il n'avait entendu un tel cri de joie, à vivre dans l'obéissance, sans inquiétude sur le lendemain de la mort. Il savait que Boccanera avait eu une jeunesse un peu vive, avec des crises de sensualité où flambait le sang rouge des ancêtres; et il s'émerveillait de la majesté calme que la foi avait fini par mettre chez cet homme de race si violente, dont l'orgueil était resté l'unique passion.

— Pourtant, se hasarda-t-il à dire enfin, très doucement, si la foi demeure essentielle, immuable, les formes changent... D'heure en heure, tout évolue, le monde change.

— Mais ce n'est pas vrai! s'écria le cardinal; le monde est immobile, à jamais!... Il piétine, il s'égare, s'engage dans les plus abominables voies; et il faut, continuellement, qu'on le ramène au droit chemin. Voilà le vrai... Est-ce que le monde, pour que les promesses du Christ s'accomplissent, ne doit pas revenir au point de départ, à l'innocence première? Est-ce que la fin des temps n'est pas fixée au jour triomphal où les hommes seront en possession de toute la vérité, apportée par l'Évangile?... Non, non! la vérité est dans le passé, c'est toujours au passé qu'il faut s'en tenir, si l'on ne veut pas se perdre. Ces belles nouveautés, ces mirages du fameux progrès, ne sont que les pièges de l'éternelle perdition. A quoi bon chercher davantage, courir sans cesse des risques d'erreur, puisque la vérité, depuis dix-huit siècles, est connue?... La vérité, mais elle est dans le catholicisme apostolique et romain, tel que l'a créé la longue suite des générations! Quelle folie de le vouloir changer, lorsque tant de grands esprits, tant d'âmes pieuses en ont fait le plus admirable des monuments, l'instrument unique de l'ordre en ce monde et du salut dans l'autre!

Pierre ne protesta plus, le cœur serré, car il ne pouvait douter maintenant qu'il avait devant lui un adversaire implacable de ses idées les plus chères. Il s'inclinait, respectueux, glacé, en sentant passer sur sa face un petit souffle, le vent lointain qui apportait le froid mortel des tombeaux; tandis que le cardinal, debout, redressant sa haute taille, continuait de sa voix têtue, toute sonnante de fier courage :

— Et si, comme ses ennemis le prétendent, le catholicisme est frappé à mort, il doit mourir debout, dans son intégralité glorieuse... Vous entendez bien, monsieur l'abbé, pas une concession, pas un abandon, pas une lâcheté! Il est tel qu'il est, et il ne saurait être autrement. La certitude divine, la vérité totale est sans modification possible; et la moindre pierre enlevée à l'édifice, n'est jamais qu'une cause d'ébranlement... N'est-ce pas évident, d'ailleurs? On ne sauve pas les vieilles maisons, dans lesquelles on met la pioche, sous prétexte de les réparer. On ne fait qu'augmenter les lézardes. S'il était vrai que Rome menaçât de tomber en poudre, tous les raccommodages, tous les replâtrages n'auraient pour résultat que de hâter l'inévitable catastrophe. Et, au lieu de la mort grande, immobile, ce serait la plus misérable des agonies, la fin d'un lâche qui se débat et demande grâce... Moi, j'attends. Je suis convaincu que ce sont là d'affreux mensonges, que le catholicisme n'a jamais été plus solide, qu'il puise son éternité dans l'unique source de vie. Mais, le soir où le ciel croulerait, je serais ici, au milieu de ces vieux murs qui s'émiettent, sous ces vieux plafonds dont les vers mangent les poutres, et c'est debout, dans les décombres, que je finirais, en récitant mon *Credo* une dernière fois.

Sa voix s'était ralentie, envahie d'une tristesse hautaine, pendant que, d'un geste large, il indiquait l'antique palais, autour de lui, désert et muet, dont la vie se retirait un peu chaque jour. Était-ce donc un involontaire pressentiment, le petit souffle froid, venu des ruines, qui l'effleurait, lui aussi? Tout l'abandon des vastes salles s'en trouvait expliqué, les tentures de soie en lambeaux, les armoiries pâlies par la poussière, le chapeau rouge que les mites dévoraient. Et cela était d'une grandeur désespérée et superbe, ce prince et ce cardinal, ce catholique intransigeant, retiré ainsi dans l'ombre croissante du passé, bravant d'un cœur de soldat l'inévitable écroulement de l'ancien monde.

Saisi, Pierre allait prendre congé, lorsqu'une petite porte s'ouvrit dans la tenture. Boccanera eut une brusque impatience.

— Quoi? qu'y a-t-il? Ne peut-on me laisser un instant tranquille!

Mais l'abbé Paparelli, le caudataire, gras et doux, entra quand même, sans s'émotionner le moins du monde. Il s'approcha, vint murmurer une phrase, très bas, à l'oreille du cardinal, qui s'était calmé à sa vue.

— Quel curé?... Ah! oui, Santobono, le curé de Frascati. Je sais... Dites que je ne puis pas le recevoir maintenant.

De sa voix menue, Paparelli recommença à parler bas. Des mots pourtant s'entendaient : une affaire pressée, le curé était forcé de repartir, il n'avait à dire qu'une parole. Et, sans attendre un consentement, il introduisit le visiteur, son protégé, qu'il avait laissé derrière la petite porte. Puis, lui-même disparut, avec la tranquillité d'un subalterne qui, dans sa situation infime, se sait tout-puissant.

Pierre, qu'on oubliait, vit entrer un grand diable de prêtre, taillé à coups de serpe, un fils de paysan, encore près de la terre. Il avait de grands pieds, des mains noueuses, une face couturée et tannée, que des yeux noirs, très vifs, éclairaient. Robuste encore, pour ses quarante-cinq ans, il ressemblait un peu à un bandit déguisé, la barbe mal faite, la soutane trop large sur ses gros os saillants. Mais la physionomie restait fière, sans rien de bas. Et il portait un petit panier, que des feuilles de figuier recouvraient soigneusement.

Tout de suite, Santobono fléchit les genoux, baisa l'anneau, mais d'un geste rapide, de simple politesse usuelle. Puis, avec la familiarité respectueuse du menu peuple pour les grands :

— Je demande pardon à Votre Éminence révérendissime d'avoir insisté. Du monde attendait, et je n'aurais pas été reçu, si mon ancien camarade Paparelli n'avait eu l'idée de me faire passer par cette porte... Oh! j'ai à solliciter de Votre Éminence un si grand service, un vrai service de cœur!... Mais, d'abord, qu'elle me permette de lui offrir un petit cadeau.

Boccanera l'écoutait gravement. Il l'avait beaucoup connu autrefois, lorsqu'il allait passer les étés à Frascati, dans la villa princière que la famille y possédait, une habitation reconstruite au seizième siècle, un merveilleux parc dont la terrasse célèbre donnait sur la Campagne romaine, immense et nue comme la mer. Cette villa était aujourd'hui vendue, et, sur des vignes, échues en partage à Benedetta, le comte Prada, avant l'instance en divorce, avait commencé à faire bâtir tout un quartier neuf de petites maisons de plaisance. Autrefois, le cardinal ne dédaignait pas, pendant ses promenades à pied, d'entrer se reposer un instant chez Santobono qui desservait, en dehors de la ville, une antique chapelle consacrée à sainte Marie des Champs; et le prêtre occupait là, contre cette chapelle, une sorte de masure à demi ruinée, dont le charme était un jardin clos de murs, qu'il cultivait lui-même, avec une passion de vrai paysan.

— Comme tous les ans, reprit-il en posant le panier sur la table, j'ai voulu que Votre Éminence goûtât mes figues. Ce sont les premières de la saison que j'ai cueillies pour elle ce matin. Elle les aimait tant, quand elle daignait les venir manger sur l'arbre! et elle voulait bien me dire qu'il n'y avait pas de figuier au monde pour en produire de pareilles.

Le cardinal ne put s'empêcher de sourire. Il adorait les figues, et c'était vrai, le figuier de Santobono était réputé dans le pays entier.

— Merci, mon cher curé, vous vous souvenez de mes petits défauts... Voyons, que puis-je faire pour vous?

Il était tout de suite redevenu grave, car il y avait entre lui et le curé d'anciennes discussions, des façons de voir contraires, qui le fâchaient. Santobono, né à Nemi, en plein pays farouche, d'une famille violente dont l'aîné était mort d'un coup de couteau, avait professé de tout temps des idées ardemment patriotiques. On racontait qu'il avait failli prendre les armes avec Garibaldi ; et, le jour où les Italiens étaient entrés dans Rome, on avait dû l'empêcher de planter sur son toit le drapeau de l'unité italienne. C'était son rêve passionné, Rome maîtresse du monde, lorsque le pape et le roi, après s'être embrassés, feraient cause commune. Pour le cardinal, il y avait là un révolutionnaire dangereux, un prêtre renégat mettant le catholicisme en péril.

— Oh ! ce que Votre Éminence peut faire pour moi ! ce qu'elle peut faire, si elle le daigne ! répétait Santobono d'une voix brûlante, en joignant ses grosses mains noueuses.

Puis, se ravisant :

— Est-ce que Son Éminence le cardinal Sanguinetti n'a pas dit un mot de mon affaire à Votre Éminence révérendissime ?

— Non, le cardinal m'a simplement prévenu de votre visite, en me disant que vous aviez quelque chose à me demander.

Et Boccanera, le visage assombri, attendit avec une sévérité plus grande. Il n'ignorait pas que le prêtre était devenu le client de Sanguinetti, depuis que ce dernier, nommé évêque suburbicaire, passait à Frascati de longues semaines. Tout cardinal, candidat à la papauté, a de la sorte, dans son ombre, des familiers infimes qui jouent l'ambition de leur vie sur son élection possible : s'il est pape un jour, si eux-mêmes l'aident à le devenir, ils entreront à sa suite dans la grande famille pontificale. On racontait que Sanguinetti avait déjà tiré Santobono d'une mauvaise histoire, un enfant maraudeur que celui-ci avait surpris en train d'escalader son mur, et qui était mort des suites d'une correction trop rude. Mais, à la louange du prêtre, il fallait pourtant ajouter que, dans son dévouement fanatique au cardinal, il entrait surtout l'espoir qu'il serait le pape attendu, le pape destiné à faire de l'Italie la grande nation souveraine.

— Eh bien! voici mon malheur... Votre Éminence connaît mon frère Agostino, qui a été pendant deux ans jardinier chez elle, à la villa. Certainement, c'est un garçon très gentil, très doux, dont jamais personne n'a eu à se plaindre... Alors, on ne peut pas s'expliquer de quelle façon, il lui est arrivé un accident, il a tué un homme d'un coup de couteau, à Genzano, un soir qu'il se promenait dans la rue... J'en suis tout à fait contrarié, je donnerais volontiers deux doigts de ma main, pour le tirer de prison. Et j'ai pensé que Votre Éminence ne me refuserait pas un certificat disant qu'elle a eu Agostino chez elle et qu'elle a été toujours très contente de son bon caractère.

Nettement, le cardinal protesta.

— Je n'ai pas été content du tout d'Agostino. Il était d'une violence folle, et j'ai dû justement le congédier parce qu'il vivait constamment en querelle avec les autres domestiques.

— Oh! que Votre Éminence me chagrine, en me racontant cela! C'est donc vrai que le caractère de mon pauvre petit Agostino s'était gâté! Mais il y a moyen de faire les choses, n'est-ce pas? Votre Éminence peut me donner un certificat tout de même, en arrangeant les phrases. Cela produirait un si bon effet, un certificat de Votre Éminence devant la justice!

— Oui, sans doute, reprit Boccanera, je comprends. Mais je ne donnerai pas de certificat.

— Eh quoi! Votre Éminence révérendissime refuse?

— Absolument!... Je sais que vous êtes un prêtre d'une moralité parfaite, que vous remplissez votre saint ministère avec zèle et que vous seriez un homme tout à fait recommandable, sans vos idées politiques. Seulement, votre affection fraternelle vous égare, je ne puis mentir pour vous être agréable.

Santobono le regardait, stupéfié, ne comprenant pas qu'un prince, un cardinal tout-puissant, s'arrêtât à de si pauvres scrupules, lorsqu'il s'agissait d'un coup de couteau, l'affaire la plus banale, la plus fréquente, en ces pays encore sauvages des Châteaux romains.

— Mentir, mentir, murmura-t-il, ce n'est pas mentir que de dire le bon uniquement, quand il y en a, et tout de même Agostino a du bon. Dans un certificat, ça dépend des phrases qu'on écrit.

Il s'entêtait à cet arrangement, il ne lui entrait pas dans la tête qu'on pût refuser de convaincre la justice, par une ingénieuse façon de présenter les choses. Puis, quand il fut certain qu'il n'obtiendrait rien, il eut un geste désespéré, sa face terreuse prit une expression de violente rancune, tandis que ses yeux noirs flambaient de colère contenue.

— Bien, bien! chacun voit la vérité à sa manière, je vais retourner dire ça à Son Éminence le cardinal Sanguinetti. Et je prie Votre Éminence révérendissime de ne pas m'en vouloir, si je l'ai dérangée inutilement... Peut-être que les figues ne sont pas très mûres; mais je me permettrai d'en apporter un panier encore, vers la fin de la saison, lorsqu'elles sont tout à fait bonnes et sucrées... Mille grâces et mille bonheurs à Votre Éminence révérendissime.

Il s'en allait à reculons, avec des saluts qui pliaient en deux sa grande taille osseuse. Et Pierre, qui s'était intéressé vivement à la scène, retrouvait en lui le petit clergé de Rome et des environs, dont on lui avait parlé avant son voyage. Ce n'était pas le « scagnozzo », le prêtre misérable, affamé, venu de la province à la suite de quelque fâcheuse aventure, tombé sur le pavé de Rome en quête du pain quotidien, une tourbe de mendiants en soutane, cherchant fortune dans les miettes de l'Église, se disputant voracement les messes de hasard, se coudoyant avec le bas peuple au fond des cabarets les plus mal famés. Ce n'était pas non plus le curé des campagnes lointaines, d'une ignorance totale, d'une superstition grossière, paysan avec les paysans, traité d'égal à égal par ses ouailles, qui, très pieuses, ne le confondaient jamais avec le bon Dieu, à genoux devant le saint de leur paroisse, mais pas devant l'homme qui vivait de lui. A Frascati, le desservant d'une petite église pouvait toucher neuf cents francs; et il ne dépensait que le pain et la viande, s'il récoltait le vin, les fruits, les légumes de son jardin. Celui-ci n'était pas sans instruction, savait un peu de théologie, un peu d'histoire, surtout cette histoire de la grandeur passée de Rome, qui avait enflammé son patriotisme du rêve fou de la prochaine domination universelle, réservée à la Rome renaissante, capitale de l'Italie. Mais quelle infranchissable distance encore, entre ce petit clergé romain, souvent très digne et intelligent, et le haut clergé, les hauts dignitaires du Vatican! Tout ce qui n'était pas au moins prélat n'existait point.

— Mille grâces à Votre Éminence révérendissime, et que tout lui réussisse dans ses désirs!

Lorsque Santobono eut enfin disparu, le cardinal revint à Pierre, qui s'inclinait, lui aussi, pour prendre congé.

— En somme, monsieur l'abbé, l'affaire de votre livre me paraît mauvaise. Je vous répète que je ne sais rien de précis, que je n'ai pas vu le dossier. Mais, n'ignorant pas que ma nièce s'intéressait à vous, j'en ai dit un mot au cardinal Sanguinetti, le préfet de l'Index, qui était justement ici tout à l'heure. Et lui-même n'est guère plus au courant que moi, car rien n'est encore sorti des mains du secrétaire. Seulement, il m'a affirmé que la dénonciation venait de personnes considérables, d'une grande influence, et qu'elle portait sur des pages nombreuses, où l'on aurait relevé les passages les plus fâcheux, tant au point de vue de la discipline qu'au point de vue du dogme.

Très ému à cette pensée d'ennemis cachés, le poursuivant dans l'ombre, le jeune prêtre s'écria :

— Oh! dénoncé, dénoncé! si Votre Éminence savait combien ce mot me gonfle le cœur! Et dénoncé pour des crimes à coup sûr involontaires, puisque j'ai voulu uniquement, ardemment le triomphe de l'Église... C'est donc aux genoux du Saint-Père que je vais aller me jeter et me défendre.

Boccanera, brusquement, se redressa. Un pli dur avait coupé son grand front.

— Sa Sainteté peut tout, même vous recevoir, si tel est son bon plaisir, et vous absoudre... Mais, écoutez-moi, je vous conseille encore de retirer votre livre de vous-même, de le détruire simplement et courageusement, avant de vous lancer dans une lutte où vous aurez la honte d'être brisé... Enfin, réfléchissez.

Immédiatement, Pierre s'était repenti d'avoir parlé de sa visite au pape, car il sentait une blessure pour le cardinal, dans cet appel à l'autorité souveraine. D'ailleurs, aucun doute n'était possible, celui-ci serait contre son œuvre, il n'espérait plus que faire peser sur lui par son entourage, en le suppliant de rester neutre. Il l'avait trouvé très net, très franc, au-dessus des obscures intrigues qu'il commençait à deviner autour de son livre; et ce fut avec respect qu'il le salua.

— Je remercie infiniment Votre Éminence et je lui promets de penser à tout ce qu'elle vient d'avoir l'extrême bonté de me dire.

Pierre, dans l'antichambre, vit cinq ou six personnes qui s'étaient présentées pendant son entretien, et qui attendaient. Il y avait là un évêque, un prélat, deux vieilles dames; et, comme il s'approchait de don Vigilio, avant de se retirer, il eut la vive surprise de le trouver en conversation avec un grand jeune homme blond, un Français, qui s'écria, saisi lui aussi d'étonnement :

— Comment! vous ici, monsieur l'abbé! vous êtes à Rome !

Le prêtre avait eu une seconde d'hésitation.

— Ah! monsieur Narcisse Habert, je vous demande pardon, je ne vous reconnaissais pas ! Et je suis vraiment impardonnable, car je savais que vous étiez, depuis l'année dernière, attaché à l'ambassade.

Mince, élancé, très élégant, Narcisse, avec son teint pur, ses yeux d'un bleu pâle, presque mauve, sa barbe blonde, finement frisée, portait ses cheveux blonds bouclés, coupés sur le front à la florentine. D'une famille de magistrats, très riches et d'un catholicisme militant, il avait un oncle dans la diplomatie, ce qui avait décidé de sa destinée. Sa place, d'ailleurs, se trouvait toute marquée à Rome, où il comptait de puissantes parentés : neveu par alliance du cardinal Sarno, dont une sœur avait épousé à Paris un notaire, son oncle ; cousin germain de monsignor Gamba del Zoppo, camérier secret participant, fils d'une de ses tantes, mariée en Italie à un colonel. Et c'était ainsi qu'on l'avait attaché à l'ambassade près du Saint-Siège, où l'on tolérait ses allures un peu fantasques, sa continuelle passion d'art, qui le promenait en flâneries sans fin au travers de Rome. Il était du reste fort aimable, d'une distinction parfaite; avec cela, très pratique au fond, connaissant à merveille les questions d'argent ; et il lui arrivait même parfois, comme ce matin-là, de venir, de son air las et un peu mystérieux, causer chez un cardinal d'une affaire sérieuse, au nom de son ambassadeur.

Tout de suite, il emmena Pierre dans la vaste embrasure d'une des fenêtres, pour l'y entretenir à l'aise.

— Ah! mon cher abbé, que je suis donc content de vous voir ! Vous vous souvenez de nos bonnes causeries, quand nous nous sommes connus chez le cardinal Bergerot? Je vous ai indiqué, pour votre livre, des tableaux à voir, des miniatures du quatorzième siècle et du quinzième. Et vous savez que, dès aujourd'hui, je m'empare de vous, je vous fais visiter Rome comme personne ne pourrait le faire. J'ai tout vu, tout fouillé. Oh! des trésors, des trésors! Mais au fond il n'y a qu'une œuvre, on en revient toujours à sa passion. Le Botticelli de la Chapelle Sixtine, ah! le Botticelli!

Sa voix se mourait, il eut un geste brisé d'admiration. Et Pierre dut promettre de s'abandonner à lui, d'aller avec lui à la Chapelle Sixtine.

— Vous ignorez sans doute pourquoi je suis ici? dit enfin ce dernier. On poursuit mon livre, on l'a dénoncé à la congrégation de l'Index.

— Votre livre! pas possible! s'écria Narcisse. Un livre dont certaines pages rappellent le délicieux saint François d'Assise!

Obligeamment, alors, il se mit à sa disposition.

— Mais, dites donc! notre ambassadeur va vous être très utile. C'est l'homme le meilleur de la terre, et d'une affabilité charmante, et plein de la vieille bravoure française... Cet après-midi, ou demain matin au plus tard, je vous présenterai à lui; et, puisque vous désirez avoir immédiatement une audience du pape, il tâchera de vous l'obtenir... Cependant, je dois ajouter que ce n'est pas toujours commode. Le Saint-Père a beau l'aimer beaucoup, il échoue parfois, tellement les approches sont compliquées.

Pierre, en effet, n'avait pas songé à employer l'ambassadeur, dans son idée naïve qu'un prêtre accusé, qui venait se défendre, voyait toutes les portes s'ouvrir d'elles-mêmes. Il fut ravi de l'offre de Narcisse, il le remercia vivement, comme si déjà l'audience était obtenue.

— Puis, continua le jeune homme, si nous rencontrons quelques difficultés, vous n'ignorez pas que j'ai des parents au Vatican. Je ne parle pas de mon oncle le cardinal, qui ne nous serait d'utilité aucune, car il ne bouge jamais de son bureau de la Propagande, il se refuse à toute démarche. Mais mon cousin, monsignor Gamba del

Zoppo, est un homme obligeant qui vit dans l'intimité du pape, dont son service le rapproche à toute heure ; et, s'il le faut, je vous mènerai à lui, il trouvera le moyen sans doute de vous ménager une entrevue, bien que sa grande prudence lui fasse craindre parfois de se compromettre... Allons, c'est entendu, confiez-vous à moi en tout et pour tout.

— Ah ! cher monsieur, s'écria Pierre, soulagé, heureux, j'accepte de grand cœur, et vous ne savez pas quel baume vous m'apportez ; car, depuis que je suis ici, tout le monde me décourage, vous êtes le premier qui me rendiez quelque force, en traitant les choses à la française.

Baissant la voix, il lui conta son entrevue avec le cardinal Boccanera, sa certitude de n'être aidé par lui en rien, les nouvelles fâcheuses données par le cardinal Sanguinetti, enfin la rivalité qu'il avait sentie entre les deux cardinaux. Narcisse l'écoutait en souriant, et lui aussi s'abandonna aux commérages et aux confidences. Cette rivalité, cette dispute prématurée de la tiare, dans leur furieux désir à tous deux, révolutionnait le monde noir depuis longtemps. Il y avait des dessous d'une complication incroyable, personne n'aurait pu dire exactement qui conduisait la vaste intrigue. En gros, on savait que Boccanera représentait l'intransigeance, le catholicisme dégagé de tout compromis avec la société moderne, attendant immobile le triomphe de Dieu sur Satan, le royaume de Rome rendu au Saint-Père, l'Italie repentante faisant pénitence de son sacrilège ; tandis que Sanguinetti, très souple, très politique, passait pour nourrir des combinaisons aussi nouvelles que hardies, une sorte de fédération républicaine de tous les anciens petits États italiens mise sous le protectorat auguste du pape. En somme, c'était la lutte entre les deux conceptions opposées, l'une qui veut le salut de l'Église par le respect absolu de l'antique tradition, l'autre qui annonce sa mort fatale, si elle ne consent pas à évoluer avec le siècle futur. Mais tout cela se noyait d'un tel inconnu, que l'opinion finissait par être que, si le pape actuel vivait encore quelques années, ce ne serait sûrement ni Boccanera, ni Sanguinetti qui lui succéderait.

Brusquement, Pierre interrompit Narcisse.

— Et monsignor Nani, le connaissez-vous? J'ai causé avec lui hier soir... Tenez! le voici qui vient d'entrer.

En effet, Nani entrait dans l'antichambre, avec son sourire, sa face rose de prélat aimable. Sa soutane fine, sa ceinture de soie violette, luisaient, d'un luxe discret et doux. Et il se montrait très courtois à l'égard de l'abbé Paparelli lui-même, qui l'accompagnait humblement, en le suppliant de vouloir bien attendre que Son Éminence pût le recevoir.

— Oh! murmura Narcisse, devenu sérieux, monsignor Nani est un homme dont il faut être l'ami.

Il savait son histoire, il la conta à demi-voix. Né à Venise, d'une famille noble ruinée, qui avait compté des héros, Nani, après avoir fait ses premières études chez les Jésuites, vint à Rome étudier la philosophie et la théologie au Collège romain, que les Jésuites tenaient. Ordonné prêtre à vingt-trois ans, il avait tout de suite suivi un nonce en Bavière, à titre de secrétaire particulier; et, de là, il était allé, comme auditeur de nonciature, à Bruxelles, puis à Paris, qu'il avait habité pendant cinq ans. Tout semblait le destiner à la diplomatie, ses brillants débuts, son intelligence vive, une des plus vastes et des plus renseignées qui pût être, lorsque, brusquement, il fut rappelé à Rome, où, presque tout de suite, on lui confia la situation d'assesseur du Saint-Office. On prétendit alors que c'était là un désir formel du pape, qui, le connaissant bien, voulant avoir au Saint-Office un homme à lui, l'avait fait revenir, en disant qu'il rendrait beaucoup plus de services à Rome que dans une nonciature. Déjà prélat domestique, Nani était depuis peu chanoine de Saint-Pierre et protonotaire apostolique participant, en passe de devenir cardinal, le jour où le pape trouverait un autre assesseur favori, qui lui plairait davantage.

— Oh! monsignor Nani! continua Narcisse, un homme supérieur, qui connaît admirablement son Europe moderne, et avec cela un très saint prêtre, un croyant sincère, d'un dévouement absolu à l'Église, d'une foi solide de politique avisé, différente il est vrai de l'étroite et sombre foi théologique, telle que nous la connaissons en France! C'est pourquoi il vous sera difficile d'abord de comprendre ici les gens et les choses. Ils laissent Dieu dans le sanctuaire, ils règnent en son nom, convaincus que le catholicisme est l'organisation humaine du gouvernement de Dieu, la seule parfaite et éternelle, en dehors de laquelle il n'y a que mensonge et que danger social. Pendant que nous nous attardons encore, dans nos querelles religieuses, à discuter furieusement sur l'existence de Dieu, eux n'admettent pas que cette existence puisse être mise en doute, puisqu'ils sont les ministres délégués par Dieu; et ils sont uniquement à leur rôle de ministres qu'on ne saurait déposséder, exerçant le pouvoir pour le plus grand bien de l'humanité, employant toute leur intelligence, toute leur énergie à rester les maîtres acceptés des peuples. Songez qu'un homme comme monsignor Nani, après avoir été mêlé à la politique du monde entier, est depuis dix ans à Rome, dans les fonctions les plus délicates, mêlé aux affaires les plus diverses et les plus importantes. Il continue à voir l'Europe entière qui défile à Rome, connaît tout, a la main dans tout. Et, avec cela, admirablement discret et aimable, d'une modestie qui semble parfaite, sans qu'on puisse dire s'il ne marche point, de son pas si léger, à la plus haute ambition, à la tiare souveraine.

Encore un candidat à la papauté! pensa Pierre, qui avait écouté passionnément, car cette figure de Nani l'intéressait, lui causait une sorte de trouble instinctif, comme s'il avait senti, derrière le visage rosé et souriant, tout un infini redoutable. D'ailleurs, il comprit mal les explications de son ami, il retomba à l'effarement de son arrivée dans ce monde nouveau, dont l'inattendu bouleversait ses prévisions.

Mais monsignor Nani avait aperçu les deux jeunes gens, et il s'avançait la main tendue, très cordial.

— Ah! monsieur l'abbé Froment, je suis heureux de vous revoir, et je ne vous demande pas si vous avez bien dormi, car on dort toujours bien à Rome... Bonjour, monsieur Habert, votre santé est bonne, depuis que je vous ai rencontré devant la Sainte Thérèse du Bernin, que vous admirez tant?... Et je vois que vous vous connaissez tous les deux. C'est charmant. Monsieur l'abbé, je vous dénonce en monsieur Habert un des passionnés de notre ville, qui vous mènera dans les beaux endroits.

Puis, de son air affectueux, il voulut tout de suite être renseigné sur l'entrevue de Pierre et du cardinal. Il en écouta très attentivement le récit, hochant la tête à certains détails, réprimant parfois son fin sourire. L'accueil sévère du cardinal, la certitude où était le prêtre de ne trouver près de lui aucune aide, ne l'étonna nullement, comme s'il s'était attendu à ce résultat. Mais, au nom de Sanguinetti, en apprenant qu'il était venu le matin et qu'il avait déclaré l'affaire du livre très grave, il parut s'oublier un instant, il parla avec une soudaine vivacité.

— Que voulez-vous? mon cher fils, je suis arrivé trop tard. A la première nouvelle des poursuites, j'ai couru chez Son Éminence le cardinal Sanguinetti, pour lui dire qu'on allait faire à votre œuvre une réclame immense. Voyons, est-ce raisonnable? A quoi bon? Nous savons que vous êtes un peu exalté, l'âme enthousiaste et prompte à la lutte. Nous serions bien avancés, si nous nous mettions sur les bras la révolte d'un jeune prêtre, qui pourrait partir en guerre contre nous, avec un livre dont on a déjà vendu des milliers d'exemplaires. Moi, d'abord, je voulais qu'on ne bougeât pas. Et je dois dire que le cardinal, qui est un homme d'esprit, pensait comme moi. Il a levé les bras au ciel, il s'est emporté, en criant qu'on ne le consultait jamais, que maintenant la sottise était faite, et qu'il était absolument impossible d'arrêter le procès, du moment que la congrégation se trouvait saisie, à la suite des dénonciations les plus autorisées, lancées pour les motifs les plus graves... Enfin, comme il le disait, la sottise était faite, et j'ai dû songer à autre chose...

Mais il s'interrompit. Il venait d'apercevoir les yeux ardents de Pierre fixés sur les siens, tâchant de comprendre. Une imperceptible rougeur rosa son teint davantage, tandis que, très à l'aise, il continuait sans laisser voir sa contrariété d'en avoir trop dit :

— Oui, j'ai songé à vous aider de toute ma faible influence, pour vous tirer des ennuis où cette affaire va sûrement vous mettre.

Un souffle de rébellion souleva Pierre, dans la sensation obscure qu'on se jouait de lui peut-être. Pourquoi donc n'aurait-il pas affirmé sa foi, qui était si pure, si dégagée de tout intérêt personnel, si brûlante de charité chrétienne?

— Jamais, déclara-t-il, je ne retirerai, je ne supprimerai moi-même mon livre, comme on me le conseille. Ce serait une lâcheté et un mensonge, car je ne regrette rien, je ne désavoue rien. Si je crois que mon œuvre apporte un peu de vérité, je ne puis la détruire, sans être criminel envers moi-même et envers les autres... Jamais! entendez-vous, jamais!

Il y eut un silence. Et il reprit presque aussitôt :

— C'est aux genoux du Saint-Père que je veux faire cette déclaration. Il me comprendra, il m'approuvera.

Nani ne souriait plus, la figure immobile et comme fermée désormais. Il sembla étudier curieusement la subite violence du prêtre, qu'il s'efforça ensuite de calmer par sa bienveillance tranquille.

— Sans doute, sans doute... L'obéissance et l'humilité

ont de grandes douceurs. Mais, enfin, je comprends que vous vouliez causer avant tout avec Sa Sainteté... Ensuite, n'est-ce pas? vous verrez, vous verrez.

Et, de nouveau, il s'intéressa beaucoup à la demande d'audience. Vivement, il regrettait que Pierre n'eût pas lancé cette demande de Paris même, avant son arrivée à Rome : c'était la plus sûre façon de la faire agréer. Au Vatican, on n'aimait guère le bruit, et pour peu que la nouvelle de la présence du jeune prêtre se répandît, pour peu qu'on causât des motifs qui l'amenaient, tout allait être perdu.

Mais, lorsque Nani sut que Narcisse s'était offert pour présenter Pierre à l'ambassadeur de France près du Saint-Siège, il parut pris d'inquiétude, il se récria.

— Non, non! ne faites pas cela, ce serait de la dernière imprudence!... D'abord, vous courez le risque de gêner monsieur l'ambassadeur, dont la situation est toujours délicate en ces sortes d'affaires... Puis, s'il échouait, et ma crainte est qu'il n'échoue, oui! s'il échouait, ce serait fini, vous n'auriez plus la moindre chance d'obtenir, d'autre part, l'audience demandée; car on ne voudrait pas infliger à monsieur l'ambassadeur la petite blessure d'amour-propre d'avoir cédé à une autre influence que la sienne.

Anxieusement, Pierre regarda Narcisse, qui hochait la tête, l'air gêné, hésitant.

— En effet, finit par murmurer ce dernier, nous avons demandé dernièrement, pour un personnage politique français, une audience, qui a été refusée; et cela nous a été fort désagréable... Monseigneur a raison. Il faut réserver notre ambassadeur, ne l'employer que lorsque nous aurons épuisé les autres moyens d'approche.

Et, voyant le désappointement de Pierre, il reprit avec son obligeance :

— Notre première visite sera donc pour mon cousin, au Vatican.

Étonné, l'attention éveillée de nouveau, Nani regarda le jeune homme.

— Au Vatican? vous y avez un cousin?

— Mais oui, monsignor Gamba del Zoppo.

— Gamba!... Gamba!... Oui, oui! excusez-moi, je me souviens... Ah! vous avez songé à Gamba pour agir près de Sa Sainteté. Sans doute, c'est une idée, il faut voir, il faut voir...

Plusieurs fois, il répéta la phrase pour se donner le temps de voir lui-même, de discuter intérieurement l'idée. Monsignor Gamba del Zoppo était un brave homme, sans rôle aucun, dont la nullité avait fini par être légendaire au Vatican. Il amusait de ses commérages le pape, qu'il flattait beaucoup, et qui aimait se promener à son bras, dans les jardins. C'était pendant ces promenades qu'il obtenait à l'aise toutes sortes de petites faveurs. Mais il était d'une poltronnerie extraordinaire, il craignait à un tel point de compromettre son influence, qu'il ne risquait pas une sollicitation, sans s'être longuement assuré qu'il ne pouvait en résulter pour lui aucun tort.

— Eh mais! l'idée n'est pas mauvaise, déclara enfin Nani. Oui, oui! Gamba pourra vous obtenir l'audience, s'il le veut bien... Je le verrai moi-même, je lui expliquerai l'affaire.

Pour conclure, d'ailleurs, il se répandit en conseils d'extrême prudence. Il osa dire qu'il lui semblait sage de se méfier beaucoup de l'entourage du pape. Hélas! oui, Sa Sainteté était si bonne, croyait si aveuglément au bien, qu'elle n'avait pas toujours choisi ses familiers avec le soin critique qu'elle aurait dû y mettre. Jamais on ne savait à qui l'on s'adressait, ni dans quel piège on pouvait poser le pied. Même il donna à entendre qu'il ne fallait, à aucun prix, s'adresser directement à Son Éminence le Secrétaire d'État, parce qu'elle-même n'était pas libre, se trouvait au centre d'un foyer d'intrigues dont la complication la paralysait, dans ses meilleures volontés. Et, à mesure qu'il parlait ainsi, très doucement, avec une onction parfaite, le Vatican apparaissait comme un pays gardé par des dragons jaloux et traîtres, un pays où l'on ne devait point franchir une porte, risquer un pas, hasarder un membre, sans s'être soigneusement assuré d'avance qu'on n'y laisserait pas le corps entier.

Pierre continuait à l'écouter, glacé de plus en plus, retombé à l'incertitude.

— Mon Dieu ! cria-t-il, je ne vais pas savoir me conduire... Ah ! vous me découragez, monseigneur !

Nani retrouva son sourire cordial.

— Moi ! mon cher fils. J'en serais désolé... Je veux seulement vous répéter d'attendre, de réfléchir. Surtout pas de fièvre. Rien ne presse, je vous le jure, car on a choisi seulement hier un consulteur, pour faire le rapport sur votre livre, et vous avez devant vous un bon mois... Évitez tout le monde, vivez sans qu'on sache que vous existez, visitez Rome en paix, c'est la meilleure façon d'avancer vos affaires.

Et, prenant une main du prêtre, dans ses deux mains aristocratiques, grasses et douces :

— Vous pensez bien que j'ai mes raisons pour vous parler ainsi... Moi-même, je me serais offert, j'aurais tenu à honneur de vous conduire tout droit à Sa Sainteté. Seulement, je ne veux pas m'en mêler encore, je sens trop qu'à cette heure ce serait de la mauvaise besogne... Plus tard, vous entendez ! plus tard, dans le cas où personne n'aurait réussi, ce sera moi qui vous obtiendrai une audience. Je m'y engage formellement... Mais, en attendant, je vous en prie, évitez de prononcer les mots de religion nouvelle, qui sont malheureusement dans votre livre, et que je vous ai entendu dire encore hier soir. Il ne peut y avoir de religion nouvelle, mon cher fils : il n'y a qu'une religion éternelle, sans compromis ni abandon possible, la religion catholique, apostolique et romaine. De même, laissez vos amis de Paris où ils sont, ne comptez pas trop sur le cardinal Bergerot, dont la haute piété n'est pas appréciée suffisamment à Rome... Je vous assure que je vous parle en ami.

Puis, le voyant désemparé, à moitié brisé déjà, ne sachant plus par quel côté il devait commencer la campagne, il le réconforta de nouveau.

— Allons, allons ! tout s'arrangera, tout finira le mieux du monde, pour le bien de l'Église et pour votre propre bien... Et je vous demande pardon, mais je vous quitte, je ne verrai pas Son Éminence aujourd'hui, car il m'est impossible d'attendre davantage.

L'abbé Paparelli, que Pierre avait cru voir rôder derrière eux, l'oreille aux aguets, se précipita, jura à monsignor Nani qu'il n'y avait plus, avant lui, que deux personnes. Mais le prélat donna l'assurance, très gracieusement, qu'il reviendrait, l'affaire dont il avait à entretenir Son Éminence ne pressant en aucune façon. Et il se retira, avec des saluts courtois pour tous.

Presque aussitôt, le tour de Narcisse vint. Avant d'entrer dans la salle du trône, il serra la main de Pierre, il répéta :

— Alors, c'est entendu. J'irai demain au Vatican voir mon cousin ; et, dès que j'aurai une réponse quelconque, je vous la ferai connaître... A bientôt.

Il était midi passé, il ne restait plus là qu'une des deux vieilles dames, qui semblait s'être endormie. A sa petite table de secrétaire, don Vigilio écrivait toujours, de son écriture menue, sur les immenses feuilles de son papier jaune. Et, de temps à autre seulement, ses regards noirs se levaient du papier, comme pour s'assurer, dans sa continuelle défiance, que rien ne le menaçait.

Sous le morne silence qui retomba, Pierre resta un moment encore, immobile, au fond de la vaste embrasure de fenêtre. Ah ! que son pauvre être d'enthousiaste et de tendre était anxieux ! En quittant Paris, il avait vu les choses si simples, si naturelles ! On l'accusait injustement, et il partait pour se défendre, il arrivait, se jetait aux genoux du pape, qui l'écoutait avec indulgence. Est-ce que le pape n'était pas la religion vivante, l'intelligence qui comprend, la justice qui fait la vérité? et n'était-il pas avant tout le Père, le délégué de l'infini pardon, de la divine miséricorde, dont les bras restaient tendus à tous les enfants de l'Église, même aux coupables? Est-ce qu'il ne devait pas laisser grande ouverte sa porte, pour que les plus humbles de ses fils pussent entrer dire leur peine, avouer leur faute, expliquer leur conduite, boire à la source de l'éternelle bonté? Et, dès le premier jour de son arrivée, les portes se fermaient violemment, il tombait dans un monde hostile, semé d'embûches, barré de gouffres. Tous lui criaient casse-cou, comme s'il courait les dangers les plus graves, en y hasardant le pied. Voir le pape devenait une prétention exorbitante, une affaire de réussite si difficile, qu'elle mettait en branle les intérêts, les passions, les influences du Vatican entier. Et c'étaient des conseils sans fin, des habiletés discutées longuement, des tactiques de généraux menant une armée à la victoire, des complications sans cesse renaissantes, au milieu de mille intrigues dont on devinait par-dessous l'obscur pullulement. Ah! grand Dieu! que tout cela était différent de l'accueil charitable attendu, la maison du pasteur ouverte sur le chemin à toutes les ouailles, les dociles et les égarées!

Ce qui commençait à effrayer Pierre, c'était ce qu'il sentait de méchant s'agiter confusément dans l'ombre. Le cardinal Bergerot suspecté, traité de révolutionnaire, si compromettant, qu'on lui conseillait de ne plus le nommer! Il revoyait la moue de mépris du cardinal Boccanera parlant de son collègue. Et monsignor Nani qui l'avertissait de n'avoir plus à prononcer les mots de religion nouvelle, comme s'il n'était pas clair pour tous que ces mots signifiaient le retour du catholicisme à la pureté primitive du christianisme! Était-ce donc là un des crimes dénoncés à la congrégation de l'Index? Ces dénonciateurs, il finissait par les soupçonner, et il prenait peur, car il avait maintenant conscience autour de lui d'une attaque souterraine, d'un vaste effort pour l'abattre et supprimer son œuvre. Tout ce qui l'entourait lui devenait suspect. Il allait se recueillir pendant quelques jours, regarder et étudier ce monde noir de Rome, si imprévu pour lui. Mais, dans la révolte de sa foi d'apôtre, il se faisait le serment, ainsi qu'il l'avait dit, de ne céder jamais, de ne rien changer, pas une page, pas une ligne, à son livre, qu'il maintiendrait au grand jour, comme l'inébranlable témoignage de sa croyance. Même condamné par l'Index, il ne se soumettrait pas, il ne retirerait rien. Et, s'il le fallait, il sortirait de l'Église, il irait jusqu'au schisme, continuant de prêcher la religion nouvelle, écrivant un second livre, la Rome vraie, telle que, vaguement, il commençait à la voir.

Cependant, don Vigilio avait cessé d'écrire, et il regardait Pierre d'un regard si fixe, que celui-ci finit par s'approcher poliment pour prendre congé. Malgré sa crainte, cédant à un besoin de confidence, le secrétaire murmura:

— Vous savez qu'il est venu pour vous seul, il voulait connaître le résultat de votre entrevue avec Son Éminence.

Le nom de monsignor Nani n'eut pas même besoin d'être prononcé entre eux.

— Vraiment, vous croyez?

— Oh! c'est hors de doute... Et, si vous écoutiez mon conseil, vous agiriez sagement en faisant tout de suite de bonne grâce ce qu'il désire de vous, car il est absolument certain que vous le ferez plus tard.

Cela acheva de troubler et d'exaspérer Pierre. Il s'en alla avec un geste de défi. On verrait bien s'il obéissait. Et les trois antichambres, qu'il traversa de nouveau, lui parurent plus noires, plus vides et plus mortes. Dans la seconde, l'abbé Paparelli le salua d'une petite révérence muette; dans la première, le valet ensommeillé ne sembla pas même le voir. Sous le baldaquin, une araignée filait sa toile, entre les glands du grand chapeau rouge. N'aurait-il pas mieux valu mettre la pioche dans tout ce passé pourrissant, tombant en poudre, pour que le soleil entrât librement et rendît au sol purifié une fécondité de jeunesse?

IV

L'après-midi de ce même jour, Pierre songea, puisqu'il avait des loisirs, à commencer tout de suite ses courses dans Rome par une visite qui lui tenait au cœur. Dès l'apparition de son livre, une lettre venue de cette ville l'avait profondément ému et intéressé, une lettre du vieux comte Orlando Prada, le héros de l'indépendance et de l'unité italienne, qui, sans le connaître, lui écrivait spontanément sous le coup d'une première lecture ; et c'était, en quatre pages, une protestation enflammée, un cri de foi patriotique, juvénile encore chez le vieillard, l'accusant d'avoir oublié l'Italie dans son œuvre, réclamant Rome, la Rome nouvelle, pour l'Italie unifiée et libre enfin. Une correspondance avait suivi, et le prêtre, tout en ne cédant pas sur le rêve qu'il faisait du néo-catholicisme sauveur du monde, s'était mis à aimer de loin l'homme qui lui écrivait ces lettres où brûlait un si grand amour de la patrie et de la liberté. Il l'avait prévenu de son voyage, en lui promettant d'aller le voir. Mais, maintenant, l'hospitalité acceptée par lui au palais Boccanera le gênait beaucoup, car il lui semblait difficile, après l'accueil de Benedetta, si affectueux, de se rendre ainsi dès le premier jour, sans la prévenir, chez le père de l'homme qu'elle avait fui et contre lequel elle plaidait en divorce ; d'autant plus que le vieil Orlando habitait, avec son fils, le petit palais que celui-ci avait fait bâtir, dans le haut de la rue du Vingt-Septembre.

Pierre voulut donc, avant tout, confier son scrupule à la

contessina elle-même. Il avait appris d'ailleurs, par le vicomte Philibert de la Choue, qu'elle gardait pour le héros une filiale tendresse, mêlée d'admiration. En effet, après le déjeuner, au premier mot qu'il lui dit de l'embarras où il était, elle se récria.

— Mais, monsieur l'abbé, allez, allez vite ! Vous savez que le vieil Orlando est une de nos gloires nationales ; et ne vous étonnez pas de me l'entendre nommer ainsi, toute l'Italie lui donne ce petit nom tendre, par affection et gratitude. Moi, j'ai grandi dans un monde qui l'exécrait, qui le traitait de Satan. Plus tard, seulement, je l'ai connu, je l'ai aimé, et c'est bien l'homme le plus doux et le plus juste qui soit sur la terre.

Elle s'était mise à sourire, tandis que des larmes discrètes mouillaient ses yeux, sans doute au souvenir de l'année passée là-bas, dans cette maison de violence, où elle n'avait eu d'heures paisibles que près du vieillard. Et elle ajouta, plus bas, la voix un peu tremblante :

— Puisque vous allez le voir, dites-lui bien de ma part que je l'aime toujours et que jamais je n'oublierai sa bonté, quoi qu'il arrive.

Pendant que Pierre se rendait en voiture rue du Vingt-Septembre, il évoqua toute cette histoire héroïque du vieil Orlando, qu'il s'était fait conter. On y entrait en pleine épopée, dans la foi, la bravoure et le désintéressement d'un autre âge.

Le comte Orlando Prada, d'une noble famille milanaise, fut tout jeune brûlé d'une telle haine contre l'étranger, qu'à peine âgé de quinze ans il faisait partie d'une société secrète, une des ramifications de l'antique carbonarisme. Cette haine de la domination autrichienne venait de loin, des vieilles révoltes contre la servitude, lorsque les conspirateurs se réunissaient dans des cabanes abandonnées, au fond des bois ; et elle était exaspérée encore par le rêve séculaire de l'Italie délivrée, rendue à elle-même, redevenant enfin la grande nation souveraine, digne fille des anciens conquérants et maîtres du monde. Ah! cette glorieuse terre d'autrefois, cette Italie démembrée, morcelée, en proie à une foule de petits tyrans, continuellement envahie et possédée par les nations voisines, quel rêve ardent et superbe que de la tirer de ce long opprobre! Battre l'étranger, chasser les despotes, réveiller le peuple de la basse misère de son esclavage, proclamer l'Italie libre, l'Italie une, c'était alors la passion qui soulevait toute la jeunesse d'une flamme inextinguible, qui faisait éclater d'enthousiasme le cœur du jeune Orlando. Il vécut son adolescence dans une indignation sainte, dans la fière impatience de donner son sang à la patrie, et de mourir pour elle, s'il ne la délivrait pas.

Au fond de son vieux logis familial de Milan, Orlando vivait retiré, frémissant sous le joug, perdant les jours en conspirations vaines; et il venait de se marier, il avait vingt-cinq ans, lorsque la nouvelle arriva de la fuite de Pie IX et de la révolution à Rome. Brusquement, il lâcha tout, logis, femme, pour courir à Rome, comme appelé par la voix de sa destinée. C'était la première fois qu'il s'en allait ainsi battre les chemins, à la conquête de l'indépendance; et que de fois il devait se remettre en campagne, sans se lasser jamais! Il connut alors Mazzini, il se passionna un instant pour cette figure mystique de républicain unitaire. Rêvant lui-même de république universelle, il adopta la devise mazinienne « Dio e popolo », il suivit la procession qui parcourut en grande pompe la Rome de l'émeute. On était à une époque de vastes espoirs, travaillée déjà par le besoin d'une rénovation du catholicisme, dans l'attente d'un Christ humanitaire, chargé de sauver le monde une seconde fois. Mais bientôt un homme, un capitaine des anciens âges, Garibaldi, à l'aurore de sa gloire épique, le prit tout entier, ne fit plus de lui qu'un soldat de la liberté et de l'unité. Orlando l'aima comme un dieu, se battit en héros à son côté, fut de la victoire de Rieti sur les Napolitains, le suivit dans sa retraite d'obstiné patriote, lorsqu'il se porta au secours de Venise, forcé d'abandonner Rome à l'armée française du général Oudinot, qui venait y rétablir Pie IX. Et quelle aventure extraordinaire et follement brave! cette Venise que Manin, un autre grand patriote, un martyr, avait refaite républicaine, et qui depuis de longs mois résistait aux Autrichiens! et ce Garibaldi, avec une poignée d'hommes, qui part pour la délivrer, frète treize barques de pêche, en laisse huit entre les mains de l'ennemi, est obligé de revenir aux rivages romains, y perd misérablement sa femme Anita, dont il ferme les yeux, avant de retourner en Amérique, où il avait habité déjà en attendant l'heure de l'insurrection! Ah! cette terre d'Italie, toute grondante alors du feu intérieur de son patriotisme, d'où poussaient en chaque ville des hommes de foi et de courage, d'où les émeutes éclataient de partout comme des éruptions, et qui, au milieu des échecs, allait quand même au triomphe, invinciblement!

Orlando revint à Milan, près de sa jeune femme, et il y vécut deux ans, caché, rongé par l'impatience du glorieux lendemain, si long à naître. Un bonheur l'attendrit, dans sa fièvre : il eut un fils, Luigi ; mais l'enfant coûta la vie à sa mère, ce fut un deuil. Et, ne pouvant rester davantage à Milan, où la police le surveillait, le traquait, finissant par trop souffrir de l'occupation étrangère, Orlando se décida à réaliser les débris de sa fortune, puis se retira à Turin, près d'une tante de sa femme, qui prit soin de l'enfant. Le comte de Cavour, en grand politique, travaillait dès lors à l'indépendance, préparait le Piémont au rôle décisif qu'il devait jouer. C'était l'époque où le roi Victor-Emmanuel accueillait avec une bonhomie flatteuse les réfugiés qui lui arrivaient de toute l'Italie, même ceux qu'il savait républicains, compromis et en fuite, à la suite d'insurrections populaires. Dans cette rude et rusée maison de Savoie, le rêve de réaliser l'unité italienne, au profit de la monarchie piémontaise, venait de

loin, mûrissait depuis des années. Et Orlando n'ignorait
point sous quel maître il s'enrôlait ; mais déjà, en lui, le
républicain passait après le patriote, il ne croyait plus à
une Italie faite au nom de la république, mise sous la
protection d'un pape libéral, comme Mazzini l'avait imaginé un moment. N'était-ce pas là une chimère, qui
dévorerait des générations, si l'on s'entêtait à la poursuivre ? Lui, refusait de mourir sans avoir couché à Rome,
en conquérant. Quitte à y laisser la liberté, il voulait la
patrie reconstruite et debout, vivante enfin sous le soleil.
Aussi avec quelle fièvre heureuse s'engagea-t-il, lors de la
guerre de 1859, et comme son cœur battait à lui briser la
poitrine, après Magenta, quand il entra dans Milan avec
l'armée française, dans ce Milan que huit années plus tôt
il avait quitté en proscrit, l'âme désespérée ! A la suite
de Solferino, le traité de Villafranca fut une déception
amère : la Vénétie échappait, Venise restait captive. Mais
c'était pourtant le Milanais reconquis, et c'étaient aussi
la Toscane, les duchés de Parme et de Modène, qui
votaient leur annexion. Enfin, le noyau de l'astre se
formait, la patrie se reconstituait, autour du Piémont
victorieux.

Puis, l'année suivante, Orlando rentra dans l'épopée.
Garibaldi était revenu de ses deux séjours en Amérique,
entouré de toute une légende, des exploits de paladin
dans les pampas de l'Uruguay, une traversée extraordinaire de Canton à Lima ; et il avait reparu pour se battre
en 1859, devançant l'armée française, culbutant un maré-
chal autrichien, entrant dans des villes, Côme, Bergame,
Brescia. Tout d'un coup, on apprit qu'il était débarqué
avec mille hommes seulement, à Marsala, les mille de
Marsala, la poignée illustre de braves. Au premier rang,
Orlando se battit. Palerme résista trois jours, fut emportée. Devenu le lieutenant favori du dictateur, il l'aida à
organiser le gouvernement, passa ensuite avec lui le
détroit, fut à sa droite de l'entrée triomphale dans Naples,

d'où le roi s'était enfui. C'était une folie d'audace et de vaillance, l'explosion de l'inévitable, toutes sortes d'histoires surhumaines qui circulaient, Garibaldi invulnérable, mieux protégé par sa chemise rouge que par la plus épaisse des armures, Garibaldi mettant en déroute les armées adverses, comme un archange, rien qu'en brandissant sa flamboyante épée. Les Piémontais, de leur côté, qui venaient de battre le général Lamoricière à Castelfidardo, avaient envahi les États romains. Et Orlando était là, lorsque le dictateur, se démettant du pouvoir, signa le décret d'annexion des Deux-Siciles à la Couronne d'Italie; de même qu'il fit également partie, au cri violent de « Rome ou la mort ! », de la tentative désespérée qui finit tragiquement à Aspromonte : la petite armée dispersée par les troupes italiennes, Garibaldi blessé, fait prisonnier, renvoyé dans la solitude de son île de Caprera, où il ne fut plus qu'un laboureur.

Les six années d'attente qui suivirent, Orlando les vécut à Turin, même lorsque Florence fut choisie comme nouvelle capitale. Le sénat avait acclamé Victor-Emmanuel roi d'Italie; et, en effet, l'Italie était faite, il n'y manquait que Rome et Venise. Désormais les grands combats semblaient finis, l'ère de l'épopée se trouvait close. Venise allait être donnée par la défaite. Orlando était à la bataille malheureuse de Custozza, où il reçut deux blessures, le cœur plus mortellement frappé par la douleur qu'il éprouva à croire un instant l'Autriche triomphante. Mais, au même moment, celle-ci, battue à Sadowa, perdait la Vénétie, et cinq mois plus tard il voulut être à Venise, dans la joie du triomphe, lorsque Victor-Emmanuel y fit son entrée, aux acclamations frénétiques du peuple. Rome seule restait à prendre, une fièvre d'impatience poussait vers elle l'Italie entière, qu'arrêtait le serment fait par la France amie de maintenir le pape. Une troisième fois, Garibaldi rêva de renouveler les prouesses légendaires, se jeta sur Rome, indépendant de tous liens, en capitaine d'aventures que le patriotisme illumine. Et, une troisième fois, Orlando fut de cette folie d'héroïsme, qui devait se briser à Mentana, contre les zouaves pontificaux, aidés d'un petit corps français. Blessé de nouveau, il rentra à Turin presque mourant. L'âme frémissante, il fallait se résigner, la situation restait insoluble. Tout d'un coup, éclata le coup de tonnerre de Sedan, l'écrasement de la France; et le chemin de Rome devenait libre, et Orlando, rentré dans l'armée régulière, faisait partie des troupes qui prirent position, dans la Campagne romaine, pour assurer la sécurité du Saint-Siège, selon les termes de la lettre que Victor-Emmanuel écrivit à Pie IX. Il n'y eut, d'ailleurs, qu'un simulacre de combat : les zouaves pontificaux du général Kanzler durent se replier, Orlando fut un des premiers qui pénétra dans la ville par la brèche de la porte Pia. Ah ! ce vingt septembre, ce jour où il éprouva le plus grand bonheur de sa vie, un jour de délire, un jour de complet triomphe, où se réalisait le rêve de tant d'années de luttes terribles, pour lequel il avait donné son repos, sa fortune, son intelligence et sa chair !

Ensuite, ce furent encore plus de dix années heureuses, dans Rome conquise, dans Rome adorée, ménagée et flattée, comme une femme en laquelle on a mis tout son espoir. Il attendait d'elle une si grande vigueur nationale, une si merveilleuse résurrection de force et de gloire, pour la jeune nation ! L'ancien républicain, l'ancien soldat insurrectionnel qu'il était, avait dû se rallier et accepter un siège de sénateur: Garibaldi lui-même, son Dieu, n'allait-il pas rendre visite au roi et siéger au parlement? Mazzini seul, dans son intransigeance, n'avait point voulu d'une Italie indépendante et une, qui ne fût pas républicaine. Puis, une autre raison avait décidé Orlando, l'avenir de son fils Luigi, qui venait d'avoir dix-huit ans, au lendemain de l'entrée dans Rome. Si lui s'accommodait des miettes de sa fortune d'autrefois, mangée au service de la patrie, il rêvait de vastes destins pour l'enfant qu'il adorait. Il sentait bien que l'âge héroïque était achevé, il voulait faire de lui un grand politique, un grand administrateur, un homme utile à la nation souveraine de demain ; et c'était pourquoi il n'avait pas repoussé la faveur royale, la récompense de son long dévouement, voulant être là, aider Luigi, le surveiller, le diriger. Lui-même était-il donc si vieux, si fini, qu'il ne pût se rendre utile dans l'organisation, comme il croyait l'avoir été dans la conquête? Il avait placé le jeune homme au ministère des Finances, frappé de la vive intelligence qu'il montrait pour les questions d'affaires, devinant peut-être aussi par un sourd instinct que la bataille allait continuer maintenant sur le terrain financier et économique. Et, de nouveau, il vécut dans le rêve, croyant toujours avec enthousiasme à l'avenir splendide, débordant d'une espérance illimitée, regardant Rome doubler de population, s'agrandir d'une folle végétation de quartiers neufs, redevenir à ses yeux d'amant ravi la reine du monde.

Brusquement, ce fut la foudre. Un matin, en descendant l'escalier, Orlando fut frappé de paralysie, les deux jambes tout à coup mortes, d'une pesanteur de plomb. On avait dû le remonter, jamais plus il ne remit les pieds sur le pavé de la rue. Il venait d'avoir cinquante-six ans, et depuis quatorze ans il n'avait pas quitté son fauteuil, cloué là dans une immobilité de pierre, lui qui autrefois avait si rudement couru les champs de bataille de l'Italie. C'était une grande pitié, l'écroulement d'un héros. Et le pis, alors, fut que le vieux soldat, de cette chambre où il se trouvait prisonnier, assista au lent ébranlement de tous ses espoirs, envahi d'une mélancolie affreuse, dans la peur inavouée de l'avenir. Il voyait clair enfin, depuis que la griserie de l'action ne l'aveuglait plus et qu'il passait ses longues journées vides à réfléchir. Cette Italie qu'il avait voulue si puissante, si triomphante en son unité, agissait follement, courait à la ruine, à la banqueroute peut-être. Cette Rome qui avait toujours été pour lui la capitale nécessaire, la ville de gloire sans pareille qu'il fallait au peuple roi de demain, semblait se refuser à ce rôle d'une grande capitale moderne, lourde comme une morte, pesant du poids des siècles sur la poitrine de la jeune nation. Et il y avait encore son fils, son Luigi, qui le désolait, rebelle à toute direction, devenu un des enfants dévorateurs de la conquête, se ruant à la curée chaude de cette Italie, de cette Rome, que son père semblait avoir uniquement voulues pour que lui-même les pillât et s'en engraissât. Vainement, il s'était opposé à ce qu'il quittât le ministère, à ce qu'il se jetât dans l'agio effréné sur les terrains et les immeubles, que déterminait le coup de démence des quartiers neufs. Il l'adorait quand même, il était réduit au silence, surtout maintenant que les opérations financières les plus hasardeuses lui avaient réussi, comme cette transformation de la villa Montefiori en une véritable ville, affaire colossale où les plus riches s'étaient ruinés, dont lui s'était retiré avec des millions. Et Orlando, désespéré et muet, dans le petit palais que Luigi Prada avait fait bâtir, rue du Vingt-Septembre, s'était entêté à n'y occuper qu'une chambre étroite, où il achevait ses jours cloîtré, avec un seul serviteur, n'acceptant rien autre de son fils que cette hospitalité, vivant pauvrement de son humble rente.

Comme il arrivait à cette rue neuve du Vingt-Septembre, ouverte sur le flanc et sur le sommet du Viminal, Pierre fut frappé de la somptuosité lourde des nouveaux palais, où s'accusait le goût héréditaire de l'énorme. Dans la chaude après-midi de vieil or pourpré, cette rue large et triomphale, ces deux files de façades interminables et blanches disaient le fier espoir d'avenir de la nouvelle Rome, le désir de souveraineté qui avait fait pousser du sol ces bâtisses colossales. Mais surtout il demeura béant devant le Ministère des Finances, un amas gigantesque, un cube cyclopéen où les colonnes, les balcons, les frontons, les sculptures s'entassent, tout un monde démesuré, enfanté en un jour d'orgueil par la folie de la pierre. Et c'était là, en face, un peu plus haut, avant d'arriver à la villa Bonaparte, que se trouvait le petit palais du comte Prada.

Lorsqu'il eut payé son cocher, Pierre resta embarrassé un instant. La porte étant ouverte, il avait pénétré dans le vestibule; mais il n'y apercevait personne, ni concierge, ni serviteur. Il dut se décider à monter au premier étage. L'escalier, monumental, à la rampe de marbre, reproduisait en petit les dimensions exagérées de l'escalier d'honneur du palais Boccanera; et c'était la même nudité froide, tempérée par un tapis et des portières rouges, qui tranchaient violemment sur le stuc blanc des murs. Au premier étage, se trouvait l'appartement de réception, haut de cinq mètres, dont il aperçut deux salons en enfilade, par une porte entre-bâillée, des salons d'une richesse toute moderne, avec une profusion de tentures, de velours et de soie, de meubles dorés, de hautes glaces reflétant l'encombrement fastueux des consoles et des tables. Et toujours personne, pas une âme, dans ce logis comme abandonné, où la femme ne se sentait pas. Il allait redescendre, pour sonner, quand un valet se présenta enfin.

— Monsieur le comte Prada, je vous prie.

Le valet considéra en silence ce petit prêtre et daigna demander :

— Le père ou le fils ?

— Le père, monsieur le comte Orlando Prada.

— Bon ! montez au troisième étage.

Puis, il voulut bien ajouter une explication.

— La petite porte, à droite sur le palier. Frappez fort pour qu'on vous ouvre.

En effet, Pierre dut frapper deux fois. Ce fut un petit vieux très sec, d'allure militaire, un ancien soldat du comte resté à son service, qui vint lui ouvrir, en disant, pour s'excuser de ne pas avoir ouvert plus vite, qu'il était en train d'arranger les jambes de son maître. Tout de suite il annonça le visiteur. Et celui-ci, après une obscure antichambre, très étroite, resta saisi de la pièce dans laquelle il entrait, une pièce relativement petite, toute nue, toute blanche, tapissée simplement d'un papier tendre à fleurettes bleues. Derrière un paravent, il n'y avait qu'un lit de fer, la couche du soldat; et aucun autre meuble, rien que le fauteuil où l'infirme passait ses jours, une table de bois noir près de lui, couverte de journaux et de livres, deux antiques chaises de paille qui servaient à faire asseoir les rares visiteurs. Contre un des murs, quelques planches tenaient lieu de bibliothèque. Mais la fenêtre, sans rideaux, large et claire, ouvrait sur le plus admirable panorama de Rome qu'on pût voir.

Puis, la chambre disparut, Pierre ne vit plus que le vieil Orlando, dans une soudaine et profonde émotion. C'était un vieux lion blanchi, superbe encore, très fort, très grand. Une forêt de cheveux blancs, sur une tête puissante, à la bouche épaisse, au nez gros et écrasé, aux larges yeux noirs étincelants. Une longue barbe blanche, d'une vigueur de jeunesse, frisée comme celle d'un dieu. Dans ce mufle léonin, on devinait les terribles passions qui avaient dû gronder; mais toutes, les charnelles, les intellectuelles, avaient fait éruption en patriotisme, en bravoure folle et en désordonné amour de l'indépendance. Et le vieil héros foudroyé, le buste toujours droit et haut, était cloué là, sur son fauteuil de paille, les jambes mortes, ensevelies, disparues dans une couverture noire. Seuls, les bras, les mains vivaient; et, seule, la face éclatait de force et d'intelligence.

Orlando s'était tourné vers son serviteur, pour lui dire doucement :

— Batista, tu peux t'en aller. Reviens dans deux heures.

Puis, regardant Pierre bien en face, il s'écria de sa voix restée sonore, malgré ses soixante-dix ans :

— Enfin, c'est donc vous, mon cher monsieur Froment, et nous allons pouvoir causer tout à notre aise... Tenez ! prenez cette chaise, asseyez-vous devant moi.

Mais il avait remarqué le regard surpris que le prêtre jetait sur la nudité de la chambre. Il ajouta gaiement :

— Vous me pardonnerez de vous recevoir dans ma cellule. Oui, je vis ici en moine, en vieux soldat retraité, désormais à l'écart de la vie... Mon fils me tourmente encore pour que je prenne une des belles chambres d'en bas. A quoi bon ? je n'ai aucun besoin, je n'aime guère les lits de plume, car mes vieux os sont accoutumés à la terre dure... Et puis, j'ai là une si belle vue, toute Rome qui se donne à moi, maintenant que je ne peux plus aller à elle !

D'un geste vers la fenêtre, il avait caché l'embarras, la légère rougeur dont il était pris, chaque fois qu'il excusait son fils de la sorte, sans vouloir dire la vraie raison, le scrupule de probité, qui le faisait s'entêter dans son installation de pauvre.

— Mais c'est très bien ! mais c'est superbe ! déclara Pierre, pour lui faire plaisir. Je suis si heureux de vous voir enfin, moi aussi ! si heureux de serrer vos mains vaillantes qui ont accompli tant de grandes choses !

D'un nouveau geste, Orlando sembla vouloir écarter le passé.

— Bah ! bah ! tout cela, c'est fini, enterré... Parlons de vous, mon cher monsieur Froment, de vous si jeune qui êtes le présent, et parlons vite de votre livre qui est l'avenir... Ah ! votre livre, votre « Rome nouvelle », si vous saviez dans quel état de colère il m'a jeté d'abord !

Il riait maintenant, il prit le volume qui se trouvait justement sur la table, près de lui ; et, tapant sur la couverture, de sa large main de colosse :

— Non, vous ne vous imaginez pas avec quels sursauts

de protestation je l'ai lu !... Le pape, encore le pape, et toujours le pape ! La Rome nouvelle pour le pape et par le pape ! La Rome triomphante de demain grâce au pape, donnée au pape, confondant sa gloire dans la gloire du pape !... Eh bien ! et nous ? et l'Italie ? et tous les millions que nous avons dépensés pour faire de Rome une grande capitale ?... Ah ! qu'il faut être un Français, et un Français de Paris, pour écrire le livre que voilà ! Mais, cher monsieur, Rome, si vous l'ignorez, est devenue la capitale du royaume d'Italie, et il y a ici le roi Humbert, et il y a les Italiens, tout un peuple qui compte, je vous assure, et qui entend garder pour lui Rome, la glorieuse, la ressuscitée !

Cette fougue juvénile fit rire Pierre à son tour.

— Oui, oui, vous m'avez écrit cela. Seulement, qu'importe, à mon point de vue ! L'Italie n'est qu'une nation, une partie de l'humanité, et je veux l'accord, la fraternité de toutes les nations, l'humanité réconciliée, croyante et heureuse. Qu'importe la forme du gouvernement, une monarchie, une république ! qu'importe l'idée de la patrie une et indépendante, s'il n'y a plus qu'un peuple libre, vivant de justice et de vérité !

De ce cri enthousiaste, Orlando n'avait retenu qu'un mot. Il reprit plus bas, d'un air songeur :

— La république ! je l'ai voulue ardemment, dans ma jeunesse. Je me suis battu pour elle, j'ai conspiré avec Mazzini, un saint, un croyant, qui s'est brisé contre l'absolu. Et puis, quoi ? il a bien fallu accepter les nécessités pratiques, les plus intransigeants se sont ralliés... Aujourd'hui, la république nous sauverait-elle ? En tout cas, elle ne différerait guère de notre monarchie parlementaire : voyez ce qui se passe en France. Alors, pourquoi risquer une révolution qui mettrait le pouvoir aux mains des révolutionnaires extrêmes, des anarchistes ? Nous craignons tous cela, c'est ce qui explique notre résignation... Je sais bien que quelques-uns voient le salut dans une fédération républicaine, tous les anciens petits États reconstitués en autant de républiques, que Rome présiderait. Le Vatican aurait peut-être gros à gagner dans l'aventure. On ne peut pas dire qu'il y travaille, il en envisage simplement l'éventualité sans déplaisir. Mais c'est un rêve, un rêve !

Il retrouva sa gaieté, même une pointe tendre d'ironie.

— Vous doutez-vous de ce qui m'a séduit dans votre livre ? car, malgré mes protestations, je vous ai lu deux fois... C'est que Mazzini aurait pu presque l'écrire. Oui ! j'y ai retrouvé toute ma jeunesse, tout l'espoir fou de mes vingt-cinq ans, la religion du Christ, la pacification du monde par l'Évangile... Saviez-vous que Mazzini a voulu, longtemps avant vous, la rénovation du catholicisme ? Il écartait le dogme et la discipline, il ne retenait que la morale. Et c'était la Rome nouvelle, la Rome du peuple qu'il donnait pour siège à l'Église universelle, où toutes les Églises du passé allaient se fondre : Rome, l'éternelle Cité, la prédestinée, la mère et la reine dont la domination renaissait pour le bonheur définitif des hommes !... N'est-ce pas curieux que le néo-catholicisme actuel, le vague réveil spiritualiste, le mouvement de communauté, de charité chrétienne dont on mène tant de bruit, ne soit qu'un retour des idées mystiques et humanitaires de 1848 ? Hélas ! j'ai vu tout cela, j'ai cru et j'ai combattu, et je sais à quel beau gâchis nous ont conduits ces envolées dans le bleu du mystère. Que voulez-vous ! je n'ai plus confiance.

Et, comme Pierre allait se passionner, lui aussi, et répondre, il l'arrêta.

— Non, laissez-moi finir... Je veux seulement que vous soyez bien convaincu de la nécessité absolue où nous étions de prendre Rome, d'en faire la capitale de l'Italie. Sans elle, l'Italie nouvelle ne pouvait pas être. Elle était la gloire antique, elle détenait dans sa poussière la souveraine puissance que nous voulions rétablir, elle donnait à qui la possédait la force, la beauté, l'éternité. Au centre du pays, elle en était le cœur, elle devait en devenir la vie, dès qu'on l'aurait réveillée du long sommeil de ses ruines... Ah! que nous l'avons désirée, au milieu des victoires et des défaites, pendant des années d'affreuse impatience! Moi, je l'ai aimée et voulue plus qu'aucune femme, le sang brûlé, désespéré de vieillir. Et, quand nous l'avons possédée, notre folie a été de la vouloir fastueuse, immense, dominatrice, à l'égal des autres grandes capitales de l'Europe, Berlin, Paris, Londres... Regardez-la, elle est encore mon seul amour, ma seule consolation, aujourd'hui que je suis mort, n'ayant plus de vivants que les yeux.

Du même geste, il avait de nouveau indiqué la fenêtre. Rome, sous le ciel intense, s'étendait à l'infini, tout empourprée et dorée par le soleil oblique. Très lointains, les arbres du Janicule fermaient l'horizon de leur ceinture verte, d'un vert limpide d'émeraude; tandis que le dôme de Saint-Pierre, plus à gauche, avait la pâleur bleue d'un saphir, éteint dans la trop vive lumière. Puis, c'était la ville basse, la vieille cité rousse, comme cuite par des siècles d'étés brûlants, si douce à l'œil, si belle de la vie profonde du passé, un chaos sans bornes de toitures, de pignons, de tours, de campaniles, de coupoles. Mais, au premier plan, sous la fenêtre, il y avait la jeune ville, celle qu'on bâtissait depuis vingt-cinq années, des cubes de maçonnerie entassés, crayeux encore, que ni le soleil ni l'histoire n'avaient drapés de leur pourpre. Surtout, les toitures du colossal Ministère des Finances étalaient des steppes désastreuses, infinies et blafardes, d'une cruelle laideur. Et c'était sur cette désolation des constructions nouvelles que les regards du vieux soldat de la conquête avaient fini par se fixer.

Il y eut un silence. Pierre venait de sentir passer le petit froid de la tristesse cachée, inavouée, et il attendait courtoisement.

— Je vous demande pardon de vous avoir coupé la parole, reprit Orlando. Mais il me semble que nous ne pouvons causer utilement de votre livre, tant que vous n'aurez pas vu et étudié Rome de près. Vous n'êtes ici que depuis hier, n'est-ce pas? Courez la ville, regardez, questionnez, et je crois que beaucoup de vos idées changeront. J'attends surtout votre impression sur le Vatican, puisque vous êtes venu uniquement pour voir le pape et défendre votre œuvre contre l'Index. Pourquoi discuterions-nous aujourd'hui, si les faits eux-mêmes doivent vous amener à d'autres idées, mieux que je n'y réussirais par les plus beaux discours du monde?... C'est entendu, vous reviendrez, et nous saurons de quoi nous parlerons, nous nous entendrons peut-être.

— Mais certainement, dit Pierre. Je n'étais venu aujourd'hui que pour vous témoigner ma gratitude d'avoir bien voulu lire mon livre avec intérêt et que pour saluer en vous une des gloires de l'Italie.

Orlando n'écoutait pas, absorbé, les yeux toujours fixés sur Rome. Il ne voulait plus qu'on en parlât, et malgré lui, tout à son inquiétude secrète, il continua d'une voix basse, comme dans une involontaire confession.

— Sans doute, nous sommes allés beaucoup trop vite. Il y a eu des dépenses d'une utilité indispensable, les routes, les ports, les chemins de fer. Et il a bien fallu armer le pays aussi, je n'ai pas désapprouvé d'abord les grosses charges militaires... Mais, ensuite, cet écrasant budget de la guerre, d'une guerre qui n'est pas venue, dont l'attente nous a ruinés! Ah! j'ai toujours été l'ami de la France, je ne lui reproche que de n'avoir pas compris la situation qui nous était faite, l'excuse vitale que nous avions en nous alliant avec l'Allemagne... Et le milliard englouti à Rome! C'est ici que la folie a soufflé, nous avons péché par enthousiasme et par orgueil. Dans mes songeries de vieux bonhomme solitaire, un des premiers, j'ai senti le gouffre, l'effroyable crise financière, le déficit où allait sombrer la nation. Je l'ai crié à mon fils, à tous ceux qui m'approchaient; mais à quoi bon? ils ne m'écoutaient pas, ils étaient fous, achetant, revendant, bâtissant, dans l'agio et dans la chimère. Vous verrez, vous verrez... Le pis est que nous n'avons pas, comme chez vous, dans la population dense des campagnes, une réserve d'argent et d'hommes, une épargne toujours prête à combler les trous creusés par les catastrophes. Chez nous, l'ascension du peuple, nulle encore, ne régénère pas le sang social, par un apport continu d'hommes nouveaux; et il est pauvre, il n'a pas de bas de laine à vider. La misère est effroyable, il faut bien le dire. Ceux qui ont de l'argent, préfèrent le manger petitement dans les villes, que de le risquer dans des entreprises agricoles ou industrielles. Les usines sont lentes à se bâtir, la terre en est encore presque partout à la culture barbare d'il y a deux mille ans... Et voilà Rome, Rome qui n'a pas fait l'Italie, que l'Italie a faite sa capitale par son ardent et unique désir, Rome qui n'est toujours que le splendide décor de la gloire des siècles, Rome qui ne nous a donné encore que l'éclat de ce décor, avec sa population papale abâtardie, toute de fierté et de fainéantise! Je l'ai trop aimée, je l'aime trop, pour regretter d'y être. Mais, grand Dieu! quelle démence elle a mise en nous, que de millions elle nous a coûté, de quel poids triomphal elle nous écrase!... Voyez, voyez!

Et c'étaient les toitures blafardes du Ministère des Finances, l'immense steppe désolée, qu'il montrait, comme s'il y eût vu la moisson de gloire coupée en herbe, l'affreuse nudité de la banqueroute menaçante. Ses yeux se voilaient de larmes contenues, il était superbe d'espoir ébranlé, d'inquiétude douloureuse, avec sa tête énorme de vieux lion blanchi, désormais impuissant, cloué dans cette chambre si nue et si claire, d'une pauvreté si hautaine, qui semblait être une protestation contre la richesse monumentale de tout le quartier. C'était donc là ce qu'on avait fait de la conquête! et il était foudroyé maintenant, incapable de donner de nouveau son sang et son âme!

— Oui, oui! lança-t-il dans un dernier cri, on donnait tout, son cœur et sa tête, son existence entière, tant qu'il s'est agi de faire la patrie une et indépendante. Mais, aujourd'hui que la patrie est faite, allez donc vous enthousiasmer pour réorganiser ses finances! Ce n'est pas un idéal, cela! Et c'est pourquoi, pendant que les vieux meurent, pas un homme nouveau ne se lève parmi les jeunes.

Brusquement, il s'arrêta, un peu gêné, souriant de sa fièvre.

— Excusez-moi, me voilà reparti, je suis incorrigible... C'est entendu, laissons ce sujet, et vous reviendrez, nous causerons, quand vous aurez tout vu.

Dès lors, il se montra charmant, et Pierre comprit son regret d'avoir trop parlé, à la bonhomie séductrice, à l'affection envahissante dont il l'enveloppa. Il le suppliait de rester longtemps à Rome, de ne pas la juger trop vite, d'être convaincu que l'Italie, au fond, aimait toujours la France; et il voulait aussi qu'on aimât l'Italie, il éprouvait une anxiété véritable, à l'idée qu'on ne l'aimait peut-être plus. Ainsi que la veille, au palais Boccanera, le prêtre eut conscience là d'une sorte de pression exercée sur lui pour le forcer à l'admiration et à la tendresse. L'Italie, comme une femme qui ne se sentait pas en beauté, doutant d'elle et susceptible, s'inquiétait de l'opinion des visiteurs, s'efforçait de garder malgré tout leur amu.

Mais, lorsque Orlando sut que Pierre était descendu au palais Boccanera, il se passionna de nouveau, et il eut un geste de contrariété vive, en entendant frapper à la porte, juste à ce moment même. Tout en criant d'entrer, il le retint.

— Non, ne partez pas, je veux savoir...

Une dame entra, qui avait dépassé la quarantaine, petite et ronde, jolie encore, avec ses traits menus, ses gentils sourires, noyés dans la graisse. Elle était blonde, avait les yeux verts, d'une limpidité d'eau de source. Assez bien habillée, en toilette réséda, élégante et sobre, elle paraissait d'air agréable, modeste et avisé.

— Ah ! c'est toi, Stefana, dit le vieillard, qui se laissa embrasser.

— Oui, mon oncle, je passais, et j'ai voulu monter, pour prendre de vos nouvelles.

C'était madame Sacco, une nièce d'Orlando, née à Naples d'une mère venue de Milan et mariée au banquier napolitain Pagani, tombé plus tard en déconfiture. Après la ruine, Stefana avait épousé Sacco, lorsqu'il n'était encore que petit employé des Postes. Sacco, dès lors, voulant relever la maison de son beau-père, s'était lancé dans des affaires terribles, compliquées et louches, au bout desquelles il avait eu la chance imprévue de se faire nommer député. Depuis qu'il était venu à Rome, pour la conquérir à son tour, sa femme avait dû l'aider dans son ambition dévorante, s'habiller, ouvrir un salon ; et, si elle s'y montrait encore un peu gauche, elle lui rendait pourtant des services qui n'étaient pas à dédaigner, très économe, très prudente, menant la maison en bonne ménagère, toutes les excellentes et solides qualités de l'Italie du Nord, héritées de sa mère, et qui faisaient merveille à côté de la turbulence et des abandons de son mari, chez lequel l'Italie du Midi flambait avec sa rage d'appétits continuelle.

Le vieil Orlando, dans son mépris pour Sacco, avait gardé quelque affection à sa nièce, chez qui il retrouvait son sang. Il la remercia ; et, tout de suite, il parla de la nouvelle donnée par les journaux du matin, soupçonnant bien que le député avait envoyé sa femme pour avoir son opinion.

— Eh bien ! et ce ministère ?

Elle s'était assise, elle ne se pressa pas, regarda les journaux qui traînaient sur la table.

— Oh ! rien n'est fait encore, la presse a parlé trop vite. Sacco a été appelé par le président du conseil, et ils ont causé. Seulement, il hésite beaucoup, il craint de n'avoir aucune aptitude pour l'Agriculture. Ah ! si c'étaient les Finances !... Et puis, il n'aurait pris aucune résolution sans vous consulter. Qu'en pensez-vous, mon oncle ?

D'un geste violent, il l'interrompit.

— Non, non, je ne me mêle pas de ça !

C'était, pour lui, une abomination, le commencement de la fin, ce rapide succès de Sacco, un aventurier, un brasseur d'affaires qui avait toujours pêché en eau trouble. Son fils Luigi, certes, le désolait. Mais, quand on pensait que Luigi, avec son intelligence vaste, ses qualités si belles encore, n'était rien, tandis que ce Sacco, ce brouillon, ce jouisseur sans cesse affamé, après s'être glissé à la Chambre, se trouvait en passe de décrocher un portefeuille ! Un petit homme brun et sec, avec de gros yeux ronds, les pommettes saillantes, le menton proéminent, toujours dansant et criant, d'une éloquence intarissable, dont toute la force était dans la voix, une voix admirable de puissance et de caresse ! Et insinuant, et profitant de tout, séducteur et dominateur !

— Tu entends, Stefana, dis à ton mari que le seul conseil que j'aie à lui donner est de rentrer petit employé aux Postes, où il rendra peut-être des services.

Ce qui outrait et désespérait le vieux soldat, c'était un tel homme, un Sacco, tombé en bandit à Rome, dans cette Rome dont la conquête avait coûté tant de nobles efforts. Et, à son tour, Sacco la conquérait, l'enlevait à ceux qui l'avaient si durement gagnée, la possédait, mais pour s'y délecter, pour y assouvir son amour effréné du pouvoir. Sous des dehors très câlins, il était résolu à dévorer tout. Après la victoire, lorsque le butin se trouvait là, chaud encore, les loups étaient venus. Le Nord avait fait l'Italie, le Midi montait à la curée, se jetait sur elle, vivait d'elle comme d'une proie. Et il y avait surtout cela, au fond de la colère du héros foudroyé : l'antagonisme de plus en plus marqué entre le Nord et le Midi; le Nord travailleur et économe, politique avisé, savant, tout aux grandes idées modernes; le Midi ignorant et paresseux, tout à la joie immédiate de vivre, dans un désordre enfantin des actes, dans un éclat vide des belles paroles sonores.

Stefana souriait placidement, en regardant Pierre, qui s'était retiré près de la fenêtre.

— Oh! mon oncle, vous dites cela, mais vous nous aimez bien tout de même, et vous m'avez donné, à moi, plus d'un bon conseil, ce dont je vous remercie... C'est comme pour l'histoire d'Attilio...

Elle parlait de son fils, le lieutenant, et de son aventure amoureuse avec Celia, la petite princesse Buongiovanni, dont tous les salons noirs et blancs s'entretenaient.

— Attilio, c'est autre chose, s'écria Orlando. Ainsi que toi, il est de mon sang, et c'est merveilleux comme je me retrouve dans ce gaillard-là. Oui, il est tout moi, quand j'avais son âge, et beau, et brave, et enthousiaste!... Tu vois que je me fais des compliments. Mais, en vérité, Attilio me tient chaud au cœur, car il est l'avenir, il me rend l'espérance... Eh bien! son histoire?

— Ah! mon oncle, son histoire nous donne des ennuis Je vous en ai déjà parlé, et vous avez haussé les épaules, en disant que, dans ces questions-là, les parents n'avaient qu'à laisser les amoureux régler leurs affaires eux-mêmes... Nous ne voulons pourtant pas qu'on dise partout que nous poussons notre fils à enlever la petite princesse, pour qu'il épouse ensuite son argent et son titre.

Orlando s'égaya franchement.

— Voilà un fier scrupule! C'est ton mari qui t'a dit de me l'exprimer? Oui, je sais qu'il affecte de montrer de la délicatesse en cette occasion... Moi, je te le répète, je me crois aussi honnête que lui, et j'aurais un fils tel que le tien, si droit, si bon, si naïvement amoureux, que je le laisserais épouser qui il voudrait et comme il voudrait... Les Buongiovanni, mon Dieu! les Buongiovanni, avec toute leur noblesse et l'argent qu'ils ont encore, seront très honorés d'avoir pour gendre un beau garçon, au grand cœur!

De nouveau, Stefana eut son air de satisfaction placide. Elle ne venait sûrement que pour être approuvée.

— C'est bien, mon oncle, je redirai cela à mon mari; et il en tiendra grand compte; car, si vous êtes sévère pour lui, il a pour vous une véritable vénération... Quant à ce ministère, rien ne se fera peut-être, Sacco se décidera selon les circonstances.

Elle s'était levée, elle prit congé, en embrassant le vieillard, comme à son arrivée, très tendrement. Et elle le complimenta sur sa belle mine, le trouva très beau, le fit sourire en lui nommant une dame qui était encore folle de lui. Puis, après avoir répondu d'une légère révérence au salut muet du jeune prêtre, elle s'en alla, de son allure modeste et sage.

Un instant, Orlando resta silencieux, les yeux vers la porte, repris d'une tristesse, songeant sans doute à ce présent louche et pénible, si différent du glorieux passé. Et, brusquement, il revint à Pierre, qui attendait toujours.

— Alors, mon ami, vous êtes donc descendu au palais Boccanera. Ah! quel désastre aussi de ce côté!

Mais, lorsque le prêtre lui eut répété sa conversation avec Benedetta, la phrase où elle avait dit qu'elle l'aimait toujours et que jamais elle n'oublierait sa bonté, quoi qu'il arrivât, il s'attendrit, sa voix eut un tremblement.

— Oui, c'est une bonne âme, elle n'est pas méchante. Seulement, que voulez-vous? elle n'aimait pas Luigi, et lui-même a été un peu violent peut-être... Ces choses ne sont plus un mystère, je vous en parle librement, puisque, à mon grand chagrin, tout le monde les connaît.

Orlando, s'abandonnant à ses souvenirs, dit sa joie vive, la veille du mariage, à la pensée de cette admirable créature qui serait sa fille, qui remettrait de la jeunesse et du charme autour de son fauteuil d'infirme. Il avait toujours eu le culte de la beauté, un culte passionné d'amant, dont l'unique amour serait resté celui de la femme, si la patrie n'avait pas pris le meilleur de lui-même. Et Benedetta, en effet, l'adora, le vénéra, montant sans cesse passer des heures avec lui, habitant sa petite chambre pauvre, qui resplendissait alors de l'éclat de divine grâce qu'elle y apportait. Il revivait dans son haleine fraîche, dans l'odeur pure et la caressante tendresse de femme dont elle l'entourait, sans cesse aux petits soins. Mais, tout de suite, quel affreux drame, et que son cœur avait saigné, de ne savoir comment réconcilier les époux! Il ne pouvait donner tort à son fils de vouloir être le mari accepté, aimé. D'abord, après la première nuit désastreuse, ce heurt de deux êtres, entêtés chacun dans son absolu, il avait espéré ramener Benedetta, la jeter aux bras de Luigi. Puis, lorsque, en larmes, elle lui eut fait ses confidences, avouant son amour ancien pour Dario, disant toute sa révolte imprévue devant l'acte, le don de sa virginité à un autre homme, il comprit que jamais elle ne céderait. Et toute une année s'était écoulée, il avait vécu une année, cloué sur son fauteuil, avec ce drame poignant qui se passait sous lui, dans ces appartements luxueux dont les bruits n'arrivaient même pas à ses oreilles. Que de fois il avait essayé d'entendre, craignant des querelles, désolé de ne pouvoir se rendre utile encore en faisant du bonheur! Il ne savait rien par son fils, qui se taisait; il n'avait parfois des détails que par Benedetta, lorsqu'un attendrissement la laissait sans défense; et ce mariage, où il avait vu un instant l'alliance tant désirée de l'ancienne Rome avec la nouvelle, ce mariage non consommé le désespérait, comme l'échec de tous ses espoirs, l'avortement final du rêve qui avait

13.

empli sa vie. Lui-même finit par souhaiter le divorce, tellement la souffrance d'une pareille situation devenait insupportable.

— Ah! mon ami, je n'ai jamais si bien compris la fatalité de certains antagonismes, et comment, avec le cœur le plus tendre, la raison la plus droite, on peut faire son malheur et celui des autres!

Mais la porte s'ouvrit de nouveau, et cette fois, sans avoir frappé, le comte Prada entra. Tout de suite, après un salut rapide au visiteur qui s'était levé, il prit doucement les mains de son père, les tâta, en craignant de les trouver trop chaudes ou trop froides.

— J'arrive à l'instant de Frascati, où j'ai dû coucher, tellement ces constructions interrompues me tracassent. Et l'on me dit que vous avez passé une nuit mauvaise.

— Eh! non, je t'assure.

— Oh! vous ne me le diriez pas... Pourquoi vous obstinez-vous à vivre ici, sans aucune douceur? Cela n'est plus de votre âge. Vous me feriez tant plaisir en acceptant une chambre plus confortable, où vous dormiriez mieux!

— Eh! non, eh! non... Je sais que tu m'aimes bien, mon bon Luigi. Mais, je t'en prie, laisse-moi faire au gré de ma vieille tête. C'est la seule façon de me rendre heureux.

Pierre fut très frappé de l'ardente affection qui enflammait les regards des deux hommes, pendant qu'ils se contemplaient, les yeux dans les yeux. Cela lui parut infiniment touchant, d'une grande beauté de tendresse, au milieu de tant d'idées et d'actes contraires, de tant de ruptures morales, qui les séparaient.

Et il s'intéressa à les comparer. Le comte Prada, plus court, plus trapu, avait bien la même tête énergique et forte, plantée de rudes cheveux noirs, les mêmes yeux francs, un peu durs, dans une face d'un teint clair, barrée d'épaisses moustaches. Mais la bouche différait, une bouche à la dentition de loup, sensuelle et vorace, une bouche de proie, faite pour les soirs de bataille, quand il ne s'agit plus que de mordre à la conquête des autres. C'était ce qui faisait dire, lorsqu'on vantait ses yeux de franchise : « Oui, mais je n'aime pas sa bouche. » Les pieds étaient forts, les mains grasses et trop larges, très belles.

Et Pierre s'émerveillait de le trouver tel qu'il l'avait attendu. Il connaissait assez intimement son histoire, pour reconstituer en lui le fils du héros que la conquête a gâté, qui mange à dents pleines la moisson coupée par l'épée glorieuse du père. Il étudiait surtout comment les vertus du père avaient dévié, s'étaient, chez l'enfant, transformées en vices, les qualités les plus nobles se pervertissant, l'énergie héroïque et désintéressée devenant le féroce appétit des jouissances, l'homme des batailles aboutissant à l'homme du butin, depuis que les grands sentiments d'enthousiasme ne soufflaient plus, qu'on ne se battait plus, qu'on était là au repos, parmi les dépouilles entassées, pillant et dévorant. Et le héros, le père paralytique, immobilisé, qui assistait à cela, à cette dégénérescence du fils, du brasseur d'affaires gorgé de millions !

Mais Orlando présenta Pierre.

— Monsieur l'abbé Pierre Froment, dont je t'ai parlé, l'auteur du livre que je t'ai fait lire.

Prada se montra fort aimable, parla tout de suite de Rome, avec une passion intelligente, en homme qui voulait en faire une grande capitale moderne. Il avait vu Paris transformé par le second empire, il avait vu Berlin agrandi et embelli, après les victoires de l'Allemagne ; et, selon lui, si Rome ne suivait pas le mouvement, si elle ne devenait pas la ville habitable d'un grand peuple, elle était menacée d'une mort prompte. Ou un musée croulant, ou une cité refaite, ressuscitée.

Pierre, intéressé, presque gagné déjà, écoutait cet

habile homme dont l'esprit ferme et clair le charmait. Il savait avec quelle adresse il avait manœuvré dans l'affaire de la villa Montefiori, s'y enrichissant lorsque tant d'autres s'y ruinaient, ayant prévu sans doute la catastrophe fatale, au moment où la rage de l'agio affolait encore la nation entière. Pourtant, il surprenait déjà des signes de fatigue, des rides précoces, les lèvres affaissées, sur cette face de volonté et d'énergie, comme si l'homme se lassait de la continuelle lutte, parmi les écroulements voisins, qui minaient le sol, menaçant d'emporter par contre-coup les fortunes les mieux assises. On racontait que Prada, dans les derniers temps, avait eu des inquiétudes sérieuses; et plus rien n'était solide, tout pouvait être englouti, à la suite de la crise financière qui s'aggravait de jour en jour. Chez ce rude fils de l'Italie du Nord, c'était une sorte de déchéance, un lent pourrissement, sous l'influence amollissante, pervertissante de Rome. Tous ses appétits s'y étaient rués à leur satisfaction, il s'épuisait à les y contenter, appétits d'argent, appétits de femmes. Et de là venait la grande tristesse muette d'Orlando, quand il voyait cette déchéance rapide de sa race de conquérant, tandis que Sacco, l'Italien du Midi, servi par le climat, fait à cet air de volupté, à ces villes d'antique poussière, brûlées de soleil, s'y épanouissait comme la végétation naturelle du sol saturé des crimes de l'histoire, s'y emparait peu à peu de tout, de la richesse et de la puissance.

Le nom de Sacco fut prononcé, le père dit au fils un mot de la visite de Stefana. Sans rien ajouter, tous deux se regardèrent avec un sourire. Le bruit courait que le ministre de l'Agriculture, décédé, ne serait peut-être pas remplacé tout de suite, qu'un autre ministre ferait l'intérim, et qu'on attendrait l'ouverture de la Chambre.

Puis, il fut question du palais Boccanera; et Pierre, alors, redoubla d'attention.

— Ah! lui dit le comte, vous êtes descendu rue Giulia.

Toute la vieille Rome dort là, dans le silence de l'oubli.

Très à l'aise, il s'entretint du cardinal et même de Benedetta, la comtesse, comme il disait en parlant de sa femme. Il s'étudiait à ne montrer aucune colère. Mais le jeune prêtre le sentit frémissant, saignant toujours, grondant de rancune. Chez lui, la passion de la femme, le désir éclatait avec la violence d'un besoin qu'il devait satisfaire sur l'heure; et il y avait sans doute encore là une des vertus gâtées du père, le rêve enthousiaste courant au but, aboutissant à l'action immédiate. Aussi, après sa liaison avec la princesse Flavia, quand il avait voulu Benedetta, la nièce divine d'une tante restée si belle, s'était-il résigné à tout, au mariage, à la lutte contre cette jeune fille qui ne l'aimait pas, au danger certain de compromettre sa vie entière. Plutôt que de ne pas l'avoir, il aurait incendié Rome. Et ce dont il souffrait sans espoir de guérison, la plaie sans cesse avivée qu'il portait au flanc, c'était de ne pas l'avoir eue, de se dire qu'elle était sienne et qu'elle s'était refusée. Jamais il ne devait pardonner l'injure, la blessure en demeurait au fond de sa chair inassouvie, où le moindre souffle en réveillait la cuisson. Et, sous son apparence d'homme correct, le sensuel délirait alors, jaloux et vindicatif, capable d'un crime.

— Monsieur l'abbé est au courant, murmura le vieil Orlando de sa voix triste.

Prada eut un geste, comme pour dire que tout le monde était au courant.

— Ah! mon père, si je ne vous avais pas obéi, jamais je ne me serais prêté à ce procès en annulation de mariage! La comtesse aurait bien été forcée de réintégrer le domicile conjugal, et elle ne serait pas aujourd'hui à se moquer de nous, avec son amant, ce Dario, le cousin.

D'un geste, à son tour, Orlando voulut protester.

— Mais certainement, mon père. Pourquoi croyez-vous donc qu'elle s'est enfuie d'ici, si ce n'est pour aller vivre aux bras de son amant, chez elle? Et je trouve même que le palais de la rue Giulia, avec son cardinal, abrite là des choses assez malpropres.

C'était le bruit qu'il répandait, l'accusation qu'il portait partout contre sa femme, cette liaison adultère, selon lui publique, éhontée. Au fond, cependant, il n'y croyait pas lui-même, connaissant trop bien la raison ferme de Benedetta, l'idée superstitieuse et comme mystique qu'elle mettait dans sa virginité, la volonté qu'elle avait d'être seulement à l'homme qu'elle aimerait et qui serait son mari devant Dieu. Mais il trouvait une accusation pareille de bonne guerre, très efficace.

— A propos, s'écria-t-il brusquement, vous savez, mon père, que j'ai reçu communication du mémoire de Morano ; et c'est chose entendue : si le mariage n'a pu être consommé, c'est par suite de l'impuissance du mari.

Il partit d'un éclat de rire, désirant montrer que cela lui semblait être le comble du comique. Seulement, il avait pâli de sourde exaspération, sa bouche riait durement, avec une cruauté meurtrière ; et il était évident que, seule, cette accusation fausse d'impuissance, si insultante pour un homme de sa virilité, l'avait décidé à se défendre, dans ce procès, dont il voulait d'abord ne tenir aucun compte. Il plaiderait donc, convaincu d'ailleurs que sa femme n'obtiendrait pas l'annulation du mariage. Et, toujours riant, il donnait des détails un peu libres sur l'acte, expliquant que ce n'était pas si commode avec une femme qui se refuse, qui griffe et qui mord, et que, du reste, il n'était pas si certain que ça de ne pas l'avoir accompli. En tout cas, il demanderait l'épreuve, le jugement de Dieu, comme il disait en s'égayant plus fort de sa plaisanterie, et devant les cardinaux assemblés, s'ils poussaient la conscience jusqu'à vouloir constater la chose par eux-mêmes.

— Luigi ! dit Orlando doucement, en désignant le jeune prêtre d'un regard.

— Oui, je me tais, vous avez raison, mon père. Mais,

en vérité, c'est tellement abominable et ridicule... Vous savez le mot de Lisbeth : « Ah! mon pauvre ami, c'est donc d'un petit Jésus que je vais accoucher. »

De nouveau, Orlando parut mécontent, car il n'aimait point, quand il y avait là un visiteur, que son fils affichât si tranquillement devant lui sa liaison. Lisbeth Kauffmann, à peine âgée de trente ans, très blonde, très rose, et d'une gaieté toujours rieuse, appartenait à la colonie étrangère, veuve d'un mari mort depuis deux ans à Rome, où il était venu soigner une maladie de poitrine. Demeurée libre, suffisamment riche pour n'avoir besoin de personne, elle y était restée par goût, passionnée d'art, faisant elle-même un peu de peinture; et elle avait acheté, rue du Prince-Amédée, dans un quartier neuf, un petit palais, où la grande salle du second étage, transformée en atelier, embaumée de fleurs en toute saison, tendue de vieilles étoffes, était bien connue de la société aimable et intelligente. On l'y trouvait dans sa continuelle allégresse, vêtue de longues blouses, un peu gamine, ayant des mots terribles, mais de fort bonne compagnie et ne s'étant encore compromise qu'avec Prada. Il lui avait plu sans doute, elle s'était simplement donnée à lui, lorsque sa femme, depuis quatre mois déjà, l'avait quitté; et elle était enceinte, une grossesse de sept mois, qu'elle ne cachait point, l'air si tranquille et si heureux, que son vaste cercle de connaissances continuait à la venir voir, comme si de rien n'était, dans cette vie facile, libérée, des grandes villes cosmopolites. Cette grossesse, naturellement, au milieu des circonstances où se trouvait le comte, le ravissait, devenait à ses yeux le meilleur des arguments, contre l'accusation dont souffrait son orgueil d'homme. Mais, au fond de lui, sans qu'il l'avouât, la blessure inguérissable n'en saignait pas moins; car ni cette paternité prochaine, ni la possession amusante et flatteuse de Lisbeth, ne compensaient l'amertume du refus de Bénédetta : c'était celle-ci qu'il brûlait d'avoir, qu'il aurait voulu punir tragiquement de ce qu'il ne l'avait pas eue.

Pierre, n'étant pas au courant, ne pouvait comprendre. Comme il sentait une gêne, désireux de se donner une contenance, il avait pris sur la table, parmi les journaux, un gros volume, étonné de rencontrer là un ouvrage français classique, un de ces manuels pour le baccalauréat, où se trouve un abrégé des connaissances exigées dans les programmes. Ce n'était qu'un livre humble et pratique d'instruction première, mais il traitait forcément de toutes les sciences mathématiques, de toutes les sciences physiques, chimiques et naturelles, de sorte qu'il résumait en gros les conquêtes du siècle, l'état actuel de l'intelligence humaine.

— Ah! s'écria Orlando, heureux de la diversion, vous regardez le livre de mon vieil ami Théophile Morin. Vous savez qu'il était un des Mille de Marsala et qu'il a conquis la Sicile et Naples avec nous. Un héros!... Et, depuis plus de trente ans, il est retourné en France, à sa chaire de simple professeur, qui ne l'a guère enrichi. Aussi a-t-il publié ce livre, dont la vente, paraît-il, marche si bien, qu'il a eu l'idée d'en tirer un nouveau petit bénéfice avec des traductions, entre autres avec une traduction italienne... Nous sommes restés des frères, il a songé à utiliser mon influence, qu'il croit décisive. Mais il se trompe, hélas! je crains bien de ne pas réussir à faire adopter l'ouvrage.

Prada, redevenu très correct et charmant, eut un léger haussement d'épaules, plein du scepticisme de sa génération, uniquement désireuse de maintenir les choses existantes, pour en tirer le plus de profit possible.

— A quoi bon? murmura-t-il. Trop de livres! trop de livres!

— Non, non! reprit passionnément le vieillard, il n'y a jamais trop de livres! Il en faut, et encore, et toujours! C'est par le livre, et non par l'épée, que l'humanité vaincra le mensonge et l'injustice, conquerra la paix finale de la fraternité entre les peuples... Oui, tu souris, je sais que tu appelles ça mes idées de 48, de vieille barbe, comme vous dites en France, n'est-ce pas? monsieur Froment. Mais il n'en est pas moins vrai que l'Italie est morte, si l'on ne se hâte de reprendre le problème par en bas, je veux dire si l'on ne fait pas le peuple; et il n'y a qu'une façon de faire un peuple, de créer des hommes, c'est de les instruire, c'est de développer par l'instruction cette force immense et perdue, qui croupit aujourd'hui dans l'ignorance et dans la paresse... Oui, oui! l'Italie est faite, faisons les Italiens. Des livres, des livres encore! et allons toujours plus en avant, dans plus de science, dans plus de clarté, si nous voulons vivre, être sains, bons et forts!

Le vieil Orlando était superbe, à moitié soulevé, avec son puissant mufle léonin, tout flambant de la blancheur éclatante de la barbe et de la chevelure. Et, dans cette chambre candide, si touchante en sa pauvreté voulue, il avait poussé son cri d'espoir avec une telle fièvre de foi, que le jeune prêtre vit s'évoquer devant lui une autre figure, celle du cardinal Boccanera, tout noir et debout, les cheveux seuls de neige, admirable lui aussi de beauté héroïque, au milieu de son palais en ruine, dont les plafonds dorés menaçaient de crouler sur ses épaules. Ah! les entêtés magnifiques, les croyants, les vieux qui restent plus virils, plus passionnés que les jeunes! Ceux-ci étaient aux deux bouts opposés des croyances, n'ayant ni une idée, ni une tendresse communes; et, dans cette antique Rome où tout volait en poudre, eux seuls semblaient protester, indestructibles, face à face par-dessus leur ville, comme deux frères séparés, immobiles à l'horizon. De les avoir ainsi vus l'un après l'autre, si grands, si seuls, si désintéressés de la bassesse quotidienne, cela emplissait une journée d'un rêve d'éternité.

Tout de suite Prada avait pris les mains du vieillard, pour le calmer dans une étreinte tendrement filiale.

— Oui, oui! père, c'est vous qui avez raison, toujours raison, et je suis un imbécile de vous contredire. Je vous en prie, ne vous remuez pas de la sorte, car vous vous découvrez, vos jambes vont se refroidir encore.

Et il se mit à genoux, il arrangea la couverture avec un soin infini; puis, restant par terre, comme un petit garçon, malgré ses quarante-deux ans sonnés, il leva ses yeux humides, suppliants d'adoration muette; tandis que le vieux, calmé, très ému, lui caressait les cheveux de ses doigts tremblants.

Pierre était là depuis près de deux heures, lorsque enfin il prit congé, très frappé et très touché de tout ce qu'il avait vu et entendu. Et, de nouveau, il dut promettre de revenir, pour causer longuement. Dehors, il s'en alla au hasard. Quatre heures sonnaient à peine, son idée était de traverser Rome ainsi, sans itinéraire arrêté d'avance, à cette heure délicieuse où le soleil s'abaissait, dans l'air rafraîchi, immensément bleu. Mais, presque tout de suite, il se trouva dans la rue Nationale, qu'il avait descendue en voiture, la veille, à son arrivée; et il reconnut les jardins verts montant au Quirinal, la Banque blafarde et démesurée, le pin en plein ciel de la villa Aldobrandini. Puis, au détour, comme il s'arrêtait pour revoir la colonne Trajane, qui maintenant se détachait en un fût sombre, au fond de la place basse déjà envahie par le crépuscule, il fut surpris de l'arrêt brusque d'une victoria, d'où un jeune homme, courtoisement, l'appelait d'un petit signe de la main.

— Monsieur l'abbé Froment! monsieur l'abbé Froment!

C'était le jeune prince Dario Boccanera, qui allait faire sa promenade quotidienne au Corso. Il ne vivait plus que des libéralités de son oncle le cardinal, presque toujours à court d'argent. Mais, comme tous les Romains, il n'aurait mangé que du pain sec, s'il l'avait fallu, pour garder sa voiture, son cheval et son cocher. A Rome, la voiture est le luxe indispensable.

— Monsieur l'abbé Froment, si vous voulez bien monter, je serai heureux de vous montrer un peu notre ville.

Sans doute il désirait faire plaisir à Benedetta, en étant aimable pour son protégé. Puis, dans son oisiveté, il lui plaisait d'initier ce jeune prêtre, qu'on disait si intelligent, à ce qu'il croyait être la fleur de Rome, la vie inimitable.

Pierre dut accepter, bien qu'il eût préféré sa promenade solitaire. Le jeune homme pourtant l'intéressait, ce dernier né d'une race épuisée, qu'il sentait incapable de pensée et d'action, fort séduisant d'ailleurs, dans son orgueil et son indolence. Beaucoup plus romain que patriote, il n'avait jamais eu la moindre velléité de se rallier, satisfait de vivre à l'écart, à ne rien faire; et, si passionné qu'il fût, il ne commettait point de folies, très pratique au fond, très raisonnable, comme tous ceux de sa ville, sous leur apparente fougue. Dès que la voiture, après avoir traversé la place de Venise, s'engagea dans le Corso, il laissa éclater sa vanité enfantine, son amour de la vie au dehors, heureuse et gaie, sous le beau ciel. Et tout cela apparut très clairement, dans le simple geste qu'il ut, en disant :

— Le Corso!

De même que la veille, Pierre fut saisi d'étonnement. La longue et étroite rue s'étendait de nouveau, jusqu'à la place du Peuple blanche de lumière, avec la seule différence que c'étaient les maisons de droite qui baignaient dans le soleil, tandis que celles de gauche étaient noires d'ombre. Comment! c'était ça, le Corso! cette tranchée à demi obscure, étranglée entre les hautes et lourdes façades! cette chaussée mesquine, où trois voitures au plus passaient de front, que des boutiques serrées bordaient de leurs étalages de clinquant! Ni espace libre, ni horizons vastes, ni verdure rafraîchissante! Rien que la bousculade, l'entassement, l'étouffement, le long des petits trottoirs, sous une mince bande de ciel! Et Dario eut beau lui nommer les palais historiques et fastueux, le palais Bonaparte, le palais Doria, le palais Odelscachi, le palais Sciarra, le palais Chigi; il eut beau lui montrer la place Colonna, avec la colonne de Marc-Aurèle, la place la plus vivante de la ville, où piétine un continuel peuple debout, causant et regardant; il eut beau, jusqu'à la place du Peuple, lui faire admirer les églises, les maisons, les rues transversales, la rue des Condotti, au bout de laquelle se dressait, dans la gloire du soleil couchant, l'apparition de la Trinité des Monts, toute en or, en haut du triomphal escalier d'Espagne : Pierre gardait son impression désillusionnée de voie sans largeur et sans air, les palais lui semblaient des hôpitaux ou des casernes tristes, la place Colonna manquait cruellement d'arbres, seule la Trinité des Monts l'avait séduit, par son resplendissement lointain d'apothéose.

Mais il fallut revenir de la place du Peuple à la place de Venise, et retourner encore, et revenir encore, deux, trois, quatre tours, sans lassitude. Dario, ravi, se montrait, regardait, était salué, saluait. Sur les deux trottoirs, une foule compacte défilait, dont les yeux plongeaient au fond des voitures, dont les mains auraient pu serrer les mains des personnes qui s'y trouvaient assises. Peu à peu, le nombre des voitures devenait tel, que la double file était ininterrompue, serrée, obligée de marcher au pas. On se touchait, on se dévisageait, dans ce perpétuel frôlement de celles qui montaient et de celles qui descendaient. C'était la promiscuité du plein air, toute Rome entassée dans le moins de place possible, les gens qui se connaissaient, qui se retrouvaient comme en l'intimité d'un salon, les gens qui ne se parlaient pas, des mondes les plus adverses, mais qui se coudoyaient, qui se fouillaient du regard, jusqu'à l'âme. Et Pierre, alors, eut la révélation, comprit le Corso, l'antique habitude, la passion et la gloire de la ville. Justement, le plaisir était là, dans l'étroitesse de la voie, dans ce coudoiement forcé, qui permettait les rencontres attendues, les curiosités satisfaites, l'étalage des vanités heureuses, les provisions des commérages sans fin. La ville entière s'y revoyait chaque jour, s'étalait, s'épiait, se donnait son spectacle à elle-même, brûlée d'un tel besoin, indispensable à la longue, de se voir ainsi, qu'un homme bien né qui manquait le Corso, était comme un homme dépaysé, sans journaux, vivant en sauvage. Et l'air était d'une douceur délicieuse, l'étroite bande de ciel, entre les lourds palais roussis, avait une infinie pureté bleue.

Dario ne cessait de sourire, d'incliner légèrement la tête ; et il nommait à Pierre des princes et des princesses, des ducs et des duchesses, des noms retentissants dont l'éclat emplit l'Histoire, dont les syllabes sonores évoquent des chocs d'armures dans les batailles, des défilés de pompe papale, aux robes de pourpre, aux tiares d'or, aux vêtements sacrés étincelants de pierreries ; et Pierre était désespéré d'apercevoir de grosses dames, de petits messieurs, des êtres bouffis ou chétifs, que le costume moderne enlaidissait encore. Pourtant quelques jolies femmes passaient, des jeunes filles surtout, muettes, aux grands yeux clairs. Et, comme Dario venait de montrer le palais Buongiovanni, une immense façade du dix-septième siècle, aux fenêtres encadrées de rinceaux, d'une pesanteur de goût fâcheuse, il ajouta, d'un air égayé :

— Ah ! tenez, voici Attilio, là, sur le trottoir... Le jeune lieutenant Sacco, vous savez, n'est-ce pas ?

D'un signe, Pierre répondit qu'il était au courant. Attilio, en tenue, le séduisit tout de suite, très jeune, l'air vif et brave, avec son visage de franchise où luisaient tendrement les yeux bleus de sa mère. Il était vraiment la jeunesse et l'amour, dans leur espoir enthousiaste, désintéressé de toute basse préoccupation d'avenir.

— Vous allez voir, quand nous repasserons devant le palais, reprit Dario. Il sera encore là, et je vous montrerai quelque chose.

Et il parla gaiement des jeunes filles, ces petites princesses, ces petites duchesses, élevées si discrètement au Sacré-Cœur, d'ailleurs si ignorantes pour la plupart, achevant leur éducation ensuite dans les jupons de leurs mères, ne faisant avec elles que le tour obligatoire du Corso, vivant les interminables jours cloîtrées, emprisonnées au fond des palais sombres. Mais quelles tempêtes dans ces âmes muettes, où personne n'était descendu! quelle lente poussée de volonté parfois, sous cette obéissance passive, sous cette apparente inconscience de ce qui les entourait! Combien entendaient obstinément faire leur vie elles-mêmes, choisir l'homme qui leur plairait, l'avoir malgré le monde entier! Et c'était l'amant cherché et élu, parmi le flot des jeunes hommes, au Corso; c'était l'amant pêché des yeux pendant la promenade, les yeux candides qui parlaient, qui suffisaient à l'aveu, au don total, sans même un souffle des lèvres, chastement closes; et c'étaient enfin les billets doux remis furtivement à l'église, la femme de chambre gagnée, facilitant les rencontres, d'abord si innocentes. Au bout, il y avait souvent un mariage.

Celia, elle, avait voulu Attilio, dès que leurs regards s'étaient rencontrés, le jour de mortel ennui, où, pour la première fois, elle l'avait aperçu, d'une fenêtre du palais Buongiovanni. Il venait de lever la tête, elle l'avait pris à jamais, en se donnant elle-même, de ses grands yeux purs, posés sur les siens. Elle n'était qu'une amoureuse, rien de plus. Il lui plaisait, elle le voulait, celui-ci, pas un autre. Elle l'aurait attendu vingt ans, mais elle comptait bien le conquérir tout de suite par la tranquille obstination de sa volonté. On racontait les terribles fureurs du prince son père, qui se brisaient contre son silence respectueux et têtu. Le prince, de sang mêlé, fils d'une

Américaine, ayant épousé une Anglaise, ne luttait que pour garder intacts son nom et sa fortune, au milieu des écroulements voisins; et le bruit courait qu'à la suite d'une querelle, où il avait voulu s'en prendre à sa femme, en l'accusant de n'avoir pas veillé suffisamment sur leur fille, la princesse s'était révoltée, d'un orgueil et d'un égoïsme d'étrangère qui avait apporté cinq millions. N'était-ce point assez de lui avoir donné cinq enfants? Elle vivait les jours à s'adorer, abandonnant Celia, se désintéressant de la maison, où soufflait la tempête.

Mais la voiture allait passer de nouveau devant le palais, et Dario prévint Pierre.

— Vous voyez, voilà Attilio revenu... Et, maintenant, regardez là-haut, à la troisième fenêtre du premier étage.

Ce fut rapide et charmant. Pierre vit un coin du rideau qui s'écartait un peu, et la douce figure de Celia apparut, un lis candide et fermé. Elle ne sourit pas, elle ne bougea pas. Rien ne se lisait sur cette bouche de pureté, dans ces yeux clairs et sans fond. Pourtant, elle prenait Attilio, elle se donnait à lui, sans réserve. Le rideau retomba.

— Ah! la petite masque! murmura Dario. Sait-on jamais ce qu'il y a derrière tant d'innocence?

Pierre, en se retournant, remarqua Attilio, la tête levée encore, la face immobile et pâle lui aussi, avec sa bouche close, ses yeux largement ouverts. Et cela le toucha infiniment, l'amour absolu dans sa brusque toute-puissance, l'amour vrai, éternel et jeune, en dehors des ambitions et des calculs de l'entourage.

Puis, Dario donna à son cocher l'ordre de monter au Pincio : le tour obligatoire du Pincio, par les belles après-midi claires. Et ce fut d'abord la place du Peuple, la plus aérée et la plus régulière de Rome, avec ses amorces de rues et ses églises symétriques, son obélisque central, ses deux massifs d'arbres qui se font pendant, aux deux côtés du petit pavé blanchi, entre les architectures graves, dorées de soleil. A droite, ensuite, la voiture s'engagea sur les rampes du Pincio, un chemin en lacet, magnifique, orné de bas-reliefs, de statues, de fontaines, toute une sorte d'apothéose de marbre, un ressouvenir de la Rome antique, qui se dressait parmi les verdures. Mais, en haut, Pierre trouva le jardin petit, à peine un grand square, un carré aux quatre allées nécessaires pour que les équipages pussent tourner indéfiniment. Les images des hommes illustres de l'ancienne Italie et de la nouvelle bordent ces allées d'une file ininterrompue de bustes. Il admira surtout les arbres, les essences les plus variées et les plus rares, choisis et entretenus avec un grand soin, presque tous à feuillage persistant, ce qui perpétuait là, l'hiver comme l'été, d'admirables ombrages, nuancés de tous les verts imaginables. Et la voiture s'était mise à tourner, par les belles allées fraîches, à la suite des autres voitures, un flot continu, jamais lassé.

Pierre remarqua une jeune dame seule, dans une victoria bleu sombre, très correctement menée. Elle était fort jolie, petite, châtaine, avec un teint mat, de grands yeux doux, l'air modeste, d'une simplicité séduisante. Sévèrement habillée de soie feuille morte, elle avait un grand chapeau un peu extravagant. Et, comme Dario la dévisageait, le prêtre lui demanda son nom, ce qui fit sourire le jeune prince. Oh! personne, la Tonietta, une des rares demi-mondaines dont Rome s'occupait. Puis, librement, avec la belle franchise de la race sur les choses de l'amour, il continua, donna des détails : une fille dont l'origine restait obscure, les uns la faisant partir de très bas, d'un cabaretier de Tivoli, les autres la disant née à Naples, d'un banquier ; mais, en tout cas, une fille fort intelligente, qui s'était fait une éducation, qui recevait admirablement dans son petit palais de la rue des Mille, un cadeau du vieux marquis Manfredi, mort à présent. Elle ne s'affichait pas, n'avait guère qu'un amant à la fois, et les princesses, les duchesses qui s'inquiétaient d'elle, chaque jour, au Corso, la trouvaient bien. Une particularité surtout l'avait rendue célèbre, des coups de cœur qui l'affolaient parfois, qui la faisaient se donner pour rien à l'aimé, n'acceptant strictement de lui chaque matin qu'un bouquet de roses blanches ; de sorte que, lorsqu'on la voyait, au Pincio, pendant des semaines souvent, avec ces roses pures, ce bouquet blanc de mariée, on souriait d'un air de tendre complaisance.

Mais Dario s'interrompit pour saluer cérémonieusement une dame qui passait dans un landau immense, seule en compagnie d'un monsieur. Et il dit simplement au prêtre :

— Ma mère.

Celle-ci, Pierre la connaissait. Du moins, il tenait son histoire du vicomte de la Choue : son second mariage, à cinquante ans, après la mort du prince Onofrio Boccanera ; la façon dont, superbe encore, elle avait pêché des yeux, au Corso, tout comme une jeune fille, un bel homme à son goût, de quinze ans plus jeune qu'elle ; et quel était cet homme, ce Jules Laporte, ancien sergent de la garde suisse, disait-on, ancien commis voyageur en reliques, compromis dans une histoire extraordinaire de reliques fausses ; et comment elle avait fait de lui un marquis Montefiori, de belle prestance, le dernier des aventuriers heureux, triomphant au pays légendaire où les bergers épousent des reines.

A l'autre tour, lorsque le grand landau repassa, Pierre les regarda tous les deux. La marquise était vraiment surprenante, toute la classique beauté romaine épanouie, grande, forte, très brune, avec une tête de déesse, aux traits réguliers, un peu massifs, n'accusant son âge que par le duvet dont sa lèvre supérieure était recouverte. Et le marquis, ce Suisse de Genève romanisé, avait vraiment fière tournure, avec sa carrure de solide officier et ses moustaches au vent, pas bête, disait-on, très gai et très souple, amusant pour les dames. Elle en était si glorieuse, qu'elle le traînait et l'étalait, ayant recommencé l'existence avec lui comme si elle avait eu vingt ans, mangeant à son cou la petite fortune sauvée du désastre de la villa Montefiori, si oublieuse de son fils, qu'elle le rencontrait seulement parfois à la promenade, le saluant ainsi qu'une connaissance de hasard.

— Allons voir le soleil se coucher derrière Saint-Pierre, dit Dario, dans son rôle d'homme consciencieux qui montre les curiosités.

La voiture revint sur la terrasse, où une musique militaire jouait avec des éclats de cuivre terribles. Pour entendre, beaucoup d'équipages déjà stationnaient, tandis qu'une foule de piétons, de simples promeneurs, sans cesse accrue, s'était amassée. Et, de cette terrasse admirable, très haute, très large, se déroulait une des vues les plus merveilleuses de Rome. Au delà du Tibre, pardessus le chaos blafard du nouveau quartier des Prés du Château, se dressait Saint-Pierre, entre les verdures du mont Mario et du Janicule. Puis, c'était à gauche toute la vieille ville, une étendue de toits sans bornes, une mer roulante d'édifices, à perte de vue. Mais les regards, toujours, revenaient à Saint-Pierre, trônant dans l'azur, d'une grandeur pure et souveraine. Et, de la terrasse, au fond du ciel immense, les lents couchers de soleil, derrière le colosse, étaient sublimes.

Parfois, ce sont des écroulements de nuées sanglantes, des batailles de géants, luttant à coups de montagnes, succombant sous les ruines monstrueuses de villes en flammes. Parfois, d'un lac sombre ne se détachent que des gerçures rouges, comme si un filet de lumière était jeté, pour repêcher parmi les algues l'astre englouti. Parfois, c'est une brume rose, toute une poussière délicate qui tombe, rayée de perles par un lointain coup de pluie, dont le rideau est tiré sur le mystère de l'horizon. Parfois, c'est un triomphe, un cortège de pourpre et d'or, des chars de nuages qui roulent sur une voie de feu, des galères qui flottent sur une mer d'azur, des pompes fastueuses et extravagantes, s'abîmant au gouffre peu à peu insondable du crépuscule.

Mais, ce soir-là, Pierre eut le spectacle sublime, dans une grandeur calme, aveuglante et désespérée. D'abord, juste au-dessus du dôme de Saint-Pierre, descendant du ciel sans tache, d'une limpidité profonde, le soleil était si resplendissant encore, que les yeux ne pouvaient en soutenir l'éclat. Dans cette splendeur, le dôme semblait incandescent, un dôme d'argent liquide; tandis que le quartier voisin, les toitures du Borgo étaient comme changées en un lac de braise. Puis, à mesure que le soleil s'inclina, il perdit de sa flamme, on put le regarder; et, bientôt, avec une lenteur majestueuse, il glissa derrière le dôme, qui se détacha en bleu sombre, lorsque, entièrement caché, l'astre ne fut plus, autour, qu'une auréole, une gloire d'où jaillissait une couronne de flamboyants rayons. Et, alors, commença le rêve, le singulier éclairage du rang des fenêtres qui règnent sous la coupole, traversées de part en part, devenues des bouches rougeoyantes de fournaise; de sorte qu'on aurait pu croire que le dôme était posé sur un brasier, isolé en l'air, soulevé et porté par la violence du feu. Cela dura trois minutes à peine. En bas, les toits confus du Borgo se noyaient de vapeurs violâtres, pendant que l'horizon, du Janicule au mont Mario, découpait sa ligne nette et noire; et ce fut le ciel qui devint à son tour de pourpre et d'or, un calme infini de clarté surhumaine, au-dessus de la terre qui s'anéantissait. Enfin, les fenêtres s'éteignirent, le ciel s'éteignit, il ne resta que la rondeur du dôme de Saint-Pierre, vague, de plus en plus effacée, dans la nuit envahissante.

Et, par une sourde liaison d'idées, Pierre vit à ce moment s'évoquer devant lui, une fois encore, les hautes, et tristes, et déclinantes figures du cardinal Boccanera et du vieil Orlando. Au soir de ce jour, où il les avait

connus l'un après l'autre, si grands dans l'obstination de
leur espoir, ils étaient là tous les deux, debout à l'horizon,
sur leur ville anéantie, au bord du ciel que la mort semblait prendre. Était-ce donc que tout allait ainsi crouler
avec eux, que tout allait s'éteindre et disparaître, dans
la nuit des temps révolus?

V

Le lendemain, Narcisse Habert, désolé, vint dire à Pierre que son cousin, monsignor Gamba del Zoppo, le camérier secret, qui se prétendait souffrant, avait demandé deux ou trois jours avant de recevoir le jeune prêtre et de s'occuper de son audience. Pierre se trouva donc immobilisé, n'osant rien tenter d'autre part pour voir le pape, car on l'avait effrayé à un tel point, qu'il craignait de tout compromettre par une démarche maladroite. Et, désœuvré, il se mit à visiter Rome, voulant occuper son temps.

Sa première visite fut pour les ruines du Palatin. Dès huit heures, un matin de ciel pur, il s'en alla seul, il se présenta à l'entrée, qui se trouve rue Saint-Théodore, une grille que flanquent les pavillons des gardiens. Et, tout de suite, un de ceux-ci se détacha, s'offrit pour servir de guide. Lui, aurait préféré voyager à sa fantaisie, errer au hasard de ses découvertes et de son rêve. Mais il lui fut pénible de refuser l'offre de cet homme qui parlait le français très nettement, avec un bon sourire de complaisance. C'était un petit homme trapu, un ancien soldat, d'une soixantaine d'années, à la figure carrée et rougeaude, que barraient de grosses moustaches blanches.

— Alors, si monsieur l'abbé veut me suivre... Je vois que monsieur l'abbé est Français. Moi, je suis Piémontais, et je les connais bien, les Français : j'étais avec eux à Solferino. Oui, oui! quoi qu'on dise, ça ne s'oublie pas, quand on a été frères... Tenez! montez par ici, à droite.

Pierre, en levant les yeux, venait de voir la ligne de cyprès qui borde le plateau du Palatin, du côté du Tibre, et qu'il avait aperçue du Janicule, le jour de son arrivée. Dans l'air si délicatement bleu, le vert intense de ces arbres mettait là comme une frange noire. On ne voyait qu'eux, la pente s'étendait nue et dévastée, d'un gris sale de poussière, parsemée de quelques buissons, au milieu desquels affleuraient des bouts d'antiques murailles. C'était le ravage, la tristesse lépreuse des terrains de fouille, où seuls les savants s'enthousiasment.

— Les maisons de Tibère, de Caligula et des Flaviens sont là-haut, reprit le guide. Mais nous les gardons pour la fin, il faut que nous fassions le tour.

Pourtant, il poussa un instant vers la gauche, s'arrêta devant une excavation, une sorte de grotte dans le flanc du mont.

— Ceci est l'antre lupercal, où la louve allaita Romulus et Remus. Autrefois, on voyait encore, à l'entrée, le figuier Ruminal, qui avait abrité les deux jumeaux.

Pierre ne put retenir un sourire, tellement l'ancien soldat semblait simple et convaincu dans ses explications, très fier d'ailleurs de toute cette gloire antique qui était sienne. Mais, lorsque, près de la grotte, le digne homme lui eut montré les vestiges de la Roma quadrata, des restes de murailles qui paraissent réellement remonter à la fondation de Rome, il s'intéressa, une première émotion lui fit battre le cœur. Et, certes, ce n'était pas que le spectacle fût admirable, car il s'agissait de quelques blocs de pierre taillés, posés l'un sur l'autre, sans ciment ni chaux. Seulement, un passé de vingt-sept siècles s'évoquait, et ces pierres effritées et noircies, qui avaient supporté un si retentissant édifice de splendeur et de toute-puissance, prenaient une extraordinaire majesté.

La visite continua, ils revinrent à droite, longeant toujours le flanc du mont. Les annexes des palais avaient dû descendre jusque-là : des restes de portiques, des salles effondrées, des colonnes et des frises remises debout, bordaient le sentier raboteux, qui tournait parmi des herbes folles de cimetière ; et le guide, récitant ce qu'il savait si bien pour l'avoir répété quotidiennement depuis dix années, continuait à affirmer les hypothèses les moins sûres, en donnant à chaque débris un nom, un emploi, une histoire.

— La maison d'Auguste, finit-il par dire, avec un geste de la main qui indiquait des éboulis de terre.

Cette fois, Pierre, n'apercevant absolument rien, se hasarda à demander :

— Où donc?

— Ah! monsieur l'abbé, il paraît qu'on en voyait encore la façade à la fin du siècle dernier. On y entrait de l'autre côté, par la voie Sacrée. De ce côté-ci, il y avait un vaste balcon, qui dominait le grand Cirque Maxime, et d'où l'on assistait aux jeux... D'ailleurs, comme vous pouvez le constater, le palais se trouve encore presque totalement enfoui sous ce grand jardin, là-haut, le jardin de la villa Mills ; et, quand on aura l'argent pour les fouilles, on le retrouvera, c'est certain, ainsi que le temple d'Apollon et celui de Vesta, qui l'accompagnaient.

Il tourna à gauche, entra dans le Stade, le petit cirque pour les courses à pied, qui s'allongeait au flanc même de la maison d'Auguste ; et, cette fois, le prêtre, saisi, commença à se passionner. Ce n'était point qu'il y eût là une ruine suffisamment conservée et d'aspect monumental ; aucune colonne n'était restée en place, seules les murailles de droite se dressaient encore ; mais on avait retrouvé tout le plan, les bornes à chaque bout, le portique autour de la piste, la loge de l'empereur, colossale, qui, après avoir été à gauche, dans la maison d'Auguste, s'était ouverte ensuite à droite, encastrée dans le palais de Septime Sévère. Et le guide allait toujours, au milieu de ces débris épars, donnait des explications abondantes et précises, assurait que ces messieurs de la Direction des fouilles tenaient leur Stade jusqu'aux plus petits détails, à ce point qu'ils étaient en train d'en établir un plan exact, avec les ordres des colonnes, les statues dans les niches, la nature des marbres dont les murs se trouvaient recouverts.

— Oh! ces messieurs sont bien tranquilles, finit-il par déclarer, d'un air béat lui-même. Les Allemands n'auront pas à mordre, et ils ne viendront pas tout bouleverser ici, comme ils l'ont fait au Forum, où l'on ne se reconnaît plus, depuis qu'ils y ont passé avec leur science.

Pierre sourit, et l'intérêt s'accrut encore, lorsqu'il l'eut suivi, par des escaliers rompus et des ponts de bois jetés sur des trous, dans les ruines géantes du palais de Septime Sévère. Le palais s'élevait à la pointe méridionale du Palatin, dominant la voie Appienne et toute la Campagne, au loin, à perte de vue. Il n'en reste que les substructions, les salles souterraines, ménagées sous les arches des terrasses, dont on avait élargi le plateau du mont, devenu trop étroit; et ces substructions, découronnées, suffisent à donner l'idée du triomphal palais qu'elles soutenaient, tellement elles sont restées énormes et puissantes, dans leur masse indestructible. Là s'élevait le fameux Septizonium, la tour aux sept étages, qui n'a disparu qu'au quatorzième siècle. Une terrasse s'avance encore, portée par des arcades cyclopéennes, et d'où la vue est admirable. Puis, ce n'est plus qu'un entassement d'épaisses murailles à demi écroulées, des gouffres béants à travers des plafonds effondrés, des enfilades de couloirs sans fin et de salles immenses, dont l'usage échappe. Toutes ces ruines, bien entretenues par la nouvelle administration, balayées, débarrassées des végétations folles, ont perdu leur sauvagerie romantique, pour prendre une grandeur nue et morne. Mais des coups de vivant soleil doraient les antiques murailles, pénétraient par des brèches au fond des salles noires, animaient de leur poussière éclatante la muette mélancolie de cette souveraineté morte, exhumée de la terre où elle avait dormi pendant des siècles. Sur les vieilles maçonneries rousses, faites de briques noyées de ciment, dépouillées de leur revêtement fastueux de marbre, le manteau de pourpre du soleil drapait de nouveau toute une impériale gloire.

Depuis près d'une heure et demie déjà, Pierre marchait, et il lui restait à visiter l'amas des palais antérieurs, sur le plateau même, au nord et à l'est.

— Il nous faut revenir sur nos pas, dit le guide. Vous voyez, les jardins de la villa Mills et le couvent de Saint-Bonaventure nous bouchent le chemin. On ne pourra passer que lorsque les fouilles auront déblayé tout ce côté-ci... Ah! monsieur l'abbé, si vous vous étiez promené sur le Palatin, il y a cinquante ans à peine! Moi, j'ai vu des plans de ce temps-là. Ce n'étaient que des vignes, que des petits jardins, coupés de haies, une vraie campagne, un vrai désert, où l'on ne rencontrait pas une âme... Et dire que tous ces palais dormaient là-dessous!

Pierre le suivait, et ils repassèrent devant la maison d'Auguste, ils remontèrent et débouchèrent dans la maison des Flaviens, immense, à demi engagée encore sous la villa voisine, composée d'un grand nombre de salles, petites et grandes, sur la destination desquelles on continue à discuter. La salle du trône, la salle de justice, la salle à manger, le péristyle semblent certains. Mais, ensuite, tout n'est que fantaisie, surtout pour les pièces étroites des appartements privés. Et, d'ailleurs, pas un mur n'est entier, il n'y a là que des fondations qui affleurent, que des soubassements tronqués qui dessinent à terre le plan de l'édifice. La seule ruine conservée comme par miracle, en contre-bas, est la maison qu'on prétend être celle de Livie, toute petite à côté des vastes palais voisins, et dont trois salles sont intactes, avec leurs peintures murales, des scènes mythologiques, des fleurs et des fruits, d'une singulière fraîcheur. Quant à la maison de Tibère, il n'en paraît absolument rien, les restes en sont cachés sous l'adorable jardin public, qui continue, sur le plateau, les anciens jardins Farnèse ; et, de la maison de Caligula, à côté, au-dessus du Forum, il n'existe, comme pour la maison de Septime Sévère, que des substructions énormes, des contreforts, des étages entassés, des arcades hautes qui portaient le palais, sortes d'immenses sous-sols, où la domesticité et les postes de gardes vivaient, gorgés, dans de continuelles ripailles. Tout ce haut sommet, dominant la ville, n'offrait donc que des vestiges à peine reconnaissables, de vastes terrains gris et nus, creusés par la pioche, hérissés de quelques pans de vieux murs ; et il fallait un effort d'imagination érudite pour reconstituer l'antique splendeur impériale qui avait triomphé là.

Le guide n'en poursuivait pas moins ses explications, avec une conviction tranquille, montrant le vide, comme si les monuments se fussent encore dressés devant lui.

— Ici, nous sommes sur la place Palatine. Vous voyez, la façade du palais de Domitien est à gauche, la façade du palais de Caligula est à droite ; et, en vous tournant, vous avez en face de vous le temple de Jupiter Stator... La voie Sacrée montait jusqu'à cette place et passait sous la porte Mugonia, une des trois anciennes portes de la Rome primitive.

Il s'interrompit, indiquant d'un geste la partie nord-ouest du mont.

— Vous avez remarqué que, de ce côté, les Césars n'ont point bâti. C'est évidemment qu'ils ont dû respecter de très anciens monuments, antérieurs à la fondation de la ville et vénérés du peuple. Là étaient le temple de la Victoire bâti par Evandre et ses Arcadiens, l'antre lupercal que je vous ai montré, l'humble cabane de Romulus, faite de roseaux et de terre... Tout cela a été retrouvé, monsieur l'abbé; et, malgré ce que disent les Allemands, il n'y a aucun doute.

Mais, tout d'un coup, il se récria, de l'air d'un homme qui oublie le plus intéressant.

— Ah! pour finir, nous allons voir le couloir souterrain où Caligula a été assassiné.

Et ils descendirent dans une longue galerie couverte, où le soleil, aujourd'hui, par des brèches, jette de gais rayons. Certaines décorations en stuc et des parties de mosaïque se voient encore. Le lieu n'en est pas moins morne et désert, fait pour l'horreur tragique. La voix de l'ancien soldat s'était assombrie, il raconta comment Caligula, qui revenait des Jeux palatins, eut le caprice de descendre seul dans ce couloir, pour assister à des danses sacrées, que, ce jour-là, y répétaient de jeunes Asiatiques. Et ce fut ainsi que, dans l'ombre, le chef des conjurés, Chéréas, put le frapper le premier au ventre. L'empereur voulut fuir, hurlant. Mais, alors, les assassins, ses créatures, ses amis les plus aimés, se ruèrent tous, le renversèrent, le hachèrent de coups; pendant que, fou de rage et de peur, il emplissait le couloir obscur et sourd de son hurlement de bête qu'on égorge. Quand il fut mort, le silence retomba; et les meurtriers, épouvantés, s'enfuirent.

La visite classique des ruines du Palatin était finie. Lorsque Pierre fut remonté, il n'eut plus qu'un désir, se débarrasser du guide, rester seul dans ce jardin si discret, si rêveur, qui occupait le sommet du mont, dominant Rome. Depuis trois heures bientôt, il piétinait, il entendait cette voix grosse et monotone, bourdonnant à ses oreilles, sans lui faire grâce d'une pierre. Maintenant, le brave homme revenait sur son amitié pour la France, racontait longuement la bataille de Magenta. Il prit, avec un bon sourire, la pièce blanche que le prêtre lui donna; puis, il entama la bataille de Solférino. Et cela menaçait de ne point finir, quand la chance voulut qu'une dame survînt, en quête d'un renseignement. Tout de suite, il l'accompagna.

— Bonsoir, monsieur l'abbé. Vous pouvez descendre par le palais de Caligula. Et vous savez qu'un escalier secret, creusé dans le sol, conduisait de ce palais à la maison des Vestales, en bas, sur le Forum. On ne l'a pas retrouvé, mais il doit y être.

Ah! quel soulagement délicieux, quand Pierre, enfin seul, put s'asseoir un instant sur un des bancs de marbre du jardin! Il n'y avait là que quelques bouquets d'arbres, des buis, des cyprès, des palmiers; mais les beaux chênes verts, sous lesquels le banc se trouvait, avaient une ombre noire d'une fraîcheur exquise. Et le charme venait aussi de la solitude songeuse, du silence frissonnant qui semblait sortir de ce vieux sol saturé d'histoire, de l'histoire la plus retentissante, dans l'éclat d'un orgueil surhumain. Anciennement, les jardins Farnèse avaient changé cette partie du mont en un séjour aimable, orné de bocages; les bâtiments de la villa, fort endommagés, existent encore; et toute une grâce a persisté sans doute, le souffle de la Renaissance passe toujours, comme une caresse, dans les feuillages luisants des vieux chênes verts. On est là en pleine âme du passé, au milieu du peuple léger des visions, sous les haleines errantes des générations sans nombre, endormies dans les herbes.

Mais Rome éparse au loin, tout autour de ce sommet auguste, sollicita Pierre si vivement, qu'il ne put rester assis. Il se leva, s'approcha de la balustrade d'une terrasse; et, sous lui, le Forum se déroula; et, au bout, le mont du Capitole apparut.

Ce n'était plus qu'un entassement de constructions grises, sans grandeur ni beauté. Dominant le mont, on ne voyait que la façade postérieure du palais des Sénateurs, une façade plate, aux fenêtres étroites, que surmontait le haut campanile carré. Ce grand mur nu, d'un ton de rouille, cachait l'église d'Aracœli, le faîte où le temple de Jupiter capitolin, autrefois, resplendissait, dans sa royauté de protection divine. Puis, à gauche, sur la pente du Caprinus, où les chèvres paissaient au moyen âge, s'étageaient de laides maisons; tandis que les quelques beaux arbres du palais Caffarelli, occupé par l'ambassade d'Allemagne, verdissaient le sommet de l'antique roche Tarpéienne, presque introuvable aujourd'hui, perdue, noyée dans les murs de soutènement. Et c'était là ce mont du Capitole, la plus glorieuse des sept collines, avec sa forteresse, avec son temple, auquel était promis l'empire du monde, le Saint-Pierre de la Rome antique! ce mont escarpé du côté du Forum, à pic du côté du Champ de Mars, d'aspect formidable! ce mont que la foudre visitait, que le bois de l'Asile, avec ses chênes sacrés, au plus lointain des âges, rendait mystérieux, frissonnant d'un inconnu farouche! Plus tard, la grandeur romaine y eut les tables de son état civil. Les triomphateurs y montèrent, les empereurs y devinrent dieux, debout dans leurs statues de marbre. Et les yeux, à cette heure, cherchent avec étonnement, comment tant d'histoire, tant de gloire ont pu tenir dans si peu d'espace, cet îlot montueux et confus de mesquines toitures, une taupinière pas plus grande, pas plus haute qu'un petit bourg perché entre deux vallons.

Puis, l'autre surprise, pour Pierre, fut le Forum, partant du Capitole, s'allongeant au bas du Palatin: une étroite place resserrée entre les collines voisines, un bas-fond où Rome grandissante avait dû entasser les édifices, étouffant, manquant d'espace. Il a fallu creuser profondément, pour retrouver le sol vénérable de la République, sous les quinze mètres d'alluvion amenés par les siècles; et le spectacle n'est maintenant qu'une longue fosse blafarde, tenue avec propreté, sans ronces ni lierres, où apparaissent, tels que des débris d'os, les fragments du pavage, les soubassements des colonnes, les massifs des fondations. A terre, la basilique Julia, reconstituée en entier, est simplement comme la projection d'un plan d'architecte. Seul, de ce côté, l'arc de Septime Sévère a gardé sa carrure intacte; tandis que les quelques colonnes qui restent du temple de Vespasien, isolées, debout par miracle au milieu des effondrements, ont pris une élégance fière, une souveraine audace d'équilibre, fines et dorées dans le ciel bleu. La colonne de Phocas est aussi là, debout; et, des rostres, à côté, on voit ce qu'on en a rétabli, avec des morceaux découverts aux alentours. Mais il faut aller plus loin que les trois colonnes du temple de Castor et Pollux, plus loin que les vestiges de la maison des Vestales, plus loin que le temple de Faustine, où l'église chrétienne San Lorenzo s'est installée si tranquillement, plus loin encore que le temple rond de Romulus, pour éprouver l'extraordinaire sensation d'énormité que cause la basilique de Constantin, avec ses trois colossales voûtes béantes. Vues du Palatin, on dirait des porches ouverts pour un monde de géants, d'une telle épaisseur de maçonnerie, qu'un fragment, tombé d'une des arcades, gît par terre, tel qu'un bloc détaché d'une montagne. Et là, dans ce Forum illustre, si étroit et si débordant, l'histoire du plus grand des peuples avait tenu pendant des siècles, depuis la légende des Sabines réconciliant les Romains et les Sabins, jusqu'à la proclamation des libertés publiques, lentement conquises par les plébéiens sur les patriciens. N'était-ce pas à la fois le Marché, la Bourse, le Tribunal, la Salle des assemblées politiques, ouverte au plein air? Les Gracques y avaient défendu la cause des humbles, Sylla y afficha ses listes de proscription, Cicéron y parla, et sa tête sanglante y fut accrochée. Puis, les empereurs en obscurcirent le vieil éclat, les siècles enfouirent sous leur poussière les monuments et les temples, à ce point que le moyen âge n'y trouva de place que pour y installer un marché aux bœufs. Le respect est revenu, un respect violateur des tombes, une fièvre de curiosité et de science, qui s'irrite aux hypothèses, égarée dans ce sol historique où les générations se superposent, partagée entre les quinze à vingt reconstitutions qu'on a faites du Forum, toutes aussi plausibles les unes que les autres. Pour un simple passant, qui n'est ni un érudit, ni un lettré de profession, qui n'a point relu de la veille l'Histoire romaine, les détails disparaissent, il ne reste, dans ce terrain fouillé de partout, qu'un cimetière de ville où blanchissent les vieilles pierres exhumées, et d'où s'élève la grande mélancolie des peuples morts. De place en place, Pierre voyait la voie Sacrée qui reparaît, tourne, descend, puis remonte, avec son dallage, creusé par la roue des chars ; et il songeait au triomphe, à l'ascension du triomphateur, que son char devait secouer si durement sur ce rude pavé de gloire.

Mais, vers le sud-est, l'horizon s'élargissait encore, et il apercevait la grande masse du Colisée, au delà de l'arc de Titus et de l'arc de Constantin. Ah! ce colosse dont les siècles n'ont entamé qu'une moitié, comme d'un immense coup de faux, il reste, dans son énormité, dans sa majesté, tel qu'une dentelle de pierre, avec ces centaines de baies vides, béantes sur le bleu du ciel! C'est un monde de vestibules, d'escaliers, de paliers, de couloirs, un monde où l'on se perd, au milieu d'une solitude et d'un silence de mort ; et, à l'intérieur, les gradins ravinés, mangés par l'air, semblent les degrés informes de quelque ancien cratère éteint, une sorte de cirque naturel, taillé par la force des éléments, en pleine roche indestructible. Seuls, les grands soleils de dix-huit cents ans ont cuit et roussi cette ruine, qui est retournée à l'état de nature, nue et dorée ainsi qu'un flanc de montagne, depuis qu'on l'a dépouillée de la végétation, de toute la flore qui en faisait un coin de forêt vierge. Et, maintenant, quelle évocation, lorsque, sur cette ossature morte, l'imagination remet la chair, le sang et la vie, emplit le cirque des quatre-vingt-dix mille spectateurs qu'il pouvait contenir, déroule les jeux et les combats de l'arène, entasse là une civilisation, depuis l'empereur et sa cour jusqu'à la houle de la plèbe, dans l'agitation et l'éclat de tout un peuple enflammé de passion, sous le rouge reflet du gigantesque vélum de pourpre. Puis, c'était aussi, plus loin, à l'horizon, une autre ruine cyclopéenne, les thermes de Caracalla, laissée là de même comme le vestige d'une race de géants, disparue de la terre : des salles d'une ampleur, d'une hauteur extravagantes et inexplicables ; deux vestibules à recevoir la population d'une ville ; un frigidarium où la piscine pouvait contenir à la fois cinq cents baigneurs ; un tépidarium, un caldarium d'égale taille, nés de la folie de l'énorme ; et la masse effroyable du monument, l'épaisseur des massifs, telle qu'aucun château fort n'en a connu de pareille ; et toute cette immensité où les visiteurs qui passent ont l'air de fourmis égarées, une si extraordinaire débauche de ciment et de briques, qu'on se demande pour quels hommes, pour quelles foules ce monstrueux édifice a pu être bâti. On dirait aujourd'hui des rochers frustes, des matériaux abattus de quelque sommet, entassés là, pour la construction d'une demeure de Titans.

Et Pierre était envahi par ce passé démesuré où il baignait. De toutes parts, des quatre points de l'horizon vaste, l'Histoire ressuscitait, montait vers lui, en un flot débordant. Au nord et à l'ouest, ces plaines bleuâtres, à l'infini, c'était l'Étrurie antique ; les montagnes de la Sabine découpaient à l'est leurs crêtes dentelées ; tandis que, vers le sud, les monts Albains et le Latium s'élargissaient dans la pluie d'or du soleil ; et Albe la Longue était là, ainsi que le mont Cave, couronné de chênes, avec son couvent qui a remplacé le vieux temple de Jupiter. Puis, à ses pieds, au delà du Forum, au delà du Capitole, Rome elle-même s'étendait, l'Esquilin en face, le Cœlius et l'Aventin à sa droite, les autres qu'il ne pouvait voir, le Quirinal, le Viminal, à sa gauche. Derrière, au bord du Tibre, était le Janicule.

Et la ville entière prenait une voix, lui contait sa grandeur morte.

Alors, ce fut en lui une involontaire évocation, une résurrection vivante. Ce Palatin qu'il venait de visiter, ce Palatin gris et morne, rasé comme une cité maudite, semé de quelques murs croulants, tout d'un coup s'anima, se peupla, repoussa avec ses palais et ses temples. C'était le berceau même de Rome, Romulus avait fondé là sa ville, sur ce sommet, dominant le Tibre, tandis que les Sabins, en face, occupaient le Capitole. Les sept rois de ses deux siècles et demi de monarchie l'avaient sûrement habité, enfermés dans les hautes et fortes murailles, que trois portes seulement trouaient. Ensuite, se déroulaient les cinq siècles de république, les plus grands, les plus glorieux, ceux qui avaient soumis la péninsule italique, puis le monde, à la domination romaine. Pendant ces victorieuses années de luttes sociales et guerrières, Rome agrandie avait peuplé les sept collines, le Palatin n'était demeuré que le berceau vénérable, avec ses temples légendaires, peu à peu envahi lui-même par des maisons privées. Mais César, incarnant la toute-puissance de la race, venait, après les Gaules et après Pharsale, de triompher au nom du peuple romain entier, dictateur, empereur, ayant achevé la colossale besogne, dont les cinq nouveaux siècles d'empire allaient profiter fastueusement, au galop lâché de tous les appétits. Et Auguste pouvait prendre le pouvoir, la gloire était à son comble, les milliards attendaient d'être volés au fond des provinces, le gala impérial commençait, dans la capitale du monde, aux yeux des nations lointaines, éblouies et vaincues. Lui était né au Palatin, et son orgueil, après que la victoire d'Actium lui eut donné l'empire, fut de revenir régner du haut de ce mont sacré, vénéré du peuple. Il y acheta des maisons particulières, il y bâtit son palais, dans un éclat de luxe, inconnu jusqu'alors : un atrium soutenu par quatre pilastres et huit colonnes ;

un péristyle qu'entouraient cinquante-six colonnes d'ordre ionique; des appartements privés à l'entour, tout en marbre; une profusion de marbres, venus à grands frais de l'étranger, des couleurs les plus vives, resplendissant comme des pierres précieuses. Et il s'était logé avec les dieux, il avait bâti près de sa demeure le grand temple d'Apollon et un temple de Vesta, pour s'assurer la royauté divine, éternelle. Dès lors, la semence des palais impériaux se trouvait jetée, ils allaient croître, et pulluler, et couvrir le Palatin entier.

Ah! cette toute-puissance d'Auguste, ces quarante-quatre années d'un pouvoir total, absolu, surhumain, tel qu'aucun despote, même dans la folie de ses rêves, n'en a connu le pareil! Il s'était fait donner tous les titres, il avait réuni en sa personne toutes les magistratures. Imperator et consul, il commandait les armées, il exerçait le pouvoir exécutif; proconsul, il avait la suprématie dans les provinces; censeur perpétuel et princeps, il régnait sur le sénat; tribun, il était le maître du peuple. Et il s'était fait proclamer Auguste, sacré, dieu parmi les hommes, ayant ses temples, ses prêtres, adoré de son vivant comme une divinité de passage sur la terre. Et, enfin, il avait voulu être grand pontife, joignant le pouvoir religieux au pouvoir civil, réalisant là, par un coup de génie, la totalité de la domination suprême à laquelle un homme puisse monter. Le grand pontife ne devant pas habiter une maison privée, il avait déclaré sa maison propriété de l'État. Le grand pontife ne pouvant s'éloigner du temple de Vesta, il avait eu chez lui un temple de cette déesse, laissant aux Vestales, en bas du Palatin, la garde de l'ancien autel. Rien ne lui coûtait, car il sentait bien que la souveraineté humaine, la main mise sur les hommes et le monde, était là, dans cette double puissance en une personne, être à la fois le roi et le prêtre, l'empereur et le pape. Toute la sève d'une forte race, toutes les victoires amassées et toutes les fortunes éparses encore, s'épanouirent

chez Auguste, en une splendeur unique, qui jamais
plus ne devait rayonner avec cet éclat. Il fut vraiment le
maître de la terre, les pieds sur le front des peuples
conquis et pacifiés, dans une immortelle gloire de littérature et d'art. Il semble qu'en lui se soit satisfaite, à ce
moment, la vieille et âpre ambition de son peuple, les
siècles de conquête patiente qu'il avait mis à être le
peuple roi. C'est le sang romain, c'est le sang d'Auguste
qui rougeoie enfin au soleil, en pourpre impériale. C'est
le sang d'Auguste, divin, triomphal, absolu souverain
des corps et des âmes, ce sang d'un homme auquel aboutit
la longue hérédité de sept siècles d'orgueil national, et
d'où une postérité d'universel orgueil, innombrable et
sans fin, va descendre à travers les âges. Car, dès lors,
c'en était fait, le sang d'Auguste devait renaître et battre
dans les veines de tous les maîtres de Rome, en les hantant du rêve, éternellement recommencé, de la possession du monde. Un instant, le rêve a été réalisé,
Auguste, empereur et pontife, a possédé l'humanité, l'a
tenue dans sa main, tout entière, sans réserve, ainsi
qu'une chose à lui. Et, plus tard, après la déchéance,
lorsque le pouvoir s'est scindé, a été de nouveau partagé
entre le roi et le prêtre, les papes n'ont pas eu d'autre
passionné désir, d'autre politique séculaire, que de vouloir reconquérir l'autorité civile, la totalité de la domination, le cœur brûlé par le sang atavique, le flot rouge et
dévorateur du sang de l'ancêtre.

Puis, Auguste mort et son palais fermé, consacré,
devenu un temple, Pierre voyait sortir du sol le palais de
Tibère. C'était à cette place même, sous ses pieds, sous
ces beaux chênes verts qui l'abritaient. On le rêvait solide
et grand, avec des cours, des portiques, des salles, malgré
l'humeur assombrie de l'empereur, qui vécut loin de
Rome, au milieu d'un peuple de délateurs et de débauchés, le cœur et le cerveau empoisonnés par le pouvoir
jusqu'au crime, jusqu'aux accès des plus extraordinaires

démences. Puis, c'était le palais de Caligula qui surgissait, un agrandissement de la maison de Tibère, des arcades établies pour en élargir les constructions, un pont jeté par-dessus le Forum, aboutissant au Capitole, où le prince voulait pouvoir aller causer à l'aise avec Jupiter, dont il se disait le fils ; et le trône avait aussi rendu celui-ci féroce, un fou furieux lâché dans la toute-puissance. Puis, après Claude, Néron, renchérissant, n'avait pas trouvé le Palatin assez vaste, exigeant pour lui un palais immense, s'emparant des jardins délicieux qui montaient jusqu'au sommet de l'Esquilin, pour y installer sa Maison d'Or, un rêve de l'énormité dans la somptuosité, qu'il ne put mener jusqu'au bout, dont les ruines disparurent vite, pendant les troubles qui suivirent sa vie et sa mort de monstre affolé d'orgueil. Puis, en dix-huit mois, Galba, Othon, Vitellius tombent l'un sur l'autre, dans la boue et dans le sang, rendus à leur tour monstrueux et imbéciles par la pourpre, gorgés de jouissances à l'auge impériale, ainsi que des bêtes immondes ; et ce sont alors les Flaviens, un repos d'abord de la raison et de la bonté humaines, Vespasien, Titus qui bâtirent peu sur le Palatin, Domitien ensuite avec qui recommence la folie sombre de l'omnipotence, sous le régime de la peur et de la délation, des atrocités absurdes, des crimes, des débauches hors nature, des constructions d'une vanité démente dont le faste luttait avec celui des temples élevés aux dieux : telle cette maison de Domitien, qu'une ruelle séparait de celle de Tibère, et qui s'élevait colossale, un palais d'apothéose, avec sa salle d'audience au trône d'or, aux seize colonnes de marbres phrygiens et numidiques, aux huit niches garnies de statues admirables, avec sa salle de tribunal, sa grande salle à manger, son péristyle, ses appartements, où les granits, les porphyres, les albâtres débordaient, travaillés par les artistes fameux, prodigués pour l'éblouissement du monde. Puis, enfin, des années plus tard, un dernier palais s'ajoutait à l'énorme masse des autres, le palais de Septime Sévère, une bâtisse d'orgueil encore, des arches qui supportaient des salles hautes, des étages qui s'élevaient sur des terrasses, des tours qui dominaient les toitures, tout un entassement babylonien, dressé là, à la pointe extrême du mont, en face de la voie Appienne, pour que, disait-on, les compatriotes de l'empereur, les provinciaux venus d'Afrique où il était né, pussent, dès l'horizon, s'émerveiller de sa fortune et l'adorer dans sa gloire.

Et, maintenant, Pierre les voyait debout et resplendissants, Pierre les avait devant lui, autour de lui, tous ces palais évoqués, ressuscités au grand soleil. Ils étaient comme soudés les uns aux autres, quelques-uns à peine séparés par des passages étroits. Dans le désir de ne pas perdre un pouce du terrain, sur ce sommet sacré, ils avaient poussé en une masse compacte, ainsi qu'une monstrueuse floraison de la force, de la puissance et de l'orgueil déréglés, se satisfaisant à coups de millions, saignant le monde pour la jouissance d'un seul ; et, à la vérité, il n'y avait là qu'un palais unique, sans cesse agrandi, à mesure que l'empereur défunt passait dieu et que le nouvel empereur, désertant la demeure consacrée, devenue temple, où l'ombre du mort l'épouvantait peut-être, éprouvait l'impérieux besoin de se bâtir sa maison à lui, de tailler dans l'éternité de la pierre l'indestructible souvenir de son règne. Tous avaient eu cette fureur de la construction, elle semblait tenir au sol, au trône qu'ils occupaient, elle renaissait chez chacun d'eux, avec une intensité grandissante, les dévorant du besoin de lutter, de se surpasser par des murs plus épais et plus hauts, par des amas plus extraordinaires de marbres, de colonnes, de statues. Et la pensée de survie glorieuse était la même chez tous, laisser aux générations stupéfaites le témoignage de leur grandeur, se perpétuer dans des merveilles qui ne devaient pas périr, peser à jamais sur la terre de tout le poids de ces colosses, lorsque le vent aurait emporté leur légère cendre. Et le plateau du Palatin n'avait plus été ainsi que la base vénérable d'un prodigieux monument, une végétation drue d'édifices juxtaposés, empilés, où chaque nouveau corps de logis était comme un accès éruptif de la fièvre d'orgueil, et dont la masse, avec l'éclat de neige des marbres blancs, avec les tons vifs des marbres de couleur, avait fini par couronner Rome et la terre entière de la maison souveraine, palais, temple, basilique ou cathédrale, la plus extraordinaire et la plus insolente, qui jamais se soit dressée sous le ciel.

Mais la mort était dans cet excès de force et de gloire. Sept siècles et demi de monarchie et de république avaient fait la grandeur de Rome; et, en cinq siècles d'empire, le peuple roi allait être mangé, jusqu'au dernier muscle. C'était l'immense territoire, les provinces les plus lointaines peu à peu pillées, épuisées; c'était le fisc dévorant tout, creusant le gouffre de la banqueroute inévitable; et c'était aussi le peuple abâtardi, nourri du poison des spectacles, tombé à la fainéantise débauchée des Césars, pendant que des mercenaires se battaient et cultivaient le sol. Dès Constantin, Rome a une rivale, Byzance, et le démembrement s'opère avec Honorius, et douze empereurs alors suffisent pour achever l'œuvre de décomposition, la proie mourante à ronger, jusqu'à Romulus Augustule, le dernier, le chétif misérable, dont le nom est comme une dérision de toute la glorieuse histoire, un double soufflet au fondateur de Rome et au fondateur de l'empire. Sur le Palatin désert, les palais, le colossal amas de murailles, d'étages, de terrasses, de toitures hautes, triomphait toujours. Déjà, pourtant, on avait arraché des ornements, enlevé des statues, pour les porter à Byzance. L'empire, devenu chrétien, ferma ensuite les temples, éteignit le feu de Vesta, en respectant encore l'antique palladium, la statue d'or de la Victoire, symbole de la Rome éternelle, qui était religieusement gardée dans la chambre même de l'empereur. Jusqu'au quatrième siècle, elle conserva son culte. Mais, au cinquième siècle, les Barbares se ruent, saccagent, brûlent Rome, emportent à pleins chariots les dépouilles laissées par la flamme. Tant que la ville avait dépendu de Byzance, un surintendant des palais impériaux était demeuré là, veillant sur le Palatin. Puis, tout se noie, tout s'effondre dans la nuit du moyen âge. Il semble bien que, dès lors, les papes aient lentement pris la place des Césars, leur succédant dans leur maison de marbre abandonnée et dans leur volonté toujours vivante de domination. Ils ont sûrement habité le palais de Septime Sévère, un concile a été tenu au Septizonium, de même que, plus tard, Gélase II a été élu dans un monastère voisin, sur ce mont d'apothéose. C'était Auguste encore, se relevant du tombeau, de nouveau maître du monde, avec son Sacré Collège, qui allait ressusciter le Sénat romain. Au douzième siècle, le Septizonium appartenait à des moines camaldules, lesquels le cédèrent à la puissante famille des Frangipani, qui le fortifièrent, comme ils avaient fortifié le Colisée, les arcs de Constantin et de Titus, toute une vaste forteresse englobant le mont vénérable, le berceau, presque en entier. Et les violences des guerres civiles, les ravages des invasions, passèrent telles que des ouragans, abattirent les murailles, rasèrent les palais et les tours. Des générations vinrent plus tard qui envahirent les ruines, s'y installèrent par droit de trouvaille et de conquête, en firent des caves, des greniers à fourrage, des écuries pour les mulets. Dans les terres éboulées, recouvrant les mosaïques des salles impériales, des jardins potagers se créèrent, des vignes furent plantées. De toutes parts, obstruant ces champs déserts, les orties et les ronces poussaient, les lierres achevaient de manger les portiques abattus. Et il vint un jour où le colossal entassement de palais et de temples, où le triomphal logis des empereurs, que le marbre devait rendre éternel, sembla rentrer dans la poussière du sol, disparut sous la houle de terre et de végétation que l'impassible Nature avait roulée sur elle. Au brûlant soleil, parmi les fleurs sauvages, il n'y avait plus là que de grosses mouches bourdonnantes, tandis que des troupeaux de chèvres erraient en liberté, au travers de la salle du trône de Domitien et du sanctuaire effondré d'Apollon.

Pierre sentit un grand frisson qui le traversait. Tant de force et d'orgueil, tant de grandeur! et une ruine si rapide, tout un monde balayé, à jamais! Quel souffle nouveau, barbare et vengeur, avait dû souffler sur cette éclatante civilisation pour l'éteindre ainsi, et dans quelle nuit réparatrice, dans quelle ignorance d'enfant sauvage, elle avait dû tomber pour s'anéantir d'un coup, avec son faste et ses chefs-d'œuvre ! Il se demandait comment des palais entiers, peuplés encore de leurs sculptures admirables, de leurs colonnes et de leurs statues, avaient pu s'enliser peu à peu, s'enfouir, sans que personne s'avisât de les protéger. Ces chefs-d'œuvre, qu'on devait plus tard déterrer, dans un cri d'universelle admiration, ce n'était pas une catastrophe qui les avait engloutis, ils s'étaient comme noyés, pris aux jambes, puis à la taille, puis au cou, jusqu'au jour où la tête avait sombré, sous le flot montant; et comment expliquer que des générations avaient assisté à cela, insoucieuses, ne songeant même pas à tendre la main ? Il semble qu'un rideau noir soit brusquement tiré sur le monde, et c'est une autre humanité qui recommence, avec un cerveau neuf qu'il faut repétrir et meubler. Rome s'était vidée, on ne réparait plus ce que le fer et la flamme avaient entamé, une extraordinaire incurie laissait crouler les édifices trop vastes, devenus inutiles ; sans compter que la religion nouvelle traquait l'ancienne, lui volait ses temples, renversait ses dieux. Enfin, des remblais achevèrent le désastre, car le sol montait toujours, les alluvions du jeune monde chrétien recouvraient et nivelaient l'antique société païenne.

Et, après le vol des temples, le vol des toitures de bronze, des colonnes de marbre, le comble, plus tard, ce fut le vol des pierres, arrachées au Colisée et au Théâtre de Marcellus, ce furent les statues et les bas-reliefs cassés à coups de marteau, jetés dans des fours, pour fabriquer la chaux nécessaire aux nouveaux monuments de la Rome catholique.

Il était près d'une heure, et Pierre s'éveilla comme d'un rêve. Le soleil tombait en pluie d'or, à travers les feuilles luisantes des chênes verts, Rome s'était assoupie à ses pieds, sous la grande chaleur. Et il se décida à quitter le jardin, les pieds maladroits sur l'inégal pavé du chemin de la Victoire, l'esprit hanté encore d'aveuglantes visions. Pour que la journée fût complète, il s'était promis de voir, l'après-midi, l'ancienne voie Appienne. Il ne voulut pas retourner rue Giulia, il déjeuna dans un cabaret de faubourg, dans une vaste salle à demi obscure, où, absolument seul, au milieu du bourdonnement des mouches, il s'oublia plus de deux heures, à attendre le déclin du soleil.

Ah! cette voie Appienne, cette antique Reine des routes, trouant la campagne de sa longue ligne droite, avec la double rangée de ses orgueilleux tombeaux, elle ne fut pour lui que le prolongement triomphal du Palatin! C'était la même volonté de splendeur et de domination, le même besoin d'éterniser sous le soleil, dans le marbre, la mémoire de la grandeur romaine. L'oubli était vaincu, les morts ne consentaient pas au repos, restaient debout parmi les vivants, à jamais, aux deux bords de ce chemin où passaient les foules du monde entier; et les images déifiées de ceux qui n'étaient plus que poussière, regardent aujourd'hui encore les passants de leurs yeux vides; et les inscriptions parlent encore, disent tout haut les noms et les titres. Du tombeau de Cæcilia Metella à celui de Casal Rotondo, sur ces kilomètres de route plate et directe, la double rangée était jadis ininterrompue, une sorte de double cimetière en long, dans lequel les puissants et les riches luttaient de vanité, à qui laisserait le mausolée le plus vaste, décoré avec la prodigalité la plus fastueuse : passion de la survie, désir pompeux d'immortalité, besoin de diviniser la mort en la logeant dans des temples, dont la magnificence actuelle du Campo Santo de Gênes et du Campo Verano de Rome, avec leurs tombes monumentales, est comme le lointain héritage. Et quelle évocation de tombes démesurées, à droite et à gauche du pavé glorieux que les légions romaines ont foulé, au retour de la conquête de la terre ! Ce tombeau de Cæcilia Metella, aux blocs énormes, aux murs assez épais pour que le moyen âge en ait fait le donjon crénelé d'une forteresse. Puis, tous ceux qui suivent : les constructions modernes qu'on a élevées, pour y rétablir à leur place les fragments de marbre découverts aux alentours; les massifs anciens de ciment et de briques, dépouillés de leurs sculptures, restés debout ainsi que des roches mangées à demi; les blocs dénudés, indiquant encore des formes, des édicules en façon de temple, des cippes, des sarcophages, posés sur des soubassements. Toute une étonnante succession de hauts reliefs représentant les portraits des morts par groupes de trois et de cinq, de statues debout où les morts revivaient en une apothéose, de bancs dans des niches pour que les voyageurs pussent s'asseoir en bénissant l'hospitalité des morts, d'épitaphes louangeuses célébrant les morts, les connus et les inconnus, les enfants de Sextus Pompée Justus, les Marcus Servilius Quartus, les Hilarius Fuscus, les Rabirius Hermodorus, sans compter les sépultures hasardeusement attribuées, celle de Sénèque, celle des Horaces et des Curiaces. Et enfin, au bout, la plus extraordinaire, la plus géante, celle qu'on désigne sous le nom de Casal Rotondo, si large, qu'une ferme, avec un bouquet d'oliviers, a pu s'installer sur les substructions, qui portaient une double rotonde, ornée de pilastres corinthiens, de grands candélabres et de masques scéniques.

Pierre, qui s'était fait amener en voiture jusqu'au tombeau de Cæcilia Metella, continua sa promenade à pied, alla lentement jusqu'à Casal Rotondo. Par places, l'ancien pavé reparaît, de grandes pierres plates, des morceaux de lave, déjetés par le temps, rudes aux voitures les mieux suspendues. A droite et à gauche, filent deux bandes d'herbe, où s'alignent les ruines des tombeaux, d'une herbe abandonnée de cimetière, brûlée par les soleils d'été, semée de gros chardons violâtres et de hauts fenouils jaunes. Un petit mur à hauteur d'appui, bâti en pierres sèches, clôt de chaque côté ces marges roussâtres, pleines d'un crépitement de sauterelles ; et, au delà, à perte de vue, la Campagne romaine s'étend, immense et nue. A peine, près des bords, de loin en loin, aperçoit-on un pin parasol, un eucalyptus, des oliviers, des figuiers, blancs de poussière. Sur la gauche, les restes de l'Acqua Claudia détachent dans les prés leurs arcades couleur de rouille, des cultures maigres s'étendent au loin, des vignes avec de petites fermes, jusqu'aux monts de la Sabine et jusqu'aux monts Albains, d'un bleu violâtre, où les taches claires de Frascati, de Rocca di Papa, d'Albano, grandissent et blanchissent, à mesure qu'on approche; tandis que, sur la droite, du côté de la mer, la plaine s'élargit et se prolonge, par vastes ondulations, sans une maison, sans un arbre, d'une grandeur simple extraordinaire, une ligne unique, toute plate, un horizon d'océan qu'une ligne droite, d'un bout à l'autre, sépare du ciel. Au gros de l'été, tout brûle, la prairie illimitée flambe, d'un ton fauve de brasier. Dès septembre, cet océan d'herbe commence à verdir, se perd dans du rose et dans du mauve, jusqu'au bleu éclatant, éclaboussé d'or, des beaux couchers de soleil.

Et Pierre, promenant sa rêverie, était seul, s'avançait à pas lents, le long de l'interminable route plate, dont la mélancolique majesté est faite de solitude et de silence, toute nue, toute droite à l'infini, dans l'infini de la Campagne. En lui, la résurrection du Palatin recommençait, les tombeaux des deux bords se dressaient de nouveau, avec l'éblouissante blancheur de leurs marbres. N'était-ce pas ici, au pied de ce massif de briques, affectant l'étrange forme d'un grand vase, qu'on avait trouvé la tête d'une statue colossale, mêlée à des débris d'énormes sphinx? et il revoyait debout la colossale statue, entre les énormes sphinx accroupis. Plus loin, dans la petite cellule d'une sépulture, c'était une belle statue de femme sans tête qu'on avait découverte ; et il la revoyait entière, avec un visage de grâce et de force, souriante à la vie. D'un bout à l'autre, les inscriptions se complétaient, il les lisait, les comprenait couramment, revivait en frère avec ces morts de deux mille ans. Et la route, elle aussi, se peuplait, les chars roulaient avec fracas, les armées défilaient d'un pas lourd, le peuple de Rome voisine le coudoyait, dans l'agitation fiévreuse des grandes cités. On était sous les Flaviens, sous les Antonins, aux grandes années de l'empire, lorsque la voie Appienne atteignit tout le faste de ses tombeaux géants, sculptés et décorés comme des temples. Quelle rue monumentale de la mort, quelle arrivée dans Rome, cette rue toute droite où les grands morts vous accueillaient, vous introduisaient chez les vivants, avec l'extraordinaire pompe de leur orgueil qui survivait à leur cendre ! Chez quel peuple souverain, dominateur du monde, allait-on entrer ainsi, pour qu'il eût confié à ses morts le soin de dire à l'étranger que rien ne finissait chez lui, pas même les morts, éternellement glorieux dans des monuments démesurés ? Un soubassement de citadelle, une tour de vingt mètres de diamètre, pour y coucher une femme ! Et Pierre, s'étant retourné, aperçut distinctement, tout au bout de la rue superbe, éclatante, bordée des marbres de ses palais funèbres, le Palatin qui s'élevait au loin, dressant les marbres étincelants du palais des empereurs, l'énorme entassement des palais dont la toute-puissance dominait la terre.

Mais il eut un léger tressaillement : deux carabiniers, qu'il n'avait point vus, dans ce désert, parurent entre les ruines. L'endroit n'était pas sûr, l'autorité veillait discrètement sur les touristes, même en plein midi. Et, plus loin, il fit une autre rencontre qui lui causa une émotion. C'était un ecclésiastique, un grand vieillard à la soutane noire, lisérée et ceinturée de rouge, dans lequel il eut la surprise de reconnaître le cardinal Boccanera. Il avait quitté la route, il marchait avec lenteur dans la bande d'herbe, au milieu des hauts fenouils et des rudes chardons; et, la tête basse, parmi les débris de tombeaux que ses pieds frôlaient, il était tellement absorbé, qu'il ne vit même pas le jeune prêtre. Celui-ci, courtoisement, se détourna, saisi de le voir seul, si loin. Puis, il comprit, en découvrant, derrière une construction, un lourd carrosse, attelé de deux chevaux noirs, près duquel attendait, immobile, un laquais à la livrée sombre, tandis que le cocher n'avait même pas quitté le siège; et il se souvenait que les cardinaux, ne pouvant marcher à pied dans Rome, devaient gagner en voiture la campagne, s'ils voulaient prendre quelque exercice. Mais quelle tristesse hautaine, quelle grandeur solitaire et comme mise à part, dans ce grand vieillard songeur, doublement prince, chez les hommes et chez Dieu, forcé d'aller ainsi au désert, au travers des tombes, pour respirer un peu l'air rafraîchi du soir!

Pierre s'était attardé pendant de longues heures, le crépuscule tombait, et il assista encore à un admirable coucher de soleil. Sur la gauche, la Campagne devenait couleur d'ardoise, confuse, coupée par les arcades jaunissantes des aqueducs, barrée au loin par les monts Albains, qui s'évaporaient dans du rose; pendant que, sur la droite, vers la mer, l'astre s'abaissait parmi de petits nuages, tout un archipel d'or semant un océan de braise mourante. Et rien autre, rien que ce ciel de saphir strié de rubis, au-dessus de l'infinie ligne plate de la Campagne. Rien autre, ni un monticule, ni un troupeau, ni un arbre. Rien que la silhouette noire du cardinal Boccanera, debout parmi les tombeaux, et qui se détachait, grandie, sur la pourpre dernière du soleil.

Le lendemain de bonne heure, Pierre, pris de la fièvre de tout voir, revint à la voie Appienne, pour visiter les catacombes de Saint-Calixte. C'est le plus vaste, le plus remarquable des cimetières chrétiens, celui où furent enterrés plusieurs des premiers papes. On monte à travers un jardin à demi brûlé, parmi des oliviers et des cyprès ; on arrive à une masure de planches et de plâtre, dans laquelle on a installé un petit commerce d'objets religieux ; et on y est, un escalier moderne, relativement commode, permet la descente. Mais Pierre fut heureux de trouver là des trappistes français, chargés de garder et de montrer aux touristes ces catacombes. Justement, un Frère allait descendre avec deux dames, deux Françaises, la mère et la fille, l'une adorable de jeunesse, l'autre fort belle encore. Et elles souriaient toutes deux, un peu épeurées pourtant, pendant qu'il allumait les minces bougies longues. Il avait un front bossué, une large et solide mâchoire de croyant têtu, et ses pâles yeux clairs disaient l'enfantine ingénuité de son âme.

— Ah ! monsieur l'abbé, vous arrivez à propos... Si ces dames le veulent bien, vous allez vous joindre à nous ; car trois Frères sont déjà en bas avec du monde, et vous attendriez longtemps... C'est la grosse saison des voyageurs.

Ces dames, poliment, inclinèrent la tête, et il remit au prêtre une des petites bougies minces. Ni la mère ni la fille ne devaient être des dévotes, car elles avaient eu un coup d'œil oblique sur la soutane de leur compagnon, brusquement sérieuses. On descendit, on arriva à une sorte de couloir très étroit.

— Prenez garde, mesdames, répétait le religieux en éclairant le sol avec sa bougie. Marchez doucement, il y a des bosses et des pentes.

Et il commença l'explication, d'une voix aiguë, avec une force de certitude extraordinaire. Pierre était descendu silencieux, la gorge serrée, le cœur battant d'émotion. Ah! ces Catacombes des premiers chrétiens, ces asiles de la foi primitive, que de fois il les avait rêvées, au temps innocent du séminaire! et, dernièrement encore, pendant qu'il écrivait son livre, que de fois il y avait songé, comme au plus antique et au plus vénérable vestige de cette communauté des petits et des simples, dont il prêchait le retour! Mais il avait le cerveau tout plein des pages écrites par les poètes, par les grands prosateurs, qui ont décrit les Catacombes. Il les voyait à travers ce grandissement de l'imagination, il les croyait vastes, pareilles à des villes souterraines, avec des avenues larges, avec des salles amples, capables de contenir des foules. Et dans quelle pauvre et humble réalité il tombait!

— Ah! dame, oui! répondait le Frère aux questions de la mère et de la fille, ça n'a guère plus d'un mètre, deux personnes ne passeraient pas de front... Et comment on a creusé ça? Oh! c'est fort simple. Une famille, une corporation funèbre ouvrait une sépulture, n'est-ce pas? Eh bien! elle creusait une première galerie, à la pioche, dans ce terrain qu'on appelle du tuf granulaire : une terre rougeâtre comme vous voyez, à la fois tendre et résistante, très facile à travailler, et absolument imperméable; enfin, une terre faite exprès, qui a merveilleusement conservé les corps.

Il s'interrompit, montra, à la faible flamme de sa bougie, les cases creusées à droite et à gauche, dans les parois.

— Regardez, ce sont les *loculi*... Ils ouvraient donc une galerie souterraine, dans laquelle, des deux côtés, ils pratiquaient ces cases superposées, où ils couchaient les corps, le plus souvent enveloppés d'un simple suaire. Puis, ils fermaient l'ouverture avec une plaque de marbre, qu'ils cimentaient soigneusement... Dès lors, n'est-ce pas? tout s'explique. Si d'autres familles se joignaient à la première, si la corporation s'étendait, ils prolongeaient la galerie au fur et à mesure qu'elle s'emplissait; ils en ouvraient d'autres, à droite, à gauche, dans tous les sens; même ils créaient un deuxième étage, plus profond... Tenez! nous voici dans une galerie qui a bien quatre mètres de haut. Naturellement, on se demande comment ils pouvaient hisser les corps, à une pareille hauteur. Ils ne les hissaient pas, ils les descendaient au contraire, continuant à fouiller le sol davantage, dès que la rangée des cases d'en bas se trouvait pleine... Et c'est de la sorte qu'ici, par exemple, en moins de quatre siècles, ils ont creusé seize kilomètres de galeries, où plus d'un million de chrétiens ont dû être inhumés. Or, des Catacombes existent par douzaines, toute la Campagne de Rome est ainsi trouée. Songez à cela et faites le calcul.

Pierre écoutait, passionnément. Autrefois, il avait visité une fosse houillère, en Belgique, et il retrouvait ici les mêmes couloirs étranglés, la même pesanteur étouffante, un néant d'obscurité et de silence. Seules, les petites bougies étoilaient l'ombre épaisse, qu'elles n'éclairaient pas. Et il comprenait enfin ce travail de termites funéraires, ces trous de rats ouverts au hasard, poursuivis selon les besoins, sans art aucun, sans alignement, sans symétrie, au petit bonheur de l'outil. Le sol raboteux montait et descendait à chaque pas, les parois s'en allaient de biais, rien n'avait dû être fait au fil à plomb, ni à l'équerre. Ce n'était là qu'une œuvre de nécessité et de charité, de naïfs fossoyeurs de bonne grâce, des ouvriers illettrés, tombés à la maladresse de main de la décadence. Cela, surtout, devenait très sensible, dans les inscriptions et les emblèmes gravés sur les plaques de marbre. On aurait dit les dessins puérils que les gamins des rues tracent sur les murs.

— Vous voyez, continuait le trappiste, le plus souvent il n'y a qu'un nom; parfois même pas de nom, et simplement les mots *in pace*... D'autres fois, il y a un emblème, la colombe de la pureté, la palme du martyre, ou bien le poisson, dont le nom grec est composé de cinq lettres, qui sont les initiales des cinq mots grecs : Jésus-Christ, fils de Dieu, Sauveur des hommes.

Il approchait de nouveau la petite flamme, et l'on distinguait la palme, un seul trait central, hérissé de quelques autres petits traits, la colombe ou le poisson, faits d'un contour, avec la queue figurée par un zigzag, l'œil par un point rond. Les lettres des inscriptions brèves s'en allaient de travers, inégales, déformées, la grosse écriture des ignorants et des simples.

Mais on était arrivé à une crypte, à une sorte de petite salle, où l'on avait retrouvé les tombeaux de plusieurs papes, entre autres celui de Sixte II, un saint martyr, en l'honneur duquel on y voyait une inscription métrique superbe, placée là par le pape Damase. Puis, dans une salle voisine, aussi étroite, un caveau de famille décoré plus tard de naïves peintures murales, on montrait la place où l'on avait découvert le corps de sainte Cécile. Et l'explication continuait, le religieux commentait les peintures, en tirait avec force la confirmation irréfutable de tous les sacrements et de tous les dogmes, le baptême, l'eucharistie, la résurrection, Lazare sortant du tombeau, Jonas rejeté par la baleine, Daniel dans la fosse aux lions, Moïse faisant jaillir l'eau du rocher, le Christ sans barbe des premiers âges accomplissant des miracles.

— Vous voyez bien, répétait-il, tout est là, ça n'a pas été préparé, et rien n'est plus authentique.

Sur une question de Pierre, dont l'étonnement augmentait, il convint que les Catacombes étaient primitivement de simples cimetières et qu'aucune cérémonie religieuse n'y était célébrée. Plus tard seulement, au quatrième siècle, quand on honora les martyrs, on utilisa les cryptes pour le culte. De même, elles ne devinrent un lieu de refuge que pendant les persécutions, aux époques où les chrétiens durent en dissimuler les entrées. Jusque-là, elles étaient restées librement, légalement ouvertes. Et telle était l'histoire vraie : des cimetières de quatre siècles, devenus des lieux d'asile et ravagés durant les troubles, honorés ensuite jusqu'au huitième siècle, dépouillés alors de leurs saintes reliques, puis tombés dans l'oubli, bouchés par les terres, enfouis pendant plus de sept cents ans, dans une telle insouciance, que les premiers travaux de recherches, au quinzième siècle, les remirent à la lumière comme une extraordinaire trouvaille, un véritable problème historique dont on n'a eu le dernier mot que de nos jours.

— Veuillez vous baisser, mesdames, reprit complaisamment le Frère. Vous voyez, dans cette case, un squelette auquel on n'a point touché. Il est là depuis seize à dix-sept cents ans, et cela vous permet de bien comprendre comment on couchait les corps... Les savants disent que c'est une femme, sans doute une jeune fille... Le squelette était absolument complet, l'année dernière encore. Mais, vous le voyez, le crâne est défoncé. C'est un Américain qui l'a cassé d'un coup de canne, pour bien s'assurer que la tête n'était pas fausse.

Ces dames s'étaient penchées, et leurs pâles visages, à la faible lumière dansante, exprimèrent une pitié mêlée d'effroi. La fille surtout, si frémissante de vie, avec sa bouche rouge, ses grands yeux noirs, apparut un instant, pitoyable et douloureuse. Et tout retomba dans l'ombre, les petites bougies se relevèrent, continuèrent, promenées le long des galeries, dans les ténèbres lourdes. Durant une heure encore, la visite se poursuivit, car le guide ne faisait pas grâce d'un détail, aimant certains coins, fouetté de zèle, comme s'il eût travaillé au salut des touristes.

Et Pierre suivait toujours, et une transformation profonde se passait en lui. Peu à peu, à mesure qu'il voyait et comprenait, sa stupeur première de trouver la réalité si différente de l'embellissement des conteurs et des poètes, sa désillusion de tomber dans ces trous de taupe, si pauvrement, si grossièrement creusés au fond de cette terre rougeâtre, se changeaient en une émotion fraternelle, en un attendrissement qui lui bouleversait le cœur. Et ce n'était pas la pensée des quinze cents martyrs, dont les os sacrés avaient reposé là. Mais quelle humanité douce, résignée et bercée d'espérance dans la mort! Pour les chrétiens, ces basses galeries obscures n'étaient qu'un lieu temporaire de sommeil. S'ils ne brûlaient pas les corps, comme les païens, s'ils les enterraient, c'était qu'ils avaient pris aux Juifs leur croyance à la résurrection de la chair; et cette idée heureuse de sommeil, de bon repos après une vie juste, en attendant les récompenses célestes, faisait la paix immense, le charme infini de la profonde cité souterraine. Tout y parlait de nuit noire et silencieuse, tout y dormait en une immobilité ravie, tout y patientait jusqu'au lointain réveil. Quoi de plus touchant que ces plaques de terre cuite ou de marbre, ne portant pas même un nom, uniquement gravées des mots *in pace*, en paix! Être en paix enfin, dormir en paix, espérer en paix le ciel futur, après la tâche faite! Et cette paix, elle paraissait d'autant plus délicieuse, qu'elle était goûtée dans une parfaite humilité. Sans doute, tout art avait disparu, les fossoyeurs creusaient au hasard, avec des irrégularités d'ouvriers maladroits, les artistes ne savaient plus graver un nom, ni sculpter une palme ou une colombe. Seulement, quelle voix de jeune humanité s'élevait de cette pauvreté et de cette ignorance! Des pauvres, des petits, des simples, le peuple pullulant couché, endormi sous la terre, pendant que le soleil, là-haut, continuait son œuvre. Une charité, une fraternité dans la mort: l'époux et l'épouse souvent couchés ensemble, avec l'enfant à leurs pieds ; le flot débordant des inconnus qui noyait le personnage, l'évêque, le martyr ; la plus touchante des égalités, celle de la modestie au fond de toute cette poussière, les cases pareilles, les plaques sans un ornement, la même ingénuité et la même discrétion confondant les rangées sans fin de têtes ensommeillées. C'était à peine si les inscriptions se permettaient des louanges, et combien prudentes, combien délicates : les hommes sont très dignes, très pieux, les femmes sont très douces, très belles, très chastes. Un parfum d'enfance montait, une tendresse illimitée et si largement humaine, la mort de la primitive communauté chrétienne, cette mort qui se cachait pour revivre et qui ne rêvait plus l'empire de ce monde.

Et, brusquement, Pierre vit se dresser dans son souvenir les tombeaux de la veille, ces tombeaux fastueux qu'il avait évoqués aux deux bords de la voie Appienne, qui étalaient au plein soleil l'orgueil dominateur de tout un peuple. Ils éclataient d'une ostentation superbe, avec leurs dimensions colossales, leur entassement de marbres, leurs inscriptions indiscrètes, leurs chefs-d'œuvre de sculpture, des frises, des bas-reliefs, des statues. Ah ! cette avenue de la mort pompeuse, en pleine Campagne rase, menant comme une voie de triomphe à la ville reine, éternelle, quel contraste extraordinaire, lorsqu'on la comparait à la cité souterraine des chrétiens, cette cité de la mort cachée, très douce, très belle, très chaste ! Ce n'était plus que du sommeil, de la nuit voulue et acceptée, toute une résignation sereine, à qui il ne coûtait rien de se confier au bon repos de l'ombre, en attendant les béatitudes du ciel ; et il n'était pas jusqu'au paganisme mourant, perdant de sa beauté, cette maladresse de main des ouvriers ingénus, qui n'ajoutât au charme de ces pauvres cimetières, creusés loin du soleil, dans la nuit de la terre. Des millions d'êtres s'étaient couchés humblement dans cette terre forée comme par des fourmis prudentes, y avaient dormi leur sommeil durant des siècles, l'y dormiraient encore, mystérieux, bercés de silence et d'obscurité, si les hommes n'étaient venus déranger leur désir d'oubli, avant que les trompettes du Jugement eussent sonné la résurrection. La mort avait alors parlé de la vie, rien ne s'était trouvé plus vivant, d'une vie plus intime et plus émue, que ces villes enfouies des morts sans nom, ignorés et innombrables. Tout un souffle immense en était sorti autrefois, le souffle d'une humanité nouvelle, qui allait renouveler le monde. Avec l'humilité, avec le mépris de la chair, avec la haine terrifiée de la nature, l'abandon des jouissances terrestres, la passion de la mort qui délivre et ouvre le paradis, un autre monde commençait. Et le sang d'Auguste, si fier de sa pourpre au soleil, si éclatant de souveraine domination, sembla un moment disparaître, comme si la terre nouvelle l'avait bu, au fond de ses ténèbres sépulcrales.

Le Frère insista pour montrer à ces dames l'escalier de Dioclétien ; et il leur en contait la légende.

— Oui, un miracle... Sous cet empereur, des soldats poursuivaient des chrétiens, qui se réfugièrent dans ces Catacombes ; et, lorsque les soldats s'entêtèrent à les y suivre, l'escalier se rompit, tous furent précipités... Les marches sont effondrées aujourd'hui encore. Venez voir, c'est à deux pas.

Mais ces dames étaient brisées, envahies à la longue d'un tel malaise par ces ténèbres et ces histoires de mort, qu'elles voulurent absolument remonter. D'ailleurs, les minces bougies tiraient à leur fin, et ce fut pour tous un éblouissement, lorsqu'on se retrouva en haut, dans le soleil, devant la petite boutique d'objets pieux. La jeune fille acheta un presse-papier, un morceau de marbre sur lequel était gravé le poisson, le symbole de Jésus-Christ, Fils de Dieu, Sauveur des hommes.

L'après-midi du même jour, Pierre tint à visiter la basilique de Saint-Pierre. Il n'en connaissait encore, pour l'avoir traversée en voiture, que la place grandiose, avec son obélisque et ses deux fontaines, dans le cadre vaste de la colonnade du Bernin, cette quadruple rangée de colonnes et de piliers, qui lui fait une ceinture de majesté monumentale. Au fond, la basilique s'élève, rapetissée et alourdie par sa façade, mais emplissant le ciel de son dôme souverain.

Sous le soleil brûlant, des pentes s'étendaient, cailloutées, désertes, des marches basses se succédaient, usées et blanchies; et Pierre, tout au bout, entra. Il était trois heures, de larges rayons tombaient des hautes fenêtres carrées, une cérémonie, des vêpres sans doute, commençait dans la chapelle Clémentine, à gauche. Mais il n'entendit rien, il ne fut que frappé par l'immensité du vaisseau. A pas lents, les yeux en l'air, il en parcourut les dimensions démesurées. C'étaient, dès l'entrée, les bénitiers géants, avec leurs Anges gras comme des Amours; c'était la nef centrale, la colossale voûte en berceau, décorée de caissons; c'étaient surtout, à la croisée, les quatre piliers cyclopéens qui soutiennent le dôme; c'étaient encore les transepts et l'abside, dont chacun est à lui seul vaste comme une de nos églises. Et la pompe orgueilleuse, le faste éclatant, écrasant, le saisissait aussi : la coupole, pareille à un astre, qui resplendissait des tons vifs et des ors des mosaïques; le baldaquin somptueux, dont le bronze a été pris au Panthéon, et qui couronne le maître-autel érigé sur le tombeau même de saint Pierre, où descend le double escalier de la Confession, qu'éclairent les quatre-vingt-sept lampes, éternellement allumées; les marbres, enfin, une profusion, une prodigalité de marbres extraordinaire, des marbres blancs, des marbres de couleur, étalés, entassés. Ah! ces marbres polychromes dont le Bernin a eu la folie luxueuse : le dallage splendide où tout l'édifice se reflète; le revêtement des piliers ornés de médaillons représentant les papes, alternant avec la tiare et les clefs, que portent des Anges joufflus; les murs surchargés d'attributs compliqués, parmi lesquels se répète partout la colombe d'Innocent X; les niches avec leurs statues colossales, d'un goût baroque; les loges et leurs balcons, la rampe de la Confession et son double escalier, les autels riches et les tombeaux plus riches encore! Tout, la grande nef, les bas côtés, les transepts, l'abside, étaient en marbre, suaient le marbre, rayonnaient de la richesse du marbre, sans qu'on pût trouver un coin, large comme la paume de la main, qui n'eût pas l'ostentation insolente du marbre. Et la basilique triomphait, indiscutée, reconnue et admirée pour être l'église la plus grande et la plus opulente du monde, l'énormité dans la magnificence.

Pierre marchait toujours, errait par les nefs, regardait, accablé, sans rien distinguer encore. Il s'arrêta un instant devant le Saint Pierre de bronze, à la pose raidie, hiératique, sur son socle de marbre. Quelques fidèles s'approchaient, baisant le pouce du pied droit : les uns l'essuyaient pour le baiser; les autres, sans l'essuyer, le baisaient, appuyaient le front, puis le baisaient de nouveau. Et il retourna ensuite dans le transept de gauche, où sont les confessionnaux. Des prêtres y restent à demeure, prêts à confesser en toutes les langues. D'autres attendent, armés d'une longue baguette; et ils frappent légèrement le crâne des pêcheurs qui s'agenouillent, ce qui procure à ceux-ci trente jours d'indulgence. Mais très peu de monde était là, les prêtres occupaient leur attente, écrivaient, lisaient, comme chez eux, dans les étroites caisses de bois. Et il se retrouva devant la Confession, intéressé par les quatre-vingt-sept lampes, scintillantes ainsi que des étoiles. Le maître-autel, où le pape seul peut officier, semblait avoir une mélancolie hautaine de solitude, sous le baldaquin gigantesque et fleuri, dont la main-d'œuvre et la dorure ont coûté plus d'un demi-million. Puis, le souvenir lui revint de la cérémonie qu'on célébrait dans la chapelle Clémentine, et il s'étonna, car il n'entendait absolument rien. Il la crut finie, il voulut s'en assurer. Alors, à mesure qu'il se rapprocha, il saisit un souffle léger, comme un air de flûte qui venait de loin. Cela grandissait, il ne reconnut un chant d'orgues que lorsqu'il fut devant la chapelle. Des rideaux rouges, tirés devant les fenêtres, tamisaient le soleil; et elle était ainsi toute rougeoyante d'une clarté de fournaise, toute sonore d'une musique grave. Mais combien perdue, combien réduite dans l'immensité du vaisseau, pour qu'à soixante pas on ne distinguât même plus ni les voix ni le grondement des orgues!

En entrant, Pierre avait cru l'église complètement vide, immense et morte. Puis, il s'était aperçu de la présence de quelques êtres, devinés au loin. Des gens se trouvaient là, mais si espacés, si rares, que cela était comme s'ils n'étaient pas. Des touristes s'égaraient, les jambes lasses, leur Guide à la main. Au milieu de la grande nef, un peintre, avec son chevalet, ainsi que dans une galerie publique, prenait une vue. Tout un séminaire français défila ensuite, conduit par un prélat qui expliquait les tombeaux. Mais ces cinquante, ces cent personnes ne comptaient point, faisaient à peine l'effet, par la vaste étendue, de quelques fourmis noires égarées, cherchant leur route avec effarement. Et, dès lors, il eut la sensation nette d'une salle de gala géante, d'une véritable salle des pas perdus, dans un palais de réception démesuré. Les larges nappes de soleil qu'y versaient les hautes fenêtres carrées, sans verrière, l'éclairaient d'une clarté aveuglante, la traversaient de part en part d'une gloire. Pas un banc, pas une chaise, rien que le dallage superbe et nu, à l'infini, un dallage de musée, qui miroitait sous la pluie dansante des rayons. Aucun coin de recueillement, pas un coin d'ombre, de mystère, pour s'agenouiller et prier. Partout la lumière vive, l'éblouissement d'une souveraineté et d'une somptuosité de plein jour. Et lui, dans cette salle d'opéra, si déserte, allumée d'un tel flamboie-

ment d'or et de pourpre, qui arrivait avec le frisson de nos
cathédrales gothiques, où des foules obscures sanglotent
parmi la forêt des piliers! lui qui apportait le souvenir
endolori de l'architecture et de la statuaire émaciées
du moyen âge, tout âme, au milieu de cette majesté d'apparat, de cette pompe énorme et vide, qui était tout corps!
Vainement, il chercha une pauvre femme à genoux, un
être de foi ou de souffrance, dans un demi-jour de pudeur,
s'abandonnant à l'inconnu, causant avec l'invisible, bouche
close. Il n'y avait toujours là que le va-et-vient lassé des
touristes, l'air affairé des prélats menant les jeunes prêtres
aux stations obligatoires; tandis que les vêpres continuaient, dans la chapelle de gauche, sans que le bruit en
parvînt aux oreilles des visiteurs, à peine une onde confuse, le branle d'une cloche descendu du dehors, à travers les voûtes.

Pierre comprit que c'était là le splendide squelette d'un
colosse monumental dont la vie se retirait. Il fallait, pour
l'emplir, pour l'animer de son âme véritable, toutes les
magnificences des pompes religieuses. Il y fallait les
quatre-vingt mille fidèles que le vaisseau pouvait contenir,
les grandes cérémonies pontificales, l'éclat des fêtes de
la Noël et de Pâques, les défilés, les cortèges, déroulant
le luxe sacré, dans un décor et une mise en scène de grand
opéra. Et il évoqua ce qu'il savait de la splendeur
d'hier, la basilique débordant d'une foule idolâtre, le
cortège surhumain défilant au milieu des fronts proster-
nés, la croix et le glaive ouvrant la marche, les cardinaux
allant deux à deux comme des dieux de pléiade, vêtus du
rochet de dentelle, de la robe et du manteau de moire
rouge, dont les caudataires tenaient la queue, puis le pape
enfin, en Jupiter tout-puissant, élevé sur un pavois de
velours rouge, assis dans un fauteuil de velours rouge et
d'or, habillé de velours blanc, avec la chape d'or, l'étole
d'or, la tiare d'or. Les porteurs de la chaise gestatoire
étincelaient dans leurs tuniques rouges brodées de soie.

Les flabelli agitaient, au-dessus de la tête du pontife unique et souverain, les grands éventails de plume, qu'on balançait autrefois devant les idoles de la Rome antique. Et, autour de la chaise de triomphe, quelle cour éblouissante et glorieuse! toute la famille pontificale, le flot des prélats assistants, les patriarches, les archevêques, les évêques, drapés et mitrés d'or! les camériers secrets participants en soie violette, les camériers de cape et d'épée participants, portant le costume de velours noir, avec la fraise et la chaîne d'or! l'innombrable suite, ecclésiastique et laïque, dont cent pages de la *Gerarchia* n'épuisent pas l'énumération, les protonotaires, les chapelains, les prélats de toutes les classes et de tous les degrés, sans compter la maison militaire, les gendarmes avec le bonnet à poil, les gardes palatins en pantalon bleu et tunique noire, les gardes suisses cuirassés d'argent, rayés de jaune, de noir et de rouge, les gardes-nobles, superbes d'apparat dans leurs hautes bottes, leur culotte de peau blanche, leur tunique rouge brodée d'or, les épaulettes d'or et le casque d'or! Mais, depuis que Rome était la capitale de l'Italie, les portes ne s'ouvraient plus à deux battants, on les fermait au contraire avec un soin jaloux; et, les rares fois où le pape descendait officier encore, se montrer comme l'élu suprême, Dieu incarné sur la terre, la basilique ne se remplissait plus que d'invités, il fallait pour entrer une carte. Ce n'était plus le peuple, les cinquante mille, les soixante mille chrétiens accourant, s'entassant, au hasard du flot; c'était un choix, des assistants amis, triés pour des solennités particulières et fermées; et même, lorsqu'on arrivait à en réunir des milliers, il n'y avait toujours là qu'un public restreint, convié au spectacle d'un concert monstre.

Et Pierre, de plus en plus, à mesure qu'il parcourait ce musée froid et majestueux, parmi l'éclat dur des marbres, était pénétré de cette sensation qu'il se trouvait là dans un temple païen, élevé au dieu de la lumière

et de la pompe. Un grand temple de la Rome antique
était certainement pareil, avec les mêmes murs revêtus
de marbres polychromes, les mêmes colonnes précieuses, les mêmes voûtes aux caissons dorés. Cette
sensation, il devait la ressentir davantage encore en
visitant les autres basiliques, qui allaient finir par faire
en lui la vérité indiscutable. C'était d'abord l'église chrétienne s'installant, en toute audace et tranquillité, dans
le temple païen, San Lorenzo in Miranda qui se logeait
comme chez lui dans le temple d'Antonin et Faustine,
dont il gardait le portique rare en marbre cipolin et le
bel entablement de marbre blanc; ou bien c'était l'église
chrétienne qui repoussait du tronc abattu, de l'édifice
antique détruit, le Saint-Clément actuel par exemple,
sous lequel il y a des siècles de croyances contraires
stratifiés, un monument très ancien du temps de la république, un autre du temps de l'empire, dans lequel on
a reconnu un temple de Mithra, enfin une basilique de
la primitive foi. C'était ensuite l'église chrétienne, comme
à Sainte-Agnès hors les Murs, se bâtissant exactement
sur le modèle de la basilique civile des Romains, le Tribunal et la Bourse qui accompagnaient tout Forum; et
c'était surtout l'église chrétienne construite avec les
matériaux volés aux temples en ruine : les seize colonnes
superbes de cette même Sainte-Agnès, de marbres différents, prises évidemment à plusieurs dieux; les vingt et
une colonnes de Sainte-Marie du Transtévère, de tous les
ordres, arrachées d'un temple d'Isis et de Sérapis, dont
les chapiteaux ont conservé les figures; les trente-six
colonnes en marbre blanc de Sainte-Marie-Majeure,
d'ordre ionique, qui viennent du temple de Junon Lucine;
les vingt-deux colonnes de Sainte-Marie d'Aracœli,
toutes diverses de matière, de dimension et de travail, et
dont la légende veut que certaines aient été dérobées à
Jupiter lui-même, au temple de Jupiter Capitolin, qui
s'élevait à la même place, sur le sommet sacré. Aujour-

d'hui encore, les temples de la riche époque impériale renaissaient dans les basiliques somptueuses, à Saint-Jean de Latran et à Saint-Paul hors les Murs. La basilique de Saint-Jean, la Mère et la Tête de toutes les églises, développant ses cinq nefs, divisées par quatre rangées de colonnes, alignant ses douze statues colossales des Apôtres, comme une double haie de dieux menant au Maître des dieux, prodiguant les bas-reliefs, les frises, les entablements, ne semblait-elle pas le palais d'honneur d'une Divinité païenne, dont le royaume opulent était de ce monde? Et, à Saint-Paul surtout, tel qu'on vient de l'achever, dans le resplendissement neuf des marbres, pareils à des miroirs, ne retrouvait-on pas la demeure des Immortels de l'Olympe, le temple type, la majestueuse colonnade sous le plafond plat, à caissons dorés, le pavage de marbre, d'une beauté de matière et de travail incomparable, les pilastres violets à base et à chapiteau blancs, l'entablement blanc à frise violette, le mélange partout de ces deux couleurs d'une harmonie divinement charnelle, qui faisait songer aux corps souverains des grandes déesses, baignés d'aurore? Nulle part, pas plus qu'à Saint-Pierre, un coin d'ombre, un coin de mystère, ouvrant sur l'invisible. Et Saint-Pierre restait quand même le monstre, par son droit de colosse, encore plus grand que les plus grands, démesuré témoignage de ce que peut la folie de l'énorme, quand l'orgueil humain rêve de loger Dieu, à coups de millions dépensés, dans la demeure de pierres, trop vaste et trop riche, où triomphe l'homme en son nom.

C'était donc à ce colosse de gala qu'avait abouti, après des siècles, la ferveur de la foi primitive! On y retrouvait cette sève du sol de Rome, qui, dans tous les temps, a repoussé en monuments déraisonnables. Il semble que les maîtres absolus qui, successivement, y ont régné, aient apporté avec eux cette passion de la construction cyclopéenne, l'aient puisée dans la terre natale où ils ont grandi, car ils se la sont transmise sans arrêt, de civilisation en civilisation. C'est une végétation continue de la vanité humaine, le besoin d'inscrire son nom sur un mur, de laisser de soi, après avoir été le maître de la terre, une trace indestructible, la preuve tangible de toute cette gloire d'un jour, l'édifice éternel de bronze et de marbre qui en témoignera jusqu'à la fin des âges. Au fond, il n'y a là que l'esprit de conquête, l'ambition fière de la race, toujours en peine de la domination du monde ; et, lorsque tout a croulé, lorsqu'une société nouvelle renaît des ruines, et qu'on peut la croire guérie de l'orgueil, retrempée dans l'humilité, ce n'est encore qu'une erreur, elle a le vieux sang en ses veines, elle cède de nouveau à la folie insolente des ancêtres, livrée à toute la violence de l'hérédité, dès qu'elle est grande et forte. Il n'est pas un pape illustre qui n'ait voulu bâtir, qui n'ait repris la tradition des Césars, éternisant leur règne dans la pierre, se faisant élever des temples à leur mort, pour passer au rang des dieux. Le même souci d'immortalité terrestre éclate, c'est à qui léguera le monument le plus grand, le plus solide, le plus magnifique ; et la maladie est si aiguë que ceux, moins fortunés, qui, ne pouvant construire, ont dû se contenter de réparer, se sont plu à transmettre aux générations la mémoire de leurs travaux modestes, en faisant sceller des plaques de marbre, gravées d'inscriptions pompeuses : de là la continuelle rencontre de ces plaques, pas une muraille consolidée sans qu'un pape l'ait timbrée de ses armes, pas une ruine rétablie, pas un palais remis en état, pas une fontaine nettoyée, sans que le pape régnant signe l'œuvre de son titre romain de Pontifex Maximus. C'est une hantise, une involontaire débauche, la floraison fatale de ce terreau fait de décombres, depuis plus de deux mille ans. Des monuments sans cesse remontent de cette poussière de monuments. Et l'on se demande si Rome a jamais été chrétienne, dans cette perversion dont le vieux sol romain a presque tout de suite entaché la doctrine de Jésus, cette volonté de domination, ce désir de la gloire terrestre qui ont fait le triomphe du catholicisme, au mépris des humbles et des purs, des fraternels et des simples du christianisme primitif.

Alors, tout d'un coup, Pierre, sous une illumination brusque, vit la vérité éclater et se résumer en lui, au moment où, pour la seconde fois, il faisait le tour de l'immense basilique, en admirant les tombeaux des papes. Ah! ces tombeaux! Là-bas, dans la Campagne rase, sous le plein soleil, aux deux bords de la voie Appienne, qui était comme l'entrée triomphale de Rome, conduisant l'étranger au Palatin auguste, ceint d'une couronne de palais, se dressaient les gigantesques tombeaux des puissants et des riches, d'une splendeur d'art, d'une magnificence sans pareille, qui éternisait dans le marbre l'orgueil et la pompe d'une race forte, dominatrice des peuples. Puis, près de là, sous la terre, en pleine nuit discrète, au fond de misérables trous de taupe, se cachaient les autres tombeaux, les petits, les pauvres, les souffrants, sans art ni richesse, dont l'humilité disait qu'un souffle de tendresse et de résignation avait passé, qu'un homme était venu prêcher la fraternité et l'amour, l'abandon des biens de cette vie pour les éternelles joies de la vie future, confiant à la terre nouvelle le bon grain de son Évangile, semant l'humanité rajeunie qui allait transformer le vieux monde. Et voilà que de cette semence enfouie dans le sol durant des siècles, voilà que de ces tombeaux si humbles, si inconnus, où les martyrs dormaient leur doux sommeil, en attendant le réveil glorieux, voilà que d'autres tombeaux encore avaient poussé, aussi géants, aussi fastueux que les antiques tombeaux détruits des idolâtres, dressant leurs marbres parmi les splendeurs païennes d'un temple, étalant le même orgueil surhumain, la même passion affolée de domination universelle. A la Renaissance, Rome redevient païenne, le vieux sang

impérial remonte, emporte le christianisme, sous la plus
rude attaque qu'il ait eu à subir. Ah! ces tombeaux des
papes, à Saint-Pierre, dans leur insolente glorification,
dans leur énormité charnelle et luxueuse, défiant la
mort, mettant sur cette terre l'immortalité! Ce sont des
papes de bronze, démesurés, ce sont des figures allégoriques, des anges équivoques, beaux comme des belles
filles, des femmes désirables, avec des hanches et des
gorges de déesses. Paul III est assis sur un haut piédes-
tal, la Justice et la Prudence sont à demi couchées à ses
pieds. Urbain VIII est entre la Prudence et la Religion,
Innocent XI entre la Religion et la Justice, Innocent XII
entre la Justice et la Charité, Grégoire XIII entre la Religion et la Force. A genoux, Alexandre VII, assisté de la
Prudence et de la Justice, a devant lui la Charité et la
Vérité; et un squelette se lève, montrant le sablier
vide. Clément XIII, agenouillé également, triomphe au-
dessus d'un sarcophage monumental, sur lequel s'appuie
la Religion tenant la croix; tandis que le Génie de la
Mort, qui s'accoude à l'angle de droite, a sous lui deux
lions énormes, symbole de la toute-puissance. Le bronze
disait l'éternité des figures, les marbres blancs éclataient
en belles chairs opulentes, les marbres de couleur s'en-
roulaient en riches draperies, dressaient les monuments
en pleine apothéose, sous la vive lumière dorée des nefs
immenses.

Et Pierre passait de l'un à l'autre, continuait de marcher au travers de la basilique ensoleillée, superbe et
déserte. Oui, ces tombeaux, d'une impériale ostentation,
rejoignaient ceux de la voie Apienne. C'était Rome sûrement, la terre de Rome, cette terre où l'orgueil et la domination poussaient comme l'herbe des champs, qui avait
fait de l'humble christianisme primitif le catholicisme
victorieux, allié aux puissants et aux riches, machine
géante de gouvernement, dressée pour la conquête des
peuples. Les papes s'étaient réveillés Césars. Et la loin-

taine hérédité agissait, le sang d'Auguste avait de nouveau jailli, coulant dans leurs veines, leur brûlant le crâne d'ambitions surhumaines. Seul, Auguste avait réalisé l'empire du monde, à la fois empereur et grand pontife, maître des corps et des âmes. De là, l'éternel rêve des papes, désespérés de ne détenir que le spirituel, s'obstinant à ne rien céder du temporel, dans l'espoir séculaire, jamais abandonné, que le rêve, se réalisant encore, fera du Vatican un autre Palatin, d'où ils régneront, en despotes absolus, sur les nations conquises.

VI

Depuis quinze jours déjà, Pierre se trouvait à Rome, et l'affaire pour laquelle il était venu, la défense de son livre, n'avançait point. Il en était encore à son désir brûlant de voir le pape, sans prévoir quand ni comment il le satisferait, au milieu des continuels retards, dans la terreur que monsignor Nani lui avait inspirée d'une démarche imprudente. Et, comprenant que son séjour pouvait s'éterniser, il s'était décidé à faire viser son *celebret* au vicariat, il disait sa messe chaque matin à Sainte-Brigitte, place Farnèse, où il avait reçu un bienveillant accueil de l'abbé Pisoni, l'ancien confesseur de Benedetta.

Ce lundi-là, il résolut de descendre de bonne heure à la petite réception intime de donna Serafina, avec l'espoir d'y apprendre des nouvelles et d'y hâter son affaire. Peut-être monsignor Nani serait-il là, peut-être aurait-il la chance de tomber sur quelque prélat ou sur quelque cardinal qui l'aiderait. Vainement, il avait tâché d'utiliser don Vigilio, de tirer tout au moins de lui des renseignements certains. Comme repris de méfiance et de peur, après s'être montré un instant serviable, le secrétaire du cardinal Boccanera l'évitait, se cachait, l'air résolu à ne pas se mêler d'une aventure décidément louche et dangereuse. D'ailleurs, depuis l'avant-veille, il venait d'être pris d'un accès atroce de fièvre, qui le forçait à garder la chambre.

Et il n'y avait absolument, pour réconforter Pierre, que

Victorine Bosquet, l'ancienne bonne montée au rang de gouvernante, la Beauceronne qui conservait son cœur de vieille France, après trente ans de vie dans cette Rome qu'elle ignorait. Elle lui parlait d'Auneau, comme si elle l'avait quitté la veille. Mais, ce jour-là, elle n'avait point sa vivacité accorte, sa gaieté d'habitude; et, quand elle sut qu'il descendrait, le soir, voir ces dames, elle hocha la tête.

— Ah! vous ne les trouverez pas bien contentes. Ma pauvre Benedetta a de gros ennuis. Il paraît que son divorce va très mal.

Toute Rome en causait, c'était une reprise extraordinaire de commérages qui bouleversait le monde blanc et le monde noir. Aussi Victorine n'avait-elle pas à faire de la discrétion inutile, vis-à-vis d'un compatriote. Donc, en réponse au mémoire de l'avocat consistorial Morano, qui, s'appuyant sur des témoignages et sur des preuves écrites, démontrait que le mariage n'avait pu être consommé, par suite de l'impuissance du mari, monsignor Palma, théologien, choisi dans l'affaire par la congrégation du Concile, comme défenseur du mariage, venait à son tour de déposer un mémoire vraiment terrible. D'abord, il mettait fortement en doute l'état de virginité de la demanderesse, discutant les termes techniques du certificat des deux sages-femmes, exigeant l'examen à fond fait par deux médecins, formalité devant laquelle avait reculé la pudeur de la jeune femme; et encore citait-il des cas physiologiques, parfaitement établis, où des filles avaient eu commerce avec des hommes, sans paraître le moins du monde déflorées. Il tirait grand parti du récit contenu dans le mémoire du comte Prada, qui, très sincèrement, hésitait à dire si le mariage avait été consommé ou non, tellement la comtesse s'était débattue; lui, sur le moment, avait bien cru accomplir l'acte jusqu'au bout, dans les conditions normales; mais, depuis, en y réfléchissant, il n'osait être affirmatif, il admettait que, cédant à la violence de son désir, il avait pu s'illusionner sur une possession incomplète. Et monsignor Palma triomphait de ce doute, l'aggravait par tous les raisonnements subtils que comportait la délicate matière, en arrivait à retourner contre l'épouse violentée la déposition de la femme de chambre, citée par elle, qui avait entendu le bruit de la lutte et qui affirmait que monsieur et madame, à la suite de cette première nuit, avaient toujours fait lit à part. Ensuite, d'ailleurs, l'argument décisif du mémoire était que, si même la demanderesse faisait la preuve complète de sa virginité, il n'en demeurerait pas moins certain que son refus seul avait empêché la consommation du mariage, la condition foncière de l'acte étant l'obéissance de la femme. Et, enfin, sur un quatrième mémoire, celui du rapporteur, où ce dernier résumait et discutait les trois autres, la congrégation avait voté, accordant l'annulation du mariage, mais à une voix de majorité seulement, solution si précaire, que sans attendre, selon son droit, monsignor Palma s'était empressé de demander un supplément d'informations, ce qui remettait en question toute la procédure et rendait un nouveau vote nécessaire.

— Ah! ma pauvre contessina! s'écria Victorine, elle en mourra de chagrin, car la chère fille brûle à petit feu, sous son air si calme... Il paraît que ce monsignor Palma est le maître de la situation, qu'il peut faire durer l'affaire autant qu'il en aura l'envie. Avec ça, on a déjà dépensé tant d'argent, et il va falloir en dépenser encore... L'abbé Pisoni, que vous connaissez maintenant, a eu là une belle idée, le jour où il a voulu ce mariage; et ce n'est pas pour chagriner la mémoire de ma bonne maîtresse, la comtesse Ernesta, qui était une sainte, mais elle a sûrement fait le malheur de sa fille, quand elle l'a donnée au comte Prada.

Elle s'interrompit. Puis, emportée par l'esprit de justice qui était en elle :

— Il a d'ailleurs raison de ne pas être content, le comte Prada. On se moque par trop de lui... Et, vous savez, ça ne m'empêche pas de dire que ma Benedetta est bien sotte d'y mettre tant de formalités. Si ça dépendait de moi, elle l'aurait, son Dario, ce soir, dans sa chambre, puisqu'elle l'aime si fort, puisqu'ils s'aiment tous les deux et qu'ils se veulent depuis si longtemps... Ah! ma foi, oui! sans maire et sans curé, pour le plaisir d'être jeunes, d'être beaux et d'avoir du bonheur ensemble... Le bonheur, mon Dieu! le bonheur, c'est si rare!

Et, en voyant que Pierre la regardait, surpris, elle se mit à rire de son air de belle santé, avec le tranquille équilibre du menu peuple de France qui ne croit plus guère qu'à la vie heureuse, menée honnêtement.

Puis, d'une façon plus discrète, elle se désola d'un autre ennui qui assombrissait la maison, un contre-coup encore de cette malheureuse affaire du divorce. Il y avait brouille entre donna Serafina et l'avocat Morano, très mécontent du demi-échec de son mémoire devant la congrégation, accusant le père Lorenza, le confesseur de la tante et de la nièce, de les avoir poussées à un procès fâcheux, où il n'y aurait que du scandale pour tout le monde. Et il n'avait plus reparu au palais Boccanera, c'était la rupture d'une vieille liaison de trente années, une véritable stupeur pour tous les salons de Rome, qui désapprouvaient formellement Morano. Donna Serafina était d'autant plus ulcérée, qu'elle le soupçonnait de soulever là une mauvaise querelle et de la quitter pour une tout autre cause, un brusque désir inavouable, criminel chez un homme de sa position et de sa piété, la passion qu'une petite bourgeoise jeune, une intrigante, avait allumée en lui.

Lorsque Pierre, le soir, entra dans le salon tendu de brocatelle jaune, à grandes fleurs Louis XIV, il trouva en effet qu'une mélancolie y régnait, sous la clarté plus sourde des lampes voilées de dentelle. Il n'y avait là, d'ailleurs, que Benedetta et Celia, assises sur un canapé, causant avec Dario; tandis que le cardinal Sarno, enfoui au fond d'un fauteuil, écoutait, sans mot dire, le bavardage intarissable de la vieille parente, qui, chaque lundi, amenait la petite princesse. Donna Serafina était seule, à sa place habituelle, au coin droit de la cheminée, avec la secrète rage de voir devant elle le coin gauche vide, ce coin que Morano avait occupé pendant les trente ans de sa fidélité. Et Pierre remarqua le coup d'œil anxieux, puis désespéré, dont elle avait accueilli son entrée, guettant la porte, attendant sans doute encore le volage. Elle se tenait, du reste, très droite et très fière, la taille fine, plus serrée que jamais dans son corset, avec sa face dure de vieille fille, aux cheveux de neige, aux sourcils très noirs.

Tout de suite Pierre, après lui avoir présenté ses hommages, laissa percer sa préoccupation, en demandant s'il n'aurait pas le plaisir de voir monsignor Nani, ce soir-là. Et elle-même ne put s'empêcher de répondre :

— Oh! monsignor Nani nous abandonne, comme les autres. C'est lorsqu'on a besoin des gens qu'ils disparaissent.

Elle gardait aussi une rancune au prélat de ce qu'il s'était employé au divorce très mollement, après avoir beaucoup promis. Sans doute, comme toujours, sous sa bienveillance extrême, pleine de caresses, il avait quelque autre plan à lui. D'ailleurs, elle regretta vite l'aveu que la colère lui avait arraché; et elle reprit :

— Il va peut-être venir. Il est si bon, il nous aime tant!

Malgré la vivacité de son sang, elle voulait être politique, pour vaincre les chances mauvaises. Son frère, le cardinal, lui avait dit combien l'irritait l'attitude de la congrégation du Concile, car il ne doutait pas que le froid accueil, fait à la demande de sa nièce, ne vînt en partie du désir que certains de ses collègues, les cardinaux, avaient de lui être désagréables. Lui-même souhaitait le divorce, qui seul devait assurer la continuation de la race, puisque Dario s'entêtait à ne vouloir épouser que sa cousine. Et c'était un concours de désastres, toute la famille atteinte, lui frappé dans son orgueil, sa sœur partageant cette souffrance et blessée par contre-coup au cœur, les deux amoureux désespérés de voir leur espérance reculée une fois encore.

Quand Pierre s'approcha du canapé, où causaient les jeunes gens, il entendit bien qu'on ne parlait que de la catastrophe, à demi-voix.

— Pourquoi vous désoler? disait Celia. En somme, l'annulation du mariage a été adoptée, à la majorité d'une voix. Le procès est repris, ce n'est qu'un retard.

Mais Benedetta hochait la tête.

— Non, non! si monsignor Palma s'entête, jamais Sa Sainteté ne donnera son approbation. C'est fini.

— Ah! si l'on était riche, très riche! murmura Dario d'un air convaincu, qui ne fit sourire personne.

Puis, tout bas, à sa cousine :

— Il faut absolument que je te parle, nous ne pouvons plus vivre de la sorte.

Et elle répondit de même, dans un souffle :

— Descends demain soir, à cinq heures. Je resterai, je serai seule, ici.

La soirée s'éternisa ensuite. Pierre était infiniment touché de l'air d'accablement où il trouvait Benedetta, si calme et si raisonnable d'habitude. Ses yeux profonds, dans son visage pur, d'une délicatesse d'enfance, étaient comme voilés de larmes contenues. Il s'était déjà pris pour elle d'une véritable tendresse, à la voir toujours d'une humeur égale, un peu indolente, cachant sous cette apparence de grande sagesse la passion de son âme de flamme. Elle tâchait pourtant de sourire, en écoutant les jolies confidences de Celia, dont les amours marchaient mieux que les siennes. Et il n'y eut qu'un moment de conversation générale, lorsque la vieille parente, haussant la voix, parla de l'indigne attitude de la presse italienne, à l'égard du Saint-Père. Jamais les rapports ne semblaient avoir été aussi mauvais entre le Vatican et le Quirinal. Le cardinal Sarno, muet d'habitude, annonça que le pape, à l'occasion des fêtes sacrilèges du 20 septembre, célébrant la prise de Rome, lancerait une nouvelle lettre de protestation, à la face de tous les États chrétiens, complices du rapt par leur indifférence.

— Allez donc tenter de marier le pape et le roi! dit donna Serafina d'une voix amère, en faisant allusion au déplorable mariage de sa nièce.

Elle paraissait hors d'elle, il était trop tard maintenant, et l'on n'attendait plus monsignor Nani, ni personne. Pourtant, à un bruit inespéré de pas, ses yeux se rallumèrent, elle regarda ardemment la porte, eut la dernière déception de voir entrer Narcisse Habert, qui vint s'excuser près d'elle de sa visite tardive. Son oncle par alliance, le cardinal Sarno, l'avait introduit dans ce salon si fermé, et il y était bien accueilli, à cause de ses idées religieuses, que l'on disait intransigeantes. Ce soir-là, d'ailleurs, il n'y accourait, malgré l'heure avancée, que pour Pierre. Il le prit tout de suite à l'écart.

— J'étais certain de vous trouver ici, j'ai dîné à l'ambassade avec mon cousin, monsignor Gamba del Zoppo, et j'ai une bonne nouvelle à vous annoncer... Il nous recevra demain matin, vers onze heures, à son appartement du Vatican.

Puis, baissant encore la voix :

— Je crois bien qu'il tâchera de vous introduire auprès du Saint-Père... Enfin, l'audience me paraît certaine.

Pierre eut une grosse joie de cette certitude, qui lui arrivait dans la tristesse de ce salon, où, depuis près de deux heures, il se chagrinait et tombait à la désespérance. Enfin, il aurait donc une solution! Narcisse, après avoir serré la main de Dario, salua Benedetta et Celia, puis s'approcha de son oncle le cardinal, qui, débarrassé de la vieille parente, se décidait à parler. Mais il ne causait guère que de sa santé, du temps qu'il faisait, des anecdotes insignifiantes qu'on lui avait contées, sans jamais un mot sur les mille affaires compliquées et terribles qu'il brassait à la Propagande. C'était, en dehors de son cabinet de vieux bureaucrate, comme un bain d'effacement et de médiocrité, où il se reposait du souci de gouverner la terre. Et tout le monde se leva, on prit congé.

— N'oubliez pas, répéta Narcisse à Pierre, demain matin, à dix heures, vous me trouverez à la chapelle Sixtine. Et, en attendant l'heure de notre rendez-vous, je vous montrerai le Botticelli.

Le lendemain, dès neuf heures et demie, Pierre, venu à pied, était sur la vaste place; et, avant de se diriger à droite, vers la porte de bronze, dans l'angle de la colonnade, il leva les yeux, il s'arrêta quelques minutes pour regarder le Vatican. Rien ne lui parut moins monumental que cet entassement de constructions, grandies à l'ombre du dôme de Saint-Pierre, sans ordre architectural aucun, sans régularité quelconque. Les toitures se superposaient, les façades s'étendaient, larges et plates, au hasard des ailes ajoutées et surélevées. Seuls, les trois côtés de la cour Saint-Damase, symétriques, apparaissaient au-dessus de la colonnade, avec les grands vitrages des anciennes loges, fermées aujourd'hui, qui les faisaient ressembler à trois corps de serre immenses, étincelant au soleil dans le ton roux de la pierre. Et c'était là le plus beau palais du monde, le plus vaste, aux onze cents salles, celui qui contenait les plus admirables chefs-d'œuvre du génie humain! Mais, dans sa désillusion, Pierre ne s'intéressa qu'à la haute façade de droite, qui donne sur la place, et où il savait que s'ouvraient les fenêtres de l'appartement particulier du pape, au second étage. Il contempla longuement ces fenêtres, on lui avait dit que la cinquième, à droite, était celle de la chambre à coucher, où l'on voyait toujours brûler une lampe, très tard dans la nuit.

Qu'y avait-il derrière cette porte de bronze, qu'il apercevait là, devant lui, et qui était le seuil sacré, la communication entre tous les royaumes de la terre et le royaume de Dieu, dont l'auguste représentant s'était emprisonné dans ces hautes murailles muettes? Il l'examinait de loin, avec ses panneaux de métal, garnis de gros clous à tête carrée, et il se demandait ce qu'elle défendait, ce qu'elle cachait, ce qu'elle murait, de son air dur d'antique porte de forteresse. Quel monde allait-il trouver derrière, quel trésor de charité humaine conservé jalousement dans l'ombre, quelle résurrection d'espoir pour les peuples nouveaux, avides de fraternité et de justice? Il se plaisait à ce rêve, le pasteur unique et sacré veillant au fond de ce palais clos, préparant le règne définitif de Jésus, pendant que s'écroulaient les vieilles civilisations pourries, et à la veille enfin de proclamer ce règne, en faisant de nos démocraties la grande communauté chrétienne, que le Sauveur avait promise. C'était l'avenir qui s'élaborait derrière la porte de bronze, et l'avenir sans doute qui en sortirait.

Mais Pierre, brusquement, eut la surprise de se trouver en face de monsignor Nani, qui justement quittait le Vatican, pour regagner à pied, à deux pas, le palais du Saint-Office, où il logeait comme assesseur.

— Ah! monseigneur, je suis heureux. Mon ami, monsieur Habert, va me présenter à son cousin, monsignor Gamba del Zoppo, et je crois bien que je vais obtenir l'audience tant désirée.

De son air aimable et fin, monsignor Nani souriait.

— Oui, oui, je sais.

Il se reprit.

— J'en suis heureux autant que vous, mon cher fils. Seulement, soyez prudent.

Puis, craignant que son aveu n'eût fait comprendre au jeune prêtre qu'il sortait de voir monsignor Gamba del Zoppo, le prélat le plus facile à terrifier de toute la discrète famille pontificale, il conta qu'il courait depuis le matin pour deux dames françaises, qui, elles aussi, se mouraient du désir de voir le pape ; et il avait grand'peur de ne pas réussir.

— Je vous avouerai, monseigneur, déclara Pierre, que je commençais à me décourager. Oui, il est temps que j'aie un peu de réconfort, car mon séjour ici n'est pas fait pour m'assainir l'âme.

Il continua, il laissa percer combien Rome achevait de briser en lui la foi. De telles journées, celle qu'il avait passée au Palatin et à la voie Appienne, puis celle qu'il avait vécue aux Catacombes et à Saint-Pierre, n'étaient bonnes qu'à le troubler, qu'à gâter son rêve d'un christianisme rajeuni et triomphant. Il en sortait en proie au doute, envahi d'une lassitude commençante, ayant perdu de son enthousiasme toujours prêt à la révolte.

Sans cesser de sourire, monsignor Nani l'écoutait, hochait la tête d'un air d'approbation. Évidemment, c'était bien cela, les choses devaient se passer ainsi. Il semblait l'avoir prévu et en être satisfait.

— Enfin, mon cher fils, tout va pour le mieux, du moment que vous êtes certain de voir Sa Sainteté.

— C'est vrai, monseigneur, j'ai mis mon unique espoir dans le très juste et très clairvoyant Léon XIII. Lui seul peut me juger, puisque, dans mon livre, lui seul reconnaîtra sa pensée, que, très fidèlement, je crois avoir traduite... Ah! s'il le veut, au nom de Jésus, par la démocratie et par la science, il sauvera le vieux monde!

Son enthousiasme le reprenait, et Nani, de plus en plus affable, avec ses yeux aigus et ses lèvres minces, approuva de nouveau.

— Parfaitement, c'est cela, mon cher fils. Vous causerez, vous verrez.

Puis, comme tous deux, levant la tête, regardaient la façade du Vatican, il poussa l'amabilité jusqu'à le détromper. Non, la fenêtre où l'on voyait de la lumière chaque soir, n'était pas celle de la chambre à coucher du pape. C'était celle d'un palier de l'escalier, que des becs de gaz éclairaient toute la nuit. La chambre du pape se trouvait à deux fenêtres de là. Et ils retombèrent dans le silence, ils continuèrent à regarder la façade, très graves l'un et l'autre.

— Eh bien! au revoir, mon cher fils. Vous me raconterez l'entrevue, n'est-ce pas?

Dès que Pierre fut seul, il franchit la porte de bronze, le cœur battant à grands coups, comme s'il fût entré dans le lieu sacré et redoutable où s'élaborait le bonheur futur. Un poste veillait là, un garde suisse marchait à pas lents, drapé en un manteau gris bleu, qui laissait dépasser seulement la culotte bariolée de noir, de jaune et de rouge; et il semblait que ce manteau discret fût jeté ainsi sur un déguisement, pour en dissimuler l'étrangeté devenue gênante. Puis, tout de suite, à droite, s'ouvrait le grand escalier couvert qui conduit à la cour Saint-Damase. Mais, pour se rendre à la chapelle Sixtine, il fallait suivre la longue galerie, entre une double rangée de colonnes, et monter l'escalier Royal. Et Pierre, dans ce monde géant, où toutes les dimensions s'exagéraient, d'une écrasante majesté, soufflait un peu, en gravissant les larges marches.

Quand il entra dans la chapelle Sixtine, il éprouva d'abord une surprise. Elle lui parut petite, une sorte de salle rectangulaire, très haute, avec sa fine cloison de marbre qui la coupe aux deux tiers, la partie où se tiennent les invités, les jours de grande cérémonie, et le chœur où s'assoient les cardinaux sur de simples bancs de chêne, tandis que les prélats restent debout, derrière.

Le trône pontifical, sur une estrade basse, est à droite de l'autel, d'une richesse sobre. A gauche, dans la muraille, s'ouvre l'étroite loge, à balcon de marbre, réservée aux chanteurs. Et il faut lever la tête, il faut que les regards montent de l'immense fresque du Jugement dernier, qui occupe la paroi entière du fond, aux peintures de la voûte, qui descendent jusqu'à la corniche, entre les douze fenêtres claires, six de chaque côté, pour que, brusquement, tout s'élargisse, tout s'écarte et s'envole, en plein infini.

Il n'y avait heureusement là que trois ou quatre touristes, peu bruyants. Et Pierre aperçut tout de suite Narcisse Habert, sur un des bancs des cardinaux, au-dessus de la marche où s'assoient les caudataires. Le jeune homme, immobile, la tête un peu renversée, semblait comme en extase. Mais ce n'était pas l'œuvre de Michel-Ange qu'il regardait. Il ne quittait pas des yeux, en dessous de la corniche, une des fresques antérieures. Et, lorsqu'il eut reconnu le prêtre, il se contenta de murmurer, les regards noyés :

— Oh ! mon ami, voyez donc le Botticelli !

Puis, il retomba dans son ravissement.

Pierre, dans un grand coup en plein cerveau et en plein cœur, venait d'être pris tout entier par le génie surhumain de Michel-Ange. Le reste disparut, il n'y eut plus, là-haut, comme en un ciel illimité, que cette extraordinaire création d'art. L'inattendu d'abord, ce qui le stupéfiait, c'était que le peintre avait accepté d'être l'unique artisan de l'œuvre. Ni marbriers, ni bronziers, ni doreurs, ni aucun autre corps d'état. Le peintre, avec son pinceau, avait suffi pour les pilastres, les colonnes, les corniches de marbre, pour les statues et les ornements de bronze, pour les fleurons et les rosaces d'or, pour toute cette décoration d'une richesse inouïe qui encadrait les fresques. Et il se l'imaginait, le jour où on lui avait livré la voûte nue, rien que le plâtre, rien que la muraille plate et blanche, des centaines de mètres carrés à couvrir. Et il le voyait devant cette page immense, ne voulant pas d'aide, chassant les curieux, s'enfermant tout seul avec sa besogne géante, jalousement, violemment, passant quatre années et demie solitaire et farouche, dans son enfantement quotidien de colosse. Ah! cette œuvre énorme, faite pour emplir une vie, cette œuvre qu'il avait dû commencer dans une tranquille confiance en sa volonté et en sa force, tout un monde tiré de son cerveau et jeté là, d'une poussée continue de la virilité créatrice, en plein épanouissement de la toute-puissance!

Ensuite, ce fut chez Pierre un saisissement, lorsqu'il passa à l'examen de cette humanité agrandie de visionnaire, débordant en des pages de synthèse démesurée, de symbolisme cyclopéen. Et telles que des floraisons naturelles, toutes les beautés resplendissaient, la grâce et la noblesse royales, la paix et la domination souveraines. Et la science parfaite, les plus violents raccourcis osés dans la certitude de la réussite, la perpétuelle victoire technique sur les difficultés que les plans courbes présentaient. Et surtout une ingénuité de moyens incroyable, la matière réduite presque à rien, quelques couleurs employées largement, sans aucune recherche d'adresse ni d'éclat. Et cela suffisait, et le sang grondait avec emportement, les muscles saillaient sous la peau, les figures s'animaient et sortaient du cadre, d'un élan si énergique, qu'une flamme semblait passer là-haut, donnant à ce peuple une vie surhumaine, immortelle. La vie, c'était la vie qui éclatait, qui triomphait, une vie énorme et pullulante, un miracle de vie réalisé par une main unique, qui apportait le don suprême, la simplicité dans la force.

Qu'on ait vu là une philosophie, qu'on ait voulu y trouver toute la destinée, la création du monde, de l'homme et de la femme, la faute, le châtiment, puis la rédemption, et enfin la justice de Dieu au dernier jour du monde : Pierre ne pouvait s'y arrêter, dès cette première rencontre, dans la stupeur émerveillée où une telle œuvre le jetait. Mais quelle exaltation du corps humain, de sa beauté, de sa puissance et de sa grâce ! Ah ! ce Jéhova, ce royal vieillard, terrible et paternel, emporté dans l'ouragan de sa création, les bras élargis, enfantant les mondes ! et cet Adam superbe, d'une ligne si noble, la main tendue, et que Jéhova anime du doigt, sans le toucher, geste admirable, espace sacré entre ce doigt du créateur et celui de la créature, petit espace où tient l'infini de l'invisible et du mystère ! et cette Ève puissante et adorable, cette Ève aux flancs solides, capables de porter la future humanité, d'une grâce fière et tendre de femme qui voudra être aimée jusqu'à la perdition, toute la femme avec sa séduction, sa fécondité, son empire ! Puis, c'étaient même les figures décoratives, assises sur les pilastres, aux quatre coins des fresques, qui célébraient le triomphe de la chair : les vingt jeunes hommes, heureux d'être nus, d'une splendeur de torse et de membres incomparable, d'une intensité de vie telle, qu'une folie du mouvement les emporte, les plie et les renverse, en des attitudes de héros. Et, entre les fenêtres, trônaient les géants, les Prophètes et les Sibylles, l'homme et la femme devenus dieux, démesurés dans la force de la musculature et dans la grandeur de l'expression intellectuelle : Jérémie, le coude appuyé sur le genou, la mâchoire dans la main, réfléchissant, au fond même de la vision et du rêve ; la Sibylle d'Érythrée, au profil si pur, si jeune en son opulence, un doigt sur le livre ouvert du destin ; Isaïe, à l'épaisse bouche de vérité, toute gonflée sous le charbon ardent, hautain, la face tournée à demi et une main levée, en un geste de commandement ; la Sibylle de Cumes, terrifiante de science et de vieillesse, restée d'une solidité de roc, avec son masque ridé, son nez de proie, son menton carré qui avance et s'obstine ; Jonas, vomi par la baleine, lancé là en un raccourci extraordinaire, le torse tordu, les bras repliés, la tête renversée, la bouche grande ouverte et criant; et les autres, et les autres, tous de la même famille ample et majestueuse, régnant avec la souveraineté de l'éternelle santé et de l'éternelle intelligence, réalisant le rêve d'une humanité indestructible, plus large et plus haute. D'ailleurs, dans les cintres des fenêtres, dans les lunettes, des figures de beauté, de puissance et de grâce, naissaient encore, se pressaient, abondaient, les ancêtres du Christ, les mères songeuses aux beaux enfants nus, les hommes aux regards lointains, fixés sur l'avenir, la race punie, lasse, désireuse du Sauveur promis; tandis que, dans les pendentifs des quatre angles, s'évoquaient, vivantes, des scènes bibliques, les victoires d'Israël sur l'esprit du mal. Et c'était enfin la colossale fresque du fond, le Jugement dernier, avec son peuple grouillant de figures, si innombrables, qu'il faut des jours et des jours pour les bien voir, une foule éperdue, emportée dans un brûlant souffle de vie, depuis les morts que réveillent les anges de l'Apocalypse, sonnant furieusement de la trompette, depuis les réprouvés que les démons jettent à l'enfer, en grappes d'épouvante, jusqu'au Jésus justicier, entouré des apôtres et des saints, jusqu'aux élus radieux qui montent, soutenus par des anges, pendant que, plus haut encore, d'autres anges, chargés des instruments de la Passion, triomphent en pleine gloire. Et, pourtant, au-dessus de cette page gigantesque, peinte trente ans plus tard, dans toute la maturité de l'âge, le plafond garde son envolée, sa supériorité certaine, car c'était là que l'artiste avait donné son effort vierge, toute sa jeunesse, toute la flambée première de son génie.

Alors, Pierre ne trouva qu'un mot. Michel-Ange était le monstre, dominant tout, écrasant tout. Et il n'y avait qu'à voir, sous l'immensité de son œuvre, les œuvres du Pérugin, du Pinturicchio, de Rosselli, de Signorelli, de Botticelli, les fresques antérieures, admirables, qui se déroulaient en dessous de la corniche, autour de la chapelle.

Narcisse n'avait pas levé les yeux vers la splendeur foudroyante du plafond. Abîmé d'extase, il ne quittait pas du regard Botticelli, qui a là trois fresques. Enfin, il parla, d'un murmure.

— Ah! Botticelli, Botticelli! l'élégance et la grâce de la passion qui souffre, le profond sentiment de la tristesse dans la volupté! toute notre âme moderne devinée et traduite, avec le charme le plus troublant qui soit jamais sorti d'une création d'artiste!

Stupéfait, Pierre l'examinait. Puis, il se hasarda à demander :

— Vous venez ici pour voir Botticelli?

— Mais certainement, répondit le jeune homme d'un air tranquille. Je ne viens que pour lui, pendant des heures, chaque semaine, et je ne regarde absolument que lui... Tenez! étudiez donc cette page : Moïse et les filles de Jéthro. N'est-ce pas ce que la tendresse et la mélancolie humaines ont produit de plus pénétrant?

Et il continua, avec un petit tremblement dévot de la voix, de l'air du prêtre qui pénètre dans le frisson délicieux et inquiétant du sanctuaire. Ah! Botticelli, Botticelli! la femme de Botticelli, avec sa face longue, sensuelle et candide, avec son ventre un peu fort sous les draperies minces, avec son allure haute, souple et volante, où tout son corps se livre! les jeunes hommes, les anges de Botticelli, si réels, et beaux pourtant comme des femmes, d'un sexe équivoque, dans lequel se mêle la solidité savante des muscles à la délicatesse infinie des contours, tous soulevés par une flamme de désir dont on emporte la brûlure! Ah! les bouches de Botticelli, ces bouches charnelles, fermes comme des fruits, ironiques ou douloureuses, énigmatiques en leurs plis sinueux, sans qu'on puisse savoir si elles taisent des puretés ou des abominations! les yeux de Botticelli, des yeux de langueur, de passion, de pâmoison mystique ou voluptueuse, pleins d'une douleur si profonde, parfois, dans leur joie, qu'il n'en est pas au monde de plus insondables, ouverts sur le néant humain! les mains de Botticelli, si travaillées, si soignées, ayant comme une vie intense, jouant à l'air libre, s'unissant les unes aux autres, se baisant et se parlant, avec un souci tel de la grâce, qu'elles en sont parfois maniérées, mais chacune avec son expression, toutes les expressions de la jouissance et de la souffrance du toucher! Et, cependant, rien d'efféminé ni de menteur, partout une sorte de fierté virile, un mouvement passionné et superbe soufflant, emportant les figures, un souci absolu de la vérité, l'étude directe, la conscience, tout un véritable réalisme que corrige et relève l'étrangeté géniale du sentiment et du caractère, donnant à la laideur même la transfiguration inoubliable du charme!

L'étonnement de Pierre grandissait, et il écoutait Narcisse, dont il remarquait pour la première fois la distinction un peu étudiée, les cheveux bouclés, taillés à la florentine, les yeux bleus, presque mauves, qui pâlissaient encore dans l'enthousiasme.

— Sans doute, finit-il par dire, Botticelli est un merveilleux artiste... Seulement, il me semble qu'ici Michel-Ange...

D'un geste presque violent, Narcisse l'interrompit.

— Ah! non, non! ne me parlez pas de celui-là! Il a tout gâché, il a tout perdu. Un homme qui s'attelait comme un bœuf à la besogne, qui abattait l'ouvrage ainsi qu'un manœuvre, à tant de mètres par jour! Et un homme sans mystère, sans inconnu, qui voyait gros à dégoûter de la beauté, des corps d'hommes tels que des troncs d'arbres, des femmes pareilles à des bouchères géantes, des masses de chair stupides, sans au-delà d'âmes divines ou infernales!... Un maçon, et si vous voulez, oui! un maçon colossal, mais pas davantage!

Et, inconsciemment, chez lui, dans ce cerveau de moderne las, compliqué, gâté par la recherche de l'original et du rare, éclatait la haine fatale de la santé, de la force, de la puissance. C'était l'ennemi, ce Michel-Ange qui enfantait dans le labeur, qui avait laissé la création la plus prodigieuse dont un artiste eût jamais accouché. Le crime était là, créer, faire de la vie, en faire au point que toutes les petites créations des autres, même les plus délicieuses, fussent noyées, disparussent dans ce flot débordant d'êtres, jetés vivants sous le soleil.

— Ma foi, déclara Pierre courageusement, je ne suis pas de votre avis. Je viens de comprendre qu'en art la vie est tout et que l'immortalité n'est vraiment qu'aux créatures. Le cas de Michel-Ange me paraît décisif, car il n'est le maître surhumain, le monstre qui écrase les autres, que grâce à cet extraordinaire enfantement de chair vivante et magnifique, dont votre délicatesse se blesse. Allez, que les curieux, les jolis esprits, les intellectuels pénétrants raffinent sur l'équivoque et l'invisible, qu'ils mettent le ragoût de l'art dans le choix du trait précieux et dans la demi-obscurité du symbole, Michel-Ange reste le Tout-Puissant, le Faiseur d'hommes, le Maître de la clarté, de la simplicité et de la sanét, éternel comme la vie elle-même!

Narcisse, alors, se contenta de sourire, d'un air de dédain indulgent et courtois. Tout le monde n'allait pas à la chapelle Sixtine s'asseoir pendant des heures devant un Botticelli, sans jamais lever la tête, pour voir les Michel-Ange. Et il coupa court, en disant :

— Voilà qu'il est onze heures. Mon cousin devait me faire prévenir ici, dès qu'il pourrait nous recevoir, et je suis étonné de n'avoir encore vu personne... Voulez-vous que nous montions aux chambres de Raphaël, en attendant?

Et, en haut, dans les chambres, il fut parfait, très lucide et très juste pour les œuvres, retrouvant toute son intelligence aisée, dès qu'il n'était plus soulevé par sa haine des besognes colossales et du génial décor.

Malheureusement, Pierre sortait de la chapelle Sixtine;

et il lui fallut échapper à l'étreinte du monstre, oublier
ce qu'il venait de voir, s'habituer à ce qu'il voyait là, pour
en goûter toute la beauté pure. C'était comme un vin
trop rude qui l'avait d'abord étourdi et qui l'empêchait de
goûter ensuite cet autre vin plus léger, d'un bouquet
délicat. Ici, l'admiration ne frappe pas en coup de
foudre; mais le charme opère avec une puissance lente
et irrésistible. C'est Racine à côté de Corneille, Lamar-
tine à côté d'Hugo, l'éternelle paire, le couple de la
femelle et du mâle, dans les siècles de gloire. Avec
Raphaël, triomphent la noblesse, la grâce, la ligne exquise
et correcte, d'une harmonie divine; et ce n'est plus
seulement le symbole matériel superbement jeté par
Michel-Ange, c'est une analyse psychologique d'une pénétration profonde, apportée dans la peinture. L'homme y
est plus épuré, plus idéalisé, vu davantage par le dedans.
Et, toutefois, s'il y a là un sentimental, un féminin dont
on sent le frisson de tendresse, cela est aussi d'une solidité de métier admirable, très grand et très fort. Pierre
peu à peu s'abandonnait à cette maîtrise souveraine,
conquis par cette élégance virile de beau jeune homme,
touché jusqu'au fond du cœur par cette vision de la
suprême beauté dans la suprême perfection. Mais, si la
Dispute du Saint-Sacrement et l'École d'Athènes, antérieures aux peintures de la chapelle Sixtine, lui parurent
les chefs-d'œuvre de Raphaël, il sentit que, dans l'Incendie du Bourg, et plus encore dans l'Héliodore chassé
du Temple et dans l'Attila arrêté aux portes de Rome,
l'artiste avait perdu la fleur de sa divine grâce, impressionné par l'écrasante grandeur de Michel-Ange. Quel
foudroiement, lorsque la chapelle Sixtine fut ouverte
et que les rivaux entrèrent! Le monstre avait procréé
en bas, et le plus grand parmi les humains y laissa de
son âme, sans jamais plus se débarrasser de l'influence
subie.

Puis, **Narcisse** conduisit Pierre aux loges, à cette galerie vitrée, si claire et d'une décoration si délicieuse. Mais Raphaël était mort, il n'y avait là, sur les cartons qu'il avait laissés, qu'un travail d'élèves. C'était une chute brusque, totale. Jamais Pierre n'avait mieux compris que le génie est tout, que lorsqu'il disparaît, l'école sombre. L'homme de génie résume l'époque, donne, à une heure de la civilisation, toute la sève du sol social, qui reste ensuite épuisé, parfois pour des siècles. Et il s'intéressa davantage à l'admirable vue qu'on a des loges, lorsqu'il remarqua qu'il avait en face de lui, de l'autre côté de la cour Saint-Damase, l'étage habité par le pape. En bas, la cour avec son portique, sa fontaine, son pavé blanc, était claire et nue, sous le brûlant soleil. Cela n'avait décidément rien de l'ombre, du mystère étouffé et religieux, que les alentours des vieilles cathédrales du Nord lui avaient fait rêver. A droite et à gauche du perron qui menait chez le pape et chez le cardinal secrétaire, cinq voitures se trouvaient rangées, les cochers raides sur leurs sièges, les chevaux immobiles dans la lumière vive; et pas une âme ne peuplait le désert de la vaste cour carrée, aux trois étages de loges vitrées comme des serres immenses; et l'éclat des vitres, le ton roux de la pierre semblaient dorer la nudité du pavé et des façades, dans une sorte de majesté grave de temple païen, consacré au dieu du soleil. Mais ce qui frappa Pierre plus encore, ce fut le prodigieux panorama de Rome qui se déroule, sous ces fenêtres du Vatican. Il n'avait point songé que cela dût être, il venait d'être tout d'un coup saisi par cette pensée que le pape, de ses fenêtres, voyait ainsi Rome entière, étalée devant lui, ramassée, comme s'il n'avait eu qu'à étendre la main pour la reprendre. Et il s'emplit longuement les yeux et le cœur de ce spectacle inouï, car il voulait l'emporter, le garder, tout frémissant des rêveries sans fin qu'il évoquait.

Dans sa contemplation, un bruit de voix lui fit tourner la tête; et il aperçut un domestique en livrée noire, qui, après s'être acquitté d'un message près de Narcisse, le saluait profondément.

Le jeune homme se rapprocha du prêtre, l'air très contrarié.

— Mon cousin, monsignor Gamba del Zoppo, me fait dire qu'il ne pourra nous recevoir ce matin. Il est pris, paraît-il, par un service inattendu.

Mais son embarras laissait voir qu'il ne croyait guère à cette excuse et qu'il commençait à soupçonner son parent de trembler de se compromettre, averti, terrifié sans doute par quelque bonne âme. Cela l'indignait d'ailleurs, obligeant et fort brave. Il finit par sourire, il ajouta :

— Écoutez, il y a peut-être un moyen de forcer les portes... Si vous pouvez disposer de votre après-midi, nous allons déjeuner ensemble, puis nous reviendrons visiter le Musée des Antiques; et je finirai bien par rejoindre mon cousin, sans compter l'heureuse chance que nous avons de rencontrer le pape lui-même, s'il descend aux jardins.

Pierre, d'abord, à l'annonce de l'audience encore reculée, avait éprouvé le plus vif désappointement. Aussi, libre de sa journée entière, accepta-t-il très volontiers l'offre.

— Vous êtes trop aimable, et je ne crains que d'abuser... Merci mille fois.

Ils déjeunèrent en face de Saint-Pierre même, dans un petit restaurant du Borgo, dont les pèlerins faisaient l'ordinaire clientèle. On y mangeait fort mal, du reste. Puis, vers deux heures, ils firent le tour de la basilique, par la place de la Sacristie et par la place Sainte-Marthe, pour gagner, derrière, l'entrée du Musée. C'était un quartier clair, désert et brûlant, où le jeune prêtre retrouva, décuplée, la sensation de majesté nue et fauve, comme cuite au soleil, qu'il avait eue en regardant la cour Saint-Damase. Mais surtout, quand il contourna l'abside géante du colosse, il en comprit davantage l'énormité, toute une floraison d'architectures mises en tas, que bordent les espaces vides du pavé, où verdit une herbe fine. Il n'y avait là, dans cette immensité muette, que deux enfants, qui jouaient à l'ombre d'un mur. L'ancienne Monnaie des papes, la Zecca, devenue italienne et gardée par des soldats du roi, se trouve à gauche du passage conduisant au Musée; tandis qu'en face, à droite, s'ouvre une porte d'honneur du Vatican, où veille un poste de la garde suisse; et c'est par cette porte que passent les voitures à deux chevaux, qui, selon l'étiquette, amènent dans la cour Saint-Damase les visiteurs du cardinal secrétaire et de Sa Sainteté.

Ils suivirent le long passage, la rue qui monte entre une aile du palais et le mur des jardins pontificaux. Et ils arrivèrent enfin au Musée des Antiques. Ah! ce Musée immense, composé de salles sans fin, ce Musée qui en contient trois, le très ancien Musée Pio-Clementino, le Musée Chiaramonti et le Braccio-Nuovo, tout un monde retrouvé dans la terre, exhumé, glorifié sous le plein jour! Pendant plus de deux heures, le jeune prêtre le parcourut, passa d'une salle à une autre, dans l'éblouissement des chefs-d'œuvre, dans l'étourdissement de tant de génie et de tant de beauté. Ce n'étaient pas seulement les morceaux célèbres qui l'étonnaient, le Laocoon et l'Apollon des cabinets du Belvédère, ni le Méléagre, ni même le torse d'Hercule. Il était pris plus encore par l'ensemble, par la quantité innombrable des Vénus, des Bacchus, des empereurs et des impératrices déifiés, par toute cette poussée superbe de belles chairs, de chairs augustes, célébrant l'immortalité de la vie. Trois jours auparavant, il avait visité le Musée du Capitole, où il avait admiré la Vénus, le Gaulois mourant, les merveilleux Centaures de marbre noir, la collection extraordinaire des bustes. Mais, ici, il retrouvait cette admiration décuplée jusqu'à la stupeur, par la richesse inépuisable des salles. Et, plus curieux peut-être de vie que d'art, il s'oublia de nouveau devant les bustes, où ressuscite si réelle la Rome historique, qui fut incapable certainement de l'idéale beauté de la Grèce, mais qui enfanta de la vie. Ils sont tous là, les empereurs, les philosophes, les savants, les poètes, ils revivent tous, avec une prodigieuse intensité, tels qu'ils étaient, étudiés et rendus scrupuleusement par l'artiste, dans leurs déformations, leurs tares, les moindres particularités de leurs traits; et, de ce souci extrême de vérité, jaillit le caractère, une évocation d'une puissance incomparable. Rien n'est plus haut en somme, ce sont les hommes eux-mêmes qui renaissent, qui refont l'histoire, cette histoire fausse dont l'enseignement suffit à faire exécrer l'antiquité par les générations d'élèves. Dès lors, comme on comprend, comme on sympathise! Et c'était ainsi que les moindres fragments de marbre, les statues tronquées, les bas-reliefs en morceaux, un seul membre même, bras divin de nymphe ou cuisse nerveuse de satyre, évoquaient le resplendissement d'une civilisation de lumière, de grandeur et de force.

Narcisse ramena Pierre dans la galerie des Candélabres, longue de cent mètres, et où se trouvent de fort beaux morceaux de sculpture.

— Écoutez, mon cher abbé, il n'est guère que quatre heures, et nous allons nous asseoir un instant ici, car il arrive, m'a-t-on dit, que le Saint-Père y passe parfois pour descendre aux jardins... Ce serait une vraie chance, si vous pouviez le voir, lui parler peut-être, qui sait?... En tout cas, ça vous reposera, vous devez avoir les jambes rompues.

Il était connu de tous les gardiens, sa parenté avec monsignor Gamba del Zoppo lui ouvrait toutes les portes du Vatican, où il aimait venir passer ainsi des journées entières. Deux chaises étaient là, ils s'installèrent, et il se remit à parler d'art, immédiatement.

Cette Rome, quelle étonnante destinée, quelle royauté

souveraine et d'emprunt que la sienne? Il semble qu'elle soit un centre où le monde entier converge et aboutit, mais où rien ne pousse du sol même, frappé de stérilité dès le début. Il faut y acclimater les arts, y transplanter le génie des peuples voisins, qui, dès lors, y fleurit magnifiquement. Sous les empereurs, lorsqu'elle est la reine de la terre, c'est de la Grèce que lui vient la beauté de ses monuments et de ses sculptures. Plus tard, quand le christianisme naît, il reste chez elle tout imprégné du paganisme; et c'est ailleurs, dans un autre terrain, qu'il produit l'art gothique, l'art chrétien par excellence. Plus tard encore, à la Renaissance, c'est bien à Rome que resplendit le siècle de Jules II et de Léon X; mais ce sont les artistes de la Toscane et de l'Ombrie qui préparent le mouvement, qui lui en apportent la prodigieuse envolée. Pour la seconde fois, l'art lui vient du dehors, lui donne la royauté du monde, en prenant chez elle une ampleur triomphale. Alors, c'est le réveil extraordinaire de l'antiquité, c'est Apollon et c'est Vénus ressuscités, adorés par les papes eux-mêmes, qui, dès Nicolas V, rêvent d'égaler la Rome papale à la Rome impériale. Après les précurseurs, si sincères, si tendres et si forts, Fra Angelico, le Pérugin, Botticelli et tant d'autres, apparaissent les deux souverainetés, Michel-Ange et Raphaël, le surhumain et le divin; puis, la chute est brusque, il faut attendre cent cinquante ans pour arriver au Caravage, à tout ce que la science de la peinture a pu conquérir, en l'absence du génie, la couleur et le modelé puissants. Ensuite, la déchéance continue jusqu'au Bernin, qui est le transformateur, le véritable créateur de la Rome des papes actuels, le jeune prodige enfantant dès sa dix-huitième année toute une lignée de filles de marbre colossales, l'architecte universel dont l'effrayante activité a terminé la façade de Saint-Pierre, bâti la colonnade, décoré l'intérieur de la basilique, élevé des fontaines, des églises, des palais sans nombre. Et c'était la fin de tout, car, depuis, Rome est sortie peu à peu de la vie, s'est éliminée davantage chaque jour du monde moderne, comme si, elle qui a toujours vécu des autres cités, se mourait de ne pouvoir plus leur rien prendre, pour s'en faire encore de la gloire.

— Le Bernin, ah! le délicieux Bernin, continua à demi-voix Narcisse, de son air pâmé. Il est puissant et exquis, une verve toujours prête, une ingéniosité sans cesse en éveil, une fécondité pleine de grâce et de magnificence!... Leur Bramante, leur Bramante! avec son chef-d'œuvre, sa correcte et froide Chancellerie, eh bien! disons qu'il a été le Michel-Ange et le Raphaël de l'architecture, et n'en parlons plus!... Mais le Bernin, le Bernin exquis, dont le prétendu mauvais goût est fait de plus de délicatesse, de plus de raffinement, que les autres n'ont mis de génie dans la perfection et l'énormité! L'âme du Bernin, variée et profonde, où tout notre âge devrait se retrouver, d'un maniérisme si triomphal, d'une recherche de l'artificiel si troublante, si dégagée des bassesses de la réalité!... Allez donc voir, à la Villa Borghèse, le groupe d'Apollon et Daphné, qu'il fit à dix-huit ans, et surtout allez voir sa Sainte Thérèse en extase, à Sainte-Marie de la Victoire. Ah! cette Sainte Thérèse! le ciel ouvert, le frisson que la jouissance divine peut mettre dans le corps de la femme, la volupté de la foi poussée jusqu'au spasme, la créature perdant le souffle, mourant de plaisir aux bras de son Dieu!... J'ai passé devant elle des heures et des heures, sans jamais épuiser l'infini précieux et dévorant du symbole.

Sa voix mourut, et Pierre, qui ne s'étonnait plus de sa haine sourde, inconsciente, contre la santé, la simplicité et la force, l'écoutait à peine, était lui-même tout à l'idée dont il se sentait de plus en plus envahi : la Rome païenne ressuscitant dans la Rome chrétienne, faisant d'elle la Rome catholique, le nouveau centre politique, hiérarchisé et dominateur du gouvernement des peuples. Avait-elle même jamais été chrétienne, en dehors de l'âge primitif des Catacombes? C'était, en lui, un prolongement, une affirmation de plus en plus évidente des pensées qu'il avait eues au Palatin, à la voie Appienne, puis à Saint-Pierre. Et, le matin même, dans la chapelle Sixtine et dans la chambre de la Signature, au milieu de l'étourdissement où le jetait l'admiration, il avait bien compris la preuve nouvelle que le génie apportait. Sans doute, chez Michel-Ange et chez Raphaël, le paganisme ne reparaissait que transformé par l'esprit chrétien. Mais est-ce qu'il n'était pas à la base même? est-ce que les nudités géantes de l'un ne venaient pas du terrible ciel de Jéhova, vu à travers l'Olympe? est-ce que les idéales figures de l'autre ne montraient pas, sous le voile chaste de la Vierge, les chairs divines et désirables de Vénus? Maintenant, Pierre en avait la conscience, il entrait dans son accablement un peu de gêne, car ces beaux corps prodigués, ces nudités glorifiant l'ardente passion de la vie, allaient contre le rêve qu'il avait fait dans son livre, le christianisme rajeuni donnant la paix au monde, le retour à la simplicité, à la pureté des premiers temps.

Tout d'un coup, il fut surpris d'entendre Narcisse qui, sans qu'il pût savoir par quelle transition, s'était mis à le renseigner sur l'existence quotidienne de Léon XIII.

— Oh! mon cher abbé, à quatre-vingt-quatre ans, une activité de jeune homme, une vie de volonté et de travail, comme ni vous ni moi ne voudrions la vivre!... Dès six heures, il est debout, dit sa messe dans sa chapelle particulière, déjeune d'un peu de lait. Puis, de huit heures à midi, c'est un défilé ininterrompu de cardinaux, de prélats, toutes les affaires des congrégations qui lui passent sous les yeux, et je vous réponds qu'il n'en est pas de plus nombreuses ni de plus compliquées. A midi, le plus souvent, ont lieu les audiences publiques et collectives. A deux heures, il dîne. Vient alors la sieste, qu'il a bien gagnée, ou la promenade dans les jardins, jusqu'à six heures. Les audiences particulières, parfois, le tiennent ensuite pendant une heure ou deux. Il soupe à neuf heures, et il mange à peine, vit de rien, toujours seul à sa petite table... Hein! que pensez-vous de l'étiquette qui l'oblige à cette solitude? Un homme qui, depuis dix-huit ans, n'a pas eu un convive, éternellement à l'écart dans sa grandeur!... Et, à dix heures, après avoir dit le Rosaire avec ses familiers, il s'enferme dans sa chambre. Mais, s'il se couche, il dort peu, il est pris de fréquentes insomnies, se relève, appelle un secrétaire, pour lui dicter des notes, des lettres. Lorsqu'une affaire intéressante l'occupe, il s'y donne tout entier, y songe sans cesse. C'est là sa vie, sa santé même : une intelligence continuellement en éveil, en travail, une force et une autorité qui ont le besoin de se dépenser... Vous n'ignorez pas, d'ailleurs, qu'il a longtemps cultivé avec tendresse la poésie latine. On dit aussi qu'il a eu la passion du journalisme, dans ses heures de lutte, au point d'inspirer les articles des journaux qu'il subventionnait, et même, assure-t-on, d'en dicter certains, lorsque ses idées les plus chères étaient en jeu.

Il y eut un silence. A chaque instant, dans cette immense galerie des Candélabres, déserte et solennelle, au milieu des marbres immobiles, d'une blancheur d'apparition, Narcisse allongeait la tête, pour voir si le petit cortège du pape n'allait pas déboucher de la galerie des Tapisseries, puis défiler devant eux, en se rendant aux jardins.

— Vous savez, reprit-il, qu'on le descend sur une chaise basse, assez étroite pour qu'elle puisse passer par toutes les portes. Et quel voyage! près de deux kilomètres, au travers des loges, des chambres de Raphaël, des galeries de peinture et de sculpture, sans compter les escaliers nombreux, toute une promenade interminable, avant qu'on le dépose, en bas, dans une allée où une calèche à deux chevaux l'attend... Le temps est très beau, ce soir. Il va sûrement venir. Ayons quelque patience.

Et, pendant que Narcisse donnait ces détails, Pierre, également dans l'attente, voyait revivre devant lui toute l'extraordinaire Histoire. C'étaient d'abord les papes mondains et fastueux de la Renaissance, ceux qui avaient ressuscité passionnément l'antiquité, rêvant de draper le Saint-Siège dans la pourpre de l'Empire : Paul II, le Vénitien magnifique, qui avait bâti le palais de Venise, Sixte IV, à qui l'on doit la chapelle Sixtine, et Jules II, et Léon X, qui firent de Rome une ville de pompe théâtrale, de fêtes prodigieuses, des tournois, des ballets, des chasses, des mascarades et des festins. La papauté venait de retrouver l'Olympe sous la terre, dans la poussière des ruines ; et, comme grisée par ce flot de vie qui remontait du vieux sol, elle créait les musées, en refaisait les temples superbes du paganisme, rendus au culte de l'admiration universelle. Jamais l'Église n'avait traversé un tel péril de mort, car, si le Christ continuait d'être honoré à Saint-Pierre, Jupiter et tous les dieux, toutes les déesses de marbre, aux belles chairs triomphantes, trônaient dans les salles du Vatican. Puis, une autre vision passait, celle des papes modernes avant l'occupation italienne, Pie IX libre encore et sortant souvent dans sa bonne ville de Rome. Le grand carrosse rouge et or était traîné par six chevaux, entouré par la garde suisse, suivi par un peloton de gardes-nobles. Mais, parfois, au Corso, le pape quittait le carrosse, poursuivait sa promenade à pied ; et, alors, un garde à cheval galopait en avant, avertissait, faisait tout arrêter. Aussitôt, les voitures se rangeaient, les hommes en descendaient, pour s'agenouiller sur le pavé, tandis que les femmes, simplement debout, inclinaient la tête dévotement, à l'approche du Saint-Père, qui, d'un pas ralenti, allait ainsi avec sa cour jusqu'à la place du Peuple, souriant et bénissant. Et, maintenant,

venait Léon XIII, prisonnier volontaire, enfermé dans le
Vatican depuis dix-huit années, ayant pris une majesté
plus haute, une sorte de mystère sacré et redoutable,
derrière les épaisses murailles silencieuses, au fond de
cet inconnu où s'écoulait la vie discrète de chacune de
ses journées.

Ah! ce pape qu'on ne rencontre plus, qu'on ne voit
plus, ce pape caché au commun des hommes, tel qu'une
de ces divinités terribles dont les prêtres seuls osent
regarder la face! Et il s'est emprisonné dans ce Vatican
somptueux que ses ancêtres de la Renaissance avaient
bâti et orné pour des fêtes géantes; et il vit là, loin des
foules, en prison, avec les beaux hommes et les belles
femmes de Michel-Ange et de Raphaël, avec les dieux et
les déesses de marbre, l'Olympe éclatant, célébrant
autour de lui la religion de la lumière et de la vie. Toute
la papauté baigne là, avec lui, dans le paganisme.
Quel spectacle, lorsque ce vieillard frêle, d'une blancheur pure, suit ces galeries du Musée des Antiques,
pour se rendre aux jardins! A droite, à gauche, les
statues le regardent passer, de toute leur chair nue; et
c'est Jupiter, et c'est Apollon, et c'est Vénus, la dominatrice, et c'est Pan, l'universel dieu dont le rire sonne les
joies de la terre. Des Néréides se baignent dans le flot
transparent. Des Bacchantes roulent parmi les herbes
chaudes, sans voile. Des Centaures galopent, emportant
sur leurs reins fumants de belles filles pâmées. Ariane
est surprise par Bacchus, Ganymède caresse l'aigle,
Adonis incendie les couples de sa flamme. Et le blanc
vieillard va toujours, balancé sur sa chaise basse, parmi
ce triomphe de la chair, cette nudité étalée, glorifiée,
qui clame la toute-puissance de la nature, l'éternelle
matière. Depuis qu'ils l'ont retrouvée, exhumée, hono-
rée, elle règne là de nouveau, impérissable; et, vainement, ils ont mis des feuilles de vigne aux statues,
de même qu'ils ont vêtu les grandes figures de Michel-

Ange : le sexe flamboie, la vie déborde, la semence circule à torrents dans les veines du monde. Près de là, dans la Bibliothèque Vaticane, d'une incomparable richesse, où dort toute la science humaine, ce serait un danger plus terrible encore, une explosion qui emporterait le Vatican et même Saint-Pierre, si, un jour, les livres se réveillaient à leur tour, parlaient haut, comme parlaient la beauté des Vénus et la virilité des Apollons. Mais le blanc vieillard, si diaphane, semble ne pas entendre, ne pas voir, et les têtes colossales de Jupiter, et les torses d'Hercule, et les Antinoüs aux hanches équivoques, continuent à le regarder passer.

Impatient, Narcisse se décida à questionner un gardien, qui lui assura que Sa Sainteté était descendue déjà. Le plus souvent, en effet, pour raccourcir, on passait par une petite galerie couverte, qui débouchait devant la Monnaie.

— Descendons aussi, voulez-vous? demanda-t-il à Pierre. Je vais tâcher de vous faire visiter les jardins.

En bas, dans le vestibule, dont une porte ouvrait sur une large allée, il se remit à causer avec un autre gardien, un ancien soldat pontifical, qu'il connaissait particulièrement. Tout de suite, celui-ci le laissa passer avec son compagnon; mais il ne put lui affirmer que monsignor Gamba del Zoppo, ce jour-là, accompagnait Sa Sainteté.

— N'importe, reprit Narcisse, quand ils se trouvèrent tous les deux seuls dans l'allée, je ne désespère pas encore d'une heureuse rencontre... Et vous voyez, voici les fameux jardins du Vatican.

Ils sont très vastes, le pape peut y faire quatre kilomètres, par les allées du bois, puis en passant par la vigne et par le potager. Ces jardins occupent le plateau de la colline Vaticane, que l'antique mur de Léon IV entoure encore de toute part, ce qui les isole des vallons voisins, comme au sommet d'une enceinte de forteresse. Autrefois, le mur allait jusqu'au Château Saint-Ange; et c'était là ce qu'on nommait la cité Léonine. Rien ne les domine, aucun regard curieux ne saurait y descendre, si ce n'est du dôme de Saint-Pierre, dont l'énormité seule y jette son ombre, par les brûlants jours d'été. Ils sont, d'ailleurs, tout un monde, un ensemble varié et complet, que chaque pape s'est plu à embellir : un grand parterre aux gazons géométriques, planté de deux beaux palmiers, orné de citronniers et d'orangers en pots ; un jardin plus libre, plus ombreux, où, parmi des charmilles profondes, se trouvent l'Aquilone, la fontaine de Jean Vesanzio, et l'ancien Casino de Pie IV ; les bois ensuite, aux chênes verts superbes, des futaies de platanes, d'acacias et de pins, que coupent de larges allées, d'une douceur charmante pour les lentes promenades ; et, enfin, en tournant à gauche, après d'autres bouquets d'arbres, le potager, la vigne, un plant de vigne très soigné.

Tout en marchant, au travers du bois, Narcisse donnait à Pierre des détails sur la vie du Saint-Père, dans ces jardins. Lorsque le temps le permet, il s'y promène tous les deux jours. Jadis, dès le mois de mai, les papes quittaient le Vatican pour le Quirinal, plus frais et plus sain ; et ils allaient passer les grandes chaleurs à Castel-Gandolfo, au bord du lac d'Albano. Aujourd'hui, le Saint-Père n'a plus, pour résidence d'été, qu'une tour de l'ancienne enceinte de Léon IV, à peu près intacte. Il y vient vivre les journées les plus chaudes. Il a même fait construire, à côté, une sorte de pavillon, pour y loger sa suite, de façon à s'y installer à demeure. Et Narcisse, en familier, entra librement, put obtenir que Pierre jetât un coup d'œil dans l'unique pièce, occupée par Sa Sainteté, une vaste pièce ronde, au plafond demi-sphérique, où le ciel est peint avec les figures symboliques des constellations, dont une, le Lion, a pour yeux deux étoiles, qu'un système d'éclairage fait étinceler la nuit. Les murs sont d'une telle épaisseur, qu'en murant une des fenêtres, on a pu ménager dans l'embrasure une sorte de chambre, où se trouve un lit de repos. Du reste, le mobilier ne se compose que d'une grande table de travail, une plus petite, volante, pour manger, un large et royal fauteuil, entièrement doré, un des cadeaux du jubilé épiscopal. Et l'on rêve aux journées de solitude, d'absolu silence, dans cette salle basse de donjon, fraîche comme un sépulcre, lorsque les lourds soleils de juillet et d'août brûlent au loin Rome anéantie.

Puis, c'étaient des détails encore. Un observatoire astronomique a été installé dans une autre tour, qu'on aperçoit, parmi les verdures, surmontée d'une petite coupole blanche. Il y a aussi, sous des arbres, un chalet suisse, où Léon XIII aime à se reposer. Il va parfois à pied jusqu'au potager, il s'intéresse surtout à la vigne, qu'il visite, pour voir si le raisin mûrit, si la récolte sera belle. Mais ce qui étonna le plus le jeune prêtre, ce fut d'apprendre que le Saint-Père était un déterminé chasseur, lorsque l'âge ne l'avait point encore affaibli. Il chassait au « roccolo », passionnément. A la lisière d'un taillis, des filets à larges mailles sont tendus, le long d'une allée, qu'ils bordent ainsi et ferment des deux côtés. Au milieu, sur le sol, on pose les cages des appeaux, dont le chant ne tarde pas à attirer les oiseaux du voisinage, les rouges-gorges, les fauvettes, les rossignols, des becfigues de toute espèce. Et, quand une bande était là, nombreuse, Léon XIII, assis à l'écart, guettant, tapait dans ses mains, effarait brusquement les oiseaux, qui s'envolaient et se prenaient par les ailes dans les grandes mailles des filets. Il n'y avait plus qu'à les ramasser, puis à les étouffer, d'un léger coup de pouce. Les becfigues rôtis sont un délicieux régal.

Comme il revenait par le bois, Pierre eut une autre surprise. Il tomba sur une Grotte de Lourdes, imitée en petit, reproduite à l'aide de rochers et de blocs de ciment. Et son émotion fut telle, qu'il ne put la cacher à son compagnon.

— C'est donc vrai ?... On me l'avait dit, mais je m'imaginais le Saint-Père plus intellectuel, dégagé de ces superstitions basses.

— Oh! répondit Narcisse, je crois que la Grotte date de Pie IX, qui avait une particulière reconnaissance à Notre-Dame de Lourdes. En tout cas, ce doit être un cadeau, et Léon XIII la fait entretenir, simplement.

Pendant quelques minutes, Pierre resta immobile, silencieux, devant cette reproduction, ce joujou enfantin de la foi. Des visiteurs, par zèle dévot, avaient laissé leurs cartes de visite, piquées dans les gerçures du ciment. Et ce fut pour lui une très grande tristesse, il se remit à suivre son compagnon, la tête basse, perdu dans une rêverie désolée sur l'imbécile misère du monde. Puis, à la sortie du bois, de nouveau en face du parterre, il leva les yeux.

Grand Dieu! que cette fin d'un beau jour était exquise pourtant, et quel charme victorieux montait de la terre, dans cette partie adorable des jardins! Plus que sous les ombrages alanguis du bois, plus même que parmi les vignes fécondes, il sentait là toute la force de la puissante nature, au milieu de ce parterre nu, désert, noble et brûlant. C'étaient à peine, au-dessus des gazons maigres, ornant avec symétrie les compartiments géométriques que les allées découpaient, quelques arbustes bas, des roseaux nains, des aloès, de rares touffes de fleurs à demi séchées; et, dans le goût baroque d'autrefois, des buissons verts dessinaient encore les armes de Pie IX. Troublant seul le chaud silence, on n'entendait que le petit bruit cristallin du jet d'eau central, une pluie de gouttes qui retombaient perpétuellement d'une vasque. Rome entière avec son ciel ardent, sa grâce souveraine, sa volupté conquérante, semblait animer de son âme cette décoration carrée, vaste mosaïque de verdure, dont le demi-abandon, le délabrement roussi prenaient une mélancolique fierté, dans le frisson très ancien d'une passion de flamme qui ne pouvait mourir. Des vases antiques, des statues antiques, d'une nudité blanche sous le soleil couchant, bordaient le parterre. Et, dominant l'odeur des eucalyptus et des pins, plus forte aussi que l'odeur des oranges mûrissantes, une odeur s'élevait, celle des grands buis amers, si chargée de vie âpre, qu'elle troublait au passage, comme l'odeur même de la virilité de ce vieux sol, saturé de poussières humaines.

— C'est bien extraordinaire que nous n'ayons pas rencontré Sa Sainteté, disait Narcisse. Sans doute, la voiture aura pris par l'autre allée du bois, tandis que nous nous arrêtions à la tour de Léon IV.

Il en était revenu à son cousin, monsignor Gamba del Zoppo, il expliquait que la fonction de « Copiere », d'échanson du pape, que celui-ci aurait dû remplir, comme un des quatre camériers secrets participants, n'était plus qu'une charge purement honorifique, surtout depuis que les dîners diplomatiques et les dîners de consécration épiscopale avaient lieu à la Secrétairerie d'État, chez le cardinal secrétaire. Monsignor Gamba del Zoppo, dont la nullité poltronne était légendaire, ne semblait avoir d'autre rôle que de récréer Léon XIII, qui l'aimait beaucoup, pour ses flatteries continuelles et pour les anecdotes qu'il en tirait sur tous les mondes, le noir et le blanc. Ce gros homme aimable, obligeant même tant que son intérêt n'entrait pas en jeu, était une véritable gazette vivante, au courant de tout, ne dédaignant pas les commérages des cuisines ; de sorte qu'il s'acheminait tranquillement vers le cardinalat, certain d'avoir le chapeau, sans se donner d'autre peine que d'apporter les nouvelles, aux heures douces de la promenade. Et Dieu savait s'il trouvait sans cesse d'amples moissons à faire, dans ce Vatican fermé où s'agite un tel pullulement de prélats de toutes sortes, dans cette famille pontificale, sans femmes, composée de vieux garçons portant la robe, que travaillent sourdement des ambitions démesurées, des luttes sourdes et abominables, des haines féroces qui, dit-on, vont encore parfois jusqu'au bon vieux poison des anciens temps !

Brusquement, Narcisse s'arrêta.

— Tenez ! je savais bien... Voici le Saint-Père... Mais nous n'avons pas de chance. Il ne nous verra même pas, il va remonter en voiture.

En effet, la calèche venait de s'avancer jusqu'à la lisière du bois, et un petit cortège, qui débouchait d'une allée étroite, se dirigeait vers elle.

Pierre avait reçu au cœur un grand coup. Immobilisé avec son compagnon, caché à demi derrière le haut vase d'un citronnier, il ne put voir que de loin le blanc vieillard, si frêle dans les plis flottants de sa soutane blanche, marchant très lentement, d'un petit pas qui semblait glisser sur le sable. A peine put-il distinguer la maigre figure de vieil ivoire diaphane, accentuée par le grand nez, au-dessus de la bouche mince. Mais les yeux très noirs luisaient d'un sourire, curieusement, tandis que l'oreille se penchait à droite, vers monsignor Gamba del Zoppo, en train sans doute de terminer une histoire, gras et court, fleuri et digne. De l'autre côté, à gauche, marchait un garde-noble ; et deux autres prélats suivaient.

Ce ne fut qu'une apparition familière, déjà Léon XIII montait dans la calèche fermée. Et Pierre, au milieu de ce grand jardin, brûlant et odorant, retrouvait l'émoi singulier qu'il avait ressenti, dans la galerie des Candélabres, quand il avait évoqué le passage du pape au travers des Apollons et des Vénus, étalant leur nudité triomphale. Là, ce n'était que l'art païen qui célébrait l'éternité de la vie, les forces superbes et toutes-puissantes de la nature. Et voilà qu'ici il le voyait baigner dans la nature elle-même, dans la plus belle, la plus voluptueuse, la plus passionnée. Ah ! ce pape, ce blanc vieillard promenant son Dieu de douleur, d'humilité et de renoncement, par les allées de ces jardins d'amour, aux soirs alanguis des ardentes journées de l'été, sous la caresse des odeurs, les pins et les eucalyptus, les oranges mûres, les grands buis amers! Pan tout entier l'y enveloppait des effluves souverains de sa virilité. Comme il faisait bon de vivre là, parmi cette magnificence du ciel et de la terre, et d'y aimer la beauté de la femme, et de s'y réjouir dans la fécondité universelle! Brusquement éclatait cette vérité décisive que, de ce pays de lumière et de joie, n'avait pu pousser qu'une religion temporelle de conquête, de domination politique, et non la religion mystique et souffrante du Nord, une religion d'âme.

Mais Narcisse emmenait le jeune prêtre, en lui contant encore des histoires, la bonhomie parfois de Léon XIII, qui s'arrêtait pour causer avec les jardiniers, les questionnait sur la santé des arbres, sur la vente des oranges, et aussi la passion qu'il avait eue pour deux gazelles, envoyées en cadeau d'Afrique, de jolies bêtes fines qu'il aimait à caresser, et dont il avait pleuré la mort. D'ailleurs, Pierre n'écoutait plus; et, quand ils se retrouvèrent tous deux sur la place Saint-Pierre, il se retourna, il regarda une fois encore le Vatican.

Ses yeux étaient tombés sur la porte de bronze, et il se rappela que, le matin, il s'était demandé ce qu'il y avait derrière ces panneaux de métal, garnis de gros clous à tête carrée. Et il n'osait se répondre encore, il n'osait décider si les peuples nouveaux, avides de fraternité et de justice, y trouveraient la religion attendue par les démocraties de demain; car il n'emportait qu'une impression première. Mais combien cette impression était vive et quel commencement de désastre pour son rêve! Une porte de bronze, oui! dure et inexpugnable, murant le Vatican sous ses lames antiques, le séparant du reste de la terre, si solidement, que rien n'y était plus entré depuis trois siècles. Derrière, il venait de voir renaître les anciens siècles, jusqu'au seizième, immuables. Les temps s'y étaient comme arrêtés, à jamais. Rien n'y bougeait plus, les costumes eux-mêmes des gardes suisses, des gardes-nobles, des prélats, n'avaient pas changé ; et l'on retrouvait là le monde d'il y a trois cents ans, avec son étiquette, ses vêtements, ses idées. Si, depuis vingt-cinq années, les papes, par une protestation hautaine, s'enfermaient volontairement dans leur palais, le séculaire emprisonnement dans le passé, dans la tradition, datait de bien plus loin et présentait un danger autrement grave. Tout le catholicisme avait fini par y être enfermé comme eux, s'obstinant à ses dogmes, ne vivant plus, immobile et debout, que grâce à la force de sa vaste organisation hiérarchique. Alors, était-ce donc que, malgré son apparente souplesse, le catholicisme ne pouvait céder sur rien, sous peine d'être emporté? Puis, quel monde terrible, tant d'orgueil, tant d'ambition, tant de haines et de luttes! Et quelle prison étrange, quels rapprochements sous les verrous, le Christ en compagnie de Jupiter Capitolin, toute l'antiquité païenne fraternisant avec les Apôtres, toutes les splendeurs de la Renaissance entourant le pasteur de l'Évangile, qui règne au nom des pauvres et des simples! Sur la place Saint-Pierre, le soleil déclinait, la douce volupté romaine tombait du ciel limpide, et le jeune prêtre restait éperdu, après ce beau jour, passé avec Michel-Ange, Raphaël, les Antiques et le Pape, dans le plus grand palais du monde.

— Enfin, mon cher abbé, excusez-moi, conclut Narcisse. Je vous l'avoue maintenant, je soupçonne mon brave cousin de ne pas vouloir se compromettre dans votre affaire... Je le verrai encore, mais vous ferez bien de ne pas trop compter sur lui.

Ce jour-là, il était près de six heures, lorsque Pierre revint au palais Boccanera. D'habitude, modestement, il passait par la ruelle et prenait la porte du petit escalier, dont il possédait une clef. Mais il avait reçu, le matin, une lettre du vicomte Philibert de la Choue, qu'il voulait communiquer à Benedetta ; et il monta le grand escalier, il s'étonna de ne trouver personne dans l'antichambre. Les jours ordinaires, lorsque Giacomo devait sortir, Victorine s'y installait, y travaillait à quelque ouvrage de couture, en toute bonhomie. Sa chaise était bien là, il vit même sur une table le linge qu'elle y avait laissé; mais elle s'en était allée sans doute, il se permit de pénétrer dans le premier salon. Il y faisait presque nuit déjà, le crépuscule s'y éteignait avec une douceur mourante, et le prêtre resta saisi, n'osa plus avancer, en entendant venir du salon voisin, le grand salon jaune, un bruit de voix éperdues, des froissements, des heurts, toute une lutte. C'étaient des supplications ardentes, puis des grondements dévorateurs. Et, brusquement, il n'hésita plus, il fut emporté comme malgré lui, par cette certitude que quelqu'un se défendait, dans cette pièce, et allait succomber.

Quand il se précipita, ce fut une stupeur. Dario était là, fou, lâché en une sauvagerie de désir où reparaissait tout le sang effréné des Boccanera, dans son épuisement élégant de fin de race; et il tenait Benedetta aux épaules, il l'avait renversée sur un canapé, la violentant, la voulant, lui brûlant la face de ses paroles.

— Pour l'amour de Dieu, chérie... Pour l'amour de Dieu, si tu ne souhaites pas que je meure et que tu meures... Puisque tu le dis toi-même, puisque c'est fini, que jamais ce mariage ne sera cassé, oh! ne soyons pas malheureux davantage, aime-moi comme tu m'aimes, et laisse-moi t'aimer, laisse-moi t'aimer!

Mais, de ses deux bras tendus, pleurante, avec une face de tendresse et de souffrance indicibles, la contessina le repoussait, pleine elle aussi d'une énergie farouche, en répétant:

— Non, non! je t'aime, je ne veux pas, je ne veux pas!

A ce moment, dans son grondement désespéré, Dario eut la sensation que quelqu'un entrait. Il se releva violemment, regarda Pierre d'un air de démence hébétée, sans même le bien reconnaître. Puis, il passa les deux mains sur son visage, les joues ruisselantes, les yeux sanglants ; et il s'enfuit, en poussant un soupir, un han ! terrible et douloureux, où son désir refoulé se débattait encore dans des larmes et dans du repentir.

Benedetta était restée assise sur le canapé, soufflante, à bout de courage et de force. Mais, au mouvement que Pierre fit pour se retirer également, très embarrassé de son rôle, ne trouvant pas un mot, elle le supplia d'une voix qui se calmait.

— Non, non, monsieur l'abbé, ne vous en allez pas... Je vous en prie, asseyez-vous, je désire causer avec vous un instant.

Il crut pourtant devoir s'excuser de son entrée si brusque, il expliqua que la porte du premier salon était entr'ouverte et qu'il avait seulement aperçu, dans l'antichambre, le travail de Victorine, laissé sur une table.

— Mais c'est vrai ! s'écria la contessina, Victorine devait y être, je venais de la voir. Je l'ai appelée, quand mon pauvre Dario s'est mis à perdre la tête... Pourquoi donc n'est-elle pas accourue ?

Puis, dans un mouvement d'expansion, se penchant à demi, la face encore brûlante de la lutte :

— Écoutez, monsieur l'abbé, je vais vous dire les choses, parce que je ne veux pas que vous emportiez une trop vilaine idée de mon pauvre Dario. Ça me ferait beaucoup de peine... Voyez-vous, c'est un peu de ma faute, ce qui vient d'arriver. Hier soir, il m'avait demandé un rendez-vous ici, pour que nous puissions causer tranquillement ; et, comme je savais que ma tante n'y serait pas aujourd'hui, à cette heure, je lui ai donc dit de venir... C'était fort naturel, n'est-ce pas ? de nous voir, de nous entendre, après le gros chagrin que nous avons eu, à la nouvelle que mon mariage ne sera sans doute jamais annulé. Nous souffrons trop, il faudrait prendre un parti... Et, alors, quand il a été là, nous nous sommes mis à pleurer, nous sommes restés longtemps aux bras l'un de l'autre, nous caressant, mêlant nos larmes. Je l'ai baisé mille fois en lui répétant que je l'adorais, que j'étais désespérée de faire son malheur, que je mourrais sûrement de ma peine, à le voir si malheureux. Peut-être a-t-il pu se croire encouragé ; et, d'ailleurs, il n'est pas un ange, je n'aurais pas dû le garder de la sorte, si longtemps sur mon cœur... Vous comprenez, monsieur l'abbé, il a fini par être comme un fou et par vouloir la chose que, devant la Madone, j'ai juré de ne jamais accorder qu'à mon mari.

Elle disait cela tranquillement, simplement, sans embarras aucun, de son air de belle fille raisonnable et pratique. Un faible sourire parut sur ses lèvres, quand elle continua.

— Oh! je le connais bien, mon pauvre Dario, et ça ne m'empêche pas de l'aimer, au contraire. Il a l'air délicat, un peu maladif même ; mais, au fond, c'est un passionné, un homme qui a besoin de plaisir. Oui ! c'est le vieux sang qui bouillonne, j'en sais quelque chose, car j'ai eu des colères, étant petite, à rester par terre, et aujourd'hui encore, quand le grand souffle passe, il faut que je me batte contre moi-même, que je me torture, pour ne pas faire toutes les sottises du monde... Mon pauvre Dario! il sait si mal souffrir! Il est tel qu'un enfant dont les caprices doivent être contentés ; mais, au fond pourtant, il a beaucoup de raison, il m'attend, parce qu'il se dit que le bonheur sérieux est avec moi, qui l'adore.

Et Pierre vit alors se préciser pour lui cette figure du jeune prince, restée vague jusque-là. Tout en mourant d'amour pour sa cousine, il s'était toujours amusé. Un fond d'égoïsme parfait, mais un très aimable garçon quand même. Surtout une incapacité absolue de souffrir, une horreur de la souffrance, de la laideur et de la pauvreté, chez lui et chez les autres. De chair et d'âme pour la joie, l'éclat, l'apparence, la vie au clair soleil. Et fini, épuisé, n'ayant plus de force que pour cette vie d'oisif, ne sachant même plus penser et vouloir, à ce point que l'idée de se rallier au régime nouveau ne lui était pas même venue. Avec ça, l'orgueil démesuré du Romain, la paresse mêlée d'une sagacité, d'un sens pratique du réel, toujours en éveil; et, dans le charme doux et finissant de sa race, dans son continuel besoin de femme, des coups de furieux désir, une sensualité fauve qui parfois se ruait.

— Mon pauvre Dario, qu'il aille en voir une autre, je le lui permets, ajouta très bas Benedetta, avec son beau sourire. N'est-ce pas? il ne faut point demander l'impossible à un homme, et je ne veux pas qu'il en meure.

Et, comme Pierre la regardait, dérangé dans son idée de la jalousie italienne, elle s'écria, toute brûlante de son adoration passionnée :

— Non, non, je ne suis pas jalouse de ça. C'est son plaisir, ça ne me fait pas de peine. Et je sais très bien qu'il me reviendra toujours, qu'il ne sera plus qu'à moi, à moi seule, quand je le voudrai, quand je le pourrai.

Il y eut un silence, le salon s'emplissait d'ombre, l'or des grandes consoles s'éteignait, une mélancolie infinie tombait du haut plafond obscur et des vieilles tentures jaunes, couleur d'automne. Bientôt, par un hasard de l'éclairage, un tableau se détacha, au-dessus du canapé où la contessina était assise, le portrait de la jeune fille au turban, si belle, Cassia Boccanera, l'ancêtre, l'amoureuse et la justicière. De nouveau, la ressemblance frappa le prêtre, et il pensa tout haut, il reprit :

— La tentation est la plus forte, il vient toujours une minute où l'on succombe, et tout à l'heure, si je n'étais pas entré...

Violemment, Benedetta l'interrompit.

— Moi, moi!... Ah! vous ne me connaissez pas. Je serais morte plutôt.

Et, dans une exaltation dévote extraordinaire, toute soulevée d'amour, et comme si la foi superstitieuse eût embrasé en elle la passion jusqu'à l'extase :

— J'ai juré à la Madone de donner ma virginité à l'homme que j'aimerai, seulement le jour où il sera mon mari, et ce serment, je l'ai tenu au prix de mon bonheur, je le tiendrai au prix de ma vie même... Oui, Dario et moi, nous mourrons s'il le faut, mais la sainte Vierge a ma parole, et les anges ne pleureront pas dans le ciel.

Elle était là tout entière, d'une simplicité qui pouvait d'abord paraître compliquée, inexplicable. Sans doute elle cédait à cette singulière idée de noblesse humaine que le christianisme a mise dans le renoncement et la pureté, toute une protestation contre l'éternelle matière, les forces de la nature, la fécondité sans fin de la vie. Mais, en elle, il y avait plus encore, un prix d'amour inestimable donné à la virginité, un cadeau exquis, d'une joie divine, qu'elle voulait faire à l'amant élu, choisi par son cœur, devenu le maître souverain de son corps, dès que Dieu les aurait unis. Pour elle, en dehors du prêtre, du mariage religieux, il n'y avait que péché mortel et abomination. Et, dès lors, on comprenait sa longue résistance à Prada, qu'elle n'aimait pas, sa résistance désespérée et si douloureuse à Dario, qu'elle adorait, mais à qui elle ne voulait s'abandonner qu'en légitime union. Et quelle torture, pour cette âme enflammée, que de résister à son amour! quel continuel combat du devoir, du serment fait à la Vierge, contre la passion, cette passion de sa race, qui, parfois, comme elle l'avouait, soufflait chez elle en tempête! Tout ignorante et indolente qu'elle fût, capable d'une éternelle fidélité de tendresse, elle exigeait d'ailleurs le sérieux, le matériel de l'amour. Aucune fille n'était moins qu'elle perdue dans le rêve.

Pierre la regardait, sous le crépuscule mourant, et il lui semblait qu'il la voyait, qu'il la comprenait pour la première fois. Sa dualité s'accusait dans les lèvres un peu fortes et charnelles, les yeux immenses, noirs et sans fond, et dans le visage si calme, si raisonnable, d'une délicatesse d'enfance. Avec cela, derrière ces yeux de flamme, sous cette peau d'une candeur liliale, on sentait la tension intérieure de la superstitieuse, de l'orgueilleuse et de la volontaire, la femme qui se gardait obstinément à son amour, ne manœuvrant que pour en jouir, toujours prête, dans sa raison avisée, à quelque folie de passion qui l'emporterait. Ah! comme il s'expliquait qu'on l'aimât! comme il sentait qu'une créature si adorable, avec sa belle sincérité, sa fougue à se réserver pour se donner mieux, devait emplir l'existence d'un homme! et qu'elle lui apparaissait bien la sœur cadette de cette Cassia délicieuse et tragique, qui n'avait pas voulu vivre avec sa virginité désormais inutile, et qui s'était jetée au Tibre, en y entraînant son frère, Ercole, et le cadavre de Flavio, son amant!

Dans un mouvement de bonne affection, Benedetta avait saisi les deux mains de Pierre.

— Monsieur l'abbé, voici une quinzaine de jours que vous êtes ici, et je vous aime bien, parce que je sens en vous un ami. Si vous ne nous comprenez pas du premier coup, il ne faut pourtant pas trop mal nous juger. Je vous jure que, si peu savante que je sois, je tâche toujours d'agir le mieux possible.

Il fut infiniment touché de sa bonne grâce, et il l'en remercia, en gardant un instant ses belles mains dans les siennes, car lui aussi se prenait pour elle d'une grande tendresse. Un rêve de nouveau l'emportait, être son éducateur, s'il en avait jamais le temps, ne pas repartir du moins sans avoir conquis cette âme aux idées de charité et de fraternité futures, qui étaient les siennes. N'était-elle pas l'Italie d'hier, cette créature admirable, indolente, ignorante, inoccupée, ne sachant que défendre son amour? L'Italie d'hier, si belle et si endormie, avec sa grâce finissante, charmeresse dans son ensommeillement, et qui gardait tant d'inconnu au fond de ses yeux noirs, brûlants de passion! Et quel rôle que de l'éveiller, de l'instruire, de la conquérir pour la vérité, le peuple des souffrants et des pauvres, l'Italie rajeunie de demain, telle qu'il la rêvait! Même, dans le mariage désastreux avec le comte Prada, dans la rupture, il voulait voir une première tentative manquée, l'Italie moderne du Nord allant trop vite en besogne, trop brutale à aimer et à transformer la douce Rome attardée, grande encore et paresseuse. Mais ne pouvait-il reprendre la tâche, n'avait-il pas remarqué que son livre, après l'étonnement de la première lecture, était resté chez elle une préoccupation, un intérêt, au milieu du vide de ses journées, emplies de ses seuls chagrins? Quoi! s'intéresser aux autres, aux petits de ce monde, au bonheur des misérables! était-ce possible, y avait-il donc là un apaisement à sa propre misère? Et elle était émue déjà, et il se promettait de faire jaillir ses larmes, frémissant lui-même près d'elle, à la pensée de l'infini d'amour qu'elle donnerait, le jour où elle aimerait.

La nuit venait complète, et Benedetta s'était levée pour demander une lampe. Puis, comme Pierre prenait congé, elle le retint un instant encore dans les demi-ténèbres. Il ne la voyait plus, il l'entendait seulement répéter de sa voix grave :

— N'est-ce pas, monsieur l'abbé, vous n'emporterez pas une trop mauvaise opinion de nous? Dario et moi, nous nous aimons, et ce n'est pas un péché, quand on est sage... Ah! oui, je l'aime, et depuis si longtemps! Figurez-vous, j'avais treize ans à peine, lui en avait dix-huit; et nous nous aimions, nous nous aimions comme des fous, dans ce grand jardin de la villa Montefiori, qu'on a saccagé... Ah! les jours que nous avons passés là, les après-midi entières, lâchés à travers les arbres, les heures vécues au fond de cachettes introuvables, à nous baiser, ainsi que des chérubins! Lorsque venait le temps des oranges mûres, c'était un parfum qui nous grisait. Et les grands buis amers, mon Dieu! comme ils nous enveloppaient, de

quelle odeur puissante ils nous faisaient battre le cœur!
Je ne peux plus les respirer, maintenant, sans défaillir.

Giacomo apportait la lampe, et Pierre remonta chez
lui. Dans le petit escalier, il trouva Victorine, qui eut
un léger sursaut, comme si elle s'était postée là, à le
guetter sortir du salon. Elle le suivit, elle causa, se renseigna; et, tout d'un coup, le prêtre eut conscience de ce
qui s'était passé.

— Pourquoi donc n'êtes-vous pas accourue, lorsque
votre maîtresse vous a appelée, puisque vous étiez en
train de coudre, dans l'antichambre?

D'abord, elle voulut faire l'étonnée, dire qu'elle n'avait
rien entendu. Mais sa bonne figure de franchise ne pouvait mentir, riait quand même. Elle finit par se confesser,
de son air brave et gai.

— Dame! est-ce que ça me regardait, d'intervenir
entre des amoureux? Et puis, j'étais bien tranquille, je
savais que le prince l'aime trop pour lui faire du mal, à
ma petite Benedetta.

La vérité était que, comprenant ce dont il s'agissait, au
premier appel de détresse, elle avait posé doucement son
ouvrage sur la table et s'en était allée à pas de loup,
pour ne pas avoir à déranger ses chers enfants, ainsi
qu'elle les nommait.

— Ah! la pauvre petite! conclut-elle, comme elle a
tort de se martyriser pour des idées de l'autre monde!
Puisqu'ils s'aiment, où serait le mal, grand Dieu! s'ils se
donnaient un peu de bonheur? La vie n'est pas si drôle.
Et quel regret, plus tard, le jour où il ne serait plus
temps!

Resté seul, dans sa chambre, Pierre se sentit tout d'un
coup chancelant, éperdu. Les grands buis amers! les
grands buis amers! Comme lui, elle avait frissonné à leur
âpre odeur de virilité, et ils revenaient, et ils évoquaient
ceux des jardins pontificaux, des voluptueux jardins
romains, déserts et brûlants sous l'auguste soleil. Sa jour-

née entière se résumait, prenait clairement sa signification totale. C'était le réveil fécond, l'éternelle protestation de la nature et de la vie, la Vénus et l'Hercule qu'on peut enfouir pour des siècles dans la terre, mais qui en surgissent quand même un jour, qu'on peut vouloir murer au fond du Vatican dominateur, immobile et têtu, mais qui règnent même là et gouvernent le monde, souverainement.

VII

Le lendemain, comme Pierre, après une longue promenade, se retrouvait devant le Vatican, où une sorte d'obsession le ramenait toujours, il fit de nouveau la rencontre de monsignor Nani. C'était un mercredi soir, et l'assesseur du Saint-Office venait d'avoir son audience hebdomadaire chez le pape, auquel il rendait compte de la séance tenue le matin par la sacrée congrégation.

— Quel heureux hasard, mon cher fils! Justement, je pensais à vous... Désirez-vous voir Sa Sainteté en public, avant de la voir en audience particulière?

Et il avait son grand air d'obligeance souriante, où l'on sentait à peine l'ironie légère de l'homme supérieur qui savait tout, pouvait tout, préparait tout.

— Mais sans doute, monseigneur, répondit Pierre, un peu étonné par la brusquerie de l'offre. Toute distraction est la bienvenue, quand on perd ses journées à attendre.

— Non, non, vous ne perdez pas vos journées, reprit vivement le prélat. Vous regardez, vous réfléchissez, vous vous instruisez.... Enfin, voici. Sans doute savez-vous que le grand pèlerinage international du Denier de Saint-Pierre arrive vendredi à Rome et qu'il sera reçu samedi par Sa Sainteté. Le lendemain, dimanche, autre cérémonie. Sa Sainteté dira la messe à la basilique... Eh bien! il me reste quelques cartes, voici de très bonnes places pour les deux jours.

Il avait tiré de sa poche un élégant petit portefeuille,

orné d'un chiffre d'or, où il prit deux cartes, une verte, une rose, qu'il remit au jeune prêtre.

— Ah! si vous saviez comme on se les dispute!... Vous vous rappelez, ces deux dames françaises, qui se meurent du désir de voir le Saint-Père. Je n'ai pas voulu trop insister pour leur obtenir une audience, elles ont dû se contenter, elles aussi, des cartes que je leur ai données... Oui, le Saint-Père est un peu las. Je viens de le trouver jauni, fiévreux. Mais il a tant de courage, il ne vit que par l'âme.

Son sourire reparut, avec sa moquerie à peine perceptible.

— C'est là un grand exemple pour les impatients, mon cher fils... J'ai appris que l'excellent monsignor Gamba del Zoppo n'a rien pu pour vous. Il ne faut pas vous en affliger outre mesure. Me permettez-vous de répéter que cette longue attente est sûrement une grâce que vous fait la Providence, en vous renseignant, en vous forçant à comprendre des choses que vous autres, prêtres de France, vous ne sentez malheureusement pas, quand vous arrivez à Rome? Et peut-être cela vous évitera-t-il des fautes... Allons, calmez-vous, dites-vous que les événements sont dans la main de Dieu et qu'ils se produiront à l'heure fixée par sa souveraine sagesse.

Il tendit sa jolie main, souple et grasse, une douce main de femme, mais dont l'étreinte avait la force d'un étau de fer. Et il monta dans sa voiture, qui l'attendait.

Justement, la lettre que Pierre avait reçue du vicomte Philibert de la Choue, était un long cri de rancune et de désespoir, à l'occasion du grand pèlerinage international du Denier de Saint-Pierre. Il écrivait de son lit, cloué par une affreuse attaque de goutte, et il ne pouvait venir. Mais ce qui mettait le comble à sa peine, c'était que le président du comité, chargé naturellement de présenter le pèlerinage au pape, se trouvait être le baron de Fouras, un de ses adversaires acharnés du vieux parti catholique conservateur; et il ne doutait pas un instant que le baron ne profitât de l'occasion unique pour faire triompher dans l'esprit du pape sa théorie des corporations libres, tandis que lui, de la Choue, n'admettait le salut du catholicisme et du monde que par le système des corporations fermées, obligatoires. Aussi suppliait-il Pierre d'agir auprès des cardinaux favorables, et d'arriver quand même à être reçu par le Saint-Père, et de ne pas quitter Rome sans lui rapporter l'approbation auguste, qui seule devait décider de la victoire. La lettre donnait en outre d'intéressants détails sur le pèlerinage, trois mille pèlerins venus de tous les pays, que des évêques et des supérieurs de congrégations amenaient par petits groupes, de France, de Belgique, d'Espagne, d'Autriche, même d'Allemagne. C'était la France qui se trouvait le plus largement représentée, près de deux mille pèlerins. Un comité international avait fonctionné à Paris pour tout organiser, besogne délicate, car il y avait là un mélange voulu, des membres de l'aristocratie, des confréries de dames bourgeoises, des associations ouvrières, les classes, les âges, les sexes confondus, fraternisant dans la même foi. Et le vicomte ajoutait que le pèlerinage, qui portait au pape des millions, avait choisi la date de son arrivée, de manière à être la protestation du catholicisme universel contre les fêtes du 20 septembre, par lesquelles le Quirinal venait de célébrer le glorieux anniversaire de Rome capitale.

Pierre ne se méfia pas, crut qu'il suffisait d'arriver vers onze heures, puisque la solennité était pour midi. Elle devait avoir lieu dans la salle des Béatifications, une grande et belle salle qui se trouve au-dessus du portique de Saint-Pierre, et qu'on a aménagée en chapelle depuis 1890. Une de ses fenêtres ouvre sur la loggia centrale, d'où le pape nouvellement élu, autrefois, bénissait le peuple, Rome et le monde. Elle est précédée de deux autres salles, la salle Royale et la salle Ducale. Et, lorsque

Pierre voulut gagner la place à laquelle sa carte verte lui donnait droit, dans la salle même des Béatifications, il les trouva toutes les trois tellement bondées d'une foule compacte, qu'il s'ouvrit un chemin avec les plus extrêmes difficultés. Il y avait une heure déjà qu'on étouffait de la sorte, dans la fièvre ardente, l'émotion grandissante des trois à quatre mille personnes enfermées là. Enfin, il put arriver jusqu'à la porte de la troisième salle ; mais il se découragea à y voir l'extraordinaire entassement des têtes, il n'essaya même pas d'aller plus loin.

Cette salle des Béatifications, qu'il embrassait d'un regard, en se dressant sur la pointe des pieds, était d'une grande richesse, dorée et peinte, sous le haut plafond sévère. En face de l'entrée, à la place ordinaire de l'autel, on avait placé, sur une estrade basse, le trône pontifical, un grand fauteuil de velours rouge, dont le dossier et les bras d'or resplendissaient ; et les draperies du baldaquin, également de velours rouge, retombaient derrière, déployaient comme deux larges ailes de pourpre. Mais ce qui l'intéressait surtout, ce qui le saisissait, c'était cette foule, cette foule d'effrénée passion, telle qu'il n'en avait jamais vue, dont il entendait battre les cœurs à grands coups, dont les yeux trompaient l'impatience fébrile de l'attente, en regardant, en adorant le trône vide. Ah! ce trône, il les éblouissait, il les troublait jusqu'à la pâmoison des âmes dévotes, ainsi que l'ostensoir d'or où Dieu en personne allait daigner prendre place. Il y avait là des ouvriers endimanchés, aux regards clairs d'enfant, aux rudes figures d'extase, des dames bourgeoises vêtues de la toilette noire réglementaire, toutes pâles d'une sorte de terreur sacrée dans l'excès de leur désir, des messieurs en habit et en cravate blanche, glorieux, soulevés par la conviction qu'ils sauvaient l'Église et les peuples. Un groupe de ceux-ci se faisait remarquer particulièrement devant le trône, tout un paquet d'habits noirs, les membres du comité international, à la tête duquel triomphait le baron de Fouras, un homme d'une cinquantaine d'années, très grand, très gros, très blond, qui s'agitait, se dépensait, donnait des ordres, comme un général au matin d'une victoire décisive. Puis, au milieu de la masse grise et neutre des vêtements, éclatait çà et là la soie violette d'un évêque, chaque pasteur ayant voulu rester avec son troupeau ; tandis que des réguliers, des pères supérieurs, en robes brunes, noires, blanches, dominaient, de toutes leurs hautes têtes barbues ou rasées. A droite et à gauche, flottaient des bannières, que des associations, des congrégations apportaient en cadeau au pape. Et la houle montait, et un bruit de mer s'enflait toujours, un tel amour impatient s'exhalait des faces en sueur, des yeux brûlants, des bouches affamées, que l'air s'en trouvait comme épaissi et obscurci, dans l'odeur lourde de ce peuple entassé.

Mais, brusquement, Pierre aperçut près du trône monsignor Nani, qui, l'ayant reconnu de loin, lui faisait des signes pour qu'il s'avançât ; et, comme il répondait d'un geste modeste, signifiant qu'il préférait rester où il était, le prélat s'entêta quand même, lui envoya un huissier, avec l'ordre de lui ouvrir un chemin. Enfin, lorsque l'huissier le lui eut amené :

— Pourquoi donc ne veniez-vous pas occuper votre place? Votre carte vous donne droit à être ici, à la gauche du trône.

— Ma foi, répondit le prêtre, il y avait tant de monde à déranger, que je n'ai pas voulu. Et puis, c'est bien de l'honneur pour moi.

— Non, non ! je vous ai donné cette place, afin que vous l'occupiez. Je désire que vous soyez au premier rang, pour bien voir, pour ne rien perdre de la cérémonie.

Pierre ne put que le remercier. Il vit alors que plusieurs cardinaux et beaucoup de prélats de la famille pontificale attendaient, eux aussi, aux deux côtés du trône. Vainenement, il chercha le cardinal Boccanera, qui ne paraissait à Saint-Pierre et au Vatican que les jours où le service de sa charge l'y obligeait. Mais il reconnut le cardinal Sanguinetti, large et fort, qui causait très haut avec le baron de Fouras, le sang au visage. Un instant, monsignor Nani revint, de son air complaisant, pour lui montrer deux autres Éminences, d'une importance de hauts et puissants personnages : le cardinal vicaire, un gros homme court, à la face enfiévrée, brûlée d'ambition, et le cardinal secrétaire, robuste, ossu, taillé à coups de hache, un type romantique de bandit sicilien qui se serait décidé pour la discrète et souriante diplomatie ecclésiastique. A quelques pas encore, à l'écart, se tenait le grand pénitencier, silencieux, l'air souffrant, avec un profil gris et maigre d'ascète.

Midi était sonné. Il y eut une fausse joie, une émotion qui vint des deux autres salles, en une vague profonde. Mais ce n'étaient que les huissiers qui faisaient ranger la foule, afin de ménager un passage au cortège. Et, tout d'un coup, du fond de la première salle, des acclamations partirent, grandirent, s'approchèrent. Cette fois, c'était le cortège. D'abord, un détachement de gardes suisses en petit uniforme, conduit par un sergent; puis, les porteurs de chaise en rouge; puis, les prélats de la cour, parmi lesquels les quatre camériers secrets participants. Et, enfin, entre deux pelotons de gardes-nobles en demi-gala, le Saint-Père marchait seul, à pied, souriant d'un pâle sourire, bénissant avec lenteur, à droite et à gauche. Avec lui, la clameur, montant des salles voisines, s'était engouffrée dans la salle des Béatifications, d'une violence d'amour soufflant en folie ; et, sous la frêle main blanche qui bénissait, toutes ces créatures bouleversées étaient tombées à deux genoux, il n'y avait plus par terre qu'un écrasement de peuple dévot, comme foudroyé par l'apparition du Dieu.

Pierre, emporté, avait frémi, s'était agenouillé avec les

autres. Ah! cette toute-puissance, cette contagion irrésistible de la foi, du souffle redoutable de l'au-delà, se décuplant dans un décor et dans une pompe de grandeur souveraine! Un profond silence se fit ensuite, lorsque Léon XIII se fut assis sur le trône, entouré des cardinaux et de sa cour; et, dès lors, la cérémonie se déroula, selon l'usage et le rite. Un évêque parla d'abord, à genoux, pour mettre aux pieds de Sa Sainteté l'hommage des fidèles de la chrétienté entière. Le président du comité, le baron de Fouras, lui succéda, lut debout un long discours, dans lequel il présentait le pèlerinage, en expliquait l'intention, lui donnait toute la gravité d'une protestation à la fois politique et religieuse. Chez ce gros homme, la voix était menue, perçante, les phrases partaient avec un grincement de vrille; et il disait la douleur du monde catholique devant la spoliation dont le Saint-Siège souffrait depuis un quart de siècle, la volonté de tous les peuples, représentés là par des pèlerins, de consoler le Chef suprême et vénéré de l'Église, en lui apportant l'obole des riches et des pauvres, le denier des plus humbles, pour que la papauté vécût fière, indépendante, dans le mépris de ses adversaires. Il parla aussi de la France, déplora ses erreurs, prophétisa son retour aux traditions saines, fit entendre orgueilleusement qu'elle était la plus opulente, la plus généreuse, celle dont l'or et les cadeaux coulaient à Rome, en un fleuve ininterrompu. Léon XIII, enfin, se leva, répondit à l'évêque et au baron. Sa voix était grosse, fortement nasale, une voix qui surprenait, au sortir d'un corps si mince. Et, en quelques phrases, il témoigna sa gratitude, dit combien son cœur était ému de ce dévouement des nations à la papauté. Les temps avaient beau être mauvais, le triomphe final ne pouvait tarder davantage. Des signes évidents annonçaient que le peuple revenait à la foi, que les iniquités cesseraient bientôt, sous le règne universel du Christ. Quant à la France, n'était-elle pas la fille aînée de l'Église, qui avait donné au Saint-Siège trop de marques de tendresse, pour que celui-ci cessât jamais de l'aimer ? Puis, levant le bras, à tous les pèlerins présents, aux sociétés et aux œuvres qu'ils représentaient, à leurs familles et à leurs amis, à la France, à toutes les nations de la catholicité, pour les remercier de l'aide précieuse qu'elles lui envoyaient, il accorda sa bénédiction apostolique. Pendant qu'il se rasseyait, des applaudissements éclatèrent, des salves frénétiques qui durèrent pendant dix minutes, mêlées à des vivats, à des cris inarticulés, tout un déchaînement passionné de tempête dont la salle tremblait.

Et, sous le vent de cette furieuse adoration, Pierre regardait Léon XIII, redevenu immobile sur le trône. Coiffé du bonnet papal, les épaules couvertes de la pèlerine rouge garnie d'hermine, il avait, dans sa longue soutane blanche, la raideur hiératique de l'idole que deux cent cinquante millions de chrétiens vénèrent. Sur le fond de pourpre des rideaux du baldaquin, entre cet écartement ailé des draperies, où brûlait comme un brasier de gloire, il prenait une véritable majesté. Ce n'était plus le vieillard débile, à la petite marche saccadée, au cou frêle de pauvre oiseau malade. Le décharnement du visage, le nez trop fort, la bouche trop fendue, disparaissaient. Dans cette face de cire, on ne distinguait que les yeux admirables, noirs et profonds, d'une éternelle jeunesse, d'une intelligence, d'une pénétration extraordinaires. Puis, c'était un redressement volontaire de toute la personne, une conscience de l'éternité qu'il représentait, une royale noblesse qui lui venait de n'être plus qu'un souffle, une âme pure, dans un corps d'ivoire, si transparent, qu'on y voyait cette âme déjà, comme délivrée des liens de la terre. Et Pierre, alors, sentit ce qu'un tel homme, le pontife souverain, le roi obéi de deux cent cinquante millions de sujets, devait être pour les dévotes et dolentes créatures qui venaient l'adorer de si loin, foudroyées à ses pieds par le resplendissement des puissances qu'il incarnait. Derrière lui, dans la pourpre des rideaux, quelle ouverture brusque sur l'au-delà, quel infini d'idéal et de gloire aveuglante! En un seul être, l'Élu, l'Unique, le Surhumain, tant de siècles d'histoire, depuis l'apôtre Pierre, tant de force, de génie, de luttes, de triomphes! Puis, quel miracle sans cesse renouvelé, le ciel daignant descendre dans cette chair humaine, Dieu habitant ce serviteur qu'il a choisi, qu'il met à part, qu'il sacre au-dessus de l'immense foule des autres vivants, en lui donnant tout pouvoir et toute science! Quel trouble sacré, quel émoi d'éperdue tendresse, Dieu dans un homme, Dieu sans cesse là, au fond de ses yeux, parlant par sa voix, émanant de chacun de ses gestes de bénédiction! S'imaginait-on cet absolu exorbitant d'un monarque infaillible, l'autorité totale en ce monde et le salut dans l'autre, Dieu visible! Et comme l'on comprenait le vol vers lui des âmes dévorées du besoin de croire, l'anéantissement en lui de ces âmes qui trouvaient enfin la certitude tant cherchée, la consolation de se donner et de disparaître en Dieu même!

Mais la cérémonie s'achevait, le baron de Fouras présentait au Saint-Père les membres du comité, ainsi que quelques autres membres importants du pèlerinage. C'était un lent défilé, des génuflexions tremblantes, le baiser goulu à la mule et à l'anneau. Puis, les bannières furent offertes, et Pierre eut un serrement de cœur, en reconnaissant dans la plus belle, la plus riche, une bannière de Lourdes, donnée sans doute par les pères de l'Immaculée-Conception. Sur la soie blanche, brodée d'or, d'un côté la Vierge de Lourdes était peinte, tandis que, de l'autre, se trouvait le portrait de Léon XIII. Il le vit sourire à son image, il en eut un grand chagrin, comme si tout son rêve d'un pape intellectuel, évangélique, dégagé des basses superstitions, croulait. Et ce fut à ce moment qu'il rencontra de nouveau les regards de monsignor

Nani, qui ne le quittait pas des yeux depuis le commencement de la solennité, étudiant ses moindres impressions, de l'air curieux d'un homme en train de se livrer à une expérience.

Il s'était rapproché, il dit :

— Elle est superbe, cette bannière, et quelle joie pour Sa Sainteté d'être si bien peinte, en compagnie de cette jolie sainte Vierge !

Puis, comme le jeune prêtre ne répondait pas, devenu pâle, il ajouta avec un air de dévote jouissance italienne :

— Nous aimons beaucoup Lourdes à Rome, c'est si délicieux, cette histoire de Bernadette !

Et ce qui se passa alors fut si extraordinaire, que Pierre en resta longtemps bouleversé. Il avait vu, à Lourdes, des spectacles d'une idolâtrie inoubliable, des scènes de foi naïve, de passion religieuse exaspérée, dont il frémissait encore d'inquiétude et de douleur. Mais les foules se ruant à la Grotte, les malades expirant d'amour devant la statue de la Vierge, tout un peuple délirant sous la contagion du miracle, rien, rien n'approchait du coup de folie qui souleva, qui emporta les pèlerins, aux pieds du pape. Des évêques, des supérieurs de congrégation, des délégués de toutes sortes, s'étaient avancés pour déposer près du trône les offrandes qu'ils apportaient du monde catholique entier, la collecte universelle du denier de Saint-Pierre. C'était l'impôt volontaire d'un peuple à son souverain, de l'argent, de l'or, des billets de banque, enfermés dans des bourses, dans des aumônières, dans des portefeuilles. Et des dames vinrent ensuite qui tombaient à genoux, pour tendre les aumônières de soie ou de velours, qu'elles avaient brodées. Et d'autres avaient fait mettre sur les portefeuilles le chiffre en diamants de Léon XIII. Et l'exaltation devint telle, un instant, que des femmes se dépouillèrent, jetèrent leurs porte-monnaie, jusqu'aux sous qu'elles avaient sur elles. Une, très belle, très brune, mince et grande, arracha sa montre de son cou, ôta ses bagues, les lança sur le tapis de l'estrade. Toutes auraient arraché leur chair, pour sortir leur cœur brûlant d'amour, le jeter aussi, se jeter entières, sans rien garder d'elles. Ce fut une pluie de présents, le don total, la passion qui se dépouille en faveur de l'objet de son culte, heureuse de n'avoir rien à elle qui ne soit à lui. Et cela au milieu d'une clameur croissante, des vivats qui avaient repris, des cris d'adoration suraigus, tandis que des poussées de plus en plus violentes se produisaient, tous et toutes cédant à l'irrésistible besoin de baiser l'idole.

Un signal fut donné, Léon XIII se hâta de descendre du trône et de reprendre sa place dans le cortège, pour regagner ses appartements. Des gardes suisses maintenaient énergiquement la foule, tâchaient de dégager le passage, au travers des trois salles. Mais, à la vue du départ de Sa Sainteté, une rumeur de désespoir avait grandi, comme si le ciel se fût refermé brusquement, devant ceux qui n'avaient pu s'approcher encore. Quelle déception affreuse, avoir eu Dieu visible et le perdre, avant de gagner son salut, rien qu'en le touchant! La bousculade fut si terrible, que la plus extraordinaire confusion régna, balayant les gardes suisses. Et l'on vit des femmes se précipiter derrière le pape, se traîner à quatre pattes sur les dalles de marbre, y baiser ses traces, y boire la poussière de ses pas. La grande dame brune, tombée au bord de l'estrade, venait de s'y évanouir, en poussant un grand cri; et deux messieurs du comité la tenaient, afin qu'elle ne se blessât point, dans l'attaque nerveuse qui la convulsait. Une autre, une grosse blonde, s'acharnait, mangeait des lèvres, éperdument, un des bras dorés du fauteuil, où s'était posé le pauvre coude frêle du vieillard. D'autres l'aperçurent, vinrent le lui disputer, s'emparèrent des deux bras, du velours, la bouche collée au bois et à l'étoffe, le corps secoué de gros sanglots. Il fallut employer la force pour les en arracher.

Pierre, quand ce fut fini, sortit comme d'un rêve pénible, le cœur soulevé, la raison révoltée. Et il retrouva le regard de monsignor Nani qui ne le quittait point.

— Une cérémonie superbe, n'est-ce pas? dit le prélat. Cela console de bien des iniquités.

— Oui, sans doute, mais quelle idolâtrie! ne put s'empêcher de murmurer le prêtre.

Monsignor Nani se contenta de sourire, sans relever le mot, comme s'il ne l'eût pas entendu. A ce moment, les deux dames françaises, auxquelles il avait donné des cartes, s'approchèrent pour le remercier; et Pierre eut la surprise de reconnaître en elles les deux visiteuses des Catacombes, la mère et la fille, si belles, si gaies et si saines. D'ailleurs, celles-ci n'étaient enthousiastes que du spectacle. Elles déclarèrent qu'elles étaient bien contentes d'avoir vu ça, que c'était une chose étonnante, unique au monde.

Brusquement, dans la foule qui se retirait sans hâte, Pierre se sentit toucher à l'épaule, et il aperçut Narcisse Habert, très enthousiaste lui aussi.

— Je vous ai fait des signes, mon cher abbé, mais vous ne m'avez pas vu... Hein? cette femme brune qui est tombée raide, les bras en croix, était-elle admirable d'expression! Un chef-d'œuvre des primitifs, un Cimabué, un Giotto, un Fra Angelico! Et les autres, celles qui mangeaient de baisers les bras du fauteuil, quel groupe de suavité, de beauté et d'amour!... Jamais je ne manque ces cérémonies, il y a toujours à y voir des tableaux, des spectacles d'âmes.

Avec lenteur, l'énorme flot des pèlerins s'écoulait, descendait l'escalier, dans la brûlante fièvre dont le frisson persistait; et Pierre, suivi de monsignor Nani et de Narcisse, qui s'étaient mis à causer ensemble, réfléchissait, sous le tumulte d'idées battant son crâne. Ah! certes, c'était grand et beau, ce pape qui s'était muré au fond de son Vatican, qui avait monté dans l'adoration et dans la terreur sacrée des hommes, à mesure qu'il disparaissait davantage, qu'il devenait un pur esprit, une pure autorité morale, dégagée de tout souci temporel. Il y avait là une spiritualité, un envolement en plein idéal, dont il était remué profondément, car son rêve d'un christianisme rajeuni reposait sur ce pouvoir épuré, uniquement spirituel du Chef suprême; et il venait de constater ce qu'y gagnait, en majesté et en puissance, ce Souverain Pontife de l'au-delà, aux pieds duquel s'évanouissaient les femmes, qui, derrière lui, voyaient Dieu. Mais, à la même minute, il avait senti tout d'un coup se dresser la question d'argent, gâtant sa joie, remettant à l'étude le problème. Si l'abandon forcé du pouvoir temporel avait grandi le pape, en le libérant des misères d'un petit roi menacé sans cesse, le besoin d'argent restait encore comme un boulet à son pied, qui le clouait à la terre. Puisqu'il ne pouvait accepter la subvention du royaume d'Italie, l'idée vraiment touchante du denier de Saint-Pierre aurait dû sauver le Saint-Siège de tout souci matériel, à la condition que ce denier fût en réalité le sou du catholique, l'obole de chaque fidèle, prise sur le pain quotidien, envoyée directement à Rome, tombant de l'humble main qui la donne dans l'auguste main qui la reçoit; sans compter qu'un tel impôt volontaire, payé par le troupeau à son pasteur, suffirait à l'entretien de l'Église, si chaque tête des deux cent cinquante millions de chrétiens donnait simplement son sou par semaine. De la sorte, le pape devant à tous, à chacun de ses enfants, ne devrait rien à personne. C'était si peu, un sou, et si aisé, si attendrissant! Malheureusement, les choses ne se passaient point ainsi, le plus grand nombre des catholiques ne donnaient pas, des riches envoyaient de grosses sommes par passion politique, et surtout les dons se centralisaient entre les mains des évêques et de certaines congrégations, de manière que les véritables donateurs semblaient être ces évêques, ces puissantes congrégations, qui devenaient ouvertement les bienfaiteurs de la papauté, les caisses indispensables où elle puisait sa vie. Les petits et les humbles, dont l'obole emplissait le tronc, étaient comme supprimés ; c'étaient des intermédiaires, des hauts seigneurs séculiers ou réguliers, que dépendait le pape, forcé dès lors de les ménager, d'écouter leurs remontrances, d'obéir parfois à leurs passions, s'il ne voulait voir se tarir les aumônes. Allégé du poids mort du pouvoir temporel, il n'était tout de même pas libre, tributaire de son clergé, ayant à tenir compte autour de lui de trop d'intérêts et d'appétits, pour être le maître hautain, pur, tout âme, le maître capable de sauver le monde. Et Pierre se rappelait la Grotte de Lourdes dans les jardins, la bannière de Lourdes qu'il venait de voir, et il savait que les pères de Lourdes prélevaient, chaque année, une somme de deux cent mille francs sur les recettes de leur Vierge, pour les envoyer en cadeau au Saint-Père. N'était-ce pas la grande raison de leur toute-puissance ? Il frémit, il eut la brusque conscience que, malgré sa présence à Rome, malgré l'appui du cardinal Bergerot, il serait battu et son livre condamné.

Enfin, comme il débouchait sur la place Saint-Pierre, dans la bousculade dernière des pèlerins, il entendit Narcisse qui demandait :

— Vraiment, vous croyez que les dons, aujourd'hui, ont dépassé ce chiffre ?

— Oh ! plus de trois millions, j'en suis convaincu, répondit monsignor Nani.

Tous trois s'arrêtèrent un moment sous la colonnade de droite, regardant l'immense place ensoleillée, où les trois mille pèlerins se répandaient, petites taches noires, foule agitée, telle qu'une fourmilière en révolution.

Trois millions ! ce chiffre avait sonné aux oreilles de Pierre. Et il leva la tête, il regarda, de l'autre côté de la place, les façades du Vatican, toutes dorées dans le soleil, sur l'infini ciel bleu, comme s'il avait voulu suivre, au travers des murs, la marche de Léon XIII, regagnant par les galeries et par les salles son appartement, dont il apercevait là-haut les fenêtres. Il le voyait en pensée chargé des trois millions, les emportant sur lui, entre ses frêles bras serrés contre sa poitrine, emportant l'or, l'argent, les billets, et jusqu'aux bijoux que les femmes avaient jetés. Puis, tout haut, inconsciemment, il parla.

— Et qu'en va-t-il faire, de ces millions? Où s'en va-t-il avec?

Narcisse et monsignor Nani lui-même ne purent s'empêcher de s'égayer, à cette curiosité formulée de la sorte. Ce fut le jeune homme qui répondit.

— Mais Sa Sainteté les emporte dans sa chambre, ou du moins elle les y fait porter devant elle. N'avez-vous pas vu deux personnes de la suite qui ramassaient tout, les poches et les mains pleines?... Et, maintenant, Sa Sainteté est enfermée, toute seule. Elle a congédié le monde, elle a poussé soigneusement les verrous des portes... Et, si vous pouviez l'apercevoir, derrière cette façade, vous la verriez compter et recompter son trésor avec une attention heureuse, mettre en bon ordre les rouleaux d'or, glisser les billets de banque dans des enveloppes, par petits paquets égaux, puis tout ranger, tout faire disparaître au fond de cachettes connues d'elle seule.

Pendant que son compagnon parlait, Pierre avait de nouveau levé les yeux sur les fenêtres du pape, comme s'il avait suivi la scène. D'ailleurs, le jeune homme continuait ses explications, disait que, dans la chambre, contre le mur de droite, il y avait un certain meuble, où l'argent était serré. Les uns parlaient aussi des profonds tiroirs d'un bureau; et d'autres, enfin, affirmaient qu'au fond de l'alcôve, qui était très vaste, l'argent dormait dans de grandes malles cadenassées. Il y avait bien, à gauche du couloir menant aux Archives, une grande pièce où se tenait le caissier général, avec un monumental coffre-fort à trois compartiments. Mais là était l'argent du patrimoine de Saint-Pierre, les recettes administratives faites à Rome; tandis que l'argent du denier, des aumônes de la chrétienté entière, restait entre les mains de Léon XIII, qui seul en savait exactement le chiffre, et qui vivait seul avec ces millions, dont il disposait en maître absolu, sans rendre de comptes à personne. Aussi ne quittait-il pas sa chambre, lorsque les domestiques faisaient le ménage. A peine consentait-il à rester sur le seuil de la pièce voisine, pour éviter la poussière. Et, quand il devait s'absenter pendant quelques heures, descendre dans les jardins, il fermait les portes à double tour, il emportait sur lui les clefs, qu'il ne confiait jamais à personne.

Narcisse s'arrêta, se tourna vers monsignor Nani.

— N'est-ce pas, monseigneur ? Ce sont là des faits connus de toute Rome.

Le prélat, qui hochait la tête de son air souriant, sans approuver ni désapprouver, s'était remis à suivre sur le visage de Pierre l'effet produit par ces histoires.

— Sans doute, sans doute, on dit tant de choses !... Je ne le sais pas, moi ; mais puisque vous le savez, monsieur Habert !

— Oh ! reprit celui-ci, je n'accuse pas Sa Sainteté d'avarice sordide, comme le bruit en court. Il circule des fables, les coffres pleins d'or, où elle passerait des heures à plonger les mains, les trésors entassés dans des coins, pour le plaisir de les compter et de les recompter sans cesse... Seulement, on peut bien admettre que le Saint-Père aime tout de même un peu l'argent pour lui-même, pour le plaisir de le toucher, de le ranger, quand il est seul, une manie bien excusable chez un vieillard qui n'a point d'autre distraction... Et je me hâte d'ajouter qu'il aime l'argent plus encore pour la force sociale qui est en lui, pour l'appui décisif qu'il doit donner à la papauté de demain, si elle veut vaincre.

Alors, se dressa la très haute figure de ce pape, prudent et sage, conscient des nécessités modernes, enclin à utiliser les puissances du siècle pour le conquérir, faisant des affaires, ayant même failli perdre dans un désastre le trésor laissé par Pie IX, et voulant réparer la brèche, reconstituer le trésor, afin de le léguer, solide et grossi, à son successeur. Économe, oui! mais économe pour les besoins de l'Église, qu'il sentait immenses, plus grands chaque jour, d'une importance vitale, si elle voulait combattre l'athéisme sur le terrain des écoles, des institutions, des associations de toutes sortes. Sans argent, elle n'était plus qu'une vassale, à la merci des pouvoirs civils, du royaume d'Italie et des autres nations catholiques. Et c'était ainsi que, tout en étant charitable, en soutenant largement les œuvres utiles, qui aidaient au triomphe de la Foi, il avait le mépris des dépenses sans but, il se montrait d'une dureté hautaine pour lui-même et pour les autres. Personnellement, il était sans besoins. Dès le début de son pontificat, il avait nettement séparé son petit patrimoine privé du riche patrimoine de Saint-Pierre, se refusant à rien distraire de celui-ci pour aider les siens. Jamais Souverain Pontife n'avait moins cédé au népotisme, à ce point que ses trois neveux et ses deux nièces restaient pauvres, dans de gros embarras pécuniaires. Il n'entendait ni les commérages, ni les plaintes, ni les accusations, il restait intraitable et debout, défendant avec rudesse les millions de la papauté contre tant d'acharnées convoitises, contre son entourage et contre sa famille, dans l'orgueil de laisser aux papes futurs l'arme invincible, l'argent qui donne la vie.

— Mais, en somme, demanda Pierre, quelles sont les recettes et quelles sont les dépenses du Saint-Siège?

Monsignor Nani se hâta de répéter son aimable geste évasif.

— Oh! en ces matières, je suis d'une ignorance...

Adressez-vous à monsieur Habert, qui est si bien renseigné.

— Mon Dieu! déclara celui-ci, je sais ce que tout le monde sait dans les ambassades, ce qui se répète couramment... Pour les recettes, il faut distinguer. D'abord, il y avait le trésor laissé par Pie IX, une vingtaine de millions, placés de façons diverses, qui rapportaient à peu près un million de rentes; mais, comme je vous l'ai dit, un désastre est survenu, presque réparé maintenant, assure-t-on. Puis, outre le revenu fixe des capitaux placés, il y a les quelques centaines de mille francs que produisent, bon an mal an, les droits de chancellerie de toutes sortes, les titres nobiliaires, les mille petits frais que l'on paye aux congrégations... Seulement, comme le budget des dépenses dépasse sept millions, vous voyez qu'il fallait en trouver six chaque année; et c'est sûrement le denier de Saint-Pierre qui les a fournis, pas les six peut-être, mais trois ou quatre, avec lesquels on a spéculé pour les doubler et joindre les deux bouts... Ce serait trop long, cette histoire des spéculations du Saint-Siège depuis une quinzaine d'années, les premiers gains énormes, puis la catastrophe qui a failli tout emporter, enfin l'obstination aux affaires qui peu à peu a bouché les trous. Je vous la conterai un jour, si vous êtes curieux de la connaître.

Pierre écoutait, très intéressé.

— Six millions! s'écria-t-il, même quatre! Que rapporte-t-il donc, le denier de Saint-Pierre?

— Oh! ça, je vous le répète, personne ne l'a jamais su exactement. Autrefois, les journaux catholiques publiaient des listes, les chiffres des offrandes; et l'on pouvait arriver à une certaine approximation. Mais sans doute on a jugé cela mauvais, car aucun document ne paraît plus, il est devenu radicalement impossible de se faire même une idée de ce que le pape reçoit. Lui seul, je le dis encore, connaît le chiffre total, garde l'argent et en dispose, en souverain maître. Il est à croire que, les bonnes années, les dons ont produit de quatre à cinq millions. La France entrait d'abord pour la moitié dans cette somme; mais elle donne certainement moins aujourd'hui. L'Amérique donne également beaucoup. Puis viennent la Belgique et l'Autriche, l'Angleterre et l'Allemagne. Quant à l'Espagne et à l'Italie... Ah! l'Italie...

Il eut un sourire en regardant monsignor Nani, qui, béatement, dodelinait de la tête, de l'air d'un homme enchanté d'apprendre des choses curieuses dont il n'aurait pas su le premier mot.

— Allez, allez, mon cher fils!

— Ah! l'Italie ne se distingue guère. Si le pape n'avait pour vivre que les cadeaux des catholiques italiens, la famine régnerait vite au Vatican. On peut même dire que, loin de venir à son aide, la noblesse romaine lui a coûté fort cher, car une des principales causes de ses pertes a été l'argent prêté par lui aux princes qui spéculaient... Il n'y a réellement que la France et l'Angleterre où de riches particuliers, de grands seigneurs, ont fait au pape, prisonnier et martyr, de royales aumônes. On cite un duc anglais qui, chaque année, apportait une offrande considérable, à la suite d'un vœu, pour obtenir du ciel la guérison d'un misérable fils, frappé d'imbécillité... Et je ne parle pas de l'extraordinaire moisson, pendant le jubilé sacerdotal et le jubilé épiscopal, des quarante millions qui s'abattirent alors aux pieds du pape.

— Et les dépenses? demanda Pierre.

— Je vous l'ai dit, elles sont de sept millions à peu près. On peut compter pour deux millions les pensions payées aux anciens serviteurs du gouvernement pontifical qui n'ont pas voulu servir l'Italie; mais il faut ajouter que, chaque année, ce chiffre diminue, par suite des extinctions naturelles... Ensuite, en gros, mettons un million pour les diocèses italiens, un million pour la

Secrétairerie et les nonces, un million pour le Vatican. J'entends, par ce dernier article, les dépenses de la cour pontificale, des gardes militaires, des Musées, de l'entretien du palais et de la basilique... Nous sommes à cinq millions, n'est-ce pas? Mettez les deux autres pour les Œuvres soutenues, pour la Propagande et surtout pour les écoles, que Léon XIII, avec son grand sens pratique, subventionne toujours très largement, dans la juste pensée que la lutte, le triomphe de la religion est là, chez les enfants qui seront les hommes de demain et qui défendront leur mère, l'Église, si l'on a su leur inspirer l'horreur des abominables doctrines du siècle.

Il y eut un silence. Les trois hommes s'arrêtèrent sous la majestueuse colonnade, où ils se promenaient à petits pas. Peu à peu, la place s'était vidée de sa foule grouillante, il n'y avait plus que l'obélisque et les deux fontaines, dans le désert brûlant du pavé symétrique ; tandis qu'au plein soleil, sur l'entablement du portique d'en face, se détachaient les statues, en noble rangée immobile.

Et Pierre, un instant, les yeux levés encore vers les fenêtres du pape, crut de nouveau le voir dans ce ruissellement d'or dont on lui parlait, baignant de toute sa personne blanche et pure, de tout son pauvre corps de cire transparente, au milieu de ces millions, qu'il cachait, qu'il comptait, qu'il dépensait à la seule gloire de Dieu.

— Alors, murmura-t-il, il est sans inquiétude, il n'est pas embarrassé ?

— Embarrassé, embarrassé ! s'écria monsignor Nani, que ce mot jeta hors de lui, au point de le faire sortir de sa diplomatique discrétion. Ah ! mon cher fils... Chaque mois, lorsque le trésorier, le cardinal Mocenni, va chez Sa Sainteté, elle lui donne toujours la somme qu'il demande ; elle la donnerait, si forte qu'elle fût. Certainement, elle a eu la sagesse de faire de grandes économies, le trésor de Saint-Pierre est plus riche que jamais... Embarrassé, embarrassé, bonté divine! Mais savez-vous bien que, si, demain, dans des circonstances malheureuses, le Souverain Pontife faisait un appel direct à la charité de tous ses enfants, des catholiques du monde entier, un milliard tomberait à ses pieds, comme cet or, comme ces bijoux, qui tout à l'heure pleuvaient sur les marches de son trône!

Et se calmant soudain, retrouvant son joli sourire:

— Du moins, c'est ce que j'entends dire parfois, car moi, je ne sais rien, je ne sais absolument rien; et il est heureux que monsieur Habert se soit trouvé justement là pour vous renseigner... Ah! monsieur Habert, monsieur Habert! moi qui vous croyais tout envolé, évanoui dans l'art, bien loin des basses questions d'intérêts terrestres! Vraiment, vous vous entendez à ces choses comme un banquier et comme un notaire... Rien ne vous est inconnu, non! rien. C'est merveilleux.

Narcisse dut sentir la fine ironie; car il y avait, en effet, au fond de son être, sous le Florentin d'emprunt, sous le garçon angélique, aux longs cheveux bouclés, aux yeux mauves qui se noyaient devant les Botticelli, un gaillard pratique, très rompu aux affaires, menant admirablement sa fortune, un peu avare même. Il se contenta de fermer à demi les paupières, d'un air de langueur.

— Oh! murmura-t-il, tout m'est rêverie, et mon âme est autre part.

— Enfin, je suis heureux, reprit monsignor Nani en se tournant vers Pierre, bien heureux, que vous ayez pu assister à un spectacle si beau. Encore quelques occasions pareilles, et vous aurez vu, vous aurez compris par vous-même, ce qui vaudra certainement mieux que toutes les explications du monde... A demain, ne manquez pas la grande cérémonie à Saint-Pierre. Ce sera magnifique, vous en tirerez des réflexions excellentes, j'en suis certain...

Et permettez-moi de vous quitter, ravi des bonnes dispositions où je vous vois.

Ses yeux d'enquête, dans un dernier regard, semblaient avoir constaté avec joie la lassitude, l'incertitude qui pâlissaient le visage de Pierre; et, quand il ne fut plus là, quand Narcisse lui-même eut pris congé d'une légère poignée de main, le jeune prêtre, resté seul, sentit une sourde colère de protestation monter en lui. Les bonnes dispositions où il était! quelles bonnes dispositions? Ce Nani espérait-il donc le fatiguer, le désespérer en le heurtant aux obstacles, de façon à le vaincre ensuite tout à l'aise? Une seconde fois, il eut la soudaine et brève conscience du sourd travail qu'on faisait autour de lui, pour l'investir et le briser. Et un flot d'orgueil le rendit dédaigneux, dans la croyance où il était de sa force de résistance. De nouveau, il se jurait de ne jamais céder, de ne pas retirer son livre, quels que fussent les événements. Lorsqu'on s'entête dans une résolution, on est inexpugnable, qu'importent les découragements et les amertumes! Mais, avant de traverser la place, il leva encore les regards sur les fenêtres du Vatican; et tout se résumait, il ne restait que cet argent dont la lourde nécessité attachait à la terre, par de dernières entraves, le pape, aujourd'hui délivré des bas soucis du pouvoir temporel, cet argent qui le liait, que rendait mauvais surtout la façon dont il était donné. Alors, quand même, une joie lui revint, en pensant que, s'il y avait uniquement là une question de perception à trouver, son rêve d'un pape tout âme, loi d'amour, chef spirituel du monde, n'en était pas atteint sérieusement. Et il ne voulut plus qu'espérer, dans l'émotion heureuse du spectacle extraordinaire qu'il avait vu, ce vieillard débile resplendissant comme le symbole de la délivrance humaine, obéi et adoré des foules, ayant seul en main la toute-puissance morale de faire enfin régner sur la terre la charité et la paix.

Heureusement, Pierre, pour la cérémonie du lendemain, avait une carte rose, qui lui assurait une place dans une tribune réservée; car la bousculade, aux portes de la basilique, fut terrible, dès six heures du matin, heure à laquelle on avait eu la précaution d'ouvrir les grilles; et la messe, que le pape devait dire en personne, n'était que pour dix heures. Le chiffre des trois mille fidèles qui composaient le pèlerinage international du Denier de Saint-Pierre, allait se trouver décuplé par tous les touristes alors en Italie, accourus à Rome, désireux de voir une de ces grandes solennités pontificales, si rares désormais; sans compter Rome elle-même, les partisans, les dévots que le Saint-Siège y comptait, ainsi que dans les autres grandes villes du royaume, et qui s'empressaient de manifester, dès que s'en présentait l'occasion. On prévoyait, par le nombre des cartes distribuées, une affluence de quarante mille assistants. Et, lorsque, à neuf heures, Pierre traversa la place, pour se rendre, rue Sainte-Marthe, à la porte Canonique, où étaient reçues les cartes roses, il vit encore, sous le portique de la façade, la queue sans fin qui pénétrait très lentement; tandis que des messieurs en habit noir, les membres d'un Cercle catholique, s'agitaient au grand soleil, pour maintenir l'ordre, avec l'aide d'un détachement de gendarmes pontificaux. Des querelles violentes éclataient dans la foule, des coups de poing mêmes étaient échangés, au milieu des poussées involontaires. On étouffait, on emporta deux femmes écrasées à demi.

En entrant dans la basilique, Pierre eut une surprise désagréable. L'immense vaisseau était vêtu, des chemises de vieux damas rouge à galons d'or habillaient les colonnes et les pilastres de vingt-cinq mètres de hauteur; tandis que le pourtour des nefs latérales se trouvait également drapé de la même étoffe; et c'était vraiment d'un goût singulier, d'une gloriole de parure affectée et pauvre, que ces marbres pompeux, cette décoration éclatante et superbe, ainsi cachée sous l'ornement de cette soie ancienne, fanée par l'âge. Mais il fut plus étonné encore, en apercevant la statue de bronze de Saint Pierre habillée elle aussi, revêtue, telle qu'un pape vivant, d'habits pontificaux somptueux, la tiare posée sur sa tête de métal. Jamais il n'avait songé qu'on pût habiller les statues, pour leur gloire ou pour le plaisir des yeux, et le résultat lui en parut funeste. Le Saint-Père devait dire la messe à l'autel papal de la Confession, le maître-autel, sous le dôme. A l'entrée du transept de gauche, sur une estrade, se trouvait le trône, où il irait ensuite prendre place. Puis, des deux côtés de la nef centrale, on avait construit des tribunes, celles des chanteurs de la chapelle Sixtine, du corps diplomatique, des chevaliers de Malte, de la noblesse romaine, des invités de toutes sortes. Et il n'y avait enfin, au milieu, devant l'autel, que trois rangées de bancs, recouverts de tapis rouges, le premier pour les cardinaux, les deux autres pour les évêques et pour la prélature de la cour pontificale. Tout le reste des assistants allait demeurer debout.

Ah! cette foule énorme de concert monstre, ces trente, ces quarante mille fidèles venus de partout, enflammés de curiosité, de passion et de foi, s'agitant, se poussant, se haussant pour voir, au milieu d'une grande rumeur de marée humaine, familière et gaie avec Dieu, comme si elle se fût trouvée dans quelque théâtre divin où il était permis honnêtement de parler haut, de se récréer au spectacle des pompes dévotes! Pierre en fut saisi d'abord, ne connaissant que les agenouillements inquiets et silencieux au fond des cathédrales sombres, n'étant pas habitué à cette religion de lumière dont l'éclat transformait une cérémonie en une fête de plein jour. Dans la tribune où il était placé, il avait autour de lui des messieurs en habit et des dames en toilette noire, qui tenaient des jumelles comme à l'Opéra, beaucoup de dames étrangères, des Allemandes, des Anglaises, des Américaines surtout, ravissantes, d'une grâce d'oiseaux étourdis et bavards.

A sa gauche, dans la tribune de la noblesse romaine, il reconnut Benedetta et sa tante, donna Serafina ; et, là, tranchant sur la simplicité réglementaire du costume, les grands voiles de dentelle luttaient d'élégance et de richesse. Puis, c'était, à sa droite, la tribune des chevaliers de Malte, où se trouvait le grand maître de l'ordre, au milieu d'un groupe de commandeurs ; tandis que, de l'autre côté de la nef, en face de lui, dans la tribune diplomatique, il apercevait les ambassadeurs de toutes les nations catholiques, en grand costume, étincelants de broderies. Mais il revenait quand même à la foule, la grande foule vague et houleuse, où les trois mille pèlerins semblaient comme perdus, noyés parmi les milliers d'autres fidèles. Et pourtant la basilique, qui contiendrait à l'aise quatre-vingt mille hommes, n'était guère qu'à moitié emplie par cette foule, qu'il voyait librement circuler le long des nefs latérales, se tasser entre les baies des colonnes, d'où le spectacle allait être le plus commode à suivre. Des gens gesticulaient, des appels s'élevaient, au-dessus du grondement continu des conversations. Par les hautes fenêtres claires, de larges nappes de soleil tombaient, ensanglantant les tentures de damas rouge, éclairant d'un reflet d'incendie les faces tumultueuses, fiévreuses d'impatience. Les cierges, les quatre-vingt-sept lampes de la Confession pâlissaient, tels que des lueurs de veilleuse, dans cette aveuglante clarté ; et ce n'était plus que le gala mondain du Dieu impérial de la pompe romaine.

Tout d'un coup, il y eut une fausse joie, une alerte. Des cris coururent, gagnèrent la foule de proche en proche : « *Eccolo! eccolo!* le voilà! le voilà! » Et des poussées se produisirent, des remous firent tournoyer cette nappe humaine, tous allongeant le cou, se grandissant, se ruant, dans une frénésie de voir Sa Sainteté et le cortège. Mais ce n'était encore qu'un détachement de gardes-nobles, qui venaient se poster à droite et à gauche de l'autel. On les admira pourtant, on leur fit une ovation, un murmure flatteur les accompagna, pour leur belle tenue, d'une impassibilité, d'une raideur militaire exagérée. Une Américaine les déclara des hommes superbes. Une Romaine donna à une amie, une Anglaise, des détails sur ce corps d'élite, disant qu'autrefois les jeunes gens de l'aristocratie tenaient à honneur d'en faire partie, pour la richesse de l'uniforme et la joie de caracoler devant les dames, tandis que maintenant le recrutement devenait difficile, au point qu'on devait se contenter des beaux garçons d'une noblesse douteuse et ruinée, simplement heureux de toucher la maigre solde qui leur permettait de vivre. Et, durant un quart d'heure encore, les conversations particulières reprirent, emplirent les hautes nefs de leur brouhaha de salle impatiente, qui se distrait à dévisager les gens et à se conter leur histoire, dans l'attente du spectacle.

Enfin, le cortège défila, et il était la grande curiosité attendue, la pompe dont on souhaitait ardemment le passage, pour l'acclamer. Alors, comme au théâtre, quand il apparut, de furieux applaudissements éclatèrent, montèrent, roulèrent sous les voûtes, lui faisant une entrée, ainsi qu'à l'acteur aimé, au grand premier rôle qui bouleverse tous les cœurs. Du reste, comme au théâtre encore, on avait réglé cette apparition savamment, de façon qu'elle donnât tout son effet, au milieu du magnifique décor où elle allait se produire. Le cortège venait de se former dans la coulisse, au fond de la chapelle de la Pieta, la première en entrant, à droite; et, pour s'y rendre, le Saint-Père, qui était arrivé de ses appartements voisins par la chapelle du Saint-Sacrement, avait dû se dissimuler, passer derrière la draperie de la nef latérale, utilisée de la sorte comme toile de fond. Les cardinaux, les archevêques, les évêques, toute la prélature pontificale, l'attendaient là, classés, groupés selon la hiérarchie, prêts à se mettre en marche. Et, ainsi qu'au signal d'un maître de ballet, le cortège avait fait son entrée, gagnant la grande nef, la remontant tout entière, triomphalement, de la porte centrale à l'autel de la Confession, entre la double haie des fidèles, dont les applaudissements redoublaient, devant tant de magnificence, à mesure que montait le délire de leur enthousiasme.

C'était le cortège des solennités anciennes, la croix et le glaive, la garde suisse en grande tenue, les valets en simarre écarlate, les chevaliers de cape et d'épée en costume Henri II, les chanoines en rochet de dentelle, les chefs des communautés religieuses, les protonotaires apostoliques, les archevêques et les évêques, toute la cour pontificale en soie violette, les cardinaux en cappa magna drapés de pourpre, marchant deux à deux, largement espacés, solennellement. Enfin, autour de Sa Sainteté, se groupaient les officiers de sa maison militaire, les prélats de l'antichambre secrète, monseigneur le majordome, monseigneur le maître de chambre, et tous les hauts dignitaires du Vatican, et le prince romain assistant au trône, le traditionnel et symbolique défenseur de l'Église. Sur la chaise gestatoire, que les flabelli abritaient des hautes plumes triomphales et que balançaient les porteurs, aux tuniques rouges brodées de soie, Sa Sainteté était revêtue des vêtements sacrés qu'elle avait mis dans la chapelle du Saint-Sacrement, l'amict, l'aube, l'étole, la chasuble blanche et la mitre blanche, enrichies d'or, deux cadeaux qui venaient de France, d'une somptuosité extraordinaire. Et, à son approche, les mains se levaient, battaient plus haut, dans les ondes de vivant soleil qui tombaient des fenêtres.

Pierre eut alors une impression nouvelle de Léon XIII. Ce n'était plus le vieillard familier, las et curieux, se promenant au bras d'un prélat bavard dans le plus beau jardin du monde. Ce n'était même plus le Saint-Père en pèlerine rouge et en bonnet papal, recevant paternellement un pèlerinage qui lui apportait une fortune. C'était le Souverain Pontife, le Maître tout-puissant, le Dieu que la chrétienté adorait. Comme dans une châsse d'orfèvrerie, son mince corps de cire semblait s'être raidi dans son vêtement blanc, lourd de broderies d'or; et il gardait une immobilité hiératique et hautaine, tel qu'une idole desséchée, dorée depuis des siècles, parmi la fumée des sacrifices. Les yeux seuls vivaient, au milieu de la rigidité morte du visage, des yeux de diamant noir et étincelant, fixés au loin, hors de la terre, à l'infini. Il n'eut pas un regard pour la foule, il n'abaissa les yeux ni à droite ni à gauche, resté en plein ciel, ignorant ce qui se passait à ses pieds. Et cette idole ainsi promenée, comme embaumée, sourde et aveugle, malgré l'éclat de ses yeux, au milieu de cette foule frénétique qu'elle paraissait n'entendre ni ne voir, prenait une majesté redoutable, une inquiétante grandeur, toute la raideur du dogme, toute l'immobilité de la tradition, exhumée avec ses bandelettes, qui, seules, la tenaient debout. Cependant, Pierre crut s'apercevoir que le pape était souffrant, fatigué, sans doute cet accès de fièvre dont monsignor Nani lui avait parlé la veille, en glorifiant le courage, la grande âme de ce vieillard de quatre-vingt-quatre ans, que la volonté de vivre faisait vivre, dans la souveraineté de sa mission.

La cérémonie commença. Descendu de la chaise gestatoire à l'autel de la Confession, Sa Sainteté, lentement, célébra une messe basse, assisté de quatre prélats et du pro-préfet des cérémonies. Au lavabo, monseigneur le majordome et monseigneur le maître de chambre, que deux cardinaux accompagnaient, versèrent l'eau sur les augustes mains de l'officiant; et, un peu avant l'élévation, tous les prélats de la cour pontificale, un cierge allumé à la main, vinrent s'agenouiller autour de l'autel. Ce fut un instant solennel, les quarante mille fidèles, réunis là, frémirent, sentirent passer sur eux le vent terrible et

délicieux de l'invisible, lorsque, pendant l'élévation, les
clairons d'argent sonnèrent le fameux chœur des anges,
qui, chaque fois, fait évanouir des femmes. Presque
aussitôt, un chant aérien descendit du dôme, de la galerie
supérieure où se trouvaient cachés cent vingt choristes ; et
ce fut un émerveillement, une extase, comme si, à l'appel
des clairons, les anges eux-mêmes eussent répondu. Les
voix descendaient, volaient sous les voûtes, d'une légèreté
de harpes célestes ; puis, elles s'évanouirent en un accord
suave, elles remontèrent aux cieux avec un petit bruit
d'ailes qui se perdit. Après la messe, Sa Sainteté, encore
debout à l'autel, entonna elle-même le *Te Deum*, que les
chantres de la chapelle Sixtine et les chœurs reprirent,
chaque partie chantant un verset, alternativement. Mais
bientôt l'assistance entière se joignit à eux, les quarante
mille voix s'élevèrent, le chant d'allégresse et de gloire
s'épandit dans l'immense vaisseau avec un éclat incomparable. Alors, le spectacle fut vraiment d'une extraordinaire magnificence, cet autel surmonté du baldaquin
fleuri, triomphal et doré du Bernin, entouré de la cour
pontificale que les cierges allumés constellaient d'étoiles,
ce Souverain Pontife au centre, rayonnant comme un
astre dans sa chasuble d'or, devant les bancs des cardinaux
de pourpre, des archevêques et des évêques de soie
violette, ces tribunes où étincelaient les costumes officiels,
les chamarrures du corps diplomatique, les uniformes des
officiers étrangers, cette foule fluant de partout, roulant
une houle de têtes, des plus lointaines profondeurs de la
basilique. Et c'étaient les proportions démesurées de cela
qui saisissaient, des nefs latérales où toute une paroisse
pouvait s'entasser, des transepts vastes comme des églises
de cité populeuse, un temple que des milliers et des
milliers de dévots emplissaient à peine. Et l'hymne glorieuse de ce peuple devenait elle-même colossale, montait avec un souffle géant de tempête parmi les grands
tombeaux de marbre, parmi les statues surhumaines, le

long des colonnes gigantesques, jusqu'aux voûtes déroulant l'énormité de leur ciel de pierre, jusqu'au firmament de la coupole, où l'infini s'ouvrait, dans le resplendissement d'or des mosaïques.

Il y eut une longue rumeur, après le *Te Deum*, pendant que Léon XIII, coiffant la tiare à la place de la mitre, échangeant la chasuble pour la chape pontificale, allait occuper son trône, sur l'estrade qui se dressait à l'entrée du transept de gauche. De là, il dominait toute l'assistance. Et de quel frisson celle-ci fut parcourue, comme sous un souffle venu de l'invisible, lorsqu'il se leva, après les prières du rituel! Il apparut grandi, sous la triple couronne symbolique, dans la gaine d'or de la chape. Au milieu d'un brusque et profond silence, que troublait seul le battement des cœurs, il leva le bras d'un geste très noble, il donna lentement la bénédiction papale, d'une voix haute et forte, qui semblait être en lui la voix de Dieu même, tellement elle surprenait, au sortir de ces lèvres de cire, de ce corps exsangue et sans vie. Et l'effet fut foudroyant, des applaudissements de nouveau éclatèrent, dès que le cortège se reforma pour s'en aller par où il était venu, une frénésie d'enthousiasme arrivée à un tel paroxysme, que, les battements de mains ne suffisant plus, des acclamations s'y mêlèrent, des cris qui gagnèrent peu à peu toute la foule. Cela commença près de la statue de Saint Pierre, dans un groupe ardent : « *Evviva il papa re! Evviva il papa re!* Vive le pape roi! Vive le pape roi! » Puis, sur le passage du cortège, cela courut comme une flamme d'incendie, embrasant les cœurs de proche en proche, finissant par jaillir des milliers de bouches en une tonnante protestation contre le vol des États de l'Église. Toute la foi, tout l'amour des fidèles, surexcités par le royal spectacle d'une si belle cérémonie, retournaient au rêve, au souhait exaspéré du pape roi et pontife, maître des corps comme il était maître des âmes, souverain absolu de la

terre. L'unique vérité était là, l'unique bonheur, l'unique
salut. Qu'on lui donnât tout, l'humanité et le monde!
Evviva il papa re! Evviva il papa re! Vive le pape roi!
Vive le pape roi!

Ah! ce cri! ce cri de guerre qui avait fait commettre
tant de fautes et couler tant de sang, ce cri d'abandon et
d'aveuglement dont le vœu réalisé aurait ramené les
âges de souffrance! il révolta Pierre, il le décida à
quitter vivement la tribune où il se trouvait, comme
pour échapper à la contagion de l'idolâtrie. Puis, pendant que le cortège défilait toujours, il longea un moment la nef latérale de gauche, dans la bousculade, dans
l'assourdissante clameur de la foule qui continuait; et,
désespérant de gagner la rue, voulant éviter la cohue de
la sortie, il eut l'inspiration de profiter d'une porte ouverte, il se réfugia dans le vestibule d'où montait l'escalier
conduisant sur le dôme. Un sacristain, debout à cette
porte, effaré et ravi de la manifestation, le regarda un
instant, hésita à l'arrêter; mais la vue de la soutane
sans doute, et plus encore l'émotion profonde où il était,
le rendirent tolérant. D'un geste, il laissa passer Pierre,
qui tout de suite s'engagea dans l'escalier, monta rapidement, pour fuir, aller plus haut, plus haut encore, dans
la paix et le silence.

Et, brusquement, le silence devint profond, les murs
étouffaient le cri, dont ils semblaient ne garder que
le frémissement. C'était un escalier commode et clair,
aux larges marches pavées, tournant dans une sorte de
tourelle. Quand il déboucha sur les toitures des nefs, il
eut une joie à retrouver le soleil clair, l'air pur et vif
qui soufflait là, comme en rase campagne. Étonné, il parcourut des yeux cet immense développement de plomb,
de zinc et de pierre, toute une cité aérienne, vivant
de son existence propre sous le ciel bleu. Il y voyait
des dômes, des clochers, des terrasses, jusqu'à des
maisons et à des jardins, les maisons égayées de fleurs

des quelques ouvriers qui vivent à demeure sur la basilique, en continuels travaux d'entretien. Une petite population s'y agite, travaille, aime, mange et dort. Mais il voulut s'approcher de la balustrade, curieux d'examiner de près les colossales statues du Sauveur et des Apôtres, dont la façade est surmontée, au-dessus de la place Saint-Pierre, des géants de six mètres, sans cesse en réparation, dont les bras, les jambes, les têtes, à demi mangés par le grand air, ne tiennent plus qu'à l'aide de ciment, de barres et de crampons; et, comme il se penchait pour jeter un coup d'œil sur l'entassement roux des toits du Vatican, il lui sembla que le cri qu'il fuyait s'élevait de la place. En hâte, il reprit son ascension, dans le pilier qui menait à la coupole. Ce fut un escalier d'abord, puis des couloirs étranglés et obliques, des rampes coupées de quelques marches, entre les deux parois de la coupole double, l'intérieure et l'extérieure. Une première fois, curieusement, il poussa une porte, il rentra dans la basilique, à plus de soixante mètres du sol, sur une étroite galerie qui faisait le tour du dôme, juste au-dessus de la frise, où se lisait l'inscription : *Tu es Petrus et super hanc petram...*, en lettres de sept pieds de haut; et, s'étant accoudé pour regarder l'effroyable trou qui se creusait sous lui, avec des échappées profondes sur les transepts et sur les nefs, il reçut violemment au visage le cri, le cri délirant de la foule, dont le grouillement énorme, en bas, clamait toujours. Plus haut, une seconde fois, il poussa une porte encore, il trouva une autre galerie, cette fois au-dessus des fenêtres, à la naissance des resplendissantes mosaïques, d'où la foule lui parut diminuée, reculée, perdue dans le vertige de l'abîme, au fond duquel les statues géantes, l'autel de la Confession, le baldaquin triomphal du Bernin, n'étaient plus que des joujoux; et, pourtant, le cri, le cri d'idolâtrie et de guerre s'éleva de nouveau, le souffleta avec une rudesse d'ouragan, dont la course accroît la force. Il dut monter plus haut, monter toujours, jusque sur la galerie extérieure de la lanterne, planant en plein ciel, pour cesser d'entendre.

Ce bain d'air et de soleil, ce bain d'infini, comme il y goûta d'abord un soulagement délicieux! Au-dessus de lui, il n'y avait plus que la boule de bronze doré, dans laquelle sont montés des empereurs et des reines, ainsi que l'attestent les inscriptions pompeuses des couloirs, la boule creuse, où la voix retentit en fracas de tonnerre, où retentissent tous les bruits de l'espace. Il était sorti du côté de l'abside, il plongea d'abord sur les jardins pontificaux, dont les massifs d'arbres, de cette hauteur, lui apparaissaient tels que des buissons, au ras du sol; et il reconstitua sa promenade récente, le vaste parterre semblable à un tapis de Smyrne, de couleur fanée, le grand bois d'un vert profond et glauque de mare dormante, le potager et la vigne, plus familiers, tenus avec soin. Les fontaines, la tour de l'Observatoire, le Casino où le pape passait les chaudes journées d'été, ne faisaient que de petites taches blanches, au milieu de ces terrains irréguliers, enclos bourgeoisement par le terrible mur de Léon IV, qui gardait son aspect de vieille forteresse. Puis, il tourna autour de la lanterne, le long de l'étroite galerie, et il se trouva brusquement devant Rome, une immensité déroulée d'un coup, la mer lointaine à l'ouest, les chaînes ininterrompues des montagnes à l'est et au midi, la Campagne romaine tenant tout l'horizon, pareille à un désert uniforme et verdâtre, et la Ville, la Ville éternelle à ses pieds. Jamais il n'avait eu une sensation si majestueuse de l'étendue. Rome était là, ramassée sous le regard, à vol d'oiseau, avec la netteté d'un plan géographique en relief. Un tel passé, une telle histoire, tant de grandeur, et une Rome si rapetissée par la distance, des maisons lilliputiennes et jolies comme des jouets, à peine une tache de moisissure sur la vaste terre! Et ce qui le passionnait, c'était de comprendre clairement, en un coup d'œil, les divisions de la ville, la cité antique là-bas, au Capitole, au Forum, au Palatin, la cité papale dans ce Borgo qu'il dominait, dans Saint-Pierre et le Vatican, qui regardaient la cité moderne, le Quirinal italien, par-dessus la cité du moyen âge, tassée au fond de l'angle droit que formait le Tibre, roulant ses eaux jaunes et lourdes. Une remarque surtout acheva de le frapper, la ceinture crayeuse que faisaient les quartiers neufs au noyau central des vieux quartiers roux, brûlés par le soleil, un véritable symbole du rajeunissement tenté, le vieux cœur aux réparations si lentes, tandis que les membres extrêmes se renouvelaient comme par miracle.

Mais, dans l'ardent soleil de midi, Pierre ne retrouvait pas la Rome si claire, si pure, qu'il avait vue le matin de son arrivée, sous la douceur délicieuse de l'astre à son lever. Ce n'était plus la Rome souriante et discrète, voilée à demi d'une brume d'or, comme envolée dans un rêve d'enfance. Elle lui apparaissait, maintenant, inondée de clarté crue, d'une dureté immobile, d'un silence de mort. Les fonds étaient comme mangés par une flamme trop vive, noyés d'une poussière de feu où ils s'anéantissaient. Et la ville entière se découpait violemment sur ces lointains décolorés, en grandes masses de lumière et d'ombre, aux brutales arêtes. On aurait dit quelque très ancienne carrière de pierres abandonnée, éclairée d'aplomb, que les rares îlots d'arbres tachaient seuls de vert sombre. De la ville antique, on voyait la tour roussie du Capitole, les cyprès noirs du Palatin, les ruines du palais de Septime-Sévère, pareilles à des os blanchis, à une carcasse de monstre fossile, apportée là par les déluges. En face, la ville moderne trônait avec les longs bâtiments du Quirinal, remis à neuf, enduit d'un badigeon dont la crudité jaune éclatait, extraordinaire, parmi les cimes vigoureuses du jardin; et, au delà, sur les hauteurs du Viminal, à droite, à gauche, les nouveaux quartiers étaient d'une blancheur de plâtre, une ville de craie, rayée par les mille petites raies d'encre des fenêtres. Puis, çà et là, au hasard, c'étaient la mare stagnante du Pincio, la villa Médicis dressant son double campanile, le fort Saint-Ange d'un ton de vieille rouille, le clocher de Sainte-Marie-Majeure brûlant comme un cierge, les trois églises de l'Aventin assoupies parmi les branches, le palais Farnèse avec ses tuiles vieil or, cuites par les étés, les dômes du Gesù, de Saint-André de la Vallée, de Saint-Jean des Florentins, et des dômes, et des dômes encore, tous en fusion, incandescents dans la fournaise du ciel. Et Pierre, alors, sentit de nouveau son cœur se serrer devant cette Rome violente, dure, si peu semblable à la Rome de son rêve, la Rome de rajeunissement et d'espoir, qu'il avait cru trouver le premier matin, et qui s'évanouissait maintenant, pour faire place à l'immuable cité de l'orgueil et de la domination, s'obstinant sous le soleil jusque dans la mort.

Tout d'un coup, seul là-haut, Pierre comprit. Ce fut comme un trait de flamme qui le frappa, dans l'espace libre, illimité, d'où il planait. Était-ce la cérémonie à laquelle il venait d'assister, le cri fanatique de servage dont ses oreilles bourdonnaient toujours? N'était-ce pas plutôt la vue de cette ville couchée à ses pieds, comme la reine embaumée, qui règne encore, parmi la poussière de son tombeau? Il n'aurait pu le dire, les deux causes agissaient sans doute. Mais la clarté fut complète, il sentit que le catholicisme ne saurait être sans le pouvoir temporel, qu'il disparaîtrait fatalement, le jour où il ne serait plus roi sur cette terre. D'abord, c'était l'atavisme, les forces de l'Histoire, la longue suite des héritiers des Césars, les papes, les grands pontifes, dans les veines desquels n'avait cessé de couler le sang d'Auguste, exigeant l'empire du monde. Ils avaient beau habiter le Vatican, ils venaient des maisons impériales du Palatin, du palais de Septime-Sévère, et leur politique, à travers tant de siècles, n'avait jamais poursuivi que le rêve de la domination romaine, tous les peuples vaincus, soumis, obéissant à Rome. En dehors de cette royauté universelle, de la possession totale des corps et des âmes, le catholicisme perdait sa raison d'être, car l'Église ne peut reconnaître l'existence d'un empire ou d'un royaume que politiquement, l'empereur ou le roi étant de simples délégués temporaires, chargés d'administrer les peuples, en attendant de les lui rendre. Toutes les nations, l'humanité, avec la terre entière, sont à l'Église, qui les tient de Dieu. Si elle n'en a pas aujourd'hui la réelle possession, c'est qu'elle cède devant la force, obligée d'accepter les faits accomplis, mais sous la réserve formelle qu'il y a usurpation coupable, qu'on détient injustement son bien, et dans l'attente de la réalisation des promesses du Christ, qui, au jour fixé, lui rendra pour jamais la terre et les hommes, la toute-puissance. Telle est la véritable cité future, la Rome catholique, souveraine une seconde fois. Rome fait partie du rêve, c'est à Rome aussi que l'éternité a été prédite, c'est le sol même de Rome qui a donné au catholicisme l'inextinguible soif du pouvoir absolu. Aussi était-ce pour cela que le destin de la papauté se trouvait lié à celui de Rome, à ce point qu'un pape hors de Rome ne serait plus un pape catholique. Et Pierre, accoudé à la mince rampe de fer, penché de si haut au-dessus du gouffre, où la ville morne et dure achevait de s'émietter sous l'ardent soleil, en resta épouvanté, sentit tout d'un coup passer dans ses os le grand frisson des êtres et des choses.

Une évidence se faisait. Si Pie IX, si Léon XIII avaient résolu de s'emprisonner dans le Vatican, c'était qu'une nécessité les clouait à Rome. Un pape n'est pas le maître d'en sortir, d'être ailleurs le chef de l'Église. De même, un pape, quelle que soit son intelligence du monde moderne, ne saurait trouver en lui le droit de renoncer au pouvoir temporel. Il y a là un héritage inaliénable, dont il a la défense; et c'est en outre une question de vie qui s'impose, sans discussion possible. Aussi Léon XIII a-t-il gardé le titre de Maître du domaine temporel de l'Église, d'autant plus que, comme cardinal, ainsi que tous les membres du Sacré Collège, lors de leur élection, il avait, dans son serment, juré de conserver intact ce domaine. Que l'Italie pendant un siècle encore garde Rome capitale, et pendant un siècle les papes qui se succéderont, ne cesseront de protester violemment, en réclamant leur royaume. Et, si une entente pouvait intervenir un jour, elle serait sûrement basée sur le don d'un lambeau de territoire. N'avait-on pas dit, lorsque des bruits de réconciliation couraient, que le pape régnant mettait, comme condition formelle, la possession au moins de la cité Léonine, avec la neutralisation d'une route allant à la mer? Rien du tout n'est point assez, on ne peut partir de rien pour arriver à tout avoir. Tandis que la cité Léonine, ce coin de ville si étroit, c'est déjà un peu de terre royale; et il n'y a plus qu'à reconquérir le reste, Rome, puis l'Italie, puis les nations voisines, puis le monde. Jamais l'Église n'a désespéré, même aux jours où, battue, dépouillée, elle semblait mourante. Jamais elle n'abdiquera, ne renoncera aux promesses du Christ, car elle croit à son avenir illimité, elle se dit indestructible, éternelle. Qu'on lui accorde un caillou pour reposer sa tête, et elle espère bien ravoir bientôt le champ où se trouve ce caillou, l'empire où se trouve ce champ. Si un pape ne peut mener à bien le recouvrement de l'héritage, un autre pape s'y emploiera, dix, vingt autres papes. Les siècles ne comptent plus. C'était ce qui faisait qu'un vieillard de quatre-vingt-quatre ans entreprenait des besognes colossales qui demandaient plusieurs vies d'homme, dans la certitude que des successeurs viendraient et que les besognes seraient quand même continuées et terminées.

Et Pierre se vit imbécile, avec son rêve d'un pape purement spirituel, en face de cette vieille cité de gloire et de domination, obstinée dans sa pourpre. Cela lui sembla si différent, si déplacé, qu'il en éprouva une sorte de désespoir honteux. Le nouveau pape évangélique que serait un pape purement spirituel, régnant sur les âmes seules, ne pouvait certainement pas tomber sous le sens d'un prélat romain. L'horreur de cela, la répugnance pour ainsi dire physique lui apparut soudain, au souvenir de cette cour papale, figée dans les rites, dans l'orgueil et dans l'autorité. Ah! comme ils devaient être pleins d'étonnement et de mépris, devant cette singulière imagination du Nord, un pape sans terres et sans sujets, sans maison militaire et sans honneurs royaux, pur esprit, pure autorité morale, enfermé au fond du temple, ne gouvernant le monde que de son geste de bénédiction, par la bonté et l'amour! Ce n'était là qu'une invention gothique, embrumée de brouillards, pour ce clergé latin, prêtres de la lumière et de la magnificence, pieux certes, superstitieux même, mais laissant Dieu bien abrité dans le tabernacle, afin de gouverner en son nom, au mieux des intérêts du ciel, rusant dès lors en simples politiques, vivant d'expédients au milieu de la bataille des appétits humains, marchant d'un pas discret de diplomates à la victoire terrestre et définitive du Christ, qui devait trôner un jour sur les peuples, en la personne du pape. Et quelle stupeur pour un prélat français, pour un monseigneur Bergerot, ce saint évêque du renoncement et de la charité, lorsqu'il tombait dans ce monde du Vatican! quelle difficulté de voir clair d'abord, de se mettre au point, et quelle douleur ensuite à ne pouvoir s'entendre avec ces sans-patrie, ces internationaux toujours penchés sur la carte des deux mondes, enfoncés dans les combinaisons qui devaient leur assurer l'empire! Des journées et des journées étaient nécessaires, il fallait vivre à Rome, et lui-même ne venait de comprendre qu'après un mois de séjour, sous la crise violente des pompes royales de Saint-Pierre, en face de l'antique ville dormant au soleil son lourd sommeil, rêvant son rêve d'éternité.

Mais il avait abaissé son regard vers la place, en bas, devant la basilique, et il aperçut le flot de monde, les quarante mille fidèles qui sortaient, pareils à une irruption d'insectes, un fourmillement noir sur le pavé blanc. Alors, il lui sembla que le cri recommençait : *Evviva il papa re! Evviva il papa re!* Vive le pape roi! Vive le pape roi! Tout à l'heure, pendant qu'il gravissait les escaliers sans fin, le colosse de pierre lui avait paru frémir de ce cri frénétique, poussé sous ses voûtes. Et, maintenant, monté jusque dans la nue, il croyait le retrouver là-haut, à travers l'espace. Si le colosse, au-dessous de lui, en vibrait encore, n'était-ce pas comme sous une dernière poussée de sève, le long de ses vieux murs, un renouveau du sang catholique qui l'avait autrefois voulu si démesuré, tel que le roi des temples, et qui tentait aujourd'hui de lui rendre un souffle puissant de vie, à l'heure où la mort commençait pour ses nefs trop vastes et désertées? La foule sortait toujours, la place en était pleine, et une affreuse tristesse lui serra le cœur, car elle venait de balayer, avec son cri, le dernier espoir. La veille encore, après la réception du pèlerinage, dans la salle des Béatifications, il avait pu s'illusionner, en oubliant la nécessité de l'argent qui cloue le pape à la terre, pour ne voir que le vieillard débile, tout âme, resplendissant comme le symbole de l'autorité morale. Mais c'en était fait à présent de sa foi en ce pasteur de l'Évangile, dégagé des biens terrestres, roi du seul royaume des cieux. L'argent du denier de Saint-Pierre n'imposait pas seul un dur servage à Léon XIII, qui était en outre le prisonnier de la tradition, l'éternel roi de Rome, cloué à ce sol, ne pouvant quitter la ville ni renoncer au pouvoir temporel. Au bout étaient fatalement la mort sur place, le dôme de Saint-Pierre s'écroulant ainsi que s'était écroulé le temple de Jupiter Capitolin, le catholicisme jonchant l'herbe de ses ruines, pendant que le schisme éclatait ailleurs, une foi nouvelle pour les peuples nouveaux. Il en eut la grandiose et tragique vision, il vit son rêve détruit, son livre emporté, dans le cri qui s'élargissait, comme s'il eût volé aux quatre coins du monde catholique : *Evviva il papa re! Evviva il papa re!* Vive le pape roi! Vive le pape roi! Et, sous lui, il crut sentir déjà le géant de marbre et d'or osciller, dans l'ébranlement des vieilles sociétés pourries.

Pierre, enfin, redescendait, lorsqu'il eut l'émotion encore de rencontrer monsignor Nani sur les toitures des nefs, dans cette étendue ensoleillée, vaste à y loger une ville. Le prélat accompagnait les deux dames françaises, la mère et la fille, si heureuses, si amusées, à qui sans doute il avait aimablement offert de monter sur le dôme. Mais, dès qu'il reconnut le jeune prêtre, il l'aborda.

— Eh bien! mon cher fils, êtes-vous content? Avez-vous été impressionné, édifié?

De ses yeux d'enquête, il le fouillait jusqu'à l'âme, il constatait où en était l'expérience. Puis, satisfait, il se mit à rire doucement.

— Oui, oui, je vois... Allons, vous êtes tout de même un garçon raisonnable. Je commence à croire que votre malheureuse affaire, ici, finira très bien.

VIII

Les matins qu'il restait au palais Boccanera, sans sortir, Pierre avait pris l'habitude de passer des heures dans l'étroit jardin abandonné, que terminait autrefois une sorte de loggia à portique, d'où l'on descendait au Tibre par un double escalier. Aujourd'hui, c'était là un coin de solitude délicieuse, qui sentait bon les oranges mûres, des orangers centenaires dont les lignes symétriques indiquaient seules le dessin primitif des allées, disparues sous les herbes folles. Et il y retrouvait aussi l'odeur des buis amers, de grands buis poussés dans l'ancien bassin central, que des éboulis de terre avaient comblé.

Par ces matinées d'octobre, si lumineuses, d'un charme si tendre et si pénétrant, on y goûtait une infinie douceur de vivre. Mais le prêtre y apportait sa rêverie du Nord, le souci de la souffrance, son âme de continuelle fraternité apitoyée, qui lui rendait plus douce la caresse du clair soleil, dans cet air de voluptueux amour. Il allait s'asseoir contre la muraille de droite, sur un fragment de colonne renversée, à l'ombre d'un laurier énorme, dont l'ombre était noire, d'une fraîcheur balsamique. Et, à côté de lui, dans l'antique sarcophage verdi, où des faunes lascifs violentaient des femmes, le mince filet d'eau qui tombait du masque tragique, scellé au mur, mettait la continuelle musique de sa note de cristal. Il lisait les journaux, ses lettres, toute une correspondance du bon abbé Rose, qui le tenait au courant de son œuvre, les misérables du Paris sombre, déjà glacé par les brouillards, noyé sous la boue. Ah! ces misères du pays froid, les mères et les petits qui allaient bientôt grelotter au fond des mansardes mal closes, les hommes que les grandes gelées jetteraient au chômage, toute cette agonie sous la neige du pauvre monde, tombant dans ce chaud soleil, parfumé d'un goût de fruit, dans ce pays de ciel bleu et d'heureuse paresse, où, l'hiver même, il faisait bon dormir dehors, à l'abri du vent, sur les dalles tièdes!

Mais, un matin, Pierre trouva Benedetta assise sur le fragment de colonne, qui servait de banc. Elle eut un léger cri de surprise, elle resta un instant gênée, car elle tenait justement à la main le livre du prêtre, cette *Rome nouvelle*, qu'elle avait lue une première fois, sans bien la comprendre. Et elle se hâta ensuite de le retenir, voulut qu'il prît place à côté d'elle, en lui avouant avec sa belle franchise, son air de tranquille raison, qu'elle était descendue là, pour être seule et s'appliquer à sa lecture, ainsi qu'une écolière ignorante. Ils causèrent en amis, ce fut pour Pierre une heure adorable. Bien qu'elle évitât de parler d'elle, il sentit parfaitement que ses chagrins seuls la rapprochaient de lui, comme si la souffrance lui eût élargi le cœur, jusqu'à la faire se préoccuper de tous ceux qui souffraient en ce monde. Jamais encore elle n'avait songé à ces choses, dans son orgueil patricien qui regardait la hiérarchie ainsi qu'une loi divine, les heureux en haut, les misérables en bas, sans aucun changement possible; et, devant certaines pages du livre, quels étonnements elle gardait, quelle peine elle éprouvait à s'initier! Quoi? s'intéresser au bas peuple, croire qu'il avait la même âme, les mêmes chagrins, vouloir travailler à sa joie comme à celle d'un frère! Elle s'y efforçait pourtant, sans trop réussir, avec une sourde crainte de commettre un péché, car le mieux est de ne rien changer à l'ordre social établi par Dieu, consacré par l'Église. Certes, elle était charitable, elle donnait les petites aumônes accoutumées; mais elle ne donnait pas son cœur, elle manquait totalement d'altruisme, de sympathie véritable, née et grandie dans l'atavisme d'une race différente, faite pour avoir, en haut du ciel, des trônes au-dessus de la plèbe des élus.

Et, d'autres matins, ils se retrouvèrent à l'ombre du laurier, près de la fontaine chantante; et Pierre, inoccupé, las d'attendre une solution qui semblait reculer d'heure en heure, se passionna pour animer de sa fraternité libératrice cette jeune femme si belle, toute resplendissante d'un jeune amour. Une idée continuait à l'enflammer, celle qu'il catéchisait l'Italie elle-même, la reine de beauté assoupie encore dans son ignorance, et qui retrouverait sa grandeur ancienne, si elle s'éveillait aux temps nouveaux, avec une âme élargie, pleine de pitié pour les choses et pour les êtres. Il lui lut les lettres du bon abbé Rose, il la fit frémir de l'effroyable sanglot qui monte des grandes villes. Puisqu'elle avait des yeux si profonds de tendresse, puisque d'elle entière émanait le bonheur d'aimer et d'être aimé, pourquoi donc ne reconnaissait-elle pas avec lui que la loi d'amour était l'unique salut de l'humanité souffrante, tombée par la haine en danger de mort? Elle le reconnaissait, elle voulait lui faire le plaisir de croire à la démocratie, à la refonte fraternelle de la société, mais chez les autres peuples, pas à Rome; car un rire doux, involontaire, lui venait, dès qu'il évoquait ce qu'il restait du Transtévère fraternisant avec ce qu'il restait des vieux palais princiers. Non, non! c'était depuis trop longtemps ainsi, il ne fallait rien changer à ces choses. Et, en somme, l'élève ne faisait guère de progrès, elle n'était réellement touchée que par la passion d'aimer qui brûlait si intense chez ce prêtre, et qu'il avait chastement détournée de la créature, pour la reporter sur la création entière. Pendant ces quelques matins d'octobre ensoleillés, un lien d'une exquise douceur se noua entre eux, ils s'aimèrent réellement d'un amour profond et pur, dans le grand amour qui les dévorait tous les deux.

Puis, un jour, Benedetta, le coude appuyé au sarcophage, parla de Dario, dont elle avait évité de prononcer le nom jusque-là. Ah! le pauvre ami, comme il s'était montré discret et repentant, après son coup de brutale démence! D'abord, pour cacher sa gêne, il s'en était allé passer trois jours à Naples, où l'on disait que la Tonietta, l'aimable fille aux bouquets de roses blanches, tombée follement amoureuse de lui, avait couru le rejoindre. Et, depuis son retour au palais, il évitait de se retrouver seul avec sa cousine, il ne la voyait guère que le lundi soir, l'air soumis, implorant des yeux son pardon.

— Hier, continua-t-elle, je l'ai rencontré dans l'escalier, je lui ai donné la main, et il a compris que je n'étais plus fâchée, il a été bien heureux... Que voulez-vous? On ne peut pas être longtemps sévère. Et puis, j'ai peur qu'il ne finisse par se compromettre avec cette femme, s'il s'amusait trop, pour s'étourdir. Il faut qu'il sache bien que je l'aime toujours, que je l'attends toujours... Oh! il est à moi, à moi seule! Il serait là, dans mes bras, pour jamais, si je pouvais dire un mot. Mais nos affaires vont si mal, si mal!

Elle se tut, deux grosses larmes avaient paru dans ses yeux. Le procès en annulation de mariage, en effet, semblait s'arrêter, devant des obstacles de toutes sortes, qui, chaque jour, renaissaient.

Et Pierre fut très ému de ces larmes, si rares chez elle. Parfois, elle-même avouait, avec son calme sourire, qu'elle ne savait pas pleurer. Mais son cœur se fondait, elle resta un instant comme anéantie, accoudée au sarcophage moussu, à demi rongé par l'eau, tandis que le filet clair, tombé de la bouche béante du masque tragique, continuait sa note perlée de flûte. L'idée brusque de la mort s'était dressée devant le prêtre, à la voir, si jeune, si éclatante de beauté, défaillir au bord de ce marbre, où les faunes qui s'y ruaient parmi des femmes, en une bacchanale frénétique, disaient la toute-puissance de l'amour, dont les anciens se plaisaient à sculpter le symbole sur les tombes, pour affirmer l'éternité de la vie. Et un petit souffle de vent chaud passa dans la solitude ensoleillée et silencieuse du jardin, apportant l'odeur pénétrante des orangers et des buis.

— Quand on aime, on est si fort! murmura-t-il.

— Oui, oui, vous avez raison, reprit-elle, souriante déjà. Je ne suis qu'une enfant... Mais c'est votre faute, avec votre livre. Je ne le comprends bien que lorsque je souffre... Tout de même, n'est-ce pas? je fais des progrès. Puisque vous le voulez, que tous les pauvres soient donc mes frères, et qu'elles soient mes sœurs, toutes celles qui ont des peines comme moi!

D'ordinaire, Benedetta remontait la première à son appartement, et Pierre s'attardait parfois, restait seul sous le laurier, dans le léger parfum de femme qu'elle laissait. Il rêvait confusément à des choses douces et tristes. Comme l'existence se montrait dure pour les pauvres êtres que brûlait l'unique soif du bonheur! Autour de lui, le silence s'était élargi encore, tout le vieux palais dormait son lourd sommeil de ruine, avec sa cour voisine, semée d'herbe, entourée de son portique mort, où moisissaient des marbres de fouille, un Apollon sans bras et le torse tronqué d'une Vénus; et, de loin en loin, ce silence de tombe n'était troublé que par le grondement brusque d'un carrosse de prélat, en visite chez le cardinal, s'engouffrant sous le porche, tournant dans la cour déserte, à grand bruit de roues.

Un lundi, vers dix heures un quart, dans le salon de donna Serafina, il n'y avait plus que les jeunes gens. Monsignor Nani n'avait fait que paraître, le cardinal Sarno venait de partir. Et, près de la cheminée, à sa place habituelle, donna Serafina elle-même se tenait comme à l'écart, les yeux fixés sur la place inoccupée de l'avocat Morano, qui s'entêtait à ne point reparaître. Devant le canapé, où Benedetta et Celia se trouvaient assises, Dario, l'abbé Pierre et Narcisse Habert étaient debout, causant et riant. Depuis quelques minutes, Narcisse s'amusait à plaisanter le jeune prince, qu'il prétendait avoir rencontré en compagnie d'une très belle fille.

— Mais, mon cher, ne vous défendez pas, car elle est vraiment superbe... Elle marchait à côté de vous, et vous vous êtes engagés dans une ruelle déserte, le Borgo Angelico je crois, où je ne vous ai pas suivis, par discrétion.

Dario souriait, l'air très à l'aise, en homme heureux, incapable de renier son goût passionné de la beauté.

— Sans doute, sans doute, c'était bien moi, je ne nie pas... Seulement, l'affaire n'est pas celle que vous pensez.

Et, se retournant vers Benedetta, qui s'égayait, elle aussi, sans aucune ombre d'inquiétude jalouse, comme ravie au contraire du plaisir des yeux qu'il avait pu prendre un instant :

— Tu sais, il s'agit de cette pauvre fille, que j'ai trouvée en larmes, il y a près de six semaines... Oui, cette ouvrière en perles qui sanglotait à cause du chômage, et qui s'est mise, toute rouge, à galoper devant moi pour me conduire chez ses parents, lorsque j'ai voulu lui donner une pièce blanche... Pierina, tu te rappelles bien?

— Pierina, parfaitement!

— Alors, imaginez-vous, je l'ai déjà, depuis ce jour, rencontrée quatre ou cinq fois sur mon chemin. Et, c'est vrai, elle est si extraordinairement belle, que je m'arrête et que je cause... L'autre jour, je l'ai conduite ainsi jusque chez un fabricant. Mais elle n'a pas encore trouvé d'ouvrage, elle s'est remise à pleurer; et, ma foi, pour la consoler un peu, je l'ai embrassée... Ah! elle en est restée saisie, et heureuse, si heureuse!

Tous, maintenant, riaient de l'histoire. Mais Celia, la première, se calma. Elle dit d'une voix très grave :

— Vous savez, Dario, qu'elle vous aime. Il ne faut pas être méchant.

Sans doute Dario pensait comme elle, car il regarda de nouveau Benedetta, avec un hochement gai de la tête, pour dire que, s'il était aimé, lui n'aimait pas. Une perlière, une fille du bas peuple, ah! non! Elle pouvait être une Vénus, elle n'était pas une maîtresse possible. Et il s'amusa beaucoup lui-même de l'aventure romanesque, que Narcisse arrangeait, en un sonnet à la mode ancienne : la belle perlière tombant amoureuse folle du jeune prince qui passe, beau comme le jour, et qui lui a donné un écu, touché de son infortune; la belle perlière, dès lors, le cœur bouleversé de le trouver aussi charitable que beau, ne rêvant plus que de lui, le suivant partout, attachée à ses pas par un lien de flamme; et la belle perlière, enfin, qui a refusé l'écu, demandant de ses yeux soumis et tendres, obtenant l'aumône que le jeune prince daigne un soir lui faire de son cœur. Benedetta se plut beaucoup à ce jeu. Mais Celia, avec sa face angélique, son air de petite fille qui aurait dû tout ignorer, restait très sérieuse, répétait tristement :

— Dario, Dario, elle vous aime, il ne faut pas la faire souffrir.

Alors, la contessina finit par s'apitoyer à son tour.

— Et ils ne sont pas heureux, ces pauvres gens!

— Oh! s'écria le prince, une misère à ne pas croire! Le jour où elle m'a mené là-bas, aux Prés du Château, j'en suis resté suffoqué. C'est une horreur, une horreur étonnante!

— Mais je me souviens, reprit-elle, nous avions fait le projet d'aller les visiter, ces malheureux, et c'est fort mal d'avoir tardé jusqu'ici... N'est-ce pas? monsieur l'abbé Froment, vous étiez très désireux, pour vos études, de nous accompagner et de voir ainsi de près la classe pauvre à Rome.

Elle avait levé les yeux vers Pierre, qui se taisait depuis

un instant. Il fut très attendri que cette pensée de charité lui revînt ; car il sentit, au léger tremblement de sa voix, qu'elle voulait se montrer ainsi une élève docile, faisant des progrès dans l'amour des humbles et des misérables. Tout de suite, d'ailleurs, la passion de son apostolat l'avait repris.

— Oh ! dit-il, je ne quitterai Rome qu'après y avoir vu le peuple qui souffre, sans travail et sans pain. La maladie est là, pour toutes les nations, et le salut ne peut venir que par la guérison de la misère. Quand les racines de l'arbre ne mangent pas, l'arbre meurt.

— Eh bien ! reprit-elle, nous allons prendre rendez-vous tout de suite, vous viendrez avec nous aux Prés du Château... Dario nous conduira.

Celui-ci, qui avait écouté le prêtre d'un air stupéfait, sans bien comprendre l'image de l'arbre et de ses racines, se récria, plein de détresse.

— Non, non ! cousine, promène là-bas monsieur l'abbé, si cela t'amuse... Moi, j'y suis allé, et je n'y retourne pas. Ma parole ! en rentrant, j'ai failli me mettre au lit, la cervelle et l'estomac à l'envers... Non, non ! c'est trop triste, ce n'est pas possible, des abominations pareilles !

A ce moment, une voix mécontente s'éleva du coin de la cheminée. Donna Serafina sortait de son long silence.

— Il a raison, Dario ! Envoie ton aumône, ma chère, et j'y joindrai volontiers la mienne... Seulement, il y a d'autres endroits plus utiles à voir, où tu peux conduire monsieur l'abbé... Tu vas, en vérité, lui faire emporter là un beau souvenir de notre ville !

L'orgueil romain sonnait seul au fond de sa mauvaise humeur. A quoi bon montrer ses plaies aux étrangers qui viennent, amenés peut-être par des curiosités hostiles ? Il fallait être toujours en beauté, ne montrer Rome que dans l'apparat de sa gloire.

Mais Narcisse s'était emparé de Pierre.

— Oh ! mon cher, c'est vrai, j'oubliais de vous recommander cette promenade... Il faut absolument que vous visitiez le nouveau quartier qu'on a bâti aux Prés du Château. Il est typique, il résume tous les autres ; et vous n'aurez pas perdu votre temps, je vou en réponds, car rien au monde ne vous en dira plus long sur la Rome actuelle. C'est extraordinaire, extraordinaire !

Puis, s'adressant à Benedetta :

— Est-ce entendu ? voulez-vous demain matin ?... Vous nous trouveriez là-bas, l'abbé et moi, parce que je tiens à le mettre d'abord au courant, pour qu'il comprenne... A dix heures, voulez-vous ?

Avant de répondre, la contessina, qui s'était tournée vers sa tante, lui tint tête, respectueusement.

— Allez, ma tante, monsieur l'abbé a dû rencontrer assez de mendiants dans nos rues, il peut tout voir. Et, d'ailleurs, d'après ce qu'il raconte dans son livre, il n'en verra pas plus à Rome qu'il n'en a vu à Paris. Partout, comme il le dit quelque part, la faim est la même.

Puis, elle s'attaqua à Dario, très douce, l'air raisonnable.

— Tu sais, mon Dario, que tu me ferais un bien gros plaisir, en me conduisant là-bas. Sans toi, nous aurions trop l'air de tomber du ciel... Nous prendrons la voiture, nous irons rejoindre ces messieurs, et ça nous fera une très jolie promenade... Il y a si longtemps que nous ne sommes sortis ensemble !

Certainement, c'était là ce qui la ravissait, d'avoir ce prétexte pour l'emmener, pour se réconcilier tout à fait avec lui. Il sentit cela, il ne put se dérober, et il affecta de plaisanter.

— Ah ! cousine, tu seras cause que j'aurai des cauchemars tout le restant de la semaine. Une partie de plaisir comme ça, vois-tu, c'est à gâter pour huit jours le bonheur de vivre !

Il frémissait de révolte à l'avance, les rires recommencèrent ; et, malgré la muette désapprobation de donna

Serafina, le rendez-vous fut définitivement fixé au lendemain, dix heures. En partant, Celia regretta vivement de ne pouvoir en être. Mais elle, avec sa candeur fermée de lis en bouton, ne s'intéressait qu'à la Pierina. Aussi, dans l'antichambre, se pencha-t-elle à l'oreille de son amie.

— Cette beauté, regarde-la bien, ma chère, pour me dire si elle est belle, très belle, plus belle que toutes.

Le lendemain, à neuf heures, lorsque Pierre retrouva Narcisse près du Château Saint-Ange, il s'étonna de le voir retombé dans son enthousiasme d'art, langoureux et pâmé. D'abord, il ne fut plus du tout question des quartiers nouveaux, ni de l'effroyable catastrophe financière qu'ils avaient provoquée. Le jeune homme raconta qu'il s'était levé avec le soleil, pour aller passer une heure devant la Sainte Thérèse du Bernin. Quand il ne l'avait pas vue depuis huit jours, il disait en souffrir, le cœur gros de larmes, comme de la privation d'une maîtresse très aimée. Et il avait des heures pour l'aimer ainsi, différemment, à cause de l'éclairage : le matin, de tout un élan mystique de son âme, sous la lumière d'aube qui l'habillait de blancheur ; l'après-midi, de toute la passion rouge du sang des martyrs, dans les rayons obliques du soleil couchant, dont la flamme semblait ruisseler en elle.

— Ah ! mon ami, déclara-t-il de son air las, les yeux noyés de mauve, ah ! mon ami, vous n'avez pas idée de son troublant et délicieux réveil, ce matin... Une vierge ignorante et pure, et qui, brisée de volupté, ouvre languissamment les yeux, encore pâmée d'avoir été possédée par Jésus... Ah ! c'est à mourir !

Puis, se calmant, au bout de quelques pas, il reprit de sa voix nette de garçon pratique, très d'aplomb dans la vie :

— Dites donc, nous allons nous rendre tout doucement aux Prés du Château, dont vous apercevez les constructions là-bas, en face de nous ; et, pendant que nous marcherons, je vous raconterai ce que je sais, oh ! l'histoire la plus extravagante, un de ces coups de folie de la spéculation qui sont beaux comme l'œuvre monstrueuse et belle de quelque génie détraqué... J'ai été mis au courant par des parents à moi, qui ont joué ici, et qui, ma foi ! ont gagné des sommes considérables.

Alors, avec une clarté et une précision d'homme de finances, employant les termes techniques d'un air d'aisance parfaite, il conta l'extraordinaire aventure. Au lendemain de la conquête de Rome, lorsque l'Italie entière délirait d'enthousiasme, à l'idée de posséder enfin la capitale tant désirée, l'antique et glorieuse ville, l'éternelle qui avait la promesse de l'empire du monde, ce fut d'abord une explosion bien légitime de la joie et de l'espoir d'un peuple jeune, constitué de la veille, ayant hâte d'affirmer sa puissance. Il s'agissait de prendre possession de Rome, d'en faire la capitale moderne, seule digne d'un grand royaume ; et il s'agissait avant tout de l'assainir, de la nettoyer des ordures qui la déshonoraient. On ne peut plus s'imaginer dans quelle saleté immonde baignait la ville des papes, la Roma sporca regrettée des artistes : pas même de latrines, la voie publique servant à tous les besoins, les ruines augustes transformées en dépotoirs, les abords des vieux palais princiers souillés d'excréments, un lit d'épluchures, de détritus, de matières en décomposition montant de partout, changeant les rues en égouts empoisonnés, d'où soufflaient de continuelles épidémies. La nécessité de vastes travaux d'édilité s'imposait, c'était une véritable mesure de salut, le rajeunissement, la vie assurée et plus large, de même qu'il était juste de songer à bâtir de nouvelles maisons pour les habitants nouveaux qui devaient affluer de toutes parts. Le fait s'était passé à Berlin, après la constitution de l'empire d'Allemagne, la ville avait vu sa population s'accroître en coup de foudre, par centaines de mille âmes. Rome, certainement, allait elle aussi doubler, tripler, quintupler, attirant à elle les forces vives des provinces, devenant le centre de l'existence nationale. Et l'orgueil s'en mêla, il fallait montrer au gouvernement déchu du Vatican ce dont l'Italie était capable, de quelle splendeur rayonnerait la nouvelle Rome, la troisième Rome, qui dépasserait les deux autres, l'impériale et la papale, par la magnificence de ses voies et le flot débordant de ses foules.

Les premières années, cependant, le mouvement des constructions garda quelque prudence. On fut assez sage pour ne bâtir qu'au fur et à mesure des besoins. D'un bond, la population avait doublé, était montée de deux cent mille à quatre cent mille habitants : tout le petit monde des employés, des fonctionnaires, venus avec les administrations publiques, toute la cohue qui vit de l'État ou espère en vivre, sans compter les oisifs, les jouisseurs, qu'une cour traîne après elle. Ce fut là une première cause de griserie, personne ne douta que cette marche ascensionnelle ne continuât, ne se précipitât même. Dès lors, la cité de la veille ne suffisait plus, il fallait sans attendre faire face aux besoins du lendemain, en élargissant Rome hors de Rome, dans tous les antiques faubourgs déserts. On parlait aussi du Paris du second empire, si agrandi, changé en une ville de lumière et de santé. Mais, aux bords du Tibre, le malheur fut, à la première heure, qu'il n'y eut pas un plan général, pas plus qu'un homme de regard clair, maître souverain de la situation, s'appuyant sur des Sociétés financières puissantes. Et ce que l'orgueil avait commencé, cette ambition de surpasser en éclat la Rome des Césars et des Papes, cette volonté de refaire de la Cité éternelle, prédestinée, le centre et la reine de la terre, la spéculation l'acheva, un de ces extraordinaires souffles de l'agio, une de ces tempêtes qui naissent, font rage, détruisent et emportent tout, sans que rien les annonce ni les arrête. Brusquement, le bruit courut que des terrains, achetés cinq francs le mètre, se revendaient cent francs; et la fièvre s'alluma, la fièvre de tout un peuple que le jeu passionne. Un vol de spéculateurs, venu de la haute Italie, s'était abattu sur Rome, la plus noble et la plus facile des proies. Pour ces montagnards, pauvres, affamés, la curée des appétits commença, dans ce Midi voluptueux, où la vie est si douce; de sorte que les délices du climat, elles-mêmes corruptrices, activèrent la décomposition morale. Puis, il n'y avait vraiment qu'à se baisser, les écus d'abord se ramassèrent à la pelle, parmi les décombres des premiers quartiers qu'on éventra. Les gens adroits, qui, flairant le tracé des voies nouvelles, s'étaient rendus acquéreurs des immeubles menacés d'expropriation, décuplèrent leurs fonds en moins de deux ans. Alors, la contagion grandit, empoisonna la ville entière, de proche en proche; les habitants à leur tour furent emportés, toutes les classes entrèrent en folie, les princes, les bourgeois, les petits propriétaires, jusqu'aux boutiquiers, les boulangers, les épiciers, les cordonniers; à ce point qu'on cita plus tard un simple boulanger qui fit une faillite de quarante-cinq millions. Et ce n'était plus que le jeu exaspéré, un jeu formidable dont la fièvre avait remplacé le petit train réglementé du loto papal, un jeu à coups de millions où les terrains et les bâtisses devenaient fictifs, de simples prétextes à des opérations de Bourse. Le vieil orgueil atavique qui avait rêvé de transformer Rome en capitale du monde, s'exalta ainsi jusqu'à la démence, sous cette fièvre chaude de la spéculation, achetant des terrains, bâtissant des maisons pour les revendre, sans mesure, sans arrêt, de même qu'on lance des actions, tant que les presses veulent bien en imprimer.

Certainement, jamais ville en évolution n'a donné pareil spectacle. Aujourd'hui, lorsqu'on tâche de comprendre, on reste confondu. Le chiffre de la population avait dépassé quatre cent mille, et il semblait rester stationnaire;

mais cela n'empêchait pas la végétation des quartiers neufs de sortir du sol, toujours plus drue. Pour quel peuple futur bâtissait-on avec cette sorte de rage? Par quelle aberration en arrivait-on à ne pas attendre les habitants, à préparer ainsi des milliers de logements aux familles de demain, qui viendraient peut-être? La seule excuse était de s'être dit, d'avoir posé à l'avance, comme une vérité indiscutable, que la troisième Rome, la capitale triomphante de l'Italie, ne pouvait avoir moins d'un million d'âmes. Elles n'étaient pas venues, mais elles allaient venir sûrement : aucun patriote n'en pouvait douter, sans crime de lèse-patrie. Et on bâtissait, on bâtissait, on bâtissait sans relâche, pour les cinq cent mille citoyens en route. On ne s'inquiétait même plus du jour de leur arrivée, il suffisait que l'on comptât sur eux. Encore, dans Rome, les Sociétés qui s'étaient formées pour la construction des grandes voies, au travers des vieux quartiers malsains abattus, vendaient ou louaient leurs immeubles, réalisaient de gros bénéfices. Seulement, à mesure que la folie croissait, pour satisfaire à la fringale du lucre, d'autres Sociétés se créèrent, dans le but d'élever, hors de Rome, des quartiers encore, des quartiers toujours, de véritables petites villes, dont on n'avait nul besoin. A la porte Saint-Jean, à la porte Saint-Laurent, des faubourgs poussèrent comme par miracle. Sur les immenses terrains de la villa Ludovisi, de la porte Salaria à la porte Pia, jusqu'à Sainte-Agnès, une ébauche de ville fut commencée. Enfin, aux Prés du Château, ce fut toute une cité qu'on voulut d'un coup faire naître du sol, avec son église, son école, son marché. Et il ne s'agissait pas de petites maisons ouvrières, de logements modestes pour le menu peuple et les employés, il s'agissait de bâtisses colossales, de vrais palais à trois et quatre étages, développant des façades uniformes et démesurées, qui faisaient de ces nouveaux quartiers excentriques des quartiers babyloniens, que des capitales de vie intense et d'industrie, comme Paris ou Londres, pourraient seules peupler. Ce sont là les monstrueux produits de l'orgueil et du jeu, et quelle page d'histoire, quelle leçon amère, lorsque Rome, aujourd'hui ruinée, se voit déshonorée en outre, par cette laide ceinture de grandes carcasses crayeuses et vides, inachevées pour la plupart, dont les décombres déjà sèment les rues pleines d'herbe!

L'effondrement fatal, le désastre fut effroyable. Narcisse en donnait les raisons, en suivait les diverses phases, si nettement, que Pierre comprit. De nombreuses Sociétés financières avaient naturellement poussé dans ce terreau de la spéculation, l'Immobilière, la Società edilizia, la Fondiaria, la Tiberina, l'Esquilino. Presque toutes faisaient construire, bâtissaient des maisons énormes, des rues entières, pour les revendre. Mais elles jouaient également sur les terrains, les cédaient à de gros bénéfices aux petits spéculateurs qui s'improvisaient de toutes parts, rêvant des bénéfices à leur tour, dans la hausse continue et factice que déterminait la fièvre croissante de l'agio. Le pis était que ces bourgeois, ces boutiquiers sans expérience, sans argent, s'affolaient jusqu'à faire construire eux aussi, en empruntant aux banques, en se retournant vers les Sociétés qui leur avaient vendu les terrains, pour obtenir d'elles l'argent nécessaire à l'achèvement des constructions. Le plus souvent, pour ne pas tout perdre, les Sociétés se trouvaient un jour forcées de reprendre les terrains et les constructions, même inachevées, ce qui amenait entre leurs mains un engorgement formidable, dont elles devaient périr. Si le million d'habitants était venu occuper les logements qu'on lui préparait, dans un rêve d'espoir si extraordinaire, les gains auraient pu être incalculables, Rome en dix ans s'enrichissait, devenait une des plus florissantes capitales du monde. Seulement, ces habitants s'entêtaient à ne pas venir, rien ne se louait, les logements restaient vides. Et, alors, la crise éclata en coup de foudre, avec une violence sans pareille, pour deux raisons. D'abord, les maisons bâties par les Sociétés étaient des morceaux trop gros, d'un achat difficile, devant lesquels reculait la foule des rentiers moyens, désireux de placer leur argent dans le foncier. L'atavisme avait agi, les constructeurs avaient vu trop grand, une série de palais magnifiques, destinés à écraser ceux des autres âges, et qui allaient rester mornes et déserts, comme un des témoignages les plus inouïs de l'orgueil impuissant. Il ne se rencontra donc pas de capitaux particuliers qui osassent ou qui pussent se substituer à ceux des Sociétés. Ensuite, ailleurs, à Paris, à Berlin, les quartiers neufs, les embellissements se sont faits avec des capitaux nationaux, avec l'argent de l'épargne. Au contraire, à Rome, tout s'est bâti avec du crédit, des lettres de change à trois mois, et surtout avec de l'argent étranger. On estime à près d'un milliard l'énorme somme engloutie, dont les quatre cinquièmes étaient de l'argent français. Cela se faisait simplement de banquiers à banquiers, les banquiers français prêtant à trois et demi ou quatre pour cent aux banquiers italiens, qui de leur côté prêtaient aux spéculateurs, aux constructeurs de Rome, à six, sept et même huit pour cent. Aussi s'imagine-t-on le désastre, lorsque la France, que fâchait l'alliance de l'Italie avec l'Allemagne, retira ses huit cents millions en moins de deux ans. Un immense reflux se produisit, vidant les banques italiennes; et les Sociétés foncières, toutes celles qui spéculaient sur les terrains et les constructions, forcées de rembourser à leur tour, durent s'adresser aux Sociétés d'émission, celles qui avaient la faculté d'émettre du papier. En même temps, elles intimidèrent l'État, elles le menacèrent d'arrêter les travaux et de mettre sur le pavé de Rome quarante mille ouvriers sans ouvrage, s'il n'obligeait pas les Sociétés d'émission à leur prêter les cinq ou six millions de papier dont elles avaient besoin, ce que l'État finit par faire, épouvanté à l'idée d'une faillite générale. Naturellement, aux échéances, les cinq ou six millions ne purent être rendus, puisque les maisons ne se vendaient ni ne se louaient, de sorte que l'écroulement commença, se précipita, des décombres sur des décombres : les petits spéculateurs tombèrent sur les constructeurs, ceux-ci sur les Sociétés foncières, celles-ci sur les Sociétés d'émission, qui tombèrent sur le crédit public, ruinant la nation. Voilà comment une crise simplement éditilaire devint un effroyable désastre financier, un danger d'effondrement national, tout un milliard inutilement englouti, Rome enlaidie, encombrée de jeunes ruines honteuses, les logements béants et vides, pour les cinq ou six cent mille habitants rêvés, qu'on attend toujours.

D'ailleurs, dans le vent de gloire qui soufflait, l'État lui-même voyait colossal. Il s'agissait de créer de toutes pièces une Italie triomphante, de lui faire accomplir en vingt-cinq ans la besogne d'unité et de grandeur, que d'autres nations ont mis des siècles à faire solidement. Aussi était-ce une activité fébrile, des dépenses prodigieuses, des canaux, des ports, des routes, des chemins de fer, des travaux publics démesurés dans toutes les villes. On improvisait, on organisait la grande nation, sans compter. Depuis l'alliance avec l'Allemagne, le budget de la guerre et de la marine dévorait les millions inutilement. Et on ne faisait face aux besoins, sans cesse grandissants, qu'à coups d'émissions, les emprunts se succédaient d'année en année. Rien qu'à Rome, la construction du Ministère de la Guerre coûtait dix millions, celle du Ministère des Finances quinze, et l'on dépensait cent millions pour les quais, qui ne sont pas finis, et l'on engloutissait plus de deux cent cinquante millions dans les travaux de défense, autour de la ville. C'était encore et toujours la flambée d'orgueil fatal, la sève de cette terre qui ne peut s'épanouir qu'en projets trop vastes, la volonté d'éblouir le monde et de le conquérir, dès qu'on a posé le pied au Capitole, même dans la poussière accumulée de tous les pouvoirs humains, qui s'y sont écroulés les uns sur les autres.

— Et, mon cher ami, continua Narcisse, si je descendais dans les histoires qui circulent, qu'on se raconte à l'oreille, si je vous citais certains faits, vous seriez stupéfait, épouvanté, du degré de démence où cette ville entière, si raisonnable au fond, si indolente et si égoïste, a pu monter, sous la terrible fièvre contagieuse de la passion du jeu. Le petit monde, les ignorants et les sots, ne s'y sont pas ruinés seuls, car les grandes familles, presque toute la noblesse romaine y a laissé crouler les antiques fortunes, et l'or, et les palais, et les galeries de chefs-d'œuvre, qu'elle devait à la munificence des papes. Ces colossales richesses, qu'il avait fallu des siècles de népotisme pour entasser entre les mains de quelques-uns, ont fondu comme de la cire, en dix ans à peine, au feu niveleur de l'agio moderne.

Puis, s'oubliant, ne pensant plus qu'il parlait à un prêtre, il conta une de ces histoires équivoques

— Tenez! notre bon ami Dario, prince Boccanera, le dernier du nom, qui en est réduit à vivre des miettes de son oncle le cardinal, lequel n'a plus guère que l'argent de sa charge, eh bien! il roulerait sûrement carrosse, sans l'extraordinaire histoire de la villa Montefiori... On doit vous avoir déjà mis au courant : les vastes terrains de cette villa cédés pour dix millions à une compagnie financière ; puis, le prince Onofrio, le père de Dario, mordu par le besoin de spéculer, rachetant fort cher ses propres terrains, jouant dessus, faisant bâtir ; puis, la catastrophe finale emportant, avec les dix millions, tout ce qu'il possédait lui-même, les débris de la fortune anciennement colossale des Boccanera... Mais ce qu'on ne vous a sans doute pas dit, ce sont les causes cachées, le rôle que le comte Prada, justement l'époux séparé de cette délicieuse contessina que nous attendons, a joué là dedans. Il était l'amant de la princesse Boccanera, la belle Flavia Montefiori qui avait apporté la villa au prince, oh! une créature admirable, beaucoup plus jeune que son mari; et l'on assure que Prada tenait le mari par la femme, à ce point que celle-ci se refusait, le soir, quand le vieux prince hésitait à donner une signature, à s'engager davantage dans une aventure dont il avait flairé d'abord le danger. Prada y a gagné les millions qu'il mange aujourd'hui d'une façon fort intelligente. Et quant à la belle Flavia, devenue mûre, vous savez qu'après avoir tiré une petite fortune du désastre, elle a renoncé galamment à son titre de princesse Boccanera, pour s'acheter un bel homme, un second mari beaucoup plus jeune qu'elle, cette fois, dont elle a fait un marquis Montefiori, lequel l'entretient en joie et en beauté opulente, malgré ses cinquante ans passés... Dans tout cela, il n'y a de victime que notre bon ami Dario, totalement ruiné, résolu à épouser sa cousine, pas plus riche que lui. Il est vrai qu'elle le veut et qu'il est incapable de ne pas l'aimer autant qu'elle l'aime. Sans cela, il aurait déjà accepté quelque Américaine, une héritière à millions, ainsi que tant d'autres princes; à moins que le cardinal et donna Serafina ne s'y fussent opposés, car ces deux-là sont aussi des héros dans leur genre, des Romains d'orgueil et d'entêtement, qui entendent garder leur sang pur de toute alliance étrangère.. Enfin, espérons que le bon Dario et cette Benedetta exquise seront heureux ensemble.

Il s'interrompit; puis, au bout de quelques pas faits en silence, il continua plus bas:

— Moi, j'ai un parent qui a ramassé près de trois millions dans l'affaire de la villa Montefiori. Ah! comme je regrette de n'être arrivé ici qu'après ces temps héroïques de l'agio! comme cela devait être amusant, et quels coups à faire, pour un joueur de sang-froid!

Mais, brusquement, en levant la tête, il aperçut devant lui le quartier neuf des Prés du Château; et sa physionomie changea, il redevint l'âme artiste, indignée des abominations modernes dont on avait souillé la Rome papale. Ses yeux pâlirent, sa bouche exprima l'amer dédain du rêveur blessé dans sa passion des siècles disparus.

— Voyez, voyez cela! O ville d'Auguste, ville de Léon X, ville de l'éternelle puissance et de l'éternelle beauté!

Pierre, en effet, restait lui-même saisi. A cette place, autrefois, s'étendaient en terrain plat les prairies du Château Saint-Ange, coupées de peupliers, tout le long du Tibre, jusqu'aux premières pentes du mont Mario, vastes herbages, aimés des artistes, pour le premier plan de riante verdure qu'ils faisaient au Borgo et au dôme lointain de Saint-Pierre. Et c'était, maintenant, au milieu de cette plaine bouleversée, lépreuse et blanchâtre, une ville entière, une ville de maisons massives, colossales, des cubes de pierres réguliers, tous pareils, avec des rues larges, se coupant à angle droit, un immense damier aux cases symétriques. D'un bout à l'autre, les mêmes façades se reproduisaient, on aurait dit des séries de couvents, de casernes, d'hôpitaux, dont les lignes identiques se continuaient sans fin. Et l'étonnement, l'impression extraordinaire et pénible, venait surtout de la catastrophe, inexplicable d'abord, qui avait immobilisé cette ville en pleine construction, comme si, par quelque matin maudit, un magicien de désastre avait, d'un coup de baguette, arrêté les travaux, vidé les chantiers turbulents, laissé les bâtisses telles qu'elles étaient, à cette minute précise, dans un morne abandon. Tous les états successifs se retrouvaient, depuis les terrassements, les trous profonds creusés pour les fondations, restés béants et que des herbes folles avaient envahis, jusqu'aux maisons entièrement debout, achevées et habitées. Il y avait des maisons dont les murs sortaient à peine du sol; il y en avait d'autres qui atteignaient le deuxième, le troisième étage, avec leurs planchers de solives de fer à jour, leurs fenêtres ouvertes sur le ciel; il y en avait d'autres, montées complètement, couvertes de leur toit, telles que des carcasses livrées aux batailles des vents, toutes semblables à des cages vides. Puis, c'étaient des maisons terminées, mais dont on n'avait pas eu le temps d'enduire les murs extérieurs; et d'autres qui étaient demeurées sans boiseries, ni aux portes ni aux fenêtres; et d'autres qui avaient bien leurs portes et leurs persiennes, mais clouées, telles que des couvercles de cercueil, les appartements morts, sans une âme; et d'autres enfin habitées, quelques-unes en partie, très peu totalement, vivantes de la plus inattendue des populations. Rien ne pouvait rendre l'affreuse tristesse de ces choses, la ville de la Belle au Bois dormant, frappée d'un sommeil mortel avant même d'avoir vécu, s'anéantissant au lourd soleil, dans l'attente d'un réveil qui paraissait ne devoir jamais venir.

A la suite de son compagnon, Pierre s'était engagé dans les larges rues désertes, d'une immobilité et d'un silence de cimetière. Pas une voiture, pas un piéton n'y passait. Certaines n'avaient pas même de trottoir, l'herbe envahissait la chaussée, non pavée encore, telle qu'un champ qui retournait à l'état de nature; et, pourtant, des becs de gaz provisoires restaient là depuis des années, de simples tuyaux de plomb liés à des perches. Aux deux côtés, les propriétaires avaient clos hermétiquement les baies des rez-de-chaussée et des étages, à l'aide de grosses planches, pour éviter d'avoir à payer l'impôt des portes et fenêtres. D'autres maisons, commencées à peine, étaient barrées de palissades, dans la crainte que les caves ne devinssent le repaire de tous les bandits du pays. Mais, surtout, la désolation était les jeunes ruines, de hautes bâtisses superbes, pas finies, pas crépies même, n'ayant pu vivre encore de leur existence de géants de pierre, et qui se lézardaient déjà de toutes parts, et qu'il avait fallu étayer avec des complications de charpentes, pour qu'elles ne tombassent pas en poudre sur le sol. Le cœur se serrait, comme dans une cité d'où un fléau aurait balayé les habitants, la peste, la guerre, un bombardement, dont ces carcasses béantes semblaient garder les traces. Puis, à l'idée que c'était là une naissance avortée, et non une mort, que la destruction allait faire son œuvre, avant que les habitants rêvés, attendus en vain, eussent apporté la vie à ces maisons mort-nées, la mélancolie s'aggravait, on était débordé d'une infinie désespérance humaine. Et il y avait encore l'ironie affreuse, à chaque angle, de magnifiques plaques de marbre portant les noms des rues, des noms illustres empruntés à l'Histoire, les Gracques, les Scipion, Pline, Pompée, Jules César, qui éclataient là, sur ces murs inachevés et croulants, comme une dérision, comme un soufflet du passé donné à l'impuissance d'aujourd'hui.

Alors, Pierre fut une fois de plus frappé de cette vérité que quiconque possède Rome est dévoré de la folie du marbre, du besoin vaniteux de bâtir et de laisser aux peuples futurs son monument de gloire. Après les Césars entassant leurs palais au Palatin, après les papes rebâtissant la Rome du moyen âge et la timbrant de leurs armes, voilà que le gouvernement italien n'avait pu devenir le maître de la ville, sans vouloir tout de suite la reconstruire, plus resplendissante et plus énorme qu'elle n'avait jamais été. C'était la suggestion même du sol, c'était le sang d'Auguste qui, de nouveau, montait au crâne des derniers venus, les jetait à la démence de faire de la troisième Rome la nouvelle reine de la terre. Et de là les projets gigantesques, les quais cyclopéens, les simples Ministères luttant avec le Colisée; et de là ces quartiers neufs aux maisons géantes, poussées tout autour de l'antique cité comme autant de petites villes. Il se souvenait de cette ceinture crayeuse, entourant les vieilles toitures rousses, qu'il avait vue du dôme de Saint-Pierre, pareille de loin à des carrières abandonnées; car ce n'était pas aux Prés du Château seulement, c'était aussi à la porte Saint-Jean, à la porte Saint-Laurent, à la villa Ludovisi, sur les hauteurs du Viminal et de l'Esquilin, que des quartiers inachevés et vides croulaient déjà, dans l'herbe des rues désertes. Cette fois, après deux mille ans de fertilité prodigieuse, il semblait que le sol fût enfin épuisé, que la pierre des monuments refusât d'y pousser encore. De même que, dans de très vieux jardins fruitiers, les pruniers et les cerisiers qu'on replante s'étiolent et meurent, les murs neufs sans doute ne trouvaient plus à boire la vie dans cette poussière de Rome, appauvrie par la végétation séculaire d'un si grand nombre de temples, de cirques, d'arcs de triomphe, de basiliques et d'églises. Et les maisons modernes qu'on avait tenté d'y faire fructifier de nouveau, les maisons inutiles et trop vastes, toutes gonflées de l'ambition héréditaire, n'avaient pu arriver à maturité, dressant des moitiés de façade que trouaient les fenêtres béantes, sans force pour monter jusqu'à la toiture, restées là infécondes, telles que les broussailles sèches d'un terrain qui a trop produit. L'affreuse tristesse venait d'une grandeur passée si créatrice aboutissant à un pareil aveu d'actuelle impuissance, Rome qui avait couvert le monde de ses monuments indestructibles et qui n'enfantait plus que des ruines.

— On les finira bien un jour! s'écria Pierre.

Narcisse le regarda étonné.

— Pour qui donc?

Et c'était le mot terrible. Ces cinq ou six cent mille habitants dont on avait rêvé la venue, qu'on attendait toujours, où vivaient-ils à l'heure présente, dans quelles campagnes voisines, dans quelles villes reculées? Si un grand enthousiasme patriotique avait pu seul espérer une telle population, aux premiers jours de la conquête, il aurait fallu aujourd'hui un singulier aveuglement pour croire encore qu'elle viendrait jamais. L'expérience semblait faite, Rome restait stationnaire, on ne prévoyait aucune des causes qui en auraient doublé les habitants, ni les plaisirs qu'elle offrait, ni les gains d'un commerce et d'une industrie qu'elle n'avait pas, ni l'intense vie sociale et intellectuelle dont elle ne paraissait plus capable. En tout cas, des années et des années seraient indispensables. Et, alors, comment peupler les maisons finies et vides, qui n'attendaient que des locataires? Pour qui terminer les maisons restées à l'état de squelette, s'émiettant au soleil et à la pluie? Elles demeureraient donc indéfiniment là, les unes décharnées, ouvertes à toutes les bises, les autres closes, muettes comme des tombes, dans la laideur lamentable de leur inutilité et de leur abandon? Quel terrible témoignage sous le ciel splendide! Les nouveaux maîtres de Rome étaient mal partis, et s'ils savaient maintenant ce qu'il aurait fallu faire, oseraient-ils jamais défaire ce qu'ils avaient fait? Puisque le milliard qui était là semblait définitivement gâché et compromis, on se mettait à souhaiter un Néron de volonté démesurée et souveraine, prenant la torche et la pioche, et brûlant tout, rasant tout, au nom vengeur de la raison et de la beauté.

— Ah! reprit Narcisse, voici la contessina et le prince.

Benedetta avait fait arrêter la voiture à un carrefour des rues désertes; et, par ces larges voies, si calmes, pleines d'herbes, faites pour les amoureux, elle s'avançait au bras de Dario, tous les deux ravis de la promenade, ne songeant plus aux tristesses qu'ils étaient venus voir.

— Oh! quel joli temps, dit-elle gaiement en abordant les deux amis. Voyez donc ce soleil si doux!... Et c'est si bon de marcher un peu à pied, comme dans la campagne!

Dario, le premier, cessa de rire au ciel bleu, à la joie présente de promener sa cousine à son bras.

— Ma chère, il faut pourtant aller visiter ces gens, puisque tu t'entêtes à ce caprice, qui va sûrement nous gâter la belle journée... Voyons, il faut que je me retrouve. Moi, vous savez, je ne suis pas fort pour me reconnaître dans les endroits où je n'aime pas aller... Avec ça, ce quartier est imbécile, avec ces rues mortes, ces maisons mortes, où il n'y a pas une figure dont on se souvienne, pas une boutique qui vous remette dans le bon chemin... Je crois que c'est par ici. Suivez-moi toujours, nous verrons bien.

Et les quatre promeneurs se dirigèrent vers la partie centrale du quartier, faisant face au Tibre, où un commencement de population s'était formé. Les propriétaires tiraient parti comme ils le pouvaient des quelques maisons terminées, ils en louaient les logements à très bas prix, ne se fâchaient pas lorsque les loyers se faisaient attendre. Des employés nécessiteux, des ménages sans argent s'étaient donc installés là, payant à la longue, arrivant toujours à donner quelques sous. Mais le pis était qu'à la suite de la démolition de l'ancien Ghetto et des percées dont on avait aéré le Transtévère, de véritables hordes de loqueteux, sans pain, sans toit, presque sans vêtements, s'étaient abattues sur les maisons inachevées, les avaient envahies de leur souffrance et de leur vermine ; et il avait bien fallu fermer les yeux, tolérer cette brutale prise de possession, sous peine de laisser toute cette épouvantable misère étalée en pleine voie publique. C'était à ces hôtes effrayants que venaient d'échoir les grands palais rêvés, les colossales bâtisses de quatre et cinq étages, où l'on entrait par des portes monumentales, ornées de hautes statues, où des balcons sculptés, que soutenaient des cariatides, allaient d'un bout à l'autre des façades. Les boiseries des portes et des fenêtres manquaient, chaque famille de misérables avait fait son choix, fermant parfois les fenêtres avec des planches, bouchant les portes à l'aide de simples haillons, occupant tout un étage princier, ou préférant des pièces plus étroites, pour s'y entasser à son goût. Des linges affreux séchaient sur les balcons sculptés, pavoisaient de leur immonde détresse ces façades d'avortement, souffletées dans leur orgueil. Une usure rapide, des souillures sans nom dégradaient déjà les belles constructions blanches, les rayaient, les éclaboussaient de taches infâmes ; et, par les porches magnifiques, faits pour la royale sortie des équipages, c'était un ruisseau d'ignominie qui débouchait, des ordures et des fientes, dont les mares stagnantes pourrissaient ensuite sur la chaussée sans trottoirs.

A deux reprises, Dario avait fait revenir ses compagnons sur leurs pas. Il s'égarait, il s'assombrissait de plus en plus.

— J'aurais dû prendre à gauche. Mais comment voulez-vous savoir? Est-ce possible, au milieu d'un monde pareil?

Maintenant, des bandes d'enfants pouilleux se traînaient dans la poussière. Ils étaient d'une extraordinaire saleté, presque nus, la chair noire, les cheveux en broussaille, tels que des paquets de crins. Et des femmes circulaient en jupes sordides, en camisoles défaites, montrant des flancs et des seins de juments surmenées. Beaucoup, toutes droites, causaient entre elles, d'une voix glapissante; d'autres, assises sur de vieilles chaises, les mains allongées sur les genoux, restaient ainsi pendant des heures, sans rien faire. On rencontrait peu d'hommes. Quelques-uns, allongés à l'écart, parmi l'herbe rousse, le nez contre la terre, dormaient lourdement au soleil.

Mais l'odeur surtout devenait nauséabonde, une odeur de misère malpropre, le bétail humain s'abandonnant, vivant dans sa crasse. Et cela s'aggrava des émanations d'un petit marché improvisé qu'il fallut franchir, des fruits gâtés, des légumes cuits et aigres, des fritures de la veille, à la graisse figée et rance, que de pauvres marchandes vendaient par terre, au milieu de la convoitise affamée d'un troupeau d'enfants.

— Enfin, je ne sais plus, ma chère! s'écria le prince, en s'adressant à sa cousine. Sois raisonnable, nous en avons assez vu, retournons à la voiture.

Réellement, il souffrait; et, selon le mot de Benedetta elle-même, il ne savait pas souffrir. Cela lui semblait monstrueux, un crime imbécile, que d'attrister sa vie par une promenade pareille. La vie était faite pour être vécue légère et aimable, sous le ciel clair. Il fallait l'égayer uniquement par des spectacles gracieux, des chants, des danses. Et, dans son égoïsme naïf, il avait une véritable horreur du laid, du pauvre, du souffrant, à ce point que la vue seule lui en causait un malaise, une sorte de courbature physique et morale.

Mais Benedetta, qui frémissait comme lui, voulait être brave devant Pierre. Elle le regarda, elle le vit si intéressé, si passionnément pitoyable, qu'elle ne céda pas, dans son effort à sympathiser avec les humbles et les malheureux.

— Non, non, il faut rester, mon Dario... Ces messieurs veulent tout voir, n'est-ce pas?

— Oh! dit Pierre, la Rome actuelle est ici, cela en dit plus long que toutes les promenades classiques à travers les ruines et les monuments.

— Mon cher, vous exagérez, déclara Narcisse à son tour. Seulement, j'accorde que cela est intéressant, très intéressant... Les vieilles femmes surtout, ah! extraordinaires d'expression, les vieilles femmes!

A ce moment, Benedetta ne put retenir un cri d'admiration heureuse, en apercevant devant elle une jeune fille d'une beauté superbe.

— *O che bellezza!*

Et Dario, l'ayant reconnue, s'écria du même air ravi:

— Eh! c'est la Pierina... Elle va nous conduire.

Depuis un instant, l'enfant suivait le groupe, sans se permettre d'approcher. Ses regards s'étaient ardemment fixés sur le prince, luisant d'une joie d'esclave amoureuse; puis, ils avaient vivement dévisagé la contessina, mais sans colère, avec une sorte de soumission tendre, de bonheur résigné, à la trouver très belle, elle aussi. Et elle était en vérité telle que le prince l'avait dépeinte, grande, solide, avec une gorge de déesse, un vrai antique, une Junon à vingt ans, le menton un peu fort, la bouche et le nez d'une correction parfaite, de larges yeux de génisse, et la face éclatante, comme dorée d'un coup de soleil, sous le casque de lourds cheveux noirs.

— Alors, tu vas nous conduire? demanda Benedetta, familière, souriante, déjà consolée des laideurs voisines, à l'idée qu'il pouvait exister des créatures pareilles.

— Oh! oui, madame, oui! tout de suite.

Elle courut devant eux, chaussée de souliers sans trous, vêtue d'une vieille robe de laine marron, qu'elle avait dû laver et raccommoder récemment. On sentait sur elle certains soins de coquetterie, un désir de propreté, que n'avaient pas les autres; à moins que ce ne fût simplement sa grande beauté qui rayonnât de ses pauvres vêtements et fît d'elle une déesse.

— *Che bellezza! che bellezza!* ne se lassait pas de répéter la contessina, tout en la suivant. C'est un régal, mon Dario, que cette fille à regarder.

— Je savais bien qu'elle te plairait, répondit-il simplement, flatté de sa trouvaille, ne parlant plus de s'en aller, puisqu'il pouvait enfin reposer les yeux sur quelque chose d'agréable à voir.

Derrière eux venait Pierre, émerveillé également, à qui Narcisse disait les scrupules de son goût, qui était pour le rare et le subtil.

— Oui, oui, sans doute, elle est belle... Seulement, leur type romain, mon cher, au fond, rien n'est plus lourd, sans âme, sans au-delà... Il n'y a que du sang sous leur peau, il n'y a pas de ciel.

Mais la Pierina s'était arrêtée, et, d'un geste, elle montra sa mère, assise sur une caisse défoncée à demi, devant la haute porte d'un palais inachevé. Elle avait dû être aussi fort belle, ruinée à quarante ans, les yeux éteints de misère, la bouche déformée, aux dents noires, la face coupée de grandes rides molles, la gorge énorme et tombante; et elle était d'une saleté affreuse, ses cheveux grisonnants dépeignés, envolés en mèches folles, sa jupe et sa camisole souillées, fendues, laissant voir la crasse des membres. Des deux mains, elle tenait sur ses genoux un nourrisson, son dernier-né, qui s'était endormi. Elle le regardait, comme foudroyée et sans courage, de l'air de la bête de somme résignée à son sort, en mère qui avait fait des enfants et les avait nourris sans savoir pourquoi.

— Ah! bon, bon! dit-elle en relevant la tête, c'est le monsieur qui est venu me donner un écu, parce qu'il t'avait rencontrée en train de pleurer. Et il revient nous voir avec des amis. Bon, bon! il y a tout de même de braves cœurs.

Alors, elle dit leur histoire, mais mollement, sans chercher même à les apitoyer. Elle s'appelait Giacinta, elle avait épousé un maçon, Tommaso Gozzo, dont elle avait eu sept enfants, la Pierina, et puis Tito, un grand garçon de dix-huit ans, et quatre autres filles encore, de deux années en deux années, et puis celui-ci enfin, un garçon de nouveau, qu'elle tenait sur les genoux. Très longtemps, ils avaient habité le même logement au Transtévère, dans une vieille maison qu'on venait d'abattre. Et il semblait qu'on eût, en même temps, abattu leur existence; car, depuis qu'ils s'étaient réfugiés aux Prés du Château, tous les malheurs les frappaient, la crise terrible sur les constructions qui avait réduit au chômage Tommaso et son fils Tito, la fermeture récente de l'atelier de perles de cire où la Pierina gagnait jusqu'à vingt sous, de quoi ne pas mourir de faim. Maintenant, personne ne travaillait plus, la famille vivait de hasard.

— Si vous préférez monter, madame et messieurs? Vous trouverez là-haut Tommaso, avec son frère Ambrogio, que nous avons pris chez nous; et ils sauront mieux vous parler, ils vous diront les choses qu'il faut dire... Que voulez-vous? Tommaso se repose; et c'est comme Tito, il dort, puisqu'il n'a rien de mieux à faire.

De la main, elle montrait, allongé dans l'herbe sèche, un grand gaillard, le nez fort, la bouche dure, qui avait les admirables yeux de la Pierina. Il s'était contenté de lever la tête, inquiet de ces gens. Un pli farouche creusa son front, lorsqu'il remarqua de quel regard ravi sa sœur contemplait le prince. Et il laissa retomber sa tête, mais il ne referma pas les paupières, il les guetta.

— Pierina, conduis donc madame et ces messieurs, puisqu'ils veulent voir.

D'autres femmes s'étaient approchées, traînant leurs pieds nus dans des savates; des bandes d'enfants grouillaient, des fillettes à demi vêtues, parmi lesquelles sans doute les quatre de Giacinta, toutes si semblables avec leurs yeux noirs sous leurs tignasses emmêlées, que les mères seules pouvaient les reconnaître; et c'était en plein soleil comme un pullulement, un campement de misère, au milieu de cette rue de majestueux désastre, bordée de palais inachevés et déjà en ruine.

Doucement, Benedetta dit à son cousin, avec une tendresse souriante :

— Non, ne monte pas, toi... Je ne veux pas ta mort, mon Dario... Tu as été bien aimable de venir jusqu'ici, attends-moi sous ce beau soleil, puisque monsieur l'abbé et monsieur Habert m'accompagnent.

Il se mit à rire, lui aussi, et il accepta très volontiers, il alluma une cigarette, puis se promena à petits pas, satisfait de la douceur de l'air.

La Pierina était entrée vivement sous le vaste porche, à la haute voûte, ornée de caissons à rosaces; mais un véritable lit de fumier, dans le vestibule, couvrait les dalles de marbre dont on avait commencé la pose. Ensuite, c'était le monumental escalier de pierre, à la rampe ajourée et sculptée; et les marches se trouvaient déjà rompues, souillées d'une telle épaisseur d'immondices, qu'elles en paraissaient noires. Partout, les mains avaient laissé des traces graisseuses. Toute une ignominie sortait des murs, restés à l'état brut, dans l'attente des peintures et des dorures qui devaient les décorer.

Au premier étage, sur le vaste palier, la Pierina s'arrêta ; et elle se contenta de crier, par la baie d'une grande porte béante, sans huisserie ni vantaux :

— Père, c'est une dame et deux messieurs qui vont te voir.

Puis, se tournant vers la contessina :

— Tout au fond, dans la troisième salle.

Et elle se sauva, elle redescendit l'escalier plus vite qu'elle ne l'avait monté, courant à sa passion.

Benedetta et ses compagnons traversèrent deux salons immenses, au sol bossué de plâtre, aux fenêtres ouvertes sur le vide. Et ils tombèrent enfin dans un salon plus petit, où toute la famille Gozzo s'était installée, avec les débris qui lui servaient de meubles. Par terre, sur les solives de fer laissées à nu, traînaient cinq ou six paillasses lépreuses, mangées de sueur. Une longue table, solide encore, tenait le milieu ; et il y avait aussi de vieilles chaises dépaillées, raccommodées à l'aide de cordes. Mais le gros travail avait consisté à boucher deux fenêtres sur trois avec des planches, tandis que la troisième et la porte étaient fermées par d'anciennes toiles à matelas, criblées de taches et de trous.

Tommaso, le maçon, parut surpris, et il fut évident qu'il n'était guère habitué à de pareilles visites de charité. Il était assis devant la table, les deux coudes sur le bois, le menton entre les mains, en train de se reposer, comme l'avait dit sa femme Giacinta. C'était un fort gaillard de quarante-cinq ans, barbu et chevelu, la face grande et longue, d'une sérénité de sénateur romain, dans sa misère et dans son oisiveté. La vue des deux étrangers, qu'il flaira tout de suite, l'avait fait se lever, d'un brusque mouvement de défiance. Mais il sourit, dès qu'il reconnut Benedetta ; et, comme elle lui parlait de Dario resté en bas, en lui expliquant leur but charitable

— Oh! je sais, je sais, contessina… Oui, je sais bien qui vous êtes, car j'ai muré une fenêtre, au palais Boccanera, du temps de mon père.

Alors, complaisamment, il se laissa questionner, il répondit à Pierre surpris qu'on n'était pas très heureux, mais qu'enfin on aurait vécu tout de même, si l'on avait pu travailler deux jours seulement par semaine. Et, au fond, on le sentait assez content de se serrer le ventre, du moment qu'il vivait à sa guise, sans fatigue. C'était toujours l'histoire de ce serrurier, qui, appelé par un voyageur pour ouvrir la serrure d'une malle, dont la clef était perdue, refusait absolument de se déranger, à l'heure de la sieste. On ne payait plus son logement, puisqu'il y avait des palais vides, ouverts au pauvre monde, et quelques sous auraient suffi pour la nourriture, tellement on était sobre et peu difficile.

— Oh! monsieur l'abbé, tout allait beaucoup mieux sous le pape… Mon père, qui était maçon comme moi, a travaillé sa vie entière au Vatican; et moi-même, aujourd'hui encore, quand j'ai quelques journées d'ouvrage, c'est toujours là que je les trouve… Voyez-vous, nous avons été gâtés par ces dix années de gros travaux, où l'on ne quittait pas les échelles, où l'on gagnait ce qu'on voulait. Naturellement, on mangeait mieux, on s'habillait, on ne se refusait aucun plaisir; et c'est plus dur aujourd'hui de se priver… Mais, sous le pape, monsieur l'abbé, si vous étiez venu nous voir! Pas d'impôts, tout se donnait pour rien, on n'avait vraiment qu'à se laisser vivre.

A ce moment, un grondement s'éleva d'une des paillasses, dans l'ombre des fenêtres bouchées, et le maçon reprit de son air lent et paisible:

— C'est mon frère Ambrogio qui n'est pas de mon avis… Lui a été avec les républicains, en quarante-neuf, à l'âge de quatorze ans… Ça ne fait rien, nous l'avons pris avec nous, quand nous avons su qu'il se mourait dans une cave, de faim et de maladie.

Les visiteurs, alors, eurent un frémissement de pitié. Ambrogio était l'aîné de quinze ans, et, âgé de soixante ans à peine, il n'était plus qu'une ruine, dévoré par la fièvre, traînant des jambes si diminuées, qu'il passait les jours sur sa paillasse, sans sortir. Plus petit que son frère, plus maigre et turbulent, il avait exercé l'état de menuisier. Mais, dans sa déchéance physique, il gardait une tête extraordinaire, une face d'apôtre et de martyr, d'une expression noble et tragique, encadrée dans un hérissement de barbe et de chevelure blanches.

— Le pape, le pape, gronda-t-il, je n'ai jamais mal parlé du pape. C'est sa faute pourtant, si la tyrannie continue. Lui seul, en quarante-neuf, aurait pu nous donner la république, et nous n'en serions pas où nous en sommes.

Il avait connu Mazzini, il en conservait la religiosité vague, le rêve d'un pape républicain, faisant enfin régner la liberté et la fraternité sur la terre. Mais, plus tard, sa passion pour Garibaldi, en troublant cette conception, lui avait fait juger la papauté indigne désormais, incapable de travailler à la libération humaine. De sorte qu'il ne savait plus trop au juste, partagé entre la chimère de sa jeunesse et la rude expérience de sa vie. D'ailleurs, il n'avait jamais agi que sous le coup d'une émotion violente, et il en restait à de belles paroles, à des souhaits vastes et indéterminés.

— Ambrogio, mon frère, reprit tranquillement Tommaso, le pape est le pape, et la sagesse est de se mettre avec lui, parce qu'il sera toujours le pape, c'est-à-dire le plus fort. Moi, demain, si l'on votait, je voterais pour lui.

Le vieil ouvrier ne se hâta pas de répondre. Toute la prudence avisée de la race l'avait calmé.

— Moi, Tommaso, mon frère, je voterais contre, toujours contre... Et tu sais bien que nous aurions la majorité. C'est fini, le pape roi. Le Borgo lui-même se révolterait... Mais ça ne veut pas dire qu'on ne doive pas s'entendre avec lui, pour que la religion de tout le monde soit respectée.

Intéressé vivement, Pierre écoutait. Il se risqua à poser une question.

— Et y a-t-il beaucoup de socialistes, à Rome, parmi le peuple ?

Cette fois, la réponse se fit attendre davantage encore.

— Des socialistes, monsieur l'abbé, oui, sans doute, quelques-uns, mais bien moins nombreux que dans d'autres villes... Ce sont des nouveautés, où vont les impatients, sans y entendre grand'chose peut-être... Nous, les vieux, nous étions pour la liberté, nous ne sommes pas pour l'incendie ni pour le massacre.

Et il craignit d'en dire trop, devant cette dame et ces messieurs, il se mit à geindre en s'allongeant sur sa paillasse, pendant que la contessina prenait congé, un peu incommodée par l'odeur, après avoir averti le prêtre qu'il était préférable de remettre leur aumône à la femme, en bas.

Déjà, Tommaso avait repris sa place devant la table, le menton entre les mains, tout en saluant ses hôtes, sans plus s'émotionner à leur sortie qu'à leur entrée.

— Bien au revoir, et très heureux d'avoir pu vous être agréable.

Mais, sur le seuil, l'enthousiasme de Narcisse éclata. Il se retourna, pour admirer encore la tête du vieil Ambrogio.

— Oh ! mon cher abbé, quel chef-d'œuvre ! La voilà la merveille, la voilà la beauté ! Combien cela est moins banal que le visage de cette fille !... Ici, je suis certain que le piège du sexe ne m'induit pas en une tentation malpropre. Je ne m'émeus pas pour des raisons basses... Et puis, franchement, quel infini dans ces rides, quel inconnu au fond des yeux noyés, quel mystère parmi le hérissement de la barbe et des cheveux ! On rêve un prophète, un Dieu le Père !

En bas, Giacinta était encore assise sur la caisse à demi

défoncée, avec son nourrisson en travers des genoux ; et, à quelques pas, la Pierina, debout devant Dario, le regardait finir sa cigarette, d'un air d'enchantement ; tandis que Tito, rasé dans l'herbe, comme une bête à l'affût, ne les quittait toujours pas des yeux.

— Ah ! madame, reprit la mère de sa voix résignée et dolente, vous avez vu, ce n'est guère habitable. La seule bonne chose, c'est qu'on a vraiment de la place. Autrement, il y a des courants d'air, à prendre la mort matin et soir. Et puis, j'ai continuellement peur pour les enfants, à cause des trous.

Elle conta l'histoire de la femme, qui, se trompant un soir, croyant sortir sur le palier, avait pris une fenêtre pour la porte, et s'était tuée net, en culbutant dans la rue. Une petite fille, aussi, s'était cassé les deux bras, en tombant du haut d'un escalier qui n'avait pas de rampe. D'ailleurs, on serait resté mort là dedans, sans que personne le sût et s'avisât d'aller vous ramasser. La veille, on avait trouvé, au fond d'une pièce perdue, couché sur le plâtre, le corps d'un vieil homme, que la faim devait y avoir étranglé depuis près d'une semaine ; et il y serait resté sûrement, si l'odeur infecte n'avait averti les voisins de sa présence.

— Encore si l'on avait à manger ! continua Giacinta. Et quand on nourrit et qu'on ne mange pas, on n'a pas de lait. Ce petit-là, ce qu'il me suce le sang ! Il se fâche, il en veut, et moi, n'est-ce pas ? je me mets à pleurer, car ce n'est pas ma faute s'il n'y a rien.

Des larmes, en effet, étaient montées à ses pauvres yeux pâlis. Mais elle fut prise d'une brusque colère, en remarquant que Tito n'avait pas bougé de son herbe, vautré comme une bête au soleil, ce qu'elle jugeait mal poli pour ce beau monde, qui allait sûrement lui laisser une aumône.

— Eh ! Tito, fainéant ! est-ce que tu ne pourrais pas te mettre debout, quand on vient te voir ?

Il fit d'abord la sourde oreille, il finit pourtant par se relever, d'un air de grande mauvaise humeur ; et Pierre, qu'il intéressait, tâcha de le faire parler, de même qu'il avait questionné le père et l'oncle, là-haut. Il n'en tira que des réponses brèves, pleines de défiance et d'ennui. Puisqu'on ne trouvait pas de travail, il n'y avait qu'à dormir. Ce n'était pas en se fâchant qu'on changerait les choses. Le mieux était donc de vivre comme on pouvait, sans augmenter sa peine. Quant à des socialistes, oui ! peut-être, il y en avait quelques-uns ; mais lui n'en connaissait pas. Et, de son attitude lasse, indifférente, il ressortait clairement que, si le père était pour le pape et l'oncle pour la république, lui, le fils, n'était certainement pour rien. Pierre sentit là une fin de peuple, ou plutôt le sommeil d'un peuple, dans lequel une démocratie ne s'était pas éveillée encore.

Mais, comme le prêtre continuait, voulant savoir son âge, à quelle école il était allé, dans quel quartier il était né, Tito, brusquement, coupa court, en disant d'une voix grave, un doigt en l'air, tourné vers sa poitrine :

— *Io son Romano di Roma !*

En effet, cela ne répondait-il pas à tout ? « Moi, je suis Romain de Rome. » Pierre eut un sourire triste, et se tut. Jamais il n'avait mieux senti l'orgueil de la race, le lointain héritage de gloire, si lourd aux épaules. Chez ce garçon dégénéré, qui savait à peine lire et écrire, revivait la vanité souveraine des Césars. Ce meurt-de-faim connaissait sa ville, en aurait pu dire d'instinct l'histoire, aux belles pages. Les noms des grands empereurs et des grands papes lui étaient familiers. Et pourquoi travailler alors, après avoir été les maîtres de la terre ? Pourquoi ne pas vivre de noblesse et de paresse, dans la plus belle des villes, sous le plus beau des ciels ?

— *Io son Romano di Roma.*

Benedetta avait glissé son aumône dans la main de la mère ; et Pierre ainsi que Narcisse, voulant s'associer à sa bonne œuvre, faisaient de même, lorsque Dario, qui lui aussi s'était joint à sa cousine, eut une idée gentille, désireux de ne pas oublier la Pierina, à qui il n'osait offrir de l'argent. Il posa légèrement les doigts sur ses lèvres, il dit avec un léger rire :

— Pour la beauté.

Et cela fut vraiment doux et joli, ce baiser envoyé, ce rire qui s'en moquait un peu, ce prince familier, que touchait l'adoration muette de la belle perlière, comme dans une histoire d'amour du temps jadis.

La Pierina devint toute rouge de contentement ; et elle perdit la tête, elle se jeta sur la main de Dario, y colla ses lèvres chaudes, dans un mouvement irraisonné, où il entrait autant de divine reconnaissance que de tendresse amoureuse. Mais les yeux de Tito avaient flambé de colère, il saisit brutalement sa sœur par sa jupe, l'écarta du poing, en grondant sourdement.

— Toi, tu sais, je te tuerai, et lui aussi.

Il était grand temps de partir, car d'autres femmes, ayant flairé l'argent, s'approchaient, tendaient la main, lançaient des enfants en larmes. Un émoi agitait le misérable quartier des grandes bâtisses abandonnées, un cri de détresse montait des rues mortes, aux plaques de marbre retentissantes. Et que faire ? On ne pouvait donner à tous. Il n'y avait que la fuite, le cœur débordé de tristesse, devant cette conclusion de la charité impuissante.

Lorsque Benedetta et Dario furent revenus à leur voiture, ils se hâtèrent d'y monter, ils se serrèrent l'un contre l'autre, ravis d'échapper à un tel cauchemar. Elle était heureuse pourtant de s'être montrée brave devant Pierre ; et elle lui serra la main en élève attendrie, lorsque Narcisse eut déclaré qu'il gardait le prêtre, pour l'emmener déjeuner au petit restaurant de la place Saint-Pierre, d'où l'on avait une vue si intéressante sur le Vatican.

— Buvez du petit vin blanc de Genzano, leur cria Dario

redevenu très gai. Il n'y a rien de tel pour chasser les idées noires.

Mais Pierre se montrait insatiable de détails. En chemin, il questionna encore Narcisse sur le peuple de Rome, sa vie, ses habitudes, ses mœurs. L'instruction était presque nulle. Aucune industrie d'ailleurs, aucun commerce pour le dehors. Les hommes exerçaient les quelques métiers courants, toute la consommation ayant lieu sur place. Parmi les femmes, il y avait des perlières, des brodeuses, et l'article religieux, les médailles, les chapelets, avait de tout temps occupé un certain nombre d'ouvriers, de même que la fabrication des bijoux locaux. Mais, dès que la femme était mariée, mère de ces nuées d'enfants qui poussaient à miracle, elle ne travaillait guère. En somme, c'était une population se laissant vivre, travaillant juste assez pour manger, se contentant de légumes, de pâtes, de basse viande de mouton, sans révolte, sans ambition d'avenir, n'ayant que le souci de cette vie précaire, au jour le jour. Les deux seuls vices étaient le jeu et les vins rouges et blancs des Châteaux romains, des vins de querelle et de meurtre, qui, les soirs de fête, au sortir des cabarets, semaient les rues d'hommes râlants, la peau trouée à coups de couteau. Les filles se débauchaient peu, on comptait celles qui se donnaient avant le mariage. Cela venait de ce que la famille était restée très unie, soumise étroitement à l'autorité absolue du père. Et les frères eux-mêmes veillaient sur l'honnêteté des sœurs, comme ce Tito si dur à la Pierina, la gardant avec un soin farouche, non par une pensée de jalousie inavouable, mais pour le bon renom, pour l'honneur de la famille. Et cela sans religion réelle, au milieu de la plus enfantine idolâtrie, tous les cœurs allant à la Madone et aux saints, qui seuls existaient, que seuls on implorait, en dehors de Dieu, à qui personne ne s'avisait de songer.

Dès lors, la stagnation de ce bas peuple s'expliquait aisément. Il y avait, derrière, des siècles de paresse encouragée, de vanité flattée, de molle existence acceptée. Quand ils n'étaient ni maçons, ni menuisiers, ni boulangers, ils étaient domestiques, ils servaient les prêtres, à la solde plus ou moins directe de la papauté. De là, les deux partis tranchés : les anciens carbonari, devenus des mazziniens et des garibaldiens, les plus nombreux sûrement, l'élite du Transtévère; puis, les clients du Vatican, tous ceux qui vivaient de l'Église, de près ou de loin, et qui regrettaient le pape roi. Mais, de part et d'autre, cela restait à l'état d'opinion dont on causait, sans que jamais l'idée s'éveillât d'un effort à faire, d'une chance à courir. Il aurait fallu une brusque passion balayant la solide raison de la race, la jetant à quelque courte démence. A quoi bon? La misère venait de tant de siècles, le ciel était si bleu, la sieste valait mieux que tout, aux heures chaudes! Et un seul fait semblait acquis, le fond de patriotisme, la majorité certaine pour Rome capitale, cette gloire reconquise, à ce point qu'une révolte avait failli éclater dans la cité Léonine, lorsque le bruit avait couru d'un accord entre l'Italie et le pape, ayant pour base le rétablissement du pouvoir temporel sur cette cité. Si la misère pourtant semblait avoir grandi, si l'ouvrier romain se plaignait davantage, c'était qu'il n'avait vraiment rien gagné aux travaux énormes qui s'étaient, pendant quinze ans, exécutés chez lui. D'abord, plus de quarante mille ouvriers avaient envahi sa ville, des ouvriers venus du Nord pour la plupart, qui travaillaient à bas prix, plus courageux et plus résistants. Puis, lorsque lui-même avait eu sa part dans la besogne, il avait mieux vécu, sans faire d'économies; de sorte que, lorsque la crise s'était produite et qu'on avait dû rapatrier les quarante mille ouvriers des provinces, lui s'était retrouvé comme devant, dans une ville morte, où les ateliers chômaient, sans espoir de se faire embaucher de longtemps. Et il retombait ainsi à son antique indolence, satisfait au fond que trop de travail ne le bousculât plus, faisant de nouveau le meilleur ménage possible avec sa vieille maîtresse la misère, sans un sou et grand seigneur.

Pierre, surtout, était frappé des caractères différents de la misère, à Paris et à Rome. Certes, ici, le dénuement était plus absolu, la nourriture plus immonde, la saleté plus repoussante. Pourquoi donc ces effroyables pauvres gardaient-ils plus d'aisance et de gaieté réelle? Lorsqu'il évoquait un hiver de Paris, les bouges qu'il avait tant visités, où la neige entrait, où grelottaient des familles sans feu et sans pain, il se sentait le cœur éperdu d'une compassion, qu'il ne venait pas d'éprouver si vive, aux Prés du Château. Et il comprit enfin : la misère, à Rome, était une misère qui n'avait pas froid. Ah! oui, quelle douce et éternelle consolation, un soleil toujours clair, un ciel bienfaisant qui restait bleu sans cesse, par bonté pour les misérables! Qu'importait l'abomination du logis, si l'on pouvait dormir dehors, dans la caresse du vent tiède! Qu'importait même la faim, si la famille attendait l'aubaine du hasard, par les rues ensoleillées, au travers des herbes sèches! Le climat rendait sobre, aucun besoin d'alcool ni de viandes rouges pour affronter les brouillards. La divine fainéantise riait aux soirées d'or, la pauvreté devenait une jouissance libre, dans cet air délicieux, où semblait suffire à la créature le bonheur de vivre. A Naples, comme le racontait Narcisse, dans ces quartiers du port et de Sainte-Lucie, aux rues étroites, nauséabondes, pavoisées de linges en train de sécher, la vie entière du peuple se passait dehors. Les femmes et les enfants qui n'étaient pas en bas, dans la rue, vivaient sur les légers balcons de bois, suspendus à toutes les fenêtres. On y cousait, on y chantait, on s'y débarbouillait. Mais la rue, surtout, était la salle commune, des hommes qui achevaient de passer leur culotte, des femmes demi-nues qui pouillaient leurs enfants et qui s'y peignaient elles-mêmes, une population d'affamés dont le couvert s'y trouvait toujours mis. C'était sur de petites tables, dans des voitures, un continuel marché de mangeailles à bas prix, des grenades et des pastèques trop mûres, des pâtes cuites, des légumes bouillis, des poissons frits, des coquillages, toute une cuisine faite, constamment prête parmi la cohue, qui permettait de manger là, au plein air, sans jamais allumer de feu. Et quelle cohue grouillante, les mères sans cesse à gesticuler, les pères assis à la file le long des trottoirs, les enfants lâchés en galops sans fin, cela au milieu d'une frénésie de vacarme, des cris, des chansons, de la musique, la plus extraordinaire des insouciances! Des voix rauques éclataient en grands rires, des faces brunes, pas belles, avaient des yeux admirables qui flambaient de la joie d'être, sous les cheveux d'encre ébouriffés. Ah! pauvre peuple gai, si enfant, si ignorant, dont l'unique désir se bornait aux quelques sous nécessaires pour manger à sa faim, dans cette foire perpétuelle! Certainement, jamais démocratie n'avait eu moins conscience d'elle-même. Puisque, disait-on, ils regrettaient l'ancienne monarchie, sous laquelle leurs droits à cette vie de pauvreté insoucieuse semblaient mieux assurés, on se demandait s'il fallait se fâcher pour eux, leur conquérir malgré eux plus de science et de conscience, plus de bien-être et de dignité. Une infinie tristesse, pourtant, montait au cœur de Pierre de cette gaieté des meurt-de-faim, dans la griserie et la duperie du soleil. C'était bien le beau ciel qui faisait l'enfance prolongée de ce peuple, qui expliquait pourquoi cette démocratie ne s'éveillait pas plus vite. Sans doute, à Naples, à Rome, ils souffraient de manquer de tout; mais ils ne gardaient pas en eux la rancune des atroces jours d'hiver, la rancune noire d'avoir tremblé de froid, pendant que les riches se chauffaient devant de grands feux; ils ignoraient les furieuses rêveries, dans les taudis battus par la neige, devant la maigre chandelle qui va s'éteindre, le besoin alors de faire justice, le devoir de la révolte, pour sauver la femme et les enfants de la phtisie, pour qu'ils aient eux aussi un nid chaud, où l'existence soit possible. Ah! la misère qui a froid, c'est l'excès de l'injustice sociale, la plus terrible école où le pauvre apprend à connaître sa souffrance, s'en indigne et jure de la faire cesser, quitte à faire crouler le vieux monde!

Et Pierre trouvait encore, dans cette douceur du ciel, l'explication de saint François, le divin mendiant d'amour, battant les chemins, célébrant le charme délicieux de la pauvreté. Il était sans doute un inconscient révolutionnaire, il protestait à sa façon contre le luxe débordant de la cour de Rome, par ce retour à l'amour des humbles, à la simplicité de la primitive Église. Mais jamais un tel réveil de l'innocence et de la sobriété ne se serait produit dans une contrée du Nord, que glacent les froids de décembre. Il y fallait l'enchantement de la nature, la frugalité d'un peuple nourri de soleil, la mendicité bénie par des routes toujours tièdes. C'était ainsi qu'il avait dû en venir au total oubli de soi-même. La question paraissait d'abord embarrassante: comment un saint François avait-il pu naître jadis, l'âme si brûlante de fraternité, communiant avec les créatures, les bêtes, les choses, sur cette terre aujourd'hui si peu charitable, dure aux petits, méprisant son bas peuple, ne faisant pas même l'aumône à son pape? Était-ce donc que l'antique orgueil avait desséché les cœurs, ou bien était-ce que l'expérience des très vieux peuples menait à un égoïsme final, pour que l'Italie semblât s'être ainsi engourdi l'âme dans son catholicisme dogmatique et pompeux, tandis que le retour à l'idéal évangélique, la passion des humbles et des souffrants se réveillait de nos jours aux plaines douloureuses du septentrion, parmi les peuples privés de soleil? C'était tout cela, et c'était surtout que saint François, lorsqu'il avait épousé si gaiement sa dame la Pauvreté, avait pu ensuite la promener, pieds nus, vêtue à peine, par des printemps splendides, au travers de populations que brûlait alors un ardent besoin de compassion et d'amour.

Tout en causant, Pierre et Narcisse étaient arrivés sur

la place Saint-Pierre, et ils s'assirent à la porte du restaurant où ils avaient déjà déjeuné, devant une des petites tables, au linge douteux, qui se trouvaient rangées là, le long du pavé. Mais la vue était vraiment superbe, la basilique en face, le Vatican à droite, au-dessus du développement majestueux de la colonnade. Tout de suite, Pierre avait levé les yeux, s'était remis à regarder ce Vatican qui le hantait, ce deuxième étage aux fenêtres toujours closes, où vivait le pape, où jamais rien de vivant n'apparaissait. Et, comme le garçon commençait son service en apportant des hors-d'œuvre, des finocchi et des anchois, le prêtre eut un léger cri, pour attirer l'attention de Narcisse.

— Oh! voyez donc, mon ami... Là, à cette fenêtre, que l'on m'a donnée comme étant celle du Saint-Père... Vous ne distinguez pas une figure pâle, tout debout, immobile?

Le jeune homme se mit à rire.

— Eh bien! mais, ce doit être le Saint-Père en personne. Vous désirez tant le voir, que votre désir l'évoque.

— Je vous assure, répéta Pierre, qu'il y a là, derrière les vitres, une figure toute blanche qui regarde.

Narcisse, ayant grand'faim, mangeait en continuant de plaisanter. Puis, brusquement :

— Alors, mon cher, puisque le pape nous regarde, c'est le moment de nous occuper encore de lui... Je vous ai promis de vous raconter comment il avait englouti les millions du patrimoine de Saint-Pierre dans l'effroyable crise financière dont vous venez de voir les ruines, et une visite au quartier neuf des Prés du Château ne serait pas complète, si cette histoire, en quelque sorte, ne lui servait de conclusion.

Sans perdre une bouchée, il parla longuement. A la mort de Pie IX, le patrimoine de Saint-Pierre dépassait vingt millions. Longtemps, le cardinal Antonelli, qui spéculait et faisait généralement de bonnes affaires, avait laissé cet argent en partie chez Rothschild, en partie entre les mains des différents nonces, qu'il chargeait ainsi de le faire fructifier à l'étranger. Mais, après la mort du cardinal Antonelli, son remplaçant, le cardinal Simeoni, redemanda l'argent aux nonces pour le placer à Rome. Ce fut alors que, dès son avènement, Léon XIII composa, dans le but de gérer le patrimoine, une commission de cardinaux, dont monsignor Folchi fut nommé secrétaire. Ce prélat, qui joua pendant douze années un rôle considérable, était le fils d'un employé de la Daterie, lequel laissa un million d'héritage, gagné dans d'adroites opérations. Très habile lui-même, tenant de son père, il se révéla comme un financier de premier ordre, de sorte que la commission, peu à peu, lui abandonna tous ses pouvoirs, le laissa agir complètement à son gré, en se contentant d'approuver le rapport qu'il présentait à chaque séance. Le patrimoine ne produisait guère qu'un million de rente, et comme le budget des dépenses était de sept millions, il fallait en trouver six autres. Sur le denier de Saint-Pierre, le pape donna donc annuellement trois millions à monsignor Folchi, qui, pendant les douze années de sa gestion, accomplit le prodige de les doubler, par la science de ses spéculations et de ses placements, de façon à faire face au budget, sans jamais entamer le patrimoine. Ainsi, dans les premiers temps, il réalisa des gains considérables, en jouant à Rome sur les terrains. Il prenait des actions de toutes les entreprises nouvelles, il jouait sur les moulins, sur les omnibus, sur les conduites d'eau; sans compter tout un agio mené de concert avec une banque catholique, la Banque de Rome. Émerveillé de tant d'adresse, le pape qui, jusque-là, avait spéculé de son côté, par l'intermédiaire d'un homme de confiance, nommé Sterbini, le congédia et chargea monsignor Folchi de faire travailler son argent, puisqu'il faisait travailler si rudement celui du Saint-Siège. Ce fut l'époque de la grande faveur du prélat, l'apogée de sa toute-puissance. Les mauvais jours commençaient, le sol

craquait déjà, l'écroulement allait se produire en coups
de foudre. Malheureusement, une des opérations de
Léon XIII était de prêter de fortes sommes aux princes
romains, qui, mordus par la folie du jeu, engagés dans
des affaires de terrains et de bâtisses, manquaient d'argent ; et ceux-ci lui donnaient en garantie des actions ;
si bien que, lorsque vint la débâcle, le pape n'eut plus,
entre les mains, que des chiffons de papier. D'autre part,
il y avait toute une histoire désastreuse, la tentative de
créer une maison de crédit à Paris, afin d'écouler, parmi
la clientèle religieuse et aristocratique, des obligations
qu'on ne pouvait placer en Italie ; et, pour amorcer, on
disait que le pape était dans l'affaire ; et le pis, en effet,
était qu'il devait y compromettre trois millions. En
somme, la situation devenait d'autant plus critique, que,
peu à peu, il avait mis les millions dont il disposait dans la
terrible partie d'agio qui se jouait à Rome, sous les fenêtres
de son Vatican, brûlé sûrement de la passion du jeu, animé
peut-être aussi du sourd espoir de reconquérir par l'argent cette ville qu'on lui avait arrachée par la force. Sa
responsabilité allait rester entière, car jamais monsignor
Folchi ne risquait une affaire importante sans le consulter ;
et il se trouvait être ainsi le véritable artisan du désastre,
dans son âpreté au gain, dans son désir plus haut de
donner à l'Église la toute-puissance moderne des gros
capitaux. Mais, comme il arrive toujours, le prélat paya
seul les fautes communes. Il était de caractère impérieux
et difficile, les cardinaux de la commission ne l'aimaient
guère, jugeant les séances parfaitement inutiles, puisqu'il
agissait en maître absolu et qu'on se réunissait uniquement pour approuver ce qu'il voulait bien faire connaître
de ses opérations. Quand la catastrophe éclata, un complot
fut ourdi, les cardinaux terrifièrent le pape par les mauvais
bruits qui couraient, puis forcèrent monsignor Folchi à
rendre ses comptes devant la commission. La situation
était très mauvaise, des pertes énormes ne pouvaient plus

être évitées. Et il fut disgracié, et depuis ce temps il a vainement imploré une audience de Léon XIII, qui, durement, a toujours refusé de le recevoir, comme pour le punir de leur aberration à tous deux, cette folie du lucre qui les avait aveuglés ; mais il ne s'est jamais plaint, très pieux, très soumis, gardant ses secrets, et s'inclinant. Personne ne saurait dire au juste le chiffre de millions que le patrimoine de Saint-Pierre a laissés dans cette bagarre de Rome, changée en tripot, et si les uns n'en avouent que dix, les autres vont jusqu'à trente. Il est croyable que la perte a été d'une quinzaine de millions.

Après des côtelettes aux tomates, le garçon apportait un poulet frit. Et Narcisse conclut en disant :

— Oh ! le trou est bouché maintenant, je vous ai dit les sommes considérables fournies par le denier de Saint-Pierre, dont le pape seul connaît le chiffre et règle l'emploi... D'ailleurs, il n'est pas corrigé, je sais de bonne source qu'il joue toujours, avec plus de prudence, voilà tout. Son homme de confiance est encore aujourd'hui un prélat, monsignor Marzolini, je crois, qui fait ses affaires d'argent... Et, dame ! mon cher, il a bien raison, on est de son temps, que diable !

Pierre avait écouté avec une surprise croissante, où s'était mêlée une sorte de terreur et de tristesse. Ces choses étaient bien naturelles, légitimes même ; mais jamais il n'avait songé qu'elles dussent exister, dans son rêve d'un pasteur des âmes, très loin, très haut, dégagé de tous les soucis temporels. Eh quoi ! ce pape, ce père spirituel des petits et des souffrants, avait spéculé sur des terrains, sur des valeurs de Bourse ! Il avait joué, placé des fonds chez des banquiers juifs, pratiqué l'usure, fait suer à l'argent des intérêts, ce successeur de l'Apôtre, ce pontife du Christ, du Jésus de l'Évangile, l'ami divin des pauvres ! Puis, quel douloureux contraste : tant de millions là-haut, dans ces chambres du Vatican, au fond de quelque meuble discret ! tant de millions qui travaillaient, qui fructifiaient, sans cesse placés et déplacés pour qu'ils produisissent davantage, tels que des œufs d'or couvés avec une tendresse passionnée d'avare! et tout près, en bas, dans ces abominables bâtisses inachevées du quartier neuf, tant de misère! tant de pauvres gens qui mouraient de faim au milieu de leur ordure, les mères sans lait pour leur nourrisson, les hommes réduits à la fainéantise par le chômage, les vieux agonisant comme des bêtes de somme qu'on abat lorsqu'elles ne sont plus bonnes à rien! Ah! Dieu de charité, Dieu d'amour, était-ce possible? Sans doute, l'Église avait des besoins matériels, elle ne pouvait vivre sans argent, c'était une pensée de prudence et de haute politique que de lui gagner un trésor pour lui permettre de combattre victorieusement ses adversaires. Mais comme cela était blessant, salissant, et comme elle descendait de sa royauté divine pour n'être plus qu'un parti, une vaste association internationale, organisée dans le but de conquérir et de posséder le monde!

Et Pierre s'étonnait davantage encore devant l'extraordinaire aventure. Avait-on jamais imaginé drame plus inattendu, plus saisissant? Ce pape qui s'enfermait étroitement dans son palais, une prison certes, mais une prison dont les cent fenêtres ouvraient sur l'immensité, Rome, la Campagne, les collines lointaines; ce pape qui, de sa fenêtre, à toutes les heures du jour et de la nuit, par toutes les saisons, embrassait d'un coup d'œil, voyait sans cesse se dérouler à ses pieds sa ville, la ville qu'on lui avait volée, dont il exigeait la restitution d'un cri de plainte ininterrompu; ce pape qui, dès les premiers travaux, avait assisté ainsi, de jour en jour, aux transformations que sa ville subissait, les percées nouvelles, les vieux quartiers abattus, les terrains vendus, les bâtisses neuves s'élevant peu à peu de toutes parts, finissant par faire une ceinture blanche aux antiques toitures rousses; et ce pape alors, devant ce spectacle quotidien, cette furie de construction qu'il pouvait suivre de son lever à son coucher, gagné lui-même par la passion du jeu qui montait de la cité entière, telle qu'une fumée d'ivresse ; et ce pape, du fond de sa chambre stoïquement close, se mettant à jouer sur les embellissements de son ancienne ville, tâchant de s'enrichir avec le mouvement d'affaires déterminé par ce gouvernement italien qu'il traitait de spoliateur, puis perdant brusquement des millions dans une colossale catastrophe qu'il aurait dû souhaiter, mais qu'il n'avait pas prévue ! Non, jamais, un roi détrôné n'avait cédé à une suggestion plus singulière, pour se compromettre dans une aventure plus tragique, qui le frappait comme un châtiment. Et ce n'était pas un roi, c'était le délégué de Dieu, c'était Dieu lui-même, infaillible, aux yeux de la chrétienté idolâtre !

Le dessert venait d'être servi, un fromage de chèvre, des fruits, et Narcisse achevait une grappe de raisin, lorsque, levant les yeux, il s'écria :

— Mais vous avez raison, mon cher, je vois très bien cette ombre pâle, là-haut, derrière les vitres, dans la chambre du Saint-Père.

Pierre, qui ne quittait pas des yeux la fenêtre, dit lentement :

— Oui, oui, elle avait disparu, elle vient de reparaître, et elle est toujours là, immobile, toute blanche.

— Parbleu ! que voulez-vous qu'il fasse ? reprit le jeune homme, de son air languissant, sans qu'on sût s'il se moquait. Il est comme tout le monde, il regarde par sa fenêtre, quand il veut se distraire un peu ; d'autant plus qu'il a vraiment de quoi regarder, sans se lasser jamais.

Et c'était bien ce fait qui, de plus en plus, s'emparait de Pierre, l'envahissait d'une émotion grandissante. On parlait du Vatican fermé, il s'était imaginé un palais sombre, clos de hautes murailles, car personne n'avait dit, personne ne semblait savoir que ce palais dominait Rome et que, de sa fenêtre, le pape voyait le monde. Cette immensité, Pierre la connaissait bien, pour l'avoir vue du

sommet du Janicule, pour l'avoir revue des loges de
Raphaël et du dôme de la basilique. Et ce que Léon XIII
regardait à cette minute, immobile et blanc derrière les
vitres, Pierre l'évoquait, le voyait avec lui. Au centre du
vaste désert de la Campagne, que bornaient les monts de
la Sabine et les monts Albains, Léon XIII voyait les sept
collines illustres, le Janicule que couronnaient les arbres
de la villa Pamphili, l'Aventin où il ne restait que les
trois églises à demi cachées dans les verdures, le Cœlius
plus reculé, désert encore, parfumé par les oranges
mûres de la villa Mattei, le Palatin que bordait une
maigre rangée de cyprès, poussés là comme sur la tombe
des Césars, l'Esquilin d'où se dressait le clocher mince
de Sainte-Marie-Majeure, le Viminal qui ressemblait à
une carrière éventrée, avec son amas confus et blanchâtre
de constructions neuves, le Capitole qu'indiquait à peine
le campanile carré du palais des Sénateurs, le Quirinal
où s'allongeait le palais du roi, d'un jaune éclatant parmi
les ombrages noirs des jardins. Il voyait, outre Sainte-
Marie-Majeure, toutes les basiliques, Saint-Jean de
Latran, le berceau de la papauté, Saint-Paul hors les
Murs, Sainte-Croix de Jérusalem, Sainte-Agnès, et les
dômes du Gesù, de Saint-André de la Vallée, de Saint-
Charles, de Saint-Jean des Florentins, et les quatre cents
églises de Rome, qui font de la ville un champ sacré
planté de croix. Il voyait les monuments fameux, témoignages de l'orgueil de tous les siècles, le fort Saint-Ange,
un tombeau d'empereur transformé en une forteresse
papale, la ligne blanche des autres tombeaux de la voie
Appienne, là-bas, puis les ruines éparses des Thermes
de Caracalla, de la maison de Septime-Sévère, des colonnes, des portiques, des arcs de triomphe, puis les
palais et les villas des somptueux cardinaux de la Renaissance, le palais Farnèse, le palais Borghèse, la villa
Médicis, et d'autres, et d'autres, dans un pullulement
de toitures et de façades. Mais il voyait surtout, sous sa

fenêtre même, à gauche, l'abomination du nouveau quartier inachevé des Prés du Château. L'après-midi, lorsqu'il se promenait dans ses jardins, que le mur de Léon IV bastionne comme un plateau de citadelle, il avait la vue affreuse du vallon qu'on a ravagé au pied du mont Mario, pour y établir des briqueteries, à l'heure fiévreuse de la folie des constructions. Les pentes vertes sont éventrées, des tranchées jaunâtres les coupent de toutes parts ; tandis que les usines, fermées aujourd'hui, ne sont plus que des ruines lamentables, avec leurs hautes cheminées mortes, d'où la fumée ne monte plus. Et, à toutes les autres heures du jour, il ne pouvait s'approcher de sa fenêtre, sans avoir sous les yeux le spectacle des bâtisses abandonnées, pour lesquelles avaient travaillé tant de briqueteries, ces bâtisses mortes également avant d'avoir vécu, où il n'y avait à cette heure que la misère grouillante de Rome, qui pourrissait là comme la décomposition même des vieilles sociétés.

Mais Pierre surtout s'imaginait que Léon XIII, l'ombre toute blanche là-haut, finissait par oublier le reste de la ville, pour laisser sa rêverie se fixer sur le Palatin, aujourd'hui découronné, ne dressant dans le ciel bleu que ses cyprès noirs. Sans doute il rebâtissait en pensée les palais des Césars, il aimait à y évoquer de grandes ombres glorieuses, vêtues de pourpre, ses ancêtres véritables, empereurs et grands pontifes, qui seuls pouvaient lui dire comment on régnait sur tous les peuples, en maître absolu du monde. Puis, ses regards allaient au Quirinal, et là il s'absorbait durant des heures, dans ce spectacle de la royauté d'en face. Quelle étrange rencontre, ces deux palais qui se regardent, le Quirinal et le Vatican, qui dominent, qui sont dressés l'un devant l'autre, par-dessus la Rome du moyen âge et de la Renaissance, dont les toitures, cuites et dorées sous les brûlants soleils, s'entassent et se confondent au bord du Tibre. Avec une simple jumelle de théâtre, le pape et le roi, quand ils se

mettent à leur fenêtre, peuvent se voir très nettement.
Ils ne sont que des points négligeables, perdus dans
l'étendue sans bornes; et quel abîme entre eux, que de
siècles d'histoire, que de générations qui ont lutté et
souffert, que de grandeur morte et que de semence pour
le mystérieux avenir! Ils se voient, ils en sont encore à
l'éternelle lutte, à qui aura le peuple dont le flot s'agite
là sous leurs yeux, à qui restera le souverain absolu, du
pontife, pasteur des âmes, ou du monarque, maître des
corps. Et Pierre, alors, se demanda quelles étaient les
réflexions, les rêveries de Léon XIII, derrière ces vitres,
où il croyait toujours distinguer sa pâle figure d'apparition. Devant la nouvelle Rome, aux vieux quartiers ravagés, aux nouveaux quartiers battus par un vent de désastre,
il devait certainement se réjouir de l'avortement colossal
du gouvernement italien. On lui avait volé sa ville, on
avait eu l'air de dire qu'on voulait lui montrer comment
on créait une grande capitale, et on aboutissait à cette
catastrophe, à tant de laides bâtisses inutiles, qu'on ne
savait même comment finir. Il ne pouvait qu'être ravi
des embarras terribles, dans lesquels le régime usurpateur était tombé, la crise politique, la crise financière,
tout un malaise national grandissant, où ce régime semblait menacé de sombrer un jour; et, pourtant, n'avait-il
pas lui-même l'âme d'un patriote, n'était-il pas un fils
aimant de cette Italie, dont le génie et la séculaire ambition circulaient dans le sang de ses veines? Ah! non, rien
contre l'Italie, tout au contraire pour qu'elle redevînt la
maîtresse de la terre! Une douleur montait sûrement, au
milieu de la joie de son espérance, quand il la voyait
ainsi ruinée, menacée de la faillite, étalant cette Rome
bouleversée et inachevée, qui était l'aveu public de son
impuissance. Mais, si la dynastie de Savoie devait être
emportée un jour, n'était-il pas là, lui, pour la remplacer
et rentrer enfin en possession de sa ville, que, depuis
quinze ans, il n'apercevait plus que de sa fenêtre, en proie

aux démolisseurs et aux maçons ? Il redevenait le maître, il régnait sur le monde, trônait dans la Cité prédestinée, à laquelle les prophéties avaient assuré l'éternité et l'universelle domination.

Et l'horizon s'élargissait, et Pierre se demanda ce que Léon XIII voyait par delà Rome, par delà la Campagne romaine, par delà les monts de la Sabine et les monts Albains, dans la chrétienté entière. Puisqu'il s'était enfermé dans son Vatican depuis dix-huit années, puisqu'il n'avait sur le monde d'autre ouverture que la fenêtre de sa chambre, que voyait-il de là-haut, quels échos, quelles vérités et quelles certitudes lui arrivaient de nos sociétés modernes ? Parfois, des hauteurs du Viminal où la gare se trouve, les longs sifflements des locomotives devaient lui parvenir ; et c'était notre civilisation scientifique, les peuples rapprochés, l'humanité libre allant à l'avenir. Rêvait-il lui-même de liberté, lorsque, tournant les regards vers la droite, il devinait la mer, là-bas, au delà des tombeaux de la voie Appienne ? Avait-il jamais voulu partir, quitter Rome et son passé, pour fonder ailleurs la papauté des nouvelles démocraties ? Puisqu'on le disait d'un esprit si net, si pénétrant, il aurait dû comprendre, il aurait dû trembler, aux bruits lointains qui lui venaient de certains pays de lutte, de cette Amérique par exemple, où des évêques révolutionnaires étaient en train de conquérir le peuple. Était-ce pour lui ou pour eux qu'ils travaillaient ? S'il ne pouvait les suivre, s'il s'entêtait dans son Vatican, lié de tous côtés par le dogme et la tradition, n'était-il pas à craindre qu'une rupture un jour ne s'imposât ? Et la menace d'un vent de schisme, soufflant de loin, lui passait sur la face, l'emplissait d'une angoisse croissante. C'était bien pour cela qu'il s'était fait le diplomate de la conciliation, voulant rassembler dans sa main toutes les forces éparses de l'Église, fermant les yeux sur les audaces de certains évêques autant que la tolérance le permettait, s'efforçant lui-même de conquérir le peuple, en se mettant avec lui contre les monarchies tombées. Mais irait-il jamais plus loin ? Ne se trouvait-il pas muré derrière la porte de bronze, dans la stricte formule catholique, où les siècles l'enchaînaient ? L'obstination y était fatale, il lui serait impossible de ne régner que sur les âmes, par sa force réelle et toute-puissante, ce pouvoir purement spirituel, cette autorité morale de l'au-delà, qui amenait l'humanité à ses pieds, qui faisait s'agenouiller les pèlerinages et s'évanouir les femmes. Abandonner Rome, renoncer au pouvoir temporel, ce serait changer le centre du monde catholique, ce serait n'être plus lui, chef du catholicisme, mais un autre, chef d'une autre chose. Et quelles pensées inquiètes, à cette fenêtre, si le vent du soir, parfois, lui apportait la vague image de cet autre, la crainte de la religion nouvelle, confuse encore, qui s'élaborait, dans le sourd piétinement des nations en marche, dont les bruits lui arrivaient à la fois de tous les points de l'horizon !

Mais, à ce moment, Pierre sentit que, derrière les vitres closes, l'ombre blanche, l'ombre immobile était tenue debout par l'orgueil, dans la continuelle certitude de vaincre. Si les hommes n'y suffisaient pas, le miracle interviendrait. Il avait l'absolue conviction qu'il rentrerait en possession de Rome ; et, si ce n'était pas lui, ce serait son successeur. L'Église, dans son indomptable énergie de vivre, n'avait-elle pas l'éternité devant elle ? D'ailleurs, pourquoi pas lui ? Est-ce que Dieu ne pouvait pas l'impossible ? Demain, si Dieu le voulait, malgré tous les raisonnements humains, malgré l'apparence de la logique des faits, sa ville lui serait rendue, à quelque brusque tournant de l'Histoire. Ah ! quelle fête à cette fille prodigue, dont il n'avait cessé de suivre les aventures équivoques, de ses yeux paternels mouillés de larmes ! Il oublierait vite les débordements auxquels il venait d'assister pendant dix-huit années, à toutes les heures et par toutes les saisons. Peut-être rêvait-il à ce qu'il ferait de ces quartiers nouveaux, dont on l'avait souillée : les abattrait-il, les laisserait-il là comme un témoignage de la démence des usurpateurs ? Elle redeviendrait la ville auguste et morte, dédaigneuse des vains soucis de propreté et d'aisance matérielles, rayonnant sur le monde telle qu'une âme pure, dans la gloire traditionnelle des siècles passés. Et son rêve continuait, imaginait la façon dont les choses allaient se passer, demain sans doute. Tout valait mieux que la maison de Savoie, même une république. Pourquoi pas une république fédérative, qui morcellerait l'Italie selon les anciennes divisions politiques abolies, et qui lui restituerait Rome, et qui le choisirait comme le protecteur naturel de l'État, ainsi reconstitué? Puis, ses regards s'étendaient au delà de Rome, au delà de l'Italie, son rêve s'élargissait, s'élargissait toujours, englobait la France républicaine, l'Espagne qui pouvait l'être de nouveau, l'Autriche elle-même qui un jour serait gagnée, toutes les nations catholiques devenues les États-Unis d'Europe, pacifiées et fraternisant sous sa haute présidence de Souverain Pontife. Puis, dans le triomphe suprême, c'étaient enfin toutes les autres Églises qui disparaissaient, tous les peuples dissidents qui venaient à lui comme au pasteur unique, Jésus qui régnait en sa personne sur la démocratie universelle.

Pierre, brusquement, fut interrompu dans ce rêve qu'il prêtait à Léon XIII.

— Oh ! mon cher, dit Narcisse, voyez donc le ton des statues, là, sur la colonnade !

Il s'était fait servir une tasse de café, il fumait languissamment un cigare, retombé à ses seules préoccupations d'esthétique raffinée.

— N'est-ce pas ? elles sont roses, et d'un rose qui tire sur le mauve, comme si le sang bleu des anges coulait dans leurs veines de pierre... C'est le soleil de Rome, mon ami, qui leur donne cette vie supra-terrestre, car elles vivent, je les ai vues me sourire et me tendre les bras, par certains beaux crépuscules... Ah! Rome, Rome merveilleuse et délicieuse! on y vivrait de l'air du temps, aussi pauvre que Job, dans la continuelle joie d'en respirer l'enchantement!

Cette fois, Pierre ne put s'empêcher d'être surpris, en se rappelant sa voix si nette, son esprit de financier si clair et si sec. Et sa pensée retourna aux Prés du Château, une affreuse tristesse lui noya le cœur, devant cette évocation dernière de tant de misère et de tant de souffrance. Il revoyait de nouveau la saleté immonde où tant de créatures se gâtaient, cette abominable injustice sociale qui condamne le plus grand nombre à une existence de bêtes maudites, sans joie, sans pain. Et, comme ses regards remontaient encore vers les fenêtres du Vatican, il songea, en croyant voir se lever une main pâle, derrière les vitres, à cette bénédiction papale que Léon XIII donnait de si haut, par-dessus Rome, par-dessus la Campagne et les monts, aux fidèles de la chrétienté entière. Et cette bénédiction lui apparut tout d'un coup dérisoire et impuissante, puisque depuis tant de siècles elle n'avait pu supprimer une seule des douleurs de l'humanité, puisqu'elle n'arrivait même pas à faire un peu de justice pour les misérables qui agonisaient là, en bas, sous la fenêtre.

IX

Ce soir-là, au crépuscule, comme Benedetta avait fait dire à Pierre qu'elle désirait lui parler, il descendit et la trouva dans le salon, en compagnie de Celia, causant toutes deux sous le jour finissant.

— Tu sais que je l'ai vue, votre Pierina, s'écriait la jeune fille, justement comme il entrait. Oui, oui, et avec Dario encore ; ou plutôt elle devait le guetter, il l'a aperçue qui l'attendait, dans une allée du Pincio, et il lui a souri. J'ai compris tout de suite... Oh ! quelle beauté !

Benedetta s'égaya doucement de son enthousiasme. Mais un pli un peu douloureux attristait sa bouche ; car, bien que très raisonnable, elle finissait par souffrir de cette passion, qu'elle sentait si naïve et si forte. Que Dario s'amusât, elle le comprenait, puisqu'elle se refusait à lui, qu'il était jeune et qu'il n'était pas dans les ordres. Seulement, cette misérable fille l'aimait trop, et elle craignait qu'il ne s'oubliât, la fleur de beauté excusant tout. Aussi avoua-t-elle le secret de son cœur, en détournant la conversation.

— Asseyez-vous, monsieur l'abbé... Vous voyez, nous sommes en train de médire. Mon pauvre Dario est accusé de mettre à mal toutes les beautés de Rome... Ainsi, on raconte qu'il faut voir en lui l'heureux homme qui offre les bouquets de roses dont la Tonietta promène la blancheur au Corso, depuis quinze jours.

Celia aussitôt se passionna.

— Mais c'est certain, ma chère! D'abord, on a douté, on a nommé le petit Pontecorvo et Moretti, le lieutenant. Et les histoires marchaient, tu penses... Aujourd'hui, tout le monde sait que le coup de cœur de la Tonietta est Dario en personne. D'ailleurs, il est allé la voir dans sa loge, au Costanzi.

Et Pierre, en les entendant causer, se souvint de cette Tonietta, que le jeune prince lui avait montrée, au Pincio, une des rares demi-mondaines dont la belle société de Rome se préoccupait. Et il se rappela aussi la galante particularité qui rendait celle-ci célèbre, le caprice désintéressé qui la prenait parfois pour un amant de passage, dont elle s'obstinait dès lors à n'accepter chaque matin qu'un bouquet de roses blanches; de sorte que, lorsqu'elle apparaissait, au Corso, pendant des semaines souvent, avec ces roses pures, c'était parmi les dames de la bonne compagnie tout un émoi, toute une ardente curiosité, en quête du nom de l'homme élu et adoré. Depuis la mort du vieux marquis Manfredi, qui lui avait laissé son petit palais de la rue des Mille, la Tonietta était réputée pour la correction de sa voiture, l'élégante simplicité de sa toilette, que déparaient seuls ses chapeaux un peu extravagants. Il y avait près d'un mois que le riche Anglais qui l'entretenait, était en voyage.

— Elle est très bien, elle est très bien, répéta Celia avec conviction, de son air candide de vierge qui ne s'intéressait qu'aux choses de l'amour. Et jolie, avec ses grands yeux doux, oh! pas belle comme la Pierina, non! cela est impossible; mais jolie à voir, une vraie caresse pour le regard!

D'un geste involontaire, Benedetta sembla écarter la Pierina de nouveau; et, quant à la Tonietta, elle l'acceptait, elle savait bien qu'elle était une simple distraction, la caresse d'un moment, ainsi que le disait son amie.

— Ah! reprit-elle en souriant, mon pauvre Dario qui

se ruine en roses blanches! Il faudra que je le plaisante un peu... Elles finiront par me le voler, elles ne me le laisseront pas, pour peu que notre affaire tarde à s'arranger... Heureusement, j'ai de meilleures nouvelles. Oui, l'affaire va être reprise, et ma tante est sortie justement pour ça.

Et, comme Celia se levait, au moment où Victorine apportait une lampe, Benedetta se tourna vers Pierre, qui se mettait également debout.

— Restez, il faut que je vous parle.

Mais Celia s'attarda encore, se passionnant maintenant pour le divorce de son amie, voulant savoir où en étaient les choses et si le mariage des deux amants aurait bientôt lieu. Et elle l'embrassa éperdument.

— Alors, tu as de l'espoir désormais, tu crois que le Saint-Père te rendra ta liberté? Oh! ma chérie, que je suis heureuse pour toi, comme ce sera gentil quand tu seras avec Dario!... Moi, ma chérie, je suis de mon côté très contente, parce que je vois bien que mon père et ma mère se lassent de mon entêtement. Hier encore, je leur ai dit, tu sais, de mon petit air tranquille : « Je veux Attilio, et vous me le donnerez. » Alors, mon père a eu une colère épouvantable, m'accablant d'injures, me menaçant du poing, criant que, s'il m'avait fait la tête aussi dure que la sienne, il la briserait. Et, tout d'un coup, il s'est tourné furieusement vers ma mère, silencieuse et ennuyée, en disant : « Eh! donnez-le-lui donc, son Attilio, pour qu'elle nous fiche la paix... » Oh! ce que je suis contente, ce que je suis contente!

Pierre et Benedetta ne purent s'empêcher de rire, tellement son visage de vierge, d'une pureté de lis, exprimait une joie innocente et céleste. Et elle partit enfin, en compagnie de la femme de chambre, qui l'attendait dans le premier salon.

Dès qu'ils furent seuls, Benedetta fit rasseoir le prêtre.

— Mon ami, c'est un conseil pressant qu'on m'a chargée

de vous donner... Il paraît que le bruit de votre présence à Rome se répand et qu'on fait circuler sur vous les histoires les plus inquiétantes. Votre livre serait un appel ardent au schisme, vous-même ne seriez qu'un schismatique ambitieux et turbulent, qui, après avoir publié son œuvre à Paris, se serait empressé d'accourir à Rome pour la lancer, en déchaînant tout un affreux scandale autour d'elle... Si vous tenez toujours à voir Sa Sainteté pour plaider votre cause, on vous conseille donc de vous faire oublier, de disparaître complètement pendant deux à trois semaines.

Pierre écoutait dans la stupeur. Mais on finirait par le rendre enragé! mais on la lui donnerait, l'idée du schisme, d'un scandale justicier et libérateur, en le promenant ainsi d'échec en échec, comme pour user sa patience! Il voulut se récrier, protester. Puis, il eut un geste de lassitude. A quoi bon, devant cette jeune femme, qui, certainement, était sincère et affectueuse?

— Qui vous a priée de me donner ce conseil?

Elle ne répondit pas, se contenta de sourire. Et il eut une brusque intuition.

— C'est monsignor Nani, n'est-ce pas?

Alors, sans vouloir répondre directement, elle se mit à faire un éloge ému du prélat. Cette fois, il consentait à la diriger dans l'interminable affaire de l'annulation de son mariage. Il en avait conféré longuement avec sa tante, donna Serafina, qui venait justement de se rendre au palais du Saint-Office, pour lui rendre compte de certaines premières démarches. Le père Lorenza, le confesseur de la tante et de la nièce, devait aussi se trouver à l'entrevue, car cette affaire du divorce était au fond son œuvre, il y avait toujours poussé les deux femmes, comme pour trancher le lien qu'avait noué, au milieu de si belles illusions, le curé patriote Pisoni. Et elle s'animait, disait les raisons de son espérance.

— Monsignor Nani peut tout, c'est ce qui me rend si

heureuse, maintenant que mon affaire est entre ses mains... Mon ami, soyez raisonnable vous aussi, ne vous révoltez pas, abandonnez-vous. Je vous assure que vous vous en trouverez bien un jour.

La tête basse, Pierre réfléchissait. Rome l'avait enveloppé, il y satisfaisait à chaque heure des curiosités plus vives, et la pensée d'y rester deux à trois semaines encore n'avait rien pour lui déplaire. Sans doute il sentait, dans ces continuels retards, un émiettement possible de sa volonté, une usure d'où il sortirait diminué, découragé, inutile. Mais que craignait-il, puisqu'il se jurait toujours de ne rien abandonner de son livre, de ne voir le Saint-Père que pour affirmer plus hautement sa foi nouvelle? Il refit tout bas ce serment, puis il céda. Et, comme il s'excusait d'être un embarras au palais :

— Non, s'écria Benedetta, je suis si ravie de vous avoir! Je vous garde, je m'imagine que votre présence ici va nous porter bonheur à tous, maintenant que la chance semble tourner.

Ensuite, il fut convenu qu'il n'irait plus rôder autour de Saint-Pierre ni du Vatican, où la vue continuelle de sa soutane devait avoir éveillé l'attention. Il promit même de rester huit jours sans presque sortir du palais, désireux de relire certains livres, certaines pages d'histoire, à Rome même. Et il causa encore un instant, heureux du grand calme qui régnait dans le salon, depuis que la lampe l'éclairait d'une clarté dormante. Six heures venaient de sonner, la nuit était noire dans la rue.

— Son Éminence n'a-t-elle pas été souffrante aujourd'hui? demanda-t-il.

— Mais oui, répondit la contessina. Oh! un peu de fatigue seulement, nous ne sommes pas inquiets... Mon oncle m'a fait prévenir par don Vigilio qu'il s'enfermait dans sa chambre et qu'il le gardait, pour lui dicter des lettres... Vous voyez que ce ne sera rien.

Le silence retomba, aucun bruit ne montait de la rue

déserte ni du vieux palais vide, muet et songeur comme une tombe. Et, à ce moment, dans ce salon si mollement endormi, plein désormais de la douceur d'un rêve d'espoir, il y eut une entrée en tempête, un tourbillon de jupes, une haleine entrecoupée d'épouvante. C'était Victorine, qui, disparue depuis qu'elle avait apporté la lampe, revenait essoufflée, effarée.

— Contessina, contessina...

Benedetta s'était levée, toute blanche, toute froide soudainement, comme à l'entrée d'un vent de malheur.

— Quoi? quoi?... Qu'as-tu à courir et à trembler?

— Dario, monsieur Dario, en bas... J'étais descendue pour voir si l'on avait allumé la lanterne du porche, parce qu'on l'oublie souvent... Et là, sous le porche, dans l'ombre, j'ai buté contre monsieur Dario... Il est par terre, il a un coup de couteau quelque part.

Un cri jaillit du cœur de l'amoureuse :

— Mort!

— Non, non, blessé.

Mais elle n'entendait pas, elle continuait à crier d'une voix qui montait :

— Mort! mort!

— Non, non, il m'a parlé... Et, de grâce, taisez-vous! Il m'a fait taire, moi, parce qu'il ne veut pas qu'on sache; il m'a dit de venir vous chercher, vous, vous seule; et, tant pis! puisque monsieur l'abbé est là, il va descendre nous aider. Ce ne sera pas de trop.

Pierre l'écoutait, éperdu lui aussi. Et, lorsqu'elle voulut prendre la lampe, sa main droite qui tremblait apparut tachée de sang, ayant sans doute tâté le corps, par terre. Cette vue fut si horrible pour Benedetta, qu'elle se remit à gémir follement.

— Taisez-vous donc! taisez-vous donc!... Descendons sans faire de bruit. Je prends la lampe, parce que tout de même il faut voir clair... Vite, vite!

En bas, en travers du porche, devant l'entrée du vestibule, Dario gisait sur le dallage, comme si, frappé dans la rue, il n'avait eu que la force de faire quelques pas pour tomber là. Et il venait de s'évanouir, très pâle, les lèvres pincées, les yeux clos. Benedetta, qui retrouvait l'énergie de sa race, dans l'excès de sa douleur, ne se lamentait plus, ne criait plus, le regardait de ses grands yeux secs, élargis et fous, sans comprendre. L'horrible, c'était le coup de foudre de la catastrophe, l'imprévu, l'inexpliqué, le pourquoi et le comment de ce meurtre, au milieu du silence noir du vieux palais désert, envahi par la nuit. La blessure devait saigner très peu, les vêtements seuls étaient souillés.

— Vite, vite! répéta Victorine à demi-voix, après avoir baissé et promené la lampe pour se rendre compte. Le portier n'est pas là, il est toujours chez le menuisier d'à côté, à rire avec la femme, et vous voyez qu'il n'a pas encore allumé la lanterne; mais il peut rentrer... Monsieur l'abbé et moi, nous allons vite monter le prince dans sa chambre.

Elle seule avait maintenant toute sa tête, en femme de bel équilibre et de tranquille activité. Les deux autres, dans leur stupeur persistante, l'écoutaient sans trouver un mot, lui obéissaient avec une docilité d'enfant.

— Contessina, il va falloir que vous nous éclairiez. Tenez, prenez la lampe et baissez-la un peu, pour qu'on voie les marches... Vous, monsieur l'abbé, chargez-vous des pieds. Moi, je vais le prendre sous les bras. Et n'ayez pas peur, le pauvre cher mignon n'est pas si lourd!

Ah! cette montée, par l'escalier monumental, aux marches basses, aux paliers larges comme des salles d'armes! Cela facilitait le cruel transport, mais quel lugubre cortège, sous la faible clarté vacillante de la lampe, que Benedetta tenait d'un bras tendu et raidi par la volonté! Et pas un bruit, pas un souffle, dans la vieille demeure morte, où l'on n'entendait que l'émiettement des murs, le petit travail de ruine qui achevait de faire craquer les plafonds. Victorine continuait à chuchoter des recommandations, tandis que Pierre, de peur de glisser au bord des pierres luisantes, déployait une force exagérée, qui l'essoufflait. De grandes ombres folles dansaient le long des piliers, des vastes murailles nues, jusqu'à la haute voûte, décorée de caissons. Il fallut faire une halte, tant l'étage paraissait interminable. Puis, la lente marche fut reprise.

Heureusement, l'appartement de Dario, composé de trois pièces, une chambre, un cabinet de toilette et un salon, se trouvait au premier, à la suite de celui du cardinal, dans l'aile qui donnait sur le Tibre. Ils n'avaient plus qu'à suivre la galerie en étouffant le bruit de leurs pas; et, enfin, ils eurent le soulagement de coucher le blessé sur son lit.

Victorine en eut un léger rire de satisfaction.

— C'est fait!... Débarrassez-vous donc de la lampe, contessina. Tenez! ici, sur cette table... Et je vous réponds bien que personne ne nous a entendus; d'autant plus que c'est une vraie chance que donna Serafina soit sortie et que Son Éminence ait gardé don Vigilio avec elle, les portes closes... J'avais enveloppé les épaules dans ma jupe, pas une goutte de sang n'a dû tomber; et, tout à l'heure, je donnerai moi-même un coup d'éponge, en bas.

Elle s'interrompit, alla regarder Dario, puis vivement :

— Il respire... Alors, je vous laisse là tous les deux pour le garder, et moi je cours chercher le bon docteur Giordano, qui vous a vue naître, contessina, et qui est un homme sûr.

Quand ils furent seuls, en face du blessé évanoui, dans cette chambre à demi obscure, où semblait frissonner maintenant tout l'affreux cauchemar qui était en eux, Benedetta et Pierre restèrent aux deux côtés du lit, sans trouver encore un mot à se dire. Elle avait ouvert les bras, s'était tordu les mains, avec un gémissement sourd, dans un besoin de détendre et d'exhaler sa douleur. Puis, se penchant, elle guetta la vie sur ce visage pâle, aux yeux fermés. Il respirait en effet, mais d'une respiration très lente, à peine sensible. Une faible rougeur pourtant montait à ses joues, et il finit par ouvrir les yeux.

Tout de suite, elle lui avait pris la main, la lui avait serrée, comme pour y mettre l'angoisse de son cœur; et elle fut si heureuse de sentir qu'il lui rendait faiblement son étreinte.

— Dis? tu me vois, tu m'entends... Qu'est-il arrivé, mon Dieu?

Mais lui, sans répondre, s'inquiétait de la présence de Pierre. Quand il l'eut reconnu, il parut l'accepter, cherchant du regard, avec crainte, si personne autre n'était dans la chambre. Et il finit par murmurer :

— Personne n'a vu, personne ne sait?...

— Non, non, tranquillise-toi. Nous avons pu te monter avec Victorine, sans rencontrer âme qui vive. Ma tante est sortie, mon oncle est enfermé chez lui.

Alors, il sembla soulagé, il eut un sourire.

— Je veux que personne ne sache, c'est si bête!

— Qu'est-il donc arrivé, mon Dieu? demanda-t-elle de nouveau.

— Ah! je ne sais pas, je ne sais pas...

Il abaissait les paupières, d'un air de fatigue, tâchant d'échapper à la question. Puis, il dut comprendre qu'il ferait mieux de dire tout de suite une partie de la vérité.

— Un homme qui s'était caché dans l'ombre du porche, au crépuscule, et qui devait m'attendre... Sans doute, alors, quand je suis rentré, il m'a planté son couteau, là, dans l'épaule.

Frémissante, elle se pencha encore, le regarda au fond des yeux, en demandant :

— Mais qui donc, qui donc, cet homme?

Et, comme il bégayait, d'une voix de plus en plus lasse, qu'il ne savait pas, que l'homme avait fui dans les ténèbres, sans qu'il pût le reconnaître, elle eut un cri terrible.

— C'est Prada, c'est Prada, dis-le, puisque je le sais! Elle délirait.

— Je le sais, entends-tu! Je n'ai pas été à lui, il ne veut pas que nous soyons l'un à l'autre, et il te tuera plutôt, le jour où je serai libre de me donner à toi. Je le connais bien, jamais je ne serai heureuse... C'est Prada, c'est Prada!

Mais une brusque énergie avait soulevé le blessé, et il protestait loyalement.

— Non, non! ce n'est pas Prada, et ce n'est pas un homme travaillant pour lui... Ça, je te le jure. Je n'ai pas reconnu l'homme, mais ce n'est pas Prada, non, non!

Dario avait un tel accent de vérité, que Benedetta dut être convaincue. D'ailleurs, elle fut reprise d'épouvante, elle sentit la main qu'elle tenait mollir dans la sienne, redevenir moite et inerte, comme si elle se glaçait. Épuisé par l'effort qu'il venait de faire, il était retombé, la face de nouveau toute blanche, les yeux clos, évanoui. Et il semblait mourir.

Éperdue, elle le toucha de ses mains tâtonnantes.

— Monsieur l'abbé, voyez donc, voyez donc... Mais il se meurt! mais il se meurt! le voici déjà tout froid... Ah! grand Dieu, il se meurt!

Pierre, qu'elle bouleversait avec ses cris, s'efforça de la rassurer.

— Il a trop parlé, il a perdu connaissance, comme tout à l'heure... Je vous assure que je sens son cœur battre. Tenez! mettez votre main... De grâce, ne vous affolez pas, le médecin va venir, tout ira très bien.

Et elle ne l'écoutait pas, et il assista alors à une scène extraordinaire qui l'emplit de surprise. Brusquement, elle s'était jetée sur le corps de l'homme adoré, elle le serrait d'une étreinte frénétique, elle le baignait de larmes, elle le couvrait de baisers, en balbutiant des paroles de flamme.

— Ah ! si je te perdais, si je te perdais... Et je ne me suis pas donnée à toi, j'ai eu cette bêtise de me refuser, lorsqu'il était temps encore de connaître le bonheur... Oui, une idée pour la Madone, une idée que la virginité lui plaît et qu'on doit se garder vierge à son mari, si l'on veut qu'elle bénisse le mariage... Qu'est-ce que ça pouvait lui faire que nous fussions heureux tout de suite? Et puis, et puis, vois-tu, si elle m'avait trompé, si elle te prenait avant que nous eussions dormi aux bras l'un de l'autre, eh bien ! je n'aurais plus qu'un regret, celui de ne m'être pas damnée avec toi, oui, oui ! la damnation plutôt que de ne pas nous être possédés de tout notre sang, de toutes nos lèvres !

Était-ce donc la femme si calme, si raisonnable, qui patientait, pour mieux organiser son existence ? Pierre, terrifié, ne la reconnaissait plus. Jusque-là, il l'avait vue d'une telle réserve, d'une pudeur si naturelle, dont le charme presque enfantin semblait venir de sa nature elle-même ! Sans doute, sous le coup de la menace et de la peur, le terrible sang des Boccanera venait de se réveiller en elle, tout un atavisme de violence, d'orgueil, de furieux appétits, exaspérés et déchaînés. Elle voulait sa part de vie, sa part d'amour. Et elle grondait, elle clamait, comme si la mort, en lui prenant son amant, lui arrachait de sa propre chair.

— Je vous en supplie, madame, répétait le prêtre, calmez-vous... Il vit, son cœur bat... Vous vous faites un mal affreux.

Mais elle voulait mourir avec lui.

— Oh ! mon chéri, si tu t'en vas, emporte-moi, emporte-moi... Je me coucherai sur ton cœur, je te serrerai si fort entre mes deux bras, qu'ils entreront dans les tiens, et qu'il faudra bien qu'on nous enterre ensemble... Oui, oui, nous serons morts et nous serons mariés tout de même. Je t'ai promis de n'être qu'à toi, je serai à toi malgré tout, dans la terre s'il le faut... Oh! mon chéri, ouvre les yeux, ouvre la bouche, baise-moi, si tu ne veux que je meure à mon tour, quand tu seras mort!

Dans la chambre morne, aux vieux murs assoupis, toute une flambée de passion sauvage, de feu et de sang, avait passé. Mais les larmes gagnèrent Benedetta, de gros sanglots la brisèrent, la jetèrent au bord du lit, aveuglée, sans force. Et, heureusement, mettant fin à la farouche scène, le médecin parut, amené par Victorine.

Le docteur Giordano, qui avait dépassé la soixantaine, était un petit vieillard à boucles blanches, rasé et frais de teint, dont toute la personne paterne avait pris une allure d'aimable prélat, au milieu de sa clientèle d'Église. Et il était excellent homme, disait-on, soignait les pauvres pour rien, se montrait surtout d'une réserve et d'une discrétion ecclésiastiques, dans les cas délicats. Depuis trente ans, tous les Boccanera, les enfants, les femmes, et jusqu'à l'éminentissime cardinal lui-même, ne passaient que par ses mains prudentes.

Doucement, éclairé par Victorine, aidé par Pierre, il déshabilla Dario que la douleur tira de son évanouissement, examina la blessure, la déclara tout de suite sans danger, de son air souriant. Ce ne serait rien, trois semaines de lit au plus, et aucune complication à craindre. Et, comme tous les médecins de Rome, en amoureux des beaux coups de couteau qu'il avait journellement à soigner, parmi ses clients de hasard du bas peuple, il s'attardait avec complaisance à la plaie, l'admirait en connaisseur, trouvait sans doute que c'était là de la besogne bien faite. Il finit par dire au prince, à demi-voix :

— Nous appelons ça un avertissement... L'homme n'a pas voulu tuer, le coup a été porté de haut en bas, de façon à glisser dans les chairs, sans même intéresser l'os... Ah! il faut être adroit, c'est joliment planté.

— Oui, oui, murmura Dario, il m'a épargné, il m'aurait troué de part en part.

Benedetta n'entendait point. Depuis que le médecin avait déclaré le cas sans gravité aucune, en expliquant que la faiblesse et l'évanouissement ne venaient que de la violente secousse nerveuse, elle était tombée sur une chaise, dans un état de prostration absolue. C'était la détente de la femme, après l'affreuse crise de désespoir. Des larmes douces, lentes, se mirent à couler de ses yeux, et elle se releva, elle vint embrasser Dario avec une effusion de joie passionnée et muette.

— Dites donc, mon bon docteur, reprit celui-ci, il est inutile qu'on sache. C'est si ridicule, cette histoire... Personne n'a rien vu, paraît-il, excepté monsieur l'abbé, à qui je demande le secret... Et, n'est-ce pas ? qu'on n'aille pas surtout inquiéter le cardinal, ni même ma tante, enfin aucun des amis de la maison.

Le docteur Giordano eut un de ses tranquilles sourires.

— Bien, bien ! c'est naturel, ne vous tourmentez pas... Pour tout le monde, vous êtes tombé dans l'escalier et vous vous êtes démis l'épaule... Et, maintenant que vous voilà pansé, tâchez de dormir sans trop de fièvre. Je reviendrai demain matin.

Alors, des jours de grand calme s'écoulèrent lentement, une vie nouvelle s'organisa pour Pierre. Il resta les premières journées sans même sortir du vieux palais ensommeillé, lisant, écrivant, n'ayant chaque après-midi, jusqu'au crépuscule, que la distraction d'aller s'asseoir dans la chambre de Dario, où il était certain de trouver Benedetta. Après quarante-huit heures d'une fièvre assez intense, la guérison avait pris son train accoutumé; et les choses marchaient pour le mieux, l'histoire de l'épaule démise était acceptée par tout le monde, à ce point que le cardinal exigea de la stricte économie de donna Serafina qu'une seconde lanterne fût allumée sur le palier, pour qu'un tel accident ne se renouvelât plus.

Dans cette paix monotone qui se refaisait, il n'y eut qu'une secousse dernière, une menace de trouble plutôt, à laquelle Pierre fut mêlé, un soir qu'il s'attardait près du convalescent.

Comme Benedetta s'était absentée quelques minutes, Victorine, qui avait monté un bouillon, se pencha en reprenant la tasse, pour dire très bas au prince :

— Monsieur, c'est une jeune fille, vous savez, la Pierina, qui vient tous les jours en pleurant demander de vos nouvelles... Je ne puis la renvoyer, elle rôde, et j'aime mieux vous prévenir.

Malgré lui, Pierre avait entendu ; et il eut une brusque certitude, il comprit tout d'un coup. Dario, qui le regardait, vit bien ce qu'il pensait. Aussi, sans répondre à Victorine :

— Eh ! oui, l'abbé, c'est cette brute de Tito... Je vous demande un peu ! est-ce assez bête ?

Mais, bien qu'il se défendît d'avoir rien fait, pour que le frère lui donnât l'avertissement de ne pas toucher à sa sœur, il souriait d'un air d'embarras, très ennuyé, un peu honteux même d'une pareille histoire. Et il fut évidemment soulagé, lorsque le prêtre promit de voir la jeune fille, si elle revenait, et de lui faire comprendre qu'elle devait rester chez elle.

— Une aventure stupide, stupide ! répétait le prince en exagérant sa colère, comme pour se railler lui-même. Vraiment, c'est d'un autre siècle.

Brusquement, il se tut. Benedetta rentrait. Elle revint s'asseoir près de son cher malade. Et la douce veillée continua, dans la vieille chambre assoupie, dans le vieux palais mort, d'où ne montait pas un souffle.

Pierre, quand il sortit de nouveau, ne se hasarda d'abord que dans le quartier, pour prendre l'air un instant. Cette rue Giulia l'intéressait, il savait son ancienne splendeur, au temps de Jules II, qui la rectifia et la rêva bordée de palais splendides. Pendant le carnaval, des courses y avaient lieu : on partait à pied ou à cheval du palais Farnèse, pour aller jusqu'à la place Saint-Pierre. Et il venait de lire que l'ambassadeur du roi de France, d'Estrée, marquis de Couré, qui habitait le palais Saccheti, y avait fêté magnifiquement, en 1630, la naissance du dauphin, en y donnant trois grandes courses, du pont Sisto à Saint-Jean des Florentins, avec un déploiement de luxe extraordinaire, la rue jonchée de fleurs, toutes les fenêtres pavoisées des plus riches tentures. Le second soir, une machine de feux d'artifice fut tirée sur le Tibre, représentant la nef Argo qui emportait Jason à la conquête de la Toison d'or. Une autre fois, la fontaine des Farnèse, le Mascherone, coula du vin. Combien ces temps étaient lointains et changés, et aujourd'hui quelle rue de solitude et de silence, dans la grandeur triste de son abandon, large et toute droite, ensoleillée ou ténébreuse, au milieu du quartier désert ! Dès neuf heures, le plein soleil l'enfilait, blanchissait le petit pavé de la chaussée, plate et sans trottoir ; tandis que, sur les deux côtés qui passaient alternativement de la vive lumière à l'ombre épaisse, les palais anciens, les lourdes et vieilles maisons dormaient, des portes antiques bardées de plaques et de clous, des fenêtres barrées par d'énormes grilles de fer, des étages entiers aux volets clos, comme cloués pour ne plus laisser entrer la clarté du jour. Quand les portes restaient ouvertes, on apercevait des voûtes profondes, des cours intérieures, humides et froides, tachées de verdures sombres, et que, pareils à des cloîtres, des portiques entouraient. Puis, dans les dépendances, dans les constructions basses qui avaient fini par se grouper là, surtout du côté des ruelles dévalant au bord du Tibre, des petites industries silencieuses s'étaient installées, un boulanger, un tailleur, un relieur, des commerces obscurs, des fruiteries avec quatre tomates et quatre salades sur une planche, des débits de vin, qui affichaient les crus de Frascati et de Genzano, et où les buveurs semblaient morts. Vers le milieu de la rue, la prison qui s'y trouve actuellement, avec son abominable mur jaune, n'était point faite pour l'égayer. Toute une volée de fils télégraphiques suivait de bout en bout ce long couloir de tombe, aux rares passants, où s'émiettait la poussière du passé, de l'arcade du palais Farnèse à l'échappée lointaine, au delà du fleuve, sur les arbres de l'Hôpital du Saint-Esprit. Mais surtout, le soir, dès la nuit faite, Pierre était saisi par la désolation, la sorte d'horreur sacrée que la rue prenait. Pas une âme, l'anéantissement absolu. Pas une lumière aux fenêtres, rien que la double file des becs de gaz, très espacés, des lueurs affaiblies de veilleuse, mangées par les ténèbres. Les portes verrouillées, barricadées, d'où pas un bruit, pas un souffle ne sortait. Seulement, de loin en loin, un débit de vin éclairé, des vitres dépolies derrière lesquelles brûlait une lampe dans une immobilité complète, sans un éclat de voix, sans un rire. Et il n'y avait de vivantes que les deux sentinelles de la prison, l'une devant la porte, l'autre au coin de la ruelle de droite, toutes les deux debout et figées, dans la rue morte.

D'ailleurs, le quartier entier le passionnait, cet ancien beau quartier tombé à l'oubli, si écarté de la vie moderne, n'exhalant désormais qu'une odeur de renfermé, la fade et discrète odeur ecclésiastique. Du côté de Saint-Jean des Florentins, à l'endroit où le nouveau cours Victor-Emmanuel est venu tout éventrer, l'opposition était violente, entre les hautes maisons à cinq étages, sculptées, éclatantes, à peine finies, et les noires demeures, affaissées et borgnes, des ruelles voisines. Le soir, des globes électriques étincelaient, d'une blancheur éblouissante; tandis que les quelques becs de gaz de la rue Giulia et des autres rues n'étaient plus que des lampions fumeux. C'étaient d'anciennes voies célèbres, la rue des Banchi Vecchi, la rue du Pellegrino, la rue de Monserrato, puis une infinité de traverses qui les coupaient, qui les reliaient, allant toutes vers le Tibre, si étroites, que les voitures y passaient difficilement. Et chacune avait son église, une multitude d'églises presque semblables, très décorées, très dorées et peintes, ouvertes seulement aux heures des offices, pleines alors de soleil et d'encens. Rue Giulia, outre Saint-Jean des Florentins, outre San Biagio della Pagnotta, outre Sant' Eligio degli Orefici, se trouvait dans le bas, derrière le palais Farnèse, l'église des Morts, où il aimait entrer pour y rêver à cette sauvage Rome, aux pénitents qui desservaient cette église et dont la mission était d'aller ramasser, dans la Campagne, les cadavres abandonnés qu'on leur signalait. Un soir, il y assista au service de deux corps inconnus, depuis quinze jours sans sépulture, qu'on avait découverts dans un champ, à droite de la voie Appienne.

Mais la promenade préférée de Pierre devint bientôt le nouveau quai du Tibre, devant l'autre façade du palais Boccanera. Il n'avait qu'à descendre le vicolo, l'étroite ruelle, et il débouchait dans un lieu de solitude, où les choses l'emplissaient d'infinies pensées. Le quai n'était pas achevé, les travaux semblaient même abandonnés complètement, c'était tout un chantier immense, encombré de gravats, de pierres de taille, coupé de palissades à demi rompues et de baraques à outils dont les toits s'effondraient. Sans cesse le lit du fleuve s'est exhaussé, tandis que les fouilles continuelles ont abaissé le sol de la ville, aux deux bords. Aussi était-ce pour la mettre à l'abri des inondations qu'on venait d'emprisonner les eaux dans ces gigantesques murs de forteresse. Et il avait fallu surélever les anciennes berges à un tel point, que, sous l'abri de son portique, la terrasse du petit jardin des Boccanera, avec son double escalier où l'on amarrait autrefois les bateaux de plaisance, se trouvait en contre-bas, menacée d'être ensevelie et de disparaître, quand on achèverait les travaux de voirie. Rien encore n'était nivelé, les terres rapportées restaient là telles que les tombereaux les déchargeaient, il n'y avait partout que des fondrières, des éboulements, au milieu des matériaux laissés à l'abandon. Seuls, des enfants misérables venaient jouer parmi ces décombres où le palais s'enfonçait, des ouvriers sans travail dormaient lourdement au grand soleil, des femmes étendaient leur pauvre lessive sur les tas de cailloux. Et, cependant, c'était pour Pierre un asile heureux, de paix certaine, inépuisable en songeries, lorsqu'il s'y oubliait pendant des heures, à regarder le fleuve, et les quais, et la ville, en face, aux deux bouts.

Dès huit heures, le soleil dorait la vaste trouée de sa lumière blonde. Quand il regardait là-bas, vers la gauche, il apercevait les toits lointains du Transtévère, qui se découpaient, d'un gris bleu noyé de brume, sur le ciel éclatant. Vers la droite, le fleuve faisait un coude au delà de l'abside ronde de Saint-Jean des Florentins, les peupliers de l'Hôpital du Saint-Esprit drapaient sur l'autre rive leur verdoyant rideau, laissant voir, à l'horizon, le profil clair du Château Saint-Ange. Mais, surtout, il ne pouvait détacher les yeux de la berge d'en face, car un morceau de la très vieille Rome y était demeuré intact. Du pont Sisto au pont Saint-Ange, en effet, se trouvait, sur la rive droite, la partie des quais laissée en suspens, dont la construction devait achever, plus tard, de murer le fleuve entre les deux colossales murailles de forteresse, hautes et blanches. Et c'était en vérité une surprise et un charme que cette extraordinaire évocation des anciens âges, cette berge chargée de tout un lambeau de la vieille ville des papes. Sur la rue de la Lungara, les façades uniformes avaient dû être rebadigeonnées; mais, ici, les derrières des maisons, qui descendaient jusque dans l'eau, restaient lézardés, roussis, éclaboussés de rouille, patinés par les étés brûlants, comme d'antiques bronzes. Et quel amas, quel entassement incroyable! En bas, des voûtes noires où le fleuve entrait, des pilotis soutenant des murs, des pans de construction romaine plongeant à pic; puis, des

escaliers raides, disloqués, verdis, qui montaient de la
grève, des terrasses qui se superposaient, des étages qui
alignaient leurs petites fenêtres irrégulières, percées au
hasard, des maisons qui se dressaient par-dessus d'autres
maisons; et cela pêle-mêle, avec une extravagante fantaisie de balcons, de galeries de bois, de ponts jetés au
travers des cours, de bouquets d'arbres qu'on aurait dits
poussés sur les toits, de mansardes ajoutées, plantées au
milieu des tuiles roses. Un égout, en face, tombait d'une
gorge de pierre, usée et souillée, à gros bruit. Partout où
la berge apparaissait, dans le retrait des maisons, elle
était couverte d'une végétation folle, des herbes, des
arbustes, des manteaux de lierre traînant à plis royaux.
Et la misère, la saleté disparaissaient sous la gloire du
soleil, les vieilles façades tassées, déjetées, devenaient
en or, des lessives entières qui séchaient aux fenêtres les
pavoisaient de la pourpre des jupons rouges et de la neige
aveuglante des linges. Tandis que, plus haut encore, au-dessus du quartier, le Janicule s'élevait dans l'éblouissement de l'astre, avec le fin profil de Saint-Onuphre,
parmi les cyprès et les pins.

Souvent, Pierre venait s'accouder sur le parapet de
l'énorme mur du quai, et il restait là longtemps, le cœur
gonflé, plein de la tristesse des siècles morts, à regarder
couler le Tibre. Rien n'aurait pu dire la grande lassitude
de ces vieilles eaux, leur morne lenteur, au fond de cette
tranchée babylonienne où elles étaient enfermées, des
murailles démesurées de prison, droites, lisses, nues,
toutes blafardes encore, dans leur laideur neuve. Au
soleil, le fleuve jaune se dorait, se moirait de vert et de
bleu, sous le petit frisson de son courant. Mais, dès qu'il
était gagné par l'ombre, il apparaissait opaque, couleur de
boue, d'une vieillesse si épaisse et si lourde, que les
maisons d'en face ne s'y reflétaient même plus. Et quel
abandon désolé, quel fleuve de silence et de solitude! Si,
après les pluies d'hiver, il roulait furieusement parfois

son flot menaçant, il s'engourdissait pendant les longs mois de ciel pur, il traversait Rome sans une voix, d'une coulée sourde, comme désabusée de tout bruit inutile. On pouvait demeurer là, penché, durant la journée entière, sans voir passer une barque, une voile qui l'animât. Les quelques bateaux, les deux ou trois petits vapeurs venus du littoral, les tartanes qui amenaient les vins de Sicile, s'arrêtaient tous au pied de l'Aventin. Au delà, il n'y avait plus que désert, des eaux mortes, dans lesquelles, de loin en loin, un pêcheur immobile laissait pendre sa ligne. Pierre ne voyait toujours, un peu à sa droite, au pied de l'ancienne berge, qu'une sorte d'antique péniche couverte, une arche de Noé à demi pourrie, peut-être un bateau-lavoir, mais où jamais il n'apercevait une âme ; et il y avait encore, sur une langue de boue, un canot échoué, le flanc crevé, lamentable dans son symbole de toute navigation impossible et abandonnée. Ah ! cette ruine de fleuve, aussi morte que les ruines fameuses dont elle était lasse de baigner la poussière, depuis tant de siècles ! Et quelle évocation, ces siècles d'histoire que les eaux jaunes avaient réflétés, tant de choses, tant d'hommes, dont elles avaient pris la fatigue et le dégoût, au point d'être devenues si lourdes, si muettes, si désertes, dans leur souhait de néant !

Ce fut là que Pierre, un matin, reconnut la Pierina, debout derrière une des baraques de bois qui avaient servi à serrer les outils. Elle allongeait la tête, elle regardait fixement, depuis des heures peut-être, la fenêtre de la chambre de Dario, au coin de la ruelle et du quai. Effrayée sans doute par la façon sévère dont Victorine l'avait reçue, elle ne s'était pas représentée au palais, pour avoir des nouvelles ; mais elle venait là, elle y passait les journées, ayant appris de quelque domestique où était la fenêtre, attendant sans se lasser une apparition, un signe de vie et de salut, dont l'espoir seul lui faisait battre le cœur. Le prêtre s'approcha, infiniment touché de la voir se dissimuler de la sorte, si humble, si tremblante d'adoration, dans sa royale beauté. Au lieu de la gronder, de la chasser, ainsi qu'il en avait la mission, il se montra très doux et très gai, lui parla des siens comme si rien ne s'était passé, s'arrangea de manière à prononcer le nom du prince, pour lui faire entendre qu'il serait sur pied avant quinze jours. D'abord, elle avait eu un sursaut, farouche, méfiante, prête à fuir. Puis, quand elle eut compris, des larmes jaillirent de ses yeux, et toute riante cependant, bien heureuse, elle lui envoya un baiser de la main, elle lui cria : « *Grazie, grazie!* Merci, merci ! », en se sauvant à toutes jambes. Jamais il ne la revit.

Et ce fut aussi un matin que Pierre, comme il allait dire sa messe à Sainte-Brigitte, sur la place Farnèse, eut la surprise de rencontrer Benedetta sortant de cette église, de si bonne heure, une toute petite fiole d'huile à la main. Elle n'eut d'ailleurs aucun embarras, elle lui expliqua que, tous les deux ou trois jours, elle venait obtenir du bedeau quelques gouttes de l'huile qui alimentait la lampe brûlant devant une antique statue de bois de la Madone, en qui elle avait une absolue confiance. Elle avouait même qu'elle n'avait de confiance qu'en celle-là, car elle n'avait jamais rien obtenu, quand elle s'était adressée à d'autres, pourtant très réputées, des Madones de marbre et même d'argent. Aussi une dévotion ardente, toute sa dévotion en réalité, brûlait-elle dans son cœur pour cette image sainte qui ne lui refusait rien. Et elle affirma très simplement, comme une chose naturelle, hors de discussion, que c'étaient ces quelques gouttes d'huile, dont elle frottait matin et soir la plaie de Dario, qui déterminaient une guérison si prompte, tout à fait miraculeuse. Pierre, saisi, désolé d'une religion si enfantine chez cette admirable créature de sagesse, de passion et de grâce, ne se permit pas un sourire.

Chaque soir, en rentrant de ses promenades, lorsqu'il venait passer une heure dans la chambre de Dario con-

valescent, Benedetta voulait qu'il racontât ses journées
pour distraire le malade, et ce qu'il disait, ses étonnements, ses émotions, ses colères parfois, prenaient un
charme triste, au milieu du grand calme étouffé de la
pièce. Mais, surtout, quand il osa de nouveau sortir du
quartier, quand il se prit de tendresse pour les jardins
romains, où il allait dès l'ouverture des portes, afin d'être
sûr de n'y rencontrer personne, il leur rapporta des sensations enthousiastes, tout un amour ravi des beaux arbres, des eaux jaillissantes, des terrasses élargies sur des
horizons sublimes.

Ce ne furent point les plus vastes, parmi ces jardins,
qui lui emplirent le cœur davantage. A la villa Borghèse, le petit bois de Boulogne de Rome, il y avait des
futaies majestueuses, des allées royales, où les voitures
venaient tourner l'après-midi, avant la promenade obligatoire du Corso ; et il fut plus touché par le jardin réservé
devant la villa, cette villa d'un luxe de marbre éblouissant,
où se trouve aujourd'hui le plus beau musée du monde :
un simple tapis d'herbe fine, un vaste bassin central que
domine la blancheur nue d'une Vénus, et des fragments
d'antiques, des vases, des statues, des colonnes, des sarcophages, rangés symétriquement en carré, et rien autre
que cette herbe déserte, ensoleillée et mélancolique. Au
Pincio, où il retourna, il eut une matinée exquise, il
comprit le charme de ce coin étroit, avec ses arbres rares
toujours verts, avec sa vue admirable, toute Rome et
Saint-Pierre au lointain, dans la clarté si tendre, si limpide, poudrée de soleil. A la villa Albani, à la villa Pamphili, il retrouva les superbes pins parasols, d'une grâce
géante et fière, les chênes verts puissants, aux membres
tordus, à la verdure noire. Dans la dernière surtout, les
chênes noyaient les allées d'un demi-jour délicieux, le
petit lac était plein de rêve avec ses saules pleureurs et
ses touffes de roseaux, le parterre en contre-bas déroulait une mosaïque d'un goût baroque, tout un dessin com-

pliqué de rosaces et d'arabesques, que la diversité des fleurs et des feuilles colorait. Et, ce qui le frappa dans ce jardin, le plus noble, le plus vaste, le mieux soigné, ce fut, en longeant un petit mur, de revoir Saint-Pierre encore, sous un aspect nouveau et si imprévu, qu'il en emporta à jamais la symbolique image. Rome avait disparu complètement, il n'y avait plus là, entre les pentes du mont Mario et un autre coteau boisé qui cachait la ville, que le dôme colossal dont la masse semblait posée sur des blocs épars, blancs et roux. C'étaient les îlots des maisons du Borgo, les constructions entassées du Vatican et de la basilique, qu'il dominait, qu'il écrasait ainsi de sa coupole démesurée, d'un gris bleu dans le bleu clair du ciel; tandis que, derrière lui, au loin, fuyait une échappée bleuâtre de campagne illimitée, très délicate.

Mais Pierre sentit davantage l'âme des choses dans des jardins moins somptueux, d'une grâce plus fermée. Ah! la villa Mattei, sur la pente du Cœlius, avec son jardin en terrasses, avec ses allées intimes qui descendent bordées d'aloès, de lauriers et de fusains géants, avec ses buis amers taillés en tonnelles, avec ses orangers, ses roses et ses fontaines! Il y passa des heures adorables, il n'eut une égale impression de charme que sur l'Aventin, en visitant les trois églises, qui s'y noient parmi la verdure, à Sainte-Sabine surtout, le berceau des Dominicains, dont le petit jardin, clos de partout, sans vue aucune, dort dans une paix tiède et odorante, planté d'orangers, au milieu desquels l'oranger séculaire de Saint-Dominique, énorme et noueux, est encore chargé d'oranges mûres. Puis, à côté, au Prieuré de Malte, le jardin au contraire s'ouvrait sur un horizon immense, à pic au-dessus du Tibre, enfilant le cours du fleuve, les façades et les toitures qui se serraient le long des deux rives, jusqu'au lointain sommet du Janicule. C'étaient toujours, d'ailleurs, dans ces jardins de Rome, les mêmes buis taillés, les eucalyptus au tronc blanc, aux feuilles pâles, longues comme des chevelures, les chênes verts trapus et sombres, les pins géants, les cyprès noirs, des marbres blanchis parmi des touffes de roses, des fontaines bruissantes sous des manteaux de lierre. Et il ne goûta une joie plus tendrement attristée qu'à la villa du pape Jules, dont le portique ouvert en hémicycle sur le jardin raconte la vie d'une époque aimable et sensuelle, avec sa décoration peinte, son treillage d'or chargé de fleurs, où passent des vols souriants de petits Amours. Le soir enfin où il revint de la villa Farnésine, il dit qu'il en rapportait toute l'âme morte de la vieille Rome ; et ce n'étaient pas les peintures exécutées d'après les cartons de Raphaël qui l'avaient touché, c'était plutôt la jolie salle du bord de l'eau, à la décoration bleu tendre, lilas tendre et rose tendre, d'un art sans génie, mais si charmant et si romain; c'était surtout le jardin abandonné, qui descendait autrefois jusqu'au Tibre, et que le nouveau quai coupait maintenant, d'une désolation lamentable, ravagé, bossué, envahi d'herbes folles, tel qu'un cimetière, où pourtant mûrissaient toujours les fruits d'or des orangers et des citronniers.

Puis, une dernière fois, il eut une secousse au cœur, le beau soir où il visita la villa Médicis. Là, il était en terre française. Et quel merveilleux jardin encore, avec ses buis, ses pins, ses allées de magnificence et de charme ! quel refuge de rêverie antique que le très vieux et très noir bois de chênes verts, où, dans le bronze luisant des feuilles, le soleil à son déclin jetait des lueurs brasillantes d'or rouge ! Il y faut monter par un escalier interminable, et de là-haut, du belvédère qui domine, on possède Rome entière d'un regard, comme si, en élargissant les bras, on allait la prendre toute. Du réfectoire de la villa, que décorent les portraits de tous les artistes pensionnaires qui s'y sont succédé, de la bibliothèque surtout, une grande salle au calme profond, on a la même vue admirable, la plus large et la plus conquérante, une vue d'ambition démesurée dont l'infini devrait mettre au cœur des jeunes gens, enfermés là, la volonté de posséder le monde. Lui, qui était venu hostile à l'institution du prix de Rome, à cette éducation traditionnelle et uniforme si dangereuse pour l'originalité, resta séduit un instant par cette paix tiède, cette solitude limpide du jardin, cet horizon sublime où semblaient battre les ailes du génie. Ah! quelles délices, avoir vingt ans, vivre trois années dans cette douceur de rêve, au milieu des plus belles œuvres humaines, se dire qu'on est trop jeune pour produire encore, et se recueillir, et se chercher, apprendre à jouir, à souffrir, à aimer! Mais, ensuite, il réfléchit que ce n'était point là une besogne de jeunesse, que pour goûter la divine jouissance d'une telle retraite d'art et de ciel bleu, il fallait certainement l'âge mûr, les victoires déjà gagnées, la lassitude commençante des œuvres accomplies. Il causa avec les pensionnaires, il remarqua que, si les jeunes âmes de songe et de contemplation, ainsi que la simple médiocrité, s'y accommodaient de cette vie cloîtrée dans l'art du passé, tout artiste de bataille, tout tempérament personnel s'y mourait d'impatience, les yeux tournés vers Paris, dévoré par la hâte d'être en pleine fournaise de production et de lutte.

Et tous ces jardins dont Pierre leur parlait, le soir, avec ravissement, éveillaient chez Benedetta et chez Dario le souvenir du jardin de la villa Montefiori, aujourd'hui saccagé, autrefois si verdoyant, planté des plus beaux orangers de Rome, tout un bois d'orangers centenaires, dans lequel ils avaient appris à s'aimer.

— Ah! je me rappelle, disait la contessina, à l'époque des fleurs, c'était une bonne odeur à en mourir, tellement forte, tellement grisante, qu'une fois je suis restée dans l'herbe, sans pouvoir me relever... Te souviens-tu, Dario? tu m'as prise dans tes bras, tu m'as portée près de la fontaine, où il faisait très bon et très frais.

Elle était assise au bord du lit, comme à son ordinaire,

et elle tenait dans sa main la main du convalescent, qui
s'était mis à sourire.

— Oui, oui, je t'ai baisée sur les yeux, et tu les as
rouverts enfin... Tu te montrais moins cruelle en ce temps-
là, tu me laissais te baiser les yeux autant qu'il me plaisait... Mais nous étions des enfants, et si nous n'avions
pas été des enfants, nous aurions été mari et femme tout
de suite, dans ce grand jardin qui sentait si fort et où nous
courions si libres!

Elle approuvait de la tête, convaincue que la Madone
seule les avait protégés.

— C'est bien vrai, c'est bien vrai... Et quel bonheur,
maintenant que nous allons pouvoir être l'un à l'autre,
sans faire pleurer les anges!

La conversation en revenait toujours là, l'affaire de
l'annulation du mariage prenait une tournure de plus en
plus favorable, et Pierre assistait chaque soir à leur
enchantement, ne les entendait causer que de leur union
prochaine, de leurs projets, de leurs joies d'amoureux
lâchés en plein paradis. Dirigée cette fois par une main
toute-puissante, donna Serafina devait mener les choses
avec vigueur, car il ne se passait guère de jour, sans
qu'elle rapportât quelque nouvelle heureuse. Elle avait
hâte de terminer cette affaire, pour la continuation et pour
l'honneur du nom, puisque Dario ne voulait épouser
que sa cousine et que, d'autre part, ce mariage explique-
rait tout, ferait tout excuser, en mettant fin à une situation désormais intolérable. Le scandale abominable, les
affreux commérages qui bouleversaient le monde noir et
le monde blanc, finissaient par la jeter hors d'elle, d'autant plus qu'elle sentait la nécessité d'une victoire, devant
l'éventualité d'un conclave possible, où elle désirait que
le nom de son frère brillât d'un éclat pur, souverain. Jamais cette secrète ambition de toute sa vie, cet espoir de
voir sa race donner un troisième pape à l'Église, ne
l'avait brûlée d'une pareille passion, comme si elle avait

eu le besoin de se consoler dans son froid célibat, depuis que son unique joie en ce monde, l'avocat Morano, la délaissait si durement. Toujours vêtue d'une robe sombre, active et si mince, si pincée, qu'on l'aurait prise par derrière pour une jeune fille, elle était comme l'âme noire du vieux palais; et Pierre qui l'y rencontrait partout, rôdant en intendante soigneuse, veillant jalousement sur le cardinal, la saluait en silence, saisi chaque fois d'un petit froid au cœur, en la voyant de visage si desséché, coupé de longs plis, planté du grand nez volontaire de la famille. Mais elle lui rendait à peine son salut, restée dédaigneuse de ce petit prêtre étranger, ne le tolérant dans son intimité que pour complaire à monsignor Nani, désireuse en outre d'être agréable au vicomte Philibert de la Choue, qui avait amené de si beaux pèlerinages à Rome.

Peu à peu, en voyant chaque soir la joie anxieuse, l'impatience d'amour de Benedetta et de Dario, Pierre finit par se passionner avec eux, en souhaitant une solution prompte. L'affaire allait se représenter devant la congrégation du Concile, dont une première décision en faveur du divorce était restée nulle, le défenseur du mariage, monsignor Palma, ayant demandé, selon son droit, un supplément d'enquête. D'ailleurs, cette première décision, prise seulement à une voix de majorité, n'aurait sûrement pas été ratifiée par le Saint-Père. Et il s'agissait en somme de conquérir des voix parmi les dix cardinaux dont la congrégation se composait, de les convaincre, d'obtenir la presque unanimité : besogne ardue, car la parenté de Benedetta, cet oncle cardinal, qui semblait devoir tout faciliter, aggravait les choses, au milieu des intrigues compliquées du Vatican, des rivalités qui brûlaient de tuer en lui le pape possible, en éternisant le scandale. C'était à cette conquête des voix que donna Serafina se lançait chaque après-midi, dirigée par son confesseur, le père Lorenza, qu'elle allait voir quotidiennement au

Collège Germanique, le dernier refuge à Rome des Jésuites, qui ont cessé d'y être les maîtres du Gesù. L'espoir du succès tenait surtout à ce que Prada, lassé, irrité, avait déclaré formellement qu'il ne se présenterait plus. Il ne répondait même pas aux assignations répétées, tellement l'accusation d'impuissance lui semblait odieuse et ridicule, depuis que Lisbeth, sa maîtresse avérée, était enceinte de ses œuvres, aux yeux de la ville entière. Il se taisait donc, affectait de n'avoir jamais été marié, bien que la blessure de son désir tenu en échec, de son orgueil de mâle soufflé, saignât toujours au fond, rouverte sans cesse par les histoires qui continuaient, les doutes sur sa paternité, que faisait courir le monde noir. Et, puisque la partie adverse se désistait, disparaissait de son plein gré, on comprenait l'espérance croissante de Benedetta et de Dario, chaque soir, lorsque donna Serafina, en rentrant, leur annonçait qu'elle croyait bien avoir gagné encore la voix d'un cardinal.

Mais l'homme effrayant, l'homme qui les terrifiait tous, était monsignor Palma, l'avocat d'office choisi par la congrégation pour défendre le lien sacré du mariage. Il avait des droits presque illimités, pouvait en rappeler encore, en tout cas ferait traîner l'affaire autant qu'il lui plairait. Son premier plaidoyer, en réponse à celui de Morano, avait déjà été terrible, mettant l'état de virginité en doute, citant scientifiquement des cas où des femmes possédées offraient les particularités d'aspect constatées par les sages-femmes, réclamant d'ailleurs l'examen minutieux de deux médecins assermentés, déclarant enfin que, la condition première de l'acte étant l'obéissance de la femme, la demanderesse, même vierge, n'était pas fondée à réclamer l'annulation d'un mariage dont ses refus réitérés avaient seuls empêché la consommation. Et l'on annonçait que le nouveau plaidoyer qu'il préparait, serait plus impitoyable encore, tellement sa conviction était absolue. Devant cette belle énergie de vérité et de logique, le pis allait être que les cardinaux, même bienveillants, n'oseraient jamais conseiller l'annulation au Saint-Père. Aussi le découragement reprenait-il Benedetta, lorsque donna Serafina, au retour d'une visite faite à monsignor Nani, la calma un peu, en lui disant qu'un ami commun s'était chargé de voir monsignor Palma. Mais cela, sans doute, coûterait très cher. Monsignor Palma, théologien rompu aux affaires canoniques et d'une honnêteté parfaite, avait eu une grande douleur dans sa vie, une nièce pauvre, d'une admirable beauté, qu'il s'était mis sur le tard à aimer follement, et qu'il avait dû, afin d'éviter le scandale, marier à un chenapan qui, depuis lors, la grugeait et la battait. Les apparences restaient dignes, le prélat traversait justement une crise affreuse, las de se dépouiller, n'ayant plus l'argent nécessaire pour tirer son neveu d'un mauvais pas, une tricherie au jeu. Et la trouvaille fut de sauver le jeune homme en payant, de lui obtenir ensuite une situation, sans rien demander à l'oncle, qui, un soir, après la nuit tombée, comme s'il se rendait complice, vint en pleurant remercier donna Serafina de sa bonté.

Ce soir-là, Pierre était avec Dario, lorsque Benedetta entra riant, tapant de joie dans ses mains.

— C'est fait, c'est fait! il sort de chez ma tante, il lui a juré une reconnaissance éternelle. Maintenant, le voilà bien forcé d'être aimable.

Plus méfiant, Dario demanda :

— Mais lui a-t-on fait signer quelque chose, s'est-il engagé formellement?

— Oh! non, comment veux-tu? c'était si délicat!... On assure que c'est un très honnête homme.

Pourtant, elle-même fut effleurée d'une nouvelle inquiétude. Si monsignor Palma, malgré le grand service reçu, allait demeurer incorruptible? Cela, dès lors, les hanta. Leur attente recommençait.

— Je ne t'ai pas encore dit, reprit-elle après un

silence, je me suis décidée à leur fameuse visite. Oui, ce matin, je suis allée chez deux médecins avec ma tante.

Elle s'était remise à sourire, elle ne semblait aucunement gênée.

— Et alors? demanda-t-il du même air tranquille.

— Et alors, que veux-tu? ils ont bien vu que je ne mentais pas, ils ont rédigé chacun une espèce de certificat en latin... C'était, paraît-il, absolument nécessaire pour permettre à monsignor Palma de revenir sur ce qu'il a dit.

Puis, se tournant vers Pierre :

— Ah! ce latin! monsieur l'abbé... J'aurais bien désiré savoir tout de même, et j'ai songé à vous, pour que vous ayez l'obligeance de le traduire. Mais ma tante n'a pas voulu me laisser les pièces, elle les a fait joindre immédiatement au dossier.

Très embarrassé, le prêtre se contenta de répondre d'un vague signe de tête, car il n'ignorait pas ce qu'étaient ces sortes de certificats, une description nette et complète, en termes précis, avec tous les détails d'état, de couleur et de forme. Eux, sans doute, ne mettaient pas là de pudeur, tellement cet examen leur paraissait naturel et heureux même, puisque toute la félicité de leur vie allait en dépendre.

— Enfin, conclut Benedetta, espérons que monsignor Palma aura de la reconnaissance; et, en attendant, mon Dario, guéris-toi vite, pour le beau jour tant souhaité de notre bonheur.

Mais il avait commis l'imprudence de se lever trop tôt, sa blessure s'était rouverte, ce qui devait le forcer à garder le lit quelques jours encore. Et Pierre continua, chaque soir, à le venir distraire, en lui contant ses promenades. Maintenant, il s'enhardissait, courait les quartiers de Rome, découvrait avec ravissement les curiosités classiques, cataloguées dans tous les Guides. Ce fut ainsi qu'il leur parla un soir avec une sorte de tendresse des principales places de la ville, qu'il avait trouvées banales d'abord, qui lui apparaissaient maintenant très diverses, ayant chacune son originalité profonde : la place du Peuple, si ensoleillée, si noble, dans sa symétrie monumentale ; la place d'Espagne, le rendez-vous si vivant des étrangers, avec son double escalier de cent trente-deux marches, doré par les étés, d'une ampleur et d'une grâce géantes ; la place Colonna, vaste, toujours grouillante de peuple, la plus italienne par cette foule de paresse et d'insoucieux espoir, debout, flânant autour de la colonne de Marc-Aurèle, en attendant que la fortune lui tombe du ciel ; la place Navone, longue, régulière, déserte depuis que le marché ne s'y tient plus, gardant le mélancolique souvenir de sa vie bruyante d'autrefois ; la place du Campo de' Fiori, envahie chaque matin par le tumulte du marché aux fruits et du marché aux légumes, toute une plantation de grands parapluies, des entassements de tomates, de piments, de raisins, au milieu du flot glapissant des marchandes et des ménagères. Sa grande surprise fut la place du Capitole, qui éveillait en lui une idée de sommet, de lieu découvert dominant la ville et le monde, et qu'il trouva petite, carrée, enfermée entre ses trois palais, ouverte d'un seul côté sur un court horizon, borné par quelques toitures. Personne ne passe là, on monte par une rampe d'accès que bordent des palmiers, les étrangers seuls font un détour pour arriver en voiture. Les voitures attendent, les touristes stationnent un moment, le nez levé vers l'admirable bronze antique, le Marc-Aurèle à cheval, placé au centre. Vers quatre heures, lorsque le soleil dore le palais de gauche, détachant sur le ciel bleu les fines statues de l'entablement, on dirait une tiède et douce petite place de province, avec ses femmes du voisinage qui tricotent, assises sous le portique, et ses bandes d'enfants dépenaillés, lâchés là comme toute une école dans une cour de récréation.

Et, un autre soir, Pierre dit à Benedetta et à Dario son admiration pour les fontaines de Rome, la ville du monde où les eaux ruissellent le plus abondamment et le plus magnifiquement dans le marbre et dans le bronze : depuis la Nacelle de la place d'Espagne, le Triton de la place Barberini, les Tortues de l'étroite place qui a pris leur nom, jusqu'aux trois fontaines de la place Navone, où triomphe, au centre, la vaste composition du Bernin, et surtout jusqu'à la colossale fontaine de Trevi, d'un goût si fastueux, dominée par le roi Neptune, entre les hautes figures de la Santé et de la Fécondité. Et, un autre soir, il rentra heureux, en leur racontant qu'il venait enfin de s'expliquer le singulier effet que lui faisaient les rues de l'ancienne Rome, autour du Capitole et sur la rive gauche du Tibre, là où des masures se collaient aux flancs des grands palais princiers : c'était qu'elles n'avaient pas de trottoirs et que les piétons marchaient au milieu, à l'aise, parmi les voitures, sans avoir jamais l'idée de filer aux deux bords, contre les façades. Vieux quartiers qu'il aimait, ruelles sans cesse tournantes, étroites places irrégulières, palais énormes et carrés, comme disparus dans la foule bousculée des petites maisons qui les noyaient de toutes parts. Le quartier de l'Esquilin aussi, partout des escaliers qui montent, cailloutés de gris, chaque marche ourlée de pierre blanche, des pentes brusques qui tournent, des terrasses qui s'étagent, des séminaires et des couvents aux fenêtres closes, comme des habitations mortes, un grand mur nu au-dessus duquel se dresse un palmier superbe, dans le bleu sans tache du ciel. Et, un autre soir, ayant poussé plus loin encore sa promenade, jusque dans la Campagne, le long du Tibre, en amont du pont Molle, il revint enthousiasmé d'avoir eu la révélation de tout un art classique, qu'il n'avait guère goûté jusque-là. En suivant la rive, il venait de voir des Poussin, le fleuve jaune et lent, aux bords plantés de roseaux, les falaises basses, découpées, dont la blancheur crayeuse se détachait sur les fonds roux de l'immense plaine onduleuse, que bornaient seules les collines bleues de l'horizon, et quelques arbres sobres, et la ruine d'un portique, ouvert sur le vide, en haut de la berge, et une file oblique de moutons pâles qui descendaient boire, tandis que le berger, appuyé d'une épaule au tronc d'un chêne vert, regardait. Beauté spéciale, large et rousse, faite de rien, simplifiée jusqu'à la ligne droite et plate, tout anoblie des grands souvenirs : toujours les légions romaines en marche par les voies pavées, au travers de la Campagne nue ; et toujours le long sommeil du moyen âge, puis le réveil de l'antique nature dans la foi catholique, ce qui, une seconde fois, avait fait de Rome la maîtresse du monde.

Un jour que Pierre était allé visiter le Campo Verano, le grand cimetière de Rome, il trouva, le soir, près du lit de Dario, Celia en compagnie de Benedetta.

— Comment ! monsieur l'abbé, s'écria la petite princesse, ça vous amuse d'aller voir les morts ?

— Ah ! ces Français ! reprit Dario, que l'idée seule d'un cimetière désobligeait, ces Français ! ils se gâtent la vie à plaisir, avec leur amour des spectacles tristes.

— Mais, dit Pierre doucement, on n'échappe pas à la réalité de la mort. Le mieux est de la regarder en face.

Du coup, le prince se fâcha.

— La réalité, la réalité ! à quoi bon ? Quand la réalité n'est pas belle, moi je ne la regarde pas, je m'efforce de n'y penser jamais.

De son air tranquille et souriant, le prêtre n'en continua pas moins à dire ce qui l'avait surpris, la bonne tenue du cimetière, l'air de fête que le clair soleil d'automne y mettait, tout un luxe extraordinaire de marbre, des statues de marbre prodiguées sur les tombeaux, des chapelles de marbre, des monuments de marbre. Sûrement l'atavisme antique agissait, les somptueux mausolées de la voie Appienne repoussaient là, une pompe, un orgueil démesuré dans la mort. Sur la hauteur surtout, la noblesse romaine avait son quartier aristocratique, un amas de véritables temples, des figures colossales, des scènes à plusieurs personnages, d'un goût parfois déplorable, mais où des millions avaient dû être dépensés. Et ce qui était charmant, parmi les ifs et les cyprès, c'était l'admirable conservation, la blancheur intacte des marbres, que les étés brûlants doraient, sans une tache de mousse, sans ces balafres de pluie qui rendent si mélancoliques les statues des pays du Nord.

Benedetta, silencieuse, touchée du malaise de Dario, finit par interrompre Pierre, en disant à Celia :

— Et la chasse a été intéressante ?

Au moment où le prêtre était entré, la petite princesse parlait d'une chasse au renard, à laquelle sa mère l'avait conduite.

— Oh ! chère, tout ce qu'il y a de plus intéressant !... Le rendez-vous était pour une heure, là-bas, au tombeau de Cæcilia Metella, où l'on avait installé le buffet, sous une tente. Et un monde, la colonie étrangère, les jeunes gens des ambassades, des officiers, sans compter nous autres naturellement, les hommes en habit rouge, beaucoup de femmes en amazone... Le départ a été donné à une heure et demie, et le galop a duré plus de deux heures, si bien que le renard s'est allé faire prendre très loin, très loin. Je n'ai pas pu suivre, mais j'ai vu tout de même, oh ! des choses extraordinaires, un grand mur que toute la chasse a dû sauter, puis des fossés, des haies, une course folle derrière les chiens... Il y a eu deux accidents, peu de chose, un monsieur qui s'est foulé le poignet et un autre qui a eu la jambe cassée.

Dario avait écouté avec passion, car ces chasses au renard étaient le grand plaisir de Rome, la joie de la galopade au travers de cette Campagne romaine si plate et si hérissée d'obstacles pourtant, la joie de déjouer les ruses du renard que les chiens traquent, ses continuels détours, sa disparition brusque parfois, sa prise enfin dès qu'il tombe épuisé de fatigue; et des chasses sans fusil, des chasses pour l'unique bonheur de courir à la queue de cette bête, de la gagner de vitesse et de la vaincre.

— Ah! dit-il désespéré, est-ce imbécile d'être cloué dans cette chambre! Je finirai par y mourir d'ennui.

Benedetta se contenta de sourire, sans un reproche ni une tristesse de ce cri naïf d'égoïsme. Elle qui était si heureuse de l'avoir tout à elle, dans cette chambre où elle le soignait! Mais son amour, si jeune et si sage à la fois, avait un coin de maternité, et elle comprenait parfaitement qu'il ne s'amusât guère, privé de ses plaisirs habituels, séparé de ses amis qu'il écartait, dans la crainte que l'histoire de son épaule démise ne leur parût louche. Plus de fêtes, plus de soirées au théâtre, plus de visites aux dames. Et c'était le Corso qui lui manquait surtout, une souffrance, une véritable désespérance de ne plus voir ni savoir, en regardant, de quatre à cinq heures, défiler Rome entière. Aussi, dès qu'un intime venait, c'étaient des questions interminables, et si l'on avait rencontré celui-ci, et si cet autre avait reparu, et comment avaient fini les amours d'un troisième, et si quelque aventure nouvelle ne bouleversait pas la ville : menues histoires, gros commérages d'un jour, intrigues puériles d'une heure, où jusque-là s'étaient dépensées toutes ses énergies d'homme.

Celia, qui aimait à lui apporter les bavardages innocents, reprit après un silence, en fixant sur lui ses yeux candides, ses yeux sans fond de vierge énigmatique :

— Comme c'est long à se remettre, une épaule!

Avait-elle donc deviné, cette enfant, dont l'unique affaire était l'amour? Dario, gêné, se tourna vers Benedetta, qui continuait à sourire, l'air placide. Mais, déjà, la petite princesse sautait à un autre sujet.

— Ah! vous savez, Dario, j'ai vu hier au Corso une dame...

Elle s'arrêta, surprise elle-même et embarrassée de cette nouvelle qui venait de lui échapper. Puis, très bravement, elle continua, en amie d'enfance qui était dans les petits secrets amoureux :

— Oui, une jolie personne que vous connaissez bien. Elle avait tout de même un bouquet de roses blanches.

Cette fois, Benedetta s'égaya franchement, tandis que Dario la regardait en riant aussi. Elle l'avait plaisanté, les premiers jours, de ce qu'une dame n'envoyait pas prendre de ses nouvelles. Lui, au fond, n'était pas fâché de cette rupture toute naturelle, car la liaison allait devenir gênante ; et, quoique un peu blessé dans sa fatuité de joli homme, il était content d'apprendre que la Tonietta l'avait déjà remplacé.

— Ah ! se contenta-t-il de dire, les absents ont toujours tort.

— L'homme qu'on aime n'est jamais absent, déclara Celia de son air grave et pur.

Mais Benedetta s'était levée, pour remonter les oreillers, derrière le dos du convalescent.

— Va, va, mon Dario, toutes ces misères sont finies, et je te garderai, tu n'auras plus que moi à aimer.

Il la contempla avec passion, il la baisa sur les cheveux, car elle disait vrai, il n'avait jamais aimé qu'elle ; et elle ne se trompait pas non plus, quand elle comptait le garder toujours, à elle seule, dès qu'elle se serait donnée. Depuis qu'elle le veillait, au fond de cette chambre, elle était heureuse de le retrouver enfant, tel qu'elle l'avait aimé autrefois, sous les orangers de la villa Montefiori. Il gardait une puérilité singulière, sans doute dans l'appauvrissement de sa race, cette sorte de retour à l'enfance, qu'on remarque chez les peuples très vieux ; et il jouait sur son lit avec des images, regardait pendant des heures des photographies, qui le faisaient rire. Son incapacité de souffrir avait encore grandi, il voulait qu'elle fût gaie et qu'elle chantât, il l'amusait par la gentillesse de son égoïsme, qui l'amenait à rêver avec elle une vie de continuelle joie. Ah! comme cela serait bon de vivre toujours ensemble au soleil, et de ne rien faire, et de ne se soucier de rien, le monde dût-il crouler quelque part, sans qu'on se donnât la peine d'y aller voir !

— Mais ce qui me fait plaisir, reprit Dario brusquement, c'est que monsieur l'abbé a fini par tomber amoureux de Rome.

Pierre, qui avait écouté en silence, acquiesça de bonne grâce.

— C'est vrai.

— Nous vous le disions bien, fit remarquer Benedetta, il faut du temps, beaucoup de temps pour comprendre et aimer Rome. Si vous n'étiez resté que quinze jours, vous auriez emporté de nous une idée déplorable ; tandis que, maintenant, au bout de deux grands mois, nous sommes bien tranquilles, jamais plus vous ne songerez à nous sans tendresse.

Elle était d'un charme délicieux en parlant ainsi, et il s'inclina une seconde fois. Mais il avait déjà réfléchi au phénomène, il croyait en tenir la solution. Quand on arrive à Rome, on apporte une Rome à soi, une Rome rêvée, tellement anoblie par l'imagination, que la Rome vraie est le pire des désenchantements. Aussi faut-il attendre que l'accoutumance se fasse, que la réalité médiocre s'atténue, pour donner le temps à l'imagination de recommencer son travail d'embellissement, de manière à ne voir de nouveau les choses réelles qu'à travers la prodigieuse splendeur du passé.

Celia s'était levée, prenant congé.

— Au revoir, chère, et à bientôt le mariage, n'est-ce pas? Dario... Vous savez que je veux être fiancée avant la fin du mois, oui, oui! une grande soirée que je forcerai bien mon père à donner... Ah! que ce serait aimable, si les deux noces pouvaient se faire en même temps !

Ce fut deux jours plus tard que Pierre, après une grande promenade qu'il fit au Transtévère, suivie d'une visite au palais Farnèse, sentit se résumer en lui la terrible et mélancolique vérité sur Rome. Plusieurs fois déjà, il avait parcouru le Transtévère, dont la population misérable l'attirait, dans sa passion navrée pour les pauvres et les souffrants. Ah! ce cloaque de misère et d'ignorance! Il avait vu, à Paris, des coins de faubourg abominables, des cités d'épouvante où l'humanité en tas pourrissait. Mais rien n'approchait de cette stagnation dans l'insouciance et dans l'ordure. Par les plus beaux jours de ce pays du soleil, une ombre humide glaçait les ruelles tortueuses, étranglées, pareilles à des couloirs de cave; et l'odeur était affreuse surtout, une nausée qui prenait le passant à la gorge, faite des légumes aigres, des graisses rances, du bétail humain parqué là, parmi ses fientes. C'étaient d'antiques masures irrégulières, jetées dans un pêle-mêle aimé des artistes romantiques, avec des portes noires et béantes qui s'enfonçaient sous terre, des escaliers extérieurs qui montaient aux étages, des balcons de bois tenus comme par miracle en équilibre sur le vide. Et des façades à demi écroulées qu'il avait fallu étayer à l'aide de poutres, et des logements sordides dont les fenêtres crevées laissaient voir la crasse nue, et des boutiques d'infime commerce, toute la cuisine en plein air d'un peuple de paresse qui n'allumait pas de feu: les fritureries avec leurs morceaux de polenta et leurs poissons nageant dans l'huile puante, les marchands de légumes cuits étalant des navets énormes, des paquets de céleris, de choux-fleurs, d'épinards, refroidis et gluants. La viande des bouchers, mal coupée, était noire, des cous de bête hérissés de caillots violâtres, comme arrachés. Les pains des boulangers s'entassaient sur une planche, ainsi que des pavés ronds; de pauvres fruitières n'avaient d'autres marchandises que des piments et des pommes de pin, à leurs portes enguirlandées de tomates séchées et enfilées; tandis que les seules boutiques alléchantes étaient celles des charcutiers, dont les salaisons et les fromages corrigeaient un peu, de leur odeur âpre, l'infection des ruisseaux. Les bureaux de loterie, où les numéros gagnants étaient affichés, alternaient avec les cabarets, des cabarets tous les trente pas, qui annonçaient en grosses lettres les vins choisis des Châteaux romains, Genzano, Marino, Frascati. Et, par les rues du quartier, une population grouillante, en guenilles et malpropre, des bandes d'enfants à moitié nus que la vermine dévorait, des femmes en cheveux, en camisole, en jupon de couleur, qui gesticulaient et criaient, des vieillards assis sur des bancs, immobiles sous le vol bourdonnant des mouches, toute une vie oisive et agitée, au milieu du continuel va-et-vient de petits ânes traînant des charrettes, d'hommes conduisant des dindes à coups de fouet, de quelques touristes inquiets, sur lesquels se ruaient aussitôt des bandes de mendiants. Des savetiers s'installaient tranquillement, travaillaient sur le trottoir. A la porte d'un petit tailleur, un vieux seau de ménage était accroché, plein de terre, fleuri d'une plante grasse. Et, de toutes les fenêtres, de tous les balcons, sur des cordes jetées d'une maison à l'autre, en travers de la rue, pendaient les lessives des ménages, un pavoisement de loques sans nom, qui étaient comme les drapeaux symboliques de l'abominable misère.

Pierre sentait son âme fraternelle se soulever d'une pitié immense. Ah! certes, oui! il fallait les jeter bas, ces quartiers de souffrance et de peste, où le peuple avait si longtemps croupi comme dans une geôle empoisonnée, et il était pour l'assainissement, pour la démolition, quitte à tuer l'ancienne Rome, au grand scandale des artistes. Déjà le Transtévère était bien changé, des voies nouvelles l'éventraient, des prises d'air pratiquées à grands coups de pioche, qui le pénétraient de nappes de soleil. Ce qui en restait semblait plus noir, plus immonde, au milieu de ces abatis de maisons, de ces trouées récentes, vastes terrains vagues, où l'on n'avait pu reconstruire encore. Cette ville en évolution l'intéressait infiniment. Plus tard sans doute, on achèverait de la rebâtir, mais quelle heure passionnante, celle où la vieille cité agonisait dans la nouvelle, à travers tant de difficultés! Il fallait avoir connu la Rome des immondices, noyée sous les excréments, les eaux ménagères et les détritus de légumes. Le Ghetto, récemment rasé, avait, depuis des siècles, imprégné le sol d'une telle pourriture humaine, que l'emplacement, demeuré nu, plein de bosses et de fondrières, exhalait toujours une infâme pestilence. On faisait bien de le laisser longtemps se sécher ainsi et se purifier au soleil. Dans ces quartiers, aux deux bords du Tibre, où l'on a entrepris des travaux d'édilité considérables, c'est à chaque pas la même rencontre : on suit une rue étroite, puante, d'une humidité glaciale, entre les façades sombres, aux toits qui se touchent presque, et l'on tombe brusquement dans une éclaircie, dans une clairière ouverte à coups de hache, parmi la forêt des vieilles masures lépreuses. Il y a là des squares, des trottoirs larges, de hautes constructions blanches, chargées de sculptures, une capitale moderne à l'état d'ébauche, pas finie, encombrée de gravats, barrée de palissades. Partout des amorces de voies projetées, le colossal chantier que la crise financière menace d'éterniser maintenant, la ville de demain arrêtée dans sa croissance, restée en détresse, avec ses commencements démesurés, trop hâtifs et qui détonnent. Mais ce n'en était pas moins une besogne bonne et saine, d'une nécessité sociale absolue pour une grande ville d'aujourd'hui, à moins de laisser la vieille Rome se pourrir sur place, telle qu'une curiosité des anciens âges, une pièce de musée qu'on garde sous verre.

Ce jour-là, Pierre, en se rendant du Transtévère au palais Farnèse, où il était attendu, fit un détour, passa par la rue des Pettinari, puis par la rue des Giubbonari, la première si sombre, si resserrée entre le grand mur noir de l'Hôpital et les misérables maisons d'en face, la seconde toute vivante du continuel flot populaire, tout égayée par les vitrines des bijoutiers, aux grosses chaînes d'or, et par les étalages des marchands d'étoffe, où flottent des lés immenses, bleus, jaunes, verts, rouges, d'un ton éclatant. Et le quartier ouvrier qu'il venait de parcourir, puis ce quartier du petit commerce qu'il traversait maintenant, évoquèrent en lui le quartier d'affreuse misère qu'il avait visité déjà, la masse pitoyable des travailleurs déchus, réduits par le chômage à la mendicité, campant parmi les constructions superbes et abandonnées des Prés du Château. Ah! le pauvre, le triste peuple resté enfant, maintenu dans une ignorance, dans une crédulité de sauvages par des siècles de théocratie, si accoutumé à la nuit de son intelligence, aux souffrances de son corps, qu'il reste quand même aujourd'hui en dehors du réveil social, simplement heureux si on le laisse jouir à l'aise de son orgueil, de sa paresse et de son soleil! Il semblait aveugle et sourd en sa déchéance, il continuait sa vie stagnante d'autrefois, au milieu des bouleversements de la Rome nouvelle, sans en éprouver autre chose que les ennuis, les vieux quartiers où il logeait abattus, les habitudes changées, les vivres plus chers, comme si la clarté, la propreté, la santé le gênaient, quand il fallait les payer de toute une crise ouvrière et financière. Cependant, qu'on l'eût voulu ou non, c'était au fond pour lui uniquement qu'on nettoyait Rome, qu'on la rebâtissait, dans l'idée d'en faire une grande capitale moderne; car la démocratie est au bout de ces transformations actuelles, c'est le peuple qui héritera demain des cités d'où l'on chasse la saleté et la maladie, où la loi du travail finira par s'organiser, tuant la misère. Et voilà pourquoi, si l'on maudit les ruines époussetées, tenues bourgeoisement, le Colisée débarrassé de ses lierres et de ses arbustes, de sa flore sauvage que les jeunes Anglaises mettaient en herbier, si l'on se fâche devant les affreux murs de forteresse qui emprisonnent le Tibre, en pleurant les anciennes berges si romantiques, avec leurs verdures et leurs antiques logis trempant dans l'eau, il faut se dire que la vie naît de la mort et que demain doit forcément refleurir dans la poudre du passé.

Pierre, en songeant à ces choses, était arrivé sur la place Farnèse, déserte, sévère, avec ses maisons closes et ses deux fontaines, dont l'une, en plein soleil, égrenait sans fin un jet de perles, au milieu du grand silence ; et il regarda un instant la façade nue et monumentale du lourd palais carré, sa haute porte où flottait le drapeau tricolore, ses treize fenêtres de façade, sa fameuse frise d'un art si merveilleux. Puis, il entra. Un ami de Narcisse Habert, un des attachés de l'ambassade près du roi d'Italie, l'attendait, ayant offert de lui faire visiter le palais immense, le plus beau de Rome, que la France a loué pour y loger son ambassadeur. Ah ! cette colossale demeure, somptueuse et mortelle, avec sa vaste cour à portique, d'une humidité sombre, son escalier géant, aux marches basses, ses couloirs interminables, ses galeries et ses salles démesurées ! C'était d'une pompe souveraine dans la mort, un froid glacial tombait des murs, pénétrait jusqu'aux os les fourmis humaines qui s'aventuraient sous les voûtes. L'attaché, avec un sourire discret, avouait que l'ambassade s'y ennuyait à mourir, cuite l'été, gelée l'hiver. Il n'y avait d'un peu riante et vivante que la partie occupée par l'ambassadeur, le premier étage donnant sur le Tibre. Là, de la célèbre galerie des Carrache, on voit le Janicule, les jardins Corsini, l'Acqua Paola, au-dessus de San Pietro in Montorio. Puis, après un vaste salon, vient le cabinet de travail, d'une paix douce, égayé de soleil. Mais la salle à manger, les chambres, les autres salles qui suivent, occupées par le personnel, retombent dans l'ombre morne d'une rue latérale. Toutes ces vastes pièces, de sept à huit mètres de hauteur, ont des plafonds peints ou sculptés admirables, des murs nus, quelques-uns décorés de fresques, des mobiliers disparates, de superbes consoles mêlées à tout un bric-à-brac moderne. Et cette tristesse des choses tourne à l'abomination, lorsqu'on pénètre dans les appartements de gala, les grandes pièces d'honneur qui occupent la façade sur la place. Plus un meuble, plus une tenture, rien qu'un désastre, des salles magnifiques désertées, livrées aux araignées et aux rats. L'ambassade n'en occupe qu'une, où elle entasse ses archives poudreuses, sur des tables de bois blanc, par terre, dans tous les coins. A côté, l'énorme salle de dix mètres de hauteur, sur deux étages, que le propriétaire, l'ancien roi de Naples, s'était réservée, est un véritable grenier de débarras, où des maquettes, des statues inachevées, un très beau sarcophage traînent, parmi un entassement sans nom de débris méconnaissables. Et ce n'était là qu'une partie du palais : le rez-de-chaussée est complètement inhabité, notre École de Rome occupe un coin du second étage, tandis que notre ambassade se serre frileusement dans l'angle le plus logeable du premier, forcée d'abandonner tout le reste, de fermer les portes à double tour, pour éviter l'inutile peine de donner un coup de balai. Certes, cela est royal d'habiter le palais Farnèse, bâti par le pape Paul III, occupé sans interruption pendant plus d'un siècle par des cardinaux ; mais quelle incommodité cruelle, quelle affreuse mélancolie, dans cette ruine immense, dont les trois quarts des pièces sont mortes, inutiles, impossibles, retranchées de la vie ! Et le soir, oh ! le soir, le porche, la cour, l'escalier, les couloirs envahis par les épaisses ténèbres, les quelques becs de gaz fumeux qui luttent en vain, l'interminable voyage à travers ce lugubre désert de pierre, pour arriver jusqu'au salon tiède et aimable de l'ambassadeur !

Pierre sortit de là saisi, le cerveau bourdonnant. Et tous les autres palais, tous les grands palais de Rome qu'il avait vus pendant ses promenades, se dressaient dans sa mémoire, tous déchus de leur splendeur, vides

des trains princiers d'autrefois, tombés à n'être plus que d'incommodes maisons de rapport. Que faire de ces galeries, de ces salles grandioses, aujourd'hui qu'aucune fortune ne pouvait suffire à y mener la vie fastueuse pour laquelle on les avait bâties, ni même y nourrir le personnel nécessaire à leur entretien? Ils étaient rares, les princes qui, comme le prince Aldobrandini, avec sa nombreuse lignée, occupaient seuls leurs palais. La presque totalité louaient les antiques demeures des aïeux à des sociétés, à des particuliers, en se réservant un étage, parfois même un simple logement dans le coin le plus obscur. Loué le palais Chigi, le rez-de-chaussée à des banques, le premier à l'ambassadeur d'Autriche, tandis que le prince et sa famille se partagent le second avec un cardinal. Loué le palais Sciarra, le premier au ministre des Affaires étrangères, le second à un sénateur, tandis que le prince et sa mère n'habitent que le rez-de-chaussée. Loué le palais Barberini, le rez-de-chaussée, le premier étage et le second à des familles, tandis que le prince s'est logé au troisième, dans les anciennes chambres des domestiques. Loué le palais Borghèse, le rez-de-chaussée à un marchand d'antiquités, le premier à une loge maçonnique, tout le reste à des ménages, tandis que le prince n'a gardé que les quelques pièces d'un petit appartement bourgeois. Loué le palais Odelscachi, loué le palais Colonna, loué le palais Doria, tandis que les princes n'y mènent plus que l'existence réduite de bons propriétaires, tirant de leurs immeubles tout le profit possible, pour joindre les deux bouts. C'était qu'un vent de ruine soufflait sur le patriciat romain, les plus grosses fortunes venaient de s'écrouler dans la crise financière, très peu restaient riches, et de quelle richesse encore, d'une richesse immobile et morte, que ni le négoce ni l'industrie ne pouvaient renouveler. Les princes nombreux qui avaient tenté les affaires étaient dépouillés. Les autres, terrifiés, frappés d'impôts énormes qui leur prenaient près du tiers de leurs revenus, devaient désormais se résigner à voir leurs derniers millions stagnants s'épuiser sur place, se diviser par les partages, mourir comme l'argent meurt, ainsi que toutes choses, lorsqu'il ne fructifie plus dans une terre vivante. Il n'y avait là qu'une question de temps, car la ruine finale était irrémédiable, d'une absolue fatalité historique. Et ceux qui consentaient à louer, luttaient encore pour la vie, tâchaient de s'accommoder à l'époque présente, en s'efforçant au moins de peupler le désert de leurs palais trop vastes; tandis que la mort habitait déjà chez les autres, chez les entêtés et les superbes qui se muraient dans le tombeau de leur race, comme ce terrifiant palais Boccanera, tombant en poudre, si glacé d'ombre et de silence, où l'on n'entendait de loin en loin que le vieux carrosse du cardinal, sortant ou rentrant, roulant sourdement sur l'herbe de la cour.

Mais Pierre, surtout, venait d'être frappé de ces deux visites successives, au Transtévère et au palais Farnèse, et elles s'éclairaient l'une l'autre, et elles aboutissaient à une conclusion, qui jamais encore ne s'était formulée en lui avec une netteté si effrayante : pas encore de peuple et bientôt plus d'aristocratie. Cela, dès lors, le hanta comme la fin d'un monde. Le peuple, il l'avait vu si misérable, d'une ignorance et d'une résignation telles, dans la longue enfance où le maintenaient l'histoire et le climat, que de longues années d'éducation et d'instruction étaient nécessaires pour qu'il constituât une démocratie forte, saine, laborieuse, ayant conscience de ses droits ainsi que de ses devoirs. L'aristocratie, elle achevait de mourir au fond de ses palais croulants, elle n'était plus qu'une race finie, abâtardie, si mélangée d'ailleurs de sang américain, autrichien, polonais, espagnol, que le pur sang romain devenait la rare exception; sans compter qu'elle avait cessé d'être d'épée et d'Église, répugnant à servir l'Italie constitutionnelle, désertant le Sacré Collège, où les parvenus seuls revêtaient la pourpre. Et, entre les petits d'en bas et les puissants d'en haut, il n'existait pas encore une bourgeoisie solidement installée, forte d'une sève nouvelle, assez instruite et assez sage pour être l'éducatrice transitoire de la nation. La bourgeoisie, c'étaient les anciens domestiques, les anciens clients des princes, les fermiers qui louaient leurs terres, les intendants, notaires ou avocats, qui géraient leurs fortunes; c'était le monde d'employés, de fonctionnaires de tous rangs et de toutes classes, de députés, de sénateurs, que le gouvernement avait amenés des provinces; et c'était enfin la volée des faucons voraces qui s'abattaient sur Rome, les Prada, les Sacco, les hommes de proie venus du royaume entier, dont les ongles et le bec dévoraient tout, le peuple et l'aristocratie. Pour qui donc avait-on travaillé? Pour qui les travaux gigantesques de la nouvelle Rome, d'un espoir et d'un orgueil si démesurés, qu'on ne pouvait les finir? Un effroi soufflait, un craquement se faisait entendre, éveillant dans tous les cœurs fraternels une inquiétude en larmes. Oui! la menace de la fin d'un monde, pas encore de peuple, plus d'aristocratie, et une bourgeoisie dévorante, menant la curée parmi les ruines. Et quel symbole effroyable, ces palais neufs qu'on avait bâtis sur le modèle géant des palais d'autrefois, ces palais énormes, fastueux, pullulant pour des centaines de mille âmes vainement espérées, ces palais où devait s'installer la richesse grandissante, le luxe triomphal de la nouvelle capitale du monde, et qui étaient devenus les lamentables refuges, souillés et déjà branlants, de la basse misère du peuple, de tous les mendiants et de tous les vagabonds!

Le soir de ce jour, Pierre, à la nuit noire, alla passer une heure sur le quai du Tibre, devant le palais Boccanera. C'était un recueillement, une solitude extraordinaire qu'il affectionnait, malgré les avis de Victorine, qui prétendait que l'endroit n'était pas sûr. Et, en réalité, par les nuits d'encre comme celle-ci, jamais coupe-gorge n'avait déroulé un décor plus tragique. Pas une âme, pas un passant; un silence, une ombre, un vide, qui s'étendaient à droite, à gauche, en face. Les palissades qui fermaient de partout l'immense chantier abandonné, barraient le passage aux chiens eux-mêmes. A l'angle du palais, noyé de ténèbres, un bec de gaz, resté en contrebas depuis le remblai, éclairait le quai bossué, au ras du sol, d'une lueur louche; et les matériaux qui traînaient là, les tas de briques, les pierres de taille, allongeaient de grandes ombres vagues. A droite, quelques lumières brillaient sur le pont de Saint-Jean des Florentins et aux fenêtres de l'Hôpital du Saint-Esprit. A gauche, dans l'enfoncement indéfini de la coulée du fleuve, les lointains quartiers sombraient, disparus. Puis, en face, c'était le Transtévère, les maisons de la berge telles que de pâles fantômes indistincts, aux rares vitres jaunies d'une clarté trouble; tandis que, par-dessus, une bande sombre indiquait seule le Janicule, où les lanternes de quelque promenade, tout en haut, faisaient scintiller un triangle d'étoiles. Le Tibre surtout passionnait Pierre, à ces heures nocturnes, d'une si mélancolique majesté. Il restait accoudé au parapet de pierre, il le regardait couler pendant de longues minutes, entre les nouveaux murs, qui, la nuit, prenaient la noire et monstrueuse apparence d'une prison bâtie là pour un géant. Tant que les lumières brillaient aux maisons d'en face, il voyait les eaux lourdes passer, se moirer avec lenteur dans les reflets, dont le frisson leur donnait une vie mystérieuse. Et il rêvait sans fin à tout le passé fameux de ce fleuve, il évoquait souvent la légende qui veut que des richesses fabuleuses soient enterrées dans la boue de son lit. A chaque invasion des Barbares, et particulièrement lors du sac de Rome, on y aurait jeté les trésors des temples et des palais, pour les soustraire au pillage des vainqueurs. Là-bas, ces barres d'or qui tremblaient dans l'eau glauque, n'était-ce pas le chandelier d'or à sept branches, que Titus avait rapporté de Jérusalem? et ces pâleurs sans cesse déformées par les remous, n'étaient-ce pas des blancheurs de colonnes et de statues? et ces moires profondes, toutes reluisantes de petites flammes, n'était-ce pas un amas, un pêle-mêle de métaux précieux, des coupes, des vases, des bijoux ornés de pierreries? Quel rêve que ce pullulement entrevu au sein du vieux fleuve, la vie cachée de ces trésors, qui auraient dormi là pendant tant de siècles! et quel espoir, pour l'orgueil et l'enrichissement d'un peuple, que les trouvailles miraculeuses qu'on ferait dans le Tibre, si l'on pouvait le fouiller, le dessécher un jour, comme le projet en a déjà été fait! La fortune de Rome était là peut-être.

Mais, par cette nuit si noire, Pierre, accoudé au parapet, n'avait en lui que des pensées de sévère réalité. Il continuait les réflexions de la journée, que lui avait inspirées sa visite au Transtévère, puis au palais Farnèse. Il aboutissait, devant cette eau morte, à cette conclusion que le choix de Rome, pour en faire une capitale moderne, était le grand malheur dont souffrait la jeune Italie. Et il savait bien que ce choix s'imposait comme inévitable, Rome étant la reine de gloire, l'antique maîtresse du monde à laquelle l'éternité était promise, sans laquelle l'unité nationale avait toujours paru impossible; de sorte que le cas se posait terrible, puisque sans Rome l'Italie ne pouvait pas être, et qu'avec Rome il semblait maintenant difficile qu'elle fût. Ah! ce fleuve mort, quelle sourde voix de désastre il prenait dans la nuit! Pas une barque, pas un frisson de l'activité commerciale et industrielle des eaux qui charrient la vie au cœur des grandes villes! Sans doute on avait fait de beaux projets, Rome port de mer, des travaux gigantesques, le lit creusé pour permettre aux navires de fort tonnage de remonter jusqu'à l'Aventin; mais ce n'étaient là que des chimères, à peine finirait-on par désembourber l'embouchure, qui, continuellement, se comblait. Et l'autre cause d'agonie, la Campagne romaine, le désert de mort que le fleuve mort traversait et qui faisait à Rome une ceinture de stérilité? On parlait bien de la drainer, de la planter; on discutait vainement sur la question de savoir si elle était fertile sous les Romains; et Rome n'en demeurait pas moins au milieu de son vaste cimetière, comme une ville d'autrefois séparée à jamais du monde moderne, par cette lande où s'est accumulée la poussière des siècles. Les raisons géographiques qui lui ont jadis donné l'empire du monde connu, n'existent plus de nos jours. Le centre de la civilisation s'est déplacé de nouveau, le bassin de la Méditerranée a été partagé entre des nations puissantes. Tout aboutit à Milan, la cité de l'industrie et du commerce, tandis que Rome n'est désormais qu'un passage. Aussi, depuis vingt-cinq années, les efforts les plus héroïques n'ont pu la tirer du sommeil invincible qui continue à l'envahir. La capitale qu'on a voulu improviser trop vite est restée en détresse et a presque ruiné la nation. Les nouveaux venus, le gouvernement, les Chambres, les fonctionnaires, ne font qu'y camper, se sauvent dès les premières chaleurs, pour en éviter le climat mortel; à ce point que les hôtels et les magasins se ferment, que les rues et les promenades se vident, la ville n'ayant pas acquis de vie propre, retombant à la mort, dès que la vie factice, qui l'anime, l'abandonne. Tout reste ainsi en attente, dans cette capitale de simple décor, où la population aujourd'hui ne diminue ni n'augmente, où il faudrait une poussée nouvelle d'argent et d'hommes pour achever et peupler les immenses constructions inutiles des quartiers neufs. Et, s'il était vrai que demain refleurissait toujours dans la poudre du passé, il fallait donc se forcer à l'espoir. Mais ce sol n'était-il pas épuisé, et puisque les monuments eux-mêmes n'y poussaient plus, la sève qui fait les êtres sains, les nations fortes, n'y était-elle pas également tarie à jamais?

A mesure que la nuit avançait, les lumières des maisons du Transtévère, en face, s'éteignaient une à une. Et Pierre resta longtemps encore, envahi de désespérance, penché sur les eaux devenues noires. C'étaient les ténèbres sans fond, il ne restait, dans l'épaississement d'ombre du Janicule, que les trois becs de gaz lointains, le triangle d'étoiles. Aucun reflet ne moirait plus le Tibre d'un frisson d'or, ne faisait plus danser, sous le mystère de son courant, la vision chimérique de fabuleuses richesses; et c'en était fait de la légende, du chandelier d'or à sept branches, des vases d'or, des bijoux d'or, tout ce rêve d'un trésor antique tombé à la nuit, comme l'antique gloire de Rome elle-même. Pas une clarté, pas un bruit, l'infini sommeil, rien que la chute grosse et lourde de l'égout, à droite, qu'on ne voyait point. Les eaux avaient aussi disparu, Pierre n'avait plus que la sensation de leur coulée de plomb dans les ténèbres, la pesante vieillesse, la fatigue séculaire, l'immense tristesse et l'envie de néant de ce Tibre très ancien et très glorieux, qui semblait ne rouler désormais que la mort d'un monde. Seul, le vaste ciel riche, l'éternel ciel fastueux déroulait la vie éclatante de ses milliards d'astres, au-dessus du fleuve d'ombre roulant les ruines de près de trois mille ans.

Et, comme Pierre, avant de monter chez lui, était entré s'asseoir un instant dans la chambre de Dario, il y trouva Victorine, en train de préparer tout pour la nuit, et qui se récria, lorsqu'elle l'entendit raconter d'où il venait.

— Comment! monsieur l'abbé, vous vous êtes encore promené sur le quai, à cette heure! C'est donc que vous voulez attraper, vous aussi, un bon coup de couteau... Ah bien! ce n'est pas moi qui prendrais le frais si tard, dans cette satanée ville!

Puis, avec sa familiarité, elle se tourna vers le prince, allongé dans un fauteuil, et qui souriait.

— Vous savez, cette fille, la Pierina, elle n'est plus

venue, mais je l'ai vue qui rôdait là-bas, parmi les démolitions.

D'un geste, Dario la fit taire. Il s'était tourné vers le prêtre.

— Vous lui avez parlé pourtant. C'est imbécile à la fin... Voyez-vous cette brute de Tito revenir me planter son couteau dans l'autre épaule !

Brusquement, il se tut, en apercevant devant lui Benedetta, qui, entrée sans bruit pour lui souhaiter le bonsoir, l'écoutait. Son embarras fut extrême, il voulut parler, s'expliquer, lui jurer son innocence parfaite dans cette aventure. Mais elle souriait, elle se contenta de lui dire tendrement :

— Mon Dario, je la connaissais, ton histoire. Tu penses bien que je ne suis pas assez sotte, pour ne pas avoir réfléchi et compris... Si j'ai cessé de te questionner, c'est que je savais et que je t'aimais tout de même.

Elle était d'ailleurs si heureuse, elle avait appris le soir même que monsignor Palma, le défenseur du mariage dans l'affaire de son divorce, venait de se montrer reconnaissant du service rendu à son neveu, en déposant un nouveau plaidoyer, qui lui était favorable. Non pas que le prélat, désireux de ne pas trop se démentir, se fût déclaré pour elle complètement; mais les certificats des deux médecins lui avaient permis de conclure à l'état de virginité certaine; et, ensuite, glissant sur ce fait que la non-consommation provenait de la résistance de la femme, il avait habilement groupé les quelques raisons qui rendaient l'annulation nécessaire. Ainsi, toute espérance de rapprochement étant écartée, il devenait évident que les époux se trouvaient en continuel danger de tomber dans l'incontinence. Il faisait une allusion discrète au mari, le montrait comme ayant déjà succombé à ce danger; puis, il célébrait la haute moralité de la femme, sa dévotion, toutes les vertus qui était une garantie en faveur de sa véracité. Et, sans se prononcer pourtant, il s'en remettait à la sagesse de la congrégation. Mais, dès lors, puisque monsignor Palma répétait à peu près les arguments de l'avocat Morano, et puisque Prada s'entêtait à ne plus se présenter, il paraissait hors de doute que la congrégation voterait l'annulation à une forte majorité, ce qui permettrait au Saint-Père d'agir avec bienveillance.

— Ah! mon Dario, nous voilà au bout de nos chagrins... Mais que d'argent, que d'argent! Ma tante dit qu'ils nous laisseront à peine de l'eau à boire.

Et elle riait avec une belle insouciance d'amoureuse passionnée. Ce n'était pas que la juridiction des congrégations fût ruineuse, car en principe la justice y était gratuite. Seulement, il y avait une infinité de petits frais à payer, tous les employés subalternes, puis les expertises médicales, les transcriptions, les mémoires, les plaidoyers. Ensuite, si, bien entendu, on n'achetait pas directement les voix des cardinaux, certaines de ces voix revenaient à de fortes sommes, quand il fallait s'assurer les créatures, faire agir tout un monde autour de Leurs Éminences. Sans compter que les gros cadeaux d'argent sont, au Vatican, lorsqu'on les fait avec tact, les raisons décisives qui tranchent les pires difficultés. Et, enfin, le neveu de monsignor Palma avait coûté horriblement cher.

— N'est-ce pas? mon Dario, puisque te voilà guéri, qu'on nous permette vite de nous marier ensemble, et c'est tout ce que nous leur demandons... Je leur donnerai encore, s'ils veulent, mes perles, la seule fortune qui va me rester.

Lui, riait aussi, car l'argent n'avait jamais compté dans son existence. Il n'en avait jamais eu à son gré, il espérait simplement vivre toujours chez son oncle, le cardinal, qui ne laisserait pas le jeune ménage sur le pavé. Dans leur ruine, cent mille, deux cent mille francs ne représentaient rien pour lui, et il avait entendu dire que certains divorces en avaient coûté cinq cent mille. Aussi ne trouva-t-il qu'une plaisanterie.

— Donne-leur aussi ma bague, donne-leur tout, ma chère, et nous vivrons bien heureux, au fond de ce vieux palais, même s'il faut en vendre les meubles.

Elle fut enthousiasmée, elle lui saisit la tête entre ses deux mains, et elle lui baisa les yeux éperdument, dans un élan de passion extraordinaire.

Puis, se tournant vers Pierre, tout d'un coup :

— Ah! pardon, monsieur l'abbé, j'ai une commission pour vous... Oui, c'est monsignor Nani, qui vient de nous apporter la bonne nouvelle, et il m'a chargée de vous dire que vous vous faites trop oublier, que vous devriez agir pour la défense de votre livre.

Étonné, le prêtre l'écoutait.

— Mais c'est lui qui m'a conseillé de disparaître.

— Sans doute... Seulement, il paraît que l'heure est venue où vous devez aller voir les gens, plaider votre cause, vous remuer enfin. Et, tenez! il a pu savoir le nom du rapporteur qu'on a chargé d'examiner votre livre : c'est monsignor Fornaro, qui demeure place Navone.

Pierre sentait croître sa stupéfaction. Jamais cela ne se faisait, de livrer le nom d'un rapporteur, qui restait secret, pour assurer l'entière liberté de jugement. Était-ce donc une nouvelle phase de son séjour à Rome qui allait commencer? Et il répondit simplement :

— C'est bon, je vais agir, j'irai voir tout le monde.

X

Dès le lendemain, Pierre, dont l'unique pensée était d'en finir, voulut se mettre en campagne. Mais une incertitude l'avait pris : chez qui frapper d'abord, par quel personnage commencer ses visites, s'il désirait éviter toute faute, dans un monde qu'il sentait si compliqué et si vaniteux? Et, comme, en ouvrant sa porte, il eut la chance d'apercevoir dans le corridor don Vigilio, le secrétaire du cardinal, il le pria d'entrer un instant chez lui.

— Vous allez me rendre un service, monsieur l'abbé. Je me confie à vous, j'ai besoin d'un conseil.

Il le sentait très renseigné, mêlé à tout, dans sa discrétion outrée et peureuse, ce petit homme maigre, au teint de safran, qui tremblait toujours la fièvre, et qui, jusquelà, avait presque paru le fuir, sans doute pour échapper au danger de se compromettre. Cependant, depuis quelque temps déjà, il se montrait moins sauvage, ses yeux noirs flambaient, lorsqu'il rencontrait son voisin, comme s'il était pris lui-même de l'impatience dont celui-ci devait brûler, à être immobilisé de la sorte, durant des journées si longues. Aussi n'essaya-t-il pas d'éviter l'entretien.

— Je vous demande pardon, reprit Pierre, de vous faire entrer dans cette pièce en désordre. Ce matin, j'ai encore reçu de Paris du linge et des vêtements d'hiver... Imaginez-vous que j'étais venu avec une petite valise, pour quinze jours, et voilà bientôt trois mois que je suis ici, sans être plus avancé que le matin de mon arrivée.

Don Vigilio eut un léger hochement de tête.

— Oui, oui, je sais.

Alors, Pierre lui expliqua que, monsignor Nani lui ayant fait dire par la contessina d'agir, de voir tout le monde, pour défendre son livre, il était fort embarrassé, ignorant dans quel ordre régler ses visites, d'une façon utile. Par exemple, devait-il avant tout aller voir monsignor Fornaro, le prélat consulteur chargé du rapport sur son livre, dont on lui avait dit le nom?

— Ah! s'écria don Vigilio frémissant, monsignor Nani est allé jusque-là, il vous a livré le nom!... Ah! c'est plus extraordinaire encore que je ne croyais!

Et, s'oubliant, s'abandonnant à sa passion :

— Non, non! ne commencez pas par monsignor Fornaro. Allez d'abord rendre une visite très humble au préfet de la congrégation de l'Index, à Son Éminence le cardinal Sanguinetti, parce qu'il ne vous pardonnerait pas d'avoir porté à un autre votre premier hommage, s'il le savait un jour...

Il s'arrêta, il ajouta à voix plus basse, dans un petit frisson de sa fièvre :

— Et il le saurait, tout se sait.

Puis, comme s'il eût cédé à une brusque vaillance de sympathie, il prit les deux mains du jeune prêtre étranger.

— Mon cher monsieur Froment, je vous jure que je serais très heureux de vous être bon à quelque chose, parce que vous êtes une âme simple et que vous finissez par me faire de la peine... Mais il ne faut pas me demander l'impossible. Si vous saviez, si je vous confiais tous les périls qui nous entourent!... Pourtant, je crois pouvoir vous dire encore aujourd'hui de ne compter en aucune façon sur mon maître, Son Éminence le cardinal Boccanera. A plusieurs reprises, devant moi, il a désapprouvé absolument votre livre... Seulement, celui-là est un saint, un grand honnête homme, et s'il ne vous défend pas, il ne vous attaquera pas, il restera neutre, par égard pour sa nièce, la contessina, qu'il adore et qui vous protège... Quand vous le verrez, ne plaidez donc pas votre cause, cela ne servirait à rien et pourrait l'irriter.

Pierre ne fut pas trop chagrin de la confidence, car il avait compris, dès sa première entrevue avec le cardinal, et dans les rares visites qu'il lui avait rendues depuis, respectueusement, qu'il n'aurait jamais en lui qu'un adversaire.

— Je le verrai donc, dit-il, pour le remercier de sa neutralité.

Mais don Vigilio fut repris de toutes ses terreurs.

— Non, non ! ne faites pas cela, il comprendrait peut-être que j'ai parlé, et quel désastre ! ma situation serait compromise... Je n'ai rien dit, je n'ai rien dit ! Voyez d'abord les cardinaux, tous les cardinaux. Mettons, n'est-ce pas ? que je n'ai rien dit autre chose.

Et, ce jour-là, il ne voulut pas causer davantage, il quitta la pièce, frissonnant, en fouillant à droite et à gauche le corridor, de ses yeux de flamme, pleins d'inquiétude.

Tout de suite, Pierre sortit pour se rendre chez le cardinal Sanguinetti. Il était dix heures, il avait quelque chance de le trouver. Le cardinal habitait, à côté de l'église Saint-Louis des Français, dans une rue noire et étroite, le premier étage d'un petit palais, aménagé bourgeoisement. Ce n'était pas la ruine géante, d'une grandeur princière et mélancolique, où s'entêtait le cardinal Boccanera. L'ancien appartement de gala réglementaire était réduit, comme le train. Il n'y avait plus de salle du trône, ni de grand chapeau rouge accroché sous un baldaquin, ni de fauteuil attendant la venue du pape, retourné contre le mur. Deux pièces successives servant d'antichambres, un salon où le cardinal recevait, et le tout sans luxe, sans confortable même, des meubles d'acajou datant de l'empire, des tentures et des tapis poussiéreux, fanés par l'usage. D'ailleurs, le visiteur dut sonner longtemps ; et, lorsqu'un domestique, qui, sans hâte, remettait sa veste, finit par entre-bâiller la porte, ce fut pour répondre que Son Excellence était depuis la veille à Frascati.

Pierre se souvint alors que le cardinal Sanguinetti était en effet un des évêques suburbicaires. Il avait, à Frascati, son évêché, une villa, où il allait parfois passer quelques jours, lorsqu'un désir de repos ou une raison politique l'y poussait.

— Et Son Éminence reviendra bientôt?

— Ah! on ne sait pas... Son Éminence est souffrante. Elle a bien recommandé qu'on n'envoie personne la tourmenter là-bas.

Quand Pierre se retrouva dans la rue, il se sentit tout désorienté par ce premier contretemps. Allait-il, sans tarder davantage, puisque les choses pressaient maintenant, se rendre chez monsignor Fornaro, à la place Navone, qui était voisine? Mais il se rappela la recommandation que don Vigilio lui avait faite de visiter d'abord les cardinaux; et il eut une inspiration, il résolut de voir immédiatement le cardinal Sarno, dont il avait fini par faire la connaissance, aux lundis de donna Serafina. Dans son effacement volontaire, tous le considéraient comme un des membres les plus puissants et les plus redoutables du Sacré Collège, ce qui n'empêchait pas son neveu, Narcisse, de déclarer qu'il ne connaissait pas d'homme plus obtus sur les questions étrangères à ses occupations habituelles. S'il ne siégeait pas à la congrégation de l'Index, il pourrait toujours donner un bon conseil et peut-être agir sur ses collègues par sa grande influence.

Directement, Pierre se rendit au palais de la Propagande, où il savait devoir trouver le cardinal. Ce palais, dont on aperçoit la lourde façade de la place d'Espagne, est une énorme construction nue et massive qui occupe tout un angle, entre deux rues. Et Pierre, que son mauvais italien desservait, s'y perdit, monta des étages qu'il lui fallut redescendre, un véritable labyrinthe d'escaliers, de couloirs et de salles. Enfin, il eut la chance de tomber sur le secrétaire du cardinal, un jeune prêtre aimable, qu'il avait déjà vu au palais Boccanera.

— Mais sans doute, je crois que Son Éminence voudra bien vous recevoir. Vous avez parfaitement fait de venir à cette heure, car elle est ici tous les matins... Veuillez me suivre, je vous prie.

Ce fut un nouveau voyage. Le cardinal Sarno, longtemps secrétaire à la Propagande, y présidait aujourd'hui, comme cardinal, la commission qui organisait le culte dans les pays d'Europe, d'Afrique, d'Amérique et d'Océanie, nouvellement conquis au catholicisme; et, à ce titre, il avait là un cabinet, des bureaux, toute une installation administrative, où il régnait en fonctionnaire maniaque, qui avait vieilli sur son fauteuil de cuir, sans jamais être sorti du cercle étroit de ses cartons verts, sans connaître autre chose du monde que le spectacle de la rue, dont les piétons et les voitures passaient sous sa fenêtre.

Au bout d'un corridor obscur, que des becs de gaz devaient éclairer en plein jour, le secrétaire laissa son compagnon sur une banquette. Puis, après un grand quart d'heure, il revint de son air empressé et affable.

— Son Éminence est occupée, une conférence avec des missionnaires qui partent. Mais ça va être fini, et elle m'a dit de vous mettre dans son cabinet, où vous l'attendrez.

Quand Pierre fut seul dans le cabinet, il en examina avec curiosité l'aménagement. C'était une assez vaste pièce, sans luxe, tapissée de papier vert, garnie d'un meuble de damas vert, à bois noir. Les deux fenêtres, qui donnaient sur une rue latérale, étroite, éclairaient d'un jour morne les murs assombris et le tapis déteint; et il n'y avait, en dehors de deux consoles, que le bureau près d'une des fenêtres, une simple table de bois noir, à la moleskine mangée, tellement encombrée d'ailleurs, qu'elle disparaissait sous les dossiers et les paperasses.

Un instant, il s'en approcha, regarda le fauteuil défoncé par l'usage, le paravent qui l'abritait frileusement, le vieil encrier éclaboussé d'encre. Puis, il commença à s'impatienter, dans l'air lourd et mort qui l'oppressait, dans le grand silence inquiétant que troublaient seuls les roulements étouffés de la rue.

Mais, comme il se décidait à marcher doucement de long en large, Pierre tomba sur une carte, accrochée au mur, dont la vue l'occupa, l'emplit des pensées les plus vastes, au point de lui faire tout oublier. Cette carte, en couleurs, était celle du monde catholique, la terre entière, la mappemonde déroulée, où les diverses teintes indiquaient les territoires, selon qu'ils appartenaient au catholicisme victorieux, maître absolu, ou bien au catholicisme toujours en lutte contre les infidèles, et ces derniers pays classés selon l'organisation en vicariats ou en préfectures. N'était-ce pas, graphiquement, tout l'effort séculaire du catholicisme, la domination universelle qu'il a voulue dès la première heure, qu'il n'a cessé de vouloir et de poursuivre à travers les temps? Dieu a donné le monde à son Église, mais il faut bien qu'elle en prenne possession, puisque l'erreur s'entête à régner. De là, l'éternelle bataille, les peuples disputés de nos jours encore aux religions ennemies, comme à l'époque où les Apôtres quittaient la Judée pour répandre l'Évangile. Pendant le moyen âge, la grande besogne fut d'organiser l'Europe conquise, sans qu'on pût même tenter la réconciliation avec les Églises dissidentes d'Orient. Puis, la Réforme éclata, ce fut le schisme ajouté au schisme, la moitié protestante de l'Europe et tout l'Orient orthodoxe à reconquérir. Mais, avec la découverte du Nouveau Monde, l'ardeur guerrière s'était réveillée, Rome ambitionnait d'avoir à elle cette seconde face de la terre, des missions furent créées, allèrent soumettre à Dieu ces peuples, ignorés la veille, et qu'il avait donnés avec les autres. Et les grandes divisions actuelles de la chrétienté s'étaient ainsi formées d'elles-mêmes : d'une part, les nations catholiques, celles où la foi n'avait qu'à être entretenue, et que dirigeait souverainement la Secrétairerie d'État, installée au Vatican; de l'autre, les nations schismatiques ou simplement païennes, qu'il s'agissait de ramener au bercail ou de convertir, et sur lesquelles s'efforçait de régner la congrégation de la Propagande. Ensuite, cette congrégation avait dû, à son tour, se diviser en deux branches, pour faciliter le travail, la branche orientale chargée spécialement des sectes dissidentes de l'Orient, la branche latine dont le pouvoir s'étend sur tous les autres pays de mission. Vaste ensemble d'organisation conquérante, immense filet, aux mailles fortes et serrées, jeté sur le monde et qui ne devait pas laisser échapper une âme.

Pierre eut seulement alors, devant cette carte, la nette sensation d'une telle machine, fonctionnant depuis des siècles, faite pour absorber l'humanité. Dotée richement par les papes, disposant d'un budget considérable, la Propagande lui apparut comme une force à part, une papauté dans la papauté; et il comprit le nom de pape rouge donné au préfet de la congrégation, car de quel pouvoir illimité ne jouissait-il pas, l'homme de conquête et de domination, dont les mains vont d'un bout de la terre à l'autre? Si le cardinal secrétaire avait l'Europe centrale, un point si étroit du globe, lui n'avait-il pas tout le reste, des espaces infinis, les contrées lointaines, inconnues encore? Puis, les chiffres étaient là, Rome ne régnait sans conteste que sur deux cents et quelques millions de catholiques, apostoliques et romains; tandis que les schismatiques, ceux de l'Orient et ceux de la Réforme, si on les additionnait, dépassaient déjà ce nombre; et quel écart, lorsqu'on ajoutait le milliard des infidèles dont la conversion restait encore à faire! Brusquement, il fut frappé par ces chiffres, à un tel point, qu'un frisson le traversa. Eh quoi! était-ce donc vrai? environ cinq millions de Juifs, près de deux cents millions de Mahométans, plus de sept cents millions de Brahmanistes et de Bouddhistes, sans compter les cent millions d'autres païens, de toutes les religions, au total un milliard, devant lequel les chrétiens n'étaient guère que quatre cents millions, divisés entre eux, en continuelle bataille, une moitié avec Rome, l'autre moitié contre Rome! Était-ce possible que le Christ n'eût pas même, en dix-huit siècles, conquis le tiers de l'humanité, et que Rome, l'éternelle, la toute-puissante, ne comptât comme soumise que la sixième partie des peuples? Une seule âme sauvée sur six, quelle proportion effrayante! Mais la carte parlait brutalement, l'empire de Rome, colorié en rouge, n'était qu'un point perdu, quand on le comparait à l'empire des autres dieux, colorié en jaune, les contrées sans fin que la Propagande avait encore à soumettre. Et la question se posait, combien de siècles faudrait-il pour que les promesses du Christ fussent remplies, la terre entière soumise à sa loi, la société religieuse recouvrant la société civile, ne formant plus qu'une croyance et qu'un royaume? Et, devant cette question, devant cette prodigieuse besogne à terminer, quel étonnement, lorsqu'on songeait à la tranquille sérénité de Rome, à son obstination patiente, qui n'a jamais douté, qui doute aujourd'hui moins que jamais, toujours à l'œuvre par ses évêques et par ses missionnaires, incapable de lassitude, faisant son œuvre sans arrêt comme les infiniment petits ont fait le monde, dans l'absolue certitude qu'elle seule, un jour, sera la maîtresse de la terre!

Ah! cette armée continuellement en marche, Pierre la voyait, l'entendait à cette heure, par delà les mers, au travers des continents, préparer et assurer la conquête politique, au nom de la religion. Narcisse lui avait conté avec quel soin les ambassades devaient surveiller les agissements de la Propagande, à Rome; car les missions étaient souvent des instruments nationaux, au loin, d'une force décisive. Le spirituel assurait le temporel, les âmes conquises donnaient les corps. Aussi était-ce une lutte incessante, dans laquelle la congrégation favorisait les missionnaires de l'Italie ou des nations alliées, dont elle souhaitait l'occupation victorieuse. Toujours elle s'était montrée jalouse de sa rivale française, la Propagation de la foi, installée à Lyon, aussi riche qu'elle, aussi puissante, plus abondante en hommes d'énergie et de courage. Elle ne se contentait pas de la frapper d'un tribut considérable, elle la contrecarrait, la sacrifiait, partout où elle craignait son triomphe. A maintes reprises, les missionnaires français, les ordres français venaient d'être chassés, pour céder la place à des religieux italiens ou allemands. Et c'était maintenant ce secret foyer d'intrigues politiques que Pierre devinait, sous l'ardeur civilisatrice de la foi, dans le cabinet morne et poussiéreux, que jamais n'égayait le soleil. Son frisson l'avait repris, ce frisson des choses que l'on sait et qui, tout d'un coup, un jour, vous apparaissent monstrueuses et terrifiantes. N'était-ce pas à bouleverser les plus sages, à faire pâlir les plus braves, cette machine de conquête et de domination, universellement organisée, fonctionnant dans le temps et dans l'espace avec un entêtement d'éternité, ne se contentant pas de vouloir les âmes, mais travaillant à son règne futur sur tous les hommes, et, comme elle ne peut encore les prendre pour elle, disposant d'eux, les cédant au maître temporaire qui les lui gardera? Quel rêve prodigieux, Rome souriante, attendant avec tranquillité le siècle où elle aura absorbé les deux cents millions de Mahométans et les sept cents millions de Brahmanistes et de Bouddhistes, dans un peuple unique dont elle sera la reine spirituelle et temporelle, au nom du Christ triomphant !

Un bruit de toux fit retourner Pierre, et il tressaillit en apercevant le cardinal Sarno, qu'il n'avait pas entendu entrer. Ce fut pour lui, d'être trouvé de la sorte devant cette carte, comme si on le surprenait en train de mal faire, occupé à violer un secret. Une rougeur intense lui envahit le visage.

Mais le cardinal, qui l'avait regardé fixement de ses yeux ternes, alla jusqu'à sa table, se laissa tomber sur son fauteuil, sans dire une parole. D'un geste, il l'avait dispensé du baisement de l'anneau.

— J'ai voulu présenter mes hommages à Votre Éminence... Est-ce que Votre Éminence est souffrante ?

— Non, non, c'est toujours ce maudit rhume qui ne veut pas me quitter. Et puis, j'ai en ce moment tant d'affaires !

Pierre le regardait, sous le jour livide de la fenêtre, si malingre, si contrefait, avec son épaule gauche plus haute que la droite, n'ayant plus rien de vivant, pas même le regard, dans son visage usé et terreux. Il se rappelait un de ses oncles, à Paris, qui, après trente années passées au fond d'un bureau de ministère, avait ce regard mort, cette peau de parchemin, cet hébétement las de tout l'être. Était-ce donc vrai que celui-ci, ce petit vieillard desséché et flottant dans sa soutane noire, lisérée de rouge, fût le maître du monde, possédant en lui à un tel point la carte de la chrétienté, sans être jamais sorti de Rome, que le préfet de la Propagande ne prenait pas la moindre décision avant de connaître son avis ?

— Asseyez-vous un instant, monsieur l'abbé... Alors, vous êtes venu me voir, vous avez quelque demande à me faire...

Et, tout en s'apprêtant à écouter, il feuilletait de ses doigts maigres les dossiers entassés devant lui, jetait un coup d'œil sur chaque pièce, ainsi qu'un général, un tacticien de science profonde, dont l'armée est au loin, et qui la conduit à la victoire, du fond de son cabinet de travail, sans jamais perdre une minute.

Un peu gêné de voir ainsi poser nettement le but intéressé de sa visite, Pierre se décida à brusquer les choses.

— En effet, je me permets de venir demander des conseils à la haute sagesse de Votre Éminence. Elle n'ignore pas que je suis à Rome pour défendre mon livre, et je serais très heureux, si elle voulait bien me diriger, m'aider de son expérience.

Brièvement, il dit où en était l'affaire, il plaida sa cause. Mais, à mesure qu'il parlait, il voyait le cardinal se désintéresser, songer à autre chose, ne plus comprendre.

— Ah! oui, vous avez écrit un livre, il en a été question un soir, chez donna Serafina... C'est une faute, un prêtre ne doit pas écrire. A quoi bon?... Et, si la congrégation de l'Index le poursuit, elle a raison sûrement. Que puis-je y faire? Je ne suis pas membre de la congrégation, je ne sais rien, rien du tout.

Vainement, Pierre s'efforça de l'instruire, de l'émouvoir, désolé de le sentir si fermé, si indifférent. Et il s'aperçut que cette intelligence, vaste et pénétrante dans le domaine où elle évoluait depuis quarante ans, se bouchait dès qu'on la sortait de sa spécialité. Elle n'était ni curieuse ni souple. Les yeux achevaient de se vider de toute étincelle de vie, le crâne semblait se déprimer encore, la physionomie entière prenait un air d'imbécillité morne.

— Je ne sais rien, je ne puis rien, répéta-t-il. Et jamais je ne recommande personne.

Pourtant, il fit un effort.

— Mais Nani est là dedans. Que vous conseille-t-il de faire, Nani?

— Monsignor Nani a eu l'obligeance de me révéler le nom du rapporteur, monsignor Fornaro, en me faisant dire d'aller le voir.

Le cardinal parut surpris et comme réveillé. Un peu de lumière revint à ses yeux.

— Ah! vraiment, ah! vraiment... Eh bien! pour que Nani ait fait cela, c'est qu'il a son idée. Allez voir monsignor Fornaro.

Il s'était levé de son fauteuil, il congédia le visiteur, qui dut le remercier, en s'inclinant profondément. D'ailleurs, sans l'accompagner jusqu'à la porte, il s'était rassis tout de suite, et il n'y eut plus, dans la pièce morte, que le petit bruit sec de ses doigts osseux feuilletant les dossiers.

Pierre, docilement, suivit le conseil. Il décida de passer par la place Navone, en retournant à la rue Giulia. Mais, chez monsignor Fornaro, un serviteur lui dit que son maître venait de sortir et qu'il fallait se présenter de bonne heure pour le trouver, vers dix heures. Ce fut donc le lendemain matin seulement qu'il put être reçu. Auparavant, il avait eu soin de se renseigner, il savait sur le prélat le nécessaire : la naissance à Naples, les études commencées chez les pères Barnabites de cette ville, terminées à Rome au Séminaire, enfin le long professorat à l'Université Grégorienne. Aujourd'hui consulteur de plusieurs congrégations, chanoine de Sainte-Marie-Majeure, monsignor Fornaro brûlait de l'ambition immédiate d'obtenir le canonicat à Saint-Pierre, et faisait le rêve lointain d'être nommé un jour secrétaire de la Consistoriale, charge cardinalice qui donne la pourpre. Théologien remarquable, il encourait le seul reproche de sacrifier parfois à la littérature, en écrivant dans les revues religieuses des articles, qu'il avait la haute prudence de ne pas signer. On le disait aussi très mondain.

Dès que Pierre eut remis sa carte, il fut reçu, et le soupçon qu'on l'attendait lui serait venu peut-être, si l'accueil qui lui était fait n'avait témoigné de la plus sincère surprise, mêlée à un peu d'inquiétude.

— Monsieur l'abbé Froment, monsieur l'abbé Froment, répétait le prélat en regardant la carte qu'il avait gardée à la main. Veuillez entrer, je vous prie... J'allais défendre ma porte, car j'ai un travail très pressé... Ça ne fait rien, asseyez-vous.

Mais Pierre restait charmé, en admiration devant ce bel

homme, grand et fort, dont les cinquante-cinq ans fleurissaient. Rose, rasé, avec des boucles de cheveux à peine grisonnants, il avait un nez aimable, des lèvres humides, des yeux caresseurs, tout ce que la prélature romaine peut offrir de plus séduisant et de plus décoratif. Il était vraiment superbe dans sa soutane noire à collet violet, très soigné de sa personne, d'une élégance simple. Et la vaste pièce où il recevait, gaiement éclairée par deux larges fenêtres sur la place Navone, meublée avec un goût très rare aujourd'hui chez le clergé romain, sentait bon, lui faisait un cadre de belle humeur et de bienveillant accueil.

— Asseyez-vous donc, monsieur l'abbé Froment, et veuillez me dire ce qui me cause l'honneur de votre visite.

Il s'était remis, l'air naïf, simplement obligeant; et Pierre, tout d'un coup, devant cette question naturelle, qu'il aurait dû prévoir, se trouva très gêné. Allait-il donc aborder directement l'affaire, avouer le motif délicat de sa visite? Il sentit que c'était encore le parti le plus prompt et le plus digne.

— Mon Dieu! monseigneur, je sais que ce que je viens faire près de vous ne se fait pas. Mais on m'a conseillé cette démarche, et il m'a semblé qu'entre honnêtes gens, il ne peut jamais être mauvais de chercher la vérité de bonne foi.

— Quoi donc, quoi donc? demanda le prélat, d'un air de candeur parfaite, sans cesser de sourire.

— Eh bien! tout bonnement, j'ai su que la congrégation de l'Index vous avait remis mon livre: *la Rome nouvelle*, en vous chargeant de l'examiner, et je me permets de me présenter, dans le cas où vous auriez à me demander quelques explications.

Mais monsignor Fornaro parut ne pas vouloir en entendre davantage. Il porta les deux mains à sa tête, se recula, toujours courtois cependant.

— Non, non! ne me dites pas cela, ne continuez pas,

vous me feriez un chagrin immense... Mettons, si vous voulez, qu'on vous a trompé, car on ne doit rien savoir, on ne sait rien, pas plus les autres que moi... De grâce, ne parlons pas de ces choses.

Heureusement, Pierre, qui avait remarqué l'effet décisif que produisait le nom de l'assesseur du Saint-Office, eut l'idée de répondre :

— Certes, monseigneur, je n'entends pas vous occasionner le moindre embarras, et je vous répète que jamais je ne me serais permis de venir vous importuner, si monsignor Nani lui-même ne m'avait fait connaître votre nom et votre adresse.

Cette fois encore, l'effet fut immédiat. Seulement, monsignor Fornaro mit une grâce aisée à se rendre, comme à tout ce qu'il faisait. Il ne céda pas tout de suite, d'ailleurs, très malicieux, plein de nuances.

— Comment ! c'est monsignor Nani qui est l'indiscret ! Mais je le gronderai, je me fâcherai !... Et qu'en sait-il ? il n'est pas de la congrégation, il a pu être induit en erreur... Vous lui direz qu'il s'est trompé, que je ne suis pour rien dans votre affaire, ce qui lui apprendra à révéler des secrets nécessaires, respectés de tous.

Puis, gentiment, avec ses yeux charmeurs, avec sa bouche fleurie :

— Voyons, puisque monsignor Nani le désire, je veux bien causer un instant avec vous, mon cher monsieur Froment, à la condition que vous ne saurez rien de moi sur mon rapport, ni sur ce qui a pu se faire ou se dire à la congrégation.

A son tour, Pierre eut un sourire, car il admirait à quel point les choses devenaient faciles, lorsque les formes étaient sauves. Et il se mit à expliquer une fois de plus son cas, l'étonnement profond où l'avait jeté le procès fait à son livre, l'ignorance où il était encore des griefs qu'il cherchait vainement, sans pouvoir les trouver.

— En vérité, en vérité ! répéta le prélat, l'air ébahi de

tant d'innocence. La congrégation est un tribunal, et elle ne peut agir que si on la saisit de l'affaire. Votre livre est poursuivi, parce qu'on l'a dénoncé, tout simplement.

— Oui, je sais, dénoncé !

— Mais sans doute, la plainte a été portée par trois évêques français, dont vous me permettrez de taire les noms, et il a bien fallu que la congrégation passât à l'examen de l'œuvre incriminée.

Pierre le regardait, effaré. Dénoncé par trois évêques, et pourquoi, et dans quel but ?

Puis, l'idée de son protecteur lui revint.

— Voyons, le cardinal Bergerot m'a écrit une lettre approbative, que j'ai mise comme préface en tête de mon livre. Est-ce que cela n'était pas une garantie qui aurait dû suffire à l'épiscopat français ?

Finement, monsignor Fornaro hocha la tête, avant de se décider à dire :

— Ah ! oui, certainement, la lettre de Son Éminence, une très belle lettre... Je crois cependant qu'elle aurait beaucoup mieux fait de ne pas l'écrire, pour elle, et surtout pour vous.

Et, comme le prêtre, dont la surprise augmentait, ouvrait la bouche, voulant le presser de s'expliquer :

— Non, non, je ne sais rien, je ne dis rien... Son Éminence le cardinal Bergerot est un saint que tout le monde révère, et s'il pouvait pécher, il faudrait sûrement n'en accuser que son cœur.

Il y eut un silence. Pierre avait senti s'ouvrir un abîme. Il n'osa insister, il reprit avec quelque violence :

— Enfin, pourquoi mon livre, pourquoi pas les livres des autres ? Je n'entends pas à mon tour me faire dénonciateur, mais que de livres je connais, sur lesquels Rome ferme les yeux, et qui sont singulièrement plus dangereux que le mien !

Cette fois, monsignor Fornaro sembla très heureux d'abonder dans son sens.

— Vous avez raison, nous savons bien que nous ne pouvons atteindre tous les mauvais livres, nous en sommes désolés. Il faut songer au nombre incalculable d'ouvrages que nous serions forcés de lire. Alors, n'est-ce pas? nous condamnons les pires en bloc.

Il entra dans des explications complaisantes. En principe, les imprimeurs ne devaient pas mettre un livre sous presse, sans en avoir au préalable soumis le manuscrit à l'approbation de l'évêque. Mais, aujourd'hui, dans l'effroyable production de l'imprimerie, on comprend quel serait l'embarras terrible des évêchés, si, brusquement, les imprimeurs se conformaient à la règle. On n'y avait ni le temps, ni l'argent, ni les hommes nécessaires, pour cette colossale besogne. Aussi la congrégation de l'Index condamnait-elle en masse, sans avoir à les examiner, les livres parus ou à paraître de certaines catégories: d'abord tous les livres dangereux pour les mœurs, tous les livres érotiques, tous les romans; ensuite, les Bibles en langue vulgaire, car les saints livres ne doivent pas être permis sans discrétion; enfin les livres de sorcellerie, les livres de science, d'histoire ou de philosophie contraires au dogme, les livres d'hérésiarques ou de simples ecclésiastiques discutant la religion. C'étaient là des lois sages, rendues par différents papes, dont l'exposé servait de préface au catalogue des livres défendus que la congrégation publiait, et sans lesquelles ce catalogue, pour être complet, aurait empli à lui seul une bibliothèque. En somme, lorsqu'on le feuilletait, on s'apercevait que l'interdiction frappait surtout des livres de prêtres, Rome ne gardant guère, devant la difficulté et l'énormité de la tâche, que le souci de veiller avec soin à la bonne police de l'Église. Et tel était le cas de Pierre et de son œuvre.

— Vous comprenez, continua monsignor Fornaro, que nous n'allons pas faire de la réclame à un tas de livres malsains, en les honorant d'une condamnation particulière. Ils sont légions, chez tous les peuples, et nous n'aurions ni assez de papier, ni assez d'encre, pour les atteindre. De temps à autre, nous nous contentons d'en frapper un, lorsqu'il est signé d'un nom célèbre, qu'il fait trop de bruit ou qu'il renferme des attaques inquiétantes contre la foi. Cela suffit pour rappeler au monde que nous existons et que nous nous défendons, sans rien abandonner de nos droits ni de nos devoirs.

— Mais mon livre, mon livre? s'écria Pierre, pourquoi cette poursuite contre mon livre?

— Je vous l'explique, autant que cela m'est permis, mon cher monsieur Froment. Vous êtes prêtre, votre livre a du succès, vous en avez publié une édition à bon marché qui se vend très bien; et je ne parle pas du mérite littéraire qui est remarquable, un souffle de réelle poésie qui m'a transporté et dont je vous fais mon sincère compliment... Comment voulez-vous que, dans ces conditions, nous fermions les yeux sur une œuvre où vous concluez à l'anéantissement de notre sainte religion et à la destruction de Rome?

Pierre resta béant, suffoqué de surprise.

— La destruction de Rome, grand Dieu! mais je la veux rajeunie, éternelle, de nouveau reine du monde!

Et, repris de son brûlant enthousiasme, il se défendit, il confessa de nouveau sa foi, le catholicisme retournant à la primitive Église, puisant un sang régénéré dans le christianisme fraternel de Jésus, le pape libéré de toute royauté terrestre, régnant sur l'humanité entière par la charité et l'amour, sauvant le monde de l'effroyable crise sociale qui le menace, pour le conduire au vrai royaume de Dieu, à la communauté chrétienne de tous les peuples unis en un seul peuple.

— Est-ce que le Saint-Père peut me désavouer? Est-ce que ce ne sont pas là ses idées secrètes, qu'on commence à deviner et que mon seul tort serait d'exprimer trop tôt et trop librement? Est-ce que, si l'on me permettait de le voir, je n'obtiendrais pas tout de suite de lui la cessation des poursuites?

Monsignor Fornaro ne parlait plus, se contentait de hocher la tête, sans se fâcher de la fougue juvénile du prêtre. Au contraire, il souriait avec une amabilité croissante, comme très amusé par tant d'innocence et tant de rêve. Enfin, il répondit gaiement :

— Allez, allez! ce n'est pas moi qui vous arrêterai, il m'est défendu de rien dire... Mais le pouvoir temporel, le pouvoir temporel...

— Eh bien! le pouvoir temporel? demanda Pierre.

De nouveau, le prélat ne parlait plus. Il levait au ciel sa face aimable, il agitait joliment ses mains blanches. Et, quand il reprit, ce fut pour ajouter :

— Puis, il y a votre religion nouvelle... Car le mot y est deux fois, la religion nouvelle, la religion nouvelle... Ah! Dieu!

Il s'agita davantage, il se pâma, à ce point, que Pierre, saisi d'impatience, s'écria :

— Je ne sais quel sera votre rapport, monseigneur, mais je vous affirme que jamais je n'ai entendu attaquer le dogme. Et, de bonne foi, voyons! cela ressort de tout mon livre, je n'ai voulu faire qu'une œuvre de pitié et de salut... Il faut, en bonne justice, tenir compte des intentions.

Monsignor Fornaro était redevenu très calme, très paterne.

— Oh! les intentions, les intentions...

Il se leva, pour congédier le visiteur.

— Soyez convaincu, mon cher monsieur Froment, que je suis très honoré de votre démarche près de moi... Naturellement, je ne puis vous dire quel sera mon rapport, nous en avons déjà trop causé, et j'aurais dû même refuser d'entendre votre défense. Vous ne m'en trouverez pas moins prêt à vous être agréable en tout ce qui n'ira point contre mon devoir... Mais je crains fort que votre livre ne soit condamné.

Et, sur un nouveau sursaut de Pierre :

— Ah! dame, oui!... Ce sont les faits que l'on juge, et non les intentions. Toute défense est donc inutile, le livre est là, et il est ce qu'il est. Vous aurez beau l'expliquer, vous ne le changerez pas... C'est pourquoi la congrégation ne convoque jamais les accusés, n'accepte d'eux que la rétractation pure et simple. Et c'est encore ce que vous auriez de plus sage à faire, retirer votre livre, vous soumettre... Non! vous ne voulez pas? Ah! que vous êtes jeune, mon ami!

Il riait plus haut du geste de révolte, d'indomptable fierté, qui venait d'échapper à son jeune ami, comme il le nommait. Puis, à la porte, dans une nouvelle expansion, baissant la voix :

— Voyons, mon cher, je veux faire quelque chose pour vous, je vais vous donner un bon conseil... Moi, au fond, je ne suis rien. Je livre mon rapport, on l'imprime, on le lit, quitte à n'en tenir aucun compte... Tandis que le secrétaire de la congrégation, le père Dangelis, peut tout, même l'impossible... Allez donc le voir, au couvent des Dominicains, derrière la place d'Espagne... Ne me nommez pas. Et au revoir, mon cher, au revoir!

Pierre, étourdi, se retrouva sur la place Navone, ne sachant plus ce qu'il devait croire et espérer. Une pensée lâche l'envahissait : pourquoi continuer cette lutte où les adversaires restaient ignorés, insaisissables? Pourquoi davantage s'entêter dans cette Rome si passionnante et si décevante? Il fuirait, il retournerait le soir même à Paris, y disparaîtrait, y oublierait les désillusions amères dans la pratique de la plus humble charité. Il était dans une de ces heures d'abandon où la tâche longtemps rêvée apparaît brusquement impossible. Mais, au milieu de son désarroi, il allait pourtant, il marchait quand même à son but. Quand il se vit sur le Corso, puis rue des Condotti, et enfin place d'Espagne, il résolut de voir encore le père Dangelis. Le couvent des Dominicains est là, en bas de la Trinité des Monts.

Ah! ces Dominicains, il n'avait jamais songé à eux, sans un respect mêlé d'un peu d'effroi. Pendant des siècles, quels vigoureux soutiens ils s'étaient montrés de l'idée autoritaire et théocratique! L'Église leur avait dû sa plus solide autorité, ils étaient les soldats glorieux de sa victoire. Tandis que saint François conquérait pour Rome les âmes des humbles, saint Dominique lui soumettait les âmes des intelligents et des puissants, toutes les âmes supérieures. Et cela passionnément, dans une flamme de foi et de volonté admirables, par tous les moyens d'action possibles, par la prédication, par le livre, par la pression policière et judiciaire. S'il ne créa pas l'Inquisition, il l'utilisa, son cœur de douceur et de fraternité combattit le schisme dans le sang et le feu. Vivant, lui et ses moines, de pauvreté, de chasteté et d'obéissance, les grandes vertus de ces temps orgueilleux et déréglés, il allait par les villes, prêchait les impies, s'efforçait de les ramener à l'Église, les déférait aux tribunaux religieux, quand sa parole ne suffisait pas. Il s'attaquait aussi à la science, il la voulut sienne, il fit le rêve de défendre Dieu par les armes de la raison et des connaissances humaines, aïeul de l'angélique saint Thomas, lumière du moyen âge, qui a tout mis dans *la Somme*, la psychologie, la logique, la politique, la morale. Et ce fut ainsi que les Dominicains emplirent le monde, soutenant la doctrine de Rome dans les chaires célèbres de tous les peuples, en lutte presque partout contre l'esprit libre des Universités, vigilants gardiens du dogme, artisans infatigables de la fortune des papes, les plus puissants parmi les ouvriers d'art, de sciences et de lettres, qui ont construit l'énorme édifice du catholicisme, tel qu'il existe encore aujourd'hui.

Mais, aujourd'hui, Pierre, qui le sentait crouler, cet édifice qu'on avait cru bâti à chaux et à sable, pour l'éternité, se demandait de quelle utilité ils pouvaient bien être encore, ces ouvriers d'un autre âge, avec leur police et leurs tribunaux morts sous l'exécration, leur parole qu'on n'écoute plus, leurs livres qu'on ne lit guère, leur rôle de savants et de civilisateurs fini, devant la science actuelle, dont les vérités font de plus en plus craquer le dogme de toutes parts. Certes, ils constituent toujours un ordre influent et prospère ; seulement, qu'on est loin de l'époque où leur général régnait à Rome, maître du sacré palais, ayant par l'Europe entière des couvents, des écoles, des sujets ! Dans la curie romaine, de ce vaste héritage, il ne leur reste désormais que quelques situations acquises et, entre autres, la charge de secrétaire de la congrégation de l'Index, une ancienne dépendance du Saint-Office, où ils gouvernaient souverainement.

Tout de suite, on introduisit Pierre auprès du père Dangelis. La salle était vaste, nue et blanche, inondée de clair soleil. Il n'y avait là qu'une table et des escabeaux, avec un grand crucifix de cuivre, pendu au mur. Près de la table, le père se tenait debout, un homme d'environ cinquante ans, très maigre, drapé sévèrement de l'ample costume blanc et noir. Dans sa longue face d'ascète, à la bouche mince, au nez mince, au menton mince et têtu, les yeux gris avaient une fixité gênante. Et, d'ailleurs, il se montra très net, très simple, d'une politesse glaciale.

— Monsieur l'abbé Froment, l'auteur de *la Rome nouvelle*, n'est-ce pas ?

Et il s'assit sur un escabeau, en indiqua un autre de la main.

— Veuillez, monsieur l'abbé, me faire connaître l'objet de votre visite.

Pierre, alors, dut recommencer ses explications, sa défense ; et cela ne tarda pas à lui devenir d'autant plus pénible, que ses paroles tombaient dans un silence, dans un froid de mort. Le père ne bougeait pas, les mains croisées sur les genoux, les yeux aigus et pénétrants, fixés dans les yeux du prêtre.

Enfin, quand celui-ci s'arrêta, il dit sans hâte :

— Monsieur l'abbé, j'ai cru devoir ne pas vous interrompre, mais je n'avais point à écouter tout ceci. Le procès de votre livre s'instruit, et aucune puissance au monde ne saurait en entraver la marche. Je ne vois donc pas bien ce que vous paraissez attendre de moi.

La voix tremblante, Pierre osa répondre :

— J'attends de la bonté et de la justice.

Un pâle sourire, d'une orgueilleuse humilité, monta aux lèvres du religieux.

— Soyez sans crainte, Dieu a toujours daigné m'éclairer dans mes modestes fonctions. Je n'ai, du reste, aucune justice à rendre, je suis un simple employé, chargé de classer et de documenter les affaires. Et ce sont Leurs Éminences seules, les membres de la congrégation, qui se prononceront sur votre livre... Ils le feront sûrement avec l'aide du Saint-Esprit, vous n'aurez qu'à vous incliner devant leur sentence, lorsqu'elle sera ratifiée par Sa Sainteté.

Il coupa court, se leva, forçant Pierre à se lever. Ainsi, c'étaient presque les mêmes paroles que chez monsignor Fornaro, dites seulement avec une netteté tranchante, une sorte de tranquille bravoure. Partout, il se heurtait à la même force anonyme, à la machine puissamment montée, dont les rouages veulent s'ignorer entre eux, et qui écrase. Longtemps encore, on le promènerait sans doute, de l'un à l'autre, sans qu'il trouvât jamais la tête, la volonté raisonnante et agissante. Et il n'y avait qu'à s'incliner.

Pourtant, avant de partir, il eut l'idée de prononcer une fois de plus le nom de monsignor Nani, dont il commençait à connaître la puissance.

— Je vous demande pardon de vous avoir dérangé inutilement. Je n'ai cédé qu'aux bienveillants conseils de monsignor Nani, qui daigne s'intéresser à moi.

Mais l'effet fut inattendu. De nouveau, le maigre visage du père Dangelis s'éclaira d'un sourire, d'un plissement des lèvres, où s'aiguisait le plus ironique dédain. Il était devenu plus pâle, et ses yeux de vive intelligence flambèrent.

— Ah! c'est monsignor Nani qui vous envoie... Eh bien! mais, si vous croyez avoir besoin de protection, il est inutile de vous adresser à un autre qu'à lui-même. Il est tout-puissant... Allez le voir, allez le voir.

Et ce fut tout l'encouragement que Pierre emporta de sa visite : le conseil de retourner chez celui qui l'envoyait. Il sentit qu'il perdait pied, il résolut de rentrer au palais Boccanera, pour réfléchir et comprendre, avant de continuer ses démarches. Tout de suite, la pensée de questionner don Vigilio lui était venue; et la chance voulut, ce soir-là, après le souper, qu'il rencontrât le secrétaire dans le corridor, avec sa bougie, au moment où celui-ci allait se coucher.

— J'aurais tant de choses à vous dire! Je vous en prie, cher monsieur, entrez donc un instant chez moi.

D'un geste, l'abbé le fit taire. Puis, à voix très basse :

— N'avez-vous pas aperçu l'abbé Paparelli au premier étage? Il nous suivait.

Souvent, Pierre rencontrait dans la maison le caudataire, dont la face molle, l'air sournois et fureteur de vieille fille en jupe noire lui déplaisaient souverainement. Mais il ne s'en inquiétait point, et il fut surpris de la question. D'ailleurs, sans attendre la réponse, don Vigilio était retourné au bout du couloir, où il écouta longuement. Puis, il revint à pas de loup, il souffla sa bougie, pour entrer d'un saut chez son voisin.

— Là, nous y sommes, murmura-t-il, lorsque la porte fut refermée. Et, si vous le voulez bien, ne restons pas dans ce salon, passons dans votre chambre. Deux murs valent mieux qu'un.

Enfin, quand la lampe eut été posée sur la table, et

qu'ils se trouvèrent assis tous les deux au fond de cette pièce pâle, dont le papier gris de lin, les meubles dépareillés, le carreau et les murs nus avaient la mélancolie des vieilles choses fanées, Pierre remarqua que l'abbé était en proie à un accès de fièvre plus intense que de coutume. Son petit corps maigre grelottait, et jamais ses yeux de braise n'avaient brûlé si noirs, dans sa pauvre face jaune et ravagée.

— Est-ce que vous êtes souffrant? Je n'entends pas vous fatiguer.

— Souffrant, ah! oui, ma chair est en feu. Mais, au contraire, je veux parler... Je n'en puis plus, je n'en puis plus! Il faut bien qu'un jour ou l'autre on se soulage.

Était-ce de son mal qu'il désirait se distraire? Était-ce son long silence qu'il voulait rompre, pour ne pas en mourir étouffé? Tout de suite, il se fit raconter les démarches des derniers jours, il s'agita davantage, lorsqu'il sut de quelle façon le cardinal Sarno, monsignor Fornaro et le père Dangelis avaient reçu le visiteur.

— C'est bien cela! c'est bien cela! rien ne m'étonne plus, et cependant je m'indigne pour vous, oui! ça ne me regarde pas et ça me rend malade, car ça réveille toutes mes misères, à moi!... Il faut ne pas compter le cardinal Sarno, qui vit autre part, toujours très loin, et qui n'a jamais aidé personne. Mais ce Fornaro, ce Fornaro!

— Il m'a paru fort aimable, plutôt bienveillant, et je crois en vérité qu'à la suite de notre entrevue, il adoucira beaucoup son rapport.

— Lui! il va d'autant plus vous charger, qu'il s'est montré plus tendre. Il vous mangera, il s'engraissera de cette proie facile. Ah! vous ne le connaissez guère, si délicieux, et sans cesse aux aguets pour bâtir sa fortune avec les malheurs des pauvres diables, dont il sait que la défaite doit être agréable aux puissants!... J'aime mieux l'autre, le père Dangelis, un terrible homme, mais franc et brave au moins, et d'une intelligence supérieure. J'ajoute que celui-ci vous brûlerait comme une poignée de paille, s'il était le maître... Et si je pouvais tout vous dire, si je vous faisais entrer avec moi dans les effroyables dessous de ce monde, les monstrueux appétits d'ambition, les complications abominables des intrigues, les vénalités, les lâchetés, les traîtrises, les crimes même!

En le voyant si exalté, sous la flambée d'une telle rancune, Pierre songea à tirer de lui les renseignements qu'il avait en vain cherchés jusque-là.

— Dites-moi seulement où en est mon affaire. Lorsque je vous ai questionné, dès mon arrivée ici, vous m'avez répondu qu'aucune pièce n'était encore parvenue au cardinal. Mais le dossier s'est formé, vous devez être au courant, n'est-ce pas?... Et, à ce propos, monsignor Fornaro m'a parlé de trois évêques français qui auraient dénoncé mon livre, en exigeant des poursuites. Trois évêques! est-ce possible?

Don Vigilio haussa violemment les épaules.

— Ah! vous êtes une belle âme! Moi, je suis surpris qu'il n'y en ait que trois... Oui, plusieurs pièces de votre affaire sont entre nos mains, et d'ailleurs je me doutais bien de ce qu'elle pouvait être, votre affaire. Les trois évêques sont l'évêque de Tarbes d'abord, qui évidemment exécute les vengeances des Pères de Lourdes, puis les évêques de Poitiers et d'Évreux, tous les deux connus par leur intransigeance ultramontaine, adversaires passionnés du cardinal Bergerot. Ce dernier, vous le savez, est mal vu au Vatican, où ses idées gallicanes, son esprit largement libéral soulèvent de véritables colères... Et ne cherchez pas autre part, toute l'affaire est là, une exécution que les tout-puissants Pères de Lourdes exigent du Saint-Père, sans compter qu'on désire atteindre, par-dessus votre livre, le cardinal, grâce à la lettre d'approbation qu'il vous a si imprudemment écrite et que vous avez publiée en guise de préface... Depuis longtemps, les condamnations de l'Index ne sont souvent, entre ecclésiastiques, que des coups de massue échangés dans l'ombre. La dénonciation règne en maîtresse souveraine, et c'est ensuite la loi du bon plaisir. Je pourrais vous citer des faits incroyables, des livres innocents, choisis parmi cent autres, pour tuer une idée ou un homme; car, derrière l'auteur, on vise presque toujours quelqu'un, plus loin et plus haut. Il y a là un tel nid d'intrigues, une telle source d'abus, où se satisfont les basses rancunes personnelles, que l'institution de l'Index croule, et qu'ici même, dans l'entourage du pape, on sent l'absolue nécessité de la réglementer à nouveau prochainement, si on ne veut pas qu'elle tombe à un discrédit complet... S'entêter à garder l'universel pouvoir, à gouverner par toutes les armes, je comprends cela, certes! mais encore faut-il que les armes soient possibles, qu'elles ne révoltent pas par l'impudence de leur injustice et que leur vieil enfantillage ne fasse pas sourire!

Pierre écoutait, le cœur envahi d'un étonnement douloureux. Sans doute, depuis qu'il était à Rome, depuis qu'il y voyait les Pères de la Grotte salués et redoutés, maîtres par les larges aumônes qu'ils envoyaient au denier de Saint-Pierre, il les sentait derrière les poursuites, il devinait qu'il allait avoir à payer la page de son livre où il constatait, à Lourdes, un déplacement de la fortune inique, un spectacle effroyable qui faisait douter de Dieu, une continuelle cause de combat qui disparaîtrait dans la société vraiment chrétienne de demain. De même, il n'était pas sans avoir compris maintenant le scandale que devaient avoir soulevé sa joie avouée du pouvoir temporel perdu et surtout ce mot malencontreux de religion nouvelle, suffisant, à lui seul, pour armer les délateurs. Mais ce qui le surprenait et le désolait, c'était d'apprendre cette chose inouïe, la lettre du cardinal Bergerot imputée à crime, son livre dénoncé et condamné pour atteindre par derrière le pasteur vénérable qu'on n'osait frapper de face. La pensée d'affliger le saint homme, d'être pour lui une cause de défaite, dans son ardente charité, lui était cruelle. Et quelle désespérance à trouver, au fond de ces querelles, où devrait lutter seul l'amour du pauvre, les plus laides questions d'orgueil et d'argent, les ambitions et les appétits lâchés dans le plus féroce égoïsme!

Puis, ce fut, chez Pierre, une révolte contre cet Index odieux et imbécile. Il en suivait à présent le fonctionnement, depuis la dénonciation jusqu'à l'affichage public des livres condamnés. Le secrétaire de la congrégation, il venait de le voir, le père Dangelis, entre les mains duquel la dénonciation arrivait, qui dès lors instruisait l'affaire, composait le dossier, avec sa passion de moine autoritaire et lettré, rêvant de gouverner les intelligences et les consciences comme aux temps héroïques de l'Inquisition. Les prélats consulteurs, il en avait visité un, monsignor Fornaro, chargé du rapport sur son livre, si ambitieux et si accueillant, théologien subtil qui n'était point embarrassé pour trouver des attentats contre la foi dans un Traité d'algèbre, lorsque le soin de sa fortune l'exigeait. Ensuite, c'étaient les rares réunions des cardinaux, votant, supprimant de loin en loin un livre ennemi, dans le mélancolique désespoir de ne pouvoir les supprimer tous; et c'était enfin le pape, approuvant, signant le décret, une formalité pure, car tous les livres n'étaient-ils pas coupables? Mais quelle extraordinaire et lamentable bastille du passé, que cet Index vieilli, caduc, tombé en enfance! On sentait la formidable puissance qu'il avait dû être autrefois, lorsque les livres étaient rares et que l'Église avait des tribunaux de sang et de feu pour faire exécuter ses arrêts. Puis, les livres s'étaient multipliés tellement, la pensée écrite, imprimée, était devenue un fleuve si profond et si large, que ce fleuve avait tout submergé, tout emporté. Débordé, frappé d'impuissance, l'Index se trouvait maintenant réduit à la vaine protestation de condamner en bloc la colossale production moderne, limitant de plus en plus son champ d'action, s'en tenant à l'unique examen des œuvres d'ecclésiastiques, et là encore corrompu dans son rôle, gâté par les pires passions, changé en un instrument d'intrigues, de haine et de vengeance. Ah! cette misère de ruine, cet aveu de vieillesse infirme, de paralysie générale et croissante, au milieu de l'indifférence railleuse des peuples! Le catholicisme, l'ancien agent glorieux de civilisation, en être venu là, à jeter au feu de son enfer les livres en tas, et quel tas! presque toute la littérature, l'histoire, la philosophie, la science des siècles passés et du nôtre! Peu de livres se publient à cette heure, qui ne tomberaient sous les foudres de l'Église. Si elle paraît fermer les yeux, c'est afin d'éviter l'impossible besogne de tout poursuivre et de tout détruire; et elle s'entête pourtant à conserver l'apparence de sa souveraine autorité sur les intelligences, telle qu'une reine très ancienne, dépossédée de ses États, désormais sans juges ni bourreaux, qui continuerait à rendre de vaines sentences, acceptées par une minorité infime. Mais qu'on la suppose un instant victorieuse, maîtresse par un miracle du monde moderne, et qu'on se demande ce qu'elle ferait de la pensée humaine, avec des tribunaux pour condamner, des gendarmes pour exécuter. Qu'on suppose les règles de l'Index appliquées strictement, un imprimeur ne pouvant rien mettre sous presse sans l'approbation de l'évêque, tous les livres déférés ensuite à la congrégation, le passé expurgé, le présent garrotté, soumis au régime de la terreur intellectuelle. Ne serait-ce pas la fermeture des bibliothèques, le long héritage de la pensée écrite mis au cachot, l'avenir barré, l'arrêt total de tout progrès et de toute conquête? De nos jours, Rome est là comme un terrible exemple de cette expérience désastreuse, avec son sol refroidi, sa sève morte, tuée par des siècles de gouvernement papal, Rome devenue si infertile, que pas un homme, pas une œuvre n'a pu y naître encore au bout de vingt-cinq ans de réveil et de liberté. Et qui accepterait cela, non pas parmi les esprits révolutionnaires, mais parmi les esprits religieux, de quelque culture et de quelque largeur? Tout croulait dans l'enfantin et dans l'absurde.

Le silence était profond, et Pierre, que ces réflexions bouleversaient, eut un geste désespéré, en regardant don Vigilio muet devant lui. Un moment, tous deux se turent, dans l'immobilité de mort qui montait du vieux palais endormi, au milieu de cette chambre close que la lampe éclairait d'une calme lueur. Et ce fut don Vigilio qui se pencha, le regard étincelant, qui souffla dans un petit frisson de sa fièvre :

— Vous savez, au fond de tout, ce sont eux, toujours eux.

Pierre, qui ne comprit pas, s'étonna, un peu inquiet de cette parole égarée, tombée là sans transition apparente.

— Qui, eux?

— Les Jésuites!

Et le petit prêtre, maigri, jauni, avait mis dans ce cri la rage concentrée de sa passion, qui éclatait. Ah! tant pis, s'il faisait une nouvelle sottise! le mot était lâché enfin! Il eut pourtant un dernier coup d'œil de défiance éperdue, autour des murs. Puis, il se soulagea longuement, dans une débâcle de paroles, d'autant plus irrésistible, qu'il l'avait plus longtemps refoulée au fond de lui.

— Ah! les Jésuites, les Jésuites!... Vous croyez les connaître, et vous ne vous doutez seulement pas de leurs œuvres abominables ni de leur incalculable puissance. Il n'y a qu'eux, eux partout, eux toujours. Dites-vous cela, dès que vous cessez de comprendre, si vous voulez comprendre. Quand il vous arrivera une peine, un désastre, quand vous souffrirez, quand vous pleurerez, pensez aussitôt : « Ce sont eux, ils sont là ». Je ne suis pas sûr qu'il n'y en a pas un sous ce lit, dans cette armoire... Ah! les

Jésuites, les Jésuites ! Ils m'ont dévoré, moi, et ils me dévorent, ils ne laisseront certainement rien de ma chair ni de mes os.

De sa voix entrecoupée, il conta son histoire, il dit sa jeunesse pleine d'espérance. Il était de petite noblesse provinciale, et riche de jolies rentes, et d'une intelligence très vive, très souple, souriante à l'avenir. Aujourd'hui, il serait sûrement prélat, en marche pour les hautes charges. Mais il avait eu le tort imbécile de mal parler des Jésuites, de les contrecarrer en deux ou trois circonstances. Et, dès lors, à l'entendre, ils avaient fait pleuvoir sur lui tous les malheurs imaginables : sa mère et son père étaient morts, son banquier avait pris la fuite, les bons postes lui échappaient dès qu'il s'apprêtait à les occuper, les pires mésaventures le poursuivaient dans le saint ministère, à ce point, qu'il avait failli se faire interdire. Il ne goûtait un peu de repos que depuis le jour où le cardinal Boccanera, prenant en pitié sa malechance, l'avait recueilli et attaché à sa personne.

— Ici, c'est le refuge, c'est l'asile. Ils exècrent Son Éminence, qui n'a jamais été avec eux ; mais ils n'ont point encore osé s'attaquer à elle, ni à ses gens... Oh ! je ne m'illusionne pas, ils me rattraperont quand même. Peut-être sauront-ils notre conversation de ce soir et me la feront-ils payer très cher ; car j'ai tort de parler, je parle malgré moi... Ils m'ont volé tout le bonheur, ils m'ont donné tout le malheur possible, tout, tout, entendez-vous bien !

Un malaise grandissant envahissait Pierre, qui s'écria, en s'efforçant de plaisanter :

— Voyons, voyons ! ce ne sont pas les Jésuites qui vous ont donné les fièvres ?

— Mais si, ce sont eux ! affirma violemment don Vigilio. Je les ai prises au bord du Tibre, un soir que j'allais y pleurer, dans le gros chagrin d'avoir été chassé de la petite église que je desservais.

Jusque-là, Pierre n'avait pas cru à la terrible légende des Jésuites. Il était d'une génération qui souriait des loups-garous et qui trouvait un peu sotte la peur bourgeoise des fameux hommes noirs, cachés dans les murs, terrorisant les familles. C'étaient là, pour lui, des contes de nourrice, exagérés par les passions religieuses et politiques. Aussi examinait-il don Vigilio avec ahurissement, pris de la crainte d'avoir affaire à un maniaque.

Cependant, l'extraordinaire histoire des Jésuites s'évoquait en lui. Si saint François d'Assise et saint Dominique sont l'âme même et l'esprit du moyen âge, les maîtres et les éducateurs, l'un exprimant toute l'ardente foi charitable des humbles, l'autre défendant le dogme, fixant la doctrine pour les intelligents et les puissants, Ignace de Loyola apparaît au seuil des temps modernes pour sauver le sombre héritage qui périclite, en accommodant la religion aux sociétés nouvelles, en lui donnant de nouveau l'empire du monde qui va naître. Dès lors, l'expérience semblait faite, Dieu dans sa lutte intransigeante avec le péché allait être vaincu, car il était désormais certain que l'ancienne volonté de supprimer la nature, de tuer dans l'homme l'homme même, avec ses appétits, ses passions, son cœur et son sang, ne pouvait aboutir qu'à une défaite désastreuse, où l'Église se trouvait à la veille de sombrer ; et ce sont les Jésuites qui viennent la tirer d'un tel péril, qui la rendent à la vie conquérante, en décidant que c'est elle maintenant qui doit aller au monde, puisque le monde semble ne plus vouloir aller à elle. Tout est là, ils déclarent qu'il est avec le ciel des arrangements, ils se plient aux mœurs, aux préjugés, aux vices même, ils sont souriants, condescendants, sans nul rigorisme, d'une diplomatie aimable, prête à tourner les pires abominations à la plus grande gloire de Dieu. C'est leur cri de ralliement, et leur morale en découle, cette morale dont on a fait leur crime, que tous les moyens sont bons pour atteindre le but, quand le but est la royauté de Dieu même, représentée par celle de son Église. Aussi quel succès foudroyant ! Ils pullulent, ils ne tardent pas à couvrir la terre, à être partout les maîtres incontestés. Ils confessent les rois, ils acquièrent d'immenses richesses, ils ont une force d'envahissement si victorieuse, qu'ils ne peuvent mettre le pied dans un pays, si humblement que ce soit, sans le posséder bientôt, âmes, corps, pouvoir, fortune. Surtout ils fondent des écoles, ils sont des pétrisseurs de cerveau incomparables, car ils ont compris que l'autorité appartient toujours à demain, aux générations qui poussent et dont il faut rester les maîtres, si l'on veut régner éternellement. Leur puissance est telle, basée sur la nécessité d'une transaction avec le péché, qu'au lendemain du concile de Trente, ils transforment l'esprit du catholicisme, le pénètrent et se l'identifient, se trouvent être les soldats indispensables de la papauté, qui vit d'eux et pour eux. Depuis lors, Rome est à eux, Rome où leur général a si longtemps commandé, d'où sont partis si longtemps les mots d'ordre de cette tactique obscure et géniale, aveuglément suivie par leur innombrable armée, dont la savante organisation couvre le globe d'un réseau de fer, sous le velours des mains douces, expertes au maniement de la pauvre humanité souffrante. Mais le prodige, en tout cela, était encore la stupéfiante vitalité des Jésuites, sans cesse traqués, condamnés, exécutés, et debout quand même. Dès que leur puissance s'affirme, leur impopularité commence, peu à peu universelle. C'est une huée d'exécration qui monte contre eux, des accusations abominables, des procès scandaleux où ils apparaissent comme des corrupteurs et des malfaiteurs. Pascal les voue au mépris public, des parlements condamnent leurs livres au feu, des universités frappent leur morale et leur enseignement, ainsi que des poisons. Ils soulèvent dans chaque royaume de tels troubles, de telles luttes, que la persécution s'organise et qu'on les chasse bientôt de partout. Pendant plus d'un siècle, ils sont errants, expulsés, puis rappelés, passant et repassant les frontières, sortant d'un pays au milieu des cris de haine, pour y rentrer dès que l'apaisement s'est fait. Enfin, supprimés par un pape, désastre suprême, mais rétablis par un autre, ils sont depuis cette époque à peu près tolérés. Et, dans le diplomatique effacement, l'ombre volontaire où ils ont la prudence de vivre, ils n'en sont pas moins triomphants, l'air tranquille et certain de la victoire, en soldats qui ont pour jamais conquis la terre.

Pierre savait qu'aujourd'hui, à ne voir que l'apparence des choses, ils semblaient dépossédés de Rome. Ils ne desservaient plus le Gesù, ils ne dirigeaient plus le Collège Romain, où ils avaient façonné tant d'âmes ; et, sans maison à eux, réduits à l'hospitalité étrangère, ils s'étaient réfugiés modestement au Collège Germanique, dans lequel se trouvait une petite chapelle. Là, ils protestaient, ils confessaient encore, mais sans éclat, sans les splendeurs dévotes du Gesù, sans les succès glorieux du Collège Romain. Et fallait-il croire, dès lors, à une habileté souveraine, à cette ruse de disparaître pour rester les maîtres secrets et tout-puissants, la volonté cachée qui dirige tout ? On disait bien que la proclamation de l'Infaillibilité du pape était leur œuvre, l'arme dont ils s'étaient armés eux-mêmes, en feignant d'en armer la papauté, pour les besognes prochaines et décisives que leur génie prévoyait, à la veille des grands bouleversements sociaux. Elle était peut-être vraie, cette souveraineté occulte que racontait don Vigilio dans un frisson de mystère, cette mainmise sur le gouvernement de l'Église, cette royauté ignorée et totale au Vatican.

Un sourd rapprochement s'était fait dans l'esprit de Pierre, et il demanda tout d'un coup :

— Monsignor Nani est donc Jésuite ?

Ce nom parut rendre don Vigilio à toute sa passion inquiète. Il eut un geste tremblant de la main.

— Lui, oh ! lui est bien trop fort, bien trop adroit, pour avoir pris la robe. Mais il sort de ce Collège Romain où sa génération a été formée, il y a bu ce génie des Jésuites qui s'adaptait si exactement à son propre génie. S'il a compris le danger de se marquer d'une livrée impopulaire et gênante, voulant être libre, il n'en est pas moins Jésuite, oh ! Jésuite dans la chair, dans les os, dans l'âme, et supérieurement. Il a l'évidente conviction que l'Église ne peut triompher qu'en se servant des passions des hommes, et avec cela il l'aime très sincèrement, il est très pieux au fond, très bon prêtre, servant Dieu sans faiblesse, pour l'absolu pouvoir qu'il donne à ses ministres. En outre, si charmant, incapable d'une brutalité ni d'une faute, aidé par la lignée de nobles Vénitiens qu'il a derrière lui, instruit profondément par la connaissance du monde auquel il s'est beaucoup mêlé, à Vienne, à Paris, dans les nonciatures, sachant tout, connaissant tout, grâce aux délicates fonctions qu'il occupe ici depuis dix ans, comme assesseur du Saint-Office... Oh ! une toute-puissance, non pas le Jésuite furtif, dont la robe noire passe au milieu des défiances, mais le chef sans un uniforme qui le désigne, la tête, le cerveau !

Ceci rendit Pierre sérieux, car il ne s'agissait plus des hommes cachés dans les murs, des sombres complots d'une secte romantique. Si son scepticisme répugnait à ces contes, il admettait très bien qu'une morale opportuniste, comme celle des Jésuites, née des besoins de la lutte pour la vie, se fût inoculée et prédominât dans l'Église entière. Même les Jésuites pouvaient disparaître, leur esprit leur survivrait, puisqu'il était l'arme de combat, l'espoir de victoire, la seule tactique qui pouvait remettre les peuples sous la domination de Rome. Et la lutte restait, en réalité, dans cette tentative d'accommodement qui se poursuivait, entre la religion et le siècle. Dès lors, il comprenait que des hommes, comme monsignor Nani, pouvaient prendre une importance énorme, décisive.

— Ah! si vous saviez, si vous saviez! continua don Vigilio, il est partout, il a la main dans tout. Tenez! pas une affaire ne s'est passée ici, chez les Boccanera, sans que je l'aie trouvé au fond, brouillant et débrouillant les fils, selon des nécessités que lui seul connaît.

Et, dans cette fièvre intarissable de confidences dont la crise le brûlait, il raconta comment monsignor Nani avait sûrement travaillé au divorce de Benedetta. Les Jésuites ont toujours eu, malgré leur esprit de conciliation, une attitude irréconciliable à l'égard de l'Italie, soit qu'ils ne désespèrent pas de reconquérir Rome, soit qu'ils attendent l'heure de traiter avec le vainqueur véritable. Aussi, familier de donna Serafina depuis longtemps, Nani avait-il aidé celle-ci à reprendre sa nièce, à précipiter la rupture avec Prada, dès que Benedetta eut perdu sa mère. C'était lui qui, pour évincer l'abbé Pisoni, ce curé patriote, le confesseur de la jeune fille, qu'on accusait d'avoir fait le mariage, avait poussé cette dernière à prendre le même directeur que sa tante, le père Jésuite Lorenza, un bel homme aux yeux clairs et bienveillants, dont le confessionnal était assiégé, à la chapelle du Collège Germanique. Et il semblait certain que cette manœuvre avait décidé de toute l'aventure, ce qu'un curé venait de faire pour l'Italie, un père allait le défaire contre l'Italie. Maintenant, pourquoi Nani, après avoir ainsi consommé la rupture, paraissait-il s'être désintéressé un moment, jusqu'au point de laisser péricliter la demande en annulation de mariage? et pourquoi, désormais, s'en occupait-il de nouveau, faisant acheter monsignor Palma, mettant donna Serafina en campagne, pesant lui-même sur les cardinaux de la congrégation du Concile? Il y avait là des points obscurs, comme dans toutes les affaires dont il s'occupait; car il était surtout l'homme des combinaisons à longue portée. Mais on pouvait supposer qu'il voulait hâter le mariage de Benedetta et de Dario, pour mettre fin aux commérages abominables du monde blanc, qui accusait le cousin et la cousine de n'avoir qu'un lit, au palais, sous l'œil plein d'indulgence de leur oncle, le cardinal. Ou peut-être ce divorce, obtenu à prix d'argent et sous la pression des influences les plus notoires, était-il un scandale volontaire, traîné en longueur, précipité à présent, pour nuire au cardinal lui-même, dont les Jésuites devaient avoir besoin de se débarrasser, dans une circonstance prochaine.

— J'incline assez à cette supposition, conclut don Vigilio, d'autant plus que j'ai appris ce soir que le pape était souffrant. Avec un vieillard de quatre-vingt-quatre ans bientôt, une catastrophe soudaine est possible, et le pape ne peut plus avoir un rhume, sans que tout le Sacré Collège et la prélature soient en l'air, bouleversés par la brusque bataille des ambitions... Or les Jésuites ont toujours combattu la candidature du cardinal Boccanera. Ils devraient être pour lui, pour son rang, pour son intransigeance à l'égard de l'Italie ; mais ils sont inquiets à l'idée de se donner un tel maître, ils le trouvent d'une rudesse intempestive, d'une foi violente, sans souplesse, trop dangereuse aujourd'hui, en ces temps de diplomatie que traverse l'Église... Et je ne serais aucunement étonné qu'on cherchât à le déconsidérer, à rendre sa candidature impossible, par les moyens les plus détournés et les plus honteux.

Pierre commençait à être envahi d'un petit frisson de peur. La contagion de l'inconnu, des noires intrigues tramées dans l'ombre, agissait, au milieu du silence de la nuit, au fond de ce palais, près de ce Tibre, dans cette Rome toute pleine des drames légendaires. Et il fit un brusque retour sur lui-même, sur son cas personnel.

— Mais moi, là dedans, moi ! pourquoi monsignor

Nani semble-t-il s'intéresser à moi, comment se trouve-t-il mêlé au procès qu'on fait à mon livre ?

Don Vigilio eut un grand geste.

— Ah! on ne sait jamais, on ne sait jamais au juste!... Ce que je puis affirmer, c'est qu'il n'a connu l'affaire que lorsque les dénonciations des évêques de Tarbes, de Poitiers et d'Évreux se trouvaient déjà entre les mains du père Dangelis, le secrétaire de l'Index; et j'ai appris également qu'il s'est efforcé, alors, d'arrêter le procès, le trouvant inutile et impolitique sans doute. Mais quand la congrégation est saisie, il est presque impossible de la dessaisir, d'autant plus qu'il a dû se heurter contre le père Dangelis, qui, en fidèle Dominicain, est l'adversaire passionné des Jésuites... C'est à ce moment qu'il a fait écrire par la contessina à monsieur de la Choue, pour qu'il vous dise d'accourir ici vous défendre, et pour que vous acceptiez, pendant votre séjour, l'hospitalité dans ce palais.

Cette révélation acheva d'émotionner Pierre.

— Vous êtes certain de cela?

— Oh! tout à fait certain, je l'ai entendu parler de vous, un lundi, et déjà je vous ai prévenu qu'il paraissait vous connaître intimement, comme s'il s'était livré à une enquête minutieuse. Pour moi, il avait lu votre livre, il en était extrêmement préoccupé.

— Vous le croyez donc dans mes idées, il serait sincère, il se défendrait en s'efforçant de me défendre?

— Non, non, oh! pas du tout... Vos idées, il les exècre sûrement, et votre livre, et vous-même! Il faut connaître, sous son amabilité si caressante, son dédain du faible, sa haine du pauvre, son amour de l'autorité, de la domination. Lourdes encore, il vous l'abandonnerait, bien qu'il y ait là une arme merveilleuse de gouvernement. Mais jamais il ne vous pardonnera d'être avec les petits de ce monde et de vous prononcer contre le pouvoir temporel. Si vous l'entendiez se moquer avec une tendre férocité de monsieur de la Choue, qu'il appelle le saule pleureur élégiaque du néo-catholicisme !

Pierre porta les deux mains à ses tempes, se serra la tête désespérément.

— Alors, pourquoi, pourquoi ? dites-le-moi, je vous en prie !... Pourquoi me faire venir et m'avoir ici, dans cette maison, à sa disposition entière ? Pourquoi me promener depuis trois mois dans Rome, à me heurter contre les obstacles, à me lasser, lorsqu'il lui était si facile de laisser l'Index supprimer mon livre, s'il en est gêné ? Il est vrai que les choses ne se seraient pas passées tranquillement, car j'étais disposé à ne pas me soumettre, à confesser ma foi nouvelle hautement, même contre les décisions de Rome.

Les yeux noirs de don Vigilio étincelèrent dans sa face jaune.

— Eh ! c'est peut-être ce qu'il n'a pas voulu. Il vous sait très intelligent et très enthousiaste, je l'ai entendu répéter souvent qu'on ne doit pas lutter de face avec les intelligences et les enthousiasmes.

Mais Pierre s'était levé, et il n'écoutait même plus, il marchait à travers la pièce, comme emporté dans le désordre de ses idées.

— Voyons, voyons, il est nécessaire que je sache et que je comprenne, si je veux continuer la lutte. Vous allez me rendre le service de me renseigner en détail sur chacun des personnages, dans mon affaire... Des Jésuites, des Jésuites partout ! Mon Dieu ! je veux bien, vous avez peut-être raison. Encore faut-il que vous me disiez les nuances... Ainsi, par exemple, ce Fornaro ?

— Monsignor Fornaro, oh ! il est un peu ce qu'on veut. Mais il a été élevé aussi, celui-là, au Collège Romain, et soyez persuadé qu'il est Jésuite, Jésuite par éducation, par position, par ambition. Il brûle d'être cardinal, et s'il devient cardinal un jour, il brûlera d'être pape. Tous des candidats à la papauté, dès le séminaire !

— Et le cardinal Sanguinetti?

— Jésuite, Jésuite!... Entendons-nous, il l'a été, ne l'a plus été, l'est de nouveau certainement. Sanguinetti a coqueté avec tous les pouvoirs. Longtemps on l'a cru pour la conciliation entre le Saint-Siège et l'Italie; puis, la situation s'est gâtée, il a violemment pris parti contre les usurpateurs. De même, il s'est brouillé plusieurs fois avec Léon XIII, a fait ensuite sa paix, vit aujourd'hui au Vatican sur un pied de diplomatique réserve. En somme, il n'a qu'un but, la tiare, et il le montre même trop, ce qui use un candidat... Mais, pour le moment, la lutte semble se restreindre entre lui et le cardinal Boccanera. Et c'est pourquoi il s'est remis avec les Jésuites, exploitant leur haine contre son rival, comptant bien que, dans leur désir d'évincer celui-ci, ils seront forcés de le soutenir. Moi j'en doute, car je les sais trop fins, ils hésiteront à patronner un candidat si compromis déjà... Lui, brouillon, passionné, orgueilleux, ne doute de rien; et, puisque vous me dites qu'il est à Frascati, je suis sûr qu'il a couru s'y enfermer, dès la nouvelle de la maladie du pape, dans un but de haute tactique.

— Eh bien! et le pape lui-même, Léon XIII?

Ici don Vigilio eut une courte hésitation, un léger battement de paupières.

— Léon XIII? il est Jésuite, Jésuite!... Oh! je sais qu'on le dit avec les Dominicains, et c'est vrai, si l'on veut, car il se croit animé de leur esprit, il a remis en faveur saint Thomas, a restauré sur la doctrine tout l'enseignement ecclésiastique... Mais il y a aussi le Jésuite sans le vouloir, sans le savoir, et le pape actuel en restera le plus fameux exemple. Étudiez ses actes, rendez-vous compte de sa politique: vous y verrez l'émanation, l'action même de l'âme jésuite. C'est qu'il en est imprégné à son insu, c'est aussi que toutes les influences qui agissent sur lui, directement ou indirectement, partent de ce foyer... Pourquoi ne me croyez-vous pas? Je vous répète qu'ils ont tout conquis, tout absorbé, que Rome est à eux, depuis le plus infime clerc jusqu'à Sa Sainteté elle-même!

Et il continua, et il répondit à chaque nouveau nom que citait Pierre, par ce cri entêté et maniaque : Jésuite, Jésuite! Il semblait qu'il ne fût plus possible d'être autre chose dans l'Église, que cette explication se vérifiât d'un clergé réduit à pactiser avec le monde nouveau, s'il voulait sauver son Dieu. L'âge héroïque du catholicisme était accompli, ce dernier ne pouvait vivre désormais que de diplomatie et de ruses, de concessions et d'accommodements.

— Et ce Paparelli, Jésuite, Jésuite! continua don Vigilio, en baissant instinctivement la voix, oh! le Jésuite humble et terrible, le Jésuite dans sa plus abominable besogne d'espionnage et de perversion! Je jurerais qu'on l'a mis ici pour surveiller Son Éminence, et il faut voir avec quel génie de souplesse et d'astuce il est parvenu à remplir sa tâche, au point qu'il est maintenant l'unique volonté, ouvrant la porte à qui lui plaît, usant de son maître comme d'une chose à lui, pesant sur chacune de ses résolutions, le possédant enfin par un lent envahissement de chaque heure. Oui! c'est la conquête du lion par l'insecte, c'est l'infiniment petit qui dispose de l'infiniment grand, ce simple abbé si infime, le caudataire dont le rôle est de s'asseoir aux pieds de son cardinal comme un chien fidèle, et qui en réalité règne sur lui, le pousse où il veut... Ah! le Jésuite, le Jésuite! Défiez-vous de lui, quand il passe sans bruit dans sa pauvre soutane, pareil à une vieille femme en jupe noire, avec sa face molle et ridée de dévote. Regardez s'il n'est pas derrière les portes, au fond des armoires, sous les lits. Je vous dis qu'ils vous mangeront comme ils m'ont mangé, et qu'ils vous donneront, à vous aussi, la fièvre, la peste, si vous ne prenez garde!

Brusquement, Pierre s'arrêta devant le prêtre. Il perdait pied, la crainte et la colère finissaient par l'envahir. Après tout, pourquoi pas ? toutes ces histoires extraordinaires devaient être vraies.

— Mais alors donnez-moi un conseil, cria-t-il. Je vous ai justement prié d'entrer chez moi, ce soir, parce que je ne savais plus que faire et que je sentais le besoin d'être remis dans la bonne route.

Il s'interrompit, reprit sa marche violente, comme sous la poussée de sa passion qui débordait.

— Ou bien non ! ne me dites rien, c'est fini, j'aime mieux partir. Cette pensée m'est déjà venue, mais dans une heure de lâcheté, avec l'idée de disparaître, de retourner vivre en paix dans mon coin ; tandis que, maintenant, si je pars, ce sera en vengeur, en justicier, pour crier, de Paris, ce que j'ai vu à Rome, ce qu'on y a fait du christianisme de Jésus, le Vatican tombant en poudre, l'odeur de cadavre qui s'en échappe, l'imbécile illusion de ceux qui espèrent voir un renouveau de l'âme moderne sortir un jour de ce sépulcre, où dort la décomposition des siècles... Oh ! je ne céderai pas, je ne me soumettrai pas, je défendrai mon livre par un nouveau livre. Et, celui-ci, je vous réponds qu'il fera quelque bruit dans le monde, car il sonnera l'agonie d'une religion qui se meurt et qu'il faut se hâter d'enterrer, si l'on ne veut pas que ses restes empoisonnent les peuples.

Ceci dépassait la cervelle de don Vigilio. Le prêtre italien se réveillait en lui, avec sa croyance étroite, sa terreur ignorante des idées nouvelles. Il joignit les mains, épouvanté.

— Taisez-vous, taisez-vous ! ce sont des blasphèmes... Et puis, vous ne pouvez vous en aller ainsi, sans tenter encore de voir Sa Sainteté. Elle seule est souveraine. Et je sais que je vais vous surprendre, mais le père Dangelis, en se moquant, vous a encore donné le seul bon conseil : retournez voir monsignor Nani, car lui seul vous ouvrira la porte du Vatican.

Pierre en eut un nouveau sursaut de colère.

— Comment! que je sois parti de monsignor Nani, pour retourner à monsignor Nani! Quel est ce jeu? Puis-je accepter d'être un volant que se renvoient toutes les raquettes? A la fin, on se moque de moi!

Et, harassé, éperdu, Pierre revint tomber sur sa chaise, en face de l'abbé qui ne bougeait pas, la face plombée par cette veillée trop longue, les mains toujours agitées d'un petit tremblement. Il y eut un long silence. Puis, don Vigilio expliqua qu'il avait bien une autre idée, il connaissait un peu le confesseur du pape, un père Franciscain, d'une grande simplicité, auquel il pourrait l'adresser. Peut-être, malgré son effacement, ce père lui serait-il utile. C'était toujours une tentative à faire. Et le silence recommença, et Pierre, dont les yeux vagues restaient fixés sur le mur, finit par distinguer le tableau ancien, qui l'avait touché si profondément, le jour de son arrivée. Dans la pâle lueur de la lampe, il venait peu à peu de le voir se détacher et vivre, tel que l'incarnation même de son cas, de son désespoir inutile devant la porte rudement fermée de la vérité et de la justice. Ah! cette femme rejetée, cette obstinée d'amour, sanglotant dans ses cheveux et dont on n'apercevait pas le visage, comme elle lui ressemblait, tombée de douleur sur les marches de ce palais, à l'impitoyable porte close! Elle était grelottante, drapée d'un simple linge, elle ne disait point son secret, infortune ou faute, douleur immense d'abandon; et, derrière ses mains serrées sur la face, il lui prêtait sa figure, elle devenait sa sœur, ainsi que toutes les pauvres créatures sans toit ni certitude, qui pleurent d'être nues et d'être seules, qui usent leurs poings à vouloir forcer le seuil méchant des hommes. Il ne pouvait jamais la regarder sans la plaindre, il fut si remué, ce soir-là, de la retrouver toujours inconnue, sans nom et sans visage, et toujours baignée des plus affreuses larmes, qu'il questionna tout d'un coup don Vigilio.

— Savez-vous de qui est cette vieille peinture? Elle me remue jusqu'à l'âme, ainsi qu'un chef-d'œuvre.

Stupéfait de cette question imprévue, qui tombait là sans transition aucune, le prêtre leva la tête, regarda, s'étonna davantage quand il eut examiné le panneau noirci, délaissé, dans son cadre pauvre.

— D'où vient-elle, savez-vous? répéta Pierre. Comment se fait-il qu'on l'ait reléguée au fond de cette chambre?

— Oh! dit-il, avec un geste d'indifférence, ce n'est rien, il y a comme ça partout des peintures anciennes sans valeur... Celle-ci a toujours été là sans doute. Je ne sais pas, je ne l'avais même pas vue.

Enfin, il s'était levé avec prudence. Mais ce simple mouvement venait de lui donner un tel frisson, qu'il put à peine prendre congé, les dents claquant de fièvre.

— Non, ne me reconduisez pas, laissez la lampe dans cette pièce... Et, pour conclure, le mieux serait encore de vous abandonner aux mains de monsignor Nani, car celui-là, au moins, est supérieur. Je vous l'ai dit, dès votre arrivée, que vous le vouliez ou non, vous finirez par faire ce qu'il voudra. Alors, à quoi bon lutter?... Et jamais un mot de notre conversation de cette nuit, ce serait ma mort!

Il rouvrit les portes sans bruit, regarda avec méfiance, à droite, à gauche, dans les ténèbres du couloir, puis se hasarda, disparut, rentra chez lui si doucement, qu'on n'entendit même point l'effleurement de ses pieds, au milieu du sommeil de tombe de l'antique palais.

Le lendemain, Pierre, repris d'un besoin de lutte, et qui voulait tout essayer, se fit recommander par don Vigilio au confesseur du pape, à ce père Franciscain que le secrétaire connaissait un peu. Mais il tomba sur un bon moine, l'homme le plus timoré, évidemment choisi très modeste et très simple, sans influence aucune, pour qu'il n'abusât point de sa situation toute-puissante près du Saint-Père. Il y avait aussi une humilité affectée, de la part de celui-ci, à n'avoir pour confesseur que le plus humble des réguliers, l'ami des pauvres, le saint mendiant des routes. Ce père jouissait pourtant d'une renommée d'orateur plein de foi, le pape assistait à ses sermons, caché selon la règle derrière un voile; car, si, comme Souverain Pontife infaillible, il ne pouvait recevoir la leçon d'aucun prêtre, on admettait que, comme homme, il tirât quand même profit de la bonne parole. En dehors de son éloquence naturelle, le bon père était vraiment un simple blanchisseur d'âmes, le confesseur qui écoute et qui absout, sans se souvenir des impuretés qu'il lave, aux eaux de la pénitence. Et Pierre, à le voir si réellement pauvre et nul, n'insista pas sur une intervention qu'il sentait inutile.

Ce jour-là, la figure de l'amant ingénu de la Pauvreté, du délicieux François, comme disait Narcisse Habert, le hanta jusqu'au soir. Souvent il s'était étonné de la venue de ce nouveau Jésus, si doux aux hommes, aux bêtes et aux choses, le cœur enflammé d'une si brûlante charité pour les misérables, dans cette Italie d'égoïsme et de jouissance, où la joie de la beauté est seule restée reine. Sans doute les temps sont changés, et quelle sève d'amour il a fallu, aux temps anciens, pendant les grandes souffrances du moyen âge, pour qu'un tel consolateur des humbles, poussé du sol populaire, se mît à prêcher le don de soi-même aux autres, le renoncement aux richesses, l'horreur de la force brutale, l'égalité et l'obéissance qui devaient assurer la paix du monde. Il marchait par les chemins, vêtu ainsi que les plus pauvres, une corde serrant à ses reins la robe grise, des sandales à ses pieds nus, sans bourse ni bâton. Et ils avaient, lui et ses frères, le verbe haut et libre, d'une verdeur de poésie, d'une hardiesse de vérité souveraines, se faisant justiciers partout, attaquant les riches et les puissants, osant dénoncer les mauvais prêtres, les évêques débauchés, simoniaques et parjures. Un long cri de soulagement les accueillait, le peuple les suivait en foule, ils étaient les

amis, les libérateurs de tous les petits qui souffraient.
Aussi, d'abord, de tels révolutionnaires inquiétèrent-ils
Rome, les papes hésitèrent avant d'autoriser l'ordre ; et,
quand ils cédèrent enfin, ce fut sûrement dans l'idée
d'utiliser à leur profit cette force nouvelle, la conquête
du peuple infime, de la masse immense et vague, dont
la sourde menace a toujours grondé à travers les âges,
même aux époques les plus despotiques. Dès lors, la
papauté avait eu, dans les fils de Saint-François, une
armée de continuelle victoire, l'armée errante qui se
répandait partout, par les routes, par les villages, par les
villes, qui pénétrait jusqu'au foyer de l'ouvrier et du
paysan, gagnant les cœurs simples. S'imaginait-on la puissance démocratique d'un tel ordre, sorti des entrailles
du peuple! De là, la prospérité si rapide, le nombre des
frères pullulant en quelques années, des couvents se
fondant de toutes parts, le tiers ordre envahissant la population laïque au point de l'imprégner et de l'absorber.
Et ce qui prouvait qu'il y avait là une production du sol,
une végétation vigoureuse de la souche plébéienne,
c'était que tout un art national allait en naître, les précurseurs de la Renaissance en peinture, et Dante lui-
même, l'âme du génie de l'Italie.

Maintenant, depuis quelques jours, Pierre les voyait,
ces grands ordres d'autrefois, et se heurtait contre eux,
dans la Rome actuelle. Les Franciscains et les Dominicains, qui avaient si longtemps combattu de compagnie
pour l'Église, rivaux animés de la même foi, étaient toujours là, face à face, dans leurs vastes couvents, d'apparence prospère. Mais il semblait que l'humilité des
Franciscains les eût à la longue mis à l'écart. Peut-être
aussi était-ce que leur rôle d'amis et de libérateurs
du peuple a cessé, depuis que le peuple se libère lui-
même, dans ses conquêtes politiques et sociales. Et la
seule bataille restait sûrement entre les Dominicains et
les Jésuites, les prêcheurs et les éducateurs, qui, les uns

et les autres, ont gardé la prétention de pétrir le monde à l'image de leur foi. On entendait gronder les influences, c'était une guerre de toutes les heures, dont Rome, le pouvoir suprême au Vatican, demeurait l'éternel enjeu. Les premiers, cependant, avaient beau avoir saint Thomas qui combattait pour eux, ils sentaient crouler leur vieille science dogmatique, ils devaient céder chaque jour un peu de terrain aux seconds, victorieux avec le siècle. Puis, c'étaient encore les Chartreux, vêtus de leur robe de drap blanc, les silencieux très saints et très purs, les contemplateurs qui se sauvent du monde dans leurs cloîtres aux cellules calmes, les désespérés et les consolés dont le nombre peut être moindre, mais qui vivront éternellement, comme la douleur et le besoin de solitude. C'étaient les Bénédictins, les enfants de Saint-Benoît dont la règle admirable a sanctifié le travail, les ouvriers passionnés des lettres et des sciences, qui ont longtemps été, à leur époque, des instruments puissants de civilisation, aidant à l'instruction universelle par leurs immenses travaux d'histoire et de critique; et ceux-ci, Pierre qui les aimait, qui se serait réfugié chez eux deux siècles plus tôt, s'étonnait pourtant de leur voir bâtir, sur l'Aventin, une vaste demeure, pour laquelle Léon XIII a déjà donné des millions, comme si la science d'aujourd'hui et de demain eût encore été un champ où ils pussent moissonner : à quoi bon? lorsque les ouvriers ont changé, lorsque les dogmes sont là pour barrer la route à qui doit passer en les respectant, sans achever de les abattre. Enfin, c'était le pullulement des ordres moindres, dont on compte des centaines : c'étaient les Carmes, les Trappistes, les Minimes, les Barnabites, les Lazaristes, les Eudistes, les Missionnaires, les Récollets, les Frères de la Doctrine chrétienne; c'étaient les Bernardins, les Augustins, les Théatins, les Observantins, les Célestins, les Capucins; sans compter les ordres correspondants de femmes, ni les Clarisses, ni les religieuses sans nombre, telles que les religieuses de la Visitation et celles du Calvaire. Chaque maison avait son installation modeste ou somptueuse, certains quartiers de Rome n'étaient faits que de couvents, et tout ce peuple, derrière les façades muettes, bourdonnait, s'agitait, intriguait, dans la continuelle lutte des intérêts et des passions. L'ancienne évolution sociale qui les avait produits n'agissait plus depuis longtemps, ils s'entêtaient à vivre quand même, de plus en plus inutiles et affaiblis, destinés à cette agonie lente, jusqu'au jour où l'air et le sol leur manqueront à la fois, au sein de la société nouvelle.

Et, dans ses démarches, dans ses courses qui recommençaient, ce n'était pas le plus souvent contre les réguliers que se heurtait Pierre : il avait affaire surtout au clergé séculier, à ce clergé de Rome, qu'il finissait par bien connaître. Une hiérarchie, rigoureuse encore, y maintenait les classes et les rangs. Au sommet, autour du pape, régnait la famille pontificale, les cardinaux et les prélats, très hauts, très nobles, d'une grande morgue, sous leur apparente familiarité. En dessous d'eux, le clergé des paroisses formait comme une bourgeoisie, très digne, d'un esprit sage et modéré, où les curés patriotes n'étaient même pas rares; et l'occupation italienne, depuis un quart de siècle, avait eu ce singulier résultat, en installant tout un monde de fonctionnaires, témoins des mœurs, de purifier la vie intime des prêtres romains, dans laquelle la femme autrefois jouait un rôle si décisif, que Rome était à la lettre un gouvernement de servantes maîtresses, trônant dans des ménages de vieux garçons. Et, enfin, on tombait à cette plèbe du clergé, que Pierre avait étudiée curieusement, tout un ramassis de misérables prêtres, crasseux, à demi nus, rôdant en quête d'une messe, comme des bêtes faméliques, s'échouant dans les tavernes louches, en compagnie des mendiants et des voleurs. Mais il était plus intéressé encore par la foule flottante des prêtres accourus de la chrétienté entière, les aventuriers, les ambitieux, les croyants, les fous, que Rome attirait comme la lampe, dans la nuit, attire les insectes de l'ombre. Il y en avait de toute nationalité, de toute fortune, de tout âge, galopant sous le fouet de leurs appétits, se bousculant du matin au soir autour du Vatican, pour mordre à la proie qu'ils étaient venus saisir. Partout, il les retrouvait, et il se disait avec quelque honte qu'il était un d'eux, qu'il augmentait de son unité ce nombre incroyable de soutanes qu'on rencontrait par les rues. Ah! ce flux et ce reflux, cette continuelle marée, dans Rome, des robes noires, des frocs de toutes les couleurs! Les séminaires des diverses nations auraient suffi à pavoiser les rues, avec leurs queues d'élèves en fréquentes promenades : les Français tout noirs, les Américains du Sud noirs avec l'écharpe bleue, les Américains du Nord noirs avec l'écharpe rouge, les Polonais noirs avec l'écharpe verte, les Grecs bleus, les Allemands rouges, les Romains violets, et les autres, et les autres, brodés, lisérés de cent façons. Puis, il y avait en outre les confréries, les pénitents, les blancs, les noirs, les bleus, les gris, avec des cagoules, avec des pèlerines différentes, grises, bleues, noires ou blanches. Et c'était ainsi que, parfois encore, la Rome papale semblait ressusciter et qu'on la sentait vivace et tenace, luttant pour ne pas disparaître, dans la Rome cosmopolite actuelle, où s'effacent le ton neutre et la coupe uniforme des vêtements.

Mais Pierre avait beau courir de chez un prélat chez un autre, fréquenter des prêtres, traverser des églises, il ne pouvait s'habituer au culte, à cette dévotion romaine, qui l'étonnait quand elle ne le blessait pas. Un dimanche qu'il était entré, par un matin de pluie, à Sainte-Marie-Majeure, il avait cru se trouver dans une salle d'attente, d'une richesse inouïe certes, avec ses colonnes et son plafond de temple antique, le baldaquin somptueux de son autel papal, les marbres éclatants de sa Confession, de sa chapelle Borghèse surtout, et où Dieu cependant ne semblait pas habiter. Dans la nef centrale, pas un banc, pas une chaise ; un continuel va-et-vient de fidèles qui la traversaient, comme on traverse une gare, en trempant de leurs souliers mouillés le précieux dallage de mosaïque ; des femmes et des enfants, que la fatigue avait fait asseoir autour des socles de colonne, ainsi qu'on en voit, dans l'encombrement des grands départs, attendant leur train. Et, pour cette foule piétinante de menu peuple, entrée en passant, un prêtre disait une messe basse, au fond d'une chapelle latérale, devant laquelle une file unique de gens debout s'était formée, étroite, longue, une queue de théâtre barrant la nef en travers. A l'élévation, tous s'inclinèrent d'un air de ferveur ; puis, l'attroupement se dissipa, la messe était dite. C'était partout la même assistance des pays du soleil, pressée, n'aimant pas s'installer sur des sièges, ne faisant à Dieu que de courtes visites familières, en dehors des grandes réceptions de gala, à Saint-Paul comme à Saint-Jean de Latran, dans toutes les vieilles basiliques comme à Saint-Pierre lui-même. Au Gesù seul, il tomba, un autre dimanche matin, sur une grand'messe qui lui rappela les foules dévotes du Nord : là, il y avait des bancs, des femmes assises, une tiédeur mondaine, sous le luxe des voûtes, chargées d'or, de sculptures et de peintures, d'une splendeur fauve admirable, depuis que le temps en a fondu le goût baroque trop vif. Mais que d'églises vides, parmi les plus anciennes et les plus vénérables, Saint-Clément, Sainte-Agnès, Sainte-Croix de Jérusalem, où l'on ne voyait guère, aux heures des offices, que les quelques voisins du quartier ! Quatre cents églises, même pour Rome, c'étaient bien des nefs à peupler ; et il y en avait qu'on fréquentait uniquement à certains jours fixes de cérémonie, beaucoup n'ouvraient leurs portes qu'une fois par an, le jour de la fête du saint. Certaines vivaient de la chance heureuse de posséder un fétiche, une idole secourable aux misères humaines : l'Aracœli avait le petit Jésus miraculeux, « il

Bambino », qui guérissait les enfants malades ; Sant'Agostino avait la « Madona del Parto », la Vierge qui délivrait heureusement les femmes enceintes. D'autres étaient réputées pour l'eau de leurs bénitiers, l'huile de leurs lampes, la puissance d'un saint de bois ou d'une madone de marbre. D'autres semblaient délaissées, abandonnées aux touristes, livrées à la petite industrie des bedeaux, telles que des musées, peuplés de dieux morts. D'autres enfin restaient troublantes, comme Santa-Maria-Rotonda, installée dans le Panthéon, une salle ronde qui tient du cirque, et où la Vierge est demeurée l'évidente locataire de l'Olympe. Il s'était intéressé aux églises des quartiers pauvres, à Saint-Onuphre, à Sainte-Cécile, à Sainte-Marie du Transtévère, sans y rencontrer la foi vive, le flot populaire qu'il espérait. Une après-midi, dans cette dernière complètement vide, il avait entendu des chantres chanter à pleine voix, un lamentable chant au milieu de cette solitude. Un autre jour, étant entré à San Crisogono, il l'avait trouvé tendu, sans doute pour une fête du lendemain : les colonnes dans des fourreaux de damas rouge, les portiques sous des lambrequins et des rideaux alternés, jaunes et bleus, blancs et rouges ; et il avait fui, devant cette affreuse décoration, d'un clinquant de foire. Ah ! qu'il était loin des cathédrales où, dans son enfance, il avait cru et prié ! Partout, il retrouvait la même église, l'ancienne basilique antique, accommodée au goût de la Rome du dernier siècle par le Bernin ou ses élèves. A Saint-Louis des Français, dont le style est meilleur, d'une sobriété élégante, il ne fut ému que par les grands morts, les héros et les saints, qui dormaient sous les dalles, dans la terre étrangère. Et, comme il cherchait du gothique, il finit par aller voir Sainte-Marie de la Minerve, qu'on lui disait être le seul échantillon du style gothique à Rome. Ce fut pour lui la stupéfaction dernière, ces colonnes engagées recouvertes de marbre, ces ogives qui n'osent s'élancer, étouffées dans le plein cintre, ces voûtes qui s'arrondissent, condamnées à la lourde majesté du dôme. Non, non! la foi dont les cendres tièdes demeuraient là, n'était plus celle dont le brasier avait envahi et brûlé au loin la chrétienté entière. Monsignor Fornaro, que le hasard lui fit rencontrer justement, au sortir de Sainte-Marie de la Minerve, s'éleva contre le gothique, en le traitant d'hérésie pure. La première église chrétienne, c'était la basilique, née du temple; et l'on blasphémait, lorsqu'on voyait la véritable église chrétienne dans la cathédrale gothique, car le gothique n'était que le détestable esprit anglo-saxon, le génie révolté de Luther. Il voulut répondre passionnément au prélat; puis, il se tut, de crainte d'en trop dire. N'était-ce pas, en effet, la preuve décisive que le catholicisme était la végétation même du sol de Rome, le paganisme transformé par le christianisme? Ailleurs, celui-ci a poussé dans un esprit différent, à ce point qu'il est entré en rébellion, qu'il s'est tourné contre la Cité mère, au jour du schisme. L'écart est allé en s'élargissant toujours, les dissemblances s'accusent aujourd'hui de plus en plus, dans l'évolution des sociétés nouvelles, malgré les efforts désespérés d'unité, de sorte que le schisme, une fois encore, apparaît inévitable et prochain. Et il gardait aux basiliques une autre rancune d'enfant jadis pieux et sentimental, l'absence des cloches, des belles et grandes cloches, aimées des humbles. Il faut des clochers, pour les cloches, et il n'y a pas de clochers à Rome, il n'y a que des dômes. Décidément, Rome n'était pas la ville de Jésus, sonnante et carillonnante, d'où la prière montait en ondes sonores parmi le vol tourbillonnant des corneilles et des hirondelles.

Cependant, Pierre continuait ses démarches, envahi par une sourde irritation qui le faisait s'obstiner, retournant voir les gens, tenant la parole qu'il s'était donnée de rendre visite à chacun des cardinaux de la congrégation de l'Index, malgré les blessures. Et il se trouva peu à peu lancé à travers les autres congrégations, ces ministères de l'ancien gouvernement pontifical, aujourd'hui moins nombreuses, mais d'une complication de rouages extraordinaire encore, ayant chacune un cardinal pour préfet, des membres cardinaux tenant séance, des prélats consulteurs, tout un monde d'employés. Il dut aller plusieurs fois à la Chancellerie où siège la congrégation de l'Index, il se perdit dans cette immensité d'escaliers, de couloirs et de salles, gagné dès le portique de la cour par le frisson glacé des vieux murs, ne pouvant arriver à aimer ce palais, l'œuvre maîtresse de Bramante, le type pur de la renaissance romaine, d'une beauté si nue et si froide. Il connaissait déjà la congrégation de la Propagande, où le cardinal Sarno l'avait reçu; et ce fut le hasard de ses visites, renvoyé de l'un à l'autre, dans cette chasse aux influences, qui lui fit connaître de même les autres congrégations, celle des Évêques et Réguliers, celle des Rites, celle du Concile. Même il entrevit la Consistoriale, la Daterie, la Sacrée Pénitencerie. C'était le mécanisme énorme de l'administration de l'Église, le monde entier à gouverner, élargir les conquêtes, gérer les affaires des pays conquis, juger les questions de foi, de mœurs et de personnes, examiner et punir les délits, accorder les dispenses, vendre les faveurs. On n'imaginait pas le nombre effroyable d'affaires qui, chaque matin, tombait au Vatican, les questions les plus graves, les plus délicates, les plus complexes, dont la solution donnait lieu à des recherches, à des études sans nombre. Il fallait bien répondre à ce peuple de visiteurs, qui encombraient Rome, venus de tous les points de la chrétienté, à ces lettres, à ces suppliques, à ces dossiers, dont le flot se distribuait, s'entassait dans les bureaux. Et le miracle était le grand silence discret dans lequel se faisait la colossale besogne, pas un bruit sur la rue, des tribunaux, des parlements, des fabriques de saints et de nobles d'où ne sortait pas même la petite trépidation du travail, une mécanique si bien huilée, que, malgré la rouille des siècles, l'usure profonde et irrémédiable, elle fonctionnait sans qu'on la devinât, derrière les murs. Toute la politique de l'Église n'était-elle pas là ? se taire, écrire le moins possible, attendre. Mais quelle mécanique prodigieuse, surannée et si puissante encore ! et comme il se sentait pris, au milieu de ces congrégations, dans le réseau de fer du plus absolu pouvoir qu'on eût jamais organisé pour dominer les hommes ! Il avait beau y constater des lézardes, des trous, une vétusté annonçant la ruine, il ne lui appartenait pas moins, depuis qu'il s'y était risqué, il était saisi, broyé, emporté au travers de cet inextricable filet, de ce labyrinthe sans fin des influences et des intrigues, où s'agitaient les vanités et les vénalités, les corruptions et les ambitions, tant de misère et tant de grandeur. Et qu'il était loin de la Rome qu'il avait rêvée, et quelle colère le soulevait parfois dans sa lassitude, dans sa volonté de se défendre !

Brusquement, des choses s'expliquaient, que Pierre n'avait jamais comprises. Un jour qu'il était retourné à la Propagande, le cardinal Sarno lui parla de la Franc-Maçonnerie avec une telle rage froide, que, tout d'un coup, il vit clair. Jusque-là, la Franc-Maçonnerie l'avait fait sourire, il n'y croyait guère plus qu'aux Jésuites, trouvant enfantines les ridicules histoires qui circulaient, renvoyant à la légende ces hommes de mystère et d'ombre, dont le secret pouvoir, incalculable, aurait gouverné le monde. Il s'étonnait surtout de la haine aveugle qui affolait certaines gens, dès que le mot de francs-maçons leur venait aux lèvres : un prélat, et des plus distingués, des plus intelligents, lui avait affirmé d'un air de conviction profonde que toute loge maçonnique était présidée, au moins une fois l'an, par le Diable en personne, visible. C'était à confondre le simple bon sens. Et il venait de comprendre la rivalité, la furieuse lutte de l'Église catholique et romaine contre l'autre Église, l'Église d'en face. La première avait beau se croire triomphante, elle n'en

sentait pas moins dans l'autre une concurrence, une très
vieille ennemie, qui se prétendait même plus ancienne
qu'elle, et dont la victoire restait toujours possible. Surtout, le heurt résultait de ce que les deux sectes avaient
la même ambition de souveraineté universelle, la même
organisation internationale, le même coup de filet jeté
sur les peuples, des mystères, des dogmes, des rites. Dieu
contre Dieu, foi contre foi, conquête contre conquête ; et,
dès lors, de même que deux maisons rivales, établies aux
deux côtés d'une rue, elles se gênaient, l'une devait finir
par tuer l'autre. Mais, si le catholicisme lui semblait
caduc, menacé de ruine, il restait également sceptique
sur la puissance de la Franc-Maçonnerie. Il avait questionné, fait une enquête, pour se rendre compte de la
réalité de cette puissance, dans cette ville de Rome où les
deux pouvoirs suprêmes se trouvaient en présence, où le
grand maître trônait en face du pape. On lui avait bien
raconté que les derniers princes romains se croyaient
forcés de se faire recevoir francs-maçons, pour ne pas se
rendre la vie trop rude, aggraver leur situation difficile,
barrer l'avenir de leurs fils. Seulement, ne cédaient-ils
pas uniquement à la force irrésistible de l'évolution
sociale actuelle ? La Franc-Maçonnerie n'allait-elle pas
être noyée, elle aussi, dans son propre triomphe,
celui des idées de justice, de raison et vérité, qu'elle
avait si longtemps défendues, au travers des ténèbres et
des violences de l'histoire ? C'est un fait constant, la
victoire de l'idée tue la secte qui la propage, rend
inutile et un peu baroque l'appareil dont les sectaires
ont dû s'entourer pour frapper les imaginations. Le
carbonarisme n'a pu survivre à la conquête des libertés
politiques qu'il réclamait, et le jour où l'Église catholique croulera, ayant fait son œuvre civilisatrice, l'autre
Église, l'Église franc-maçonne d'en face, disparaîtra de
même, sa tâche de libération étant faite. Aujourd'hui, la
fameuse toute-puissance des loges serait un pauvre instru-

ment de conquête, entravé lui-même par des traditions, gâté par un cérémonial dont on plaisante, réduit à n'être qu'un lien d'entente et de secours mutuel, si le grand souffle de la science n'emportait les peuples, aidant à la destruction des religions vieillies.

Alors, Pierre, brisé par tant de courses et de démarches, fut repris d'anxiété, dans son obstination à ne pas quitter Rome, sans s'être battu jusqu'au bout, en soldat d'une espérance qui ne veut pas croire à la défaite. Il avait vu tous les cardinaux dont l'influence pouvait lui être de quelque utilité. Il avait vu le cardinal vicaire, chargé du diocèse de Rome, un lettré qui avait causé d'Horace avec lui, un politique un peu brouillon qui s'étais mis à le questionner sur la France, sur la République, sur le budget de la guerre et de la marine, sans s'occuper le moins du monde du livre poursuivi. Il avait vu le Grand Pénitencier, le cardinal aperçu déjà au palais Boccanera, un vieillard maigre, au visage décharné d'ascète, dont il n'avait pu tirer qu'un long blâme, des paroles sévères contre les jeunes prêtres, gâtés par le siècle, auteurs d'ouvrages exécrables. Enfin, il avait vu, au Vatican, le cardinal secrétaire, en quelque sorte le ministre des Affaires étrangères de Sa Sainteté, la grande puissance du Saint-Siège, dont on l'avait écarté jusque-là, en le terrifiant sur les conséquences d'une visite malheureuse. Il s'était excusé de venir si tard, et il avait trouvé l'homme le plus aimable, corrigeant par une diplomatique bienveillance l'aspect un peu rude de sa personne, le questionnant d'un air d'intérêt après l'avoir fait asseoir, l'écoutant, le réconfortant même. Mais, de retour sur la place Saint-Pierre, il avait bien compris que son affaire n'avait point avancé d'un pas, et que, s'il arrivait un jour à forcer la porte du pape, ce ne serait jamais en passant par la Secrétairerie d'État. Et, ce soir-là, il était rentré rue Giulia effaré, surmené, la tête brisée après tant de visites à tant de gens, si éperdu de s'être senti peu à peu prendre tout entier par cette machine aux cent rouages, qu'il s'était demandé avec terreur ce qu'il ferait le lendemain, n'ayant plus rien à faire, qu'à devenir fou.

Il rencontra justement don Vigilio dans un couloir, et il voulut de nouveau le consulter, obtenir de lui un bon conseil. Mais celui-ci le fit taire d'un geste inquiet, sans qu'il sût pourquoi. Il avait ses yeux de terreur. Puis, dans un souffle, à l'oreille :

— Avez-vu monsignor Nani? Non !... Eh bien! allez le voir, allez le voir. Je vous répète que vous n'avez pas d'autre chose à faire.

Il céda. Pourquoi résister, en effet ? En dehors de la passion d'ardente charité qui l'avait amené pour défendre son livre, n'était-il pas à Rome dans un but d'expérience ? Il fallait bien pousser jusqu'au bout les tentatives.

Le lendemain, de trop bonne heure, il se trouva sous la colonnade de Saint-Pierre, et il dut s'y attarder, en attendant. Jamais encore il n'avait mieux senti l'énormité de ces quatre rangées tournantes de colonnes, de cette forêt aux gigantesques troncs de pierre, où personne ne se promène d'ailleurs. C'est un désert grandiose et morne, on se demande pourquoi un portique si majestueux : pour l'unique majesté sans doute, pour la pompe de la décoration ; et toute Rome, une fois de plus, était là. Puis, il suivit la rue du Saint-Office, arriva devant le palais du Saint-Office, derrière la Sacristie, dans un quartier de solitude et de silence, que le pas d'un piéton, le roulement d'une voiture troublent à peine, de loin en loin. Le soleil seul s'y promène, en nappes lentes, sur le petit pavé blanchi. On y devine le voisinage de la basilique, l'odeur d'encens, la paix cloîtrée, dans le sommeil des siècles. Et, à un angle, le palais du Saint-Office est d'une nudité pesante et inquiétante : une haute façade jaune, percée d'une seule ligne de fenêtres; tandis que, sur la rue latérale, l'autre façade est plus louche encore, avec son rang de fenêtres plus étroites, des judas aux vitres glauques. Dans l'éclatant soleil, ce colossal cube de maçonnerie couleur de boue paraît dormir, presque sans jour sur le dehors, fermé et mystérieux comme une prison.

Pierre eut un frisson, dont il sourit ensuite, ainsi que d'un enfantillage. La sainte, romaine et universelle Inquisition, la sacrée congrégation du Saint-Office, comme on la nommait aujourd'hui, n'était plus celle de la légende, la pourvoyeuse des bûchers, le tribunal occulte et sans appel, ayant droit de mort sur l'humanité entière. Pourtant, elle gardait toujours le secret de sa besogne, elle se réunissait chaque mercredi, jugeait et condamnait, sans que rien, pas même un souffle, sortît des murs. Mais, si elle continuait à frapper le crime d'hérésie, si elle ne s'en tenait pas aux œuvres et frappait aussi les hommes, elle n'avait plus d'armes, ni cachot, ni fer, ni feu, réduite à un rôle de protestation, ne pouvant même infliger aux siens, aux ecclésiastiques, que des peines disciplinaires.

Lorsqu'il fut entré et qu'on l'eut introduit dans le salon de monsignor Nani, qui habitait le palais, à titre d'assesseur, Pierre éprouva une surprise heureuse. La pièce était vaste, située au midi, inondée de gai soleil; et il régnait là une douceur exquise, malgré la raideur des meubles, la couleur sombre des tentures, comme si une femme y eût vécu, accomplissant ce prodige de mettre de sa grâce dans ces choses sévères. Il n'y avait pas de fleurs, et cela sentait bon. Un charme, épandu, prenait les cœurs, dès le seuil.

Tout de suite, monsignor Nani s'était avancé, souriant, avec sa face rose, aux yeux bleus si vifs, aux fins cheveux blonds que l'âge poudrait. Et les deux mains tendues :

— Ah! mon cher fils, que vous êtes aimable d'être venu me voir... Voyons, asseyez-vous, causons comme deux amis.

Il le questionna sans attendre, avec une apparence d'affection extraordinaire.

— Où en êtes-vous? Racontez-moi ça, dites-moi bien tout ce que vous avez fait.

Pierre, touché malgré les confidences de don Vigilio, gagné par la sympathie qu'il croyait sentir, se confessa sans rien omettre. Il dit ses visites au cardinal Sarno, à monsignor Fornaro, au père Dangelis; il conta ses autres démarches près des cardinaux influents, tous ceux de l'Index, et le Grand Pénitencier, et le cardinal vicaire, et le cardinal secrétaire; il insista sur ses courses sans fin d'une porte à une autre, à travers tout le clergé de Rome, à travers toutes les congrégations, dans cette immense ruche active et silencieuse, où il s'était lassé les pieds, brisé les membres, hébété le cerveau.

Et monsignor Nani, qui semblait l'écouter d'un air de ravissement, s'exclamait, répétait à chaque station de ce calvaire du solliciteur:

— Mais c'est très bien! mais c'est parfait! Oh! votre affaire marche! A merveille, à merveille, elle marche!

Il exultait, sans laisser percer, d'ailleurs, aucune ironie malséante. Il n'avait que son joli regard d'enquête, qui fouillait le jeune prêtre, pour savoir s'il l'avait enfin amené au point d'obéissance où il le désirait. Était-il assez las, assez désillusionné, assez renseigné sur la réalité des choses, pour qu'on pût en finir avec lui? Trois mois de Rome avaient-ils suffi pour faire un sage, un résigné au moins, de l'enthousiaste un peu fou du premier jour?

Brusquement, monsignor Nani demanda:

— Mais, mon cher fils, vous ne me parlez pas de Son Éminence le cardinal Sanguinetti.

— Monseigneur, c'est que Son Éminence est à Frascati, je n'ai pu la voir.

Alors, le prélat, comme s'il eût reculé encore le dénouement, avec une secrète jouissance de diplomate artiste, se récria, leva ses petites mains grasses au ciel, de l'air inquiet d'un homme qui déclare tout perdu.

— Oh! il faut voir Son Éminence, il faut voir Son Éminence! C'est absolument nécessaire. Pensez donc! le préfet de l'Index! Nous ne pourrons agir qu'après votre visite, car vous n'avez vu personne, si vous ne l'avez pas vu... Allez, allez à Frascati, mon cher fils.

Et Pierre ne put que s'incliner.

— J'irai, monseigneur.

XI

Bien qu'il sût ne pouvoir se présenter chez le cardinal Sanguinetti que vers onze heures, Pierre, qui avait pris un train matinal, descendit dès neuf heures à la petite gare de Frascati. Déjà, il y était venu, en un de ses jours d'oisiveté forcée; il avait fait l'excursion classique de ces Châteaux romains, qui vont de Frascati à Rocca di Papa, et de Rocca di Papa au Monte Cave; et il était charmé, il se promettait deux heures de promenade apaisante, sur ces premiers coteaux des monts Albains, où Frascati est bâti, parmi les roseaux, les oliviers et les vignes, dominant l'immense mer rousse de la Campagne, comme du haut d'un promontoire, jusqu'à Rome lointaine qui blanchit, telle qu'un îlot de marbre, à six grandes lieues.

Ah! ce Frascati, sur son mamelon verdoyant, au pied des hauteurs boisées de Tusculum, avec sa terrasse fameuse d'où l'on a la plus belle vue du monde, avec ses anciennes villas patriciennes aux fières et élégantes façades Renaissance, aux parcs magnifiques, toujours verts, plantés de cyprès, de pins et de chênes! C'était une douceur, une joie, une séduction dont il ne se serait jamais lassé. Et, depuis plus d'une heure, il errait délicieusement par les routes bordées d'antiques oliviers noueux, par les chemins couverts, qu'ombrageaient les grands arbres des propriétés voisines, par les sentiers odorants, au bout desquels, à chaque coude, la Campagne se déroulait à l'infini, lorsqu'il fit une rencontre imprévue, qui le contraria d'abord.

Il était redescendu près de la gare, dans les terrains bas, d'anciennes vignes où tout un mouvement de constructions nouvelles s'était produit depuis quelques années ; et il fut surpris de voir une victoria, très correctement attelée de deux chevaux, qui venait de Rome, s'arrêter près de lui, et de s'entendre appeler par son nom.

— Comment ! monsieur l'abbé Froment, vous ici en promenade, de si bonne heure !

Alors, il reconnut le comte Prada qui, étant descendu, laissa la voiture vide achever la route, tandis qu'il faisait à pied les deux ou trois derniers cents mètres, à côté du jeune prêtre. Après une cordiale poignée de main, il expliqua son goût.

— Oui, je me sers rarement du chemin de fer, je viens en voiture. Ça promène mes chevaux... Vous savez que j'ai des intérêts par ici, toute une affaire de constructions, qui malheureusement ne va pas très bien. Et c'est pourquoi, malgré la saison avancée, je suis encore forcé d'y venir plus souvent que je ne voudrais.

Pierre, en effet, savait cette histoire. Les Boccanera avaient dû vendre la villa somptueuse, bâtie là par un cardinal, leur ancêtre, sur les plans de Jacques de la Porte, dans la seconde moitié du seizième siècle : une demeure d'été royale, d'admirables ombrages, des charmilles, des bassins, des cascades, surtout une terrasse, célèbre entre toutes celles du pays, qui s'avançait comme un cap, au-dessus de la Campagne romaine, dont l'immensité sans fin va des montagnes de la Sabine aux sables de la Méditerranée. Et, dans le partage, Benedetta avait de sa mère de vastes champs de vignes, en bas de Frascati, qu'elle avait apportés en dot à Prada, au moment où la folie de la pierre soufflait de Rome sur les provinces. Aussi Prada avait-il eu l'idée de construire là tout un quartier de villas bourgeoises, dans le goût de celles qui encombrent la banlieue de Paris. Mais peu d'acheteurs s'étaient présentés, l'effondrement financier était survenu, et il liquidait péniblement cette affaire fâcheuse, après en avoir désintéressé sa femme, dès leur séparation.

— Et puis, continua-t-il, avec une voiture, on arrive, on part, quand on veut ; tandis qu'on est esclave des heures du chemin de fer. Ainsi, j'ai ce matin rendez-vous avec des entrepreneurs, des experts, des avocats, et je ne sais le temps qu'ils vont me prendre... Un merveilleux pays, n'est-ce pas? dont nous avons raison d'être très fiers, à Rome. J'ai beau y avoir en ce moment des ennuis, je ne puis m'y retrouver, sans que mon cœur batte de joie.

Ce qu'il ne disait pas, c'était que son amie, comme il la nommait, Lisbeth Kauffmann, venait de passer l'été dans une des villas neuves, où elle avait installé son atelier de délicieuse artiste, visité par toute la colonie étrangère, qui tolérait l'irrégularité de sa situation, depuis la mort de son mari, grâce à sa gaieté et à sa peinture, juste assez pour être libre. On avait fini même par accepter sa grossesse, et elle était rentrée à Rome dès le milieu de novembre, pour y accoucher d'un gros garçon, dont la venue avait rallumé, dans les salons blancs et dans les salons noirs, les commérages passionnés sur le divorce imminent de Benedetta et de Prada. L'amour de ce dernier pour Frascati était sûrement fait de ses tendres souvenirs et de la grande joie d'orgueil où le jetait cette naissance d'un fils.

Pierre, qui gardait en sa présence une gêne, comme une sorte de malaise, dans sa haine instinctive des hommes d'argent et de proie, voulut pourtant répondre à son amabilité parfaite, en lui demandant des nouvelles de son père, le vieil Orlando, le héros de la conquête.

— Oh! à part les jambes, il se porte à merveille, il vivra cent ans. Ce pauvre père! j'aurais été si heureux de l'installer dans une de ces petites maisons, cet été! Mais jamais il n'a voulu, il s'entête à ne pas quitter Rome, comme s'il craignait qu'on ne la lui reprît, pendant son absence.

Il éclata d'un beau rire, s'égayant tout seul à plaisanter ainsi l'âge héroïque et démodé de l'indépendance. Puis, il ajouta :

— Il me parlait encore de vous hier, monsieur l'abbé. Il s'étonne de ne pas vous avoir revu.

Cela chagrina Pierre, car il s'était mis à aimer Orlando d'une tendresse respectueuse. Deux fois, depuis la première visite, il était retourné le saluer ; et, à chaque fois, le vieillard avait refusé de causer de Rome, tant que son jeune ami n'aurait pas tout vu, tout senti, tout compris. Plus tard, il serait temps, lorsque l'un et l'autre pourraient conclure.

— Je vous en prie, s'écria Pierre, veuillez lui dire que je ne l'oublie pas et que, si ma visite se fait attendre, c'est que je désire le satisfaire. Mais je ne partirai pas sans aller lui dire combien j'ai été touché de son accueil.

Tous deux continuaient à marcher lentement, par la route montante, au milieu des quelques villas nouvelles, dont plusieurs n'étaient même pas achevées. Et, lorsque Prada sut que le prêtre était venu pour se présenter chez le cardinal Sanguinetti, il eut un nouveau rire, son rire de loup aimable, qui découvrait ses dents blanches.

— C'est vrai, il est ici, depuis que le pape est souffrant... Ah! vous allez le trouver dans un bel état de fièvre !

— Pourquoi donc?

— Mais parce que les nouvelles de la santé du Saint-Père ne sont pas bonnes, ce matin. Quand j'ai quitté Rome, le bruit courait qu'il avait passé une nuit affreuse.

Il s'était arrêté à un coude de la route, devant une antique chapelle, une petite église, d'une grâce solitaire et triste, à la lisière d'un bois d'oliviers. Et, tout à côté, se trouvait une masure tombant en ruine, l'ancienne cure sans doute, d'où sortait un prêtre, grand, noueux, la face épaisse et terreuse, qui, d'un double tour de clef, ferma rudement la porte, avant de s'éloigner.

— Tenez! reprit railleusement le comte, en voici un dont le cœur doit battre aussi bien fort, et qui monte sûrement chez votre cardinal, aux nouvelles.

Pierre, surpris, avait regardé le prêtre.

— Je le connais, dit-il. C'est lui, si je ne me trompe, que j'ai vu, le lendemain de mon arrivée, chez le cardinal Boccanera, auquel il apportait un panier de figues, en venant lui demander un bon certificat pour son jeune frère, qu'une violence, un coup de couteau, je crois, avait fait mettre en prison, certificat d'ailleurs que le cardinal lui a refusé absolument.

— C'est lui-même, n'en doutez pas, car il a été autrefois un familier de la villa Boccanera, où son jeune frère était jardinier. Aujourd'hui, il est le client, la créature du cardinal Sanguinetti... Ah! une figure curieuse, que ce Santobono, comme vous n'en avez pas en France, je suppose! Il vit tout seul, dans ce logis qui croule, il dessert cette très vieille chapelle de Sainte-Marie des Champs, où l'on ne vient pas entendre la messe trois fois par année. Oui, une véritable sinécure, qui lui permet de vivre, avec son millier de francs de traitement, en paysan philosophe, cultivant le jardin assez vaste, que vous voyez là, entouré de grands murs.

En effet, le clos s'étendait sur la pente, derrière la cure, fermé soigneusement de toutes parts, comme un refuge farouche où les regards eux-mêmes ne pénétraient pas. Et l'on n'apercevait, par-dessus la muraille de gauche, qu'un superbe figuier, un figuier géant, dont les feuilles hautes se découpaient en noir sur le ciel clair.

Prada s'était remis à marcher, et il continuait à parler de Santobono, qui l'intéressait évidemment. Un prêtre patriote, un garibaldien. Né à Nemi, dans ce coin resté sauvage des monts Albains, il était du peuple, encore près de la terre ; mais il avait étudié, il savait assez d'histoire pour connaître la grandeur passée de Rome et pour rêver le rétablissement de l'empire romain, au profit de la jeune Italie. Et il s'était mis à croire passionnément qu'un grand pape seul pouvait réaliser ce rêve, en s'emparant du pouvoir, puis en conquérant toutes les autres nations. Quoi de plus simple, puisque le pape commandait à des millions de catholiques? Est-ce que la moitié de l'Europe n'était pas à lui? La France, l'Espagne, l'Autriche céderaient, dès qu'elles le verraient puissant, dictant des lois au monde. Quant à l'Allemagne et à l'Angleterre, à toutes les nations protestantes, elles seraient inévitablement conquises, la papauté étant l'unique digue qu'on pût opposer à l'erreur, qui devait un jour se briser contre elle. Politiquement, il s'était malgré ça déclaré en faveur de l'Allemagne, dans la pensée que la France avait besoin d'être écrasée, pour se jeter entre les bras du Saint-Père. Et les contradictions, les imaginations folles se heurtaient ainsi dans cette tête fumeuse, où les idées brûlaient, tournaient vite à la violence, sous la rudesse primitive de la race : un barbare de l'Évangile, un ami des humbles et des souffrants, qui était de la famille des sectaires exaltés, capables des grandes vertus et des grands crimes.

— Oui, conclut Prada, il s'est donné au cardinal Sanguinetti, parce qu'il a vu en lui le grand pape possible, le pape de demain, qui doit faire de Rome l'unique capitale des peuples. Et cela ne va pas, non plus, sans quelque ambition plus basse, celle, par exemple, de conquérir un titre de chanoine, ou celle encore de se faire aider dans les petits désagréments de l'existence, comme le jour où il a eu besoin de tirer son frère d'embarras. On met sa chance sur un cardinal, ainsi qu'on nourrit un terne à la loterie : si le cardinal sort pape, on gagne une fortune... C'est pourquoi vous le voyez là-bas marcher à si longues enjambées, dans la hâte de savoir si Léon XIII va mourir et si son terne sortira avec Sanguinetti coiffant la tiare.

Intéressé et pris d'inquiétude, Pierre demanda :

— Croyez-vous donc le pape malade à ce point?

Le comte sourit, leva les deux bras.

— Ah! est-ce qu'on sait? ils sont tous malades, quand ils ont intérêt à l'être. Mais je le crois vraiment indisposé, un dérangement d'entrailles, dit-on; et, à son âge, la moindre indisposition peut devenir fatale.

Quelques pas furent faits en silence; puis, de nouveau, le prêtre posa une question.

— Alors, si le Saint-Siège se trouvait libre, le cardinal Sanguinetti aurait de grandes chances?

— De grandes chances! de grandes chances! voilà encore une de ces choses qu'on ne sait jamais. La vérité est qu'on le classe parmi les candidats possibles; et, si le désir d'être pape suffisait, Sanguinetti serait sûrement le pape futur, car il y met une passion, une fougue de volonté extraordinaire, brûlé jusqu'aux os par cette ambition suprême. C'est même là sa faiblesse, il s'use et il le sent. Aussi doit-il être décidé à tout pour les derniers jours de lutte. Soyez certain que, s'il est venu s'enfermer ici, en ce moment critique, ce doit être afin de mieux diriger sa bataille de loin, tout en affectant un désir de retraite, un détachement du meilleur effet.

Et il s'étendit complaisamment sur Sanguinetti, dont il aimait l'intrigue, l'âpre appétit de conquête, l'activité excessive, même un peu brouillonne. Il l'avait connu à son retour de la nonciature de Vienne, rompu aux affaires, résolu dès lors à mettre la main sur la tiare. Cette ambition expliquait tout, ses brouilles et ses raccommodements avec le pape régnant, sa tendresse pour l'Allemagne suivie d'une brusque évolution vers la France, ses attitudes successives devant l'Italie, d'abord le souhait d'une entente, puis une intransigeance absolue, pas de concessions, tant que Rome ne serait pas évacuée. Et il semblait s'en tenir là désormais, il affectait de déplorer le règne flottant de Léon XIII, de garder sa fervente admiration à Pie IX, le grand pape héroïque de la résistance, dont le bon cœur n'empêchait pas l'inébranlable fermeté. C'était dire que, lui, restaurerait la bonhomie sans faiblesse dans l'Église, en dehors des complaisances dangereuses de la politique. Pourtant, il ne rêvait que de politique au fond, il avait dû en arriver à tout un programme, volontairement vague, mais que ses clients, ses créatures répandaient, d'un air de mystère extasié. Depuis une autre indisposition du pape, qui datait déjà du printemps, il vivait dans une inquiétude mortelle, car le bruit avait couru que les Jésuites, bien que le cardinal Boccanera ne les aimât guère, se résigneraient à le soutenir. Sans doute, ce dernier était rude, d'une piété outrée, dangereuse, en ce siècle de tolérance ; seulement, n'appartenait-il pas au patriciat, son élection ne signifierait-elle pas que jamais la papauté ne renoncerait au pouvoir temporel? Dès lors, Boccanera était devenu l'homme redoutable aux yeux de Sanguinetti, lequel ne vivait plus, se voyait dépouillé, passait ses heures à chercher la combinaison qui le débarrasserait de ce rival tout-puissant, sans ménager les histoires abominables sur ses complaisances pour Benedetta et Dario, sans cesser de le représenter comme l'Antéchrist, dont le règne devait consommer la ruine de la papauté. Sa dernière combinaison, afin de s'assurer l'appui des Jésuites, était donc de faire répandre par ses familiers que lui, non seulement maintiendrait intact le principe du pouvoir temporel, mais encore qu'il s'engageait à reconquérir ce pouvoir. Et il avait tout un plan qu'on se chuchotait à l'oreille, un plan d'une victoire certaine, foudroyant dans ses résultats, malgré d'apparentes concessions : ne plus défendre aux catholiques de voter et d'être candidats, envoyer à la Chambre cent membres, puis deux cents, puis trois cents, renversera lors la monarchie de Savoie, pour installer une sorte de vaste fédération des provinces italiennes, dont le Saint-Père, rentré en possession de Rome, deviendrait le Président auguste et souverain.

En terminant, Prada se mit à rire de nouveau, montrant ses dents blanches, peu faites pour lâcher la proie.

— Vous voyez que nous avons à bien nous défendre, car il s'agit de nous jeter dehors. Heureusement qu'il y a, à tout cela, de petits empêchements. Mais de tels rêves n'en ont pas moins une action énorme sur certaines cervelles exaltées, comme celle de ce Santobono par exemple; et, tenez! en voilà un que Sanguinetti mènerait loin, d'un mot, s'il voulait... Ah! il a de bonnes jambes! Regardez-le donc là-haut, il est arrivé, il entre dans le petit palais du cardinal, cette villa toute blanche qui a des balcons sculptés.

En effet, on apercevait le petit palais, une des premières maisons de Frascati, construction moderne, de style Renaissance, et dont les fenêtres s'ouvraient sur l'immensité de la Campagne romaine.

Il était onze heures, et comme Pierre prenait congé du comte, pour monter faire lui-même sa visite, celui-ci garda un instant sa main dans la sienne.

— Vous ne savez pas, si vous étiez très gentil, eh bien! vous déjeuneriez avec moi... Voulez-vous? Dès que vous serez libre, venez me rejoindre à ce restaurant, là, cette façade rose. Moi, en une heure, j'aurai réglé mes affaires, et je serai ravi de ne pas manger seul.

D'abord, Pierre refusa, se défendit; mais il n'avait aucune excuse possible; et il dut se rendre enfin, cédant malgré lui au charme réel de Prada. Dès qu'ils se furent séparés, il n'eut qu'à monter une rue, pour se trouver à la porte du cardinal. Ce dernier était d'un abord très facile, par un besoin naturel d'expansion, par un calcul aussi de jouer à l'homme populaire. A Frascati surtout, ses portes s'ouvraient à deux battants, même devant les plus humbles soutanes. Le jeune prêtre fut donc introduit tout de suite, un peu étonné de cet accueil,

en se souvenant de la mauvaise humeur du domestique
de Rome, qui lui avait déconseillé le voyage, Son Éminence n'aimant pas à être dérangée, quand elle était souffrante. A la vérité, il n'était guère question de maladie,
car tout souriait, tout luisait dans cette aimable villa,
inondée de soleil. Le salon d'attente, où l'on venait de le
laisser seul, meublé d'un affreux meuble de velours
rouge, n'avait ni luxe ni confort; mais il était égayé par
la plus belle lumière du monde, et il donnait sur cette
extraordinaire Campagne, si plate, si nue, d'une beauté
sans égale, toute de rêve, dans le continuel mirage du
passé. Aussi, en attendant d'être reçu, alla-t-il se planter
à une des fenêtres, grande ouverte sur un balcon, émerveillé, parcourant des yeux la mer sans fin des herbages,
jusqu'aux blancheurs lointaines de Rome, que dominait
le dôme de Saint-Pierre, une petite tache étincelante, à
peine large comme l'ongle du petit doigt.

Il s'oubliait là, lorsque le bruit d'une conversation,
dont les mots lui arrivaient très nets, le surprit. Il se
pencha, il finit par comprendre que c'était Son Éminence
elle-même, debout sur le balcon voisin, qui causait avec
un prêtre, dont il voyait seulement un bout de soutane.
Tout de suite, d'ailleurs, il avait reconnu Santobono. Son
premier mouvement fut de se retirer, par discrétion ; et
puis, les paroles qu'il entendit le retinrent.

— Nous allons savoir dans un instant, disait Son Éminence de sa voix grasse. J'ai envoyé Eufemio à Rome, je
n'ai de confiance qu'en lui. Et voici le train qui le ramène.

En effet, un train arrivait par la plaine vaste, petit
encore, tel qu'un jouet d'enfant. Ce devait être pour le
guetter que Sanguinetti était venu s'accouder à la balustrade du balcon. Et il restait là, les yeux sur Rome, au
loin.

Santobono prononça passionnément quelques mots, que
Pierre entendit mal. Mais, tout de suite, le cardinal reprit,
distinctement :

— Oui, oui, mon cher, une catastrophe serait un grand malheur. Ah ! que Dieu nous conserve longtemps encore Sa Sainteté...

Il s'arrêta, et comme il n'était pas hypocrite, il compléta sa pensée :

— Du moins qu'il nous la conserve en ce moment, car l'heure est mauvaise, je suis dans l'angoisse la plus affreuse, les partisans de l'Antéchrist ont gagné beaucoup de terrain dans ces derniers temps.

Un cri échappa à Santobono.

— Oh ! Votre Éminence agira, triomphera !

— Moi, mon cher ! Mais que voulez-vous que je fasse ? Je ne suis qu'à la disposition de mes amis, de ceux qui croiront en moi, uniquement pour la victoire du Saint-Siège. C'est eux qui doivent agir, travailler chacun dans ses moyens à barrer la route aux méchants, de manière à ce que les bons réussissent... Ah ! si l'Antéchrist règne...

Ce mot d'Antéchrist, qui revenait ainsi, troublait beaucoup Pierre. Tout d'un coup, il se souvint de ce que lui avait dit le comte : l'Antéchrist, c'était le cardinal Boccanera.

— Mon cher, songez à cela : l'Antéchrist au Vatican, consommant la ruine de la religion par son orgueil implacable, sa volonté de fer, sa sombre folie du néant ; car il n'y a plus à en douter, il est la bête de mort annoncée par les prophéties, celle qui menace de tout engloutir avec elle, dans sa furieuse course aux ténèbres de l'abîme. Je le connais, il ne rêve qu'obstination et qu'effondrement, il prendra les piliers du temple et les ébranlera pour s'abîmer sous les décombres, lui et la catholicité entière. Je ne lui donne pas six mois, sans qu'il soit chassé de Rome, fâché avec toutes les nations, exécré de l'Italie, traînant par le monde le fantôme errant du dernier pape.

Un grognement sourd, un juron étouffé de Santobono accueillit cette effroyable prédiction. Mais le train était arrivé en gare ; et, parmi les quelques voyageurs qui venaient d'en descendre, Pierre distinguait un petit abbé, dont la soutane battait les cuisses, tant il marchait vite. C'était l'abbé Eufemio, le secrétaire du cardinal. Quand il eut aperçu celui-ci au balcon, il lâcha tout respect humain, il se mit à courir, pour gravir la rue en pente.

— Ah! voici Eufemio! s'écria Son Éminence, frémissante d'anxiété. Nous allons savoir, nous allons savoir enfin !

Le secrétaire s'était engouffré sous la porte, et il dut monter si vivement, que Pierre, presque aussitôt, le vit traverser hors d'haleine le salon d'attente, où il se trouvait, puis disparaître dans le cabinet du cardinal. Celui-ci avait quitté le balcon pour aller à la rencontre de son messager; mais il y revint, au milieu de questions, d'exclamations, de tout un tumulte, causé par les mauvaises nouvelles.

— Alors, c'est bien vrai, la nuit a été mauvaise, Sa Sainteté n'a pas dormi un instant... Des coliques, vous a-t-on raconté? Mais, à son âge, rien n'est plus grave, ça peut l'emporter en deux heures... Et les médecins, que disent-ils ?

La réponse ne parvint pas à Pierre. Seulement, il comprit en entendant le cardinal reprendre :

— Oh! les médecins, ils ne savent jamais. D'ailleurs, quand ils ne veulent plus parler, c'est que la mort n'est pas loin... Mon Dieu! quel malheur, si la catastrophe ne peut être reculée de quelques jours !

Il se tut, et Pierre le sentit, les yeux de nouveau sur Rome, là-bas, regardant de toute son angoisse ambitieuse le dôme de Saint-Pierre, la petite tache étincelante, à peine grande comme l'ongle du petit doigt, au milieu de l'immense plaine rousse. Quel trouble, quelle agitation, si le pape était mort! Et il aurait voulu n'avoir qu'à étendre le bras pour prendre dans le creux de sa main la Ville éternelle, la Ville sacrée, qui ne tenait pas plus de place, à l'horizon, qu'un tas de gravier, jeté là par la pelle d'un enfant. Déjà, il rêvait du conclave, lorsque les dais des autres cardinaux s'abattraient, et que le sien, immobile, souverain, le couronnerait de pourpre.

— Mais vous avez raison, mon cher, s'écria-t-il en s'adressant à Santobono, il faut agir, c'est pour le salut de l'Église... Et puis, il n'est pas possible que le ciel ne soit pas avec nous, qui voulons uniquement son triomphe. S'il le faut, au moment suprême, il saura bien foudroyer l'Antéchrist.

Alors, pour la première fois, Pierre entendit nettement Santobono, qui disait d'une voix rude, avec une sorte de sauvage décision :

— Oh ! si le ciel tarde, on l'aidera !

Puis, ce fut tout, il ne saisit plus qu'un murmure confus. Le balcon était vide, et son attente recommença, dans le salon ensoleillé, d'une gaieté calme et délicieuse. Brusquement, la porte du cabinet de travail s'ouvrit toute grande, un domestique l'introduisit ; et il fut étonné de trouver le cardinal seul, sans avoir vu sortir les deux prêtres, qui s'en étaient allés par une autre porte.

Dans la vive lumière blonde, le cardinal était debout près d'une fenêtre, avec sa face colorée au nez fort, aux grosses lèvres, son air de jeunesse trapue et vigoureuse, malgré ses soixante ans. Il avait repris le sourire paternel dont il accueillait les plus humbles, par bonne politique. Et, tout de suite, dès que Pierre se fut incliné et eut baisé l'anneau, il lui indiqua une chaise.

— Asseyez-vous, cher fils, asseyez-vous... Voyons, vous venez pour cette malheureuse affaire de votre livre. Je suis bien heureux, bien heureux d'en causer avec vous.

Lui-même avait pris une chaise, devant cette fenêtre ouverte sur Rome, dont il semblait ne pouvoir s'éloigner. Le prêtre s'aperçut qu'il ne l'écoutait guère, les yeux de nouveau là-bas, vers la proie si chaudement désirée, pendant qu'il s'excusait d'être venu le troubler dans son repos. Pourtant, l'apparence d'aimable attention était

parfaite, il s'émerveilla de la volonté que cet homme devait
avoir, pour paraître si calme, si dévoué aux affaires des
autres, lorsqu'un tel vent de tempête soufflait en lui.

— Votre Éminence daignera donc me pardonner...

— Mais vous avez bien fait de venir, puisque ma santé
chancelante me retient ici... Je vais un peu mieux,
d'ailleurs, et il est très naturel que vous désiriez me
fournir des explications, défendre votre œuvre, éclairer
mon jugement. Même je m'étonnais de ne pas vous avoir
encore vu, car je sais que votre foi est grande et que vous
n'épargnez pas vos démarches pour convertir vos juges...
Parlez, cher fils, je vous écoute, de toute la bonne joie
que j'aurais à vous absoudre.

Et Pierre se laissa prendre à ces bienveillantes paroles.
Un espoir lui revint, celui de gagner à sa cause le préfet
de l'Index, tout-puissant. Il le jugeait déjà d'une intelligence rare, d'une cordialité exquise, cet ancien nonce
qui avait appris, à Bruxelles d'abord, puis à Vienne,
l'art mondain de renvoyer ravis, les gens qu'il bernait,
en leur promettant tout, sans leur rien accorder. Aussi
retrouva-t-il une fois encore sa flamme d'apôtre, pour
exposer ses idées sur la Rome de demain, la Rome qu'il
rêvait, de nouveau maîtresse du monde, si elle revenait
au christianisme de Jésus, dans l'ardent amour des petits
et des humbles.

Sanguinetti souriait, hochait doucement la tête, s'exclamait de ravissement.

— Très bien, très bien! c'est parfait... Ah! je pense
comme vous, cher fils! On ne peut mieux dire... Mais
c'est l'évidence même, vous êtes là avec tous les bons
esprits.

Puis, tout le côté poésie le touchait profondément,
disait-il. Il aimait à passer, comme Léon XIII, par rivalité sans doute, pour un latiniste des plus distingués, et
il avait voué à Virgile une tendresse spéciale et sans
bornes.

— Je sais, je sais, votre page sur le printemps, qui revient, consolant les pauvres que l'hiver a glacés, oh! je l'ai relue trois fois! Et vous doutez-vous que vous êtes plein de tournures latines? J'ai noté chez vous plus de cinquante expressions qu'on retrouverait dans les Églogues. Un charme, votre livre, un vrai charme!

Comme il n'était point sot, et qu'il sentait là, dans ce petit prêtre, une grande intelligence, il finissait par s'intéresser, non pas à lui, mais au profit quelconque qu'il y avait peut-être à tirer de lui. C'était, dans sa fièvre d'intrigues, sa continuelle préoccupation, tirer des autres, des créatures que Dieu lui envoyait, tout ce qu'elles lui apportaient d'utile à son propre triomphe. Et il se détournait un instant de Rome, il regardait en face son interlocuteur, l'écoutait parler, en se demandant à quoi il pourrait bien l'employer, tout de suite, dans la crise qu'il traversait, ou plus tard, quand il serait pape. Mais le prêtre commit encore une fois la faute d'attaquer le pouvoir temporel de l'Église et de prononcer les mots malencontreux de religion nouvelle.

D'un geste, le cardinal l'arrêta, toujours souriant, sans rien perdre de son amabilité, bien que sa résolution, prise depuis longtemps, fût dès lors confirmée et définitive.

— Certainement, cher fils, vous avez raison sur bien des points, et je suis souvent avec vous, oh! tout à fait... Seulement, voyons, vous ignorez sans doute que je suis ici le protecteur de Lourdes. Alors, après la page que vous avez écrite sur la Grotte, comment voulez-vous que je me prononce pour vous, contre les Pères?

Pierre fut atterré par ce fait, qu'il ignorait en effet. Personne n'avait eu la précaution de l'avertir. A Rome, les œuvres catholiques du monde entier ont chacune pour protecteur un cardinal, désigné par le Saint-Père, chargé de la représenter et de la défendre au besoin.

— Ces bons Pères! continua doucement Sanguinetti,

vous leur avez fait beaucoup de peine, et vraiment nous avons les mains liées, nous ne pouvons augmenter leur chagrin davantage... Si vous saviez le nombre de messes qu'ils nous envoient! Sans eux, je connais plus d'un de nos pauvres prêtres qui mourrait de faim.

Il n'y avait qu'à s'incliner. Pierre se heurtait une fois de plus à cette question d'argent, à la nécessité où se trouvait le Saint-Siège d'assurer son budget, bon an mal an. C'était toujours le servage du pape, que la perte de Rome avait libéré du souci de régner, mais que sa gratitude forcée pour les aumônes reçues, clouait quand même à la terre. Les besoins étaient si grands, que l'argent régnait, était la puissance souveraine, devant laquelle tout pliait en cour de Rome.

Sanguinetti se leva pour donner congé au visiteur.

— Mais, cher fils, reprit-il avec effusion, ne vous désespérez pas. Je n'ai d'ailleurs que ma voix, je vous promets de tenir compte des excellentes explications que vous venez de me fournir... Et qui sait? si Dieu est avec vous, il vous sauvera, même malgré nous!

C'était son ordinaire tactique, il avait pour principe de ne jamais pousser personne à bout, en renvoyant les gens sans espoir. A quoi bon dire à celui-ci que la condamnation de son livre était chose faite et que le seul parti prudent serait de le désavouer? Il n'y avait qu'un sauvage, comme Boccanera, pour souffler la colère sur les âmes de feu et les jeter à la rébellion.

— Espérez, espérez! répéta-t-il avec son sourire, en ayant l'air de sous-entendre une foule de choses heureuses, qu'il ne pouvait dire.

Pierre, profondément touché, se sentit renaître. Il oubliait même la conversation qu'il avait surprise, cette âpreté d'ambition, cette rage sourde contre le rival redouté. Et puis, chez les puissants, l'intelligence ne pouvait-elle tenir lieu de cœur? Si celui-ci était pape un jour, et s'il avait compris, ne serait-il pas peut-être le pape attendu, acceptant la tâche de réorganiser l'Église des États-Unis d'Europe, maîtresse spirituelle du monde? Il le remercia avec émotion, s'inclina et le laissa à son rêve, debout devant cette fenêtre grande ouverte, d'où Rome lui apparaissait au loin toute précieuse et luisante comme un joyau, telle la tiare d'or et de pierreries, dans le resplendissement du soleil d'automne.

Il était près d'une heure, lorsque Pierre et le comte Prada purent enfin déjeuner, à une des petites tables du restaurant, où ils s'étaient donné rendez-vous. Leurs affaires les avaient retardés l'un et l'autre. Mais le comte paraissait fort gai, ayant réglé à son avantage des questions fâcheuses; et le prêtre lui-même, repris d'espérance, s'abandonnait, se laissait délicieusement vivre, dans la douceur de ce dernier beau jour. Aussi le déjeuner fut-il charmant, au milieu de la grande salle claire, peinte en bleu et en rose, absolument déserte à cette époque de l'année. Des Amours volaient au plafond, des paysages rappelant de loin les Châteaux romains décoraient les murs. Et ils mangèrent des choses fraîches, ils burent de ce vin de Frascati, qui a un goût brûlé de terroir, comme si les anciens volcans avaient laissé à la terre un peu de leur flamme.

Longuement, la conversation roula sur les monts Albains, dont la grâce farouche domine si heureusement la plate Campagne romaine, pour le plaisir des yeux. Pierre, qui avait fait la classique excursion en voiture, de Frascati à Nemi, était resté sous le charme; et il en parlait encore avec feu. C'était d'abord l'adorable chemin de Frascati à Albano, montant et descendant au flanc des collines, plantées de roseaux, de vignes et d'oliviers, parmi lesquels s'ouvraient de continuelles échappées sur l'immensité houleuse de la Campagne. A gauche, le village de Rocca di Papa, en amphithéâtre, blanchissait sur un mamelon, au-dessous du Monte Cave, couronné de grands arbres séculaires. De ce point de la route, lorsqu'on se retournait vers Frascati, on apercevait, très haut, à la lisière d'un bois de pins, les ruines lointaines de Tusculum, de grandes ruines rousses, cuites par des siècles de soleil, et d'où la vue sans bornes devait être admirable. Puis, on traversait Marino, à la grande rue en pente, à la vaste église, au vieux palais noirci et à demi mangé des Colonna. Puis, après un bois de chênes verts, on longeait le lac d'Albano, spectacle unique au monde : les ruines d'Albe la Longue en face, de l'autre côté des eaux immobiles, clair miroir ; le Monte Cave à gauche, avec Rocca di Papa et Palazzola ; et Castel-Gandolfo à droite, dominant le lac, comme du haut d'une falaise. Dans le cratère éteint, ainsi qu'au fond d'une coupe de verdure géante, le lac dormait, lourd et mort, une nappe de métal fondu, que le soleil moirait d'or d'un côté, tandis que l'autre moitié, dans l'ombre, était noire. Et la route montait ensuite, jusqu'à Castel-Gandolfo, perché sur son rocher, tel qu'un oiseau blanc, entre le lac et la mer, toujours rafraîchi par une brise, même aux heures les plus brûlantes de l'été, autrefois célèbre par sa villa des Papes, où Pie IX aimait à vivre des journées d'indolence, où Léon XIII n'est jamais venu. Et la route descendait ensuite ; et les chênes verts recommençaient, des chênes verts fameux par leur énormité, une double rangée de colosses, de monstres aux membres tordus, deux ou trois fois centenaires ; et l'on arrivait enfin à Albano, une petite ville moins nettoyée, moins modernisée que Frascati, un coin de terroir qui a gardé un peu de son odeur d'ancienne sauvagerie ; et c'était encore l'Arricia, avec le palais Chigi, des coteaux couverts de forêts, des ponts enjambant des gorges débordantes d'ombrages ; et c'était encore Genzano, c'était encore Nemi, de plus en plus reculés et farouches, perdus au milieu des rocs et des arbres.

Ah ! ce Nemi, quel souvenir ineffaçable Pierre en avait

gardé, ce Nemi au bord de son lac, ce Nemi délicieux de loin, d'une apparition si charmeresse, évocatrice des anciennes légendes, des villes fées nées dans la verdure du mystère des eaux, et d'une saleté repoussante quand on l'aborde enfin, croulant de partout, dominé encore par la tour des Orsini, comme par le génie mauvais des anciens âges, qui semble y maintenir les mœurs féroces, les passions violentes et les coups de couteau! Il était de là, ce Santobono, dont le frère avait tué, et qui lui-même semblait brûler d'une flamme meurtrière, avec ses yeux de crime, luisants tels que des braises. Et le lac, le lac rond comme une lune éteinte, tombée là, dans ce fond de cratère, cette coupe plus profonde et plus étroite qu'au lac d'Albano, couverte d'arbres d'une vigueur et d'une densité prodigieuses! Les pins, les ormes, les saules, en un flot vert de branches qui s'écrasent, descendent jusqu'à la rive. Cette fécondité formidable naît des continuelles vapeurs d'eau qui se dégagent, sous l'action torride du soleil, dont les rayons s'amassent dans ce creux, en un foyer de fournaise. C'est une humidité chaude et lourde, les allées des jardins environnants se verdissent de mousses, des brouillards épais emplissent souvent le matin l'immense coupe d'une vapeur blanche, comme d'un lait fumeux de sorcière, aux louches maléfices. Et Pierre se souvenait bien de son malaise, devant ce lac où paraissent dormir des atrocités anciennes, toute une religion mystérieuse d'abominables pratiques, au milieu de l'admirable décor. Il l'avait vu, à l'approche du soir, dans l'ombre de sa ceinture de forêts, tel qu'une plaque de métal terni, noir et argent, d'une immobilité pesante; et cette eau très claire, mais si profonde, cette eau déserte, sans une barque, cette eau morte, auguste et sépulcrale, lui avait laissé une indicible tristesse, une mélancolie à en mourir, la désespérance des grands ruts solitaires, la terre et les eaux gonflées de la douleur muette des germes, inquiétantes de fécondité. Ah! ces bords noirs qui s'enfonçaient, ce lac morne et noir qui gisait, là-bas, au fond !

Le comte Prada s'était mis à rire de cette impression.

— Oui, oui, c'est vrai, le lac de Nemi n'est pas gai tous les jours. Je l'ai vu, par des temps gris, couleur de plomb ; et les grands soleils, tout en l'éclairant, ne l'animent guère. Pour mon compte, je sais que je périrais d'ennui, s'il me fallait vivre en face de cette eau toute nue. Mais il a pour lui les poètes et les femmes romanesques, celles qui adorent les grands amours passionnés, aux dénouements tragiques.

Puis, comme les deux convives s'étaient levés de table, pour aller prendre le café sur une terrasse, la conversation changea.

— Est-ce que, ce soir, reprit le comte, vous comptez vous rendre à la réception du prince Buongiovanni ? Ce sera, pour un étranger, un spectacle curieux, que je vous conseille de ne pas manquer.

— Oui, j'ai une invitation, répondit Pierre. C'est un de mes amis, monsieur Narcisse Habert, un attaché de notre ambassade, qui me l'a procurée et qui, du reste, doit m'y conduire.

En effet, il devait y avoir, le soir même, une fête au palais Buongiovanni, sur le Corso, un de ces rares galas comme il ne s'en donne que deux ou trois par hiver. On racontait que celui-ci dépasserait tout en magnificence, car il avait lieu à l'occasion des fiançailles de Celia, la petite princesse. Brusquement, le prince, après avoir giflé sa fille, disait-on, et avoir lui-même couru des risques sérieux d'apoplexie, dans une crise d'effroyable colère, venait de céder devant le tranquille et doux entêtement de la jeune fille, en consentant à son mariage avec le lieutenant Attilio, le fils du ministre Sacco ; et tous les salons de Rome, le monde blanc aussi bien que le monde noir, en étaient bouleversés.

Le comte Prada s'égayait de nouveau.

— Vous verrez un beau spectacle, je vous assure ! Moi, j'en suis enchanté, pour mon bon cousin Attilio, qui est vraiment un très honnête et très charmant garçon. Et rien au monde ne me ferait manquer l'entrée, dans les antiques salons des Buongiovanni, de mon cher oncle Sacco, qui vient enfin de décrocher le portefeuille de l'Agriculture. Ce sera vraiment extraordinaire et superbe... Ce matin, mon père, qui prend tout au sérieux, m'a dit qu'il n'en avait pas fermé l'œil de la nuit.

Il s'interrompit, pour reprendre aussitôt :

— Dites donc, il est déjà deux heures et demie, vous n'aurez plus un train avant cinq heures. Et vous ne savez pas ce que vous devriez faire? ce serait de rentrer à Rome avec moi, en voiture.

Mais Pierre se récriait.

— Non, non, merci mille fois ! Je dîne avec mon ami Narcisse, je ne puis m'attarder.

— Eh ! vous ne vous attarderez pas, au contraire ! Nous allons partir à trois heures, nous serons à Rome avant cinq heures... Il n'y a pas de promenade plus délicieuse à faire, quand le jour tombe, et, voyons ! je vous promets un admirable coucher de soleil.

Il fut si pressant que le prêtre dut accepter, gagné décidément par tant d'amabilité et de belle humeur. Ils passèrent encore une heure fort agréable, à causer de Rome, de l'Italie, de la France. Ils étaient remontés un instant dans Frascati, où le comte voulait revoir un entrepreneur. Et, comme trois heures sonnaient, ils partirent enfin, mollement bercés côte à côte, sur les coussins de la victoria, au trot léger des deux chevaux. C'était délicieux, en effet, ce retour à Rome, au travers de l'immense Campagne nue, sous le grand ciel limpide, par cette fin exquise de la plus douce des journées d'automne.

Mais d'abord, à grande allure, la victoria dut descendre les pentes de Frascati, entre de continuels champs de vignes et des bois d'oliviers. La route pavée tournait, peu fréquentée : à peine quelques paysans en vieux chapeaux de feutre noir, un mulet blanc, une carriole attelée d'un âne; c'était seulement le dimanche que les débits de vin se peuplaient et que les artisans à leur aise venaient manger le chevreau dans les bastides d'alentour. On passa devant une fontaine monumentale, à un coude du chemin. Tout un troupeau de moutons défila, barra un instant le passage. Et, toujours, au fond des lentes ondulations de l'immense Campagne rousse, Rome lointaine apparaissait dans les vapeurs violettes du soir, semblait s'enfoncer peu à peu, à mesure que la voiture descendait davantage. Il vint un moment où elle ne fut plus, au ras de l'horizon, qu'une mince raie grise, à peine étoilée de blanc par quelques façades ensoleillées. Puis, elle s'abîma en terre, elle se noya sous la houle des champs infinis.

Maintenant, la victoria roulait en plaine, laissant derrière elle les monts Albains, tandis qu'à droite, à gauche, en face, commençait la mer des prairies et des chaumes. Et ce fut alors que le comte, s'étant penché, s'écria :

— Tenez! voyez donc en avant, là-bas, notre homme de ce matin, le Santobono en personne... Hein? quel gaillard, comme il marche! Mes chevaux ont peine à le rattraper.

Pierre se pencha à son tour. C'était bien le curé de Sainte-Marie des Champs, grand et noueux, comme taillé à coups de serpe, dans sa longue soutane noire. Sous la fine lumière, le clair soleil blond qui l'inondait, il faisait une dure tache d'encre ; et il allait d'un tel pas, régulier et rude, qu'il ressemblait au destin en marche. Au bout de son bras droit pendait quelque chose, un objet qu'on distinguait mal.

Quand la voiture eut fini par l'atteindre, Prada donna l'ordre au cocher de ralentir ; et il engagea la conversation.

— Bonjour, l'abbé! vous allez bien?
— Très bien, monsieur le comte. Mille grâces!

— Et où courez-vous donc si gaillardement?

— Monsieur le comte, je vais à Rome.

— Comment, à Rome? Si tard!

— Oh! j'y serai presque aussitôt que vous. La route ne me fait pas peur, et c'est de l'argent vite gagné.

Il ne perdait pas une enjambée, tournant à peine la tête, allongeant le pas, le long des roues; si bien que Prada, mis en joie par la rencontre, dit tout bas à Pierre :

— Attendez, il nous amusera.

Puis, à voix haute :

— Puisque vous allez à Rome, l'abbé, montez donc; il y a une place pour vous.

Immédiatement, sans se faire prier davantage, Santobono accepta.

— Je veux bien, mille grâces!... Ça vaut encore mieux de ne point user ses souliers.

Et il monta, s'installa sur le strapontin, refusant avec une brusque humilité la place que Pierre voulait poliment lui céder près du comte. Ceux-ci venaient enfin de reconnaître, dans l'objet qu'il portait, un petit panier plein de figues, joliment arrangé et recouvert de feuilles.

Les chevaux étaient repartis à un trot plus vif, la voiture roulait sur la belle route plate.

— Alors, vous allez à Rome? reprit le comte, pour faire causer le curé.

— Oui, oui, je vais porter à Son Éminence révérendissime le cardinal Boccanera ces quelques figues, les dernières de la saison, dont j'avais promis de lui faire le petit cadeau.

Il avait posé sur ses genoux le panier, qu'il tenait soigneusement entre ses grosses mains noueuses, ainsi qu'une chose fragile et rare.

— Ah! les figues fameuses de votre figuier! C'est vrai, elles sont tout miel... Mais débarrassez-vous donc, vous n'allez pas les garder sur vos genoux jusqu'à Rome. Donnez-les-moi, je vais les mettre dans la capote.

Il s'agita, les défendit, ne voulut absolument pas s'en séparer.

— Mille grâces! mille grâces!... Elles ne me gênent pas du tout, elles sont très bien là, et je suis sûr de cette façon qu'il ne leur arrivera pas d'accident.

Cette passion de Santobono pour les fruits de son jardin amusait beaucoup Prada, qui poussait le coude de Pierre. Il demanda de nouveau:

— Et le cardinal les aime, vos figues?

— Oh! monsieur le comte, Son Éminence daigne les adorer. Autrefois, lorsqu'elle passait l'été à la villa, elle ne voulait pas en manger d'un autre arbre. Alors, vous comprenez, ça ne me coûte guère de lui faire plaisir, du moment que je connais son goût.

Mais il avait jeté sur Pierre un regard si aigu, que le comte sentit la nécessité de les présenter l'un à l'autre.

— Monsieur l'abbé Froment est justement descendu au palais Boccanera, où il loge depuis trois mois.

— Je sais, je sais, dit avec tranquillité Santobono. J'ai vu monsieur l'abbé chez Son Éminence, un jour où, déjà, j'étais allé porter des figues. Seulement, elles étaient moins mûres. Celles-ci sont parfaites.

Il eut un regard de complaisance sur le petit panier, qu'il parut serrer plus étroitement entre ses doigts énormes, couverts de poils fauves. Et il se fit un silence, tandis que la Campagne se déroulait sans fin, aux deux bords. Les maisons avaient disparu depuis longtemps, pas un mur, pas un arbre, rien que les ondulations vastes, dont l'approche de l'hiver commençait à verdir les herbes maigres et rases. Une tour, une ruine à demi écroulée, qui apparut à gauche, prit tout à coup une importance extraordinaire, droite dans le ciel limpide, au-dessus de la ligne plate, illimitée de l'horizon. Puis, à droite, dans un grand parc, fermé de pieux, se montrèrent de lointaines silhouettes de bœufs et de chevaux; d'autres bœufs, attelés encore, rentraient lentement du labour, sous les piqûres de l'aiguillon ; tandis qu'un fermier, lancé au galop d'un petit cheval rouge, achevait de donner son coup d'œil du soir, à travers les terres labourées. La route par moments se peuplait. Un biroccino, très légère voiture à deux grandes roues, avec un simple siège posé sur l'essieu, venait de filer comme le vent. De temps à autre, la victoria dépassait un carrotino, la charrette basse, dans laquelle le paysan, abrité sous une sorte de tente aux couleurs vives, apportait à Rome le vin, les légumes, les fruits des Châteaux romains. On entendait de loin les clochettes grêles des chevaux, s'en allant d'eux-mêmes, par le chemin bien connu, pendant que le paysan d'ordinaire dormait à poings fermés. Des femmes rentraient par groupes de trois ou quatre, la jupe relevée, les cheveux nus et noirs, avec des fichus écarlates. Et la route se vidait ensuite, et le désert se faisait de plus en plus, sans un passant, sans une bête, pendant des kilomètres, sous le ciel rond et infini, où descendait le soleil oblique, là-bas, au bout de cette mer vide, d'une monotonie grandiose et triste.

— Et le pape, l'abbé? demanda soudain Prada; est-il mort?

Santobono ne s'effara même pas.

— J'espère bien, dit-il simplement, que Sa Sainteté a encore de longs jours à vivre, pour le triomphe de l'Église.

— Alors, vous avez eu de bonnes nouvelles, ce matin, chez votre évêque, le cardinal Sanguinetti?

Cette fois, le curé ne put réprimer un léger tressaillement. On l'avait donc vu? Lui, dans sa hâte, n'avait pas remarqué ces deux passants, qui venaient derrière son dos, sur la route.

— Oh! répondit-il, en se remettant tout de suite, on ne sait jamais au juste si les nouvelles sont bonnes ou mauvaises... Il paraît que Sa Sainteté a passé une assez pénible nuit, et je fais des vœux pour que la nuit prochaine soit meilleure.

Un instant, il sembla se recueillir ; puis, il ajouta :

— Si, d'ailleurs, Dieu croyait l'heure venue de rappeler à lui Sa Sainteté, il ne laisserait pas son troupeau sans pasteur, il aurait déjà choisi et marqué le Souverain Pontife de demain.

Cette belle réponse accrut encore la joie de Prada.

— Vraiment, l'abbé, vous êtes extraordinaire... Alors, vous pensez que les papes se font ainsi par la grâce de Dieu ? Le pape de demain est nommé là-haut, n'est-ce pas ? et il attend, simplement. Je m'imaginais, moi, que les hommes se mêlaient un peu de l'affaire... Mais peut-être savez-vous déjà quel est le cardinal élu d'avance par la faveur divine !

Et il continua ses plaisanteries faciles d'incroyant, qui laissaient du reste le prêtre dans un calme parfait. Ce dernier finit même par rire, lui aussi, lorsque le comte, faisant allusion à l'ancienne passion que le peuple joueur de Rome mettait, lors de chaque conclave, à parier sur l'élu probable, lui dit qu'il y aurait là, pour lui, une fortune à gagner, s'il était dans le secret de Dieu. Puis, il fut question des trois soutanes blanches, de trois grandeurs différentes, qui attendaient dans une armoire du Vatican, toujours prêtes : serait-ce cette fois la petite, la grande, ou la moyenne, qu'on emploierait ? A la moindre maladie sérieuse du pape régnant, c'était ainsi une émotion extraordinaire, un réveil aigu de toutes les ambitions, de toutes les intrigues, à ce point que, non seulement dans le monde noir, mais encore dans la ville entière, il n'y avait plus d'autre curiosité, d'autre entretien, d'autre occupation, que pour discuter les titres des cardinaux et pour prédire celui qui l'emporterait.

— Voyons, voyons, reprit Prada, puisque vous savez, vous, je veux absolument que vous me disiez... Sera-ce le cardinal Moretta ?

Santobono, malgré son évidente volonté de rester digne et désintéressé, en bon prêtre pieux, se passionnait peu à peu, cédait à sa flamme intérieure. Et cet interrogatoire l'acheva, il ne put se contenir davantage.

— Moretta, allons donc! il est vendu à toute l'Europe!

— Sera-ce le cardinal Bartolini?

— Vous n'y pensez pas!... Bartolini! mais il s'est usé à tout vouloir et à ne jamais rien obtenir!

— Alors, sera-ce le cardinal Dozio?

— Dozio, Dozio! Ah! si Dozio l'emportait, ce serait à désespérer de notre sainte Église, car il n'y a pas d'esprit plus bas ni plus méchant!

Prada leva les mains, comme s'il était à bout de candidats sérieux. Il mettait un malin plaisir à ne pas nommer le cardinal Sanguinetti, le candidat certain du curé, pour exaspérer celui-ci davantage. Puis, soudain, il parut avoir trouvé, il s'écria gaiement :

— Ah! j'y suis, je connais votre homme... Le cardinal Boccanera!

Du coup, Santobono fut touché en plein cœur, dans sa rancune, dans sa foi de patriote. Déjà, sa bouche terrible s'ouvrait, il allait crier non, non! de toute sa force. Mais il parvint à retenir le cri, réduit au silence, avec son cadeau sur les genoux, ce petit panier de figues, que ses deux mains serrèrent, à le briser; et l'effort qu'il dut faire, le laissa si frémissant, qu'il fut forcé d'attendre, avant de répondre d'une voix calmée :

— Son Éminence révérendissime le cardinal Boccanera est un saint homme, digne du trône, et je craindrais seulement qu'il n'apportât la guerre, dans sa haine contre notre Italie nouvelle.

Mais Prada voulut aggraver la blessure.

— Enfin, celui-ci, vous l'acceptez, vous l'aimez trop pour ne pas vous réjouir de ses chances. Et je crois que, cette fois, nous sommes dans le vrai, car tout le monde est convaincu que le conclave n'en peut nommer un autre... Allons, il est très grand, ce sera la grande soutane blanche qui servira.

— La grande soutane, la grande soutane, gronda Santobono sourdement et comme malgré lui, à moins pourtant...

Il n'acheva pas, de nouveau vainqueur de sa passion. Et Pierre, qui écoutait en silence, s'émerveilla, car il se rappelait la conversation qu'il avait surprise, chez le cardinal Sanguinetti. Évidemment, les figues n'étaient qu'un prétexte pour forcer la porte du palais Boccanera, où quelque familier, l'abbé Paparelli sans doute, pouvait seul donner des renseignements certains à son ancien camarade. Mais quel empire cet exalté avait sur lui-même, dans les mouvements les plus désordonnés de son âme !

Aux deux côtés de la route, la Campagne continuait à dérouler à l'infini ses nappes d'herbe, et Prada regardait sans voir, devenu sérieux et songeur. Il acheva tout haut ses réflexions.

— Vous savez ce qu'on dira, l'abbé, s'il meurt cette fois... Ça ne sent guère bon, ce brusque malaise, ces coliques, ces nouvelles qu'on cache... Oui, oui, le poison, comme pour les autres.

Pierre eut un sursaut de stupeur. Le pape empoisonné !

— Comment ! le poison, encore ! cria-t-il.

Effaré, il les contemplait tous les deux. Le poison comme aux temps des Borgia, comme dans un drame romantique, à la fin de notre dix-neuvième siècle ! Cette imagination lui semblait à la fois monstrueuse et ridicule.

Santobono, la face devenue immobile, impénétrable, ne répondit pas. Mais Prada hocha la tête, et la conversation ne fut plus qu'entre lui et le jeune prêtre.

— Eh ! oui, le poison, encore... A Rome, la peur en est restée vivace et très grande. Dès qu'une mort y paraît inexplicable, trop prompte ou accompagnée de circonstances tragiques, la première pensée est unanime, tout le monde crie au poison ; et remarquez qu'il n'est pas de ville, je crois, où les morts subites soient plus fréquentes, je ne sais au juste pour quelles causes, les fièvres, dit-on...

Oui, oui, le poison avec toute sa légende, le poison qui tue comme la foudre et ne laisse pas de trace, la fameuse recette léguée d'âge en âge, sous les empereurs et sous les papes, et jusqu'à nos jours de bourgeoise démocratie.

Il finissait par sourire pourtant, un peu sceptique lui-même, dans sa terreur sourde, de race et d'éducation. Et il citait des faits. Les dames romaines se débarrassaient de leurs maris ou de leurs amants, en employant le venin d'un crapaud rouge. Plus pratique, Locuste s'adressait aux plantes, faisait bouillir une plante qui devait être l'aconit. Après les Borgia, la Toffana vendait, à Naples, dans des fioles décorées de l'image de saint Nicolas de Bari, une eau célèbre, à base d'arsenic sans doute. Et c'étaient encore des histoires extraordinaires, des épingles à la piqûre foudroyante, une coupe de vin qu'on empoisonnait en y effeuillant une rose, une bécasse qu'un couteau préparé partageait en deux et dont la moitié contaminée tuait l'un des deux convives.

— Moi qui vous parle, j'ai eu, dans ma jeunesse, un ami dont la fiancée, à l'église, le jour du mariage, est tombée morte pour avoir simplement respiré un bouquet de fleurs... Alors, pourquoi ne voulez-vous pas que la fameuse recette se soit réellement transmise et reste connue de quelques initiés ?

— Mais, dit Pierre, parce que la chimie a fait trop de progrès. Si les anciens croyaient à des poisons mystérieux, c'était qu'ils manquaient de tout moyen d'analyse. Aujourd'hui, la drogue des Borgia mènerait droit en cour d'assises le naïf qui s'en servirait. Ce sont des contes à dormir debout, et c'est à peine si les bonnes gens les tolèrent encore dans les romans-feuilletons.

— Je veux bien, reprit le comte, avec son sourire gêné. Vous avez sans doute raison... Seulement, allez donc dire cela, tenez ! à votre hôte, au cardinal Boccanera, qui a tenu dans ses bras un vieil ami à lui, tendrement aimé, monsignor Gallo, mort l'été dernier, en deux heures.

— En deux heures, une congestion cérébrale suffit, et un anévrisme tue même en deux minutes.

— C'est vrai, mais demandez-lui ce qu'il a pensé devant les longs frissons, la face qui se plombait, les yeux qui se creusaient, ce masque d'épouvante où il ne retrouvait plus rien de son ami. Il en a la conviction absolue, monsignor Gallo a été empoisonné, parce qu'il était son confident le plus cher, son conseiller toujours écouté, dont les sages avis étaient des garants de victoire.

L'ahurissement de Pierre avait grandi. Il s'adressa directement à Santobono, qui achevait de le troubler par son impassibilité irritante.

— C'est imbécile, c'est effroyable, et vous aussi, monsieur le curé, vous croyez à ces affreuses histoires?

Pas un poil du prêtre ne bougea. Il ne desserra pas ses grosses lèvres violentes, il ne détourna pas ses yeux de flamme noire, qu'il tenait fixés sur Prada. Celui-ci, d'ailleurs, continuait à donner des exemples. Et monsignor Nazzarelli, qu'on avait trouvé dans son lit, réduit et calciné comme un charbon! et monsignor Brando, frappé à Saint-Pierre même, pendant les vêpres, mort dans la sacristie, vêtu de ses habits sacerdotaux!

— Ah! mon Dieu! soupira Pierre, vous m'en direz tant, que je finirai par trembler, moi aussi, et par ne plus oser manger que des œufs à la coque, dans votre terrible Rome!

Cette boutade les égaya un instant, le comte et lui. Et c'était vrai, une terrible Rome se dégageait de leur conversation, la ville éternelle du crime, du poignard et du poison, où, depuis plus de deux mille ans, depuis le premier mur bâti, la rage du pouvoir, l'appétit furieux de posséder et de jouir, avait armé les mains, ensanglanté le pavé, jeté des victimes au Tibre ou dans la terre. Assassinats et empoisonnements sous les empereurs, empoisonnements et assassinats sous les papes, le même flot d'abominations roulait les morts sur ce sol tragique, dans la gloire souveraine du soleil.

— N'importe, reprit le comte, ceux qui prennent leurs précautions n'ont peut-être pas tort. On dit que plus d'un cardinal frissonne et se méfie. J'en sais un qui ne mange rien que les viandes achetées et préparées par son cuisinier. Et, quant au pape, s'il a des inquiétudes...

Pierre eut un nouveau cri de stupeur.

— Comment, le pape lui-même! le pape a la crainte du poison!

— Eh oui! mon cher abbé, on le prétend du moins. Il est certainement des jours où il se voit le premier menacé. Ne savez-vous pas que l'ancienne croyance, à Rome, est qu'un pape ne doit pas vivre trop vieux, et que, lorsqu'il s'entête à ne pas mourir à temps, on l'aide? Sa place est naturellement au ciel, dès qu'un pape tombe en enfance, devient une gêne, même un danger pour l'Église par sa sénilité. Les choses, d'ailleurs, sont faites très proprement, le moindre rhume est le prétexte décent pour qu'il ne s'oublie pas davantage sur le trône de Saint-Pierre.

A ce propos, il ajouta de curieux détails. Un prélat, disait-on, voulant calmer les craintes de Sa Sainteté, avait imaginé tout un système de précautions, entre autres une petite voiture cadenassée pour les provisions destinées à la table pontificale, très frugale du reste. Mais cette voiture était restée à l'état de simple projet.

— Et puis, quoi? finit-il par conclure en riant, il faut bien mourir un jour, surtout lorsque c'est pour le bien de l'Église... N'est-ce pas, l'abbé?

Depuis un instant, Santobono, dans son immobilité, avait baissé les regards, comme s'il eût examiné sans fin le petit panier de figues, qu'il tenait sur ses genoux avec tant de précautions, tel qu'un saint sacrement. Interpellé d'une façon si directe et si vive, il ne put éviter de relever les yeux. Mais il ne sortit pas de son grand silence, il se contenta d'incliner longuement la tête.

— N'est-ce pas, l'abbé, répéta Prada, que c'est Dieu

seul, et non le poison, qui fait mourir?... On raconte que telle a été la dernière parole du pauvre monsignor Gallo, quand il a expiré dans les bras de son ami, le cardinal Boccanera.

Une seconde fois, sans parler, Santobono inclina la tête. Et tous trois se turent, songeurs.

La voiture roulait, roulait sans cesse par l'immensité nue de la Campagne. Toute droite, la route paraissait aller à l'infini. A mesure que le soleil descendait vers l'horizon, des jeux d'ombre et de lumière marquaient davantage les vastes ondulations des terrains, qui se succédaient ainsi, d'un vert rose et d'un gris violâtre, jusqu'aux bords lointains du ciel. Le long de la route, à droite, à gauche, il n'y avait toujours que de grands chardons séchés, des fenouils géants aux ombelles jaunes. Puis, ce fut encore, à un moment, un attelage de quatre bœufs, attardés dans un labour, s'enlevant en noir sur l'air pâle, d'une extraordinaire grandeur, au milieu de la morne solitude. Plus loin, des moutons en tas, dont le vent apportait l'âpre odeur de suint, tachaient de brun les herbes reverdies ; tandis qu'un chien, parfois, aboyait, seule voix distincte, dans le sourd frisson de ce désert silencieux, où semblait régner la paix souveraine des morts. Mais il y eut un chant léger, des alouettes s'envolaient, une d'elles monta très haut, tout en haut du ciel d'or limpide. Et, en face, au fond de ce ciel pur, cristal limpide, Rome de plus en plus grandissait, avec ses tours et ses dômes, ainsi qu'une ville de marbre blanc, qui naîtrait d'un mirage parmi les verdures d'un jardin enchanté.

— Matteo, cria Prada à son cocher, arrête-nous à l'Osteria Romana.

Et, s'adressant à ses compagnons :

— Je vous prie de m'excuser, je vais voir s'il n'y a pas des œufs frais pour mon père. Il les adore.

On arrivait, et la voiture s'arrêta. C'était, au bord même

de la route, une sorte d'auberge primitive, au nom sonore et fier : Antica Osteria Romana, simple relais pour les charretiers, où les chasseurs seuls se hasardaient à boire une carafe de vin blanc, en mangeant une omelette et un morceau de jambon. Pourtant, le dimanche parfois, le petit peuple de Rome poussait jusque-là, venait s'y réjouir. Mais, en semaine, dans l'immense Campagne nue, des journées s'écoulaient, sans qu'une âme y entrât.

Déjà le comte sautait lestement de la voiture, en disant :

— J'en ai pour une minute, je reviens tout de suite.

L'osteria ne se composait que d'une longue construction basse, à un seul étage ; et l'on montait à cet étage par un escalier extérieur, fait de grosses pierres, que les grands soleils avaient cuites. Toute la bâtisse, d'ailleurs, était fruste, couleur de vieil or. Il y avait, au rez-de-chaussée, une salle commune, une remise, une écurie, des hangars. A côté, près d'un bouquet de pins parasols, l'arbre unique qui poussait dans le sol ingrat, se trouvait une tonnelle en roseaux, sous laquelle étaient rangées cinq ou six tables de bois, équarries à coups de hache. Et, comme fond à ce coin de vie pauvre et morne, se dressait, derrière, un fragment d'aqueduc antique, dont les arches béantes sur le vide, écroulées à demi, coupaient seules la ligne plate de l'horizon sans bornes.

Mais le comte revint brusquement sur ses pas.

— Dites donc, l'abbé, vous accepterez bien un verre de vin blanc. Je sais que vous êtes un peu vigneron, et il y a ici un petit vin qu'il faut connaître.

Santobono, sans se faire prier, tranquillement, descendit à son tour.

— Oh! je le connais, je le connais. C'est un vin de Marino, qu'on récolte dans une terre plus maigre que nos terres de Frascati.

Et, comme il ne lâchait toujours pas son panier de figues, l'emportant avec lui, le comte s'impatienta.

— Voyons, vous n'en avez pas besoin, laissez-le donc dans la voiture !

Le curé ne répondit pas, marcha devant, tandis que Pierre se décidait aussi à descendre, curieux de voir une osteria, une de ces guinguettes du petit peuple, dont on lui avait parlé.

Prada était connu, tout de suite une vieille femme s'était montrée, grande, sèche, d'allure royale dans sa misérable jupe. La dernière fois, elle avait fini par trouver une demi-douzaine d'œufs frais ; et, cette fois, elle allait voir, sans rien promettre d'avance ; car elle ne savait jamais, les poules pondaient au hasard, dans tous les coins.

— Bon, bon ! voyez cela, on va nous servir une carafe de vin blanc.

Tous trois entrèrent dans la salle commune. La nuit y était déjà noire. Bien que la saison chaude fût passée, on y entendait, dès le seuil, le ronflement sourd du vol des mouches. Une odeur âcre de vin aigrelet et d'huile rance prenait à la gorge. Et, dès que leurs yeux se furent un peu accoutumés, ils purent distinguer la vaste pièce, noircie, empuantie, meublée simplement de bancs et de tables, en gros bois, à peine raboté. Elle semblait vide, tellement le silence y était absolu, sous le vol des mouches. Il y avait pourtant là deux hommes, deux passants, immobiles et muets, devant leurs verres pleins. Sur une chaise basse, près de la porte, dans le peu de jour qui entrait, la fille de la maison, une maigre fille jaune, tremblait de fièvre, les deux mains serrées entre les genoux, oisive.

En sentant le malaise de Pierre, le comte proposa de se faire servir dehors.

— Nous serons beaucoup mieux, il fait si doux !

Et la fille, pendant que la mère cherchait les œufs et que le père, sous un hangar voisin, raccommodait une roue, dut se lever en grelottant, pour porter la carafe de vin et les trois verres sur une des tables de la tonnelle.

Elle empocha les six sous de la carafe, elle retourna s'asseoir, sans une parole, l'air maussade d'avoir été forcée de faire un tel voyage.

Gaiement, lorsque tous trois se furent attablés, Prada emplit les verres, malgré les supplications de Pierre, incapable, disait-il, de boire ainsi du vin entre ses repas.

— Bah! bah! vous trinquerez toujours... N'est-ce pas, l'abbé, qu'il est amusant, ce petit vin?... Voyons, à la santé du pape, puisqu'il est souffrant!

Santobono, après avoir vidé son verre d'un trait, fit claquer sa langue. Il avait posé le panier par terre, à côté de lui, d'une main douce, avec un soin paternel; et il enleva son chapeau, il respira largement. La soirée était vraiment délicieuse, une pureté de ciel admirable, un immense ciel d'or tendre, au-dessus de cette mer sans fin de la Campagne, qui allait s'endormir dans une immobilité, une paix souveraine. Et le petit vent dont les souffles passaient, au travers du grand silence, avait un goût exquis d'herbes et de fleurs sauvages.

— Mon Dieu! qu'on est bien! murmura Pierre gagné par ce charme. Et quel désert d'éternel repos, pour y oublier le reste du monde!

Mais Prada, qui avait vidé la carafe, en remplissant de nouveau le verre du curé, s'amusait fort, sans rien dire, d'une aventure, qu'il fut d'abord seul à remarquer. Il avertit le jeune prêtre d'un coup d'œil de gaie complicité; et, dès lors, tous deux en suivirent les péripéties dramatiques. Quelques poules maigres erraient autour d'eux, dans l'herbe roussie, en quête des sauterelles. Or, une de ces poules, une petite poule noire, fine et luisante, d'une grande effronterie, ayant aperçu le panier de figues, par terre, s'en approchait avec hardiesse. Pourtant, quand elle fut tout près, elle prit peur, recula. Elle raidissait le cou, tournait la tête, dardait la braise de son œil rond. Enfin, la passion fut la plus forte; et, comme une figue se montrait entre deux feuilles, elle s'avança sans hâte, en levant les pattes très haut ; et, brusquement, elle allongea un grand coup de bec, elle troua la figue, qui saigna.

Prada, heureux comme un enfant, put lâcher l'éclat de rire qu'il avait contenu à grand'peine.

— Attention ! l'abbé, gare à vos figues !

Justement, Santobono achevait son second verre, la tête renversée, les yeux au ciel, dans une béate satisfaction. Il eut un sursaut, regarda, comprit en voyant la poule. Et ce fut tout un éclat de colère, de grands gestes, des invectives terribles. Mais la poule, qui donnait à ce moment un autre coup de bec, ne lâcha pas, piqua la figue, l'emporta, les ailes battantes, si prompte et si comique, que Prada et Pierre lui-même rirent aux larmes, devant la fureur impuissante de Santobono, qui la poursuivit un instant, en la menaçant du poing.

— Voilà ce que c'est que de ne pas avoir laissé le panier dans la voiture, dit le comte. Si je ne vous avais pas prévenu, la poule mangeait tout.

Sans répondre, grondant encore de sourdes imprécations, le curé avait posé le panier sur la table ; et il souleva les feuilles, rangea de nouveau les figues avec art, pour combler le trou ; puis, les feuilles replacées, le mal réparé, il se calma.

Il était temps de repartir, le soleil s'abaissait à l'horizon, la nuit était proche. Aussi le comte finit-il par s'impatienter.

— Eh bien ! et ces œufs !

Et, ne voyant pas revenir la femme, il se mit à sa recherche. Il entra dans l'écurie, visita ensuite la remise. La femme ne s'y trouvait point. Alors, il passa derrière la maison, pour jeter un coup d'œil sous les hangars. Mais, là, tout d'un coup, une chose inattendue l'arrêta net. Par terre, la petite poule noire gisait, foudroyée, morte. Elle n'avait au bec qu'un mince flot de sang, violâtre, et qui coulait encore.

D'abord, il ne fut qu'étonné. Il se baissa, la toucha.

Elle était tiède, souple et molle, telle qu'un chiffon. Sans doute un coup de sang. Puis, aussitôt, il devint affreusement pâle, la vérité l'envahissait, le glaçait. Comme dans un éclair, il évoquait Léon XIII malade, Santobono courant aux nouvelles chez le cardinal Sanguinetti, partant ensuite pour Rome faire cadeau du panier de figues au cardinal Boccanera. Et il se rappelait la conversation depuis Frascati, la mort éventuelle du pape, les candidats possibles à la tiare, les histoires légendaires de poison qui terrorisaient encore les alentours du Vatican ; et il revoyait le curé avec son petit panier sur les genoux, plein de soins paternels ; et il revoyait la petite poule noire piquant dans le panier, se sauvant avec une figue au bec. La petite poule était là, morte, foudroyée.

Sa conviction fut immédiate, absolue. Mais il n'eut pas même le temps de se demander ce qu'il allait faire. Une voix, derrière lui, se récriait.

— Tiens ! c'est la petite poule, qu'a-t-elle donc ?

C'était Pierre qui, laissant remonter Santobono en voiture, avait fait, lui aussi, le tour de la maison, pour regarder de plus près le fragment d'aqueduc, à demi écroulé parmi les pins parasols.

Prada, frémissant comme s'il était le coupable, répondit par un mensonge, sans l'avoir prémédité, cédant à une sorte d'instinct.

— Mais elle est morte... Imaginez-vous qu'il y a eu bataille. Au moment où j'arrivais, cette autre poule que vous apercevez là-bas, s'est jetée sur celle-ci pour avoir la figue qu'elle tenait encore, et lui a, d'un coup de bec, défoncé le crâne... Vous voyez bien, le sang coule.

Pourquoi disait-il ces choses ? Il s'étonnait lui-même en les inventant. Voulait-il donc rester maître de la situation, n'être avec personne dans l'abominable confidence, pour agir ensuite à son gré ? C'était à la fois une gêne honteuse devant un étranger, un goût personnel de la violence qui mêlait de l'admiration à sa révolte d'honnête homme, un sourd besoin d'examiner la chose au point de vue de son intérêt personnel, avant de prendre un parti. Honnête homme, il l'était, il n'allait sûrement pas laisser empoisonner les gens.

Pierre, pitoyable aux bêtes, regardait la poule avec la petite émotion que lui causait la brusque suppression de toute vie. Et il accepta très naturellement l'histoire.

— Ah ! ces poules, elles sont entre elles d'une férocité imbécile que les hommes ont à peine égalée ! J'avais un poulailler chez moi, et une d'elles ne pouvait se blesser à la patte, sans que toutes les autres, en voyant perler le sang, vinssent la piquer et la manger jusqu'à l'os.

Tout de suite, Prada s'éloigna ; et, justement, la femme le cherchait de son côté, pour lui remettre quatre œufs, qu'elle avait dénichés à grand'peine, dans les coins de la maison. Il se hâta de les payer, rappela Pierre qui s'attardait.

— Dépêchons, dépêchons ! Maintenant, nous ne serons plus à Rome qu'à la nuit noire.

Dans la voiture, ils retrouvèrent Santobono, qui attendait tranquillement. Il avait repris sa place sur le strapontin, l'échine fortement appuyée contre le siège du cocher, ses grandes jambes ramenées sous lui ; et il tenait de nouveau, sur ses genoux, le petit panier de figues, si coquettement arrangé, qu'il protégeait de ses grosses mains noueuses, comme une chose rare et fragile, que le moindre cahot des roues aurait pu endommager. Sa soutane faisait une grande tache sombre. Dans sa face épaisse et terreuse de paysan resté près de la sauvage terre, mal dégrossi par ses quelques années d'études théologiques, ses yeux seuls semblaient vivre, d'une flamme noire, dévorante de passion.

En l'apercevant si carrément installé, si calme, Prada avait eu un petit frisson. Puis, dès que la victoria se fut remise à rouler, par la route toute droite et sans fin :

— Eh bien ! l'abbé, voilà un coup de vin qui va nous

protéger du mauvais air. Si le pape pouvait faire comme nous, ça le guérirait sûrement de ses coliques.

Mais Santobono, pour toute réponse, ne lâcha qu'un sourd grondement. Il ne voulait plus parler, il s'enferma dans un absolu silence, comme envahi par la nuit lente qui tombait. Et Prada se tut à son tour, les yeux fixés sur lui, en se demandant ce qu'il allait faire.

La route tournait, puis la voiture roula, roula encore, sur une chaussée interminable, dont le pavé blanc semblait filer à l'infini, d'un trait. Maintenant, cette blancheur de la route prenait une sorte de lumière, déroulait un ruban de neige, tandis que la Campagne immense, aux deux bords, se noyait peu à peu d'une ombre fine. Dans les creux des vastes ondulations, les ténèbres s'amassaient, une marée violâtre semblait s'en épandre, recouvrant partout de son flot l'herbe rase, élargissant la plaine à perte de vue, telle qu'une mer déteinte. Tout se confondait, ce n'était plus que la houle indistincte et neutre, d'un bout de l'horizon à l'autre. Et le désert s'était vidé encore, une dernière charrette indolente venait de passer, un dernier tintement de clochettes claires s'éteignait au loin ; plus un passant, plus une bête, la mort des couleurs et des sons, toute vie tombant au sommeil, à la paix sereine du néant. A droite, des fragments d'aqueduc continuaient à se montrer de place en place, pareils à des tronçons de mille-pattes géants, que la faux des siècles aurait coupés ; puis, ce fut, à gauche, une nouvelle tour, dont la haute ruine sombre barra le ciel d'un pieu noir ; et d'autres morceaux d'aqueduc franchirent la route, prirent de ce côté une valeur démesurée, en se détachant sur le coucher du soleil. Ah ! l'heure unique, l'heure du crépuscule dans la Campagne romaine, quand tout s'y noie et s'y résume, l'heure de l'immensité nue, de l'infini dans la simplicité ! Il n'y a rien, rien que la ligne ronde et plate de l'horizon, rien que la tache d'une ruine, isolée, debout, et ce rien est d'une majesté, d'une grandeur souveraines.

Mais le soleil se couchait, là-bas, à gauche, vers la mer. Dans le ciel limpide, il descendait, tel qu'un globe de braise, d'un rouge aveuglant. Il plongea lentement derrière l'horizon, et il n'y eut d'autres nuages que quelques vapeurs d'incendie, comme si la mer lointaine eût bouillonné soudain, sous la flamme de cette royale visite. Tout de suite, quand il eut disparu, ce coin du ciel s'empourpra d'une mare de sang, tandis que la Campagne devenait grise. Il n'y avait plus, au bout de la plaine décolorée, que ce lac de pourpre, dont on voyait le brasier peu à peu mourir, derrière les arches noires des aqueducs; et, de l'autre côté, les autres arches éparses, restées roses, s'enlevaient en clair sur le ciel couleur d'étain. Puis, les vapeurs d'incendie se dissipèrent, le couchant finit par s'éteindre, dans une grande mélancolie farouche. Au firmament apaisé, devenu de cendre bleue, les étoiles s'allumaient une à une, pendant que les lumières de Rome encore lointaine, au ras de l'horizon, en face, scintillaient pareilles à des phares.

Et Prada, dans le silence songeur de ses deux compagnons, au milieu de l'infinie tristesse du soir, envahi lui-même d'une détresse indicible, continuait à se questionner, à se demander ce qu'il allait faire. Ses yeux n'avaient pas quitté Santobono, dont la figure se noyait de nuit, mais si tranquille, abandonnant son grand corps au balancement de la voiture. Il se répétait qu'il ne pouvait laisser empoisonner ainsi les gens. Les figues étaient sûrement destinées au cardinal Boccanera, et peu lui importait en somme un cardinal de plus ou de moins, un pape possible dont l'action historique future était difficile à prévoir. Dans son âpre conception de conquérant, tout à la lutte pour la vie, le mieux lui avait toujours semblé de laisser faire le destin, sans compter qu'il ne voyait aucun mal à ce que le prêtre mangeât le prêtre, ce qui égayait son athéisme. Il songea aussi qu'il pouvait être dangereux d'intervenir dans cette abominable affaire, au fond des basses intrigues, louches et insondables, du monde noir. Mais le cardinal n'était pas seul au palais Boccanera : les figues ne pouvaient-elles se tromper d'adresse, aller à d'autres personnes, qu'on ne voulait pas atteindre ? Cette idée de révoltant hasard, maintenant, le hantait. Et, sans qu'il voulût y arrêter sa pensée, les visages de Benedetta et de Dario s'étaient dressés devant lui, revenaient malgré son effort pour ne pas les voir, s'imposaient. Si Benedetta, si Dario mangeaient de ces fruits ? Benedetta, il l'écarta tout de suite, car il savait qu'elle faisait table à part avec sa tante, qu'il n'y avait rien de commun entre les deux cuisines. Mais Dario déjeunait chaque jour avec son oncle. Un instant, il vit Dario pris d'un spasme, tomber entre les bras du cardinal, comme le pauvre monsignor Gallo, la face grise, les yeux creux, foudroyé en deux heures.

Non, non ! cela était affreux, il ne pouvait permettre une abomination pareille. Alors, son parti fut arrêté. Il allait attendre que la nuit fût complète ; et, tout simplement, il prendrait le panier sur les genoux du curé, il le jetterait à la volée dans quelque trou d'ombre, sans dire un mot. Le curé comprendrait. L'autre, le jeune prêtre, ne s'apercevrait peut-être pas de l'aventure. D'ailleurs, peu importait, car il était bien décidé à ne pas même expliquer son acte. Et il se sentit tout à fait calmé, lorsque l'idée lui vint de jeter le panier, au moment où la voiture passerait sous la porte Furba, quelques kilomètres avant Rome. Dans les ténèbres de la porte, ce serait très bien, on ne pourrait rien voir.

— Nous nous sommes attardés, nous ne serons guère à Rome avant six heures, reprit-il tout haut, en se tournant vers Pierre. Mais vous aurez le temps d'aller vous habiller et de rejoindre votre ami.

Et, sans attendre la réponse, il s'adressa à Santobono :

— Vos figues arriveront bien tard.

— Oh ! dit le curé, Son Éminence reçoit jusqu'à huit

heures. Et puis, ce n'est pas pour ce soir, les figues! On ne mange pas de figues le soir. Ce sera pour demain matin.

Il retomba dans son silence, il ne parla plus.

— Pour demain matin, oui, oui! sans doute, répéta Prada. Et le cardinal pourra vraiment s'en régaler, si personne ne l'aide.

Pierre, étourdiment, donna alors une nouvelle qu'il savait.

— Il sera sans doute seul à les manger, car son neveu, le prince Dario, a dû partir aujourd'hui pour Naples, un petit voyage de convalescence, après l'accident qui l'a tenu au lit pendant un grand mois.

Brusquement, il s'arrêta, en songeant à qui il parlait. Mais le comte avait remarqué sa gêne.

— Allez, allez, mon cher monsieur Froment, vous ne me faites aucune peine. C'est déjà très ancien... Et il est parti, ce jeune homme, dites-vous?

— Oui, à moins qu'il n'ait remis son départ. Je m'attends à ne pas le retrouver au palais.

Pendant un instant, on n'entendit plus, de nouveau, que le roulement continu des roues. Et Prada se taisait, repris de trouble, rendu au malaise de son incertitude. Si pourtant Dario n'était pas là, de quoi allait-il se mêler? Toutes ces réflexions lui fatiguaient le crâne, et il finit par penser tout haut.

— S'il s'en est allé, ce doit être par convenance, afin de ne pas assister à la soirée des Buongiovanni, car la congrégation du Concile s'est réunie ce matin pour se prononcer définitivement, dans le procès que la comtesse m'a intenté... Oui, tout à l'heure, je saurai si l'annulation de notre mariage sera signée par le Saint-Père.

Sa voix était devenue un peu rauque, on sentait la vieille blessure se rouvrir et saigner, la plaie faite à son orgueil d'homme par cette femme qui était sienne et qui s'était refusée, en se réservant pour un autre. Son amie

Lisbeth avait eu beau lui donner un enfant, l'accusation d'impuissance, l'outrage à sa virilité, renaissait sans cesse, lui gonflait le cœur d'aveugles colères. Il eut un violent et brusque frisson, comme si tout un grand souffle glacé lui eût traversé la chair; et, détournant l'entretien, il ajouta tout à coup :

— Il ne fait vraiment pas chaud, ce soir... Voici l'heure mauvaise, à Rome, l'heure de la tombée du jour, où l'on empoigne très bien une bonne fièvre, si l'on ne se méfie pas... Tenez! ramenez la couverture sur vos jambes, enveloppez-vous soigneusement.

Puis, comme on approchait de la porte Furba, le silence se fit encore, plus lourd, pareil au sommeil invincible qui endormait la Campagne, submergée dans la nuit. Enfin, la porte apparut, à la clarté des étoiles vives; et elle n'était autre qu'une arcade de l'Acqua Felice, sous laquelle passait la route. Ce débris d'aqueduc semblait, de loin, barrer le passage de sa masse énorme de vieux murs à demi écroulés. Ensuite, l'arche géante, toute noire d'ombre, se creusait, telle qu'un porche béant. Et l'on passait en pleines ténèbres, dans le roulement plus sonore des roues.

Lorsqu'on fut de l'autre côté, Santobono avait toujours sur les genoux le petit panier de figues, et Prada le regardait, bouleversé, se demandant par quelle subite paralysie de ses deux mains, il ne l'avait pas saisi, jeté aux ténèbres. Cependant, il y était décidé encore, quelques secondes avant de pénétrer sous la voûte. Il l'avait même regardé une dernière fois, pour bien calculer le mouvement qu'il aurait à faire. Que venait-il donc de se passer en lui? Et il se sentait en proie à une indécision grandissante, incapable désormais de vouloir un acte définitif, ayant le besoin d'attendre, dans l'idée sourde de se satisfaire pleinement et avant tout. Pourquoi se serait-il pressé maintenant, puisque Dario était sans doute parti et puisque ces figues ne seraient sûrement pas mangées avant le lendemain? Le soir même, il devait apprendre si la congrégation du Concile avait annulé son mariage, il saurait jusqu'à quel point la justice de Dieu était vénale et mensongère. Certes, il ne laisserait empoisonner personne, pas même le cardinal Boccanera, dont l'existence, cependant, lui importait si peu. Mais, depuis le départ de Frascati, n'était-ce pas le destin en marche que ce petit panier? Ne cédait-il pas à une jouissance d'absolu pouvoir, en se disant qu'il était le maître de l'arrêter ou de lui permettre d'aller jusqu'au bout de son œuvre de mort? Et, d'ailleurs, il s'abandonnait à la plus obscure des luttes, il ne raisonnait pas, les mains liées au point de ne pouvoir agir autrement, convaincu qu'il irait glisser une lettre d'avertissement dans la boîte aux lettres du palais, avant de se mettre au lit, tout en étant heureux de penser que, si pourtant il avait intérêt à ne pas le faire, il ne le ferait pas.

Alors, le reste de la route s'acheva, au milieu de ce silence las, dans le frisson du soir, qui semblait avoir glacé les trois hommes. Vainement, le comte, pour échapper au combat de ses réflexions, revint sur le gala des Buongiovanni, donnant des détails, décrivant les splendeurs auxquelles on allait assister : ses paroles tombaient rares, gênées et distraites. Puis, il s'efforça de réconforter Pierre, de le rendre à son espoir, en lui reparlant du cardinal Sanguinetti, si aimable, si plein de promesses; et, bien que le jeune prêtre rentrât très heureux, dans l'idée que son livre n'était pas condamné encore et qu'il triompherait peut-être, si on l'aidait, il répondit à peine, tout à sa rêverie. Santobono ne parla pas, ne bougea pas, comme disparu, noir dans la nuit noire. Et les lumières de Rome s'étaient multipliées, des maisons avaient reparu, à droite, à gauche, d'abord espacées largement, peu à peu ininterrompues. C'était le faubourg, des champs de roseaux encore, des haies vives, des oliviers dont la tête dépassait les long murs de clôture, de grands portails aux piliers surmontés de vases, enfin la ville, avec ses rangées de petites maisons grises, de commerces pauvres, de cabarets borgnes, d'où sortaient parfois des cris et des bruits de bataille.

Prada voulut absolument conduire ses compagnons rue Giulia, à cinquante mètres du palais.

— Cela ne me gêne pas, et d'aucune façon, je vous assure... Voyons, vous ne pouvez achever la route à pied, pressés comme vous l'êtes !

Déjà, la rue Giulia dormait dans sa paix séculaire, absolument déserte, d'une mélancolie d'abandon, avec la double file morne de ses becs de gaz. Et, dès qu'il fut descendu de voiture, Santobono n'attendit pas Pierre, qui, d'ailleurs, passait toujours par la petite porte, sur la ruelle latérale.

— Au revoir, l'abbé.

— Au revoir, monsieur le comte. Mille grâces !

Alors, tous deux purent le suivre du regard jusqu'au palais Boccanera, dont la vieille porte monumentale, noire d'ombre, était encore grande ouverte. Un instant, ils virent sa haute taille rugueuse qui barrait cette ombre. Puis, il entra, il s'engouffra avec son petit panier, portant le destin.

XII

Il était dix heures, lorsque Pierre et Narcisse, qui avaient dîné au Café de Rome, où ils s'étaient ensuite oubliés dans une longue causerie, descendirent à pied le Corso pour se rendre au palais Buongiovanni. Ils eurent toutes les peines du monde à en gagner la porte. Les voitures arrivaient par files serrées, et la foule des curieux qui stationnaient, débordant, envahissant la chaussée, malgré les agents, devenait si compacte, que les chevaux n'avançaient plus. Dans la longue façade monumentale, les dix hautes fenêtres du premier étage flambaient, une grande clarté blanche, la clarté de plein jour des lampes électriques, qui éclairait, comme d'un coup de soleil, la rue, les équipages embourbés dans le flot humain, la houle des têtes ardentes et passionnées, au milieu de l'extraordinaire tumulte des gestes et des cris.

Et il n'y avait pas là que la curiosité habituelle de regarder passer des uniformes et descendre des femmes en riches toilettes, car Pierre entendit vite que cette foule était venue attendre l'arrivée du roi et de la reine, qui avaient promis de paraître au bal de gala, que le prince Buongiovanni donnait pour fêter les fiançailles de sa fille Celia avec le lieutenant Attilio Sacco, fils d'un des ministres de Sa Majesté. Puis, ce mariage était un ravissement, le dénouement heureux d'une histoire d'amour qui passionnait la ville entière, le coup de foudre, le couple jeune et si beau, la fidélité obstinée, victorieuse des obstacles, et cela dans des conditions romanesques, dont le récit circulait de bouche en bouche, mouillant tous les yeux, faisant battre tous les cœurs.

C'était cette histoire que Narcisse, au dessert, en attendant dix heures, venait encore de conter à Pierre, qui la connaissait en partie. On affirmait que, si le prince avait fini par céder, après une dernière scène épouvantable, il ne l'avait fait que sur la crainte de voir Celia quitter un beau soir le palais, au bras de son amant. Elle ne l'en menaçait pas, mais il y avait, dans son calme de vierge ignorante, un tel mépris de tout ce qui n'était pas son amour, qu'il la sentait capable des pires folies, commises ingénument. La princesse, sa femme, s'était désintéressée, en Anglaise flegmatique, belle encore, qui croyait avoir assez fait pour la maison en apportant les cinq millions de sa dot et en donnant cinq enfants à son mari. Le prince, inquiet et faible dans ses violences, où se retrouvait le vieux sang romain, gâté déjà par son mélange avec celui d'une race étrangère, n'agissait plus que sous la crainte de voir crouler sa maison et sa fortune, restées jusque-là intactes, au milieu des ruines accumulées du patriciat ; et, en cédant enfin, il avait dû obéir à l'idée de se rallier par sa fille, d'avoir un pied solide au Quirinal, sans pourtant retirer l'autre du Vatican. Sans doute, c'était une honte brûlante, son orgueil saignait de s'allier à ces Sacco, des gens de rien. Mais Sacco était ministre, il avait marché si vite, de succès en succès, qu'il semblait en passe de monter encore, de conquérir, après le portefeuille de l'Agriculture, celui des Finances, qu'il convoitait depuis longtemps. Avec lui, c'était la faveur certaine du roi, la retraite assurée de ce côté, si le pape un jour sombrait. Puis, le prince avait pris des renseignements sur le fils, un peu désarmé devant cet Attilio si beau, si brave, si droit, qui était l'avenir, peut-être l'Italie glorieuse de demain. Il était soldat, on le pousserait aux plus hauts grades. On ajoutait méchamment que la dernière raison qui avait décidé le prince, fort avare, désespéré d'avoir à disperser sa fortune entre ses cinq enfants, était l'occasion heureuse de pouvoir donner à Celia une dot dérisoire. Et, dès lors, le mariage consenti, il avait résolu de célébrer les fiançailles par une fête retentissante, comme on n'en donnait plus que bien rarement à Rome, les portes ouvertes à tous les mondes, les souverains invités, le palais flambant ainsi qu'aux grands jours d'autrefois, quitte à y laisser un peu de cet argent qu'il défendait si âprement, mais voulant par bravoure prouver qu'il n'était pas vaincu et que les Buongiovanni ne cachaient rien, ne rougissaient de rien. A la vérité, on prétendait que cette bravoure superbe ne venait pas de lui, qu'elle lui avait été soufflée, sans même qu'il en eût conscience, par Celia, la tranquille, l'innocente, qui désirait montrer son bonheur, au bras d'Attilio, devant Rome entière, applaudissant à cette histoire d'amour qui finissait bien, comme dans les beaux contes de fées.

— Diable! dit Narcisse, qu'un flot de foule immobilisait, jamais nous n'arriverons en haut. Ils ont donc invité toute la ville!

Et, comme Pierre s'étonnait de voir passer un prélat en carrosse :

— Oh! vous allez en coudoyer plus d'un. Si les cardinaux n'osent se risquer, à cause de la présence des souverains, la prélature viendra sûrement. Il s'agit d'un salon neutre, où le monde noir et le monde blanc peuvent fraterniser. Puis, les fêtes ne sont pas si nombreuses, on s'y écrase.

Il expliqua qu'en dehors des deux grands bals que la cour donnait par hiver, il fallait des circonstances exceptionnelles pour décider le patriciat à offrir des galas pareils. Deux ou trois salons noirs ouvraient bien encore une fois leurs salons, vers la fin du carnaval. Mais, partout, les petites sauteries intimes remplaçaient les réceptions fastueuses. Quelques princesses avaient simplement leur jour. Et, quant aux rares salons blancs, ils gardaient une égale intimité, mélangée plus ou moins, car pas une maîtresse de maison n'était devenue la reine indiscutée du monde nouveau.

— Enfin, nous y sommes, reprit Narcisse dans l'escalier.

Pierre, inquiet, lui dit :

— Ne nous quittons pas. Je ne connais un peu que la fiancée, et je tiens à ce que vous me présentiez.

Mais c'était encore un effort rude et long, que de monter le vaste escalier, tellement la cohue des arrivants s'y bousculait. Même aux temps anciens, lors des chandelles de cire et des lampes à huile, jamais il n'avait resplendi d'un tel éclat de lumière. Des lampes électriques l'inondaient de clarté blanche, brûlant en bouquets dans les admirables candélabres de bronze qui ornaient les paliers. On avait caché les stucs froids des murs sous une suite de hautes tapisseries, l'Histoire de Psyché et de l'Amour, des merveilles restées dans la famille depuis la Renaissance. Un épais tapis recouvrait l'usure des marches, et des massifs de plantes vertes garnissaient les coins, des palmiers grands comme des arbres. Tout un sang nouveau affluait, chauffait l'antique demeure, une résurrection de vie qui montait avec le flot des femmes rieuses et sentant bon, les épaules nues, étincelantes de diamants.

Quand ils furent en haut, Pierre aperçut tout de suite, à l'entrée du premier salon, le prince et la princesse Buongiovanni, debout côte à côte, recevant leurs invités. Le prince, un blond qui grisonnait, grand et mince, avait les pâles yeux du Nord que sa mère lui avait légués, dans une face énergique d'ancien capitaine des papes. La princesse, au petit visage rond et délicat, paraissait à peine avoir trente ans, bien qu'elle eût dépassé la quarantaine, jolie toujours, d'une sérénité souriante que rien ne déconcertait, simplement heureuse de s'adorer elle-même. Elle portait une toilette de satin rose, toute rayonnante d'une merveilleuse parure de gros rubis, qui semblait allumer de courtes flammes sur sa peau fine et dans ses fins cheveux de blonde. Et, des cinq enfants, le fils aîné qui voyageait, les trois autres filles trop jeunes, encore en pension, Celia seule était là, Celia en petite robe de légère soie blanche, blonde elle aussi, délicieuse avec ses grands yeux d'innocence et sa bouche de candeur, gardant jusqu'au bout de son aventure d'amour son air de grand lis fermé, impénétrable en son mystère de vierge. Les Sacco venaient d'arriver seulement, et Attilio, qui était resté près de sa fiancée, portait son simple uniforme de lieutenant, mais si naïvement, si ouvertement heureux de son grand bonheur, que sa jolie tête, à la bouche de tendresse, aux yeux de vaillance, en resplendissait, d'un éclat extraordinaire de jeunesse et de force. Tous les deux, l'un près de l'autre, dans ce triomphe de leur passion, apparaissaient, dès le seuil, comme la joie, la santé même de la vie, l'espoir illimité aux promesses du lendemain; et tous les invités qui entraient les voyaient ainsi, ne pouvaient s'empêcher de sourire, s'attendrissaient, oubliant leur curiosité maligne et bavarde, jusqu'à donner leur cœur à ce couple d'amour, si beau et si ravi.

Narcisse s'était avancé pour présenter Pierre. Mais Celia ne lui en laissa pas le temps. Elle fit un pas à la rencontre du prêtre, elle le mena à son père et à sa mère.

— Monsieur l'abbé Pierre Froment, un ami de ma chère Benedetta.

Il y eut des saluts cérémonieux. Pierre fut très touché de cette bonne grâce de la jeune fille, qui lui dit ensuite :

— Benedetta va venir avec sa tante et Dario. Elle doit être si heureuse, ce soir! Et vous verrez comme elle est belle!

Pierre et Narcisse la félicitèrent alors. Mais ils ne pouvaient rester là, le flot les poussait, le prince et la princesse n'avaient que le temps de saluer d'un branle aimable et continu de la tête, noyés, débordés. Et Celia, quand elle eut mené les deux amis à Attilio, dut revenir prendre sa place de petite reine de la fête, près de ses parents.

Narcisse connaissait un peu Attilio. Il y eut des félicitations nouvelles et des poignées de main. Puis, curieusement, tous deux manœuvrèrent pour s'arrêter un instant dans ce premier salon, où le spectacle en valait vraiment la peine. C'était une vaste pièce, tendue de velours vert, à fleurs d'or, qu'on appelait la salle des armures, et qui contenait en effet une collection d'armures très remarquable, des cuirasses, des haches d'armes, des épées, ayant presque toutes appartenu à des Buongiovanni, au quinzième siècle et au seizième. Et, au milieu de ces rudes outils de guerre, on voyait une adorable chaise à porteurs du siècle dernier, ornée des dorures et des peintures les plus délicates, dans laquelle l'arrière-grand'mère du Buongiovanni actuel, la célèbre Bettina, une beauté légendaire, se faisait conduire aux offices. D'ailleurs, sur les murs, ce n'étaient que tableaux historiques, batailles, signatures de traités, réceptions royales, où les Buongiovanni avaient joué un rôle; sans compter les portraits de famille, de hautes figures d'orgueil, capitaines de terre et de mer, grands dignitaires de l'Église, prélats, cardinaux, parmi lesquels, à la place d'honneur, triomphait le pape, le Buongiovanni vêtu de blanc, dont l'avènement au trône pontifical avait enrichi la longue descendance. Et c'était parmi ces armures, près de la galante chaise à porteurs, c'était au-dessous de ces antiques portraits, que les Sacco, le mari et la femme, venaient de s'arrêter, eux aussi, à quelques pas des maîtres de la maison, prenant leur part des félicitations et des saluts.

— Tenez! souffla tout bas Narcisse à Pierre, les Sacco, là, en face de nous, ce petit homme noir et cette dame en soie mauve.

Pierre reconnut Stefana, qu'il avait rencontrée chez le vieil Orlando, avec sa figure claire au gentil sourire, ses traits menus que noyait un embonpoint naissant. Mais ce fut surtout le mari qui l'intéressa, brun et sec, les yeux gros dans un teint de jaunisse, le menton proéminent et le nez en bec de vautour, un masque gai de Polichinelle napolitain, et dansant, criant, et d'une belle humeur si envahissante, que les gens, autour de lui, étaient gagnés tout de suite. Il avait une faconde extraordinaire, une voix surtout, un instrument de charme et de conquête incomparable. Rien qu'à le voir, dans ce salon, séduire si aisément les cœurs, on comprenait ses succès foudroyants, au milieu du monde brutal et médiocre de la politique. Pour le mariage de son fils, il venait de manœuvrer avec une adresse rare, affectant une délicatesse outrée, contre Celia, contre Attilio lui-même, déclarant qu'il refusait son consentement, de peur qu'on ne l'accusât de voler une dot et un titre. Il n'avait cédé qu'après les Buongiovanni, il avait voulu prendre auparavant l'avis du vieil Orlando, dont la haute loyauté héroïque était proverbiale dans l'Italie entière; d'autant plus qu'en agissant ainsi, il savait aller au-devant d'une approbation, car le héros ne se gênait pas pour répéter tout haut que les Buongiovanni devaient être enchantés d'accueillir dans leur famille son petit-neveu, un beau garçon, de cœur sain et brave, qui régénérerait leur vieux sang épuisé, en faisant à leur fille de beaux enfants. Et Sacco, dans toute cette affaire, s'était merveilleusement servi du nom légendaire d'Orlando, faisant sonner sa parenté, montrant une vénération filiale pour le glorieux fondateur de la patrie, sans paraître vouloir se douter un instant à quel point celui-ci le méprisait et l'exécrait, désespéré de son arrivée au pouvoir, convaincu qu'il mènerait le pays à la ruine et à la honte.

— Ah! reprit Narcisse, en s'adressant à Pierre, un homme souple et pratique, que les soufflets ne gênent pas! Il en faut, paraît-il, de ces hommes sans scrupules, dans les États tombés en détresse, qui traversent des crises politiques, financières et morales. On dit que celui-ci, avec son aplomb imperturbable, l'ingéniosité de son esprit, ses infinies ressources de résistance qui ne reculent devant rien, a complètement conquis la faveur du roi... Mais voyez donc, voyez donc, si l'on ne croirait pas qu'il est déjà le maître de ce palais, au milieu du flot de courtisans qui l'entoure!

En effet, les invités qui passaient en saluant devant les Buongiovanni, s'amassaient autour de Sacco; car il était le pouvoir, les places, les pensions, les croix; et, si l'on souriait encore de le trouver là, avec sa maigreur noire et turbulente, parmi les grands ancêtres de la maison, on l'adulait comme la puissance nouvelle, cette force démocratique, si trouble encore, qui se levait de partout, même de ce vieux sol romain, où le patriciat gisait en ruines.

— Mon Dieu! quelle foule! murmura Pierre. Quels sont donc tous ces gens?

— Oh! répondit Narcisse, c'est déjà très mêlé. Ils n'en sont plus ni au monde noir, ni au monde blanc; ils en sont au monde gris. L'évolution était fatale, l'intransigeance d'un cardinal Boccanera ne peut être celle d'une ville entière, d'un peuple. Le pape seul dira toujours non, restera immuable. Mais, autour de lui, tout marche et se transforme, invinciblement. De sorte que, malgré les résistances, dans quelques années, Rome sera italienne... Vous savez que, dès maintenant, lorsqu'un prince a deux fils, l'un reste au Vatican, l'autre passe au Quirinal. Il faut vivre, n'est-ce pas? Les grandes familles, en danger de mort, n'ont pas l'héroïsme de pousser l'obstination jusqu'au suicide... Et je vous ai déjà dit que nous étions ici sur un terrain neutre, car le prince Buongiovanni a compris un des premiers la nécessité de la conciliation.

Il sent sa fortune morte, il n'ose la risquer ni dans l'industrie ni dans les affaires, il la voit déjà émiettée entre ses cinq enfants, qui l'émietteront à leur tour ; et c'est pourquoi il s'est mis du côté du roi, sans vouloir rompre avec le pape, par prudence... Aussi voyez-vous, dans ce salon, l'image exacte de la débâcle, du pêle-mêle qui règne dans les opinions et dans les idées du prince.

Il s'interrompit, pour nommer des personnages qui entraient.

— Tenez! voici un général, très aimé, depuis sa dernière campagne en Afrique. Nous aurons ce soir beaucoup de militaires, tous les supérieurs d'Attilio, qu'on a invités pour faire un entourage de gloire au jeune homme... Et tenez! voici l'ambassadeur d'Allemagne. Il est à croire que le corps diplomatique viendra presque en entier, à cause de la présence de Leurs Majestés... Et, par opposition, vous voyez bien ce gros homme, là-bas? C'est un député fort influent, un enrichi de la bourgeoisie nouvelle. Il n'était encore, il y a trente ans, qu'un fermier du prince Albertini, un de ces mercanti di campagna, qui battaient la Campagne romaine, en bottes fortes et en chapeau mou... Et, maintenant, regardez ce prélat qui entre...

— Celui-ci, je le connais, dit Pierre. C'est monsignor Fornaro.

— Parfaitement, monsignor Fornaro, un personnage. Vous m'avez en effet conté qu'il est rapporteur, dans l'affaire de votre livre... Un prélat délicieux! Avez-vous remarqué de quelle révérence il vient de saluer la princesse? Et quelle noble allure, quelle grâce, sous son petit manteau de soie violette!

Narcisse continua à énumérer ainsi des princes et des princesses, des ducs et des duchesses, des hommes politiques et des fonctionnaires, des diplomates et des ministres, des bourgeois et des officiers, le plus incroyable tohu-bohu, sans compter la colonie étrangère, des Anglais, des Américains, des Allemands, des Espagnols, des Russes, la vieille Europe et les deux Amériques. Puis, il revint brusquement aux Sacco, à la petite madame Sacco, pour raconter les efforts héroïques qu'elle avait faits, dans la bonne pensée d'aider les ambitions de son mari, en ouvrant un salon. Cette femme douce, l'air modeste, était une personne très rusée, pourvue des qualités les plus solides, la patience et la résistance piémontaises, l'ordre, l'économie. Aussi, dans le ménage, rétablissait-elle l'équilibre, que le mari compromettait par son exubérance. Il lui devait beaucoup, sans que personne s'en doutât. Mais, jusqu'ici, elle avait échoué à opposer, aux derniers des salons noirs, un salon blanc qui fît l'opinion. Elle ne réunissait toujours que des gens de son monde, pas un prince n'était venu, on dansait le lundi chez elle, comme on dansait dans vingt autres petits salons bourgeois, sans éclat et sans puissance. Le véritable salon blanc, menant les hommes et les choses, maître de Rome, restait encore à l'état de chimère.

— Regardez son mince sourire, pendant qu'elle examine tout ici, reprit Narcisse. Je suis bien sûr qu'elle s'instruit et qu'elle dresse des plans. A présent qu'elle va être alliée à une famille princière, peut-être espère-t-elle avoir enfin la belle société.

La foule devenait telle, dans la pièce, grande pourtant, qu'ils étouffaient, bousculés, serrés contre un mur. Aussi l'attaché d'ambassade emmena-t-il le prêtre, en lui donnant des détails sur ce premier étage du palais, un des plus somptueux de Rome, célèbre par la magnificence des appartements de réception. On dansait dans la galerie de tableaux, une salle longue de vingt mètres, royale, débordante de chefs-d'œuvre, dont les huit fenêtres ouvraient sur le Corso. Le buffet était dressé dans la salle des Antiques, une salle de marbre, où il y avait une Vénus, découverte près du Tibre, et qui rivalisait avec celle du Capitole. Puis, c'était une suite de salons merveilleux, encore resplendissants du luxe ancien, tendus des étoffes les plus rares, ayant gardé de leurs mobiliers d'autrefois des pièces uniques, que guettaient les antiquaires, dans l'espoir de la ruine future, inévitable. Et, parmi ces salons, un surtout était fameux, le petit salon des glaces, une pièce ronde, de style Louis XV, entièrement garnie de glaces, dans des cadres de bois sculpté, d'une extrême richesse et d'un rococo exquis.

— Tout à l'heure, vous verrez tout cela, dit Narcisse. Mais entrons ici, si nous voulons respirer un peu... C'est ici qu'on a apporté les fauteuils de la galerie voisine, pour les belles dames désireuses de s'asseoir, d'être vues et d'être aimées.

Le salon était vaste, drapé de la plus admirable tenture de velours de Gênes qu'on pût voir, cet ancien velours jardinière, à fond de satin pâle, à fleurs éclatantes, mais dont les verts, les bleus, les rouges se sont divinement pâlis, d'un ton doux et fané de vieilles fleurs d'amour. Il y avait là, sur les consoles, dans les vitrines, les objets d'art les plus précieux du palais, des coffrets d'ivoire, des bois sculptés, peints et dorés, des pièces d'argenterie, un entassement de merveilles. Et, sur les sièges nombreux, des dames en effet s'étaient déjà réfugiées, fuyant la cohue, assises par petits groupes, riant et causant avec les quelques hommes qui avaient découvert ce coin de grâce et de galanterie. Rien n'était plus aimable à regarder, sous le vif éclat des lampes, que ces nappes d'épaules nues, d'une finesse de soie, que ces nuques souples, où se tordaient les chevelures blondes ou brunes. Les bras nus sortaient du fouillis charmant des toilettes tendres, tels que de vivantes fleurs de chair. Les éventails battaient avec lenteur, comme pour aviver les feux des pierres précieuses, jetant à chaque souffle une odeur de femme, mêlée à un parfum dominant de violettes.

— Tiens! s'écria Narcisse, notre bon ami, monsignor Nani, qui salue là-bas l'ambassadrice d'Autriche.

Dès que Nani aperçut le prêtre et son compagnon, il vint à eux ; et, tous trois, ils gagnèrent l'embrasure d'une fenêtre, pour causer un instant à l'aise. Le prélat souriait, l'air enchanté de la beauté de la fête, mais gardant la sérénité d'une âme triplement cuirassée d'innocence, au milieu de toutes ces épaules étalées, comme s'il ne les avait pas même vues.

— Ah ! mon cher fils, dit-il à Pierre, que je suis heureux de vous rencontrer !... Eh bien ! que dites-vous de notre Rome, quand elle se mêle de donner des fêtes ?

— Mais c'est superbe, monseigneur !

Il parlait avec attendrissement de la haute piété de Celia, il affectait de ne voir chez le prince et la princesse que des fidèles du Vatican, pour faire honneur à ce dernier de ce gala fastueux, sans paraître même savoir que le roi et la reine allaient venir. Puis, soudain :

— J'ai pensé à vous toute la journée, mon cher fils. Oui, j'avais appris que vous étiez allé voir Son Éminence le cardinal Sanguinetti, pour votre affaire... Voyons, comment vous a-t-il reçu ?

— Oh ! très paternellement... D'abord, il m'a fait entendre l'embarras où le mettait sa situation de protecteur de Lourdes. Mais, comme je partais, il s'est montré charmant, il m'a formellement promis son aide, avec une délicatesse dont j'ai été très touché.

— Vraiment, mon cher fils ! Du reste, vous ne m'étonnez pas, Son Excellence est si bonne !

— Et, monseigneur, je dois ajouter que je suis revenu le cœur léger, plein d'espérance. Désormais, il me semble que mon procès est à moitié gagné.

— C'est bien naturel, je comprends cela.

Nani souriait toujours, de son fin sourire d'intelligence, aiguisé d'une pointe d'ironie, si discrète, qu'on n'en sentait pas la piqûre. Après un court silence, il ajouta très simplement :

— Le malheur est que votre livre a été condamné,

avant-hier, par la congrégation de l'Index, qui s'est réunie tout exprès, sur une convocation du secrétaire. Et l'arrêt sera même porté à la signature de Sa Sainteté après-demain.

Pierre, étourdi, le regardait. L'écroulement du vieux palais sur sa tête ne l'aurait pas accablé davantage. C'était donc fini ! le voyage qu'il avait fait à Rome, l'expérience qu'il était venu y tenter aboutissait donc à cette défaite, qu'il apprenait ainsi brusquement, au milieu de cette fête ! Et il n'avait même pu se défendre, il avait perdu les jours, sans trouver à qui parler, devant qui plaider sa cause ! Une colère montait en lui, il ne put s'empêcher de dire à demi-voix, amèrement :

— Ah ! comme on m'a dupé ! Ce cardinal qui me disait ce matin : Si Dieu est avec vous, il vous sauvera, même malgré vous ! Oui, oui, je comprends à cette heure, il jouait sur les mots, il ne me souhaitait qu'un désastre, pour que la soumission me gagnât le ciel... Me soumettre, ah ! je ne puis pas, je ne puis pas encore ! J'ai le cœur trop gonflé d'indignation et de chagrin.

Curieusement, Nani l'écoutait, l'étudiait.

— Mais, mon cher fils, rien n'est définitif, tant que le Saint-Père n'aura pas signé. Vous avez la journée de demain, et même la matinée d'après-demain. Un miracle est toujours possible.

Et, baissant la voix, le prenant à part, pendant que Narcisse, en esthète amoureux des cols allongés et des gorges puériles, examinait les dames :

— Écoutez, j'ai une communication à vous faire, en grand secret... Tout à l'heure, pendant le cotillon, venez me rejoindre dans le petit salon des glaces. Nous y causerons à l'aise.

Pierre promit d'un signe de tête ; et, discrètement, le prélat s'éloigna, se perdit au milieu de la foule. Mais les oreilles du prêtre bourdonnaient, il ne pouvait plus espérer. Que ferait-il en un jour, puisqu'il avait perdu trois mois, sans arriver seulement à être reçu par le pape? Dans son étourdissement, il entendit Narcisse, qui lui parlait d'art.

— C'est étonnant comme le corps de la femme s'est abîmé, depuis nos affreux temps de démocratie. Il s'empâte, il devient horriblement commun. Voyez donc là, devant nous, pas une qui ait la ligne florentine, la poitrine petite, le col dégagé et royal...

Il s'interrompit, pour s'écrier :

— Ah! en voici une qui est assez bien, la blonde, avec des bandeaux... Tenez! celle que monsignor Fornaro vient d'aborder.

Depuis un instant, en effet, monsignor Fornaro allait de belle dame en belle dame, d'un air d'aimable conquête. Il était superbe, ce soir-là, avec sa haute taille décorative, ses joues fleuries, sa bonne grâce victorieuse. Aucune histoire leste ne circulait sur son compte, il était accepté simplement comme un prélat galant qui se plaisait dans la compagnie des femmes. Et il s'arrêtait, causait, se penchait au-dessus des épaules nues, les frôlait, les respirait, les lèvres humides et les yeux riants, dans une sorte de ravissement dévot.

Il aperçut Narcisse, qu'il rencontrait parfois. Il s'avança. Le jeune homme dut le saluer.

— Vous allez bien, monseigneur, depuis que j'ai eu l'honneur de vous voir à l'ambassade?

— Oh! très bien, très bien!... Hein? quelle délicieuse fête!

Pierre s'était incliné. C'était cet homme, dont le rapport avait fait condamner son livre; et il lui reprochait surtout son air de caresse, les promesses menteuses de son accueil si charmant. Mais le prélat, très fin, dut sentir qu'il avait appris l'arrêt de la congrégation. Aussi trouva-t-il plus digne de ne pas le reconnaître ouvertement. Il se contenta, lui aussi, d'incliner la tête, avec un léger sourire.

— Que de monde! répéta-t-il, et que de belles personnes! On ne va bientôt plus pouvoir circuler dans ce salon.

Maintenant, tous les sièges y étaient occupés par des dames, et l'on commençait à y étouffer, au milieu de ce parfum de violettes, que chauffait la fauve odeur des nuques blondes ou brunes. Les éventails battaient plus vifs, des rires clairs s'élevaient, dans le brouhaha grandissant, toute une rumeur de conversation, où l'on entendait circuler les mêmes mots. Quelque nouvelle, sans doute, venait d'être apportée, un bruit qui se chuchotait, qui jetait la fièvre de groupe en groupe.

Monsignor Fornaro, très au courant, voulut donner lui-même la nouvelle, qu'on ne disait pas encore à voix haute.

— Vous savez ce qui les passionne toutes?

— La santé du Saint-Père? demanda Pierre, dans son inquiétude. Est-ce que la situation s'est encore aggravée ce soir?

Le prélat le regarda, étonné. Puis, avec une sorte d'impatience :

— Oh! non, oh! non, Sa Sainteté va beaucoup mieux, Dieu merci! Quelqu'un du Vatican me disait tout à l'heure qu'elle avait pu se lever, cette après-midi, et recevoir ses intimes, ainsi qu'à l'habitude.

— On a eu tout de même grand'peur, interrompit à son tour Narcisse. A l'ambassade, j'avoue que nous n'étions pas rassurés, parce qu'un conclave, en ce moment, serait une chose grave pour la France. Elle n'y aurait aucun pouvoir, notre gouvernement républicain a tort de traiter la papauté comme une quantité négligeable... Seulement, sait-on jamais si le pape est malade ou non? J'ai appris d'une façon certaine qu'il a failli être emporté, l'autre hiver, lorsque personne n'en soufflait mot; tandis que, la dernière fois, lorsque tous les journaux le tuaient, en parlant d'une bronchite, je l'ai vu, moi qui vous parle, très gaillard et très gai... Il est malade, quand il le faut, je crois.

D'un geste pressé, monsignor Fornaro écarta ce sujet importun.

— Non, non, on est rassuré, on n'en cause déjà plus... Ce qui passionne toutes ces dames, c'est qu'aujourd'hui la congrégation du Concile a voté l'annulation du mariage, dans l'affaire Prada, à une grosse majorité.

De nouveau, Pierre s'émut. N'ayant eu le temps de voir personne au palais Boccanera, à son retour de Frascati, il craignait que la nouvelle ne fût fausse. Et le prélat crut devoir donner sa parole d'honneur.

— La nouvelle est certaine, je la tiens d'un membre de la congrégation.

Mais, brusquement, il s'excusa, s'échappa.

— Pardon! voici une dame que je n'avais pas aperçue et que je désire saluer.

Tout de suite, il courut, s'empressa devant elle. Ne pouvant s'asseoir, il resta debout, courbant sa grande taille, comme s'il eût enveloppé de sa galante courtoisie la jeune femme, si fraîche, si nue, qui riait d'un si beau rire, sous l'effleurement léger du petit manteau de soie violette.

— Vous connaissez cette dame, n'est-ce pas? demanda Narcisse à Pierre. Non! vraiment?... C'est la bonne amie du comte Prada, la toute charmante Lisbeth Kauffmann, qui vient de lui donner un gros garçon, et qui reparaît ce soir pour la première fois dans le monde... Vous savez qu'elle est Allemande, qu'elle a perdu ici son mari, et qu'elle peint un peu, assez joliment même. On pardonne beaucoup à ces dames de la colonie étrangère, et celle-ci est particulièrement aimée, pour la belle humeur avec laquelle elle reçoit, dans son petit palais de la rue du Prince-Amédée... Vous pensez si la nouvelle qui circule de l'annulation du mariage, doit l'amuser!

Elle était vraiment exquise, cette Lisbeth, très blonde,

très rose, très gaie, avec sa peau de satin, son visage de lait, ses yeux si tendrement bleus, sa bouche dont l'aimable sourire était célèbre pour sa grâce. Et, dans sa toilette de soie blanche pailletée d'or, elle avait surtout, ce soir-là, une telle joie de vivre, une telle certitude heureuse, à se sentir libre, aimante et aimée, qu'autour d'elle la nouvelle qu'on chuchotait, les méchancetés dites derrière les éventails, semblaient tourner à son triomphe. Tous les regards s'étaient un instant fixés sur elle. On répétait son mot à Prada, quand elle s'était vue enceinte, des œuvres d'un homme que l'Église décrétait aujourd'hui d'impuissance : « Mon pauvre ami, c'est donc d'un petit Jésus que je vais accoucher ! » Et des rires s'étouffaient, d'irrespectueuses plaisanteries circulaient tout bas, de bouche à oreille, tandis qu'elle, radieuse dans son insolente sérénité, acceptait d'un air de ravissement les galanteries de monsignor Fornaro, qui la félicitait sur une toile, une Vierge au lis, envoyée par elle à une Exposition.

Ah ! cette annulation de mariage, qui défrayait la chronique scandaleuse de Rome depuis un an, quelle rumeur dernière elle produisait, en tombant ainsi au beau milieu de ce bal ! Le monde noir et le monde blanc l'avaient longtemps choisie comme un champ de bataille, pour y échanger les plus incroyables médisances, des commérages sans fin, des histoires à dormir debout. Et c'était fini cette fois, le Vatican imperturbable osait prononcer l'annulation, sous le prétexte que le mariage n'avait pu être consommé, par suite de l'impuissance du mari. Rome entière allait en rire, avec son libre scepticisme, dès qu'il s'agissait des affaires d'argent de l'Église. Personne déjà n'ignorait les incidents de la lutte, Prada révolté qui s'était tenu à l'écart, les Boccanera inquiets qui avaient remué ciel et terre, et l'argent distribué aux créatures des cardinaux pour acheter leur influence, et la grosse somme dont on avait payé indirectement le rapport enfin favorable de monsignor Palma. On parlait de plus de cent mille francs en tout, ce qu'on ne trouvait pas trop cher, car un autre divorce, celui d'une comtesse française, avait coûté près d'un million. Le Saint-Père avait tant de besoins! Et cela, d'ailleurs, ne fâchait personne, on se contentait d'en plaisanter malignement, les éventails battaient toujours dans la chaleur croissante, les dames avaient un frémissement d'aise, sous le vol discret des mots légers, murmurés à peine, qui frôlaient leurs épaules nues.

— Oh! que la contessina doit être contente! reprit Pierre. Je n'avais pas compris pourquoi sa petite amie nous disait, à notre arrivée, qu'elle allait être, ce soir, si heureuse et si belle... Et c'est à cause de cela, certainement, qu'elle va venir, elle qui, depuis ce procès, se considérait comme en deuil.

Mais Lisbeth, ayant rencontré les yeux de Narcisse, lui avait souri, et il dut aller la saluer à son tour; car il la connaissait, pour avoir traversé son atelier, comme toute la colonie étrangère. Il revenait près de Pierre, lorsqu'une nouvelle émotion parut agiter les aigrettes de diamants et les fleurs, dans les chevelures. Des têtes se tournèrent, le brouhaha grandit.

— Eh! c'est le comte Prada en personne! murmura Narcisse émerveillé. Une jolie carrure tout de même! Habillez-le de velours et d'or, et quelle figure de bel aventurier du quinzième siècle, mordant sans scrupule à toutes les jouissances!

Prada entrait, l'air très à l'aise, gai, presque triomphant. Et, au-dessus du large plastron blanc de la chemise, que l'habit encadrait de noir, il avait vraiment une haute mine de proie, avec ses yeux francs et durs, sa face énergique, barrée d'épaisses moustaches brunes. Jamais sa bouche vorace n'avait montré sa dentition de loup, dans un sourire de sensualité plus ravie. D'un regard rapide, il examina, déshabilla toutes les femmes. Puis,

quand il eut aperçu Lisbeth, si gamine, si rose et si
blonde, il s'adoucit, il vint très ouvertement à elle,
sans s'inquiéter le moins du monde de l'ardente curiosité
qui le dévisageait. Il se pencha, causa bas un instant, dès
que monsignor Fornaro lui eut cédé la place. Sans doute la
nouvelle qui courait lui fut confirmée par la jeune femme,
car il eut un geste, un rire un peu forcé, en se relevant.

Ce fut alors qu'il vit Pierre et qu'il le rejoignit, dans
l'embrasure de la fenêtre. Il serra également la main de
Narcisse. Et, tout de suite, avec sa bravoure :

— Vous savez ce que je vous disais, en revenant ce soir
de Frascati... Eh bien! il paraît que c'est fait, ils ont
annulé mon mariage... C'est si gros, si impudent, si imbécile, que j'en doutais tout à l'heure.

— Oh! se permit de déclarer Pierre, la nouvelle est
certaine. Elle vient de nous être confirmée par monsignor
Fornaro, qui la tenait d'un membre de la congrégation.
Et l'on assure que la majorité a été très forte.

Un rire encore secoua Prada.

— Non, non! on n'imagine pas une farce pareille! C'est
le plus beau soufflet que je connaisse, donné à la justice et
au simple bon sens. Ah! si l'on parvient aussi à faire
casser le mariage civilement, et si mon amie que vous
voyez là-bas, le veut bien, comme on s'amusera dans
Rome! Mais oui! je l'épouserai à Sainte-Marie-Majeure,
en grande pompe. Et il y a, de par le monde, un cher
petit être qui sera de la fête, aux bras de sa nourrice!

Il riait trop haut, il était trop brutal, dans cette allusion
à son enfant, preuve vivante de sa virilité. Souffrait-il
donc, pour avoir aux lèvres un pli qui les retroussait, montrant ses dents blanches? On le sentait frémissant, en
lutte contre un réveil de passion sourde, tumultueuse,
qu'il ne s'avouait pas à lui-même.

— Et vous, mon cher abbé, reprit-il vivement, connaissez-
vous l'autre nouvelle? Vous a-t-on dit que la comtesse
allait venir?

Il nommait ainsi Benedetta, par habitude, oubliant qu'elle n'était plus sa femme.

— On vient de me le dire en effet, répondit Pierre.

Un moment, il hésita, avant d'ajouter, cédant au besoin de prévenir toute surprise fâcheuse :

— Sans doute nous verrons aussi le prince Dario, car il n'est pas parti pour Naples, comme je vous le disais. Un empêchement, à la dernière minute, je crois.

Prada ne riait plus. Il se contenta de murmurer, la face brusquement sérieuse :

— Ah! le cousin en est! Eh bien! nous les verrons, nous les verrons tous les deux !

Et il se tut, comme envahi d'un flot de pensées graves qui le forçaient à la réflexion, pendant que les deux amis continuaient de causer. Puis, il eut un geste d'excuse, il s'enfonça davantage dans l'embrasure, tira d'une poche un calepin, en déchira une feuille, sur laquelle, en grossissant seulement un peu les caractères, il écrivit au crayon ces quatre lignes : « Une légende assure que le figuier de Judas repousse à Frascati, mortel pour quiconque veut un jour être pape. N'en mangez pas les figues empoisonnées, ne les donnez ni à vos gens ni à vos poules ». Et il plia la feuille, la cacheta avec un timbre-poste, mit l'adresse : « Son Éminence Révérendissime et Illustrissime le cardinal Boccanera ». Quand il eut replacé le tout dans sa poche, il respira largement, il retrouva son rire.

C'était comme un malaise invincible, une lointaine terreur qui l'avait glacé. Sans qu'un raisonnement net se formulât en lui, il venait de sentir le besoin de s'assurer contre la tentation d'une lâcheté, d'une abomination possible. Et il n'aurait pu dire la relation des idées qui l'avait amené à écrire les quatre lignes, tout de suite, à l'endroit même où il se trouvait, sous peine du plus grand des malheurs. Il n'avait qu'une pensée bien arrêtée : il irait jeter le billet, en sortant du bal, dans la boîte du palais Boccanera. Maintenant, il était tranquille.

— Qu'avez-vous donc, mon cher abbé? demanda-t-il en se mêlant de nouveau à la conversation. Vous êtes tout assombri.

Et Pierre lui ayant fait part de la mauvaise nouvelle qu'il avait reçue, son livre condamné, l'unique journée qu'il aurait le lendemain pour agir encore, s'il ne voulait pas que son voyage à Rome fût une défaite, il se récria, comme si lui-même avait besoin d'agitation, d'étourdissement, afin d'espérer quand même et de vivre.

— Bah! bah! ne vous découragez donc pas, on y laisse toute sa force! C'est beaucoup qu'une journée, on fait tant de choses dans une journée! Une heure, une minute suffit pour que le destin agisse et change les défaites en victoires.

Il s'enfiévrait, il ajouta:

— Tenez! allons dans la salle de bal. Il paraît que c'est un prodige.

Il échangea un dernier regard tendre avec Lisbeth, tandis que Pierre et Narcisse le suivaient, tous trois se dégageant à grand'peine, gagnant la galerie voisine au milieu du flot pressé des jupes, parmi cette houle de nuques et d'épaules, d'où montait la passion qui fait la vie, l'odeur d'amour et de mort.

Dans une splendeur incomparable, la galerie se déroulait, large de dix mètres, longue de vingt, avec ses huit fenêtres qui donnaient sur le Corso, nues, sans rideaux de vitrage, incendiant les maisons d'en face. C'était une clarté éblouissante, sept paires d'énormes candélabres de marbre, que des bouquets de lampes électriques changeaient en torchères géantes, pareilles à des astres; et, en haut, tout le long des corniches, d'autres lampes, enfermées dans des fleurs aux teintes claires, faisaient une miraculeuse guirlande de fleurs de flamme, des tulipes, des pivoines, des roses. L'ancien velours rouge des murs, lamé d'or, prenait un reflet de brasier, un ton de braise vive. Aux portes et aux fenêtres, les tentures étaient de vieille dentelle, brodée de soies de couleur, des fleurs encore, d'une intensité vivante. Mais, sous le plafond somptueux, aux caissons ornés de rosaces d'or, la richesse sans pareille, unique au monde, était la collection de chefs-d'œuvre, telle qu'aucun musée n'en offrait de plus belle. Il y avait là des Raphaël, des Titien, des Rembrandt et des Rubens, des Velasquez et des Ribera, des œuvres fameuses entre toutes, qui soudainement, dans cet éclairage inattendu, apparaissaient triomphantes de jeunesse, comme réveillées à l'immortelle vie du génie. Et, Leurs Majestés ne devant arriver que vers minuit, le bal venait d'être ouvert, une valse emportait des couples, des vols de toilettes tendres, au travers de la cohue fastueuse, un ruissellement de décorations et de joyaux, d'uniformes brodés d'or et de robes brodées de perles, dans un débordement sans cesse élargi de velours, de soie et de satin.

— C'est prodigieux vraiment! déclara Prada, de son air excité. Venez donc par ici, nous allons nous remettre dans une embrasure de fenêtre. Il n'y a pas de meilleure place pour bien voir, sans être trop bousculé.

Ils avaient perdu Narcisse, ils ne se trouvèrent plus que deux, Pierre et le comte, quand ils eurent gagné enfin l'embrasure désirée. L'orchestre, placé sur une petite estrade, au fond, venait de finir la valse, et les danseurs s'étaient remis à marcher lentement, d'un air d'étourdissement ravi, au milieu du flot envahissant de la foule, lorsqu'il se produisit une entrée qui fit tourner les têtes. Donna Serafina, en toilette de satin cramoisi, comme si elle eût porté les couleurs de son frère le cardinal, arrivait royalement au bras de l'avocat consistorial Morano. Et jamais elle ne s'était serrée davantage, d'une taille mince de jeune fille; jamais sa face dure de vieille demoiselle, coupée de grands plis, à peine adoucie par les cheveux blancs, n'avait exprimé une si têtue et si victorieuse domination. Il y eut un murmure d'approbation discrète, une sorte de soulagement public, car le monde romain avait absolument condamné la conduite indigne de Morano, rompant une liaison de trente années, à laquelle les salons s'étaient habitués, ainsi qu'à un légitime mariage. On parlait d'un caprice inavouable pour une petite bourgeoise, d'un mauvais prétexte de rupture, à la suite d'une querelle survenue au sujet du divorce de Benedetta, alors compromis. La brouille avait duré près de deux mois, au grand scandale de Rome, où persiste le culte des longues tendresses fidèles. Aussi la réconciliation touchait-elle tous les cœurs, comme une des plus heureuses conséquences du procès, gagné ce jour-là, devant la congrégation du Concile. Morano repentant, donna Serafina reparaissant à son bras, dans cette fête, c'était très bien, l'amour vainqueur, les bonnes mœurs sauvées, l'ordre rétabli.

Mais il y eut une sensation plus profonde, dès que, derrière sa tante, on aperçut Benedetta qui entrait avec Dario, côte à côte. Le jour même où son mariage venait d'être annulé, cette indifférence tranquille des ordinaires convenances, cette victoire de leur amour avouée, célébrée devant tous, apparut d'une audace si jolie, d'une telle bravoure de jeunesse et d'espoir, qu'elle leur fut aussitôt pardonnée, dans une rumeur d'universelle admiration. Comme pour Celia et Attilio, les cœurs volaient à eux, à l'éclat de beauté dont ils rayonnaient, à l'extraordinaire bonheur dont resplendissaient leurs visages. Dario, encore pâli par sa longue convalescence, était, dans sa délicatesse un peu mince, avec ses beaux yeux clairs de grand enfant, sa barbe brune et frisée de jeune dieu, d'une fierté svelte, où se retrouvait tout le vieux sang princier des Boccanera. Benedetta, la très blanche sous son casque de cheveux noirs, la très calme, la très sage, avait son beau rire, ce rire si rare chez elle, mais d'une séduction irrésistible, qui la transfigurait, donnait un charme de fleur à sa bouche un peu forte, emplissait d'une clarté de ciel l'infini de ses grands yeux sombres, insondables. Et, dans cette enfance qui lui revenait, si gaie, si bonne, elle avait eu le délicieux instinct de se mettre en robe blanche, une robe tout unie de jeune fille, dont le symbole disait sa virginité, le grand lis pur qu'elle était restée obstinément, pour le mari de son choix. Rien de sa chair ne se montrait encore, pas même la discrète échancrure permise sur la gorge. C'était le mystère d'amour impénétrable, redoutable, une beauté souveraine de femme, dont la toute-puissance dormait là, voilée de blanc. Aucune parure, pas un bijou, ni aux mains, ni aux oreilles. Sur le corsage, rien qu'un collier, mais un collier de reine, le fameux collier de perles des Boccanera, qu'elle tenait de sa mère et que Rome entière connaissait, des perles d'une grosseur fabuleuse, jetées là, à son cou, négligemment, et qui suffisaient, dans sa robe simple, à lui donner la royauté.

— Oh! murmura Pierre extasié, qu'elle est heureuse et qu'elle est belle!

Tout de suite, il regretta d'avoir ainsi pensé à voix haute; car il entendit, à son côté, une plainte sourde de fauve, un involontaire grondement, qui lui rappela la présence du comte. Celui-ci, d'ailleurs, étouffa ce cri de sa blessure, brusquement rouverte. Et il eut encore la force d'affecter une gaieté brutale.

— Fichtre! ils ne manquent pas d'aplomb, tous les deux! J'espère bien qu'on va les marier et les coucher devant nous.

Puis, regrettant cette grossièreté de plaisanterie, où se révoltait la souffrance de son désir inassouvi de mâle, il voulut se montrer indifférent.

— Elle est vraiment jolie, ce soir. Vous savez qu'elle a les plus belles épaules du monde, et que c'est un vrai succès pour elle que de paraître plus belle encore, en ne les montrant pas.

Il continua, parvint à causer d'un air détaché, contant de menus faits sur celle qu'il s'obstinait à nommer la comtesse. Mais il s'était renfoncé un peu dans l'embrasure, de crainte sans doute qu'on ne remarquât sa pâleur, le tic douloureux qui contractait ses lèvres. Il n'était pas en état de lutter, de se faire voir riant et insolent, à côté de la joie du couple, si naïvement affichée. Et il fut heureux du répit que lui donna, à ce moment, l'arrivée du roi et de la reine.

— Ah! voici Leurs Majestés! s'écria-t-il en se tournant vers la fenêtre. Voyez donc cette bousculade, dans la rue!

En effet, malgré les vitres fermées, un tumulte de foule montait des trottoirs. Et Pierre, ayant regardé, vit, dans le reflet des lampes électriques, une nappe de têtes humaines envahir la chaussée et se presser autour des carrosses. Déjà, à plusieurs reprises, il avait rencontré le roi, pendant ses promenades quotidiennes à la villa Borghèse, venant là comme un modeste particulier, un brave bourgeois, sans gardes, sans escorte, n'ayant avec lui, dans sa victoria, qu'un aide de camp. D'autres fois, il était seul, il conduisait un léger phaéton, accompagné simplement d'un valet de pied en livrée noire. Même une fois, il avait emmené la reine, tous deux assis côte à côte, en bon ménage qui se promène pour son plaisir. Et le monde affairé des rues, les promeneurs des jardins, en les voyant passer ainsi, se contentaient de les saluer d'un geste affectueux, sans les importuner d'acclamations, tandis que les plus expansifs se contentaient de s'approcher librement pour leur sourire. Aussi Pierre, dans l'idée traditionnelle qu'il se faisait des rois qui se gardent et qui défilent, entourés de toute une pompe militaire, avait-il été singulièrement surpris et touché de la bonhomie aimable de ce ménage royal s'en allant à sa guise, avec une belle sécurité, au milieu de l'amour souriant de son peuple. D'autres détails sur le Quirinal lui étaient venus de partout, la bonté et la simplicité du roi, son désir de paix, sa passion de la chasse, de la solitude et du grand air, qui avait dû souvent, dans le dégoût du pouvoir, lui faire rêver une vie libre, loin de cette besogne autoritaire de souverain, pour laquelle il ne semblait point fait. Mais surtout la reine était adorée, d'une honnêteté si naturelle et si sereine, qu'elle était la seule à ignorer les scandales de Rome, très cultivée, très affinée, au courant de toutes les littératures, et très heureuse d'être intelligente, supérieure de beaucoup à son entourage, et le sachant, et aimant à le faire voir, sans effort, avec une parfaite grâce.

Prada qui était resté, ainsi que Pierre, le visage contre une vitre de la fenêtre, montra la foule d'un geste.

— Maintenant qu'ils ont vu la reine, ils vont aller se coucher contents. Et il n'y a pas là, je vous en réponds, un seul agent de police... Ah! être aimé, être aimé!

Son mal le reprenait, il se retourna vers la galerie, en plaisantant.

— Attention! mon cher, il s'agit de ne pas manquer l'entrée de Leurs Majestés. C'est le plus beau de la fête.

Quelques minutes s'écoulèrent, et l'orchestre, brusquement, s'interrompit au milieu d'une polka, pour jouer, de toute la sonorité de ses cuivres, la marche royale. Il y eut une débâcle parmi les danseurs, le milieu de la salle se vida. Le roi et la reine entraient, accompagnés par le prince et par la princesse Buongiovanni, qui étaient allés les recevoir en bas de l'escalier. Le roi était simplement en frac, la reine avait une robe de satin paille, recouverte d'une admirable dentelle blanche; et, sous le diadème de brillants qui ceignait ses beaux cheveux blonds, elle gardait un grand air de jeunesse, une face ronde et fraîche, faite d'amabilité, de douceur et d'esprit. La musique jouait toujours, avec une violence d'accueil, enthousiaste. Derrière son père et sa mère, Celia avait paru, dans le flot des assistants, qui suivaient pour voir; puis étaient venus Attilio, les Sacco, des parents, des personnages officiels. Et, en attendant que la

marche royale fût finie, il n'y avait encore, au milieu
de la sonorité des instruments et de l'éclat des lampes,
que des saluts, des regards, des sourires; pendant que
tous les invités, debout, se poussaient, se haussaient, le
cou tendu, les yeux luisants, un flux montant de têtes et
d'épaules, étincelantes de pierreries.

Enfin, l'orchestre se tut, les présentations eurent lieu.
Leurs Majestés, qui connaissaient d'ailleurs Celia, la féli
citèrent avec une bonté toute paternelle. Mais Sacco,
comme ministre autant que comme père, tenait surtout à
présenter son fils Attilio. Il courba sa souple échine de
petit homme, trouva les belles paroles qui convenaient, si
bien que ce fut le lieutenant qu'il fit s'incliner devant le
roi, tandis qu'il réservait pour la reine l'hommage du
beau garçon, si passionnément aimé. De nouveau, Leurs
Majestés se montrèrent d'une bienveillance extrême,
même pour madame Sacco, toujours modeste et prudente,
qui s'effaçait. Et il se produisit ensuite un fait, dont le
récit, colporté de salon en salon, allait y soulever des
commentaires sans fin. Apercevant Benedetta, que le
comte Prada lui avait amenée après son mariage, la reine
lui sourit, ayant conçu pour sa beauté et pour son charme
une admiration tendre; de sorte que, forcée de s'approcher, la jeune femme eut l'insigne faveur d'une conversation de quelques minutes, accompagnée des plus
aimables paroles, que toutes les oreilles voisines purent
entendre. Certainement, la reine ignorait l'événement du
jour, le mariage avec Prada annulé, l'union prochaine
avec Dario annoncée publiquement, dans ce gala qui fêtait
désormais de doubles fiançailles. Mais l'impression n'en
était pas moins produite, on ne parla plus que de ces
compliments adressés à Benedetta par la plus vertueuse et
la plus intelligente des reines, et son triomphe en fut
accru, elle en devint plus belle, plus fière, plus victorieuse, dans ce bonheur d'être enfin à l'époux choisi, qui
la faisait rayonner.

Alors, ce fut pour Prada une souffrance indicible. Pendant que les souverains continuaient à s'entretenir, la reine avec les dames qui venaient la saluer, le roi avec des officiers, des diplomates, tout un défilé des personnages importants, Prada, lui, ne voyait toujours que Benedetta félicitée, caressée, haussée en pleine tendresse et en pleine gloire. Dario était près d'elle, jouissait, resplendissait avec elle. C'était pour eux que ce bal était donné, pour eux que les lampes étincelaient, que l'orchestre jouait, que toutes les belles femmes de Rome s'étaient dévêtues, la gorge ruisselante de diamants, dans un violent parfum d'amour; c'était pour eux que Leurs Majestés venaient d'entrer aux sons de la marche royale, pour eux que la fête tournait à l'apothéose, pour eux qu'une souveraine adorée souriait, apportait à ces fiançailles le cadeau de sa présence, pareille à la bonne fée des contes bleus, dont la venue assure le bonheur aux nouveaunés. Et il y avait, dans cette heure d'extraordinaire éclat, un apogée de chance et d'allégresse, une victoire de cette femme dont il avait eu la beauté à lui, sans la pouvoir posséder, de cet homme qui maintenant allait la lui prendre, victoire si publique, si étalée, si insultante, qu'il la recevait en plein visage, brûlante comme un soufflet. Puis, ce n'était pas que son orgueil et sa passion qui saignaient ainsi, il se sentait encore frappé dans sa fortune par le triomphe des Sacco. Était-ce donc vrai que le climat délicieux de Rome devait finir par corrompre les rudes conquérants du Nord, pour qu'il eût cette sensation de fatigue et d'épuisement, à moitié mangé déjà? Le jour même, à Frascati, avec cette désastreuse histoire de bâtisses, il avait entendu craquer ses millions, bien qu'il refusât de convenir que ses affaires devenaient mauvaises, comme le bruit en courait; et, ce soir, au milieu de cette fête, il voyait le Midi vaincre, Sacco l'emporter, en homme qui vit à l'aise des curées chaudes, faites goulûment sous le soleil de flamme. Ce Sacco ministre, ce

Sacco familier du roi, s'alliant par le mariage de son fils à une des plus nobles familles de l'aristocratie romaine, en passe d'être un jour le maître de Rome et de l'Italie, remuant dès maintenant, à pleines mains, l'argent et le peuple, quel soufflet encore pour sa vanité d'homme de proie, pour ses appétits toujours voraces de jouisseur, qui se sentait poussé hors de la table avant la fin du festin ! Tout croulait, tout lui échappait, Sacco lui volait ses millions, Benedetta lui labourait la chair, laissait en lui cette abominable blessure du désir inassouvi, dont jamais plus il ne devait guérir.

A ce moment, Pierre entendit de nouveau cette plainte sourde de fauve, ce grondement involontaire et désespéré, qui lui avait déjà bouleversé le cœur. Et il regarda le comte, il lui demanda :

— Vous souffrez ?

Mais, devant cet homme blême, qui gardait un grand calme par un effort surhumain de volonté, il regretta sa question indiscrète, restée d'ailleurs sans réponse. Aussi, pour le mettre à l'aise, continua-t-il, en disant tout haut les réflexions que faisait naître en lui le spectacle de la pompe qui se déroulait.

— Ah ! votre père avait raison, nous autres Français, avec notre éducation si profondément catholique, même en ces jours de doute universel, nous ne voyons toujours dans Rome que la Rome séculaire des papes, sans presque savoir, sans pouvoir presque comprendre les modifications profondes, qui, d'année en année, en font la Rome italienne d'aujourd'hui. Si vous saviez, lorsque je suis arrivé ici, combien le roi avec son gouvernement, combien ce jeune peuple travaillant à se faire une grande capitale, étaient pour moi des quantités négligeables ! Oui, j'écartais cela, je n'en tenais aucun compte, dans mon rêve de ressusciter Rome, une nouvelle Rome chrétienne et évangélique, pour le bonheur des peuples.

Il eut un léger rire, prenant en pitié sa candeur ; et,

d'un geste, il montrait la galerie, le prince Buongiovanni en ce moment incliné devant le roi, la princesse écoutant les galanteries de Sacco, l'aristocratie papale abattue, les parvenus d'hier acceptés, le monde noir et le monde blanc mêlés à ce point, qu'il n'y avait plus guère là que des sujets, à la veille de ne faire qu'un peuple. L'impossible conciliation entre le Quirinal et le Vatican ne s'indiquait-elle pas comme fatale dans les faits, sinon dans les principes, en face de l'évolution quotidienne, de ces hommes, de ces femmes en joie, riants et parés, que le souffle du désir emportait? Il fallait bien vivre, aimer, être aimé, faire de la vie, éternellement! Et le mariage d'Attilio et de Celia allait être le symbole de l'union nécessaire, la jeunesse et l'amour victorieux des vieilles haines, toutes les querelles oubliées dans cette étreinte du beau garçon qui passe et qui emmène à son cou la belle fille conquise, pour que le monde continue.

— Voyez-les donc, reprit Pierre, sont-ils beaux, ces fiancés, et jeunes, et gais, et riant à l'avenir! Je comprends bien que votre roi soit venu ici pour faire plaisir à son ministre et pour achever de rallier à son trône une des vieilles familles romaines : c'est de la bonne, de la brave et paternelle politique. Mais je veux croire aussi qu'il a compris la touchante signification de ce mariage, la vieille Rome, dans la personne de cette délicieuse enfant, si ingénue, si amoureuse, se donnant à la jeune Italie, à cet enthousiaste et loyal garçon, qui porte si crânement l'uniforme. Et que leurs noces soient donc définitives et fécondes, qu'il naisse d'elles le grand pays que je vous souhaite d'être, de toute mon âme, maintenant que j'apprends à vous connaître!

Dans l'ébranlement douloureux de son ancien rêve d'une Rome évangélique et universelle, il venait de prononcer ce souhait d'une nouvelle fortune pour l'éternelle cité, avec une si vive, si profonde émotion, que Prada ne put s'empêcher de répondre :

— Je vous remercie, vous faites là un vœu qui est dans le cœur de tout bon Italien.

Mais sa voix s'étrangla. Pendant qu'il regardait Celia et Attilio, qui causaient en se souriant, il venait d'apercevoir Benedetta et Dario, qui les rejoignaient, avec le même sourire d'immense bonheur. Et, lorsque les deux couples furent réunis, si éclatants, si triomphants de vie heureuse et superbe, il n'eut plus la force de rester là, de les voir et de souffrir.

— J'ai une soif à crever, dit-il brutalement. Venez donc au buffet boire quelque chose.

Et il manœuvra pour se glisser derrière la foule, le long des fenêtres, de manière à ne pas être remarqué, en gagnant la porte de la salle des Antiques, à l'extrémité de la galerie.

Comme Pierre le suivait, un flot de monde les sépara, et le prêtre se trouva porté vers les deux couples, qui causaient toujours tendrement. Celia, l'ayant reconnu, l'appela d'un petit geste amical. Elle était en extase devant Benedetta, dans son culte ardent de la beauté, joignant devant elle ses petites mains de lis, comme elle les joignait devant la Madone.

— Oh! monsieur l'abbé, faites-moi ce plaisir, dites-lui qu'elle est belle, oh! plus belle que tout ce qu'il y a de plus beau sur la terre, plus belle que le soleil, la lune et les étoiles!... Si tu savais, chérie, ça m'en donne un frisson, de te voir belle à ce point, belle comme le bonheur, belle comme l'amour!

Benedetta se mit à rire, pendant que les deux jeunes gens s'égayaient.

— Tu es aussi belle que moi, chérie... C'est parce que nous sommes heureuses que nous sommes belles.

Celia répéta doucement :

— Oui, oui, heureuses... Te rappelles-tu le soir où tu me disais que ça ne réussissait guère, de marier le roi et le pape? Attilio et moi, nous les marions, et nous sommes si heureux pourtant!

— Mais Dario et moi, nous ne les marions pas, au contraire ! reprit gaiement Benedetta. Va, va, comme tu me l'as répondu, ce même soir, il suffit de s'aimer, et l'on sauve le monde !

Lorsque Pierre put enfin gagner la porte de la salle des Antiques, où était installé le buffet, il y retrouva Prada debout, cloué là, immobilisé, s'emplissant quand même les yeux de l'atroce spectacle qu'il voulait fuir. Il avait dû se retourner, voir, voir encore. Et ce fut ainsi qu'il assista, le cœur saignant, à la reprise des danses, la première figure d'un quadrille, que l'orchestre jouait avec l'éclat de ses cuivres. Benedetta et Dario, Celia et Attilio, se faisaient vis-à-vis. Cela fut si charmant, si adorable, ces deux couples de jeunesse et de joie, dansant dans la clarté blanche, dans le luxe et dans l'odeur d'amour, que le roi et la reine s'approchèrent, s'intéressèrent. Il y eut des bravos d'admiration, une infinie tendresse s'épandit de tous les cœurs.

— Je crève de soif, venez donc ! répéta Prada, qui put enfin s'arracher à sa torture.

Il se fit servir un verre de limonade glacée, il l'avala d'un trait, de l'air goulu d'un fiévreux qui jamais plus n'apaisera le feu intérieur dont il est brûlé.

Cette salle des Antiques était une vaste pièce, dallée d'une mosaïque, décorée de stuc, où se trouvait, le long des murs, une célèbre collection de vases, de bas-reliefs, de statues. Les marbres dominaient, il y avait là pourtant quelques bronzes, entre autres un gladiateur mourant, d'une beauté incomparable. Mais la merveille était la fameuse Vénus, un pendant à la Vénus du Capitole, plus fine, plus souple, le bras gauche détendu, en un geste de voluptueux abandon. Ce soir-là, un puissant réflecteur électrique jetait sur elle une éblouissante clarté d'astre ; et le marbre, dans sa divine et pure nudité, semblait vivre d'une vie surhumaine, immortelle.

Contre le mur du fond, on avait installé le buffet, une

longue table, recouverte d'une nappe brodée, chargée
d'assiettes de fruits, de pâtisseries, de viandes froides.
Des gerbes de fleurs s'y dressaient, au milieu des bouteilles de champagne, des punchs brûlants et des sorbets
glacés, de l'armée des verres, des tasses à thé et des bols
à bouillon, toute une richesse de cristaux, de porcelaines,
d'argenterie étincelante aux lumières. Et l'innovation
heureuse était qu'on avait empli toute une moitié de la
salle par des rangées de petites tables, où les invités, au
lieu de consommer debout, pouvaient s'asseoir et se faire
servir, comme dans un café.

Pierre, à une de ces petites tables, aperçut Narcisse,
assis près d'une jeune femme ; et Prada s'approcha, en
reconnaissant Lisbeth.

— Vous voyez que vous me retrouvez en belle compagnie, dit galamment l'attaché d'ambassade. Puisque vous
m'aviez perdu, je n'ai rien trouvé de mieux que d'aller
offrir mon bras à madame pour l'amener ici.

— Une bonne idée, dit Lisbeth avec son joli rire, d'autant plus que j'avais très soif.

Ils s'étaient fait servir du café glacé, qu'ils buvaient
lentement, à l'aide de petites cuillers de vermeil.

— Moi aussi, déclara le comte, je meurs de soif, je ne
puis pas me désaltérer... Vous nous invitez, n'est-ce pas ?
cher monsieur. Ce café-là va peut-être me calmer un
peu... Ah ! chère amie, que je vous présente donc
monsieur l'abbé Froment, un jeune prêtre français des
plus distingués.

Tous quatre demeurèrent longtemps assis, causant et
s'égayant un peu des invités qui défilaient. Mais Prada
restait préoccupé, malgré sa galanterie habituelle pour
son amie ; par moments, il l'oubliait, retombait dans sa
souffrance ; et ses yeux, quand même, retournaient vers
la galerie voisine, d'où lui arrivaient des bruits de
musique et de danse.

— Eh bien ! mon ami, à quoi donc pensez-vous ?

demanda gentiment Lisbeth, en le voyant à un moment si pâle, si perdu. Êtes-vous indisposé ?

Il ne répondit pas, il dit tout d'un coup :

— Tenez ! voyez donc, voilà le vrai couple, voilà l'amour et le bonheur !

Et il indiquait d'un petit geste la marquise Montefiori, la mère de Dario, et son second mari, ce Jules Laporte, cet ancien sergent de la garde suisse, plus jeune qu'elle de quinze ans, qu'elle avait pêché au Corso, de ses yeux de flamme restés superbes, et dont elle avait fait un marquis Montefiori, triomphalement, pour l'avoir tout à elle. Dans les bals, dans les soirées, elle ne le lâchait pas, le gardait à son bras malgré l'usage, se faisait conduire au buffet par lui, tant elle était heureuse de le montrer, en beau garçon dont elle était fière. Et tous les deux buvaient du champagne, mangeaient des sandwichs, debout, elle extraordinaire encore de beauté massive, malgré ses cinquante ans passés, lui de fière tournure, les moustaches au vent, en aventurier heureux dont la brutalité gaie plaisait aux dames.

— Vous savez, reprit le comte plus bas, qu'elle a dû le tirer d'une vilaine aventure. Oui, il plaçait des reliques, il vivotait en faisant le courtage pour les couvents de Belgique et de France, et il avait lancé toute une affaire de reliques fausses, des juifs d'ici qui fabriquaient de petits reliquaires anciens avec des débris d'os de mouton, le tout scellé, signé par les autorités les plus authentiques. On a étouffé cette affaire, dans laquelle trois prélats se trouvaient également compromis... Ah ! l'heureux homme ! Regardez donc comme elle le dévore des yeux ! Et lui, est-il assez grand seigneur, avec sa façon de lui tenir cette assiette, où elle mange un blanc de volaille !

Puis, rudement, avec une ironie sourde et âpre, il continua, en parlant des amours à Rome. Les femmes y étaient ignorantes, têtues et jalouses. Quand une femme y avait conquis un homme, elle le gardait la vie entière.

il devenait son bien, sa chose, dont elle disposait à toute heure pour son plaisir à elle. Et il citait des liaisons sans fin, celle entre autres de donna Serafina et de Morano, devenues de véritables mariages; et il raillait ce manque de fantaisie, ce don total et trop lourd, ces baisers qui s'embourgeoisaient, qui ne pouvaient finir, s'ils finissaient, qu'au milieu des catastrophes les plus désagréables.

— Mais qu'avez-vous, qu'avez-vous donc, mon bon ami? se récria de nouveau Lisbeth en riant. C'est très gentil au contraire, ce que vous nous racontez là! Lorsqu'on s'aime, il faut bien s'aimer toujours.

Elle était délicieuse, avec ses fins cheveux blonds envolés, sa délicate nudité blonde; et Narcisse, languissant, les yeux à demi fermés, la compara à une figure de Botticelli, qu'il avait vue à Florence. La nuit s'avançait, Pierre était retombé dans sa préoccupation assombrie, lorsqu'il entendit une femme, qui passait, dire qu'on dansait déjà le cotillon. En effet, les cuivres de l'orchestre sonnaient au loin, et il se rappela brusquement le rendez-vous que monsignor Nani lui avait donné, dans le petit salon des glaces.

— Vous partez? demanda vivement Prada, en voyant que le prêtre saluait Lisbeth.

— Non, non! pas encore.

— Ah! bon, ne partez pas sans moi. Je veux marcher un peu, je vous accompagnerai jusque là-bas... N'est-ce pas? vous me retrouverez ici.

Pierre dut traverser deux salons, un jaune et un bleu, avant d'arriver, tout au bout, au petit salon des glaces. Ce dernier était en vérité une merveille, d'un rococo exquis, une rotonde de glaces pâlies, que d'admirables bois dorés encadraient. Même au plafond, les glaces continuaient en pans inclinés, de sorte que, de toutes parts, les images se multipliaient, se mêlaient, se renversaient, à l'infini. Par une heureuse discrétion, l'électricité n'y avait pas été mise, deux candélabres seulement y brû-

46.

laient, chargés de bougies roses. Les tentures et le meuble étaient de soie bleue très tendre. Et l'impression, en entrant, était d'une douceur, d'un charme sans pareil, comme si l'on était entré chez les fées, reines des sources, au milieu d'un palais d'eaux limpides, illuminé jusqu'aux plus lointaines profondeurs, par des bouquets d'étoiles.

Tout de suite Pierre aperçut monsignor Nani, assis paisiblement sur un canapé bas; et, comme ce dernier l'avait espéré, il se trouvait absolument seul, le cotillon ayant attiré la foule vers la galerie. Un grand silence régnait, on entendait à peine l'orchestre qui venait mourir là, en un vague petit souffle de flûte.

Le prêtre s'excusa de s'être fait attendre.

— Non, non, mon cher fils, dit monsignor Nani, avec son amabilité, que rien n'épuisait, j'étais fort bien dans cet asile... Quand j'ai vu la foule par trop menaçante, je me suis réfugié ici.

Il ne parla pas de Leurs Majestés, mais il laissait entendre qu'il avait évité leur présence, courtoisement. S'il était venu, c'était par grande tendresse pour Celia; et c'était aussi dans un but de très délicate diplomatie, pour que le Vatican ne parût pas rompre tout à fait avec les Buongiovanni, cette ancienne famille si fameuse dans les fastes de la papauté. Sans doute le Vatican ne pouvait signer à ce mariage, qui semblait unir la vieille Rome au jeune royaume d'Italie; mais, cependant, il ne voulait pas non plus avoir l'air de disparaître, de se désintéresser, en abandonnant ses plus fidèles serviteurs.

— Voyons, mon cher fils, reprit le prélat, il s'agit maintenant de vous... Je vous ai dit que, si la congrégation de l'Index avait conclu à la condamnation de votre livre, la sentence ne serait soumise au Saint-Père, et signée par lui, qu'après-demain. Vous avez donc toute une journée encore devant vous.

Pierre ne put s'empêcher de l'interrompre, avec une vivacité douloureuse.

— Hélas! monseigneur, que voulez-vous que je fasse? J'ai déjà réfléchi, je ne trouve aucune occasion, aucun moyen de me défendre... Voir Sa Sainteté, et comment, maintenant qu'elle est malade!

— Oh! malade, malade, murmura Nani de son air fin, Sa Sainteté va beaucoup mieux, puisque j'ai eu, aujourd'hui même, comme tous les mercredis, l'honneur d'être reçu par elle. Quand elle est fatiguée un peu, et qu'on la dit très malade, elle laisse dire : ça la repose et ça lui permet de juger, autour d'elle, certaines ambitions et certaines impatiences.

Mais Pierre était trop bouleversé pour écouter attentivement. Il continua :

— Non, c'est fini, je suis désespéré. Vous m'avez parlé d'un miracle possible, je ne crois guère aux miracles. Puisque je suis battu à Rome, je repartirai, je retournerai à Paris, où je continuerai la lutte... Oui! mon âme ne peut se résigner, mon espoir du salut par l'amour ne peut mourir, et je répondrai par un nouveau livre, et je dirai dans quelle terre neuve doit pousser la religion nouvelle!

Il y eut un silence. Nani le regardait de ses yeux clairs, où l'intelligence avait la netteté et le tranchant de l'acier. Dans le grand calme, dans l'air lourd et chaud du petit salon, dont les glaces reflétaient les bougies sans nombre, un éclat plus sonore de l'orchestre entra, déroula un lent bercement de valse, puis mourut.

— Mon cher fils, la colère est mauvaise... Vous rappelez-vous que, dès votre arrivée, je vous ai promis, lorsque vous auriez vainement tâché d'être reçu par le Saint-Père, de faire à mon tour une tentative?

Et, voyant le jeune prêtre s'agiter :

— Écoutez-moi, ne vous excitez pas... Sa Sainteté, hélas! n'est pas toujours conseillée prudemment. Elle a autour d'elle des personnes dont le dévouement manque parfois de l'intelligence désirable. Je vous l'ai déjà dit, je

vous ai mis en garde contre les démarches inconsidérées...
C'est pourquoi j'ai tenu, il y a trois semaines déjà, à remettre moi-même votre livre à Sa Sainteté, pour qu'elle daignât y jeter les yeux. Je me doutais bien qu'on l'avait empêché d'arriver jusqu'à elle... Et voilà ce que j'étais chargé de vous dire : Sa Sainteté, qui a eu l'extrême bonté de lire votre livre, désire formellement vous voir.

Un cri de joie et de remerciement jaillit de la gorge de Pierre.

— Ah ! monseigneur, ah ! monseigneur !

Mais Nani le fit taire vivement, regarda autour d'eux, d'un air d'inquiétude extrême, comme s'il eût redouté qu'on pût les entendre.

— Chut ! chut ! c'est un secret, Sa Sainteté désire vous recevoir tout à fait en particulier, sans mettre personne dans la confidence... Écoutez bien. Il est deux heures du matin, n'est-ce pas ? Aujourd'hui même, à neuf heures précises du soir, vous vous présenterez au Vatican, en demandant à toutes les portes monsieur Squadra. Partout, on vous laissera passer. En haut, monsieur Squadra vous attendra et vous introduira... Et pas un mot, que pas une âme ne se doute de ces choses !

Le bonheur, la reconnaissance de Pierre débordèrent enfin. Il avait saisi les deux mains douces et grasses du prélat.

— Ah ! monseigneur, comment vous exprimer toute ma gratitude ? Si vous saviez, la nuit et la révolte étaient dans mon âme, depuis que je me sentais le jouet de ces Éminences puissantes qui se moquaient de moi !... Mais vous me sauvez, je suis de nouveau sûr de vaincre, puisque je vais pouvoir enfin me jeter aux pieds de Sa Sainteté, le Père de toute vérité et de toute justice. Il ne peut que m'absoudre, moi qui l'aime, qui l'admire, qui suis convaincu de n'avoir lutté jamais que pour sa politique et ses idées les plus chères... Non, non ! c'est impossible, il ne signera pas, il ne condamnera pas mon livre !

Nani, qui avait dégagé ses mains, tâchait de le calmer, d'un geste paternel, tout en gardant son petit sourire de mépris, pour une telle dépense inutile d'enthousiasme. Il y parvint, il le supplia de s'éloigner. L'orchestre avait repris, au loin. Puis, lorsque le prêtre se retira, en le remerciant encore, il lui dit simplement :

— Mon cher fils, souvenez-vous que, seule, l'obéissance est grande.

Pierre, qui n'avait plus que l'idée de partir, retrouva presque tout de suite Prada, dans la salle des armures. Leurs Majestés venaient de quitter le bal, en grande cérémonie, accompagnées par les Buongiovanni et les Sacco. La reine avait maternellement embrassé Celia, pendant que le roi serrait la main d'Attilio, honneurs d'une bonhomie charmante dont les deux familles rayonnaient. Mais beaucoup d'invités suivaient l'exemple des souverains, s'en allaient déjà par petits groupes. Et le comte, qui paraissait singulièrement énervé, plus âpre et plus amer, était impatient de partir, lui aussi.

— Enfin, c'est vous, je vous attendais. Eh bien! filons vite, voulez-vous?... Votre compatriote, monsieur Narcisse Habert, m'a prié de vous dire que vous ne le cherchiez pas. Il est descendu, pour accompagner mon amie Lisbeth jusqu'à sa voiture... Moi, décidément, j'ai besoin d'air. Je veux faire un tour à pied, je vais aller avec vous jusqu'à la rue Giulia.

Puis, comme tous deux reprenaient leurs vêtements au vestiaire, il ne put s'empêcher de ricaner, en ajoutant de sa voix brutale :

— Je viens de les voir partir tous les quatre ensemble, vos bons amis; et vous faites bien d'aimer rentrer à pied, car il n'y avait pas de place pour vous dans le carrosse... Cette donna Serafina, quelle belle effronterie, à son âge, de s'être traînée ici, avec son Morano, pour triompher du retour de l'infidèle!... Et les deux autres, les deux jeunes, ah! j'avoue qu'il m'est difficile de parler d'eux tranquillement, car ils ont commis cette nuit, en se montrant de la sorte, une abomination d'une impudence et d'une cruauté rares !

Ses mains tremblaient, il murmura encore :

— Bon voyage, bon voyage au jeune homme, puisqu'il part pour Naples !... Oui, j'ai entendu dire à Celia qu'il partait ce soir, à six heures, pour Naples. Eh bien ! que mes vœux l'accompagnent, bon voyage !

Dehors, les deux hommes eurent une sensation délicieuse, au sortir de la chaleur étouffante des salles, en entrant dans l'admirable nuit, limpide et froide. C'était une nuit de pleine lune superbe, une de ces nuits de Rome, où la ville dort sous le ciel immense, dans une clarté élyséenne, comme bercée d'un rêve d'infini. Et ils prirent le beau chemin, ils descendirent le Corso, suivirent ensuite le cours Victor-Emmanuel.

Prada s'était un peu calmé, mais il restait ironique, il parlait pour s'étourdir sans doute, avec une abondance fiévreuse, revenant aux femmes de Rome, à cette fête qu'il avait trouvée splendide, et qu'il raillait maintenant.

— Oui, elles ont de belles robes, mais qui ne leur vont pas, des robes qu'elles font venir de Paris, et qu'elles n'ont pu naturellement essayer. C'est comme leurs bijoux, elles ont encore des diamants et surtout des perles de toute beauté, mais montés si lourdement, qu'ils sont affreux en somme. Et si vous saviez leur ignorance, leur frivolité, sous leur apparente morgue ! Tout est chez elles en surface, même la religion : dessous, il n'y a rien, qu'un vide insondable. Je les regardais, au buffet, manger à belles dents. Ah ! pour ça, elles ont un vigoureux appétit ! Remarquez que, ce soir, les invités se sont conduits assez bien, on n'a pas trop dévoré. Mais, si vous assistiez à un bal de la cour, vous verriez un pillage sans nom, le buffet assiégé, les plats engloutis, une bousculade d'une voracité extraordinaire !

Pierre ne répondait que par des monosyllabes. Il était

tout à sa joie débordante, à cette audience du pape, qu'il rêvait déjà, la préparant dans ses moindres détails, sans pouvoir se confier à personne. Et les pas des deux hommes sonnaient sur le pavé sec, dans la large rue, déserte et claire, tandis que la lune découpait nettement les ombres noires.

Brusquement, Prada se tut. Il était à bout de bravoure bavarde, envahi tout entier et comme paralysé par l'effrayante lutte qui se livrait en lui. A deux reprises déjà, il avait touché, dans la poche de son habit, le billet écrit au crayon, dont il se répétait les quatre lignes : « Une légende assure que le figuier de Judas repousse à Frascati, mortel pour quiconque veut un jour être pape. N'en mangez pas les figues empoisonnées, ne les donnez ni à vos gens ni à vos poules. » Le billet était bien là, il le sentait ; et, s'il avait voulu accompagner Pierre, c'était pour le jeter dans la boîte du palais Boccanera. Il continuait à marcher d'un pas vif, le billet serait dans la boîte avant dix minutes, aucune puissance au monde ne pouvait l'empêcher de l'y jeter, puisque sa volonté était arrêtée formellement. Jamais il ne commettrait le crime de laisser empoisonner les gens.

Mais il souffrait une torture si abominable ! Cette Benedetta et ce Dario venaient de soulever en lui un tel orage de haine jalouse ! Il en oubliait Lisbeth, qu'il aimait, et cet enfant, ce petit être de sa chair, dont il était si orgueilleux. Toujours la femme l'avait ravagé d'un désir de mâle conquérant, il n'avait violemment joui que de celles qui résistaient. Et, aujourd'hui, il en existait une au monde, qu'il avait voulue, qu'il avait achetée en l'épousant, et qui s'était refusée ensuite. Cette femme sienne, il ne l'avait pas eue, il ne l'aurait jamais. Pour l'avoir, autrefois, il aurait incendié Rome ; maintenant, il se demandait ce qu'il allait bien faire, pour l'empêcher d'être à un autre. Ah ! c'était cette pensée qui rouvrait la plaie saignante à son flanc, la pensée de cet autre jouissant de son bien.

Comme ils devaient se moquer de lui ensemble! Comme ils s'étaient plu à le ridiculiser en lançant le mensonge de sa prétendue impuissance, dont il se sentait quand même atteint, malgré toutes les preuves qu'il pourrait faire de sa virilité. Sans trop y croire, il les avait accusés d'être amant et maîtresse depuis longtemps, se rejoignant la nuit, n'ayant qu'une alcôve, au fond de ce sombre palais Boccanera, dont les histoires d'amour étaient légendaires. A présent, cela certainement allait être, puisqu'ils étaient libres, déliés au moins du lien religieux. Ils les voyaient côte à côte sur la même couche, il évoquait des visions brûlantes, leurs étreintes, leurs baisers, le ravissement de leur délire. Ah! non, ah! non, c'était impossible, la terre croulerait plutôt!

Puis, comme Pierre et lui quittaient le cours Victor-Emmanuel, pour s'engager parmi les anciennes rues, étranglées et tortueuses, qui conduisent à la rue Giulia, il se revit jetant le billet dans la boîte du palais. Ensuite, il se disait comment les choses devaient se passer. Le billet dormirait jusqu'au matin dans la boîte. Don Vigilio, le secrétaire, qui, sur l'ordre formel du cardinal, gardait la clef de cette boîte, descendrait de bonne heure, trouverait la lettre, la remettrait à Son Éminence, laquelle ne permettait pas qu'on en décachetât aucune. Et les figues seraient jetées, il n'y aurait plus de crime possible, le monde noir ferait le silence. Mais, pourtant, si le billet ne se trouvait pas dans la boîte, que se produirait-il? Alors, il admit cette supposition, vit nettement les figues arriver sur la table, au dîner d'une heure, dans leur joli petit panier, si coquettement recouvert de feuilles. Dario était là comme de coutume, seul avec son oncle, puisqu'il ne partait pour Naples que le soir. L'oncle et le neveu mangeaient-ils l'un et l'autre des figues, ou bien un seul, et lequel des deux? Ici, la vision se brouillait, c'était de nouveau le destin en marche, ce destin qu'il avait rencontré sur la route de Frascati, allant à son but inconnu, sans arrêt possible, au travers des obstacles. Le petit panier de figues allait, allait toujours, à sa besogne nécessaire, qu'aucune main au monde n'était assez forte pour empêcher.

La rue Giulia s'allongeait sans fin, toute blanche de lune, et Pierre sortit comme d'un rêve, devant le palais Boccanera, noir sous le ciel d'argent. Trois heures du matin sonnaient à une église du voisinage. Et il se sentit un petit frisson, en entendant près de lui cette plainte douloureuse de fauve blessé à mort, ce sourd grondement involontaire que le comte, dans sa lutte affreuse, venait de laisser échapper de nouveau.

Mais, tout de suite, il eut un rire qui raillait, il dit en serrant la main du prêtre :

— Non, non, je ne vais pas plus loin... Si l'on me voyait ici, à cette heure, on croirait que je suis retombé amoureux de ma femme.

Il alluma un cigare, et il s'en alla, dans la nuit claire, sans se retourner.

XIII

Pierre, lorsqu'il s'éveilla, fut tout surpris d'entendre sonner onze heures. Dans la fatigue de ce bal, où il était resté si tard, il avait dormi d'un sommeil d'enfant, d'une paix délicieuse, comme s'il avait, en dormant, senti son bonheur. Et, dès qu'il eut ouvert les yeux, le radieux soleil qui entrait par les fenêtres, le baigna d'espoir. Sa première pensée fut que, le soir enfin, il verrait le pape, à neuf heures. Encore dix heures, qu'allait-il faire, pendant cette journée bénie, dont le ciel splendide et pur lui semblait d'un si heureux présage ?

Il se leva, ouvrit les fenêtres, laissa entrer la tiédeur de l'air, qui lui sembla avoir ce goût de fruit et de fleur, remarqué dès le jour de son arrivée, dont il avait plus tard essayé vainement d'analyser la nature, un goût d'orange et de rose. Était-ce possible qu'on fût en décembre? Quel pays adorable, pour qu'avril parût y refleurir, au seuil même de l'hiver! Puis, sa toilette faite, comme il s'accoudait, pour regarder au delà du Tibre, couleur d'or, les pentes du Janicule, vertes en toute saison, il aperçut Benedetta assise près de la fontaine, dans le petit jardin abandonné du palais. Et il descendit, ne pouvant tenir en place, cédant à un besoin de vie, de gaieté et de beauté.

Tout de suite, Benedetta poussa le cri qu'il attendait d'elle, rayonnante, resplendissante, les deux mains tendues.

— Ah! mon cher abbé, que je suis heureuse, que je suis heureuse!

Souvent, ils avaient passé les matinées dans ce coin de calme et d'oubli. Mais quelles matinées tristes, quand, l'un et l'autre, ils étaient sans espérance! Aujourd'hui, l'abandon des allées envahies par les herbes folles, les buis qui avaient poussé dans le vieux bassin comblé, les orangers symétriques qui seuls indiquaient l'ancien dessin des plates-bandes, leur semblaient avoir un charme infini, une intimité rêveuse et tendre, dans laquelle il était très bon de reposer sa joie. Et surtout il faisait si tiède, à côté du grand laurier, dans l'angle où se trouvait la fontaine! L'eau mince coulait sans fin de l'énorme bouche béante du masque tragique, avec sa chanson de flûte. Une fraîcheur montait du grand sarcophage de marbre, dont le bas-relief déroulait une bacchanale frénétique, des faunes emportant, renversant des femmes sous leurs baisers voraces. Et l'on était là hors des temps et des lieux, au fond d'un passé révolu, si lointain, que les alentours disparaissaient, les constructions récentes des quais, le quartier éventré, gris encore de la poussière des décombres, Rome elle-même bouleversée, en mal d'un monde nouveau.

— Ah! répéta Benedetta, que je suis heureuse!... J'étouffais dans ma chambre, j'ai dû descendre ici, tant mon cœur avait besoin de place, d'air et de soleil, pour battre à son aise!

Elle était assise, près du sarcophage, sur le fragment de colonne renversée, qui servait de banc; et elle voulut que le prêtre vînt se mettre à côté d'elle. Jamais il ne l'avait vue d'une telle beauté, avec ses noirs cheveux encadrant sa face pure, toute rosée et délicate comme une fleur, au plein soleil. Ses yeux immenses et sans fond, dans la lumière, étaient des brasiers où roulait de l'or; tandis que sa bouche d'enfance, sa bouche de candeur et de sage raison, avait un rire de bonne créature, libre enfin d'aimer selon son cœur, sans offenser ni les hommes ni Dieu. Et elle faisait ses projets d'avenir, rêvant tout haut.

— Ah! maintenant, c'est bien simple, puisque j'ai déjà obtenu la séparation de corps, je finirai par obtenir le divorce civil, du moment que l'Église aura annulé mon mariage. Et j'épouserai Dario, oui! vers le printemps prochain, peut-être plus tôt, si l'on arrive à hâter les formalités... Ce soir, à six heures, il part pour Naples, où il va régler une affaire d'intérêt, une propriété que nous y possédions encore, et qu'il a fallu vendre, car tout cela a coûté très cher. Mais qu'importe à présent, puisque nous voilà l'un à l'autre!... Dans quelques jours, dès qu'il sera revenu, que de bonnes heures, comme nous allons rire, comme nous passerons le temps gaiement! Je n'en ai pas dormi, après ce bal qui a été si beau, tant j'ai fait des projets, ah! des projets magnifiques, vous verrez, vous verrez, car je veux que vous restiez à Rome, désormais, jusqu'à notre mariage.

Il se mit à rire avec elle, gagné par cette explosion de jeunesse et de bonheur, au point qu'il devait faire un rude effort sur lui-même, pour ne pas dire lui aussi sa félicité, l'espoir dont sa prochaine entrevue avec le pape l'emplissait. Mais il avait juré de n'en parler à personne.

Dans le silence frissonnant de l'étroit jardin ensoleillé, un cri persistant d'oiseau revenait par intervalles; et Benedetta en plaisantant leva la tête, regarda une cage qui était accrochée à une fenêtre du premier étage.

— Oui, oui! Tata, crie bien fort, sois contente. Il faut que tout le monde soit content dans la maison.

Puis, se retournant vers Pierre, de son air fou d'écolière en vacances :

— Vous connaissez bien Tata?... Comment, vous ne connaissez pas Tata?... Mais c'est la perruche de mon oncle le cardinal! Je la lui ai donnée au dernier printemps, et il l'adore, il lui permet de voler les morceaux sur son assiette. C'est lui qui la soigne, qui la sort et qui la rentre, craignant si fort de lui voir prendre un rhume, qu'il la laisse dans la salle à manger, la seule pièce de son appartement où il fasse un peu chaud.

Pierre, levant les yeux lui aussi, regardait la perruche, une de ces jolies petites perruches d'un vert cendré, si soyeuses et si souples. Elle se pendait du bec aux barreaux de sa cage, se balançait, battait des ailes, dans l'allégresse du clair soleil.

— Parle-t-elle? demanda-t-il.

— Ah! non, elle crie, répondit Benedetta en riant. Mon oncle prétend qu'il entend tout ce qu'elle dit et qu'il cause très bien avec elle.

Brusquement, elle sauta à un autre sujet, comme si une obscure liaison d'idées la faisait penser à son autre oncle, à l'oncle par alliance qu'elle avait à Paris.

— Vous devez avoir reçu une lettre du vicomte de la Choue... Il m'a écrit hier son chagrin de voir que vous n'arriviez pas à être reçu par Sa Sainteté. Il avait tant compté sur vous, sur votre victoire, pour le triomphe de ses idées!

En effet, Pierre recevait fréquemment des lettres du vicomte, où celui-ci se désespérait de l'importance prise par son adversaire, le baron de Fouras, depuis le grand succès de sa dernière campagne à Rome, avec le pèlerinage international du Denier de Saint-Pierre. C'était le réveil du vieux parti catholique intransigeant, toutes les conquêtes libérales du néo-catholicisme menacées, si l'on n'obtenait pas du Saint-Père une adhésion formelle aux fameuses corporations obligatoires, pour battre en brèche les corporations libres, soutenues par les conservateurs. Et il accablait Pierre, lui envoyait des plans compliqués, dans son impatience de le voir reçu enfin au Vatican.

— Oui, oui, murmura celui-ci, j'avais eu déjà une lettre dimanche, et j'en ai encore trouvé une hier soir, en revenant de Frascati... Ah! je serais si heureux, si heureux de pouvoir lui répondre par la bonne nouvelle!

De nouveau, sa joie déborda, à la pensée que le soir il verrait le pape, lui ouvrirait son âme brûlante d'amour, recevrait de lui l'encouragement suprême, raffermi dans sa mission du salut social, au nom fraternel des petits et des pauvres. Et il ne put se contenir davantage, il lâcha son secret, qui lui gonflait le cœur.

— Vous savez, c'est fait, mon audience est pour ce soir.

Benedetta ne comprit pas d'abord.

— Comment ça?

— Oui, monsignor Nani a bien voulu m'apprendre, ce matin, à ce bal, que le Saint-Père, auquel il avait remis mon livre, désirait me voir... Et je serai reçu ce soir, à neuf heures.

Elle était devenue toute rouge, tellement elle faisait sienne la joie du jeune prêtre, qu'elle avait fini par aimer d'une ardente amitié. Et ce succès d'un ami tombant dans sa félicité à elle, prenait une importance extraordinaire, comme une certitude de complète réussite pour tout le monde. Elle eut un cri de superstitieuse exaltée et ravie.

— Ah! mon Dieu! ça va nous porter chance!... Ah! que je suis heureuse, mon ami, que je suis heureuse de voir que le bonheur vous arrive en même temps qu'à moi! C'est encore pour moi du bonheur, un bonheur que vous ne pouvez pas vous imaginer... Et c'est sûr, maintenant, que tout marchera très bien, car une maison où il y a quelqu'un qui voit le pape est bénie, la foudre ne la frappe plus.

Elle riait plus haut, elle tapait des mains, si éclatante de gaieté, qu'il s'inquiéta.

— Chut! chut! on m'a demandé le secret... Je vous en supplie, pas un mot à personne, ni à votre tante, ni même à Son Éminence... Monsignor Nani serait très contrarié.

Alors, elle promit de se taire. Elle s'attendrissait, parlait de monsignor Nani comme d'un bienfaiteur, car n'était-ce pas à lui qu'elle devait d'être parvenue enfin à faire annuler son mariage? Puis, reprise d'une bouffée de folle joie :

— Dites donc, mon ami, n'est-ce pas que le bonheur seul est bon?... Vous ne me demandez pas des larmes, aujourd'hui, même pour les pauvres qui souffrent, qui ont froid et qui ont faim... Ah! c'est qu'il n'y a vraiment que le bonheur de vivre! Ça guérit tout. On ne souffre pas, on n'a pas froid, on n'a pas faim, quand on est heureux!

Stupéfait, il la regarda, dans la surprise que lui causait cette singulière solution donnée à la question redoutable de la misère. Soudainement, il sentait que toute sa tentative d'apostolat était vaine, sur cette fille d'un beau ciel, ayant en elle l'atavisme de tant de siècles de souveraine aristocratie. Il avait voulu la catéchiser, l'amener à l'amour chrétien des humbles et des misérables, la conquérir à la nouvelle Italie qu'il rêvait, éveillée aux temps nouveaux, pleine de pitié pour les choses et pour les êtres. Et, si elle s'était attendrie avec lui sur les souffrances du bas peuple, aux heures où elle souffrait elle-même, le cœur saignant des plus cruelles blessures, la voilà qui, dès sa guérison, célébrait l'universelle félicité, en créature des brûlants étés et des hivers doux comme des printemps!

— Mais, dit-il, tout le monde n'est pas heureux.

— Oh! si, oh! si, cria-t-elle. C'est que vous ne les connaissez pas, les pauvres!... Qu'on donne à une fille de notre Transtévère le garçon qu'elle aime, et elle est aussi radieuse qu'une reine, elle mange son pain sec, le soir, en lui trouvant le goût sucré le plus délicieux. Les mères qui sauvent un enfant d'une maladie, les hommes qui sont vainqueurs dans une bataille, ou bien qui voient leurs numéros sortir à la loterie, tout le monde est comme ça, tout le monde ne demande que de la chance et du plaisir... Allez, vous aurez beau vouloir être juste et tâcher de mieux répartir la fortune, il n'y aura toujours de satisfaits que ceux dont le cœur chantera, souvent même sans en savoir la cause, par un beau jour de soleil comme aujourd'hui!

Il eut un geste d'abandon, ne voulant pas l'attrister, en plaidant de nouveau la cause de tant de pauvres êtres, qui, à cette minute même, agonisaient au loin, quelque part, succombant à la douleur physique ou à la douleur morale. Mais, brusquement, dans l'air si lumineux et si doux, une ombre immense passa, il sentit la tristesse infinie de la joie, la désespérance sans bornes du soleil, comme si quelqu'un qu'on ne voyait pas avait laissé tomber cette ombre. Était-ce donc l'odeur trop forte du laurier, la senteur amère des orangers et des buis qui lui donnaient ce vertige? Était-ce le frisson de sensuelle tiédeur dont ses veines se mettaient à battre, parmi ces ruines, dans ce coin de passion très ancienne? Ou plutôt n'était-ce que ce sarcophage avec son enragée bacchanale, qui éveillait l'idée de la mort prochaine, au fond même des obscures voluptés de l'amour, sous le baiser inassouvi des amants? Un instant, la claire chanson de la fontaine lui parut un long sanglot, et il lui sembla que tout s'anéantissait, dans cette ombre formidable venue de l'invisible.

Déjà, Benedetta lui avait pris les deux mains et le réveillait à l'enchantement d'être là, près d'elle.

— L'élève est bien indocile, n'est-ce pas? mon ami, et elle a le crâne bien dur. Que voulez-vous? il y a des idées qui n'entrent pas dans notre tête. Non, jamais vous ne ferez entrer ces choses dans la tête d'une fille de Rome... Aimez-nous donc, contentez-vous donc de nous aimer telles que nous sommes, belles de toute notre force, autant que nous pouvons l'être!

Et elle était si belle à cette minute, si belle dans le resplendissement de son bonheur, qu'il en tremblait, comme devant un dieu, devant la toute-puissance qui menait le monde.

— Oui, oui, bégaya-t-il, la beauté, la beauté, souveraine encore, souveraine toujours... Ah! que ne peut-elle suffire à rassasier l'éternelle faim des pauvres hommes!

— Bah! bah! cria-t-elle joyeusement, il fait bon vivre... Montons dîner, ma tante doit nous attendre.

Le dîner avait lieu à une heure, et les rares fois où Pierre ne mangeait pas dehors, il avait son couvert mis à la table de ces dames, dans la petite salle à manger du second, qui donnait sur la cour, d'une tristesse mortelle. A la même heure, au premier étage, dans la salle ensoleillée dont les fenêtres ouvraient sur le Tibre, le cardinal dînait, lui aussi, très heureux d'avoir pour convive son neveu Dario, car son secrétaire, don Vigilio, son autre convive habituel, ne desserrait les dents que lorsqu'on l'interrogeait. Les deux services étaient absolument distincts, ni la même cuisine, ni le même personnel; et il n'existait guère de commune, en bas, qu'une grande pièce servant d'office.

Mais la salle à manger du second avait beau être morne, attristée par le demi-jour verdâtre de la cour, le déjeuner de ces dames et du jeune prêtre fut très gai. Donna Serafina, si rigide d'ordinaire, semblait elle-même détendue par une grande félicité intérieure. Sans doute elle n'avait pas encore épuisé les délices de son triomphe de la veille, au bras de Morano, à ce bal; et ce fut elle qui parla de la soirée la première, pleine d'éloges, bien que la présence du roi et de la reine l'eût beaucoup gênée, disait-elle. Elle raconta comme quoi, par une tactique savante, elle avait évité de se faire présenter. D'ailleurs, elle espérait que son affection bien connue pour Celia, dont elle était la marraine, suffirait à expliquer sa présence dans ce salon neutre, où tous les pouvoirs s'étaient coudoyés. Elle devait pourtant garder un scrupule, car elle annonça que, tout de suite après le déjeuner, elle comptait sortir, pour se rendre au Vatican, chez le cardinal secrétaire, à qui elle désirait parler d'une œuvre dont elle était dame patronnesse. Cette visite de compensation, le lendemain de la soirée des Buongiovanni, devait lui sembler indispensable. Jamais elle n'avait brûlé de plus de zèle, ni de plus d'espoir, à propos du prochain avènement de son frère, le cardinal, au trône de saint Pierre : c'était, pour elle, un suprême triomphe, une exaltation de sa race, que son orgueil du nom jugeait nécessaire et inévitable ; et, pendant la dernière indisposition du pape régnant, elle avait poussé les choses jusqu'à s'inquiéter du trousseau qu'elle voulait faire marquer aux armes du nouveau pontife.

Benedetta ne cessa de plaisanter, riant de tout, parlant de Celia et d'Attilio avec la tendresse passionnée d'une femme dont le bonheur d'amour se plaît au bonheur d'un couple ami. Puis, comme on venait de servir le dessert, elle s'adressa au valet, d'un air de surprise :

— Eh bien ? Giacomo, et les figues ?

Celui-ci, avec ses gestes lents, comme endormis, la regarda sans comprendre. Heureusement, Victorine traversait la pièce.

— Et les figues, Victorine, pourquoi ne nous les sert-on pas ?

— Quelles figues donc, contessina ?

— Mais les figues que j'ai vues ce matin à l'office, par où j'ai eu la curiosité de passer en allant au jardin... Des figues superbes, dans un petit panier. Même, je me suis étonnée qu'il pût encore y en avoir, en cette saison... Je les aime bien, moi. Je m'étais régalée à l'avance, en songeant que j'en mangerais au dîner.

Victorine se mit à rire.

— Ah ! contessina, je sais, je sais... Ce sont les figues que ce prêtre de Frascati, vous vous rappelez, le curé de là-bas, est venu, hier soir, déposer en personne pour Son Éminence. J'étais là, il a répété à trois reprises que c'était un cadeau, qu'il fallait le mettre sur la table de

Son Éminence, sans même déranger une feuille... Alors, on a fait comme il a dit.

— Eh bien ! c'est gentil, s'écria Benedetta, avec une colère comique. En voilà des gourmands qui se régalent sans nous ! Il me semble qu'on aurait pu partager.

Donna Serafina intervint, en demandant à Victorine :

— N'est-ce pas ? vous parlez du curé qui venait autrefois nous voir à la villa.

— Oui, oui, le curé Santobono, celui qui dessert là-bas la petite église Sainte-Marie des Champs... Quand il vient, il fait toujours demander l'abbé Paparelli, dont il a été le camarade au séminaire, je crois. Et, hier soir encore, c'est l'abbé Paparelli qui a dû nous l'amener à l'office, avec son panier... Oh ! ce panier ! imaginez-vous que, malgré les recommandations, on avait oublié de le mettre tout à l'heure sur la table de Son Éminence, de sorte que les figues n'auraient, ce matin, été pour personne, si l'abbé Paparelli n'était descendu les prendre en courant et ne les avait montées lui-même, avec une vraie dévotion, comme s'il portait le saint sacrement... Il est vrai que Son Éminence les trouve si bonnes !

— Ce n'est pas ce matin que mon frère leur fera grande fête, conclut la princesse, car il a un peu de dérangement, il a passé une nuit mauvaise.

Au nom répété de Paparelli, elle était devenue soucieuse. Le caudataire, avec sa face molle et ridée, sa taille grosse et courte de vieille fille dévote en jupe noire, lui déplaisait, depuis qu'elle s'était aperçue de l'extraordinaire empire qu'il prenait sur le cardinal, du fond de son humilité et de son effacement. Il n'était rien qu'un domestique, en apparence le plus chétif, et il gouvernait, elle le sentait combattre sa propre influence, défaire souvent ce qu'elle avait fait, pour le triomphe des ambitions de son frère. Le pis était que, deux fois déjà, elle le soupçonnait d'avoir poussé celui-ci à des actes qu'elle considérait comme de véritables fautes. Peut-être s'était-elle trompée, elle lui rendait cette justice qu'il avait de rares mérites et une piété tout à fait exemplaire.

Cependant, Benedetta continuait à rire et à plaisanter. Et, comme Victorine était sortie de la salle, elle appela le valet.

— Écoutez, Giacomo, vous allez me faire une petite commission...

Elle s'interrompit, pour dire à sa tante et à Pierre :

— Je vous en prie, faisons valoir nos droits... Moi, je les vois à table, en bas, presque au-dessous de nous. Ils doivent, comme nous, en être au dessert. Mon oncle soulève les feuilles, se sert avec un bon sourire, passe le panier à Dario, qui le passe à don Vigilio. Et, tous les trois, ils mangent avec componction... Les voyez-vous ? les voyez-vous ?

Elle les voyait, elle, et c'était son besoin d'être près de Dario, sa continuelle pensée volant vers lui, qui l'évoquait ainsi, avec les deux autres. Son cœur était en bas, elle voyait, elle entendait, elle sentait, par tous les sens exquis de son amour.

— Giacomo, vous allez descendre, vous allez dire à Son Éminence que nous mourons d'envie de goûter à ses figues et qu'elle serait bien aimable en nous envoyant celles dont elle ne voudra pas.

Mais donna Serafina, de nouveau, intervint, retrouvant sa voix sévère.

— Giacomo, je vous prie de ne pas bouger.

Et elle s'adressa à sa nièce :

— Allons, assez d'enfantillages !... J'ai l'horreur de ces sortes de gamineries.

— Oh ! ma tante, murmura Benedetta, je suis si heureuse, il y a si longtemps que je n'ai ri de si bon cœur !

Pierre, jusque-là, s'était contenté d'écouter, s'égayant simplement lui-même de la voir gaie à ce point. Comme il se produisait un petit froid, il parla alors, dit son propre étonnement d'avoir aperçu la veille, si tard en saison, des fruits sur ce fameux figuier de Frascati. Cela tenait sans doute à l'exposition de l'arbre, au grand mur qui le protégeait.

— Ah! vous avez vu le fameux figuier? demanda Benedetta.

— Mais oui, j'ai même voyagé avec les figues qui vous ont fait tant d'envie.

— Comment cela, voyagé avec les figues?

Déjà, il regrettait la parole qui venait de lui échapper. Puis, il préféra tout dire.

— J'ai rencontré là-bas quelqu'un qui était venu en voiture et qui a voulu absolument me ramener à Rome. En route, nous avons recueilli le curé Santobono, parti à pied pour faire le chemin, très gaillardement, avec son panier... Même nous nous sommes arrêtés un instant dans une osteria.

Il continua, conta le voyage, dit ses impressions vives, au travers de la Campagne romaine, envahie par le crépuscule. Mais Benedetta le regardait fixement, prévenue, renseignée, n'ignorant pas les fréquentes visites que Prada faisait, là-bas, à ses terrains et à ses constructions.

— Quelqu'un, quelqu'un, murmura-t-elle, le comte, n'est-ce pas?

— Oui, madame, le comte, répondit simplement Pierre. Je l'ai revu cette nuit, il était bouleversé, et il faut le plaindre.

Les deux femmes ne se blessèrent pas, tellement cette parole charitable du jeune prêtre était dite avec une émotion profonde et naturelle, dans le débordement d'amour qu'il aurait voulu épandre sur les êtres et sur les choses. Donna Serafina resta immobile, comme si elle affectait de n'avoir pas même entendu; tandis que Benedetta, d'un geste, sembla dire qu'elle n'avait à témoigner ni pitié ni haine pour un homme qui lui était devenu complètement étranger. Cependant, elle ne riait plus, elle finit par dire, en songeant au petit panier qui s'était promené dans la voiture de Prada :

— Ah ! ces figues, tenez ! je n'en ai plus envie du tout, je préfère maintenant ne pas en avoir mangé.

Tout de suite après le café, donna Serafina les quitta, dans la hâte qu'elle avait de mettre un chapeau et de partir pour le Vatican. Restés seuls, Benedetta et Pierre s'attardèrent à table un instant encore, repris de leur gaieté, causant en bons amis. Le prêtre reparla de son audience du soir, de sa fièvre d'impatience heureuse. A peine deux heures, encore sept heures à attendre : qu'allait-il faire, à quoi allait-il employer cette après-midi interminable ? Alors, elle, très gentiment, eut une idée.

— Vous ne savez pas, eh bien ! puisque nous sommes tous si contents, il ne faut pas nous quitter... Dario a sa voiture. Il doit, comme nous, avoir fini de déjeuner, et je vais lui faire dire de monter nous prendre, de nous emmener pour une grande promenade, le long du Tibre, très loin.

Elle tapait dans ses mains, ravie de ce beau projet. Mais, juste à ce moment, don Vigilio parut, l'air effaré.

— Est-ce que la princesse n'est pas là ?

— Non, ma tante est sortie... Qu'y a-t-il donc ?

— C'est Son Éminence qui m'envoie... Le prince vient de se sentir indisposé, en se levant de table... Oh ! rien, rien de bien grave sans doute.

Elle eut un cri, plutôt de surprise que d'inquiétude.

— Comment, Dario !... Mais nous allons tous descendre. Venez donc, monsieur l'abbé. Il ne faut pas qu'il soit malade, pour nous emmener en voiture.

Puis, dans l'escalier, comme elle rencontrait Victorine, elle la fit descendre aussi.

— Dario se trouve indisposé, on peut avoir besoin de toi.

Tous quatre entrèrent dans la chambre, vaste et surannée, meublée simplement, où le jeune prince venait déjà de passer 1 long mois, cloué là par sa blessure à l'épaule. On y arrivait en traversant un petit salon; et, partant du cabinet de toilette voisin, un couloir reliait ces pièces à l'appartement intime du cardinal : la salle à manger, la chambre à coucher, le cabinet de travail, relativement étroits, qu'on avait taillés dans une des immenses salles de jadis, à l'aide de cloisons. Il y avait encore la chapelle, dont la porte ouvrait sur le couloir, une simple chambre nue, où se trouvait un autel de bois peint, sans un tapis, sans une chaise, rien que le carreau dur et froid, pour s'agenouiller et prier.

En entrant, Benedetta courut au lit, sur lequel Dario était allongé, tout vêtu. Près de lui, le cardinal Boccanera se tenait debout, paternellement ; et, dans l'inquiétude commençante, il gardait sa haute taille fière, son calme d'âme souveraine et sans reproche.

— Quoi donc? mon Dario, que t'arrive-t-il?

Mais le prince eut un sourire, voulant la rassurer. Il n'était encore que très pâle, l'air ivre.

— Oh! ce n'est rien, un étourdissement... Imagine-toi, c'est comme si j'avais bu. Tout d'un coup, j'ai vu trouble, et il m'a semblé que j'allais tomber... Alors, je n'ai eu que le temps de venir me jeter sur mon lit.

Il respira fortement, en homme qui a besoin de reprendre haleine. Et le cardinal, à son tour, entra dans quelques détails.

— Nous achevions tranquillement de déjeuner, je donnais des ordres à don Vigilio pour l'après-midi, et j'étais sur le point de quitter la table, lorsque j'ai vu Dario se lever et chanceler... Il n'a pas voulu se rasseoir, il est venu ici d'un pas vacillant de somnambule, en ouvrant les portes de ses mains tâtonnantes... Et nous l'avons suivi, sans comprendre. J'avoue que je cherche, que je ne comprends pas encore.

D'un geste, il disait sa surprise, il indiquait l'appartement, où semblait avoir soufflé un brusque vent de catastrophe. Toutes les portes étaient restées grandes ouvertes, on voyait en enfilade le cabinet de toilette, puis le couloir, au bout duquel la salle à manger apparaissait dans son désordre de pièce abandonnée soudainement, avec la table servie encore, les serviettes jetées, les chaises repoussées. Cependant, on ne s'effarait toujours pas.

Benedetta fit, à voix haute, la réflexion habituelle en pareil cas.

— Pourvu que vous n'ayez rien mangé de mauvais !

D'un autre geste, en souriant, le cardinal dit la sobriété ordinaire de sa table.

— Oh ! des œufs, des côtelettes d'agneau, un plat d'oseille, ce n'est pas ce qui a pu lui charger l'estomac. Moi, je ne bois que de l'eau pure ; lui, prend deux doigts de vin blanc... Non, non, la nourriture n'y est pour rien.

— Et puis, se permit de faire remarquer don Vigilio, Son Éminence et moi, nous serions également indisposés.

Dario, qui avait un moment fermé les yeux, les rouvrit, respira fortement de nouveau, en s'efforçant de rire.

— Allons, allons ! ce ne sera rien, je me sens déjà beaucoup plus à l'aise. Il faut que je me remue.

— Alors, reprit Benedetta, écoute le projet que j'ai fait... Tu vas me prendre en voiture, avec monsieur l'abbé Froment, et tu nous conduiras dans la Campagne, très loin.

— Volontiers ! Elle est gentille, ton idée... Victorine, aidez-moi donc.

Il s'était soulevé, en s'aidant péniblement du poignet. Mais, avant que la servante se fût avancée, il eut une légère convulsion, il retomba, comme foudroyé par une syncope. Ce fut le cardinal, resté au bord du lit, qui le reçut dans ses bras, tandis que la contessina, cette fois, perdait la tête.

— Mon Dieu ! mon Dieu ! ça le reprend... Vite, vite, il faut le médecin.

— Si j'allais en courant le chercher? offrit Pierre, que la scène commençait à bouleverser, lui aussi.

— Non, non! pas vous, restez ici... Victorine va se dépêcher. Elle connaît l'adresse... Le docteur Giordano, tu sais, Victorine.

La servante partit, et un lourd silence tomba dans la pièce, où un frisson d'anxiété croissait de minute en minute. Benedetta, très pâle, était revenue près du lit, pendant que le cardinal, qui avait gardé Dario entre ses bras, la tête tombée sur son épaule, le regardait. Et un affreux soupçon venait de naître en lui, vague, indéterminé encore : il lui trouvait la face grise, le masque d'angoisse terrifiée, qu'il avait remarqué chez le plus cher ami de son cœur, monsignor Gallo, quand il l'avait ainsi tenu sur sa poitrine, deux heures avant sa mort. C'était la même syncope, la même sensation qu'il n'étreignait plus que le corps froid d'un être aimé, dont le cœur s'arrêtait ; c'était surtout la pensée grandissante du poison, venu de l'ombre, frappant dans l'ombre, autour de lui, en coup de foudre. Longtemps, il resta penché de la sorte, au-dessus du visage de son neveu, du dernier de sa race, cherchant, étudiant, retrouvant les symptômes du mal mystérieux et implacable, qui lui avait déjà emporté la moitié de lui-même.

Mais Benedetta, à demi-voix, le suppliait.

— Mon oncle, vous allez vous fatiguer... Je vous en prie, laissez-le-moi, je le tiendrai un peu, à mon tour... N'ayez pas peur, je le tiendrai très doucement, il sentira que c'est moi, et ça le réveillera peut-être.

Il leva enfin la tête, la regarda ; et il lui céda la place, après l'avoir serrée et baisée éperdument, les yeux gros de larmes, toute une brusque émotion, où l'adoration qu'il avait pour elle fondait la rigide froideur qu'il affectait d'habitude.

— Ah! ma pauvre enfant, ma pauvre enfant! bégaya-t-il, avec un grand tremblement de chêne déraciné.

Tout de suite, d'ailleurs, il se maîtrisa, se reconquit. Et, tandis que Pierre et don Vigilio, immobiles, muets, attendaient qu'on eût besoin d'eux, désespérés de n'être bons à rien, il se mit à marcher avec lenteur au travers de la chambre. Puis, cette pièce parut être trop étroite pour les pensées qu'il roulait, il s'écarta d'abord jusque dans le cabinet de toilette, il finit par enfiler le couloir, par pousser jusqu'à la salle à manger. Et il allait toujours, et il revenait toujours, sérieux, impassible, la tête basse, perdu dans la même rêverie sombre. Quel monde de réflexions s'agitait dans le crâne de ce croyant, de ce prince hautain, qui s'était donné à Dieu, et qui était sans pouvoir contre l'inévitable destinée? De temps à autre, il revenait près du lit, s'assurait des progrès du mal, regardait sur le visage de Dario où en était la crise; ensuite, il repartait du même pas rythmique, disparaissait, reparaissait, comme emporté par la régularité monotone des forces que l'homme n'arrête point. Peut-être se trompait-il, peut-être ne s'agissait-il que d'une simple indisposition, dont le médecin sourirait. Il fallait espérer et attendre. Et il allait encore, et il revenait encore, et rien, au milieu du silence lourd, ne pouvait sonner plus anxieusement que les pas cadencés de ce haut vieillard, dans l'attente du destin.

La porte se rouvrit, Victorine rentra, essoufflée.

— Le médecin, je l'ai trouvé, le voici!

De son air souriant, le docteur Giordano se présenta, avec sa petite tête rose à boucles blanches, toute sa personne discrètement paterne, qui lui donnaient une allure d'aimable prélat. Mais, dès qu'il eut flairé la chambre, vu ce monde angoissé, qui l'attendait, il devint aussitôt très grave, il prit l'attitude fermée, l'absolu respect du secret ecclésiastique, qu'il devait à la fréquentation de sa clientèle d'Église. Et il ne laissa échapper qu'un mot, murmuré à peine, dès qu'il eut jeté un regard sur le malade.

— Comment, encore ! ça recommence !

Sans doute, il faisait allusion au coup de couteau qu'il avait récemment soigné. Qui donc s'acharnait sur ce pauvre jeune prince, si inoffensif, si peu gênant? Personne, du reste, ne pouvait comprendre, si ce n'étaient Pierre et Benedetta ; et celle-ci se trouvait dans une telle fièvre d'impatience, brûlant d'être rassurée, qu'elle n'écoutait pas, n'entendait pas.

— Oh ! docteur, je vous en supplie, voyez-le, examinez-le, dites-nous que ce n'est rien... Ça ne peut rien être, puisqu'il était si bien portant, si gai tout à l'heure... Ce n'est rien, ce n'est rien, n'est-ce pas?

— Sans doute, sans doute, contessina, ce n'est certainement rien... Nous allons voir.

Il s'était tourné, et il s'inclina profondément devant le cardinal, qui revenait du fond de la salle à manger, de son pas égal et songeur, pour se planter au pied du lit, immobile. Sans doute lut-il, dans les yeux sombres fixés sur les siens, une inquiétude mortelle, car il n'ajouta rien, il se mit à examiner Dario, en homme qui a senti le prix des minutes. Et, à mesure que son examen avançait, son visage d'affable optimisme prenait une gravité blême, une sourde terreur, que témoignait seule un petit frémissement des lèvres. C'était lui qui, précisément, avait assisté monsignor Gallo dans la crise dont celui-ci était mort, une crise de fièvre infectieuse, ainsi qu'il l'avait diagnostiquée pour le bulletin de décès. Sans doute lui aussi reconnaissait les mêmes terribles symptômes, la face d'un gris de plomb, l'hébétement d'affreuse ivresse ; et, en vieux médecin romain, habitué aux morts subites, il sentait passer le mauvais air qui tue, sans que la science ait encore bien compris, exhalaison putride du Tibre ou séculaire poison de la légende.

Mais il avait relevé la tête, et son regard de nouveau se rencontra avec le regard noir du cardinal, qui ne le quittait pas.

— Monsieur Giordano, demanda enfin celui-ci, vous n'êtes pas trop inquiet, j'espère?... Ce n'est qu'une mauvaise digestion, n'est-ce pas?

Le médecin s'inclina une seconde fois. Il devinait, au léger tremblement de la voix, la cruelle anxiété de cet homme puissant, frappé encore dans la plus chère affection de son cœur.

— Votre Éminence doit avoir raison, une digestion mauvaise certainement. Parfois, de tels accidents sont dangereux, quand la fièvre s'en mêle... Je n'ai pas besoin de dire à Votre Éminence combien elle peut compter sur ma prudence et sur mon zèle...

Il s'interrompit, pour reprendre aussitôt de sa voix nette de praticien :

— Le temps presse, il faut déshabiller le prince et agir promptement. Qu'on me laisse un instant seul, j'aime mieux cela.

Cependant, il retint Victorine, en disant qu'elle l'aiderait. S'il avait besoin d'un autre aide, il prendrait Giacomo. Son désir évident était d'éloigner la famille, afin d'être plus libre, sans témoins gênants. Et le cardinal comprit, s'empara doucement de Benedetta, pour l'emmener lui-même à son bras jusque dans la salle à manger, où Pierre et don Vigilio les suivirent.

Quand les portes furent refermées, le plus morne et le plus pesant des silences régna dans cette salle à manger, que le clair soleil d'hiver inondait d'une lumière et d'une tiédeur délicieuses. La table était toujours servie, avec son couvert abandonné, la nappe salie de miettes, une tasse de café à demi pleine encore; et, au milieu, se trouvait le panier de figues, dont on avait écarté les feuilles, mais où ne manquaient que deux ou trois fruits. Devant la fenêtre, Tata, la perruche, sortie de sa cage, était sur son bâton, ravie, éblouie, dans un grand rayon jaune, où dansaient des poussières. Pourtant, elle avait cessé de crier et de se lisser les plumes du bec, étonnée de voir entrer tout ce monde, très sage, tournant la tête à demi pour mieux étudier ces gens, de son œil rond et scrutateur.

Des minutes interminables s'écoulèrent, dans l'attente fébrile de ce qui se passait au fond de la chambre voisine. Don Vigilio s'était silencieusement assis à l'écart, tandis que Benedetta et Pierre, restés debout, se taisaient eux aussi, immobiles. Et le cardinal avait repris sa marche sans fin, ce piétinement instinctif et berceur, par lequel il semblait vouloir tromper son impatience, arriver plus vite à l'explication qu'il cherchait obscurément, au milieu d'une effroyable tempête d'idées. Pendant que son pas rythmé sonnait avec une régularité machinale, c'était en lui une fureur sombre, une recherche exaspérée du pourquoi et du comment, une extraordinaire confusion des mouvements les plus extrêmes et les plus contraires. Mais déjà, à deux reprises, en passant, il avait promené son regard sur la débandade de la table, comme s'il y avait quêté quelque chose. Était-ce, peut-être, ce café inachevé? ce pain dont les miettes traînaient encore? ces côtelettes d'agneau dont il restait un os? Puis, au moment où, pour la troisième fois, il passait en regardant, ses yeux rencontrèrent le panier de figues; et il s'arrêta net, sous le coup d'une révélation soudaine. L'idée l'avait saisi, l'envahissait, sans qu'il sût quelle expérience faire pour que le brusque soupçon se changeât en certitude. Un instant, il resta ainsi, combattu, ne trouvant pas, les yeux fixés sur ce panier. Enfin, il prit une figue, l'approcha, comme pour l'examiner de tout près. Mais elle n'offrait rien de particulier, il allait la remettre parmi les autres, lorsque Tata, la perruche, qui adorait les figues, poussa un cri strident. Et ce fut une illumination, l'expérience cherchée qui s'offrait.

Lentement, de son air sérieux, le visage noyé d'ombre, le cardinal porta la figue à la perruche, la lui donna, sans une hésitation ni un regret. C'était une très jolie bête, la seule qu'il eût ainsi aimée passionnément. Allongeant son fin corps souple, dont la soie de cendre verte se moirait de rose au soleil, elle avait pris gentiment la figue dans sa patte, puis l'avait fendue d'un coup de bec. Mais, quand elle l'eut fouillée, elle n'en mangea que très peu, elle laissa tomber la peau, pleine encore. Lui, toujours grave, impassible, regardait, attendait. L'attente fut de trois grandes minutes. Un moment, il se rassura, il gratta la tête de la perruche, qui, pleine d'aise, se faisait caresser, tournait le cou, levait sur son maître son petit œil rouge, d'un vif éclat de rubis. Et, tout d'un coup, elle se renversa sans même un battement d'ailes, elle tomba comme un plomb. Tata était morte, foudroyée.

Boccanera n'eut qu'un geste, les deux mains levées, jetées au ciel, dans l'épouvante de ce qu'il savait enfin. Grand Dieu! un tel crime, une si affreuse méprise, un jeu si abominable du destin! Aucun cri de douleur ne lui échappa, l'ombre de son visage était devenue farouche et noire.

Pourtant, il y eut un cri, un cri éclatant de Benedetta, qui, ainsi que Pierre et don Vigilio, avait d'abord suivi l'acte du cardinal avec un étonnement qui s'était ensuite changé en terreur.

— Du poison! du poison! ah! Dario, mon cœur, mon âme!

Mais le cardinal avait violemment saisi le poignet de sa nièce, en lançant un coup d'œil oblique sur les deux petits prêtres, ce secrétaire et cet étranger, présents à la scène.

— Tais-toi! tais-toi!

Elle se dégagea, d'une secousse, révoltée, soulevée par une rage de colère et de haine.

— Pourquoi donc me taire? C'est Prada qui a fait le coup, je le dénoncerai, je veux qu'il meure, lui aussi!... Je vous dis que c'est Prada, je le sais bien, puisque monsieur Froment est revenu hier de Frascati, dans sa voiture, avec ce curé Santobono et ce panier de figues... Oui, oui! j'ai des témoins, c'est Prada, c'est Prada!

— Non, non! tu es folle, tais-toi!

Et il avait repris les mains de la jeune femme, il tâchait de la maîtriser de toute son autorité souveraine. Lui, qui savait l'influence que le cardinal Sanguinetti exerçait sur la tête exaltée de Santobono, venait de s'expliquer l'aventure, non pas une complicité directe, mais une poussée sourde, l'animal excité, puis lâché sur le rival gênant, à l'heure où le trône pontifical allait sans doute être libre. La probabilité, la certitude de cela avait brusquement éclaté à ses yeux, sans qu'il eût besoin de tout comprendre, malgré les lacunes et les obscurités. Cela était, parce qu'il sentait que cela devait être.

— Non, entends-tu! ce n'est pas Prada... Cet homme n'a aucune raison de m'en vouloir, et moi seul étais visé, c'est à moi qu'on a donné ces fruits... Voyons, réfléchis! Il a fallu une indisposition imprévue pour m'empêcher d'en manger ma grosse part, car on sait que je les adore; et, pendant que mon pauvre Dario les goûtait seul, je plaisantais, je lui disais de me garder les plus belles pour demain... L'abominable chose était pour moi, et c'est lui qui est frappé, ah! Seigneur! par le hasard le plus féroce, la plus monstrueuse des sottises du sort... Seigneur, Seigneur! vous nous avez donc abandonnés!

Des larmes étaient montées à ses yeux, tandis qu'elle, frémissante, ne semblait pas convaincue encore.

— Mais, mon oncle, vous n'avez aucun ennemi, pourquoi voulez-vous que ce Santobono attente ainsi à vos jours?

Un instant, il resta muet, sans pouvoir trouver une réponse suffisante. Déjà, la volonté du silence se faisait en lui, dans une grandeur suprême. Puis, un souvenir lui revint, et il se résigna au mensonge.

— Santobono a toujours eu la cervelle un peu dérangée, et je sais qu'il m'exècre, depuis que j'ai refusé de tirer de prison son frère, un de nos anciens jardiniers, en lui donnant le bon certificat qu'il ne méritait certes pas... Des rancunes mortelles n'ont souvent pas des causes plus graves. Il aura cru qu'il avait une vengeance à tirer de moi.

Alors, Benedetta, brisée, incapable de discuter davantage, se laissa tomber sur une chaise, avec un geste d'abandon désespéré.

— Ah! mon Dieu! ah! mon Dieu! je ne sais plus... Et puis, qu'est-ce que ça fait, maintenant que mon Dario en est là? Il n'y a qu'une chose, il faut le sauver, je veux qu'on le sauve... Comme c'est long, ce qu'ils font dans cette chambre! Pourquoi Victorine ne vient-elle pas nous chercher?

Le silence recommença, éperdu. Le cardinal, sans parler, prit sur la table le panier de figues, le porta dans une armoire, qu'il ferma à double tour; puis, il mit la clef dans sa poche. Sans doute, dès que la nuit serait tombée, il se proposait de le faire disparaître lui-même, en descendant le jeter au Tibre. Mais, comme il revenait de l'armoire, il aperçut ces deux petits prêtres, dont les yeux l'avaient forcément suivi. Et il leur dit simplement, grandement :

— Messieurs, je n'ai pas besoin de vous demander d'être discrets... Il est des scandales qu'il faut épargner à l'Église, laquelle n'est pas, ne peut pas être coupable. Livrer un des nôtres aux tribunaux civils, s'il est criminel, c'est frapper l'Église entière, car les passions mauvaises s'emparent dès lors du procès, pour faire remonter jusqu'à elle la responsabilité du crime. Et notre seul devoir est de remettre le meurtrier aux mains de Dieu, qui saura le punir plus sûrement... Ah! pour ma part, que je sois atteint dans ma personne ou dans ma famille, dans mes plus tendres affections, je déclare, au nom du Christ mort sur la croix, que je n'ai ni colère, ni besoin de vengeance, et que j'efface le nom du meurtrier de ma mémoire, et que j'ensevelis son action abominable dans l'éternel silence de la tombe!

Et sa haute taille semblait avoir grandi encore, pendant que, la main levée dans un geste large, il prononçait ce serment, cet abandon de ses ennemis à l'unique justice de Dieu; car ce n'était pas de Santobono qu'il entendait parler seulement, mais aussi du cardinal Sanguinetti, dont il avait deviné l'influence néfaste. Et une infinie détresse, une souffrance tragique le bouleversait, dans l'héroïsme de son orgueil, à la pensée de la lutte sombre autour de la tiare, de tout ce qui s'agitait de mauvais et de vorace, au fond des ténèbres.

Puis, comme Pierre et don Vigilio s'inclinaient, pour lui promettre de se taire, une émotion invincible l'étrangla, le sanglot qu'il refoulait monta brusquement à sa gorge, pendant qu'il bégayait :

— Ah! mon pauvre enfant, mon pauvre enfant! Ah! l'unique fils de notre race, le seul amour et le seul espoir de mon cœur! Ah! mourir, mourir ainsi!

Mais, violente de nouveau, Benedetta s'était relevée.

— Mourir? qui donc, Dario?... Je ne veux pas, nous allons le soigner, nous allons retourner près de lui. Et nous le prendrons dans nos bras, et nous le sauverons. Venez, mon oncle, venez vite... Je ne veux pas, je ne veux pas, je ne veux pas qu'il meure!

Elle marchait vers la porte, rien ne l'aurait empêchée de rentrer dans la chambre, lorsque, justement, Victorine parut, l'air égaré, ayant perdu tout courage, malgré sa belle sérénité habituelle.

— Le docteur prie madame et Son Éminence de venir tout de suite, tout de suite.

Pierre, frappé de stupeur par ces choses, ne les suivit pas, resta un instant en arrière, avec don Vigilio, dans la salle à manger ensoleillée. Eh quoi! le poison, le poison comme au temps des Borgia, dissimulé élégamment, servi avec ces fruits par un traître ténébreux, qu'on n'osait même pas dénoncer! Et il se rappelait sa conversation, au retour de Frascati, son scepticisme de Parisien à propos de ces drogues légendaires, qu'il n'admettait qu'au cinquième acte d'un drame romantique. Et elles étaient vraies, les abominables histoires, les bouquets et les couteaux empoisonnés, les prélats et jusqu'aux papes gênants qu'on supprimait en leur apportant leur chocolat du matin; car ce Santobono passionné et tragique était bien un empoisonneur, il n'en pouvait plus douter, il revoyait toute sa journée de la veille, sous cet effrayant éclairage : les paroles d'ambition et de menace qu'il avait surprises chez le cardinal Sanguinetti, la hâte d'agir devant la mort probable du pape régnant, la suggestion du crime au nom du salut de l'Église, puis ce curé rencontré sur la route, avec son petit panier de figues, puis ce panier promené par le crépuscule de la mélancolique Campagne, longuement, dévotement, sur les genoux du prêtre, ce panier dont le souvenir le hantait maintenant d'un cauchemar, dont il reverrait toujours, avec un frisson, et la forme, et la couleur, et l'odeur. Le poison, le poison! c'était vrai pourtant, ça existait, ça circulait encore dans l'ombre du monde noir, au milieu des âpres appétits de conquête et de domination!

Et, soudainement, dans la mémoire de Pierre, la figure de Prada se dressa, elle aussi. Tout à l'heure, lorsque Benedetta l'avait accusé si violemment, il s'était un moment avancé pour le défendre, pour crier cette histoire du poison qu'il savait, et le point d'où le panier était parti, et la main qui l'avait offert. Mais, aussitôt, une réflexion venait de le glacer : si Prada n'avait pas fait le crime, Prada l'avait laissé faire. Un souvenir encore, aigu comme une lame, le traversait, celui de la petite poule noire, dans le morne décor de l'osteria, morte sous le hangar, foudroyée, avec le mince flot de sang violâtre qui lui coulait du bec. Et ici, en bas de son perchoir,

Tata, la perruche, gisait de même, molle et tiède, le bec taché d'une goutte de sang. Pourquoi donc Prada avait-il menti en racontant une bataille? C'était toute une complication de passions et de luttes obscures, dans les ténèbres desquelles Pierre sentait qu'il perdait pied; de même qu'il ne savait comment reconstituer l'effroyable combat qui avait dû se produire dans le cerveau de cet homme, pendant la nuit du bal. Il ne pouvait le revoir à son côté, l'évoquer pendant son retour matinal au palais Boccanera, sans frémir, en devinant sourdement tout ce qui s'était décidé d'épouvantable, à cette porte. D'ailleurs, malgré les obscurités et les impossibilités, que ce fût contre le cardinal ou plutôt dans l'espoir d'une flèche égarée qui le vengerait, au petit bonheur du hasard farouche, le fait terrible était là : Prada savait, Prada aurait pu arrêter le destin en marche, et il avait laissé le destin accomplir son aveugle besogne de mort.

Mais Pierre, en tournant la tête, aperçut don Vigilio à l'écart, sur la chaise d'où il n'avait pas bougé, si défait et si pâle, qu'il le crut frappé, lui aussi.

— Est-ce que vous êtes souffrant?

D'abord, le secrétaire sembla ne pouvoir répondre, tellement la terreur le serrait à la gorge. Puis, d'une voix basse :

— Non, non, je n'en ai pas mangé... Ah! grand Dieu! quand je songe que j'en avais grande envie et que la déférence seule m'a retenu, en voyant que Son Éminence n'en mangeait pas!

Il eut un petit grelottement de tout son corps, à cette pensée que son humilité seule venait de le sauver. Et il gardait, sur ses mains, sur son visage, le froid de la mort voisine, dont il avait senti le frôlement.

A deux reprises, il finit par soupirer, tandis que, dans son effroi, il écartait d'un geste l'affreuse chose, en murmurant :

— Ah! Paparelli, Paparelli!

Pierre, très ému, n'ignorant pas ce qu'il pensait du caudataire, tâcha de savoir.

— Quoi? que voulez-vous dire? Est-ce que vous l'accusez?... Croyez-vous donc qu'ils l'ont poussé et que ce sont eux, en somme?

Le mot de Jésuites ne fut pas même dit, mais la grande ombre noire passa dans le gai soleil de la salle à manger, qu'elle parut un moment emplir de ténèbres.

— Eux, ah! oui! cria don Vigilio, eux partout! eux toujours! Dès qu'on pleure, dès qu'on meurt, ils en sont, ce sont eux, quand même! Et c'était fait pour moi, je m'étonne de n'y être pas resté!

Puis, de nouveau, il jeta sa plainte sourde de crainte, d'exécration et de colère :

— Ah! Paparelli, Paparelli!

Et il se tut, refusant de répondre, regardant de ses yeux effarés les murs de la salle, comme s'il allait en voir sortir le caudataire, avec sa face molle de vieille fille, son trot roulant de souris rongeuse, ses mains de mystère et d'envahissement, qui étaient allées prendre à l'office le panier de figues oublié, pour l'apporter sur la table.

Alors, tous deux se décidèrent à retourner dans la chambre, où peut-être avait-on besoin d'eux; et Pierre, en entrant, fut saisi du déchirant spectacle qu'elle offrait. Depuis une demi-heure, vainement, le docteur Giordano, soupçonnant le poison, avait employé les remèdes d'usage, un vomitif, puis la magnésie. Il venait même de faire battre, par Victorine, des blancs d'œufs dans de l'eau. Mais le mal empirait, avec une si foudroyante rapidité, que maintenant tout secours devenait inutile. Déshabillé, couché sur le dos, le buste soutenu par des oreillers, et les bras allongés hors des draps, Dario était effrayant, dans cette sorte d'ivresse anxieuse qui caractérisait ce mal mystérieux et redoutable, auquel monsignor Gallo, déjà, et d'autres, avaient succombé. Il semblait frappé d'une stupeur de vertige, ses yeux s'enfonçaient de plus en plus au fond des orbites noires, tandis que la face entière se desséchait, vieillissait à vue d'œil, envahie d'une ombre grise, couleur de la terre. Depuis un instant, accablé, il avait fermé les yeux, il n'avait de vivants que les souffles oppressés, pénibles et longs, qui soulevaient sa poitrine. Et, debout, penchée sur ce pauvre visage d'agonisant, Benedetta se tenait là, souffrant sa souffrance, envahie par une telle douleur impuissante, qu'elle-même était méconnaissable, si blanche, si éperdue d'angoisse, comme prise elle aussi par la mort, peu à peu, en même temps que lui.

Dans l'embrasure de fenêtre où le cardinal Boccanera avait emmené le docteur Giordano, il y eut quelques mots échangés à voix basse.

— Il est perdu, n'est-ce pas?

Le docteur, bouleversé également, eut un geste désolé de vaincu.

— Hélas! oui. Je dois prévenir Votre Éminence que dans une heure tout sera fini.

Un court silence régna.

— Et, n'est-ce pas, de la même maladie que Gallo?

Puis, comme le docteur ne répondait pas, tremblant, détournant les yeux :

— Enfin, d'une fièvre infectieuse?

Giordano entendait bien ce que le cardinal lui demandait ainsi. C'était le silence, le crime enfoui, à jamais, pour le bon renom de sa mère l'Église. Et rien n'était plus grand, d'une grandeur tragique plus haute, que ce vieillard de soixante-dix ans, si droit encore et souverain, ne voulant pas que sa famille spirituelle pût déchoir, pas plus qu'il ne consentait à ce qu'on traînât sa famille humaine dans les inévitables salissures d'un procès retentissant. Non, non! le silence, l'éternel silence où tout repose et s'oublie!

De son air doux de discrétion cléricale, le docteur finit par s'incliner.

— Évidemment, d'une fièvre infectieuse, comme le dit si bien Votre Éminence.

Deux grosses larmes, aussitôt, reparurent dans les yeux de Boccanera. Maintenant qu'il avait mis Dieu à l'abri, son humanité saignait de nouveau. Il supplia le médecin de tenter un effort suprême, d'essayer l'impossible ; mais celui-ci secouait la tête, montrait le malade de ses pauvres mains tremblantes. Pour son père, pour sa mère, il n'aurait rien pu. La mort était là. A quoi bon fatiguer, torturer un mourant, dont il n'aurait fait qu'aggraver les souffrances? Et, comme le cardinal, devant la catastrophe prochaine, songeait à sa sœur Serafina, se désespérait en disant qu'elle ne pourrait embrasser son neveu une dernière fois, si elle s'attardait au Vatican, où elle devait être, le médecin offrit d'aller la chercher avec sa voiture, qu'il avait gardée en bas. C'était une affaire de vingt minutes. Il serait de retour, si, dans les derniers moments, on avait besoin de lui.

Resté seul dans l'embrasure, le cardinal s'y tint immobile, un instant encore. Par la fenêtre, les yeux obscurcis de ses larmes, il regardait le ciel. Et ses bras frémissants se tendirent, en un geste d'imploration ardente. O Dieu ! puisque la science des hommes était si courte et si vaine, puisque ce médecin s'en allait ainsi, heureux de sauver l'embarras de son impuissance, ô Dieu ! que ne faisiez-vous un miracle, pour montrer l'éclat de votre pouvoir sans bornes ! Un miracle, un miracle ! il le demandait du fond de son âme de croyant, avec l'insistance, la prière impérative d'un prince de la terre, qui croyait avoir rendu au ciel un service considérable, par sa vie entière donnée à l'Église. Il le demandait pour la continuation de sa race, pour que le dernier mâle ne disparût pas si misérablement, pour qu'il pût épouser cette cousine tant aimée, là pleurante et si malheureuse à cette heure. Un miracle, un miracle ! au profit de ces deux chers enfants ! un miracle qui fît renaître la famille ! un miracle qui éternisât le glorieux nom des Boccanera, en permettant qu'il sortît de ces jeunes époux toute une lignée sans nombre de vaillants et de fidèles !

Lorsqu'il revint au milieu de la chambre, le cardinal apparut transfiguré, les yeux séchés par la foi, l'âme désormais forte et soumise, exempte de toute faiblesse. Il s'était remis entre les mains de Dieu, il avait résolu d'administrer lui-même l'extrême-onction à Dario. D'un geste, il appela don Vigilio, il l'emmena dans la petite pièce voisine, qui lui servait de chapelle, et dont il avait toujours la clef sur lui. Cette pièce nue, où personne n'entrait, cette pièce où se trouvait simplement un petit autel de bois peint, surmonté d'un grand crucifix de cuivre, avait dans le palais un renom de lieu saint, inconnu et terrible, car Son Éminence, disait-on, y passait les nuits à genoux, conversant avec Dieu en personne. Et, pour qu'il y entrât publiquement, pour qu'il en laissât ainsi la porte large ouverte, il fallait qu'il voulût forcer Dieu à en sortir avec lui, dans son désir d'un miracle.

On avait ménagé une armoire derrière l'autel, et le cardinal y passa prendre l'étole et le surplis. La boîte aux saintes huiles était également là, une très ancienne boîte d'argent, timbrée des armes des Boccanera. Puis, don Vigilio étant rentré dans la chambre à la suite de l'officiant, pour l'assister, les paroles latines tout de suite alternèrent.

— *Pax huic domui.*
— *Et omnibus habitantibus in ea.*

La mort venait, si menaçante, si prochaine, que tous les préparatifs habituels se trouvaient forcément supprimés. Il n'y avait ni les deux cierges, ni la petite table recouverte d'une nappe blanche. De même, l'assistant n'ayant pas apporté le bénitier et l'aspersoir, l'officiant dut se contenter de faire le geste, bénissant la chambre et le mourant, en prononçant les paroles du rituel :

— *Asperges me, Domine, hyssopo, et mundabor; lavabis me, et super nivem dealbabor.*

Dans un long frisson, en voyant paraître le cardinal, avec les saintes huiles, Benedetta était tombée à genoux, au pied du lit; tandis que Pierre et Victorine, un peu en arrière, s'agenouillaient eux aussi, bouleversés par la douloureuse grandeur du spectacle. Et, de ses yeux immenses, élargis dans sa face d'une pâleur de neige, la contessina ne quittait pas du regard son Dario qu'elle ne reconnaissait plus, le visage terreux, la peau tannée et ridée ainsi que celle d'un vieillard. Et ce n'était pas pour leur mariage, accepté et désiré par lui, que leur oncle, ce tout-puissant prince de l'Église, apportait le sacrement, c'était pour la rupture suprême, la fin humaine de tout orgueil, la mort qui achève et emporte les races, comme le vent balaye la poussière des routes.

Il ne pouvait s'attarder, il récita promptement le *Credo* à demi-voix.

— *Credo in unum Deum...*

— *Amen,* répondit don Vigilio.

Après les prières du rituel, ce dernier balbutia les litanies, pour que le ciel prît en pitié l'homme misérable qui allait comparaître devant Dieu, si un prodige de Dieu ne lui faisait pas grâce.

Alors, sans prendre le temps de se laver les doigts, le cardinal ouvrit la boîte des saintes huiles; et, se bornant à une seule onction, comme il était permis dans le cas d'urgence, il posa, du bout de l'aiguille d'argent, une seule goutte sur la bouche desséchée, déjà flétrie par la mort.

— *Per istam sanctam unctionem, et suam piissimam misericordiam, indulgeat tibi Dominus quidquid per visum, auditum, odoratum, gustum, tactum, deliquisti.*

Ah! de quel cœur brûlant de foi il les prononçait, ces appels au pardon, pour que la divine miséricorde effaçât les péchés commis par les cinq sens, ces cinq portes de l'éternelle tentation ouvertes sur l'âme! Mais c'était encore avec l'espoir que, si Dieu avait frappé le pauvre être pour ses fautes, peut-être aurait-il l'indulgence entière de le rendre même à la vie, dès qu'il les aurait pardonnées. La vie, ô Seigneur! la vie, pour que cette antique lignée des Boccanera pullule encore, continue à vous servir au travers des âges, dans les combats et devant les autels!

Un instant, le cardinal resta les mains frémissantes, regardant la face muette, les yeux fermés du moribond, attendant le miracle. Rien ne se produisait, pas une clarté n'avait lui. Don Vigilio venait d'essuyer la bouche avec un petit flocon d'ouate, sans qu'un soupir de soulagement sortît des lèvres. Et l'oraison dernière fut dite, l'officiant retourna dans la chapelle, suivi de l'assistant, au milieu de l'effrayant silence qui retombait. Et là tous deux s'agenouillèrent, le cardinal s'abîma dans une prière brûlante, sur le carreau nu. Les yeux levés vers le crucifix de cuivre, il ne vit plus rien, il n'entendit plus rien, il se donna tout entier, suppliant Jésus de le prendre à la place de son neveu, s'il fallait un holocauste, ne désespérant toujours pas de fléchir la colère céleste, tant que Dario aurait un souffle de vie, et tant que lui-même serait ainsi à genoux, en conversation avec Dieu. Il était à la fois si humble et si souverain! De Dieu à un Boccanera, l'entente n'allait-elle donc pas se faire? Le vieux palais pouvait crouler, il n'aurait pas senti la chute des poutres.

Dans la chambre, cependant, rien n'avait bougé encore, sous le poids de cette majesté tragique que la cérémonie semblait y avoir laissée. Et ce fut alors seulement que Dario ouvrit les paupières. Il regarda ses mains, il les vit si vieillies, si réduites, qu'un immense regret de l'existence se peignit au fond de ses yeux. Sans doute, à ce moment de lucidité, au milieu de cette sorte de griserie du poison

qui l'accablait, il eut pour la première fois conscience de
son état. Ah! mourir, dans une telle douleur, une telle
déchéance, quelle révoltante abomination pour cet être
de légèreté et d'égoïsme, pour cet amant de la beauté, de
la gaieté et de la lumière, qui ne savait pas souffrir! Le
destin féroce châtiait en lui avec trop de rudesse sa race
finissante. Il se fit horreur à lui-même, il fut pris d'un
désespoir, d'une terreur d'enfant, qui lui donnèrent la
force de se soulever sur son séant et de regarder éperdument autour de la chambre, pour voir si tout le monde
ne l'avait pas abandonné. Et, lorsque son regard rencontra Benedetta toujours agenouillée au pied du lit,
il eut un suprême élan vers elle, il lui tendit ses deux
bras, brûlant du désir égoïste de l'emmener à son cou.

— Oh! Benedetta, Benedetta... Viens, viens, ne me
laisse pas mourir seul!

Elle, dans la stupeur de son attente, immobile, ne
l'avait pas quitté des yeux. Le mal horrible qui emportait
son amant, semblait de plus en plus la posséder et la
détruire, à mesure que lui s'affaiblissait. Elle devenait
d'une blancheur immatérielle; et, par les trous de ses
prunelles si claires, on commençait à voir son âme.
Mais, quand elle l'aperçut, ressuscitant, les bras tendus
et l'appelant, elle se leva à son tour, elle s'approcha, se
tint debout près du lit.

— Je viens, mon Dario... Me voilà, me voilà!

Et Pierre et Victorine, alors, toujours à genoux, assis-
tèrent à l'acte sublime, d'une si extraordinaire grandeur,
qu'ils en restèrent cloués au sol, comme devant un spectacle extra-terrestre, où les humains n'avaient plus à
intervenir. Elle-même, Benedetta parlait, agissait en
créature délivrée de tous liens conventionnels et sociaux,
déjà hors de la vie, ne voyant et n'interpellant plus les
êtres et les choses que de très loin, du fond de l'inconnu
où elle allait disparaître.

— Ah! mon Dario, on a voulu nous séparer. Oui, c'est

pour que je ne puisse me donner à toi, c'est pour que nous ne soyons jamais heureux, aux bras l'un de l'autre, qu'on a résolu ta mort, en sachant bien que ta vie emporterait la mienne... Et c'est cet homme qui te tue, oui! il est ton assassin, même si un autre t'a frappé. C'est lui qui est la cause première, qui m'a volée à toi quand j'allais être tienne, qui a ravagé notre existence à tous deux, qui a soufflé autour de nous, en nous, l'exécrable poison dont nous mourons... Ah! que je le hais, que je le hais, d'une haine dont je voudrais l'écraser avant de partir à ton cou!

Elle n'élevait pas la voix, elle disait ces choses affreuses dans un murmure profond, simplement, passionnément. Prada ne fut pas même nommé, et elle se tourna à peine vers Pierre, frappé d'immobilité, derrière elle, pour ajouter d'un air de commandement:

— Vous qui verrez son père, je vous charge de lui dire que j'ai maudit son fils. Le héros si tendre m'a bien aimée, je l'aime bien encore, et cette parole que vous lui porterez lui déchirera le cœur. Mais je veux qu'il sache, il doit savoir, pour la vérité et pour la justice.

Fou de peur, sanglotant, Dario tendit de nouveau les bras, en sentant qu'elle ne le regardait plus, qu'il n'avait plus ses yeux clairs fixés sur les siens.

— Benedetta, Benedetta... Viens, viens, oh! cette nuit toute noire, je ne veux pas y entrer seul!

— Je viens, je viens, mon Dario... Me voilà!

Elle s'était rapprochée encore, elle le touchait presque, debout contre le lit.

— Ah! ce serment que j'avais fait à la Madone de n'être à aucun homme, pas même à toi, avant que Dieu l'eût permis, par la bénédiction d'un de ses prêtres! Je mettais une noblesse supérieure, divine, à être immaculée, vierge comme la Vierge, ignorante des souillures et des bassesses de la chair. Et c'était en outre un cadeau d'amour exquis et rare, d'un prix inestimable, que je voulais faire à l'amant élu par mon cœur, pour qu'il fût à jamais le seul maître de mon âme et de mon corps... Cette virginité dont j'étais si orgueilleuse, je l'ai défendue contre l'autre, des ongles et des dents, comme on se défend contre un loup, je l'ai défendue contre toi, avec des larmes, pour que tu n'en salisses pas le trésor, dans une fièvre sacrilège, avant l'heure sainte des délices permises... Et si tu savais quelles terribles luttes je soutenais aussi contre moi-même, pour ne pas céder! J'avais un besoin fou de te crier de me prendre, de me posséder, de m'emporter. Car c'était toi tout entier que je voulais, et c'était moi tout entière que je te donnais, oui! sans réserve, en femme qui sait, et qui accepte, et qui réclame tout l'amour, celui qui fait l'épouse et la mère... Ah! mon serment à la Madone, avec quelle peine je l'ai tenu, lorsque le vieux sang soufflait chez moi en tempête, et maintenant quel désastre!

Elle se rapprocha encore, tandis que sa voix basse se faisait plus ardente.

— Tu te souviens, le soir où tu es rentré, avec un coup de couteau dans l'épaule... Je t'ai cru mort, j'ai crié de rage, à l'idée que tu allais partir, que j'allais te perdre, sans que nous eussions connu le bonheur. J'insultais la Madone, je regrettais, en ce moment-là, de ne m'être pas damnée avec toi, pour mourir avec toi, enlacés tous les deux dans une étreinte si rude, qu'il aurait fallu nous enterrer ensemble... Et dire que ce terrible avertissement ne devait servir à rien! J'ai été assez aveugle, assez sotte, pour ne pas entendre la leçon. Te voilà frappé de nouveau, on te vole à mon amour, et tu t'en vas avant que je me sois donnée enfin, lorsqu'il en était temps encore... Ah! misérable orgueilleuse, rêveuse imbécile!

Ce qui grondait à présent dans sa voix étouffée, c'était, contre elle-même, la colère de la femme pratique et raisonnable qu'elle avait toujours été. Est-ce que la Madone, si maternelle, voulait le malheur des amants? Quelle indignation ou quelle tristesse aurait-elle eue, à les voir aux bras l'un de l'autre, si passionnés, si heureux? Non, non! les anges ne pleuraient pas, quand deux amants, même en dehors du prêtre, s'aimaient sur la terre; au contraire, ils souriaient, ils chantaient d'allégresse. Et c'était sûrement une duperie abominable que de ne pas épuiser la joie d'aimer sous le soleil, quand le sang de la vie battait dans les veines.

— Benedetta, Benedetta! répéta le mourant, en l'épouvante d'enfant qu'il avait de s'en aller seul ainsi, au fond de l'éternelle nuit noire.

— Me voilà, me voilà! mon Dario... Je viens!

Puis, comme elle s'imagina que la servante, immobile pourtant, avait eu un geste pour se lever et pour l'empêcher de faire l'acte :

— Laisse, laisse, Victorine, rien au monde désormais ne peut empêcher cela, parce que cela est plus fort que tout, plus fort que la mort. Quelque chose, il y a un instant, quand j'étais à genoux, m'a redressée, m'a poussée. Je sais où je vais... Et, d'ailleurs, n'ai-je pas juré, le soir du coup de couteau? N'ai-je pas promis d'être à lui seul, jusque dans la terre, s'il le fallait? Que je le baise, et qu'il m'emporte! Nous serons morts, nous serons mariés tout de même et pour toujours!

Elle revint au moribond, elle le touchait maintenant.

— Mon Dario, me voilà, me voilà!

Et ce fut inouï. Dans une exaltation grandissante, dans une flambée d'amour qui la soulevait, elle commença sans hâte à se dévêtir. D'abord, le corsage tomba, et les bras blancs, les épaules blanches resplendirent; puis, les jupes glissèrent, et, déchaussés, les pieds blancs, les chevilles blanches, fleurirent sur le tapis; puis, les derniers linges, un à un, s'en allèrent, et le ventre blanc, la gorge blanche, les cuisses blanches, s'épanouirent en une haute floraison blanche. Jusqu'au dernier voile, elle avait

50

tout retiré, avec une audace ingénue, une tranquillité souveraine, comme si elle se trouvait seule. Elle était debout, telle qu'un grand lis, dans sa nudité candide, dans sa royauté dédaigneuse, ignorante des regards. Elle éclairait, elle parfumait la morne chambre de la beauté de son corps, un prodige de beauté, la perfection vivante des plus beaux marbres, le col d'une reine, la poitrine d'une déesse guerrière, la ligne fière et souple de l'épaule au talon, les rondeurs sacrées des membres et des flancs. Et elle était si blanche, que ni les statues de marbre, ni les colombes, ni la neige elle-même, n'étaient plus blanches.

— Mon Dario, me voilà, me voilà!

Comme renversés à terre par une apparition, le glorieux flamboiement d'une vision sainte, Pierre et Victorine la regardaient de leurs yeux aveuglés, éblouis. Celle-ci n'avait pas même fait un mouvement pour l'arrêter dans son action extraordinaire, envahie de cette sorte de respect terrifié qu'on éprouve devant les folies de la passion et de la foi. Et, lui, paralysé, sentait passer quelque chose de si grand, qu'il n'était plus capable que d'un frisson d'admiration éperdue. Rien d'impur ne lui venait de cette nudité de neige et de lis, de cette vierge de candeur et de noblesse, dont le corps semblait rayonner d'une lumière propre, de l'éclat même du puissant amour dont il brûlait. Elle ne le choquait pas plus qu'une œuvre de vérité, transfigurée par le génie.

— Mon Dario, me voilà, me voilà!

Et Benedetta, s'étant couchée, prit dans ses bras Dario agonisant, dont les bras n'eurent que la force de se refermer sur elle. Enfin, elle avait voulu cela, dans sa tranquillité apparente, dans la blancheur liliale de son obstination, sous laquelle grondait une rouge fureur d'incendie. Toujours, cette violence l'avait dévorée, même aux heures de calme. Maintenant que le destin abominable lui volait son amant, elle refusait de se résigner à cette duperie de le perdre sans s'être donnée, puisqu'elle avait eu la sottise de ne pas se donner, lorsqu'ils étaient tous les deux souriants de tendresse, rayonnants de force. Et, dans sa folie, éclatait la révolte de la nature, le cri inconscient de la femme qui ne voulait pas mourir inféconde, inutile comme la graine emportée par un vent de désastre, et dont ne germera plus aucune autre vie.

— Mon Dario, me voilà, me voilà!

Elle l'étreignait de tous ses membres nus, de toute son âme nue. Et Pierre, à ce moment, aperçut contre le mur, au chevet du lit, les armes des Boccanera, un ancien panneau de broderie d'or et de soies de couleur, sur velours violet. Oui, c'était bien le dragon ailé soufflant des flammes; c'était bien la devise farouche et ardente, *Bocca nera, Alma rosa*, bouche noire, âme rouge, la bouche enténébrée d'un rugissement, l'âme flamboyant comme un brasier de foi et d'amour. Toute cette vieille race de passion et de violence, aux légendes tragiques, venait de renaître, pour pousser cette fille dernière, si adorable, à ces effrayantes et prodigieuses fiançailles dans la mort. Et la vue des armes brodées évoqua en lui un autre souvenir, celui du portrait de Cassia Boccanera, l'amoureuse et la justicière, qui s'était jetée au Tibre avec son frère, Ercole, et le cadavre de son amant, Flavio Corradini. N'était-ce pas la même étreinte désespérée qui tâchait de vaincre la mort, la même sauvagerie se jetant à l'abîme avec le corps du bien-aimé, l'élu et l'unique? Toutes deux se ressemblaient ainsi que des sœurs, celle qui revivait en haut, sur l'ancienne toile, celle qui se mourait là de la mort de son amant, comme si cette dernière n'était que la revenante de l'autre, avec leurs mêmes traits d'enfance délicate, la même bouche de désir et les mêmes grands yeux de rêve, dans la même petite face ronde, sage et têtue.

— Mon Dario, me voilà, me voilà!

Pendant une éternité, une seconde peut-être, ils s'étreignirent. Elle y apportait une frénésie du don d'elle-même, une frénésie sacrée allant au delà de la vie, jusque dans l'infini noir de l'inconnu, qui commençait pour eux. Elle se mêlait à lui, entrait dans lui, sans terreur ni répugnance du mal qui le rendait méconnaissable; et lui, qui venait d'expirer sous ce grand bonheur dont la félicité lui arrivait enfin, restait les bras serrés, noués convulsivement autour d'elle, comme s'il l'emportait. Alors, fut-ce de la douleur de cette possession incomplète, en songeant à sa virginité inutile, qui ne pouvait plus être fécondée? ou bien fut-ce au milieu de la joie suprême d'avoir consommé quand même le mariage, de toute la volonté de son être? Elle eut au cœur, dans cette étreinte de l'impuissante mort, un tel flot de sang, que son cœur éclata. Elle était morte au cou de son amant mort, tous les deux étroitement serrés, à jamais, entre les bras l'un de l'autre.

Il y eut un gémissement, Victorine s'était approchée, avait compris; tandis que Pierre, debout lui aussi, restait frémissant d'admiration et de larmes, soulevé par le sublime.

— Voyez, voyez, bégaya à voix très basse la servante, elle ne bouge plus, elle ne souffle plus. Ma pauvre enfant, ma pauvre enfant! elle est morte!

Et le prêtre murmura :

— Mon Dieu! qu'ils sont beaux!

C'était vrai, jamais beauté si haute, si resplendissante, n'avait éclaté sur des visages morts. La face, tout à l'heure terreuse et vieillie de Dario, venait de prendre une pâleur, une noblesse de marbre, les traits allongés, simplifiés, comme dans un élan d'ineffable allégresse. Benedetta restait très grave, avec un pli d'ardente volonté aux lèvres, tandis que la figure entière exprimait une béatitude douloureuse et infinie, dans une infinie blancheur. Ils mêlaient leurs chevelures, et leurs yeux, restés grands ouverts, les uns au fond des autres, continuaient à se regarder sans fin, d'une éternelle douceur de caresse. Ils étaient le couple pour toujours enlacé, parti pour l'immortalité dans l'enchantement de leur union, et qui avait vaincu la mort, et de qui rayonnait cette beauté ravie de l'amour immortel et vainqueur.

Mais les sanglots de Victorine crevaient enfin, mêlés à de telles plaintes, qu'il s'ensuivit toute une confusion. Et Pierre, bouleversé à présent, ne s'expliqua pas trop comment la chambre se trouva tout d'un coup envahie par des gens, qu'une sorte de terreur désespérée agitait. Le cardinal avait dû accourir de sa chapelle, avec don Vigilio. Sans doute aussi, à cette minute, le docteur Giordano ramenait donna Serafina, prévenue de la mort prochaine de son neveu, car elle était là maintenant, dans la stupeur de ces coups de foudre successifs qui frappaient la maison. Lui-même, le docteur avait cet étonnement troublé des plus vieux médecins dont l'expérience s'effare toujours devant les faits; et il tentait une explication, il parlait en hésitant d'un anévrisme possible, peut-être d'une embolie.

Victorine, en servante que sa douleur faisait l'égale de ses maîtres, osa l'interrompre.

— Ah! monsieur le docteur, ils s'aimaient trop tous les deux, est-ce que ça ne suffit pas pour mourir ensemble?

Donna Serafina, après avoir baisé au front les chers enfants, voulut leur fermer les yeux. Mais elle ne put y parvenir, les paupières se rouvraient dès que le doigt les abandonnait, les yeux recommençaient à se sourire, à échanger fixement la caresse de leur regard d'éternité. Et, comme elle parlait, pour la décence, de séparer les deux corps, en essayant de dénouer leurs membres :

— Oh! madame, oh! madame! se récria de nouveau Victorine. Vous leur casseriez plutôt les bras. Voyez donc, on dirait que les doigts sont entrés dans les épaules, jamais ils ne se quitteront.

Alors, le cardinal intervint. Dieu n'avait pas fait le

miracle. Il était livide, sans une larme, dans un désespoir glacé qui le grandissait. Il eut un geste souverain d'absolution, de sanctification, comme si, en prince de l'Église, disposant des volontés du ciel, il acceptait ainsi les deux amants embrassés devant le tribunal suprême, largement dédaigneux des convenances, en face de ce cas de superbe amour, ému jusqu'aux entrailles par les souffrances de leur vie et par la beauté de leur mort.

— Laissez-les, laissez-les, ma sœur, ne les troublez pas dans leur sommeil... Que leurs yeux restent ouverts, puisqu'ils veulent avoir jusqu'à la fin des temps pour se regarder, sans jamais en être las! Et qu'ils dorment donc aux bras l'un de l'autre, puisqu'ils n'ont pas péché durant leur existence, et qu'ils ne se sont ainsi noués d'une étreinte que pour se coucher dans la terre!

Il ajouta, redevenant le prince romain, au sang d'orgueil, chaud encore des anciennes aventures de batailles et de passions :

— Deux Boccanera peuvent dormir ainsi, Rome entière les admirera et les pleurera... Laissez-les, laissez-les l'un à l'autre, ma sœur. Dieu les connaît et les attend.

Tous les assistants s'étaient agenouillés, le cardinal récita lui-même les prières des morts. La nuit venait, une ombre croissante envahissait la chambre, où bientôt deux flammes de cierge brillèrent comme deux étoiles.

Puis, sans savoir comment, Pierre se retrouva dans le petit jardin abandonné du palais, au bord du Tibre. Il devait y être descendu, étouffant de fatigue et de chagrin, ayant besoin d'air. Les ténèbres noyaient le coin charmant, l'antique sarcophage où le mince filet d'eau tombant du masque tragique chantait sa grêle chanson de flûte; et le laurier qui l'ombrageait, les buis amers, les orangers des plates-bandes n'étaient plus que des masses indistinctes, sous le ciel d'un bleu noir. Ah! comme il était doux et gai le matin, ce délicieux jardin mélancolique! et comme les rires de Benedetta y avaient laissé un écho désolé, toute cette belle joie sonnante du bonheur prochain, qui maintenant gisait là-haut, dans le néant des choses et des êtres! Il eut le cœur serré si douloureusement, qu'il éclata en gros sanglots, assis à la place même où elle s'était assise, sur le fragment de colonne renversée, dans l'air qu'elle avait respiré et qui paraissait garder son odeur pure de femme adorable.

Tout d'un coup, une horloge au loin sonna six heures. Et Pierre eut un brusque sursaut, en se souvenant que c'était le soir même que le pape devait le recevoir, à neuf heures. Encore trois heures. Il n'y avait pas songé pendant l'effrayante catastrophe, il lui semblait que des mois et des mois s'étaient écoulés, cela revenait en lui comme un très ancien rendez-vous, auquel, après des années d'absence, on arrive vieilli, le cœur et le cerveau changés par des événements sans nombre. Et, péniblement, il reprenait pied. Dans trois heures, il irait au Vatican, il verrait enfin le pape.

XIV

Le soir, comme Pierre débouchait du Borgo devant le Vatican, l'horloge, dans le profond silence du quartier enténébré et sommeillant déjà, laissa tomber un grand coup sonore, la demie de huit heures. Il était en avance, il résolut d'attendre vingt minutes, de façon à n'être en haut, à la porte des appartements, qu'à neuf heures, l'heure exacte de l'audience.

Et ce répit lui fut un soulagement, dans l'émotion et dans la tristesse infinies qui lui étreignaient le cœur. Il arrivait les membres brisés, affreusement las de l'après-midi tragique qu'il venait de passer au fond de cette chambre de mort, où Dario et Benedetta dormaient maintenant leur éternel sommeil, aux bras l'un de l'autre. Il n'avait pu manger, il était hanté par l'image farouche et douloureuse des deux amants, si plein d'eux, que des soupirs involontaires s'échappaient de sa gorge, tandis que des pleurs sans cesse remontaient à ses yeux. Ah! qu'il aurait voulu pouvoir se cacher, pleurer à son aise, satisfaire ce besoin immense de larmes dont il étouffait! Et c'était un attendrissement qui gagnait toutes ses pensées, la mort pitoyable des deux amants s'ajoutait pour lui à la plainte qui sortait de son livre, le bouleversait d'une pitié plus grande, d'une véritable angoisse de charité pour tous les misérables et pour tous les souffrants de ce monde, si éperdu à cette évocation de tant de plaies physiques et morales, de ce Paris, de cette Rome où il avait vu tant d'injustes et monstrueuses souffrances, qu'il

avait peur, à chaque pas, d'éclater en sanglots, les bras
tendus vers le ciel noir.

Alors, lentement, pour se calmer un peu, il se promena
sur la place Saint-Pierre. A cette heure de nuit, c'était
une immensité de ténèbres et de solitude. Quand il était
arrivé, il avait cru se perdre dans une mer d'ombre.
Mais, peu à peu, ses yeux s'accoutumaient, le vaste espace
n'était éclairé que par les quatre candélabres à sept becs,
aux quatre coins de l'Obélisque, et que par les rares becs,
à droite et à gauche, le long des bâtiments qui montent
à la basilique. Sous le double portique de la colonnade,
d'autres lanternes brûlaient d'une lueur jaune, parmi la
colossale forêt des quatre rangées de piliers, dont elles
découpaient bizarrement les fûts. Et, sur la place, il n'y
avait de visible que l'Obélisque pâle, se dressant d'un
air d'apparition. La façade de Saint-Pierre s'évoquait elle
aussi, à peine distincte, comme en un rêve, et close, et
morte, dans une extraordinaire grandeur de sommeil,
d'immobilité et de silence. Il ne voyait pas le dôme, à
peine une rondeur bleuâtre, géante, devinée sur le ciel.
Sans les voir, il avait d'abord entendu le ruissellement
des fontaines, quelque part, au fond de cette obscurité
vague; puis, il finit par distinguer le fantôme mince et
mouvant des jets continus qui retombaient en pluie. Et,
au-dessus de l'immense place, le ciel immense s'étendait, sans lune, de velours bleu sombre, où les étoiles
semblaient avoir une grosseur et un éclat d'escarboucles,
le Chariot renversé sur la toiture du Vatican, avec ses
roues d'or, son brancard d'or, Orion splendide, chamarré
des trois astres d'or de son baudrier, là-bas sur Rome,
du côté de la rue Giulia.

Pierre leva les yeux sur le Vatican. Mais il n'y avait là
qu'un entassement de façades confuses, où ne luisaient
que deux petites lueurs de lampe, à l'étage des appartements du pape. Seule, dans la cour Saint-Damase, éclairée intérieurement, la façade du fond et celle de gauche

braisillaient, blanchies par les reflets de leurs grands vitrages de serre. Et toujours pas un bruit, pas un mouvement, pas même un déplacement de l'ombre. Deux personnes traversèrent l'immensité de la place, il en vint une troisième qui disparut à son tour; puis, il ne resta qu'une cadence de pas rythmés, très lointaine. C'était le désert absolu, ni promeneurs, ni passants, pas même l'ombre d'un rôdeur sous la colonnade, entre la forêt de piliers, aussi vide que les sauvages forêts centenaires des premiers âges. Et quel désert solennel, quel silence de hautaine désolation! Jamais il n'avait éprouvé une sensation de sommeil plus vaste ni plus noir, d'une souveraine noblesse de mort.

A neuf heures moins dix, Pierre se décida, se dirigea vers la porte de bronze. Un seul battant en était ouvert encore, au bout du portique de droite, dans un épaississement des ténèbres, qui la noyait de nuit. Il se souvenait des instructions précises que monsignor Nani lui avait données : demander à chaque porte monsieur Squadra, ne pas ajouter une parole; et chaque porte s'ouvrirait, il n'aurait qu'à se laisser conduire. Personne au monde maintenant ne le savait là, puisque Benedetta n'était plus. Quand il eut franchi la porte de bronze et qu'il se trouva devant le garde suisse immobile, qui gardait le seuil, d'un air ensommeillé, il dit simplement le mot convenu.

— Monsieur Squadra.

Et, le garde suisse n'ayant pas bougé, ne lui barrant pas le chemin, il passa, il tourna tout de suite à droite, dans le grand vestibule de la scala Pia, l'escalier de pierre à l'énorme cage carrée, qui monte à la cour Saint-Damase. Et pas une âme, rien que l'écho étouffé des pas, rien que la lueur dormante des becs de gaz, dont les globes dépolis blanchissaient mollement la clarté.

En haut, en traversant la cour, il se souvint de l'avoir déjà vue, des loges de Raphaël, avec son portique, sa fontaine, son pavé blanc, sous le brûlant soleil. Mais il n'y apercevait même plus les cinq ou six voitures qui attendaient, les chevaux figés, les cochers raidis sur leurs sièges. C'était une solitude, un vaste carré nu et pâle, d'un sommeil sépulcral, sous la lumière morne des lanternes, dont les réverbérations blanchissaient les hauts vitrages des trois façades. Et, un peu inquiet, gagné par le petit frisson du vide et du silence, il se hâta, il se dirigea, à droite, vers le perron, abrité d'une marquise, dont les quelques degrés mènent à l'escalier des appartements.

Là, debout, se tenait un gendarme superbe, en grand uniforme.

— Monsieur Squadra.

D'un simple geste, sans une parole, le gendarme montra l'escalier.

Pierre monta. C'était un escalier très large, à la rampe de marbre blanc, aux marches basses, aux murs enduits d'un suc jaunâtre. Dans les globes de verre dépoli, les becs de gaz semblaient avoir été baissés déjà, par une économie sage. Et, sous cette clarté de veilleuse, rien n'était d'une solennité plus triste que cette majestueuse nudité, si blême et si froide. A chaque palier, un garde suisse veillait encore, avec sa hallebarde; et, dans le lourd sommeil qui prenait le palais, on n'entendait plus que les pas réguliers de ces hommes, allant et venant toujours, sans doute pour ne pas succomber à l'engourdissement des choses.

Au travers de cette ombre envahissante, parmi le grand silence frissonnant, la montée paraissait interminable. Chaque étage se coupait en tronçons, encore un, encore un, encore un. Quand il arriva enfin au palier du deuxième étage, il s'imaginait qu'il montait depuis cent ans. Devant la porte vitrée de la salle Clémentine, dont le battant de droite était seul ouvert, un dernier garde suisse veillait.

— Monsieur Squadra.

Le garde s'effaça, laissa entrer le jeune prêtre.

Cette salle Clémentine, immense, semblait sans bornes à cette heure, dans la clarté crépusculaire des lampes. La décoration si riche, les sculptures, les peintures, les dorures, se noyait, n'était plus qu'une vague apparition fauve, des murs de rêve où dormaient des reflets de joyaux et de pierreries. Et, d'ailleurs, pas un meuble, le dallage sans fin, une solitude élargie, se perdant au fond des demi-ténèbres.

Enfin, à l'autre bout, près d'une porte, Pierre crut apercevoir des formes, le long d'un banc. C'étaient trois gardes suisses assis là, ensommeillés.

— Monsieur Squadra.

Lentement, un des gardes se leva, disparut. Et Pierre comprit qu'il devait attendre. Il n'osa bouger, troublé par le bruit de ses pas sur les dalles. Il se contenta de regarder autour de lui, en évoquant les foules qui avaient peuplé cette salle. Aujourd'hui encore, elle était la salle accessible à tous et que tous devaient traverser, simplement une salle des gardes, pleine toujours d'un tumulte de pas, d'allées et de venues sans nombre. Mais quelle mort pesante, dès que la nuit l'avait envahie, et comme elle était désespérée et lasse d'avoir vu défiler tant de choses et tant d'êtres !

Enfin, le garde revint, et derrière lui apparut, sur le seuil de la pièce voisine, un homme d'une quarantaine d'années, vêtu entièrement de noir, qui tenait du domestique de grande maison et du bedeau de cathédrale. Il avait un beau visage correct et rasé, avec un nez un peu fort, entre deux yeux larges, fixes et clairs.

— Monsieur Squadra, dit Pierre une dernière fois.

L'homme s'inclina, pour dire qu'il était monsieur Squadra. Puis, d'une nouvelle révérence, il invita le prêtre à le suivre. Et tous deux, l'un derrière l'autre, sans hâte aucune, s'engagèrent dans l'interminable enfilade des salles.

Pierre, au courant du cérémonial, et qui en avait causé plusieurs fois avec Narcisse, reconnut, au passage, les salles diverses, se rappela l'usage de chacune, les remplit des personnages qui avaient le droit de s'y tenir. Selon son rang, chaque dignitaire ne peut franchir une certaine porte ; de sorte que les personnes qui doivent être reçues par le pape, passent ainsi de mains en mains, de celles des domestiques en celles des gardes-nobles, puis en celles des camériers d'honneur, puis en celles des camériers secrets, jusqu'au Saint-Père. Mais, dès huit heures, les salles se vident, de rares lampes brûlent seules sur les consoles, ce n'est plus qu'une suite de pièces désertes, à demi obscures, assoupies, au fond du néant auguste où tombe le palais entier.

Et, d'abord, ce fut la salle des domestiques, des bussolanti, de simples huissiers, vêtus de velours rouge, brodé aux armes du pape, qui ont la charge de mener les visiteurs jusqu'à la porte de l'antichambre d'honneur. A cette heure tardive, un seul était encore là, assis sur une banquette, en un tel coin d'ombre, que sa tunique de pourpre paraissait noire. Il leva la tête, laissa passer, dans ces ténèbres où s'éteignait toute la pompe éclatante du plein jour. Puis, on traversa la salle des gendarmes, où la règle était que les secrétaires des cardinaux et des hauts personnages attendissent le retour de leurs maîtres ; et elle était complètement vide, pas un seul des beaux uniformes bleus, aux buffleteries blanches, pas une seule des fines soutanes, qui s'y mêlaient pendant les heures brillantes des réceptions. Vide également la salle suivante, plus petite, réservée à la garde palatine, cette milice recrutée parmi la bourgeoisie de Rome, qui portait la tunique noire, les épaulettes d'or, le shako surmonté d'un plumet rouge. On tourna à droite, dans une autre enfilade de salles, et vide encore la première où l'on entra, la salle des Tapisseries, une salle d'attente, superbe avec son haut plafond peint, ses Gobelins admirables, signés Audran, Jésus faisant des miracles et les Noces de Cana. Vide elle aussi la salle des gardes-nobles, avec ses escabeaux de bois, sa console à droite, que surmonte un grand crucifix, entre une paire de lampes, sa large porte du fond qui s'ouvre sur une autre petite pièce, une sorte d'alcôve contenant un autel, où le Saint-Père dit sa messe, isolé, pendant que les assistants restent à genoux sur les dalles de marbre de la salle voisine, toute resplendissante des uniformes ensoleillés des gardes-nobles. Et vide enfin l'antichambre d'honneur, la salle du trône, dans laquelle le pape reçoit en audience publique, jusqu'à deux et trois cents personnes à la fois. En face des fenêtres, sur une estrade basse, est le trône, un fauteuil doré, recouvert de velours rouge, sous un baldaquin de même velours. A côté se trouve le coussin, pour le baise-pied. Puis, c'est à droite et à gauche deux consoles face à face, l'une avec une pendule, l'autre avec un crucifix, entre de hauts candélabres à pied de bois doré, portant des bougies. La tenture de damas rouge, à larges palmes Louis XIV, monte jusqu'à la fastueuse frise qui encadre le plafond d'attributs et de figures allégoriques; et le magnifique et froid dallage de marbre n'est recouvert d'un tapis de Smyrne que devant le trône. Mais, les jours d'audience particulière, lorsque le pape se tenait dans la salle du petit trône ou même dans sa chambre, la salle du trône n'était plus que l'antichambre d'honneur, où toute la prélature attendait, les hauts dignitaires de l'Église mêlés aux ambassadeurs, aux grands personnages civils de tous rangs. Le service y était fait par les deux camériers d'honneur, l'un en habit violet, l'autre de cape et d'épée, qui y recevaient, des mains des bussolanti, les personnes admises au précieux honneur d'une audience, pour les conduire eux-mêmes à la porte de la pièce voisine, l'antichambre secrète, où ils les remettaient aux mains des camériers secrets. C'était la salle la plus luxueuse, la plus vivante, dans l'éclat des uniformes et des costumes, dans l'émotion qui grandissait, à mesure qu'on approchait du tabernacle habité par l'Élu et l'Unique, au travers de cette succession sans fin de salles, où le cœur battait de plus en plus fort, étreint jusqu'à l'étouffement par cette gradation savante, de splendeur moindre en splendeur sans cesse accrue. Et, à cette heure de nuit, toujours pas une âme, pas un geste, pas une voix, rien que le silence tombant des ténèbres du plafond sur le trône de velours rouge, rien qu'une lampe fumeuse qui charbonnait à l'angle d'une console, dans la salle vide et endormie.

Monsieur Squadra, qui ne s'était pas encore retourné, marchant d'un pas lent et muet, s'arrêta un instant à la porte de l'antichambre secrète, comme pour donner au visiteur le temps de se remettre un peu, avant d'affronter l'entrée du sanctuaire. Seuls les camériers secrets avaient le droit de vivre là, et seuls les cardinaux pouvaient y attendre que le pape daignât les recevoir. Pierre, en y pénétrant, lorsque monsieur Squadra se fut décidé à l'introduire, sentit bien, à son petit frisson d'homme nerveux, qu'il entrait dans l'au-delà redoutable, de l'autre côté de ce bas monde humain et raisonnant. Pendant le jour, un garde-noble de faction en gardait la porte; mais la porte, à cette heure, était libre, la pièce était vide comme les autres; et, pour la peupler, il y fallait évoquer les très nobles et très puissants personnages qui la garnissaient d'ordinaire, en grand habit de cérémonie. Elle s'étranglait un peu, en forme de couloir, avec ses deux fenêtres donnant sur le nouveau quartier des Prés du Château, tandis qu'une seule fenêtre s'ouvrait sur la place Saint-Pierre, au bout, près de la porte qui conduisait à la salle du petit trône. C'était là, entre cette porte et cette fenêtre, assis devant une table étroite, que se tenait d'habitude un secrétaire, absent en ce moment. Et toujours la même console dorée, avec le même crucifix, entre la même paire de lampes. Une grande horloge, dans une gaine d'ébène incrustée de cuivre, battait lourdement l'heure. La seule curiosité, sous le plafond à rosaces d'or, était la tenture, en damas rouge, semé d'écussons jaunes, les deux clefs et la tiare, alternant avec le lion, la griffe posée sur la boule du monde.

Mais monsieur Squadra venait de s'apercevoir que, contrairement à l'étiquette, Pierre tenait encore à la main son chapeau, qu'il aurait dû laisser dans la salle des bussolanti. Seuls les cardinaux ont le droit de garder la barrette. Il prit le chapeau d'un geste discret, le posa lui-même sur la console, pour bien indiquer qu'il devait rester au moins là. Puis, sans un mot toujours, d'une simple révérence, il fit comprendre qu'il allait annoncer le visiteur à Sa Sainteté, et que celui-ci voulût bien attendre un instant dans cette pièce.

Demeuré seul, Pierre respira profondément. Il étouffait, son cœur battait à se rompre. Pourtant sa raison restait claire, il avait très bien jugé dans les demi-ténèbres ces fameux, ces magnifiques appartements du pape, une suite de salons splendides, avec des murs ornés de tapisseries, tendus de soie, des frises dorées et peintes, des plafonds déroulant des fresques. Mais, comme meubles, rien que des consoles, des escabeaux et des trônes ; et les lampes, les pendules, les crucifix, même les trônes, rien que des cadeaux, apportés des quatre coins du monde, aux jours de ferveur des grands jubilés. Pas le moindre confortable, tout cela fastueux, raide, froid et pas commode. L'ancienne Italie était là, avec son continuel gala et son manque de vie intime et tiède. On avait dû jeter quelques tapis sur les admirables dallages de marbre, où les pieds se glaçaient. On avait fini par installer récemment des calorifères, qu'on n'osait d'ailleurs allumer, de peur d'enrhumer le pape. Et ce qui avait frappé Pierre davantage encore, ce qui le pénétrait jusqu'aux os, maintenant qu'il était là, debout, à attendre, c'était ce silence extraordinaire, un silence tel, qu'il n'en avait jamais entendu de

plus profond, comme si, autour de lui, tout le néant noir
du Vatican colossal, tombé au sommeil, fût monté à cet
étage, dans cette enfilade de salles désertes, somptueuses
et mortes, où brûlaient les petites flammes immobiles des
lampes.

Neuf heures sonnèrent à l'horloge d'ébène, et il s'étonna.
Comment ! dix minutes seulement s'étaient écoulées, depuis qu'il avait franchi la porte de bronze ? Il aurait cru
qu'il marchait depuis des jours et des jours. Alors, il
voulut combattre cette oppression nerveuse qui l'étranglait, car jamais il n'était sûr de lui-même, il craignait
toujours de voir son calme, sa raison sombrer dans une
crise de larmes. Il marcha, passa devant l'horloge, donna
un coup d'œil au crucifix de la console, regarda le globe
de la lampe, où les doigts gras d'un domestique avaient
laissé leur empreinte. Elle éclairait d'une lueur si jaune
et si faible, qu'il eut envie de la remonter ; mais il n'osa
pas. Puis, il se trouva debout, le front contre une vitre,
devant la fenêtre qui donnait sur la place Saint-Pierre. Et
il eut une minute de saisissement, Rome immense s'étendait, dans l'entre-bâillement des persiennes mal fermées,
Rome telle qu'il l'avait déjà vue des loges de Raphaël,
telle qu'il l'avait reconstruite, le jour où, du petit restaurant de la place, il s'était imaginé voir Léon XIII à la
fenêtre de sa chambre. Seulement, c'était la Rome de nuit,
la Rome élargie encore au fond des ténèbres, sans bornes
comme le ciel étoilé. Dans cette mer illimitée, aux vagues
noires, on ne reconnaissait sûrement que les grandes
voies, changées en voies lactées par les blancheurs vives
de l'éclairage électrique : le cours Victor-Emmanuel,
puis la rue Nationale, ensuite le Corso qui les coupait à
angle droit, coupé lui-même par la rue du Triton, que
continuait la rue San Nicolà da Tolentino, laquelle était
reliée à la Gare par la lointaine lueur de la place des
Thermes. De l'autre côté du cours Victor-Emmanuel et de
la rue Nationale, vers la Rome antique, quelques places,

quelques bouts d'avenue flamboyaient encore ; mais l'ombre déjà submergeait tout. Pour le reste, ce n'était plus qu'un pullulement de petites clartés jaunes, les miettes d'un ciel à demi éteint, balayé sur la terre. De rares constellations, des étoiles brillantes traçant de mystérieuses et nobles figures, tâchaient vainement de lutter et de se dégager. Elles étaient noyées, effacées dans le chaos confus de cette poussière d'un vieil astre, qui se serait brisé là, y laissant sa gloire, réduite désormais à n'être qu'une sorte de sable phosphorescent. Et quelle immensité noire, ainsi poudrée de lumière, quelle masse énorme d'obscurité et d'inconnu, dans laquelle semblaient avoir sombré les vingt-sept siècles de la Ville éternelle, ses ruines, ses monuments, son peuple, son histoire, jusqu'à ne plus pouvoir dire où elle commençait ni où elle finissait, peut-être élargie jusqu'au bord illimité de l'ombre, tenant toute la nuit, peut-être si diminuée, si disparue, que le soleil à son retour n'en éclairerait que le peu de cendre !

Mais l'angoisse nerveuse de Pierre, malgré son effort pour la calmer, augmentait de seconde en seconde, même devant cet océan de ténèbres, d'une souveraine paix. Il s'écarta de la fenêtre, il tressaillit de tout son être en entendant un léger bruit de pas et en croyant qu'on venait le chercher. Le bruit sortait de la salle voisine, la salle du petit trône, dont il s'aperçut alors que la porte était restée entr'ouverte. N'entendant plus rien, il se hasarda, dans sa fièvre d'impatience, il allongea la tête, pour voir. C'était encore une salle tendue de damas rouge, assez vaste, avec un fauteuil doré, recouvert de velours rouge, sous un baldaquin de même velours ; et l'on y trouvait l'inévitable console, le haut crucifix d'ivoire, la pendule, la paire de lampes, les candélabres, deux grands vases sur des socles, deux autres de moyenne taille, sortis de la manufacture de Sèvres, ornés d'un portrait du Saint-Père. Pourtant, on sentait là plus de confortable, le tapis de Smyrne recouvrait le dallage entier, quelques fauteuils s'alignaient contre les murs, une fausse cheminée, drapée d'étoffe, servait de pendant à la console. Le pape, dont la chambre ouvrait sur cette salle, y recevait d'habitude les personnages qu'il voulait honorer. Et le frisson de Pierre augmentait, à l'idée qu'il n'avait plus qu'une pièce à traverser, que si près de lui, derrière cette simple porte de bois, était Léon XIII. Pourquoi le faisait-on attendre ? Se préparait-on à le recevoir dans cette pièce, pour ne pas l'admettre dans une intimité trop étroite ? On lui avait conté des visites mystérieuses, reçues à pareille heure, des personnages inconnus introduits de même façon, silencieusement, de grands personnages dont on murmurait les noms très bas. Lui, ce devait être qu'on le jugeait compromettant, qu'on désirait causer à l'aise, sans paraître s'engager en rien, à l'insu de l'entourage. Puis, brusquement, il s'expliqua la cause du bruit qu'il avait entendu, en apercevant, sur la console, près de la lampe, une petite caisse de bois, une sorte de profond plateau à anses, où se trouvait la desserte d'un souper, la vaisselle, le couvert, la bouteille et le verre. Il comprit que monsieur Squadra, ayant remarqué cette desserte dans la chambre, venait de l'apporter là, puis qu'il devait être rentré faire un bout de ménage. Il savait la grande frugalité du pape, ses repas pris sur un étroit guéridon, le tout apporté à la fois dans cette petite caisse, une viande, un légume, deux doigts de bordeaux par ordonnance du médecin, du bouillon surtout, des tasses de bouillon qu'il aimait à offrir aux vieux cardinaux, ses favoris, comme on offre du thé, tout un régal réparateur de vieux garçons. L'ordinaire de Léon XIII était fixé à huit francs par jour. O débauches d'Alexandre VI, ô festins et galas de Jules II et de Léon X! Mais il y eut un nouveau petit bruit, venu de la chambre, qu'il ne put s'expliquer, et il fut terrifié de son indiscrétion, il se hâta de retirer sa tête, en croyant voir toute la salle rouge du petit trône flamber d'un brusque incendie, dans la paix morte où elle dormait.

Alors, il préféra marcher à pas étouffés, trop frémissant pour rester immobile. Ce monsieur Squadra, il se souvenait maintenant d'en avoir entendu parler par Narcisse : tout un gros personnage, l'homme le plus important, le plus influent, le valet de chambre bien-aimé de Sa Sainteté, qui seul pouvait la décider, les jours de réception, à mettre une soutane blanche propre, si celle qu'elle portait se trouvait par trop salie de tabac. Sa Sainteté s'obstinait également à s'enfermer chaque nuit toute seule dans sa chambre, sans vouloir que personne couchât près d'elle, par indépendance, on disait aussi par inquiétude d'avare, qui entend dormir seul avec son trésor ; ce qui causait de continuelles inquiétudes, car il n'était guère raisonnable qu'un vieillard de cet âge se barricadât de la sorte ; et monsieur Squadra couchait seulement dans une pièce voisine, mais l'oreille aux aguets, toujours prêt à répondre au plus léger appel. C'était lui encore qui intervenait avec respect, lorsque Sa Sainteté veillait trop tard, travaillait trop. Sur ce point pourtant, elle entendait difficilement raison, se relevait durant les heures d'insomnie, l'envoyait réveiller un secrétaire, pour dicter des notes, jeter sur le papier un projet d'encyclique. Quand la rédaction d'une encyclique la passionnait, elle y aurait passé les jours et les nuits, de même que jadis, quand elle se piquait de belle versification latine, l'aube la surprenait parfois en train de polir une strophe. Elle dormait fort peu, en proie à un continuel travail, d'une activité cérébrale extraordinaire, toujours hantée par la réalisation de quelque volonté ancienne. La mémoire seule avait un peu faibli, dans les derniers temps. Et peut-être bien que monsieur Squadra venait de trouver Sa Sainteté plus souffrante, à la suite d'un excès de travail, puisque, la veille encore, on la disait si malade, et que le plus souvent, d'ailleurs, elle dédaignait de se soigner.

Tandis qu'il continuait à marcher doucement, Pierre était ainsi envahi peu à peu par cette haute et souveraine figure. Des détails infimes de la vie quotidienne, il montait à la vie intellectuelle, à ce rôle d'un grand pape que Léon XIII entendait certainement jouer. Il avait vu, à Saint-Paul hors les murs, se dérouler la frise interminable où sont représentés les portraits des deux cent soixante-deux papes; et il se demandait, dans cette longue suite de médiocres, de saints, de criminels et de génies, quel était le pape auquel Léon XIII aurait voulu ressembler. Était-ce un des premiers papes, si humbles, un de ceux qui se sont succédé pendant les trois premiers siècles de vie cachée, simples chefs d'associations funéraires, pasteurs fraternels de la communauté chrétienne? Était-ce le pape Damase, le premier grand bâtisseur, le cerveau lettré qui se plut aux choses de l'esprit, le croyant de foi vive qui ouvrit les catacombes à la piété des fidèles? Était-ce Léon III, dont la main hardie, en sacrant Charlemagne, acheva la rupture avec l'Orient que le grand schisme avait déjà séparé, porta l'empire à l'Occident par l'unique et toute-puissante volonté de Dieu et de son Église, qui dès lors disposa des couronnes? Était-ce le terrible Grégoire VII, le purificateur du temple, le souverain des rois, était-ce Innocent III, était-ce Boniface VIII, les maîtres des âmes, des peuples et des trônes, armés de l'excommunication farouche, régnant sur le moyen âge épouvanté, dans une telle domination, que jamais le catholicisme ne devait réaliser d'aussi près son rêve? Était-ce Urbain II, était-ce Grégoire IX, ou un autre des papes dans le cœur desquels flamba la passion rouge des croisades, le besoin d'aventures saintes qui souleva les foules, qui les jeta à la conquête de l'inconnu et du divin? Était-ce Alexandre III défendant la papauté contre l'empire, luttant jusqu'au bout pour ne rien céder de l'autorité suprême qu'il tenait de Dieu, finissant par vaincre, en posant son pied triomphal sur la tête de Frédéric Barberousse? Était-ce, longtemps après les tristesses d'Avignon, Jules II qui porta la cuirasse et qui raffermit la puissance politique du Saint-Siège? Était-ce Léon X, le fastueux, le glorieux patron de la Renaissance, de tout un grand siècle d'art, mais l'esprit court et imprévoyant qui traitait Luther de simple moine révolté? Était-ce Pie V, la réaction noire et vengeresse, la flamme des bûchers châtiant la terre redevenue païenne, était-ce quelque autre des papes qui régnèrent après le concile de Trente, d'une foi absolue, la croyance rétablie dans son intégrité, l'Église sauvée par son orgueil, son intransigeance, son entêtement au respect total des dogmes? Était-ce, au déclin de la papauté, lorsqu'elle n'avait plus été qu'une maîtresse de cérémonie, réglant le gala des grandes monarchies de l'Europe, était-ce Benoît XIV, la vaste intelligence, le profond théologien, qui, les mains liées, ne pouvant plus disposer des royaumes de ce monde, avait passé sa belle vie à réglementer les choses du ciel? Et l'histoire de cette papauté se déroulait ainsi, la plus prodigieuse des histoires, toutes les fortunes, les plus basses, les plus misérables, comme les plus hautes, les plus éclatantes, une obstinée volonté de vivre qui l'avait fait vivre quand même, au travers des incendies, des massacres et des écroulements de peuples, toujours militante et debout dans la personne de ses papes, la plus extraordinaire lignée de souverains absolus, conquérants et dominateurs, tous maîtres du monde, même les chétifs et les humbles, tous glorieux de l'impérissable gloire du ciel, lorsqu'on les évoquait de la sorte, dans ce Vatican séculaire, où leurs ombres sûrement se réveillaient la nuit, venaient rôder par les galeries sans fin, par les salles immenses, au fond de ce silence anéanti de tombe, dont le frisson devait être fait du léger frôlement de leurs pas sur les dalles de marbre.

Mais Pierre, maintenant, se disait qu'il le connaissait bien, le grand pape que Léon XIII voulait être. C'était, tout au début de la puissance catholique, Grégoire le Grand, le conquérant et l'organisateur. Celui-là était d'antique souche romaine, un peu du vieux sang impérial battait dans son cœur. Il administra Rome sauvée des Barbares, il fit cultiver les domaines ecclésiastiques, il partagea les biens de la terre, un tiers aux pauvres, un tiers au clergé, un tiers à l'Église. Puis, le premier, il créa la Propagande, envoya ses prêtres civiliser et pacifier les nations, poussa la conquête jusqu'à soumettre la Grande-Bretagne à la divine loi du Christ. Et c'était aussi, après un intervalle énorme de siècles, Sixte-Quint, le pape financier et politique, le fils de jardinier qui se révéla, sous la tiare, comme un des cerveaux les plus vastes et les plus souples d'une époque fertile en beaux diplomates. Il thésaurisait, il se montrait d'une avarice rude, pour gouverner en monarque qui a toujours, dans ses coffres, l'or nécessaire à la guerre et à la paix. Il passait des années en négociations avec les rois, il ne désespérait jamais du triomphe. Jamais non plus il ne contrecarrait son temps, il l'acceptait tel qu'il était, puis tâchait de le modifier au gré des intérêts du Saint-Siège, conciliant pour tout et avec tous, rêvant déjà un équilibre européen, dont il comptait devenir le centre et le maître. Avec cela, un très saint pape, un mystique fervent, mais un pape, l'esprit le plus absolu et le plus souverain, doublé d'un politique décidé aux actes pour assurer sur cette terre la royauté de Dieu.

Et, d'ailleurs, Pierre, dans l'enthousiasme qui, malgré sa volonté de calme, remontait en lui, balayait en lui toutes les prudences et tous les doutes, Pierre se demandait pourquoi interroger ainsi le passé. Est-ce que le seul Léon XIII n'était pas celui de son livre, le grand pape dont il avait eu la révélation, qu'il avait peint selon son cœur, tel que les âmes le voulaient et l'attendaient? Ce n'était point sans doute un portrait d'étroite ressemblance, mais il fallait bien que les grandes lignes en fussent vraies, pour que l'humanité ne désespérât pas de son salut. Et des pages nombreuses de son livre s'évoquèrent, flambèrent devant ses yeux, il revit son Léon XIII, le politique sage, le conciliateur, travaillant à l'unité de l'Église, voulant la rendre forte et invincible, au jour prochain de la lutte inévitable. Il le revit dégagé des soucis du pouvoir temporel, grandi, épuré, éclatant de splendeur morale, seule autorité debout, au-dessus des nations, ayant compris le mortel danger qu'il y avait à laisser la solution socialiste entre les mains des ennemis du christianisme, résolu dès lors à intervenir dans la querelle contemporaine, comme Jésus autrefois, pour la défense des pauvres et des humbles. Il le revit se mettre du côté des démocraties, accepter la république en France, laisser à l'exil les rois chassés de leurs trônes, réaliser la prédiction qui promettait à Rome de nouveau l'empire du monde, lorsque la papauté, ayant unifié la croyance, marcherait à la tête du peuple. Les temps s'accomplissaient, César était abattu, le pape demeurait seul, et le peuple, le grand muet, que les deux pouvoirs s'étaient disputé si longtemps, n'allait-il pas se donner au Père, puisqu'il le savait maintenant juste et charitable, le cœur embrasé, la main tendue, accueillant les travailleurs sans pain et les mendiants des routes? Dans l'effroyable catastrophe qui menaçait les sociétés pourries, dans l'affreuse misère qui ravageait les villes, il n'y avait pas d'autre solution possible. Léon XIII le prédestiné, le rédempteur nécessaire, le pasteur envoyé pour sauver ses ouailles du prochain désastre, en rétablissant la communauté chrétienne, l'âge d'or oublié du christianisme primitif! La justice régnant enfin, la vérité resplendissant comme le soleil, tous les hommes réconciliés, plus qu'un peuple vivant dans la paix, n'obéissant qu'à la loi égalitaire du travail, sous le haut patronage du pape, unique lien de charité et d'amour!

Alors, Pierre fut comme soulevé par une flamme, porté,

poussé en avant. Enfin, enfin, il allait le voir, vider son
cœur, ouvrir son âme ! Il y avait tant de jours qu'il souhaitait cette minute passionnément, qu'il luttait de tout
son courage pour l'obtenir ! Et il se rappelait les obstacles
sans cesse renaissants dont on avait voulu l'entraver,
depuis son arrivée à Rome ; et cette longue lutte, ce succès
final inespéré, redoublaient sa fièvre, exaspéraient son
désir de victoire. Oui, oui ! il vaincrait, il confondrait
les adversaires de son livre. Ainsi qu'il l'avait dit à monsignor Fornaro, est-ce que le Saint-Père pouvait le désavouer ? est-ce que lui, simplement, n'avait pas exprimé
ses idées secrètes, trop tôt peut-être, faute pardonnable ?
Et il se souvenait aussi de sa déclaration à monsignor
Nani, le jour où il avait juré que jamais il ne supprime-
rait lui-même son livre, car il ne regrettait rien, il ne
désavouait rien. A cette minute encore, il s'interrogeait,
il croyait se retrouver avec toute sa vaillance, toute sa
volonté de se défendre, de faire triompher sa foi, dans la
violente excitation nerveuse où l'attente le jetait, après sa
course sans fin au travers de ce Vatican énorme, qu'il
sentait à son entour si muet et si noir. Cependant, il se
troublait de plus en plus, il en venait à chercher ses idées,
il se demandait comment il entrerait, ce qu'il dirait, et en
quels termes. Des choses confuses et lourdes devaient
s'être amassées en lui, car leur pesanteur était pour beaucoup dans son étouffement, sans qu'il voulût s'en rendre
compte. Tout au fond, il était brisé, las déjà, n'ayant plus
d'autre ressort que l'envolée de son rêve, son cri de pitié
devant l'abominable misère. Oui, oui ! il entrerait vite,
il tomberait à genoux, il parlerait comme il pourrait, laissant son cœur déborder. Et sûrement le Saint-Père sourirait, le renverrait en disant qu'il ne signerait pas la condamnation d'une œuvre, où il venait de se revoir tout
entier, avec ses pensées les plus chères.

Pierre eut une telle défaillance, qu'il marcha de nouveau jusqu'à la fenêtre, pour appuyer son front brûlant

contre une vitre glacée. Ses oreilles bourdonnaient, ses jambes fléchissaient, tandis que le sang, à grands coups, battait dans son crâne. Et il s'efforçait de ne plus penser à rien, il regardait Rome noyée d'ombre, en lui demandant un peu du sommeil où elle s'anéantissait. Il voulut se distraire de sa hantise, il essaya de reconnaître des rues, des monuments, à la seule façon dont se groupaient les lumières. Mais c'était la mer sans bornes, ses idées se brouillaient, s'en allaient à la dérive, au fond de ce gouffre de ténèbres semé de clartés menteuses. Ah! pour se calmer, pour ne plus penser enfin, la nuit, la nuit totale et réparatrice, la nuit où l'on dort à jamais, guéri de la misère et de la souffrance! Brusquement, il eut la nette sensation que quelqu'un était debout derrière lui, immobile, et il se retourna, avec un léger sursaut.

Debout en effet, dans sa livrée noire, monsieur Squadra attendait. Il eut simplement une de ses révérences, pour inviter le visiteur à le suivre. Puis, il se remit à marcher le premier, traversa la salle du petit trône, ouvrit lentement la porte de la chambre. Et il s'effaça, laissa entrer, referma la porte, sans un bruit.

Pierre était dans la chambre de Sa Sainteté. Il avait craint une de ces émotions foudroyantes qui affolent ou paralysent, on lui avait conté que des femmes arrivaient mourantes, pâmées, l'air ivre, ou bien se précipitaient, comme soulevées, dansantes, apportées par le vol d'ailes invisibles. Et, brusquement, l'angoisse de son attente, sa fièvre accrue de tout à l'heure aboutissait à une sorte de saisissement, à une réaction qui le faisait très calme, les yeux clairs, voyant tout. En entrant, l'importance décisive d'une telle audience lui était nettement apparue, lui simple petit prêtre devant le suprême pontife, chef de l'Église, maître souverain des âmes. Toute sa vie religieuse et morale allait en dépendre, et c'était peut-être cette pensée soudaine qui le glaçait ainsi, au seuil du sanctuaire redoutable, vers lequel il venait de marcher d'un pas si frémissant, dans lequel il n'aurait cru pénétrer que le cœur éperdu, les sens abolis, ne trouvant plus à balbutier que ses prières de petit enfant.

Plus tard, quand il voulut classer ses souvenirs, il se rappela qu'il avait vu Léon XIII d'abord, mais dans le cadre où il était, dans cette grande chambre, tendue de damas jaune, à l'alcôve immense, si profonde, que le lit y disparaissait, ainsi que tout un petit mobilier, une chaise longue, une armoire, des malles, les fameuses malles où se trouvait, disait-on, sous de triples serrures, le trésor du Denier de Saint-Pierre. Un meuble Louis XIV, une sorte de bureau à cuivres ciselés, faisait face à une grande console Louis XV, dorée et peinte, sur laquelle, près d'un haut crucifix, brûlait une lampe. La chambre était nue, rien autre que trois fauteuils et quatre ou cinq chaises recouvertes de soie claire, pour emplir le vaste espace que recouvrait un tapis, déjà fort usé. Et Léon XIII était là, sur un des fauteuils, assis à côté d'une petite table volante, où l'on avait posé une seconde lampe garnie d'un abat-jour. Trois journaux y traînaient, deux français, un italien, celui-ci à demi déplié, comme si le pape venait de le quitter à l'instant, pour tourner, à l'aide d'une longue cuiller de vermeil, un verre de sirop, placé près de lui.

Comme il avait vu la chambre, Pierre vit le costume, la soutane de drap blanc à boutons blancs, la calotte blanche, la pèlerine blanche, la ceinture blanche, frangée d'or, les bouts brodés des clefs d'or. Les bas étaient blancs, les mules étaient de velours rouge, également brodées des clefs d'or. Et ce qui le surprit, ce fut le visage, le personnage tout entier, qui lui paraissait diminué, qu'il reconnaissait à peine. C'était la quatrième rencontre. Il l'avait vu par un beau soir, dans les délices des jardins, souriant et familier, écoutant les commérages d'un prélat favori, tandis qu'il s'avançait de son petit pas de vieillard, un sautillement d'oiseau blessé.

Il l'avait vu dans la salle des Béatifications, en pape bienaimé et attendri, les joues rosées de contentement, pendant que les femmes lui offraient des bourses, des calottes blanches pleines d'or, arrachaient leurs bijoux pour les jeter à ses pieds, se seraient arraché le cœur pour le jeter de même. Il l'avait vu à Saint-Pierre, porté sur le pavois, pontifiant, dans toute sa gloire de Dieu visible que la chrétienté adorait, telle qu'une idole enfermée en sa gaine d'or et de pierreries, la face figée, d'une immobilité hiératique et souveraine. Et il le revoyait, là, sur ce fauteuil, dans l'intimité étroite, l'air aminci, si frêle, qu'il en éprouvait une sorte d'inquiétude, mêlée d'attendrissement. Le cou surtout était extraordinaire, le fil invraisemblable, le cou d'un petit oiseau très vieux et très blanc. D'une pâleur d'albâtre, la face avait une transparence caractéristique, on apercevait la clarté de la lampe à travers le grand nez dominateur, comme si le sang se fût totalement retiré. La bouche immense, aux lèvres de neige, coupait d'une ligne mince le bas de la physionomie, et les yeux seuls étaient restés beaux et jeunes, des yeux admirables, d'un noir luisant de diamants noirs, d'un éclat, d'une force qui ouvraient les âmes, les forçaient de confesser la vérité à voix haute. Les rares cheveux sortaient de la calotte blanche en légères boucles blanches, couronnant de blanc la maigre figure blanche, dont la laideur s'épurait dans tout ce blanc, cette blancheur toute âme où la chair semblait se fondre en une candide floraison de lis.

Mais, au premier coup d'œil, Pierre avait constaté que, si monsieur Squadra l'avait fait attendre, ce n'était pas pour obliger le Saint-Père à passer une soutane propre, car celle qu'il portait se trouvait fortement tachée de tabac, des salissures brunes qui avaient coulé le long des boutons; et, bourgeoisement, le Saint-Père avait un mouchoir sur les genoux, pour s'essuyer. Du reste, il paraissait bien portant, remis de son indisposition de la veille, comme il se remettait d'ordinaire, avec facilité, en vieillard très sobre et très sage, qui n'avait aucune maladie organique et qui s'en allait simplement un peu chaque jour, d'épuisement naturel, ainsi qu'un flambeau qui, à force de donner sa flamme, finit un soir par s'éteindre.

Dès la porte, Pierre avait senti les deux yeux étincelants, les deux yeux de diamants noirs se fixer sur lui. Le silence était énorme, les lampes brûlaient d'une flamme immobile et pâle, dans cet immense calme du Vatican endormi, sans qu'on sentît autre chose, au loin, que l'antique Rome sombrée sous l'amas des ténèbres, comme un lac d'encre où se reflétaient les étoiles. Il dut s'approcher, il fit les trois génuflexions, il se pencha pour baiser la mule de velours rouge, posée sur un coussin. Et il n'y eut pas une parole, pas un geste, pas un mouvement. Et, lorsqu'il se redressa, il retrouva les deux diamants noirs, les deux yeux de flamme et d'intelligence qui le regardaient toujours.

Enfin, Léon XIII, qui n'avait pas voulu lui épargner l'humilité du baisement de pied, et qui maintenant le laissait debout, parla le premier, sans cesser de l'examiner, lui fouillant l'âme, au plus profond de son être.

— Mon fils, vous avez vivement désiré me voir, et j'ai consenti à vous donner cette satisfaction.

Il parlait en français, un français un peu incertain, qu'il prononçait à l'italienne, si lentement, qu'on aurait pu écrire les phrases, comme sous une dictée. La voix était forte, nasale, une de ces voix grosses et grondantes qu'on est surpris d'entendre sortir de certains corps débiles, qui paraissent exsangues et sans souffle.

Pierre s'était contenté de s'incliner de nouveau, en signe de profond remerciement, sachant que, pour parler, le respect voulait qu'on attendît d'être questionné d'une façon directe.

— Vous habitez Paris ?

— Oui, Saint-Père.

— Vous êtes attaché à une des grandes paroisses de la ville?

— Non, Saint-Père, je ne suis desservant qu'à la petite église de Neuilly.

— Ah! oui, oui, je sais, c'est du côté du Bois de Boulogne, n'est-ce pas?... Et quel est votre âge, mon fils?

— Trente-quatre ans, Saint-Père.

Il y eut un court silence. Léon XIII avait fini par baisser les yeux. Il reprit, de sa frêle main d'ivoire, le verre de sirop, le tourna avec la longue cuiller, but une gorgée. Et cela doucement, d'un air prudent et raisonné, comme tout ce qu'il devait penser et faire.

— J'ai lu votre livre, mon fils, oui! en grande partie. D'habitude, on ne me soumet que des fragments. Mais quelqu'un qui s'intéresse à vous m'a remis directement le volume, en me suppliant de le parcourir. C'est ainsi que j'ai pu en prendre connaissance.

Et il eut un petit geste, dans lequel Pierre crut voir une protestation contre l'isolement où le tenait son entourage, cet exécrable entourage qui faisait bonne garde pour que rien d'inquiétant n'entrât du dehors, selon le mot de monsignor Nani lui-même.

— Je remercie Votre Sainteté du très grand honneur qu'elle a daigné me faire, se permit alors de dire le prêtre. Il ne pouvait pas m'arriver de bonheur plus haut ni plus ardemment souhaité.

Il était si heureux! Il s'imagina que sa cause était gagnée, en voyant le pape très calme, sans colère, lui parler de son livre sur ce ton, en homme qui le connaissait à fond maintenant.

— N'est-ce pas? mon fils, vous êtes en relations avec monsieur le vicomte Philibert de la Choue. J'ai d'abord été frappé de la ressemblance de certaines de vos idées avec celles de ce très dévoué serviteur, qui nous a donné d'autre part des preuves précieuses de son bon esprit.

— En effet, Saint-Père, monsieur de la Choue veut bien m'aimer un peu. Nous avons longuement causé, il n'y a rien d'étonnant à ce que j'aie reproduit plusieurs de ses pensées les plus chères.

— Sans doute, sans doute Ainsi, cette question des corporations, il s'en occupe beaucoup, un peu trop même. Lors de son dernier voyage, il m'en a entretenu avec une rare insistance. De même que, ces temps derniers, un autre de vos compatriotes, l'homme le meilleur et le plus éminent, monsieur le baron de Fouras, qui nous a amené ce si beau pèlerinage du Denier de Saint-Pierre, n'a pas eu de cesse que je ne le reçoive, pour m'en parler lui aussi pendant près d'une heure. Seulement, il faut dire qu'ils ne s'entendent guère ensemble, car l'un me supplie de faire ce que l'autre ne veut pas que je fasse.

Dès le début, la conversation bifurquait. Pierre sentit qu'elle déviait de son livre, mais il se rappela la promesse formelle qu'il avait faite au vicomte, s'il voyait le pape et si l'occasion se présentait, de tenter un effort afin d'obtenir une parole décisive, au sujet de la fameuse question de savoir si les corporations devaient être libres ou obligatoires, ouvertes ou fermées. Depuis qu'il était à Rome, il avait reçu lettre sur lettre du malheureux vicomte, cloué à Paris par la goutte, pendant que son rival, le baron, profitait de l'admirable occasion du pèlerinage, dont il était le chef, pour tâcher d'arracher au pape le simple mot approbatif, qu'il aurait rapporté triomphalement. Et le prêtre tint à remplir sa promesse avec conscience.

— Votre Sainteté sait mieux que nous tous où est la sagesse. Monsieur de Fouras croit que le salut, la solution de la question ouvrière, se trouve simplement dans le rétablissement des anciennes corporations libres, tandis que monsieur de la Choue les veut obligatoires, protégées par l'État, soumises à des règles nouvelles. Et, certainement, cette dernière conception est davantage avec les idées sociales d'aujourd'hui... Si Votre Sainteté daignait se prononcer dans ce sens, le jeune parti catholique, en France, saurait en tirer sûrement le plus beau résultat, tout un mouvement ouvrier à la gloire de l'Église.

Léon XIII répondit de son air tranquille :

— Mais je ne peux pas. On me demande toujours de France des choses que je ne peux pas, que je ne veux pas faire. Ce que je vous permets de dire de ma part à monsieur de la Choue, c'est que, si je ne puis le contenter, je n'ai pas contenté davantage monsieur de Fouras. Il n'a également emporté de moi que l'expression de ma bienveillance à l'égard de vos chers ouvriers français, qui peuvent tant pour le rétablissement de la foi. Comprenez donc, chez vous, qu'il est des questions de détail, de simple organisation en somme, dans lesquelles il m'est impossible de descendre, sous peine de leur donner une importance qu'elles n'ont pas, et de mécontenter violemment les uns, si je faisais trop de plaisir aux autres.

Il eut un pâle sourire où tout le politique conciliant et avisé apparut, bien résolu à ne pas laisser compromettre son infaillibilité dans des aventures inutiles. Et il but une nouvelle gorgée de sirop, il s'essuya avec son mouchoir, en souverain dont la journée d'apparat était finie, qui prenait ses aises, qui avait choisi cette heure de solitude et de silence pour causer sans hâte, aussi longuement qu'il en aurait le désir.

Pierre tâcha de le ramener à son livre.

— Monsieur le vicomte Philibert de la Choue a été si affectueux pour moi, il attend avec tant d'émotion le sort réservé à mon livre, comme si cette œuvre était sienne! C'est pourquoi j'aurais été bien heureux de lui rapporter une bonne parole de Votre Sainteté.

Mais le pape continuait à s'essuyer, sans répondre.

— Je l'ai connu chez Son Éminence le cardinal Bergerot, un autre grand cœur, dont l'ardente charité devrait suffire à refaire une France croyante.

Cette fois, l'effet fut immédiat.

— Ah! oui, monsieur le cardinal Bergerot. J'ai lu sa lettre en tête de votre livre. Il a été bien mal inspiré, en vous l'écrivant, et vous, mon fils, bien coupable, le jour où vous l'avez publiée... Je ne puis croire encore que monsieur le cardinal Bergerot avait lu certaines de vos pages, quand il vous a envoyé son approbation pleine et entière. J'aime mieux l'accuser d'ignorance et d'étourderie. Comment aurait-il approuvé vos attaques contre le dogme, vos théories révolutionnaires qui tendent à la destruction totale de notre sainte religion? S'il vous a lu, il n'a d'autre excuse qu'une aberration brusque, inexplicable, impardonnable... Il est vrai qu'il règne un si mauvais esprit dans une partie du clergé français. Ce sont les idées gallicanes qui repoussent sans cesse comme les herbes mauvaises, tout un libéralisme frondeur, en révolte contre notre autorité, en continuel appétit de libre examen et d'aventures sentimentales.

Il s'animait, des mots d'italien se mêlaient à son français hésitant, sa grosse voix nasale sortait de son frêle corps de cire et de neige avec des sonorités de cuivre.

— Que monsieur le cardinal Bergerot le sache bien, nous le briserons, le jour où nous ne verrons plus en lui qu'un fils révolté. Il doit l'exemple de l'obéissance, nous lui ferons part de notre mécontentement, nous espérons qu'il se soumettra. Sans doute, l'humilité, la charité sont de grandes vertus, et nous nous sommes plu toujours à les honorer en lui. Mais il ne faut pas qu'elles soient le refuge d'un cœur de rebelle, car elles ne sont rien, si l'obéissance ne les accompagne pas, l'obéissance, l'obéissance! la plus belle parure des grands saints!

Saisi, bouleversé, Pierre l'écoutait. Il s'oubliait, il ne songeait qu'à l'homme de bonté et de tolérance sur lequel il venait d'attirer cette toute-puissante colère. Ainsi, don Vigilio avait dit vrai, les dénonciations des évêques de Poitiers et d'Évreux allaient atteindre, par-dessus sa tête, l'adversaire de leur intransigeance ultramontaine, le doux et bon cardinal Bergerot, l'âme ouverte à toutes les misères, à toutes les souffrances des pauvres et des humbles. Il en était désespéré, acceptant encore la dénonciation de l'évêque de Tarbes, l'instrument des Pères de la Grotte, qui ne frappait que lui, au moins, en réponse à sa page sur Lourdes ; tandis que la guerre sournoise des deux autres l'exaspérait, le jetait à une indignation douloureuse. Et, du vieillard chétif, au cou grêle d'oiseau très vieux, buvant tranquillement son verre de sirop, il venait de voir se lever un maître si courroucé, si formidable, qu'il en tremblait. Comment avait-il pu se laisser prendre aux apparences, en entrant, croire qu'il n'y avait là qu'un pauvre homme épuisé par l'âge, désireux de paix, résolu à tout concéder ? Un souffle venait de passer dans la chambre endormie, et c'était la lutte encore, le réveil de ses doutes, de ses angoisses. Ah ! ce pape, comme il le retrouvait tel qu'on le lui avait dépeint, à Rome, tel qu'il n'avait pas voulu le croire, plus intellectuel que sentimental, d'un orgueil démesuré, ayant eu dès sa jeunesse l'ambition suprême, au point d'avoir promis le triomphe à sa famille pour obtenir d'elle les sacrifices nécessaires, montrant partout et en tout une volonté unique, depuis qu'il occupait le trône pontifical, régner, régner quand même, régner en maître absolu, omnipotent ! La réalité se dressait avec une force irrésistible, et pourtant il se débattit, il s'entêta à ressaisir son rêve.

— Oh ! Saint-Père, j'aurais tant de chagrin, si, à cause de mon malheureux livre, Son Éminence avait une seconde de contrariété ! Moi, coupable, je puis répondre de ma faute, mais Son Éminence qui n'a obéi qu'à son cœur, qui n'aurait péché que par son trop grand amour des déshérités de ce monde !

Léon XIII ne répondit pas. Il avait relevé sur Pierre ses yeux admirables, ses yeux de vie ardente, dans sa face immobile d'idole d'albâtre. De nouveau, fixement, il le regardait.

Et Pierre le voyait toujours, dans la fièvre qui le reprenait, grandir en éclat et en puissance. Maintenant, derrière lui, il s'imaginait voir s'enfoncer, au lointain des âges, la longue suite des papes qu'il avait évoqués tout à l'heure, les saints et les superbes, les guerriers et les ascètes, les diplomates et les théologiens, ceux qui avaient porté la cuirasse, ceux qui avaient vaincu par la croix, ceux qui avaient disposé des empires comme de simples provinces que Dieu remettait en leur garde. Puis, particulièrement, c'était Grégoire le Grand, le conquérant et le fondateur, c'était Sixte-Quint, le négociateur et le politique, qui avait le premier entrevu la victoire de la papauté sur les monarchies vaincues. Quelle foule de princes magnifiques, de rois souverains, de cerveaux et de bras tout-puissants, derrière ce pâle vieillard immobile! Quel amas accumulé de volonté inépuisable, d'obstiné génie, de domination sans bornes! Toute l'histoire de l'ambition humaine, tout l'effort pour soumettre les peuples à l'orgueil d'un seul, la force la plus haute qui ait jamais conquis, exploité, façonné les hommes, au nom de leur bonheur! Et, maintenant même que sa royauté terrestre avait pris fin, dans quelle souveraineté spirituelle était monté ce mince vieillard, si pâle, devant lequel il avait vu des femmes s'évanouir, comme foudroyées par la divinité redoutable, émanée de sa personne! Ce n'étaient plus seulement les gloires retentissantes, les triomphes dominateurs de l'histoire qui se déroulaient derrière lui, c'était le ciel qui s'ouvrait, l'au-delà qui resplendissait, dans l'éblouissement du mystère. A la porte du ciel, il tenait les clefs, il l'ouvrait aux âmes, l'antique symbole revivait avec une intensité nouvelle, dégagé enfin du royaume salissant d'ici-bas.

— Oh! je vous en supplie, Saint-Père, s'il faut un exemple, ne frappez pas un autre que moi. Je suis venu, me voici, décidez de mon sort, mais n'aggravez pas ma punition, en me donnant le remords d'avoir fait condamner un innocent.

Sans répondre, Léon XIII continua de le regarder de ses yeux brûlants. Et il ne voyait plus Léon XIII, deux cent soixante-troisième pape, vicaire de Jésus-Christ, successeur du prince des Apôtres, souverain pontife de l'Église universelle, patriarche d'Occident, primat d'Italie, archevêque et métropolitain de la province romaine, souverain des domaines temporels de la sainte Église. Il voyait le Léon XIII qu'il avait rêvé, le messie attendu, le sauveur envoyé pour conjurer l'effroyable désastre social où sombrait la vieille société pourrie. Il le voyait avec son intelligence souple et vaste, sa fraternelle tactique de conciliation, évitant les heurts, travaillant à l'unité, avec son cœur débordant d'amour, allant droit au cœur des foules, donnant une fois encore le meilleur de son sang, en signe de l'alliance nouvelle. Il le dressait comme l'unique autorité morale, comme l'unique lien possible de charité et de paix, comme le Père enfin qui pouvait seul faire cesser l'injustice parmi ses enfants, tuer la misère, rétablir la loi libératrice du travail, en ramenant les peuples à la foi de l'Église primitive, à la douceur et à la sagesse de la communauté chrétienne. Et cette haute figure, dans le silence profond de la chambre, prenait une toute-puissance invincible, une extraordinaire majesté.

— Oh ! de grâce, écoutez-moi, Saint-Père ! Ne me frappez même pas, ne frappez personne, oh ! personne, ni un être, ni une chose, ni rien de ce qui peut souffrir sous le soleil. Soyez bon, oh ! soyez bon, de toute la bonté que la douleur du monde a dû mettre en vous !

Alors, quand il vit que Léon XIII se taisait toujours, en le laissant debout devant lui, il tomba sur les deux genoux, comme s'il croulait, éperdu sous l'émotion croissante qui faisait son cœur si lourd. Et ce fut en son être une sorte de débâcle, l'amas de tous les doutes, de toutes les angoisses, de toutes les tristesses, qui l'étouffaient de nouveau, qui crevaient en un flot irrésistible. Il y avait là l'affreuse journée, les morts si tragiques de Dario et de Benedetta, dont le chagrin terrifié restait sur son cœur, en un poids inconscient, d'une pesanteur de plomb. Il y avait là tout ce qu'il avait souffert depuis qu'il était à Rome, les illusions peu à peu détruites, les intimes délicatesses blessées, le jeune enthousiasme soufleté par la réalité des hommes et des choses. Puis, c'était, plus profondément encore, toute la misère humaine elle-même, les affamés qui hurlaient, les mères aux mamelles taries qui sanglotaient en baisant leurs nourrissons, les pères sans travail qui se révoltaient, les poings serrés, l'exécrable misère, vieille comme l'humanité, dont celle-ci est rongée depuis le premier jour, qu'il avait trouvée partout, grandissante, dévorante, effrayante, sans espoir qu'on puisse la guérir jamais. Et c'était enfin, plus immense, plus inguérissable, une douleur sans nom, sans cause précise, pour rien ni pour personne, une douleur universelle, illimitée, dans laquelle il baignait et se sentait fondre, désespérément, peut-être la douleur de vivre.

— Oh! Saint-Père, moi, je n'existe pas, et mon livre n'existe pas. J'ai désiré voir Votre Sainteté, oh! passionnément, pour m'expliquer, pour me défendre. Et je ne sais plus, je ne retrouve plus une seule des choses que je voulais dire, et je n'ai que des larmes, des larmes qui m'étouffent... Oui, je ne suis qu'un pauvre homme, je n'ai que le besoin de vous parler des pauvres. Oh! les pauvres, oh! les humbles, que j'ai vus depuis deux ans dans nos faubourgs de Paris, si misérables et si douloureux, de pauvres petits que j'allais ramasser dans la neige, de pauvres petits anges qui n'avaient pas mangé depuis deux jours, des femmes que la phtisie rongeait, sans pain, sans feu, au fond de taudis immondes, des hommes jetés sur le pavé par le chômage, las de quêter du travail comme on quête une aumône, retournant à leurs ténèbres ivres de colère, avec l'unique pensée vengeresse de mettre le feu aux quatre coins de la ville. Et le soir, le terrible soir, où, dans la chambre d'épouvante, j'ai vu une mère qui venait de se suicider avec ses cinq petits, la mère tombée sur une paillasse en allaitant son nouveau-né, les deux fillettes dormant aussi là leur dernier sommeil de blondines jolies, les deux garçons foudroyés plus loin, l'un anéanti contre un mur, l'autre renversé par terre, tordu en une suprême révolte... Oh! Saint-Père, je ne suis plus que leur ambassadeur, l'envoyé de ceux qui souffrent et qui sanglotent, l'humble délégué des humbles qui meurent de misère, sous l'exécrable dureté, l'effroyable injustice sociale. Et j'apporte à Votre Sainteté leurs larmes, et je mets à ses pieds leurs tortures, et je lui fais entendre leur cri de détresse, comme un cri monté de l'abîme, demandant justice, si l'on ne veut pas que le ciel croule... Oh! soyez bon, Saint-Père, soyez bon!

Il avait tendu les bras, il l'implorait, en un geste de suprême appel à la pitié divine. Puis, il continua :

— Et, Saint-Père, dans cette Rome éternelle et resplendissante, est-ce que la misère aussi n'est pas affreuse ? Depuis des semaines que j'erre au hasard, dans l'attente, à travers la poussière fameuse de ses ruines, je ne fais que me heurter à des maux inguérissables, qui m'ont empli d'effroi. Ah! tout ce qui s'effondre, tout ce qui expire, l'agonie de tant de gloire, l'affreuse mélancolie d'un monde qui se meurt d'épuisement et de faim !... Là, sous les fenêtres de Votre Sainteté, est-ce que je n'ai pas vu un quartier d'horreur, des palais inachevés, frappés d'une hérédité maudite, ainsi que des enfants rachitiques qui ne peuvent aller au bout de leur croissance, des palais en ruine déjà, devenus les refuges de toute la misère pitoyable de Rome ? Et, comme à Paris, quelle population de souffrance, étalée au plein air avec plus d'impudeur encore, toute la plaie sociale, le chancre dévorant toléré et montré, en sa terrible inconscience! Des familles entières qui vivent leur oisiveté affamées sous le soleil splendide, les vieux devenus infirmes, les pères attendant qu'un peu de travail leur tombe du ciel, les fils dormant parmi les herbes sèches, les mères et les filles traînant leur paresse bavarde, flétries avant l'âge... Oh! Saint-Père, dès l'aurore, demain, que Votre Sainteté ouvre cette fenêtre, et qu'elle le réveille de sa bénédiction, ce grand peuple enfant, qui sommeille encore dans son ignorance et dans sa pauvreté! Qu'elle lui donne l'âme qui lui manque, l'âme consciente de la dignité humaine, de la loi nécessaire du travail, de la vie libre et fraternelle, réglée par la seule justice! Oui, qu'elle fasse un peuple de ce ramassis de misérables, dont l'excuse est de tant souffrir dans son intelligence et dans son corps, vivant comme la bête qui passe et meurt sans savoir, sans comprendre, et qu'on roue de coups!

Peu à peu, les sanglots l'étranglaient, il ne parla plus que secoué, emporté par sa passion.

— Et, Saint-Père, n'est-ce pas à vous que je dois m'adresser, au nom des misérables? N'êtes-vous pas le Père? N'est-ce pas devant le Père que l'envoyé des pauvres et des humbles doit s'agenouiller, comme je suis agenouillé en ce moment? Et n'est-ce pas au Père qu'il doit apporter l'énorme charge de leurs douleurs, en demandant pitié enfin, aide et secours, justice, oh! surtout justice?... Puisque vous êtes le Père, ouvrez donc la porte largement, que tout le monde puisse entrer, jusqu'aux plus petits de vos enfants, les fidèles, les passants de hasard, même les révoltés, les égarés, ceux qui entreront peut-être, à qui vous épargnerez les fautes de l'abandon. Soyez le refuge des routes mauvaises, le tendre accueil offert aux voyageurs, la lampe hospitalière toujours allumée, aperçue de loin et qui sauve dans l'orage... Et, puisque vous êtes la puissance, ô Père, soyez le salut. Vous pouvez tout, vous avez derrière vous des siècles de domination, vous êtes monté aujourd'hui dans une autorité morale qui vous a rendu l'arbitre du monde, vous êtes là, devant moi, comme la majesté même du soleil qui éclaire et qui féconde. Oh! soyez l'astre de bonté et de charité, soyez le rédempteur, reprenez la besogne de Jésus qu'on a pervertie au cours des siècles, en la laissant entre les mains des puissants et des riches, qui ont fini par faire de l'œuvre évangélique le plus exécrable monument d'orgueil et de tyrannie. Puisque l'œuvre est manquée, recommencez-la, remettez-vous avec les petits, avec les humbles, avec les pauvres, ramenez-les à la paix, à la fraternité, à la justice de la communauté chrétienne... Et dites, ô Père, dites que je vous ai compris, que j'ai simplement exprimé là vos idées chères, le seul et vivant désir de votre règne. Le reste, oh! le reste, mon livre, moi, qu'importe! Je ne me défends pas, je ne veux que votre gloire et le bonheur des hommes. Dites que, du fond de votre Vatican, vous avez entendu le craquement sourd des vieilles sociétés corrompues. Dites que vous avez tremblé de pitié attendrie, dites que vous avez voulu empêcher l'épouvantable catastrophe, en rappelant l'Évangile au cœur de vos enfants frappés de folie, en les ramenant à l'âge de simplicité et de pureté, lorsque les premiers chrétiens vivaient comme des frères innocents... Oui, n'est-ce pas? c'est bien pour cela que vous vous êtes remis avec les pauvres, ô Père, et c'est pour cela que je suis ici, à vous demander pitié, bonté, justice, de toute mon âme, oh! de toute mon âme de pauvre homme!

Alors, il succomba sous l'émotion, il s'écrasa par terre, dans une débâcle de gros sanglots. Son cœur éclatait et se répandait. C'étaient des sanglots énormes, des sanglots sans fin, toute une houle effrayante qui venait de son être entier, qui venait de plus loin, de tous les êtres misérables, qui venait du monde dont les veines charriaient la douleur avec le sang même de la vie. Il était là, dans sa brusque faiblesse d'enfant nerveux, l'ambassadeur de la souffrance, ainsi qu'il l'avait dit. Et, aux genoux de ce pape immobile et muet, il était là toute la misère humaine en larmes.

Léon XIII, qui aimait surtout parler, et qui devait faire un effort sur lui-même pour écouter parler les autres, avait d'abord, à deux reprises, levé une de ses mains pâles pour l'interrompre. Puis, saisi peu à peu d'étonnement, gagné lui-même par l'émotion, il lui avait permis de continuer, d'aller jusqu'au bout de son cri, dans le désordre du flot irrésistible qui l'emportait. Un peu de sang était monté à la neige de son visage, ses lèvres et ses joues s'étaient rosées faiblement, tandis que ses yeux noirs luisaient d'un éclat plus vif. Dès qu'il le vit sans voix, abattu à ses pieds, secoué par ces gros sanglots qui semblaient lui arracher le cœur, il s'inquiéta, il se pencha.

— Mon fils, calmez-vous, relevez-vous...

Mais les sanglots continuaient, débordaient, emportaient toute raison et tout respect, dans la plainte éperdue de l'âme blessée, dans le grondement de la chair qui souffre et qui agonise.

— Relevez-vous, mon fils, ce n'est pas convenable... Tenez! prenez cette chaise.

Et, d'un geste d'autorité, il l'invita enfin à s'asseoir.

Pierre, péniblement, se releva, s'assit, pour ne pas tomber. Il écartait ses cheveux de son front, il essuyait de ses mains ses larmes brûlantes, l'air fou, tâchant de se ressaisir, ne pouvant comprendre ce qui venait de se passer.

— Vous faites appel au Saint-Père. Ah! certes, soyez convaincu que son cœur est plein de pitié et de tendresse pour les malheureux. Mais la question n'est pas là, il s'agit de notre sainte religion... J'ai lu votre livre, un mauvais livre, je vous le dis tout de suite, le plus dangereux et le plus condamnable des livres, précisément par ses qualités, par les pages qui m'ont intéressé moi-même. Oui, j'ai été séduit souvent, je n'aurais pas continué ma lecture, si je ne m'étais senti comme soulevé dans le souffle ardent de votre foi et de votre enthousiasme. Ce sujet était si beau, il me passionne tant! « La Rome nouvelle », ah! sans doute il y avait un livre à faire avec ce titre, mais dans un esprit totalement différent du vôtre... Vous croyez m'avoir compris, mon fils, vous être pénétré de mes écrits et de mes actes, au point de n'exprimer que mes idées les plus chères. Non, non! vous ne m'avez pas compris, et c'est pourquoi j'ai voulu vous voir, vous expliquer, vous convaincre.

Muet et immobile, c'était maintenant Pierre qui écoutait. Il n'était cependant venu que pour se défendre, il souhaitait avec fièvre cette entrevue depuis trois mois, préparant ses arguments, certain de la victoire; et il entendait traiter son livre de dangereux, de condamnable, sans protester, sans répondre par toutes les bonnes raisons qu'il avait crues irrésistibles. Une lassitude extraordinaire l'accablait, comme épuisé par son accès de larmes. Tout à l'heure, il serait brave, il dirait ce qu'il avait résolu de dire.

— On ne me comprend pas, on ne me comprend pas! répétait Léon XIII, d'un air d'impatience irritée. En France surtout, c'est incroyable que j'aie tant de peine à me faire comprendre!... Le pouvoir temporel, par exemple, comment avez-vous pu croire que jamais le Saint-Siège transigera sur cette question? C'est un langage indigne d'un prêtre, c'est la chimère d'un ignorant qui ne se rend pas compte des conditions dans lesquelles la papauté a vécu jusqu'ici et dans lesquelles elle doit continuer de vivre, si elle ne veut pas disparaître du monde. Ne voyez-vous pas le sophisme, lorsque vous la déclarez d'autant plus haute qu'elle est dégagée davantage des soucis de sa royauté terrestre? Ah! oui, une belle imagination, la pure royauté spirituelle, la souveraineté par la charité et l'amour! Mais qui nous fera respecter? Qui nous fera l'aumône d'une pierre pour reposer notre tête, si nous sommes jamais chassé, errant par les routes? Qui assurera notre indépendance, quand nous serons à la merci de tous les États?... Non, non! cette terre de Rome est à nous, car nous en avons reçu l'héritage de la longue suite des ancêtres, et elle est le sol indestructible, éternel, sur lequel la sainte Église est bâtie, de sorte que l'abandonner, ce serait vouloir l'écroulement de la sainte Église catholique, apostolique et romaine. D'ailleurs, nous ne le pourrions pas, nous sommes lié par notre serment envers Dieu et envers les hommes.

Il se tut un instant, pour laisser Pierre répondre. Mais celui-ci avait la stupeur de ne rien trouver à dire, car il s'apercevait que ce pape parlait comme il devait le faire. Les choses confuses et lourdes, amassées en lui, dont il avait senti la gêne, tout à l'heure, dans l'antichambre secrète, s'éclairaient maintenant, se précisaient avec une netteté de plus en plus grande. C'était, depuis son arrivée à Rome, tout ce qu'il avait vu, tout ce qu'il avait compris, l'amas de ses désillusions, des réalités existantes, sous lesquelles son rêve d'un retour au christianisme primitif était à demi mort déjà, écrasé. Il venait brusquement de se rappeler l'heure, où, sur le dôme de Saint-Pierre, il s'était vu imbécile avec son imagination d'un pape purement spirituel, en face de la vieille cité de gloire obstinée dans sa pourpre. Ce jour-là, il avait fui le cri furieux des pèlerins du Denier de Saint-Pierre acclamant le pape roi. La nécessité de l'argent, de ce dernier esclavage du pape, il l'avait acceptée. Mais tout avait croulé ensuite, quand la véritable Rome lui était apparue, la ville séculaire de l'orgueil et de la domination, où la papauté ne saurait être sans le pouvoir temporel. Trop de liens, le dogme, la tradition, le milieu, le sol lui-même la rendaient immuable, à jamais. Elle ne pouvait céder que sur les apparences, il viendrait quand même une heure où ses concessions s'arrêteraient, devant l'impossibilité d'aller plus loin sans se suicider. La Rome nouvelle ne se réaliserait peut-être un jour qu'en dehors de Rome, au loin ; et là seulement se réveillerait le christianisme, car le catholicisme devait mourir sur place, lorsque le dernier des papes, cloué à cette terre de ruines, disparaîtrait sous le dernier craquement du dôme de Saint-Pierre, qui s'effondrerait comme s'était effondré le temple de Jupiter Capitolin. Quant à ce pape d'aujourd'hui, il avait beau être sans royaume, avoir la fragilité chétive de son grand âge, la pâleur exsangue d'une très vieille idole de cire, il n'en flambait pas moins de la passion rouge de la souveraineté universelle, il n'en était pas moins le fils obstiné de l'ancêtre, le Pontifex Maximus, le Cesar Imperator, dans les veines duquel coulait le sang d'Auguste, maître du monde.

— Vous avez parfaitement vu, reprit Léon XIII, l'ardent désir d'unité qui nous a toujours possédé. Nous avons été bien heureux le jour où nous avons unifié le rite, en imposant le rite romain dans la catholicité entière. C'est là une de nos plus chères victoires, car elle peut beaucoup pour notre autorité. Et j'espère que nos efforts, en Orient, finiront par ramener à nous nos chers frères égarés des communions dissidentes, de même que je ne désespère pas de convaincre les sectes anglicanes, sans parler des sectes protestantes qui seront forcées de rentrer dans le sein de l'Église unique, l'Église catholique, apostolique et romaine, quand les temps prédits par le Christ s'accompliront... Mais ce que vous n'avez pas dit, c'est que l'Église ne peut rien abandonner du dogme. Au contraire, vous avez semblé croire qu'une entente interviendrait, que de part et d'autre on se ferait des concessions ; et c'est là une pensée condamnable, un langage qu'un prêtre ne peut tenir sans être criminel. Non, la vérité est absolue, pas une pierre de l'édifice ne sera changée. Oh ! dans la forme, tout ce qu'on voudra ! Nous sommes prêt à la conciliation la plus grande, s'il ne s'agit que de tourner certaines difficultés, de ménager les termes pour faciliter l'accord... Et c'est comme notre rôle dans le socialisme contemporain, il faut s'entendre. Certes, ceux que vous avez si bien nommés les déshérités de ce monde, sont l'objet de notre sollicitude. Si le socialisme est simplement un désir de justice, une volonté constante de venir au secours des faibles et des souffrants, qui donc plus que nous s'en préoccupe, y travaille avec plus d'énergie? Est-ce que l'Église n'a pas toujours été la mère des affligés, l'aide et la bienfaitrice des pauvres? Nous sommes pour tous les progrès raisonnables, nous admettons toutes les formes sociales nouvelles qui aideront à la paix, à la fraternité... Seulement, nous ne pouvons que condamner le socialisme qui commence par chasser Dieu pour assurer le bonheur des hommes. C'est là un simple état de sauvagerie, un abominable retour en arrière, où il n'y aura que catastrophes, qu'incendies et que massacres. Et c'est encore ce que vous n'avez pas dit avec assez de force, car vous n'avez pas démontré qu'aucun progrès ne saurait avoir lieu en dehors de l'Église, qu'elle est en somme la seule initiatrice, la seule conductrice, à laquelle il soit permis de s'abandonner sans crainte. Même, et c'est là votre crime encore, il m'a semblé que vous mettiez Dieu à l'écart, que la religion demeurait uniquement pour vous un état d'âme, une floraison d'amour et de charité, où il suffisait de se trouver, pour faire son salut. Hérésie exécrable, Dieu est toujours présent, maître des âmes et des corps, la religion reste le lien, la loi, le gouvernement même des hommes, sans laquelle il ne saurait y avoir que barbarie en ce monde et damnation dans l'autre... Et, encore une fois, la forme n'importe pas, il suffit que le dogme demeure. Ainsi, notre adhésion à la République, en France, prouve que nous n'entendons pas lier le sort de la religion à une forme gouvernementale, même auguste et séculaire. Si les dynasties ont fait leur temps, Dieu est éternel. Périssent les rois, et que Dieu vive! D'ailleurs, la forme républicaine n'a rien d'antichrétien, et il semble au contraire qu'elle soit comme un réveil de cette communauté chrétienne dont vous avez parlé en des pages vraiment charmantes. Le pis est que la liberté devient tout de suite de la licence et qu'on nous récompense souvent bien mal de notre désir de conciliation... Ah ! quel mauvais livre vous avez écrit, mon fils, avec les meilleures intentions, je veux le croire, et comme votre silence est bien la preuve que vous commencez à entrevoir les conséquences désastreuses de votre faute !

Pierre continuait à se taire, anéanti, sentant en effet ses arguments qui tombaient un à un, comme devant une roche sourde et aveugle, impénétrable, où il devenait inutile et dérisoire de vouloir les faire entrer. A quoi bon ? puisque rien n'entrerait. Il n'avait plus qu'une préoccupation, il se demandait avec surprise comment un homme de cette intelligence, de cette ambition, ne s'était pas fait du monde moderne une idée plus nette et plus exacte. Évidemment, il le sentait documenté, renseigné sur tout, curieux de tout, ayant dans la tête la vaste carte de la chrétienté, avec les besoins, les espoirs, les actes, lucide et clair, au milieu de l'écheveau compliqué de ses luttes diplomatiques. Mais que de trous pourtant ! La vérité devait être qu'il connaissait du monde uniquement ce qu'il en avait vu pendant sa courte nonciature à Bruxelles. Ensuite venait son épiscopat à Pérouse, où il ne s'était mêlé qu'à la vie de la jeune Italie naissante. Et, depuis dix-huit années, il se trouvait enfermé dans son Vatican, isolé du reste des hommes, ne communiquant avec les peuples que par son entourage, souvent le plus inintelligent, le plus menteur, le plus traître. En outre, il était prêtre italien, grand pontife, superstitieux et despotique, lié par la tradition, soumis aux influences de race et de milieu, cédant au besoin d'argent, aux nécessités politiques ; sans parler de son orgueil immense, la certitude d'être le Dieu auquel on doit obéir, le seul pouvoir légitime et raisonnable sur la terre. De là, les causes

de déformation fatale, l'extraordinaire cerveau qu'il devait
être, avec ses erreurs, ses lacunes, parmi tant d'admirables qualités, la compréhension vive, la volonté patiente,
le vaste effort qui généralise et qui agit. Mais l'intuition
surtout paraissait prodigieuse, car n'était-ce pas elle, elle
seule, qui lui faisait deviner, dans son emprisonnement
volontaire, l'énorme évolution, au loin, de l'humanité
d'aujourd'hui? Il avait ainsi la nette conscience de
l'effroyable danger au milieu duquel il baignait, de cette
mer montante de la démocratie, de cet océan sans bornes
de la science, qui menaçait de submerger l'îlot étroit où
triomphait encore le dôme de Saint-Pierre. Il pouvait
même se dispenser de se mettre à sa fenêtre, les voix du
dehors traversaient les murs, lui apportaient le cri d'enfantement des sociétés nouvelles. Et toute sa politique
partait de là, il n'avait jamais eu d'autre besogne que de
vaincre pour régner. S'il voulait l'unité de l'Église, c'était
pour la rendre forte, inexpugnable, dans l'assaut qu'il
prévoyait. S'il prêchait la conciliation, cédant de tout son
pouvoir sur les questions de forme, tolérant les audaces
des évêques d'Amérique, c'était que sa grande peur
inavouée était la dislocation de l'Église elle-même, quelque
schisme brusque qui aurait précipité le désastre. Ah! ce
schisme, il devait le sentir dans l'air venu des quatre
points de l'horizon, tel qu'une menace prochaine, un
péril inévitable de mort, contre lequel il fallait s'armer
à l'avance! Et comme cette crainte expliquait son retour
de tendresse vers le peuple, sa préoccupation du socialisme, la solution chrétienne qu'il offrait aux misères
d'ici-bas! Puisque César était abattu, la longue dispute de
savoir qui de lui ou du pape aurait le peuple, ne se
trouvait-elle pas vidée, par ce fait que le pape seul restait
debout et que le peuple, le grand muet, allait enfin parler
et se donner à lui? L'expérience était tentée en France,
il y abandonnait la monarchie vaincue, il y reconnaissait
la République, il la rêvait forte, victorieuse, car elle était

toujours la fille aînée de l'Église, la seule nation catholique assez puissante encore pour restaurer un jour peut-être le pouvoir temporel du Saint-Siège. Régner, régner par la France, puisqu'il semblait impossible de régner par l'Allemagne ! Régner par le peuple, puisque le peuple devenait le maître et le dispensateur des trônes ! Régner par la République italienne, si cette République seule pouvait lui rendre Rome, arrachée à la maison de Savoie, une République fédérative qui ferait du pape le président des États-Unis d'Italie, en attendant qu'il le devînt des États-Unis d'Europe ! Régner quand même, régner malgré tout, régner sur le monde, comme avait régné Auguste, dont le sang dévorateur soutenait seul ce vieillard expirant, obstiné dans sa domination !

— Et, mon fils, continua Léon XIII, le crime enfin est d'avoir osé demander une religion nouvelle. Cela est impie, blasphématoire, sacrilège. Il n'est qu'une religion, notre sainte religion catholique, apostolique et romaine. En dehors d'elle, il ne saurait y avoir que ténèbres et que damnation... J'entends bien que c'est au christianisme que vous prétendez vouloir faire retour. Mais l'erreur protestante, si coupable, si néfaste, n'a pas eu d'autre prétexte. Dès qu'on s'écarte de la stricte observation des dogmes, du respect absolu des traditions, on tombe dans les plus effroyables précipices... Ah ! le schisme, ah ! le schisme, mon fils, c'est le crime sans pardon, c'est l'assassinat du vrai Dieu, la bête de tentation immonde, suscitée par l'enfer, pour la perte des fidèles. Quand il n'y aurait que ces mots de religion nouvelle, dans votre livre, il faudrait le détruire, le brûler, comme un poison mortel des âmes.

Il poursuivit longtemps encore. Et Pierre songeait à ce que lui avait dit don Vigilio, à ces Jésuites tout-puissants dans l'ombre, au Vatican comme ailleurs, qui gouvernaient souverainement l'Église. Était-ce donc vrai qu'à son insu même, si imbu qu'il croyait être de la doctrine de saint Thomas, ce pape politique, d'un opportunisme toujours en éveil, était un des leurs, un instrument docile entre leurs souples mains de conquête sociale? Lui aussi pactisait avec le siècle, allait au monde, consentait à le flatter, pour le posséder. Pierre n'avait jamais senti si cruellement que l'Église en était désormais réduite là, à ne vivre que de concessions et de diplomatie. Et il avait enfin la vue claire de ce clergé romain, si difficile d'abord à comprendre pour un prêtre français, de ce gouvernement de l'Église, représenté par le pape, ses cardinaux, ses prélats, que Dieu en personne a chargés d'administrer ici-bas son domaine, les hommes et la terre. Ils commencent par mettre Dieu de côté, au fond du tabernacle, ne tolérant plus qu'on le discute, imposant les dogmes comme les vérités de son essence, mais eux-mêmes ne s'embarrassant plus de lui, ne s'amusant plus à prouver son existence par de vaines discussions théologiques. Évidemment il existe, puisqu'ils gouvernent en son nom. Cela suffit. Dès lors, ils sont au nom de Dieu les maîtres, consentant bien à signer des concordats pour la forme, mais ne les observant pas, ne pliant que devant la force, réservant toujours leur souveraineté finale, qui un jour triomphera. Dans l'attente de ce jour, ils agissent en simples diplomates, ils organisent la lente conquête en fonctionnaires du Dieu triomphant de demain, et la religion n'est ainsi que l'hommage public qu'ils lui rendent, avec l'apparat, la magnificence qui gagne les foules, dans l'unique but de le faire régner sur l'humanité ravie et conquise, ou plutôt de régner en son lieu et place, puisqu'ils sont ses représentants visibles, délégués par lui. Ils descendent du droit romain, ils ne sont toujours que les enfants de ce vieux sol païen de Rome, et s'ils ont duré, s'ils comptent durer éternellement, jusqu'à l'heure espérée où l'empire du monde leur sera rendu, c'est qu'ils sont les héritiers directs des Césars, drapés dans leur pourpre, ligne ininterrompue et vivante du sang d'Auguste.

Pierre, alors, eut honte de ses larmes. Ah! ses pauvres

nerfs, ses abandons de sentimental et d'enthousiaste!
Une pudeur lui venait, comme s'il s'était montré là dans
la nudité de son âme. Et si inutilement, grand Dieu! au
fond de cette chambre où jamais rien ne s'était dit de
semblable, devant ce pontife roi qui ne pouvait l'entendre!
Cette idée politique des papes, de régner par les humbles
et par les pauvres, lui faisait horreur. N'était-ce pas la
conciliation du loup, cette pensée d'aller au peuple,
débarrassé de ses anciens maîtres, pour s'en nourrir à
son tour? Et il avait dû être fou, en vérité, le jour où il
s'était imaginé qu'un prélat romain, un cardinal, un pape,
étaient capables d'admettre le retour à la communauté
chrétienne, une floraison nouvelle du christianisme primitif pacifiant les peuples vieillis, que la haine dévore.
Une pareille conception ne pouvait même tomber sous le
sens d'hommes qui, depuis des siècles, vivaient en maîtres
du monde, pleins d'un mépris insoucieux des petits et
des souffrants, frappés à la longue d'une totale impuissance de charité et d'amour.

Mais Léon XIII, de sa grosse voix intarissable, parlait
toujours. Et le prêtre l'entendit qui disait :

— Pourquoi avez-vous écrit sur Lourdes cette page
entachée d'un si mauvais esprit? Lourdes, mon fils, a
rendu de grands services à la religion. J'ai souvent
exprimé aux personnes qui sont venues me raconter les
touchants miracles, presque quotidiens à la Grotte, mon
vif désir de voir ces miracles confirmés, établis par la
science la plus rigoureuse. Et, d'après ce que j'ai lu, il
me semble qu'aujourd'hui les esprits malveillants ne
sauraient douter davantage, car les miracles sont désormais prouvés scientifiquement d'une façon irréfutable...
La science, mon fils, doit être la servante de Dieu. Elle
ne peut rien contre lui, et c'est par lui seul qu'elle arrive
à la vérité. Toutes les solutions qu'on prétend trouver
actuellement et qui paraissent détruire les dogmes, seront
forcément reconnues fausses un jour, car la vérité de Dieu

restera victorieuse, lorsque les temps seront accomplis.
Ce sont là pourtant des certitudes bien simples, ce que
savent les petits enfants et ce qui suffirait à la paix, au
salut des hommes, s'ils voulaient s'en contenter... Et
soyez convaincu, mon fils, que la foi n'est pas incompa-
tible avec la raison. Saint Thomas n'est-il pas là, qui a
tout prévu, tout expliqué, tout réglé? Votre foi a été
ébranlée sous les assauts de l'esprit d'examen, vous avez
connu des troubles, des angoisses, que le ciel veut bien
épargner à nos prêtres, sur cette terre d'antique croyance,
cette Rome sanctifiée par le sang de tant de martyrs. Mais
nous ne craignons pas l'esprit d'examen, étudiez davantage, lisez à fond saint Thomas, et votre foi reviendra,
plus solide, définitive et triomphante.

Effaré, Pierre recevait ces choses, comme si des morceaux de la voûte du firmament lui fussent tombés sur le
crâne. O Dieu de vérité! les miracles de Lourdes prouvés
scientifiquement, la science servante de Dieu, la foi com-
patible avec la raison, saint Thomas suffisant à la certitude du siècle! Comment répondre, ô Dieu! et pourquoi
répondre?

— Le plus coupable et le plus dangereux des livres,
finit par conclure Léon XIII, un livre dont le titre, *la
Rome nouvelle*, est à lui seul un mensonge et un poison,
un livre d'autant plus condamnable qu'il a toutes les
séductions du style, toutes les perversions des chimères
généreuses, un livre enfin qu'un prêtre, s'il l'a conçu
dans une heure d'égarement, doit brûler en public, par
pénitence, de la main même qui en a écrit les pages d'erreur
et de scandale.

Brusquement, Pierre se leva, tout debout. Et, dans le
silence énorme qui s'était fait, autour de cette chambre
morte, si pâlement éclairée, il n'y avait que la Rome du
dehors, la Rome nocturne, noyée de ténèbres, immense
et noire, semée seulement d'une poussière d'astres. Et il
allait crier :

— C'est vrai, j'avais perdu la foi, mais je croyais l'avoir retrouvée, dans la pitié que la misère du monde m'avait mise au cœur. Vous étiez mon dernier espoir, le Père, le sauveur attendu. Et voilà que c'est un rêve encore, vous ne pouvez être de nouveau Jésus, pacifier les hommes, à la veille de l'affreuse guerre fratricide qui se prépare. Vous ne pouvez laisser là le trône, venir par les chemins, avec les humbles, avec les pauvres, pour faire l'œuvre suprême de fraternité. Eh bien! c'en est fini de vous, de votre Vatican et de votre Saint-Pierre. Tout croule sous l'assaut du peuple qui monte et de la science qui grandit. Vous n'êtes plus, il n'y a plus ici que des décombres.

Mais il ne prononça point ces paroles. Il s'inclina et dit :

— Saint-Père, je me soumets et je réprouve mon livre.

Sa voix tremblait d'un amer dégoût, ses mains ouvertes eurent un geste d'abandon, comme s'il avait lâché son âme. C'était la formule exacte de la soumission : *Auctor laudabiliter se subjecit et opus reprobavit*, l'auteur louablement s'est soumis et a réprouvé son œuvre. Rien ne fut d'un désespoir plus haut, d'une grandeur plus souveraine dans l'aveu d'une erreur et dans le suicide d'une espérance. Mais quelle affreuse ironie! ce livre qu'il avait juré de ne retirer jamais, pour le triomphe duquel il s'était battu si passionnément, et qu'il reniait, qu'il supprimait lui-même tout d'un coup, non parce qu'il le jugeait coupable, mais parce qu'il venait de le sentir inutile et chimérique comme un désir d'amant, un rêve de poète. Ah! oui, puisqu'il s'était trompé, puisqu'il avait rêvé, puisqu'il ne trouvait là ni le Dieu, ni le prêtre qu'il avait voulus pour le bonheur des hommes, à quoi bon s'entêter dans l'illusion d'un impossible réveil! Plutôt jeter son livre à la terre comme une feuille morte, plutôt le renier, le retrancher de lui, tel qu'un membre mort, désormais sans raison ni usage!

Un peu surpris d'une si prompte victoire, Léon XIII eut une légère exclamation de contentement.

— C'est très bien, très bien, mon fils ! Vous venez de dire les seules paroles sages qui convenaient à votre caractère de prêtre.

Et, dans son évidente satisfaction, lui qui n'abandonnait jamais rien au hasard, qui préparait chacune de ses audiences, avec les mots qu'il dirait, les gestes qu'il ferait, il se détendit un peu, il montra une bonhomie véritable. Ne pouvant comprendre, se trompant sur les vrais motifs de la soumission de ce révolté, il goûtait la joie orgueilleuse de l'avoir si aisément réduit au silence, car son entourage lui avait fait de lui un portrait de révolutionnaire terrible. Aussi une telle conversion le flattait-elle beaucoup.

— D'ailleurs, mon fils, je n'attendais pas moins de votre esprit distingué. Reconnaître sa faute, en faire pénitence, se soumettre, il n'y a pas de jouissance plus haute.

D'un geste familier, il avait repris sur la petite table son verre de sirop, il s'était remis, avant de le boire, à en tourner la dernière gorgée, avec la longue cuiller de vermeil. Et Pierre était surtout frappé de le retrouver, ainsi qu'au début, l'air réduit, déchu de sa majesté souveraine, pareil à un petit bourgeois très vieux qui buvait solitairement son verre d'eau sucrée, avant de se mettre au lit. La figure, après avoir grandi et rayonné, comme un astre qui monte au zénith, venait de retomber à l'horizon, au ras du sol, dans son humaine médiocrité. Il le revoyait chétif, frêle, avec son cou mince de petit oiseau malade, avec sa laideur sénile, qui le rendait si difficile pour ses portraits, toiles peintes ou photographies, médailles d'or ou bustes de marbre, disant qu'il ne fallait pas faire le papa Pecci, mais Léon XIII, le grand pape, dont il avait l'ambition de laisser à la postérité une si haute image. Et Pierre, qui avait cessé de les voir un instant, était de nouveau gêné par le mouchoir resté sur les genoux, par la soutane malpropre, tachée de tabac. Et il n'éprouvait plus qu'une pitié attendrie pour tant de vieillesse pure et toute blanche, qu'une profonde admiration pour l'entêtée puissance de vie qui s'était réfugiée dans les yeux noirs, qu'une déférence respectueuse de travailleur pour le large cerveau, aux vastes projets, si débordant de pensées et d'actions sans nombre.

L'audience était finie, il s'inclina profondément.

— Je remercie Votre Sainteté du paternel accueil qu'elle a daigné me faire.

Mais Léon XIII voulut bien le retenir encore une minute, en lui reparlant de la France, en lui disant son vif désir de la voir prospère, calme et forte, pour le plus grand bien de l'Église. Et Pierre, pendant cette dernière minute, eut une singulière vision, une véritable hantise. En regardant le front d'ivoire du Saint-Père, tandis qu'il songeait à son grand âge, au moindre rhume qui pouvait l'emporter, il venait, par un involontaire rapprochement, de se rappeler la scène d'usage, d'une grandeur farouche : Pie IX, Giovanni Mastaï, mort depuis deux heures, le visage couvert d'un linge blanc, entouré de la famille pontificale bouleversée ; puis, le cardinal Pecci, camerlingue, s'approchant du lit funèbre, faisant écarter le voile, tapant trois fois de son marteau d'argent sur le front du cadavre, en jetant chaque fois le cri d'appel : Giovanni ! Giovanni ! Giovanni ! Et, le cadavre n'ayant pas répondu, le camerlingue se tournait après avoir patienté quelques secondes, disait : « Le pape est mort ! » Pierre, en même temps, avait vu se dresser là-bas, rue Giulia, le cardinal Boccanera, le camerlingue, qui attendait, avec son marteau d'argent ; et il s'était imaginé Léon XIII, Joachim Pecci, mort depuis deux heures, le visage couvert d'un linge blanc, entouré de ses prélats, dans cette chambre même ; et il voyait le camerlingue qui s'approchait, faisait écarter le voile, tapait trois fois sur le front d'ivoire, en jetant chaque fois le cri d'appel : Joachim !

Joachim ! Joachim ! Puis, le cadavre n'ayant pas répondu, il se tournait après avoir patienté quelques secondes, il disait : « Le pape est mort ! » Léon XIII s'en souvenait-il des trois coups qu'il avait donnés sur le front de Pie IX, et sentait-il parfois à son front la crainte glacée des trois coups, le froid mortel du marteau dont il avait armé le camerlingue, l'implacable adversaire qu'il savait avoir dans le cardinal Boccanera ?

— Allez en paix, mon fils, dit enfin Sa Sainteté, comme bénédiction dernière. Votre faute vous sera remise, puisque vous l'avez confessée et que vous en témoignez l'horreur.

Pierre, sans répondre, l'âme en détresse, acceptant l'humiliation comme le châtiment mérité de sa chimère, s'en alla à reculons, selon le cérémonial d'usage. Il s'inclina profondément à trois reprises, il franchit la porte sans se retourner, suivi par les yeux noirs de Léon XIII, qui ne le quittaient pas. Pourtant, il le vit reprendre sur la table le journal, dont il avait interrompu la lecture pour le recevoir, ayant gardé le goût de la presse, une curiosité vive des nouvelles, bien qu'il se trompât souvent sur l'importance des articles, au fond de son isolement, donnant à certains, sur certains points, une gravité qu'ils n'avaient pas. Les deux lampes brûlaient avec une douce clarté immobile, la chambre retomba dans son grand silence et dans sa paix infinie.

Au milieu de l'antichambre secrète, monsieur Squadra debout, immobile et noir, attendait. Et, comme il constata que Pierre, éperdu dans son étourdissement, passait en oubliant son chapeau sur la console où il l'avait laissé, il prit discrètement ce chapeau, le lui tendit, avec une muette révérence. Puis, sans hâte aucune, du même pas qu'à l'arrivée, il se remit à marcher devant lui, pour le reconduire à la salle Clémentine.

Alors, ce fut, en sens inverse, la même immense promenade, le défilé sans fin au travers des salles intermi-

nables. Et toujours pas une âme, pas un bruit, pas un
souffle. Dans chaque pièce vide, l'unique lampe, solitaire
et comme oubliée, charbonnait, brûlait plus pâle dans
plus de silence. Le désert semblait s'être élargi, à mesure que la nuit avançait, noyant d'ombre les rares
meubles, épars sous les hauts plafonds dorés, les trônes,
les escabeaux de bois, les consoles, les crucifix, les candélabres, qui se répétaient à chaque salle nouvelle. Et ce
fut ainsi, après l'antichambre d'honneur dont le damas
rougeoyait, la salle des gardes-nobles, endormie dans
une légère odeur d'encens, qu'une messe dite le matin
y avait laissée; puis, ce furent la salle des Tapisseries,
la salle de la garde palatine, la salle des gendarmes;
et, dans la salle des bussolanti, qui suivait, le dernier
domestique de service, resté sur la banquette, s'y était
assoupi d'un si bon sommeil, qu'il ne s'éveilla point.
Les pas sonnaient faiblement sur les dalles, étouffés
dans l'air morne de ce palais clos, muré de partout
ainsi qu'une tombe, envahi à cette heure tardive d'un
néant qui le submergeait. Enfin, ce fut la salle Clémentine, que le poste de la garde suisse venait de quitter.

Jusqu'à cette salle, monsieur Squadra n'avait pas
tourné la tête. Toujours muet, sans un geste, il s'effaça,
laissa passer Pierre, qu'il salua d'une dernière révérence. Ensuite, il disparut.

Et Pierre descendit les deux étages de l'escalier monumental, que les globes dépolis des becs de gaz éclairaient d'une lueur de veilleuse, dans un accablement
extraordinaire du silence, depuis que les pas des gardes
suisses en faction ne retentissaient plus sur les paliers.
Et il traversa la cour Saint-Damase, vide et morte, sous
la pâle clarté des lanternes du perron, descendit la scala
Pia, l'autre escalier géant, aussi vide, aussi mort dans sa
demi-obscurité, franchit enfin la porte de bronze, qu'un
portier, derrière lui, roula et ferma d'une poussée lente.
Et quel grondement, quel cri farouche de dur métal, sur

tout ce que cette porte enfermait là, tant de ténèbres entassées, tant de silence accru, les siècles immobiles que la tradition y perpétuait, les idoles indestructibles des dogmes conservés sous leurs bandelettes de momies, toutes les chaînes qui pèsent et qui lient, tout l'appareil d'étroit servage, de domination souveraine, dont les échos des salles désertes et noires renvoyaient le formidable retentissement!

Sur la place Saint-Pierre, au milieu de cette immensité sombre, il se retrouva seul. Pas un promeneur attardé, pas un être. Émergeant de la vaste mosaïque du petit pavé gris, rien que la haute apparition de l'Obélisque blême, entre les quatre candélabres. La façade de la basilique s'évoquait, elle aussi, d'une pâleur de rêve, élargissant, pareilles à deux bras énormes, les quadruples rangées de piliers de la colonnade, noyées d'obscurité, ainsi que des futaies de pierre. Et rien autre, le dôme n'était qu'une rondeur démesurée, devinée à peine dans le ciel sans lune. Seuls, les jets d'eau des fontaines, qu'on finissait par distinguer comme de grêles fantômes mouvants, mettaient là une voix, un murmure sans fin de triste plainte, venu on ne savait de quelles ténèbres. Ah! la mélancolique grandeur de ce sommeil, toute cette place fameuse, avec le Vatican, avec Saint-Pierre, vus la nuit, noyés d'ombre et de silence! Soudain l'horloge sonna dix heures, d'une cloche si lente et si forte, que jamais heures plus solennelles, plus définitives, n'avaient semblé tomber dans plus d'infini noir et insondable.

Pierre, immobile au milieu de l'étendue, avait tressailli de tout son pauvre être brisé. Eh! quoi, il n'avait causé, là-haut, que trois quarts d'heure à peine, avec le blanc vieillard qui venait de lui arracher toute son âme? Oui, c'était l'arrachement final, la dernière croyance arrachée de son cerveau, de son cœur saignants. L'expérience suprême était faite, un monde en lui avait croulé. Tout d'un coup, il songea à monsignor Nani, en réfléchissant que celui-là seul avait eu raison. On lui disait bien qu'il finirait quand même par faire ce que voudrait monsignor Nani, et il avait maintenant la stupeur de l'avoir fait.

Mais un brusque désespoir le saisit, une détresse si atroce, que, du fond de l'abîme de ténèbres où il était, il leva ses deux bras frémissants dans le vide, il parla tout haut.

— Non, non ! vous n'êtes point ici, ô Dieu de vie et d'amour, ô Dieu de salut ! et venez donc, apparaissez, puisque vos enfants se meurent de ne savoir ni qui vous êtes ni où vous êtes, dans l'infini des mondes !

Au-dessus de l'immense place, le ciel immense s'étendait, de velours bleu sombre, l'infini muet et bouleversant où palpitaient les constellations. Sur les toitures du Vatican, le Chariot semblait s'être renversé davantage, ses roues d'or comme déviées du droit chemin, son brancard d'or en l'air; tandis que là-bas, sur Rome, du côté de la rue Giulia, Orion allait disparaître, ne montrant déjà plus qu'une seule des trois étoiles d'or qui chamarraient son baudrier.

XV

Pierre ne s'était assoupi qu'au petit jour, brisé d'émotion, brûlant de fièvre. Dès son retour au palais Boccanera, dans la nuit noire, il avait retrouvé l'affreux deuil de la mort de Dario et de Benedetta. Et, vers neuf heures, lorsqu'il se fut réveillé et qu'il eut déjeuné, il voulut descendre tout de suite à l'appartement du cardinal, où l'on avait exposé les corps des deux amants, pour que la famille, les amis, les clients, pussent leur apporter leurs larmes et leurs prières.

Pendant qu'il déjeunait, Victorine, qui ne s'était pas couchée, d'une bravoure active dans son désespoir, venait de lui raconter les événements de la nuit et de la matinée. Donna Serafina, par un respect de prude pour les convenances, avait risqué une nouvelle tentative, voulant qu'on séparât les deux corps. Cette femme nue qui, dans la mort, étreignait si étroitement cet homme dévêtu lui même, blessait toutes ses pudeurs. Mais il n'était plus temps, la rigidité s'était produite, ce qu'on n'avait pas fait au premier moment ne pouvait plus l'être, sans une horrible profanation. Leur étreinte d'amour était si puissante, qu'il aurait fallu, pour les dénouer l'un de l'autre, arracher leurs chairs, casser leurs membres. Et le cardinal, qui, déjà, n'avait pas permis qu'on troublât leur sommeil, leur union d'éternité, s'était presque querellé avec sa sœur. Sous sa robe de prêtre, il se retrouvait de sa race, fier des passions d'autrefois, des belles amours violentes, des beaux coups de dague. Disant que, si la famille comptait deux papes, de grands capitaines, de grands amoureux l'avaient aussi illustrée. Jamais il ne laisserait toucher à ces deux enfants, si purs en leur douloureuse existence, et que la tombe seule avait unis. Il était le maître en son palais, on les coudrait dans le même suaire, on les clouerait dans le même cercueil. Ensuite, le service religieux serait fait à San Carlo, l'église voisine, dont il avait le titre cardinalice, où il était le maître encore. Et, s'il le fallait, il irait jusqu'au pape. Et telle était sa volonté souveraine, exprimée si hautement, que tout le monde dans la maison avait dû s'incliner, sans se permettre un geste ni un souffle.

Alors, donna Serafina s'était occupée de la toilette dernière. Selon l'usage, les domestiques se trouvaient là, Victorine avait aidé la famille, comme la servante la plus ancienne, la plus aimée. Il avait fallu se contenter d'envelopper d'abord les deux amants dans les cheveux dénoués de Benedetta, la chevelure odorante, épaisse et large, ainsi qu'un royal manteau; puis, on les avait vêtus d'un même linceul de soie blanche, serré à leurs cous, qui faisait d'eux un seul être dans la mort. Et, de nouveau, le cardinal avait exigé qu'ils fussent descendus chez lui, qu'on les couchât sur un lit de parade, au milieu de la salle du trône, pour leur rendre un suprême hommage, comme aux derniers du nom, aux deux fiancés tragiques, avec qui la gloire jadis retentissante des Boccanera retournait à la terre. D'ailleurs, donna Serafina s'était rangée tout de suite à ce projet, car elle jugeait peu décent que sa nièce, même morte, fût aperçue dans cette chambre, sur ce lit d'un jeune homme. L'histoire arrangée circulait déjà: le brusque décès de Dario emporté en quelques heures par une fièvre infectieuse; la douleur folle de Benedetta, qui avait expiré sur son corps, en le serrant une dernière fois entre ses bras; et les honneurs royaux qu'on leur rendait, et les belles noces funèbres qu'on leur faisait, allongés tous les deux sur le même lit d'éter-

HIER (S) OU PAGE (S) INTERVERTI (S) A LA COU
RETABLI (S) A LA PRISE DE VUE.

nel repos. Rome entière, bouleversée par cette histoire d'amour et de mort, n'allait plus, pendant deux semaines, causer d'autre chose.

Pierre serait parti le soir même pour la France, dans sa hâte de quitter cette ville de désastre, où il devait laisser le dernier lambeau de sa foi. Mais il voulait attendre les obsèques, il avait remis son départ au lendemain soir. Et, toute cette journée encore, il la passerait là, dans ce palais qui croulait, près de cette morte qu'il avait aimée, tâchant de retrouver pour elle des prières, au fond de son cœur vide et meurtri.

Quand il fut descendu, sur le vaste palier, devant l'appartement de réception du cardinal, le souvenir lui revint du premier jour où il s'était présenté là. C'était la même sensation d'ancienne pompe princière, dans l'usure et dans la poussière du passé. Les portes des trois immenses antichambres se trouvaient grandes ouvertes; et les salles étaient vides encore, sous les hauts plafonds obscurs, à cause de l'heure matinale. Dans la première, celle des domestiques, il n'y avait que Giacomo en livrée noire, immobile et debout, en face de l'antique chapeau rouge, accroché sous le baldaquin, avec ses glands mangés à demi, parmi lesquels les araignées filaient leur toile. Dans la seconde, celle où le secrétaire se tenait autrefois, l'abbé Paparelli, le caudataire qui remplissait aussi la fonction de maître de chambre, attendait les visiteurs en marchant à petits pas silencieux; et jamais il n'avait plus ressemblé à une très vieille fille en jupe noire, blêmie, ridée par des pratiques trop sévères, avec son humilité conquérante, son air louche de toute-puissance obséquieuse. Enfin, dans la troisième antichambre, l'antichambre noble, où la barrette, posée sur une crédence, faisait face au grand portrait impérieux du cardinal en costume de cérémonie, le secrétaire, don Vigilio, avait quitté sa petite table de travail pour se tenir à la porte de la salle du trône, saluant d'une révérence les personnes qui en passaient le seuil.

Et, par cette sombre matinée d'hiver, ces salles apparaissaient plus mornes, plus délabrées, les tentures en lambeaux, les rares meubles ternis de poussière, les vieilles boiseries s'émiettant sous le continu travail des vers, les plafonds seuls gardant leur fastueuse envolée de dorures et de peintures triomphales.

Mais Pierre, que l'abbé Paparelli venait de saluer profondément, d'une façon exagérée, où se sentait l'ironie d'une sorte de congé donné à un vaincu, était surtout saisi par la grandeur triste de ces trois vastes salles en ruine, qui conduisaient, ce jour-là, à cette salle du trône transformée en salle de mort, dans laquelle dormaient les deux derniers enfants de la maison. Quel gala superbe et désolé de la mort, toutes les larges portes ouvertes, tout le vide de ces pièces trop grandes, dépeuplées de leurs anciennes foules, aboutissant au deuil suprême de la fin d'une race! Le cardinal s'était enfermé dans son petit cabinet de travail, où il recevait les membres de la famille, les intimes qui tenaient à lui présenter leurs condoléances; tandis que donna Serafina, de son côté, avait choisi une chambre voisine, pour y attendre les dames amies, dont le défilé allait durer jusqu'au soir. Et Pierre, que Victorine avait renseigné sur ce cérémonial, dut se décider à entrer directement dans la salle du trône, de nouveau salué par une grande révérence de don Vigilio, pâle et muet, qui sembla même ne pas le reconnaître.

Une surprise attendait le prêtre. Il s'était imaginé une chapelle ardente, la nuit complètement faite, des centaines de cierges brûlant autour d'un catafalque, au milieu de la salle tendue de draperies noires. On lui avait dit que l'exposition se faisait là, parce que l'antique chapelle du palais, située au rez-de-chaussée, était fermée depuis cinquante ans, hors d'usage, et que la petite chapelle privée du cardinal se trouvait trop étroite pour une pareille cérémonie. Aussi avait-il fallu improviser un autel dans la salle du trône, où les messes se succédaient depuis le matin.

D'ailleurs, des messes devaient également être dites toute la journée dans la chapelle privée ; de même qu'on avait installé deux autres autels, un dans une petite pièce voisine de l'antichambre noble, l'autre dans une sorte d'alcôve qui s'ouvrait sur la seconde antichambre ; et c'était ainsi que des prêtres, surtout des franciscains, des religieux appartenant aux ordres pauvres, allaient sans interruption et concurremment célébrer le divin sacrifice, sur ces quatre autels. Le cardinal avait voulu que pas un instant le sang divin ne cessât de couler chez lui pour la rédemption des deux âmes chères, envolées ensemble. Dans le palais en deuil, au travers des salles funèbres, les tintements des sonnettes de l'élévation ne s'arrêtaient pas, les murmures frissonnants des paroles latines ne se taisaient pas, les hosties se brisaient, les calices se vidaient continuellement, sans que Dieu pût une seule minute s'absenter de cet air lourd, qui sentait la mort.

Et Pierre, étonné, trouva la salle du trône telle qu'il l'avait vue, le jour de sa première visite. Les rideaux des quatre grandes fenêtres n'avaient pas même été tirés, la sombre matinée d'hiver entrait en une clarté faible, grise et froide. C'étaient encore, sous le plafond de bois sculpté et doré, les tentures rouges des murs, une brocatelle à grandes palmes, mangée par l'usure ; et l'ancien trône se trouvait là, le fauteuil retourné contre la muraille, dans l'attente inutile du pape, qui ne venait jamais plus. Seul, l'autel improvisé, dressé à côté de ce trône, changeait un peu l'aspect de la pièce, débarrassée de ses quelques meubles, sièges, tables, consoles. Puis, au milieu, on avait posé sur une marche basse le lit d'apparat, où Benedetta et Dario étaient couchés, dans une jonchée de fleurs. Au chevet du lit, deux cierges simplement, un de chaque côté, brûlaient. Et rien autre, et seulement des fleurs encore, une telle moisson de fleurs, qu'on ne savait dans quel jardin chimérique on avait bien pu la couper, des roses blanches surtout, des gerbes de roses sur le lit, des gerbes de roses s'écroulant du lit, des gerbes de roses couvrant la marche, débordant de la marche jusque sur le dallage magnifique de la salle.

Pierre s'était approché du lit, le cœur bouleversé d'une émotion profonde. Ces deux cierges dont le jour pâle éteignait à demi les petites flammes jaunes, cette continuelle plainte basse de la messe voisine, ce parfum pénétrant des roses qui alourdissait l'air, mettaient une infinie détresse, une lamentation de deuil sans bornes, dans la grande salle surannée et poudreuse. Et pas un geste, pas un souffle, rien autre, par instants, qu'un petit bruit de sanglots étouffés, parmi les quelques personnes qui se trouvaient là. Des domestiques de la maison se relayaient sans cesse, quatre toujours étaient au chevet du lit, debout, immobiles, ainsi que des gardes familiers et fidèles. De temps à autre, l'avocat consistorial Morano, qui s'occupait de tout, depuis le matin, traversait la pièce, l'air pressé, d'un pas silencieux. Et, sur la marche, tous ceux qui entraient venaient s'agenouiller, priaient, pleuraient. Pierre y aperçut trois dames, la face dans leur mouchoir. Un vieux prêtre y était aussi, tremblant de douleur, la tête basse, et dont on ne pouvait distinguer le visage. Mais il fut surtout attendri par la vue d'une jeune fille, vêtue pauvrement, qu'il prit pour une servante, si écrasée par le chagrin sur les dalles, qu'elle n'était plus là qu'une loque de misère et de souffrance.

Alors, à son tour, il s'agenouilla ; et, du balbutiement professionnel des lèvres, il tâcha de retrouver le latin des prières consacrées, qu'il avait dites si souvent comme prêtre, au chevet des morts. Son émotion grandissante brouillait sa mémoire, il s'anéantit dans le spectacle adorable et terrible des deux amants, que ses regards ne pouvaient quitter. Sous la jonchée des roses, les corps se distinguaient à peine, dans leur étreinte ; mais les deux têtes émergeaient, serrées au cou par le suaire de soie. Et qu'elles étaient belles encore, d'une beauté de passion enfin satisfaite, posées toutes deux sur le même coussin, mêlant leurs chevelures! Benedetta avait gardé sa face divinement rieuse, aimante et fidèle pour l'éternité, exaltée d'avoir rendu son dernier souffle en un baiser d'amour. Dario, en son allégresse dernière, était resté plus douloureux, tel que les marbres des pierres funéraires, que les amoureuses s'épuisent à étreindre vainement. Et ils avaient encore les yeux grands ouverts, plongeant les uns au fond des autres, et ils continuaient à se regarder sans fin, avec une douceur de caresse que jamais rien ne devait plus troubler.

Mon Dieu! était-ce donc vrai qu'il l'avait aimée, cette Benedetta, d'un amour si pur, si dégagé de toute idée d'impossible possession! Et Pierre était remué jusqu'au fond de l'âme par les heures délicieuses qu'il avait passées près d'elle, dans un lien d'une exquise amitié, aussi douce que l'amour. Elle était si belle, si sage, si brûlante de passion! Lui-même avait fait un si beau rêve, animer de sa fraternité libératrice cette admirable créature, à l'âme de feu, aux airs indolents, en laquelle il revoyait toute l'ancienne Rome, qu'il aurait voulu réveiller et conquérir à l'Italie de demain. Il rêvait de la catéchiser, de lui élargir le cœur et le cerveau, en lui donnant l'amour des petits et des pauvres, le flot de pitié d'aujourd'hui pour les choses et pour les êtres. Maintenant, cela l'aurait fait un peu sourire, s'il n'avait pas débordé de larmes. Comme elle s'était montrée charmante, en s'efforçant de le contenter, malgré les obstacles invincibles, la race, l'éducation, le milieu, qui l'empêchaient de le suivre! Elle était une écolière docile, mais incapable de progrès véritable. Un jour pourtant, elle avait semblé se rapprocher de lui, comme si la souffrance lui ouvrait l'âme à toutes les charités. Puis, l'illusion du bonheur était venue, et elle n'avait plus rien compris à la misère des autres, elle s'en était allée dans l'égoïsme de son espoir et de sa joie, à elle. Était-ce donc, grand Dieu! que cette race, condamnée à disparaître, devait finir ainsi, si belle encore parfois, si adorée, mais si fermée à l'amour des humbles, à la loi de charité et de justice, qui, en réglementant le travail, pouvait seule désormais sauver le monde?

Puis, ce fut chez Pierre une autre désolation encore, qui le laissa balbutiant, sans prières précises. Il venait de songer au coup de violence qui avait emporté les deux enfants, dans une revanche foudroyante de la nature. Quelle dérision d'avoir promis à la Vierge de ne faire le cadeau de sa virginité qu'au mari élu, de s'être fait saigner sous ce serment, comme sous un cilice, pendant son existence entière, pour en venir à se jeter dans la mort, au cou de l'amant, éperdue de regrets, brûlante de se donner toute! Et elle s'était donnée avec l'emportement d'une protestation dernière, et il avait suffi du fait brutal de la séparation menaçante, l'avertissant de la duperie, la ramenant à l'instinct de l'universel amour. C'était encore une fois l'Église vaincue, le grand Pan, semeur des germes, rassemblant les couples de son geste continu de fécondité. Si, lors de la Renaissance, l'Église n'avait pas croulé sous l'assaut des Vénus et des Hercules exhumés du vieux sol romain, la lutte continuait aussi âpre, et à chaque heure les peuples nouveaux, débordants de sève, affamés de vie, en guerre contre une religion qui n'était qu'un appétit de la mort, menaçaient d'emporter l'ancien édifice catholique, dont les murs déjà croulaient de vieillesse inféconde.

Et, à ce moment, Pierre eut la sensation que la mort de cette Benedetta adorable était pour lui le suprême désastre. Il la regardait toujours, et des larmes brûlèrent ses yeux. Elle achevait d'emporter sa chimère. Comme la veille, au Vatican, devant le pape, il sentait s'effondrer sa dernière espérance, la résurrection tant souhaitée de la vieille Rome, en une Rome de jeunesse et de salut. Cette fois, c'était bien la fin: Rome la catholique, la princière, était morte, couchée là, telle qu'un marbre, sur ce lit funèbre. Elle n'avait pu aller aux humbles, aux souffrants de ce monde, elle venait d'expirer dans le cri impuissant de sa passion égoïste, quand il était trop tard pour aimer et enfanter. Jamais plus elle ne ferait d'enfants, la vieille maison romaine était vide désormais, stérile, sans réveil possible. Pierre, dont la chère morte laissait l'âme veuve, en deuil d'un si grand rêve, éprouvait une telle douleur à la voir ainsi immobile et glacée, qu'il se sentit défaillir. Était-ce le jour livide, étoilé par les taches jaunes des deux cierges, qui lui troublait la vue, le parfum des roses, alourdi dans l'air de mort, qui le grisait comme d'une ivresse, le sourd murmure continu de l'officiant en train d'achever sa messe, derrière lui, qui bourdonnait dans son crâne, en l'empêchant de retrouver ses prières? Il craignit de tomber en travers de la marche, il se releva péniblement et s'écarta.

Puis, comme il se réfugiait au fond de l'embrasure d'une fenêtre, pour se remettre, il eut l'étonnement de rencontrer là Victorine, assise sur une banquette, qu'on y avait à demi dissimulée. Elle avait des ordres de donna Serafina, elle veillait de ce coin sur ses deux chers enfants, ainsi qu'elle les nommait, en ne quittant pas des yeux les personnes qui entraient et qui sortaient. Tout de suite, elle fit asseoir le jeune prêtre, lorsqu'elle le vit si pâle, près de s'évanouir.

— Ah! dit-il très bas, lorsqu'il eut longuement respiré, qu'ils aient au moins la joie d'être ensemble ailleurs, de revivre une autre vie, dans un autre monde!

Elle haussa doucement les épaules, elle répondit à voix très basse, elle aussi :

— Oh! revivre, monsieur l'abbé, pourquoi faire? Quand on est mort, allez! le mieux est encore d'être mort et de dormir. Les pauvres enfants ont eu assez de peines sur la terre, il ne faut pas leur souhaiter de recommencer ailleurs.

Ce mot si naïf et si profond d'illettrée incroyante fit

passer un frisson dans les os de Pierre. Et lui dont les dents avaient parfois claqué de terreur, la nuit, à la brusque évocation du néant! Il la trouvait héroïque de n'être pas troublée par les idées d'éternité et d'infini. Ah! si tout le monde avait eu cette tranquille irréligion, cette insouciance si sage, si gaie, du petit peuple incrédule de France, quel calme soudain parmi les hommes, quelle vie heureuse!

Et, comme elle le sentait qui frémissait ainsi, elle ajouta :

— Que voulez-vous donc qu'il y ait après la mort? On a bien mérité de dormir, c'est encore ce qu'il y a de plus désirable et de plus consolant. Si Dieu avait à récompenser les bons et à punir les méchants, il aurait vraiment trop à faire. Est-ce que c'est possible, un pareil jugement? Est-ce que le bien et le mal ne sont pas dans chacun, à ce point mêlés, que le mieux serait encore d'acquitter tout le monde?

— Mais, murmura-t-il, ces deux-là, si aimables, si aimés, n'ont pas vécu, et pourquoi ne pas se donner la joie de croire qu'ils revivent, récompensés ailleurs, aux bras l'un de l'autre, éternellement?

De nouveau, elle secoua la tête.

— Non, non!... Je le disais bien, que ma pauvre Benedetta avait tort de se martyriser avec des idées de l'autre monde, en se refusant à son amoureux, qu'elle désirait tant. Moi, si elle avait voulu, je le lui aurais amené dans sa chambre, son amoureux, et sans maire, et sans curé encore! C'est si rare, le bonheur! On a tant de regret, plus tard, quand il n'est plus temps!... Et voilà toute l'histoire de ces deux pauvres mignons. Il n'est plus temps pour eux, ils sont morts, et on a beau mettre les amoureux dans les étoiles, voyez-vous, quand ils sont morts, ils le sont bien, ça ne leur fait plus ni chaud ni froid, de s'embrasser!

A son tour, elle était reprise par les larmes, elle sanglotait.

— Les pauvres petits ! les pauvres petits ! dire qu'ils n'ont pas eu seulement une nuit gentille, et que c'est maintenant la grande nuit qui ne finira plus !... Regardez-les donc, comme ils sont blancs ! et pensez-vous à cela, quand il ne restera que les os de leurs deux têtes, sur le coussin, et que les os seuls de leurs bras se serreront encore ?... Ah ! qu'ils dorment, qu'ils dorment ! au moins ils ne savent plus, ils ne sentent plus !

Un long silence retomba. Pierre, dans le frisson de son doute, dans son désir anxieux de survie, la regardait, cette femme dont les curés ne faisaient pas l'affaire, qui avait gardé son franc-parler de Beauceronne, l'air si paisible et si content du devoir accompli, en son humble situation de servante, perdue depuis vingt-cinq ans au milieu d'un pays de loups, où elle n'avait pas même pu apprendre la langue. Oh ! oui, être comme elle, avoir son bel équilibre de créature saine et bornée qui se contentait de la terre, qui se couchait pleinement satisfaite le soir, lorsqu'elle avait rempli son labeur du jour, quitte à ne se réveiller jamais !

Mais Pierre, en reportant les yeux vers le lit funèbre, venait de reconnaître le vieux prêtre, agenouillé sur la marche, et dont la tête basse, accablée de douleur, ne lui avait point permis de distinguer les traits.

— N'est-ce pas l'abbé Pisoni, le curé de Sainte-Brigitte, où j'ai dit quelques messes ? Ah ! le pauvre homme, comme il pleure !

Victorine répondit de sa voix tranquille et navrée :

— Il y a de quoi. Le jour où il s'est avisé de marier ma pauvre Benedetta au comte Prada, il a fait vraiment un beau coup. Tant d'abominations ne seraient pas arrivées, si on avait donné tout de suite son Dario à la chère enfant. Mais ils sont tous fous dans cette bête de ville, avec leur politique ; et celui-ci, qui est pourtant un si brave homme, croyait avoir fait un vrai miracle et sauvé le monde, en mariant le pape et le roi, comme il disait avec un rire doux de vieux savant qui n'a jamais aimé que les vieilles pierres : vous savez bien, leurs antiquailles, leurs idées patriotiques d'il y a cent mille ans. Et vous voyez, aujourd'hui, il pleure toutes les larmes de son corps... L'autre aussi est venu, il n'y a pas vingt minutes, le père Lorenza, le Jésuite, celui qui a été le confesseur de la contessina, après l'abbé Pisoni, et qui a défait ce que ce dernier avait fait. Oui, un bel homme, un beau gâcheur de besogne encore, un empêcheur d'être heureux, avec toutes les complications sournoises qu'il a mises dans l'histoire du divorce... J'aurais voulu que vous fussiez là, pour voir la façon dont il a fait un grand signe de croix, après s'être mis à genoux. Il n'a pas pleuré, lui, ah ! non, et il semblait dire que, puisque les choses finissaient si mal, c'était que Dieu s'était finalement retiré de toute cette affaire. Tant pis pour les morts !

Elle parlait doucement, sans arrêt, comme soulagée de pouvoir se vider le cœur, après les terribles heures de bousculade et d'étouffement, qu'elle vivait depuis la veille.

— Et celle-ci, reprit-elle plus bas, vous ne la reconnaissez donc point ?

Elle désignait du regard la jeune fille pauvrement vêtue, qu'il avait prise pour une servante, et que le chagrin, une détresse affreuse, écrasait sur les dalles, devant le lit. Dans un mouvement d'éperdue souffrance, elle venait de relever, de renverser la tête, une tête d'une beauté extraordinaire, noyée dans la plus admirable des chevelures noires.

— La Pierina ! dit-il. La pauvre fille !

Victorine eut un geste de pitié et de tolérance.

— Que voulez-vous ? je lui ai permis de monter jusqu'ici... Je ne sais comment elle a pu apprendre le malheur. Il est vrai qu'elle rôde toujours autour du palais. Alors, elle m'a fait appeler, en bas, et si vous l'aviez entendue me supplier, me demander avec de gros sanglots la grâce de voir son prince une fois encore !... Mon Dieu ! elle ne fait de mal à personne, là, par terre, à les regarder tous les deux, de ses beaux yeux d'amoureuse, pleins de larmes. Elle y est depuis une demi-heure, je m'étais promis de la faire sortir, si elle ne se conduisait pas bien. Mais, puisqu'elle est sage, qu'elle ne bouge seulement pas, ah ! qu'elle reste donc et qu'elle s'emplisse le cœur pour la vie entière !

Et c'était, en vérité, un spectacle sublime, que cette Pierina, cette fille d'ignorance, de passion et de beauté, foudroyée de la sorte, anéantie, au bas de la couche nuptiale, où les deux amants enlacés dormaient, dans la mort, leur première et éternelle nuit. Elle s'était affaissée sur les talons, elle avait laissé tomber ses bras trop lourds, les mains ouvertes ; et, la face levée, immobile, comme figée en une extase d'agonie, elle ne quittait plus du regard le couple adorable et tragique. Jamais visage humain n'avait paru si beau, d'une splendeur de souffrance et d'amour si éclatante, la Douleur antique, mais toute frémissante de vie, avec son front royal, ses joues de grâce fière, sa bouche de perfection divine. A quoi pensait-elle, de quoi souffrait-elle, en regardant fixement son prince, à jamais dans les bras de sa rivale ? Était-ce donc une jalousie sans fin possible qui glaçait le sang de ses veines ? Était-ce plutôt la seule souffrance de l'avoir perdu, de se dire qu'elle le voyait pour la dernière fois, sans haine contre cette autre femme qui tâchait vainement de le réchauffer, contre sa chair, aussi froide que la sienne ? Ses yeux noyés restaient doux pourtant, ses lèvres amères gardaient leur tendresse. Elle les trouvait si purs, si beaux, couchés parmi cette jonchée de fleurs ! Et, dans sa beauté à elle, sa beauté de reine qui s'ignore, elle était là sans souffle, en humble servante, en esclave amoureuse, dont ses maîtres, en mourant, ont arraché et emporté le cœur.

Sans cesse, maintenant, des personnes entraient d'un

pas ralenti, avec des visages de deuil, s'agenouillaient, priaient pendant quelques minutes, puis sortaient, de la même allure muette et désolée. Et Pierre eut un serrement de cœur, quand il vit arriver ainsi la mère de Dario, la toujours belle Flavia, accompagnée correctement de son mari, le beau Jules Laporte, l'ancien sergent de la garde suisse dont elle avait fait un marquis Montèfiori. Prévenue dès la mort, elle était venue la veille au soir. Mais elle revenait d'un air de cérémonie, en grand deuil, superbe dans tout ce noir, qui allait très bien à sa majesté de Junon un peu forte. Lorsqu'elle se fut approchée royalement du lit, elle resta un instant debout, avec deux larmes au bord des paupières, qui ne coulaient pas. Puis, au moment de se mettre à genoux, elle s'assura que Jules était bien à son côté, elle lui commanda d'un coup d'œil de s'agenouiller aussi, près d'elle. Tous deux s'inclinèrent au bord de la marche, restèrent là en prière le temps convenable, elle très digne et accablée, lui beaucoup mieux qu'elle encore, d'une désolation parfaite d'homme qui n'était déplacé dans aucune des circonstances de la vie, même les plus graves. Ensuite, tous les deux se relevèrent, disparurent avec lenteur par la porte des appartements, où le cardinal et donna Serafina recevaient la famille et les intimes.

Cinq dames entrèrent à la file, tandis que deux capucins et l'ambassadeur d'Espagne près du Saint-Siège sortaient. Et Victorine, qui se taisait depuis quelques minutes, reprit soudain :

— Ah! voici la petite princesse, et bien affligée, elle qui aimait tant notre Benedetta !

Pierre, en effet, vit entrer Celia, qui avait pris le deuil, elle aussi, pour cette visite d'abominable adieu. Derrière elle, la femme de chambre, dont elle s'était fait accompagner, tenait, dans chacun de ses bras, une gerbe énorme de roses blanches.

— La chère petite ! murmura encore Victorine, elle qui voulait que ses noces avec son Attilio se fissent en même temps que les noces des deux pauvres morts dont les amours maintenant reposent là ! Et ce sont eux qui l'ont devancée, elles sont faites, leurs noces, ils la dorment déjà, leur première nuit !

Tout de suite, Celia s'était agenouillée, avait fait le signe de la croix. Mais, visiblement, elle ne priait pas, elle regardait les deux chers amants, dans la stupeur désespérée de les retrouver si blancs, si froids, d'une beauté de marbre. Eh quoi ! quelques heures avaient suffi, la vie s'en était allée, jamais plus les lèvres ne se baiseraient ? Elle les revoyait encore, au milieu de ce bal de l'autre nuit, si éclatants, si triomphants de vivant amour ! Une protestation furieuse montait de son jeune cœur, ouvert à la vie, avide de joie et de soleil, en révolte contre l'imbécile mort. Et cette colère, cet effroi, cette douleur en face du néant, où toute passion se glace, se lisaient sur son visage ingénu de lis candide et fermé. Jamais sa bouche d'innocence aux lèvres closes sur les dents blanches, jamais ses yeux d'eau de source, clairs et sans fond, n'avaient exprimé plus d'insondable mystère, la vie de passion qu'elle ignorait, où elle entrait, et qui se heurtait, dès le seuil, à ces deux morts tendrement aimés, dont la perte lui bouleversait l'âme.

Doucement, elle ferma les yeux, elle tâcha de prier, tandis que de grosses larmes, maintenant, coulaient de ses paupières abaissées. Un temps s'écoula, au milieu du silence frissonnant, que troublaient seuls les petits bruits de la messe voisine. Elle se leva enfin, se fit donner par la femme de chambre les deux gerbes de roses blanches, qu'elle voulait déposer elle-même sur le lit. Debout sur la marche, elle hésita, finit par les mettre à droite et à gauche du coussin où reposaient les deux têtes, comme si elle les eût couronnées de ces fleurs, les mêlant à leurs cheveux, embaumant leurs jeunes fronts de ce parfum si doux et si fort. Mais, les mains vides, elle ne s'en allait pas, elle demeurait là, tout près, penchée sur eux, tremblante, cherchant ce qu'elle pourrait bien leur dire encore, leur laisser d'elle, à jamais. Et elle trouva, elle se pencha davantage, elle mit deux longs baisers, toute son âme profonde d'amoureuse, sur les fronts glacés de l'époux et de l'épouse.

— Ah! la brave petite! dit Victorine, dont les larmes coulèrent. Vous avez vu, elle les a baisés, et personne n'a songé encore à cela, pas même la mère... Ah! le brave petit cœur, c'est pour sûr qu'elle a pensé à son Attilio!

En se retournant pour descendre de la marche, Celia venait d'apercevoir la Pierina, toujours à demi renversée, dans son adoration douloureuse et muette. Elle la reconnut, elle s'apitoya surtout, lorsqu'elle la vit reprise de si gros sanglots, que tout son corps, ses hanches et sa gorge de déesse, en étaient secoués affreusement. Cette peine d'amour la bouleversa, telle qu'un désastre où sombrait tout le reste. On l'entendit dire à demi-voix, d'un ton d'infinie pitié :

— Ma chère, calmez-vous, calmez-vous... Je vous en prie, soyez plus raisonnable, ma chère.

Puis, comme la Pierina, saisie d'être ainsi plainte et secourue, sanglotait plus fort, au point de faire scandale, Celia la releva, la soutint entre ses deux bras, de crainte qu'elle ne tombât par terre. Et elle l'emmena dans une fraternelle étreinte, ainsi qu'une sœur de tendresse et de désespoir, elle la fit sortir de la salle, en lui prodiguant les plus douces paroles.

— Suivez-les donc, allez donc voir ce qu'elles deviennent, dit Victorine à Pierre. Moi, je ne veux pas bouger d'ici, ça me tranquillise de les veiller, ces chers enfants.

A l'autel improvisé, un autre prêtre, un capucin, commençait une autre messe; et, de nouveau, la sourde psalmodie latine reprit, tandis que, de la salle prochaine, venaient les coups de sonnette de l'élévation, dans l'indistinct bourdonnement de la messe d'à côté. Le parfum des fleurs augmentait, se faisait plus lourd, d'une caresse de vertige, au milieu de l'air immobile et morne de la vaste salle. Au fond, les domestiques, ainsi que pour une réception de gala, ne bougeaient point. Et, devant le lit de parade, que les deux cierges pâles étoilaient, le défilé de deuil continuait sans bruit, des femmes, des hommes, qui étouffaient là un instant, puis qui s'en allaient, en emportant l'inoubliable vision des deux amants tragiques, dormant leur éternel sommeil.

Pierre rejoignit Celia et la Pierina dans l'antichambre noble, où se tenait don Vigilio. On y avait apporté, en un coin, les quelques sièges de la salle du trône, et la petite princesse venait de forcer l'ouvrière à s'asseoir sur un fauteuil, pour qu'elle se remît un peu. Elle était en extase devant elle, ravie de la trouver si belle, plus belle que toutes, comme elle disait. Puis, elle reparla des deux chers morts qui lui avaient semblé bien beaux, eux aussi, d'une beauté superbe et douce, extraordinaire. Elle en restait transportée d'admiration, au milieu de ses larmes. En faisant causer la Pierina, le prêtre sut que Tito, son frère, était à l'hôpital, en grand danger, le flanc troué d'un coup de couteau terrible; et la misère avait grandi, affreuse, aux Prés du Château, depuis le commencement de l'hiver. C'étaient pour tout le monde de grands chagrins, ceux que la mort emportait devaient se réjouir. Mais Celia, d'un geste d'invincible espoir, écartait la souffrance, la mort elle-même.

— Non, non, il faut vivre. Et, ma chère, ça suffit d'être belle pour vivre... Allons, ma chère, ne restez pas ici, ne pleurez plus, vivez pour la joie d'être belle.

Elle l'emmena, et Pierre demeura sur un des fauteuils, envahi d'une telle tristesse lasse, qu'il aurait voulu ne plus bouger. Don Vigilio, debout, continuait à saluer chaque visiteur d'une révérence. Dans la nuit, il avait eu un accès de fièvre, il en grelottait encore, très jaune, les yeux brûlants et inquiets. Et il jetait sur Pierre de continuels regards, comme dévoré du désir de lui parler; mais la terreur d'être vu de l'abbé Paparelli, par la porte grande ouverte de l'antichambre voisine, combattait sans doute ce désir, car il ne cessait aussi de guetter le caudataire. Enfin, celui-ci dut s'absenter un moment, don Vigilio s'approcha du prêtre.

— Vous avez vu Sa Sainteté hier soir.

Stupéfait, Pierre le regarda.

— Oh! tout se sait, je vous l'ai déjà dit... Et qu'avez-vous fait? Vous avez purement et simplement retiré votre livre, n'est-ce pas?

La stupeur grandissante du prêtre le renseigna, sans qu'il lui laissât même le temps de répondre.

— Je m'en doutais, mais je tenais à en avoir la certitude... Ah! que tout cela est bien leur œuvre! Me croyez-vous maintenant, êtes-vous convaincu que ceux qu'ils n'empoisonnent pas, ils les étouffent?

Il devait parler des Jésuites. Prudemment, il allongea la tête, s'assura que l'abbé Paparelli n'était point de retour.

— Et monsignor Nani, que vient-il de vous dire?

— Pardon, finit par répondre Pierre, je n'ai pas encore vu monsignor Nani.

— Ah! je croyais... Il a passé par cette salle, avant votre arrivée. Si vous ne l'avez pas vu dans la salle du trône, c'est qu'il a dû se rendre près de donna Serafina et de Son Éminence, pour les saluer. Il va sûrement repasser par ici, vous allez le voir.

Puis, avec son amertume de faible, toujours terrorisé et vaincu :

— Je vous avais bien prédit que vous finiriez par faire ce qu'il voudrait.

Mais il crut entendre le léger piétinement de l'abbé

Paparelli, il revint vivement à sa place, salua de sa révérence deux vieilles dames qui se présentaient. Et Pierre, resté assis, accablé, les yeux à demi clos, vit se dresser enfin la figure de Nani, dans sa réalité d'intelligence et de diplomatie souveraines. Il se rappelait ce que don Vigilio, pendant la fameuse nuit des confidences, lui avait dit de cet homme bien trop adroit pour s'être marqué d'une robe impopulaire, prélat charmant d'ailleurs, connaissant à fond le monde par ses fonctions successives dans les nonciatures et au Saint-Office, mêlé à tout, documenté sur tout, une des têtes, un des cerveaux de la moderne armée noire, dont l'opportunisme entend ramener le siècle à l'Église. Et, brusquement, la lumière totale se faisait en lui, il comprenait par quelle souple et admirable tactique cet homme l'avait amené à l'acte qu'il voulait obtenir de sa libre volonté apparente, le retrait pur et simple de son livre. C'était d'abord une contrariété vive, à la nouvelle qu'on poursuivait le volume, une soudaine inquiétude qu'on ne jetât l'auteur exalté dans quelque révolte fâcheuse ; et c'était aussitôt le plan arrêté, les renseignements pris sur ce jeune prêtre capable de schisme, son voyage provoqué à Rome, l'invitation qu'on lui avait faite de descendre dans un antique palais, dont les murs eux-mêmes allaient le glacer et l'instruire. Puis, c'étaient, dès lors, les obstacles sans cesse renaissants, la façon de prolonger son séjour en l'empêchant de voir le pape, en lui promettant de lui obtenir l'audience tant désirée, lorsque l'heure serait venue, après l'avoir promené partout, l'avoir heurté contre tout, de monsignor Fornaro au père Dangelis, du cardinal Sarno au cardinal Sanguinetti. C'était, enfin, ébranlé par les choses et par les hommes, lassé, écœuré, rendu à son doute, l'audience à laquelle on le préparait depuis trois mois, cette visite au pape qui devait achever de tuer en lui son rêve. Maintenant, il revoyait Nani, avec son fin sourire, ses yeux clairs de savant politique qui s'amusait à une expérience, il l'entendait lui répéter de sa voix légèrement railleuse que c'était une véritable grâce de la Providence, si ces retards lui permettaient de visiter Rome, de réfléchir, de comprendre, toute une instruction, toute une éducation qui lui éviteraient bien des fautes. Et lui qui était arrivé avec son enthousiasme d'apôtre, brûlant de se battre, jurant que jamais il ne retirerait son livre ! N'était-ce pas la plus délicate des diplomaties, et la plus profonde, que d'avoir ainsi brisé son sentiment contre sa raison, en faisant appel à son intelligence pour qu'elle supprimât, sans lutte scandaleuse, l'œuvre inutile et fausse, sortie d'elle-même, dès qu'elle se serait rendu compte, devant la Rome réelle, du ridicule énorme qu'il y avait à rêver une Rome nouvelle ?

A ce moment, Pierre aperçut monsignor Nani qui venait de la salle du trône, et il n'éprouva pas le sentiment d'irritation et de rancune auquel il s'attendait. Au contraire, il fut heureux, lorsque le prélat, l'ayant vu à son tour, s'approcha et lui tendit la main. Mais celui-ci ne souriait pas comme à son habitude, il avait l'air très grave, douloureusement frappé.

— Ah ! mon cher fils, quelle épouvantable catastrophe ! Je sors de chez Son Excellence, elle est dans les larmes. C'est horrible, horrible !

Il s'assit sur un des sièges, en invitant le prêtre à se rasseoir lui-même, et il resta silencieux un moment, las d'émotion sans doute, ayant besoin de ces quelques minutes de repos, sous le poids des réflexions qui assombrissaient visiblement son clair visage. Puis, d'un geste, il parut vouloir écarter cette ombre, il retrouva son aimable obligeance.

— Eh bien ! mon cher fils, vous avez vu Sa Sainteté ?

— Oui, monseigneur, hier soir, et je vous remercie de la grande bonté que vous avez mise à satisfaire mon désir.

Nani le regardait fixement, tandis que le sourire invincible remontait à ses lèvres.

— Vous me remerciez... Je vois bien que vous avez été

sage, en faisant votre soumission entière aux pieds de Sa
Sainteté. J'en étais certain, je n'attendais pas moins de
votre belle intelligence. Mais vous me rendez tout de
même très heureux, car je suis ravi de constater que je
ne m'étais pas trompé sur votre compte.

Il s'abandonnait, il ajouta :

— Jamais je n'ai discuté avec vous. A quoi bon ? puisque
les faits étaient là pour vous convaincre. Et, maintenant
que vous avez retiré votre livre, toute discussion serait
plus inutile encore... Pourtant, réfléchissez donc que, s'il
était en votre puissance de ramener l'Église à ses débuts,
à cette communauté chrétienne dont vous avez tracé une
si délicieuse peinture, l'Église ne pourrait qu'évoluer de
nouveau dans la voie où Dieu l'a une première fois conduite ; de sorte que, au bout du même nombre de siècles,
elle se retrouverait exactement où elle en est aujourd'hui... Non ! Dieu a bien fait ce qu'il faisait, l'Église
telle qu'elle est doit gouverner le monde tel qu'il est,
c'est à elle seule de savoir comment elle finira par établir
solidement son règne ici-bas. Et voilà pourquoi votre
attaque contre le pouvoir temporel était une faute impardonnable, un crime, car en dépossédant la papauté de
son domaine, vous la livrez à la merci des peuples...
Votre religion nouvelle n'est que l'écroulement final de
toute religion, l'anarchie morale, la liberté du schisme,
en un mot la destruction de l'édifice divin, ce catholicisme
séculaire, si prodigieux de sagesse et de solidité, qui a
suffi au salut des hommes jusqu'ici, qui peut seul les
sauver demain et toujours.

Pierre le sentit sincère, pieux, d'une foi vraiment inébranlable, aimant l'Église en fils reconnaissant, convaincu
qu'elle était la plus belle, la seule des organisations sociales capables de rendre l'humanité heureuse. Et, s'il
entendait gouverner le monde, c'était sans doute pour
la joie dominatrice de le gouverner, mais aussi dans la
certitude que personne ne le gouvernerait mieux que lui.

— Oh! certainement, on peut discuter sur les moyens, et je les veux affables pour mon compte, aussi humains qu'il se pourra, tout de conciliation avec le siècle qui paraît nous échapper, justement parce qu'il y a un simple malentendu, entre lui et nous. Mais nous le ramènerons, j'en suis sûr... Et voilà pourquoi, mon cher fils, je suis si content de vous voir rentrer au bercail, pensant comme nous, prêt à lutter avec nous, n'est-ce pas?

Le prêtre retrouvait là tous les arguments de Léon XIII lui-même. Voulant éviter de répondre directement, désormais sans colère, mais sentant toujours la plaie vive de son rêve arraché, il s'inclina de nouveau, ralentissant la voix pour en cacher l'amer tremblement.

— Je vous dis encore, monseigneur, combien je vous remercie de m'avoir opéré de mes vaines illusions, d'une main si habile de parfait chirurgien. Demain, quand je ne souffrirai plus, je vous en garderai une éternelle gratitude.

Monsignor Nani continuait à le regarder, avec son sourire. Il entendait bien que ce jeune prêtre restait à l'écart, était une force vive perdue pour l'Église. Que ferait-il le lendemain? Quelque autre sottise sans doute. Mais le prélat devait se contenter de l'avoir aidé à réparer la première, ne pouvant prévoir l'avenir. Et il eut un joli geste, comme pour dire que chaque jour suffisait à sa tâche.

— Me permettez-vous de conclure? mon cher fils, dit-il enfin. Soyez sage, votre bonheur de prêtre et d'homme est dans l'humilité. Vous serez affreusement malheureux, si vous employez contre Dieu l'admirable intelligence que Dieu vous a donnée.

Puis, d'un geste encore, il écarta toute cette affaire, bien finie, dont il n'y avait plus à s'occuper. Et l'autre affaire revint l'assombrir, celle qui s'achevait elle aussi, mais si tragiquement, par la mort foudroyante de ces deux enfants endormis là, dans la salle voisine.

— Ah! reprit-il, cette pauvre princesse, ce pauvre cardinal, ils m'ont bouleversé le cœur! Jamais catastrophe ne s'est abattue plus cruellement sur une maison... Non, non, c'est trop! le malheur va trop loin, l'âme en est révoltée!

Mais, à ce moment, un bruit de voix vint de la seconde antichambre, et Pierre eut la surprise de voir passer le cardinal Sanguinetti, que l'abbé Paparelli amenait avec un redoublement d'obséquiosité.

— Si Votre Éminence a l'extrême bonté de me suivre, je vais la conduire moi-même.

— Oui, je suis arrivé hier soir de Frascati, et quand j'ai su la triste nouvelle, j'ai voulu tout de suite apporter mes regrets et mes consolations.

— Que Votre Éminence daigne s'arrêter un instant près des corps, et je la conduirai ensuite à Son Éminence.

— C'est cela, je désire qu'on sache bien la part immense que je prends au deuil qui frappe cette illustre maison.

Il disparut dans la salle du trône, et Pierre resta béant de cette tranquille audace. Il ne l'accusait certainement pas de complicité directe avec Santobono, il n'osait mesurer jusqu'où pouvait aller sa complicité morale. Mais, à le voir passer de la sorte, le front si haut, la parole si nette, il avait eu la conviction brusque, certaine, qu'il savait. Comment? par qui? il n'aurait pu le dire. Sans doute comme les crimes se savent, dans ces dessous ténébreux, entre gens intéressés à savoir. Et il demeurait glacé de la façon hautaine dont cet homme se présentait, pour arrêter les soupçons peut-être, pour faire sûrement un acte de bonne politique, en donnant à son rival un public témoignage d'estime et de tendresse.

— Le cardinal, ici! ne put-il s'empêcher de murmurer.

Monsignor Nani, qui suivait l'ombre des pensées de Pierre dans ses yeux d'enfance, où tout se lisait, affecta de se tromper sur le sens de cette exclamation.

— Oui, j'avais appris, en effet, qu'il était rentré à Rome

depuis hier soir. Il a tenu à ne pas s'absenter davantage, le Saint-Père allant mieux et pouvant avoir besoin de lui.

Bien que cela fût dit d'un air d'innocence parfaite, Pierre ne s'y méprit pas un instant. Et, à son tour, ayant regardé le prélat, il fut convaincu que lui aussi savait. Tout d'un coup, l'affaire lui apparaissait dans sa complication terrible, dans la férocité que lui avait donnée le destin. Nani, ancien familier du palais Boccanera, n'était point sans cœur, aimait sûrement Benedetta d'une affection charmée par tant de beauté et de grâce. On pouvait expliquer ainsi la façon victorieuse dont il avait fini par faire prononcer l'annulation du mariage. Mais, à entendre don Vigilio, ce divorce obtenu à prix d'argent et sous la pression des influences les plus notoires, était simplement un scandale, traîné d'abord par lui en longueur, précipité ensuite vers une solution retentissante, dans l'unique but de déconsidérer le cardinal et de l'écarter de la tiare, à la veille du conclave que tout le monde croyait prochain. Et, d'ailleurs, il semblait hors de doute que le cardinal, intransigeant, sans diplomatie aucune, ne pouvait être le candidat de Nani, si souple, si désireux d'entente universelle; de sorte que le long travail de ce dernier dans cette maison, tout en aidant au bonheur de la chère contessina, n'avait pu être que la destruction lente, ininterrompue, de la brûlante ambition de la sœur et du frère, ce troisième pape triomphal que leur antique famille devait donner à l'Église. Seulement, s'il avait toujours voulu cela, s'il avait même un instant combattu pour le cardinal Sanguinetti, mettant en lui son espoir, jamais il ne s'était imaginé qu'on irait jusqu'au crime, à cette abomination imbécile d'un poison qui se trompait d'adresse et frappait des innocents. Non, non! comme il le disait, c'était trop, l'âme en était révoltée. Il se servait d'armes plus douces, une telle brutalité le répugnait, l'indignait; et son visage, si rose et si soigné, gardait encore la gravité de sa révolte, devant le cardinal en larmes et ces deux tristes amants foudroyés à sa place.

Pierre, croyant que le cardinal Sanguinetti était toujours le candidat secret du prélat, restait quand même tourmenté par l'idée de savoir jusqu'où allait la complicité morale de ce dernier, dans l'exécrable aventure. Il reprit la conversation.

— On dit Sa Sainteté fâchée avec Son Éminence le cardinal Sanguinetti. Naturellement, le pape régnant ne peut voir d'un très bon œil le pape futur.

Monsignor Nani s'égaya un instant, en toute franchise.

— Oh! le cardinal s'est fâché et raccommodé trois ou quatre fois avec le Vatican. Et, en tout cas, le Saint-Père n'a pas à montrer de jalousie posthume, il sait qu'il peut faire un très bon accueil à Son Éminence.

Puis, il regretta d'avoir exprimé ainsi une certitude, il se reprit.

— Je plaisante, Son Éminence est tout à fait digne de la haute fortune qui l'attend peut-être.

Mais Pierre était fixé, le cardinal Sanguinetti n'était certainement plus le candidat de monsignor Nani. Sans doute le trouvait-il trop usé par son ambition impatiente, trop dangereux aussi par les alliances équivoques qu'il avait conclues, dans sa fièvre, avec tous les mondes, même avec la jeune Italie patriote. Et la situation s'éclairait, le cardinal Sanguinetti et le cardinal Boccanera s'entre-dévoraient, se supprimaient l'un l'autre : l'un sans cesse en intrigues, ne reculant devant aucun compromis, rêvant de reconquérir Rome par la voie des élections; l'autre immobile et debout dans son intransigeance, excommuniant le siècle, attendant de Dieu seul le miracle qui devait sauver l'Église. Pourquoi ne pas laisser les deux théories, ainsi mises face à face, se détruire, avec ce qu'elles avaient d'extrême et d'inquiétant? Si Boccanera avait échappé au poison, il n'en était pas moins atteint par la tragique aventure, désormais impossible comme candidat, tué sous les histoires dont bourdonnait Rome entière; et, si Sanguinetti pouvait se croire enfin débarrassé d'un rival, il n'avait pas vu qu'il se frappait lui-même, qu'il tuait également sa candidature, en la brûlant dans une telle passion du pouvoir, si peu scrupuleuse des moyens, menaçante pour tous. Monsignor Nani en était visiblement enchanté : ni l'un ni l'autre, la place nette, l'histoire de ces deux loups légendaires qui s'étaient battus et mangés, sans qu'on retrouvât rien, pas même les deux queues. Et, au fond de ses yeux pâles, en toute sa personne discrète, il n'y avait plus qu'un inconnu redoutable, le candidat choisi définitivement, patronné par la toute-puissante armée dont il était un des chefs les plus adroits. Un tel homme ne se désintéressait jamais, avait toujours la solution prête. Qui donc, qui donc allait être le pape de demain?

Il s'était levé, il prenait cordialement congé du jeune prêtre :

— Mon cher fils, je doute de vous revoir, je vous souhaite un bon voyage...

Pourtant, il ne s'éloignait pas, il continuait à regarder Pierre de son air de pénétration vive; et il le fit se rasseoir, il reprit lui-même un siège.

— Dites, vous irez sûrement, dès votre retour en France, saluer le cardinal Bergerot... Veuillez donc me rappeler respectueusement à son souvenir. Je l'ai connu un peu, lors de son voyage ici, pour le chapeau. C'est une des plus grandes lumières du clergé français... Ah! si une telle intelligence voulait travailler à la bonne entente dans notre sainte Église! Malheureusement, je crains bien qu'il n'ait des préventions de race et de milieu, il ne nous aide pas toujours.

Surpris de l'entendre parler ainsi du cardinal pour la première fois, à cette minute dernière, Pierre l'écoutait avec curiosité. Puis, il ne se gêna plus, il répondit en toute franchise :

— Oui, Son Éminence a des idées très arrêtées sur notre vieille Église de France. Ainsi, il professe une véritable horreur des Jésuites...

D'une légère exclamation, monsignor Nani l'arrêta. Et il avait un air le plus sincèrement étonné, le plus franc qu'on pût voir.

— Comment, l'horreur des Jésuites? En quoi les Jésuites peuvent-ils l'inquiéter? Il n'y en a plus, c'est de l'histoire finie, les Jésuites! Est-ce que vous en avez vu à Rome? Est-ce qu'ils vous ont gêné en rien, ces pauvres Jésuites, qui n'y possèdent même plus une pierre pour reposer leur tête?... Non, non, qu'on n'agite pas davantage cet épouvantail, c'est enfantin!

Pierre le regardait à son tour, émerveillé de son aisance, de son audace tranquille, sur ce sujet brûlant. Il ne détournait pas les yeux, laissait sa face ouverte, comme un livre de vérité.

— Ah! si par Jésuites vous entendez les prêtres sages, qui, au lieu d'engager avec les sociétés modernes des luttes stériles, dangereuses, s'efforcent de les ramener humainement à l'Église, mon Dieu! nous sommes tous plus ou moins des Jésuites, car il serait fou de ne pas tenir compte de l'époque où l'on vit... Oh! d'ailleurs, je ne m'arrête pas aux mots, peu m'importe! Des Jésuites, oui! si vous voulez, des Jésuites!

Il souriait de nouveau, de son joli sourire si fin, où il y avait tant de moquerie et tant d'intelligence.

— Eh bien! quand vous verrez le cardinal Bergerot, dites-lui qu'il est déraisonnable, en France, de traquer les Jésuites, de les traiter en ennemis de la nation. C'est tout le contraire qui est la vérité, les Jésuites sont pour la France, parce qu'ils sont pour la richesse, pour la force et le courage. La France est la seule grande nation catholique restée debout, souveraine encore, la seule sur laquelle la papauté puisse un jour s'appuyer solidement. Aussi, le Saint-Père, après avoir rêvé un instant d'obtenir cet appui de l'Allemagne victorieuse, a-t-il fait alliance avec la France, la vaincue de la veille, en comprenant qu'il n'y avait pas en dehors d'elle de salut pour l'Église. Et il n'a obéi en cela qu'à la politique des Jésuites, de ces affreux Jésuites que votre Paris exècre... Dites bien en outre au cardinal Bergerot qu'il serait beau à lui de travailler à l'apaisement, en faisant comprendre combien votre République a tort de ne pas aider davantage le Saint-Père dans son œuvre de conciliation. Elle affecte de le considérer en quantité négligeable, et c'est là une faute dangereuse pour des gouvernants, car s'il paraît dépouillé de toute action politique, il n'en est pas moins une immense force morale, qui peut, à chaque heure, soulever les consciences, déterminer des agitations religieuses, d'une incalculable portée. C'est toujours lui qui dispose des peuples, puisqu'il dispose des âmes, et la République agit avec une légèreté bien grande, dans son intérêt même, en montrant qu'elle ne s'en doute plus... Et dites-lui enfin que c'est une vraie pitié de voir la misérable façon dont cette République choisit ses évêques, comme si elle voulait affaiblir volontairement son épiscopat. A part quelques exceptions heureuses, vos évêques sont de bien pauvres cervelles, et par conséquent vos cardinaux, têtes médiocres, n'ont ici aucune influence, ne jouent aucun rôle. Lorsque le prochain conclave va s'ouvrir, quelle triste figure vous y ferez! Pourquoi, dès lors, traitez-vous avec une haine si sotte et si aveugle ces Jésuites qui sont politiquement vos amis? pourquoi n'employez-vous pas leur zèle intelligent, prêt à vous servir, de manière à vous assurer l'aide du pape de demain? Il vous le faut à vous et pour vous, il faut qu'il continue chez vous l'œuvre de Léon XIII, cette œuvre si mal jugée, si combattue, qui se soucie peu des petits résultats d'aujourd'hui, qui travaille surtout à l'avenir, à l'unité de tous les peuples en leur sainte mère l'Église... Dites-le, dites-le bien au cardinal Bergerot, qu'il soit avec nous, qu'il travaille pour son pays, en travaillant pour nous. Le pape de demain ! mais toute la question est là, malheur à la France, si elle ne trouve pas un continuateur de Léon XIII dans le pape de demain !

Il s'était levé de nouveau, et cette fois il partait. Jamais il ne s'était épanché de la sorte, si longuement. Mais il n'avait sûrement dit que ce qu'il voulait dire, dans un but qu'il connaissait seul, avec une lenteur, une douceur fermes, où l'on sentait chaque parole mûrie, pesée à l'avance.

— Adieu, mon cher fils, et encore une fois réfléchissez à tout ce que vous aurez vu et entendu à Rome, soyez bien sage, ne gâtez pas votre vie.

Pierre s'inclina, serra la petite main grasse et souple que le prélat lui tendait.

— Monseigneur, je vous remercie encore de vos bontés, et soyez convaincu que je n'oublierai rien de mon voyage.

Il le regarda disparaître, dans sa soutane fine, de son pas léger et conquérant, qui croyait aller à toutes les victoires de l'avenir. Non, non, il n'oublierait rien de son voyage ! Il la connaissait, cette unité de tous les peuples en leur sainte mère l'Église, ce servage temporel, où la loi du Christ deviendrait la dictature d'Auguste, maître du monde. Et ces Jésuites, il ne doutait pas qu'ils n'aimassent la France, la fille aînée de l'Église, la seule qui pût aider encore sa mère à reconquérir la royauté universelle ; mais ils l'aimaient comme les vols noirs de sauterelles aiment les moissons, sur lesquelles ils s'abattent et qu'ils dévorent. Une infinie tristesse lui était revenue au cœur, en ayant la sourde sensation que, dans ce vieux palais foudroyé, dans ce deuil et dans cet écroulement, c'étaient eux, eux encore, qui devaient être les artisans de la douleur et du désastre.

Justement, s'étant retourné, il aperçut don Vigilio, adossé à la crédence, devant le grand portrait du cardinal, la face entre les mains, comme s'il eût voulu s'anéantir, disparaître à jamais, et grelottant de tous ses membres, autant de peur que de fièvre. Dans un moment où aucun visiteur n'apparaissait plus, il venait de succomber à une crise de désespoir terrifié, il s'abandonnait.

— Mon Dieu! que vous arrive-t-il? demanda Pierre en s'avançant. Êtes-vous malade, puis-je vous secourir?

Mais don Vigilio se bouchait les yeux, suffoquait, bégayait entre ses mains serrées. Et il ne lâcha que son cri étouffé d'épouvante :

— Ah! Paparelli, Paparelli!

— Quoi? que vous a-t-il fait? demanda le prêtre étonné.

Alors, le secrétaire dégagea son visage, céda encore au besoin frissonnant de se confier à quelqu'un.

— Comment! ce qu'il m'a fait?... Vous ne sentez donc rien, vous ne voyez donc rien! Avez-vous remarqué la façon dont il s'est emparé du cardinal Sanguinetti pour le mener à Son Éminence? Imposer ce rival soupçonné, exécré, à Son Éminence, en un moment pareil, quelle insolente audace! Et, quelques minutes auparavant, avez-vous constaté avec quelle sournoiserie méchante il a éconduit une vieille dame, une très ancienne amie, qui demandait seulement à baiser les mains de Son Éminence, un peu de vraie tendresse dont Son Éminence aurait été si heureuse?... Je vous dis qu'il est le maître ici, qu'il ouvre ou qu'il ferme la porte à son gré, qu'il nous tient tous entre ses doigts, comme la pincée de poussière qu'on jette au vent!

Pierre s'inquiéta de le voir si frémissant et si jaune.

— Voyons, voyons, mon cher, vous exagérez.

— J'exagère... Savez-vous ce qui s'est passé cette nuit, la scène à laquelle j'ai assisté, malgré moi? Non, n'est-ce pas? Eh bien! je vais vous la dire.

Il conta que donna Serafina, lorsqu'elle était rentrée la veille, pour tomber dans l'effroyable catastrophe qui l'attendait, revenait déjà l'âme ulcérée, toute brisée des mauvaises nouvelles qu'elle avait apprises. Au Vatican, chez le cardinal secrétaire, puis chez des prélats de sa connaissance, elle avait acquis la certitude que la situation de son frère périclitait singulièrement, qu'il s'était créé des ennemis de plus en plus nombreux dans le Sacré Collège, à ce point que son élection au trône pontifical, probable l'année précédente, semblait désormais être devenue impossible. Tout d'un coup, le rêve de sa vie croulait, l'ambition qu'elle avait nourrie toujours, gisait en poudre à ses pieds. Comment? pourquoi? elle s'était désespérément enquis des motifs, et elle avait su toutes sortes de fautes, des rudesses du cardinal, des manifestations inopportunes, des gens blessés par un mot, par un acte, une attitude enfin si provocante, qu'on l'aurait dite prise volontairement pour gâter les choses. Le pis était que, dans chacune de ces fautes, elle avait reconnu des maladresses, blâmées, déconseillées par elle, et que son frère s'était obstiné à commettre, sous l'influence inavouée de l'abbé Paparelli, ce caudataire si humble, si infime, en qui elle sentait une puissance néfaste, un destructeur de sa propre influence, si vigilante et si dévouée. Aussi, malgré le deuil où était la maison, n'avait-elle pas voulu retarder l'exécution du traître, d'autant plus que l'ancienne camaraderie avec le terrible Santobono, l'histoire du panier de figues qui avait passé des mains de celui-ci dans les mains de celui-là, la glaçaient d'un soupçon qu'elle évitait même d'éclaircir. Mais, dès les premiers mots, dès sa demande formelle de jeter le traître à la porte, sur l'heure, elle avait trouvé chez son frère une résistance brusque, invincible. Il n'avait pas voulu l'entendre, il s'était fâché, une de ces colères d'ouragan dont la violence balayait tout, disant que c'était très mal à elle de s'en prendre à un saint homme si modeste, si pieux, l'accusant de faire là le jeu de ses ennemis, qui, après lui avoir tué monsignor Gallo, cherchaient à empoisonner son affection dernière pour ce pauvre prêtre sans importance.

Il traitait toutes ces histoires d'abominables inventions, il jurait de le garder, rien que pour montrer son dédain de la calomnie. Et elle avait dû se taire.

Dans un retour de son frisson, don Vigilio s'était de nouveau couvert le visage de ses deux mains.

— Ah ! Paparelli, Paparelli !

Et il bégayait de sourdes invectives : le louche hypocrite de modestie et d'humilité, le vil espion chargé au palais de tout voir, de tout écouter, de tout pervertir, l'insecte immonde et destructeur, maître des plus nobles proies, dévorant la crinière du lion, le Jésuite, le Jésuite valet et tyran, dans son horreur basse, dans sa besogne de vermine triomphante !

— Calmez-vous, calmez-vous, répétait Pierre, qui, tout en faisant la part de l'exagération folle, était envahi lui-même par ce frisson de l'inconnu redoutable, des choses menaçantes et vagues qu'il sentait s'agiter réellement au fond de l'ombre.

Mais don Vigilio, depuis qu'il avait failli manger des terribles figues, depuis que la foudre était tombée près de lui, en avait gardé ce tremblement, cet effroi éperdu que rien ne pouvait plus calmer. Même seul, la nuit, couché, la porte verrouillée, des terreurs le prenaient, le faisaient se cacher sous le drap, en étouffant des cris, comme si des hommes allaient entrer par le mur, pour l'étrangler.

Il reprit, essoufflé, d'une voix défaillante, ainsi qu'au sortir d'une lutte :

— Je le disais bien, le soir où nous avons causé dans votre chambre, enfermés pourtant à triple tour... J'avais tort de vous parler librement d'eux, de me soulager le cœur, en vous racontant tout ce dont ils sont capables. J'étais certain qu'ils le sauraient, et vous voyez qu'ils l'ont su, puisqu'ils ont voulu me tuer... Tenez ! en ce moment même, j'ai tort de vous dire cela, parce qu'ils vont le savoir, et que cette fois ils ne me manqueront pas... Ah! c'est fini, je suis mort, cette noble maison que je croyais si sûre sera mon tombeau!

Une pitié profonde prenait Pierre pour ce malade, ce cerveau de fiévreux hanté de cauchemars, achevant de gâter sa vie manquée, dans les angoisses de la terreur persécutrice.

— Mais il faut fuir! Ne restez pas ici, venez en France, allez n'importe où.

Stupéfait, don Vigilio le regarda, se calma un instant.

— Fuir, pourquoi faire? En France, ils y sont. N'importe où, ils y sont. Ils sont partout, j'aurais beau fuir, je serais quand même avec eux, chez eux... Non, non! je préfère rester ici, autant mourir ici tout de suite, si Son Éminence ne peut plus me défendre.

Il avait levé sur le grand portrait de cérémonie, où le cardinal resplendissait dans sa soutane de moire rouge, un regard d'infinie supplication, où s'efforçait de luire encore un espoir. Mais la crise revint, l'agita, le submergea, dans un redoublement furieux de sa fièvre.

— Laissez-moi, laissez-moi, je vous en prie... Ne me faites pas causer davantage. Ah! Paparelli, Paparelli! s'il revenait, s'il nous voyait, s'il m'entendait parler... Jamais plus je ne parlerai. Je m'attacherai la langue, je me la couperai... Laissez-moi donc! Je vous dis que vous me tuez, qu'il va revenir, et que c'est ma mort! Allez-vous-en, oh! de grâce, allez-vous-en!

Et don Vigilio se tourna contre le mur, comme pour s'y écraser la face, s'y murer la bouche d'un silence de tombe, et Pierre se décida à l'abandonner, craignant de provoquer un accès plus grave, s'il s'entêtait à le secourir.

Dans la salle du trône, où il rentra, Pierre se retrouva au milieu du deuil affreux de la maison, irréparable. Une autre messe y succédait à l'autre, des messes toujours dont les prières balbutiées montaient sans fin implorer la miséricorde divine, pour qu'elle accueillît avec bienveillance les deux chères âmes envolées. Et, dans l'odeur mourante des roses qui se fanaient, devant les deux étoiles pâlies des cierges, il songea à cet écroulement suprême des Boccanera. Dario était le dernier du nom. Avec lui, les Boccanera, si vivaces, dont le nom avait empli l'Histoire, disparaissaient. On comprenait l'amour du cardinal, chez qui l'orgueil du nom restait l'unique péché, pour ce frêle garçon, la fin de la race, le seul rejeton par lequel la vieille souche pût reverdir; et, si lui, si donna Serafina avaient voulu le divorce, puis le mariage, c'était, plus que le désir de faire cesser le scandale, l'espérance de voir naître des deux beaux enfants une lignée nouvelle et forte, puisque le cousin et la cousine s'obstinaient à ne pas se marier, si on ne les donnait pas l'un à l'autre. Maintenant, avec eux, là, sur ce lit de parade, dans leur mortelle étreinte inféconde, gisait la dépouille dernière, les pauvres restes d'une si longue suite de princes éclatants, prélats et capitaines, que la tombe allait boire. C'était fini, rien ne naîtrait d'une vieille fille qui n'était plus femme, d'un vieux prêtre qui avait cessé d'être un homme. Tous deux demeuraient face à face, stériles, tels que deux chênes restés seuls debout de l'ancienne forêt disparue, et dont la mort laisserait bientôt la plaine absolument rase. Et quelle douleur impuissante de survivre, quelle détresse de se dire qu'on est la fin de tout, qu'on emporte toute la vie, tout l'espoir du lendemain! Dans le balbutiement des messes, dans l'odeur défaillante des roses, dans la pâleur des deux cierges, Pierre sentait à présent l'effondrement de ce deuil, la pesanteur de la pierre qui retombait à jamais sur une famille éteinte, sur un monde anéanti.

Il comprit qu'il devait, comme familier de la maison, saluer donna Serafina et le cardinal. Tout de suite, il se fit introduire dans la chambre voisine, où la princesse recevait. Il la trouva, vêtue de noir, très mince, très droite, assise sur un fauteuil, d'où elle se levait un instant, avec une dignité lente, pour répondre au salut de chacune des personnes qui entraient. Et elle écoutait les condoléances, elle ne répondait pas une parole, l'air rigide, victorieux de la douleur physique. Mais lui, qui avait appris à la connaître, devinait au creusement des traits, aux yeux vides, à la bouche amère, l'effroyable désastre intérieur, tout ce qui s'était écroulé en elle, sans espoir de réparation possible. Non seulement la race était finie, mais encore son frère ne serait jamais pape, le pape qu'elle avait si longtemps cru faire par son dévouement, son renoncement de femme qui donnait son cerveau et son cœur à ce rêve, ses soins, sa fortune, sa vie manquée d'épouse et de mère. Au milieu de tant de ruines, c'était peut-être de cette ambition déçue qu'elle saignait davantage. Elle se leva pour le jeune prêtre, son hôte, comme elle se levait pour les autres personnes; mais elle arrivait à mettre des nuances dans la façon dont elle quittait son siège, il sentit très bien qu'il était resté à ses yeux le petit prêtre français, l'infime serviteur attardé dans la domesticité de Dieu, du moment qu'il n'avait pas même su s'élever au titre de prélat. Un moment, lorsqu'elle se fut assise de nouveau, après avoir accueilli son compliment d'une légère inclinaison de tête, il demeura debout, par politesse. Aucun bruit, pas un mot, ne troublait la paix morne de la pièce. Quatre ou cinq dames, des visiteuses, étaient cependant là, assises elles aussi, dans une immobilité désolée et muette. Mais ce qui le frappa le plus, ce fut d'apercevoir le cardinal Sarno, un des vieux amis de la maison, avec son corps chétif, son épaule gauche plus haute que la droite, affaissé, presque couché au fond d'un fauteuil, les paupières closes. Il s'y était d'abord oublié, après les condoléances qu'il apportait; puis, il venait de s'y endormir, envahi par le silence lourd, par la tiédeur étouffante de l'air; et tout le monde respectait son sommeil. Rêvait-il, en son assoupissement, à cette carte de la chrétienté entière qu'il avait dans son crâne bas, d'expression obtuse? Continuait-il, en son rêve, derrière son masque blêmi de vieux fonctionnaire, hébété par un demi-siècle de bureaucratie étroite, sa terrible besogne de conquête, la terre soumise et gouvernée du fond de son cabinet sombre de la Propagande. Des regards de dames attendries et déférentes se fixaient sur lui, on le grondait parfois doucement de trop travailler, on voyait l'excès de son génie et de son zèle dans ces somnolences qui le prenaient partout, depuis quelque temps. Et Pierre ne devait emporter de cette Éminence toute-puissante que cette dernière image, un vieillard épuisé, se reposant dans l'émotion d'un deuil, dormant là comme un vieil enfant candide, sans qu'on pût savoir si c'était l'imbécillité commençante ou la fatigue d'une nuit passée à faire régner Dieu sur quelque continent lointain.

Deux dames partirent, trois autres arrivèrent. Donna Serafina s'était levée de son siège, avait salué, puis avait repris son attitude rigide, le buste droit, le visage dur et désespéré. Le cardinal Sarno dormait toujours. Alors, Pierre suffoqua, pris d'une sorte de vertige, le cœur battant à grands coups. Il s'inclina et sortit. Puis, comme il passait dans la salle à manger, pour se rendre au petit cabinet de travail où le cardinal Boccanera recevait, il se trouva en présence de l'abbé Paparelli, qui gardait la porte jalousement.

Quand le caudataire l'eut flairé, il sembla comprendre qu'il ne pouvait lui refuser le passage. D'ailleurs, puisque cet intrus repartait le lendemain, battu et honteux, on n'avait rien à en craindre.

— Vous désirez voir Son Éminence, bon, bon !... Tout à l'heure, attendez !

Et, jugeant qu'il s'avançait trop près de la porte, il le repoussa à l'autre bout de la pièce, dans la crainte sans doute qu'il ne surprît un mot.

— Son Éminence est encore enfermée avec Son Éminence le cardinal Sanguinetti... Attendez, attendez là!

En effet, Sanguinetti avait affecté de rester très longtemps à genoux, devant les deux corps, dans la salle du trône. Puis, il venait aussi de prolonger sa visite à donna Serafina, pour bien marquer quelle part il prenait à la désolation de la famille. Et il était, depuis plus de dix minutes, avec le cardinal, sans qu'on entendît autre chose, par moments, au travers de la porte, que le murmure de leurs deux voix.

Mais Pierre, en retrouvant là Paparelli, fut hanté de nouveau par tout ce que don Vigilio lui avait conté. Il le regardait, si gros, si court, ballonné d'une mauvaise graisse, avec sa face molle que déformaient les rides, pareil, à quarante ans, dans sa soutane malpropre, à une très vieille fille, dont le célibat aurait fait une outre à demi détendue. Et il s'étonnait. Comment le cardinal Boccanera, ce prince superbe, qui portait si haut la tête, dans la fierté indestructible de son nom, avait-il pu se laisser envahir et dominer par un tel être, si cruellement affreux, suant à ce point la bassesse et le dégoût? N'était-ce pas justement cette déchéance physique de la créature, cette profonde humilité morale, qui l'avaient frappé, troublé d'abord, puis séduit, comme des dons extraordinaires de salut, qui lui manquaient? Cela soufletait sa propre beauté, son propre orgueil. Lui qui ne pouvait être déformé ainsi, qui ne parvenait pas à vaincre son désir de gloire, devait en être arrivé, par un effort de sa foi, à jalouser cet infiniment laid et cet infiniment petit, à l'admirer, à le subir comme une force supérieure de pénitence, de ravalement humain, ouvrant toutes grandes les portes du ciel. Qui dira jamais l'ascendant que le monstre a sur le héros, que le saint couvert de vermine, devenu un objet d'horreur, prend sur les puissants de ce monde, dans leur épouvante de payer leurs joies terrestres des flammes éternelles? Et c'était bien le lion mangé par l'insecte, tant de force et d'éclat détruit par l'invisible. Ah! être comme cette belle âme, si certaine du paradis, enfermée pour son bien dans ce corps immonde, avoir la bienheureuse humilité de cette intelligence, de ce théologien remarquable qui se battait de verges tous les matins et qui consentait à n'être que le plus infime des domestiques!

Debout, tassé dans sa graisse, livide, l'abbé Paparelli surveillait Pierre de ses petits yeux gris, clignotant au milieu des mille plis de sa face. Et celui-ci commençait à être pris de malaise, en se demandant ce que les deux Éminences pouvaient bien se dire, enfermées si longtemps ensemble. Quelle entrevue encore que celle de ces deux hommes, si Boccanera soupçonnait, chez Sanguinetti, l'évêque qui avait Santobono dans sa clientèle! Quelle sérénité d'audace, chez l'un, d'avoir osé se présenter, et quelle force d'âme, chez l'autre, quel empire sur soi-même, au nom de la sainte religion, d'éviter le scandale, en se taisant, en acceptant la visite comme une simple marque d'estime et d'affection! Mais que pouvaient-ils bien se dire? Combien cela aurait été passionnant de les voir en face l'un de l'autre, de les entendre échanger les paroles diplomatiques qui convenaient à une pareille entrevue, tandis que leurs âmes grondaient de furieuse haine!

Brusquement, la porte se rouvrit, le cardinal Sanguinetti reparut, la face calme, pas plus rouge qu'à l'habitude, décolorée même un peu, et gardant la plus juste mesure dans la tristesse qu'il jugeait bon de montrer. Seuls, ses yeux turbulents, qui viraient toujours, décelaient sa joie d'être débarrassé d'une corvée fort lourde en somme. Il s'en allait, dans son espoir, comme l'unique pape désormais possible.

L'abbé Paparelli s'était précipité.

— Si Son Éminence veut bien me suivre... Je vais reconduire Son Éminence...

Et, se tournant vers Pierre:

— Vous pouvez entrer, maintenant.

Pierre les regarda disparaître, l'un si humble, derrière

l'autre si triomphant. Puis, il entra, et tout de suite, au milieu du cabinet de travail, étroit, meublé d'une simple table et de trois chaises, il aperçut le cardinal Boccanera debout encore, dans l'attitude haute et noble, qu'il avait prise pour saluer Sanguinetti, le rival au trône, redouté, exécré. Et visiblement, dans son espoir, Boccanera se croyait aussi le seul pape possible, celui que devait élire le conclave de demain.

Mais, quand la porte fut refermée, à la vue de ce jeune prêtre, son hôte, qui avait assisté à la mort de ses deux chers enfants, endormis pour toujours dans la salle voisine, le cardinal fut repris d'une émotion indicible, d'une faiblesse inattendue, où toute son énergie sombra. C'était la revanche de son humanité, maintenant que son rival n'était plus là pour le voir. Il chancela ainsi qu'un vieil arbre tremblant sous la cognée, il s'affaissa sur une chaise, tout d'un coup suffoqué par de gros sanglots. Et, comme Pierre voulait, selon le cérémonial, baiser l'émeraude qu'il portait à l'annulaire, il le releva, le fit asseoir immédiatement devant lui, en bégayant d'une voix entrecoupée :

— Non, non, mon cher fils, prenez ce siège, attendez... Excusez-moi, laissez-moi un instant, j'ai le cœur qui éclate.

Il sanglotait dans ses mains jointes, il ne pouvait se maîtriser, renfoncer en lui la douleur, de ses doigts vigoureux encore, qu'il serrait sur ses joues et sur ses tempes.

Des larmes montèrent alors aux yeux de Pierre, revivant à son tour l'affreuse aventure, bouleversé de voir pleurer ce grand vieillard, ce saint et ce prince d'ordinaire si hautain, si maître de lui, et qui n'était plus là qu'un pauvre être d'agonie et de souffrance, aussi perdu, aussi faible qu'un enfant. Étouffant lui-même, il voulut pourtant présenter ses condoléances, il chercha par quelles bonnes paroles il apporterait quelque douceur à ce désespoir.

— Je supplie Votre Éminence de croire à mon chagrin profond. J'ai été chez elle comblé de bontés, j'ai tenu à lui dire tout de suite combien cette perte irréparable...

Mais, d'un geste vaillant, le cardinal le fit taire.

— Non, non, ne dites rien, de grâce, ne dites rien!

Et un silence régna, tandis qu'il pleurait toujours, secoué par sa lutte, attendant de redevenir assez fort, pour se vaincre. Enfin, il dompta son frisson, il dégagea lentement sa face, peu à peu apaisée, redevenue celle d'un croyant fort de sa foi, soumis à la volonté de Dieu. Puisque Dieu s'était refusé à faire un miracle, puisqu'il frappait si durement sa maison, il avait ses raisons sans doute, et lui, un de ses ministres, un des hauts dignitaires de sa cour terrestre, n'avait qu'à s'incliner.

Le silence se prolongea un moment encore. Puis, d'une voix qu'il avait réussi à rendre naturelle et obligeante :

— Vous nous quittez, vous partez demain, mon cher fils?

— Oui, demain, j'aurai l'honneur de prendre congé de Votre Éminence, en la remerciant une fois encore de de sa bienveillance inépuisable.

— Alors, vous avez su que la congrégation de l'Index avait condamné votre livre, comme cela était inévitable?

— Oui, j'ai eu l'insigne faveur d'être reçu par Sa Sainteté, et c'est devant elle que je me suis soumis et que j'ai réprouvé mon œuvre.

Une flamme commença à remonter aux yeux humides du cardinal.

— Ah! vous avez fait cela, ah! vous avez bien agi, mon cher fils! Ce n'était que votre devoir strict de prêtre, mais il y en a tant de nos jours qui ne font pas même leur devoir!... Comme membre de la congrégation, j'ai tenu la parole que je vous avais donnée, de lire

votre livre, d'en étudier soigneusement surtout les pages
visées par l'accusation. Et si, ensuite, je suis resté neutre,
si j'ai affecté de me désintéresser de l'affaire, jusqu'à
manquer la séance où elle a été jugée, ce n'a été que
pour faire plaisir à ma pauvre chère nièce, qui vous
aimait, qui vous défendait près de moi...

Les larmes le reprenant, il s'interrompit, il sentit qu'il
allait défaillir encore, s'il évoquait le souvenir de Benedetta, l'adorée, la regrettée. Aussi fut-ce avec une âpreté
batailleuse qu'il continua :

— Mais quel livre exécrable, mon cher fils, permettez-moi de le dire! Vous m'aviez affirmé que vous étiez respectueux du dogme, et je me demande encore par quelle
aberration vous aviez pu tomber dans un aveuglement
tel, que la conscience même de votre crime vous échappait. Respectueux du dogme, grand Dieu! lorsque l'œuvre
entière est la négation même de toute notre sainte religion... Vous n'aviez donc pas senti qu'en demandant une
religion nouvelle, c'était condamner absolument l'ancienne, la seule vraie, la seule bonne, la seule éternelle.
Et cela suffisait pour faire de votre livre le plus mortel
des poisons, un de ces livres infâmes qu'on brûlait autrefois par la main du bourreau, qu'on laisse forcément circuler de nos jours, après l'avoir interdit et désigné par
là même aux curiosités perverses, ce qui explique la
pourriture contagieuse du siècle... Ah! que j'ai bien
reconnu là les idées de notre distingué et poétique parent, ce cher vicomte Philibert de la Choue! Un homme
de lettres, oui! un homme de lettres! De la littérature,
rien que de la littérature! Je prie Dieu de lui pardonner,
car il ne sait sûrement pas ce qu'il fait ni où il va, avec
son christianisme d'élégie pour les ouvriers beaux parleurs et pour les jeunes gens des deux sexes dont la
science a rendu l'âme vague. Et je ne garde ma colère
que contre Son Éminence le cardinal Bergerot, car
celui-ci sait ce qu'il fait, fait ce qu'il veut... Ne dites

…ien, ne le défendez pas. Il est la révolution dans l'Église, il est contre Dieu!

En effet, Pierre, bien qu'il se fût promis de ne pas répondre, de ne pas discuter, avait laissé échapper un geste de protestation, devant cette furieuse attaque contre l'homme qu'il respectait le plus, qu'il aimait le plus au monde. D'ailleurs, il céda, il s'inclina de nouveau.

— Je ne puis dire assez mon horreur, continua rudement Boccanera, oui! mon horreur de tout ce songe creux d'une religion nouvelle! de cet appel aux plus laides passions qui soulève les pauvres contre les riches, en leur annonçant je ne sais quel partage, quelle communauté aujourd'hui impossible! de cette basse flatterie au menu peuple qui lui promet, sans pouvoir jamais les lui donner, une égalité et une justice, qui vient de Dieu seul, que Dieu seul pourra faire régner enfin, au jour marqué par sa toute-puissance! de cette charité intéressée dont on abuse contre le ciel lui-même, pour l'accuser d'iniquité et d'indifférence, de cette charité larmoyante et amollissante, indigne des cœurs solides et forts, comme si la souffrance humaine n'était pas nécessaire au salut, comme si nous ne devenions pas plus grands, plus purs, plus près de l'infini bonheur, à mesure que nous souffrons davantage!

Il s'exaltait, il était saignant et superbe. C'était son deuil, sa blessure au cœur qui l'exaspérait ainsi, le coup de massue qui l'avait abattu un moment, et sous lequel il se relevait, si provocant contre la douleur, si entêté dans son idée stoïque d'un Dieu omnipotent, maître des hommes, réservant sa félicité aux seuls élus de son choix.

De nouveau, il fit un effort pour se calmer, il reprit plus doucement :

— Enfin, mon cher fils, le bercail est toujours ouvert, et vous y voilà de retour, puisque vous vous êtes repenti. Vous ne sauriez croire combien j'en suis heureux.

A son tour, Pierre s'efforça de se montrer conciliant, afin de ne pas ulcérer davantage cette âme violente et endolorie.

— Votre Éminence peut être certaine que je tâcherai de n'oublier aucune de ses bonnes paroles, pas plus que je n'oublierai le paternel accueil de Sa Sainteté Léon XIII.

Mais cette phrase parut rejeter Boccanera dans son agitation. Ce ne furent tout d'abord que des paroles sourdes, retenues à demi, comme s'il se débattait pour ne pas interroger directement le jeune prêtre.

— Ah! oui, vous avez vu Sa Sainteté, vous avez causé avec elle, et elle a dû vous dire, n'est-ce pas? comme à tous les étrangers qui vont la saluer, qu'elle voulait la conciliation, la paix... Moi, je ne la vois plus que dans les occasions inévitables, voici plus d'un an que je n'ai pas été admis en audience particulière.

Cette preuve publique de défaveur, cette lutte sourde qui, de même qu'au temps de Pie IX, heurtait le Saint-Père et le camerlingue, emplissait d'amertume ce dernier. Il lui fut impossible de se contenir, il parla, en se disant sans doute qu'il avait devant lui un familier, un homme sûr, qui d'ailleurs partait le lendemain.

— La paix, la conciliation, on va loin avec ces beaux mots, si souvent vides de vraie sagesse et de courage... La vérité terrible, c'est que les dix-huit années de concessions de Léon XIII ont tout ébranlé dans l'Église, et que, s'il régnait longtemps encore, le catholicisme croulerait, tomberait en poudre, ainsi qu'un édifice dont on a sapé les colonnes.

Pierre, très intéressé, ne put s'empêcher de soulever des objections, pour s'instruire.

— Mais ne s'est-il pas montré très prudent, n'a-t-il pas mis le dogme à l'écart, dans une forteresse inexpugnable? En somme, s'il paraît avoir cédé en beaucoup de points, ça n'a jamais été que dans la forme.

58.

— La forme, ah! oui, reprit le cardinal avec une passion croissante, il vous a dit comme aux autres qu'intraitable sur le fond, il cédait volontiers sur la forme. Parole déplorable, diplomatie équivoque, quand elle n'est pas une simple et basse hypocrisie! Mon âme se soulève à cet opportunisme, à ce jésuitisme qui ruse avec le siècle, qui est fait seulement pour jeter le doute parmi les croyants, le désarroi du sauve-qui-peut, cause prochaine des irrémédiables défaites! Une lâcheté, la pire des lâchetés, l'abandon de ses armes afin d'être plus prompt à la retraite, la honte d'être soi tout entier, le masque accepté dans l'espoir de tromper le monde, de pénétrer chez l'ennemi et de le réduire par la traîtrise! Non, non! la forme est tout, dans une religion traditionnelle, immuable, qui depuis dix-huit cents ans a été, qui est encore, qui restera jusqu'à la fin des âges la loi même de Dieu!

Il ne put rester assis, il se leva, se mit à marcher au travers de l'étroite pièce, qu'il semblait emplir de sa haute taille. Et c'était tout le règne, toute la politique de Léon XIII qu'il discutait, qu'il condamnait violemment.

— L'unité, la fameuse unité qu'on lui fait une gloire si grande de vouloir rétablir dans l'Église, ce n'est là que l'ambition furieuse et aveugle d'un conquérant qui élargit son empire, sans se demander si les nouveaux peuples soumis ne vont pas désorganiser son ancien peuple, jusque-là fidèle, l'adultérer, lui apporter la contagion de toutes les erreurs. Et, si les schismatiques d'Orient, si les schismatiques des autres pays, en rentrant dans l'Église catholique, la transforment fatalement, à ce point qu'ils la tuent, qu'ils en fassent une Église nouvelle? Il n'y a qu'une sagesse, n'être que ce qu'on est, mais être solidement... De même, n'est-ce pas à la fois un danger et une honte, cette prétendue alliance avec la démocratie, cette politique que suffit à condamner l'esprit séculaire de la papauté? La monarchie est de droit divin, l'abandonner est aller contre Dieu, pactiser avec la Révolution, rêver ce dénouement monstrueux d'utiliser la démence des hommes, pour mieux rétablir sur eux son pouvoir. Toute république est un état d'anarchie, et c'est dès lors la plus criminelle des fautes, c'est ébranler à jamais l'idée d'autorité, d'ordre, de religion même, que de reconnaître la légitimité d'une république, dans l'unique but de caresser le rêve d'une conciliation impossible... Aussi voyez ce qu'il a fait du pouvoir temporel. Il le réclame bien encore, il affecte de rester intransigeant sur cette question de la reddition de Rome. Mais, en réalité, est-ce qu'il n'en a pas consommé la perte, est-ce qu'il n'y a pas renoncé définitivement, puisqu'il reconnaît que les peuples ont le droit de disposer d'eux, qu'ils peuvent chasser leurs rois et vivre comme les bêtes libres, au fond des forêts?

Brusquement, il s'arrêta, leva les deux bras au ciel, dans un élan de sainte colère.

— Ah! cet homme, ah! cet homme qui par sa vanité, par son besoin du succès, aura été la ruine de l'Église! cet homme qui n'a cessé de tout corrompre, de tout dissoudre, de tout émietter, afin de régner sur le monde qu'il croit reconquérir ainsi! pourquoi, Dieu tout-puissant, pourquoi ne l'avez-vous pas encore rappelé à vous?

Et cet appel à la mort prenait un accent si sincère, il y avait là une haine grandie par un si réel désir de sauver Dieu en péril ici-bas, que Pierre fut traversé lui aussi d'un grand frisson. Maintenant, il le voyait, ce cardinal Boccanera, qui haïssait religieusement, passionnément Léon XIII, il le voyait guettant depuis des années déjà, du fond de son palais noir, la mort du pape, cette mort officielle qu'il avait la charge de constater, à titre de camerlingue. Comme il devait l'attendre, comme il souhaitait avec une impatience fébrile l'heure bienheureuse où il irait, armé du petit marteau d'argent, taper les trois coups symboliques sur le crâne de Léon XIII glacé, rigide, étendu sur son lit, entouré de sa cour pontificale! Ah! taper enfin à ce mur du cerveau, pour être bien certain que rien ne répondait plus, qu'il n'y avait plus rien là dedans, rien que de la nuit et du silence! Et ces trois appels retentiraient : Joachim! Joachim! Joachim! Et, le cadavre ne répondant pas, le camerlingue se tournerait après avoir patienté quelques secondes, puis il dirait : « Le pape est mort! »

— Pourtant, reprit Pierre qui voulait le ramener au présent, la conciliation est une arme de l'époque, c'est pour vaincre à coup sûr que le Saint-Père consent à céder sur les questions de forme.

— Il ne vaincra pas, il sera vaincu! cria Boccanera. Jamais l'Église n'a eu la victoire qu'en s'obstinant dans son intégralité, dans l'éternité immuable de son essence divine. Et il est certain que, le jour où elle laisserait toucher à une seule pierre de son édifice, elle croulerait... Rappelez-vous le moment terrible qu'elle a passé, au temps du concile de Trente. La Réforme venait de l'ébranler d'une façon profonde, le relâchement de la discipline et des mœurs s'aggravait partout, c'était un flot montant de nouveautés, d'idées soufflées par l'esprit du mal, de projets malsains qu'enfantait l'orgueil de l'homme, lâché en pleine licence. Et, dans le concile même, bien des membres étaient troublés, gangrenés, prêts à voter les modifications les plus folles, tout un véritable schisme s'ajoutant aux autres... Eh bien! si, à cette époque critique, sous la menace d'un si grand péril, le catholicisme a été sauvé du désastre, c'est que la majorité, éclairée par Dieu, a maintenu le vieil édifice intact, c'est qu'elle a eu le divin entêtement de s'enfermer dans le dogme étroit, c'est qu'elle n'a rien concédé, rien, rien! ni sur le fond, ni sur la forme... Aujourd'hui, certes, la situation n'est pas pire qu'à l'époque du concile de Trente. Mettons qu'elle soit la même, et dites-moi s'il n'est pas plus noble, plus courageux et plus sûr pour l'Église d'avoir comme autrefois la bravoure de dire hautement ce qu'elle est, ce qu'elle a été, ce qu'elle sera. Il n'y a de salut pour elle que dans sa souveraineté totale, indiscutable ; et, puisqu'elle a toujours vaincu par son intransigeance, c'est la tuer que de vouloir la concilier avec le siècle.

Il se remit à marcher, de son pas songeur et puissant.

— Non, non ! pas un accommodement, pas un abandon, pas une faiblesse ! Le mur d'airain qui barre la route, la borne de granit qui limite un monde !... Je vous l'ai déjà dit, le jour de votre arrivée, mon cher fils. Vouloir accommoder le catholicisme aux temps nouveaux, c'est hâter sa fin, s'il est vraiment menacé d'une mort prochaine, comme les athées le prétendent. Et il mourrait bassement, honteusement, au lieu de mourir debout, digne et fier, dans sa vieille royauté glorieuse... Ah ! mourir debout, sans rien renier de son passé, en bravant l'avenir, en confessant sa foi entière !

Et ce vieillard de soixante-dix ans semblait grandir encore, sans peur devant l'anéantissement final, avec un geste de héros qui défiait les siècles futurs. La foi lui avait donné la paix sereine, cette paix que l'explication de l'inconnu par le divin apporte à l'esprit, dont elle satisfait pleinement le besoin de certitude, en le remplissant. Il croyait, il savait, il était sans doute et sans peur sur le lendemain de la mort. Mais une mélancolie hautaine avait passé dans sa voix.

— Dieu peut tout, même détruire son œuvre, s'il la trouve mauvaise. Tout croulerait demain, la sainte Église disparaîtrait au milieu des ruines, les sanctuaires les plus vénérés s'effondreraient sous la chute des astres, qu'il faudrait s'incliner et adorer Dieu, dont la main, après avoir créé le monde, l'anéantirait ainsi, pour sa gloire... Et j'attends, je me soumets d'avance à sa volonté, qui seule peut se produire, car rien n'arrive sans qu'il le veuille. Si vraiment les temples sont ébranlés, si le catholicisme doit demain tomber en poudre, je serai là pour être le ministre de la mort, comme j'ai été le ministre de la vie... Même, je le confesse, il est certain qu'il y a des heures où des signes terribles me frappent. Peut-être en effet la fin des temps est-elle proche et allons-nous assister à cet écroulement du vieux monde dont on nous menace. Les plus dignes, les plus hauts sont foudroyés, comme si le ciel se trompait, punissait en eux les crimes de la terre ; et n'ai-je pas senti le souffle de l'abîme, où tout va sombrer, depuis que ma maison, pour des fautes que j'ignore, est frappée de ce deuil affreux, qui la jette au gouffre, la fait rentrer dans la nuit, à jamais !

Là, dans la pièce voisine, il évoquait les deux chers morts, qui ne cessaient d'être présents. Des sanglots remontaient à sa gorge, ses mains tremblaient, son grand corps était agité d'une dernière révolte de douleur, sous l'effort de sa soumission. Oui, pour que Dieu se fût permis de l'atteindre si cruellement, de supprimer sa race, de commencer ainsi par le plus grand, par le plus fidèle, ce devait être que le monde était définitivement condamné. La fin de sa maison, n'était-ce pas la fin prochaine de tout ? Et, dans son orgueil souverain de prince et de prêtre, il trouva un cri de suprême résignation.

— O Dieu puissant, que votre volonté soit donc faite ! Que tout meure, que tout croule, que tout retourne à la nuit du chaos ! Je resterai debout dans ce palais en ruine, j'attendrai d'y être enseveli sous les décombres. Et, si votre volonté m'appelle à être le fossoyeur auguste de votre sainte religion, ah ! soyez sans crainte, je ne ferais rien d'indigne pour la prolonger de quelques jours ! Je la maintiendrai debout comme moi, aussi fière, aussi intraitable qu'au temps de sa toute-puissance. Je l'affirmerai avec la même obstination vaillante, sans rien abandonner ni de la discipline, ni du rite, ni du dogme. Et, le jour venu, je l'ensevelirai avec moi, l'emportant toute dans la terre plutôt que de rien céder d'elle, la gardant entre mes bras glacés pour la rendre à votre inconnu, telle que vous l'avez donnée en garde à votre Église... O Dieu puissant, souverain Maître, disposez de moi, faites de moi, si cela est dans vos desseins, le pontife de la destruction, de la mort du monde!

Saisi, Pierre frémissait de peur et d'admiration devant cette extraordinaire figure qui se dressait, le dernier pape menant les funérailles du catholicisme. Il comprenait que Boccanera avait dû parfois faire ce rêve, il le voyait, dans son Vatican, dans son Saint-Pierre qu'éventrait la foudre, debout, seul au travers des salles immenses, que sa cour pontificale, terrifiée et lâche, avait abandonnées. Lentement, vêtu de sa soutane blanche, portant ainsi en blanc le deuil de l'Église, il descendait une fois encore jusqu'au sanctuaire, pour y attendre que le ciel, au soir des temps, tombât, écrasant la terre. Trois fois, il redressait le grand Crucifix, que les convulsions suprêmes du sol avaient renversé. Puis, lorsque le craquement final fendait les marbres, il le saisissait d'une étreinte, il s'anéantissait avec lui, sous l'effondrement des voûtes. Et rien n'était d'une plus royale, d'une plus farouche grandeur.

D'un geste, le cardinal Boccanera, sans voix, mais sans faiblesse, invincible et droit quand même dans sa haute taille, donna congé à Pierre, qui, cédant à sa passion de la beauté et de la vérité, trouvant que lui seul était grand, que lui seul avait raison, lui baisa la main.

Ce fut le soir, dans la salle du trône, quand les visites cessèrent, à la nuit tombée, qu'on ferma les portes et qu'on procéda à la mise en bière. Les messes venaient de finir, les sonnettes de l'élévation ne tintaient plus, le balbutiement des paroles latines se taisait, après avoir bourdonné aux oreilles des deux chers enfants morts pendant douze heures. Et, alourdissant l'air, envahi de silence, il ne restait que le parfum violent des roses, que l'odeur chaude des deux cierges de cire. Comme ceux-ci n'éclairaient guère la vaste salle, on avait apporté des lampes, que des domestiques tenaient au poing, ainsi que des torches. Selon l'usage, tous les domestiques de la maison étaient là, pour dire un dernier adieu aux maîtres, qu'on allait coucher à jamais dans la mort.

Il y eut quelque retard. Morano, qui, depuis le matin, se donnait beaucoup de peine, pour veiller aux mille détails, venait de courir encore, désespéré de ne pas voir arriver le triple cercueil. Enfin, des domestiques le montèrent, on put commencer. Le cardinal et donna Serafina se tenaient côte à côte, près du lit. Pierre était là également, ainsi que don Vigilio. Ce fut Victorine qui se mit à coudre les deux amants dans le même suaire, une large pièce de soie blanche, où ils semblèrent vêtus de la même robe de mariée, la robe gaie et pure de leur union. Puis, deux domestiques s'avancèrent, aidèrent Pierre et don Vigilio, à les coucher dans le premier cercueil, de bois de sapin, capitonné de satin rose. Il n'était guère plus large que les cercueils ordinaires, tellement les deux amants étaient jeunes, d'une élégance mince, et tellement leur étreinte les nouait, ne faisait d'eux qu'un seul corps. Quand ils y furent allongés, ils y continuèrent leur éternel sommeil, la tête à demi noyée parmi leurs chevelures odorantes qui se mêlaient. Et, quand cette première bière se trouva enfermée dans la seconde, de plomb, puis dans la troisième, de chêne, quand les trois couvercles eurent été soudés et vissés, on continua à voir les faces des deux amants, par l'ouverture ronde, garnie d'une épaisse glace, pratiquée, selon la mode romaine, dans les trois bières. Et, à jamais séparés des vivants, seuls au fond de ce triple cercueil, ils se souriaient toujours, ils se regardaient toujours, de leurs yeux obstinément ouverts, ayant l'éternité pour épuiser leur amour infini.

XVI

Le lendemain, au retour du cimetière, après l'enterrement, Pierre déjeuna seul dans sa chambre, en se réservant de prendre, l'après-midi, congé du cardinal et de donna Serafina. Il quittait Rome le soir, il partait par le train de dix heures dix-sept. Rien ne le retenait plus, il n'y avait plus qu'une visite qu'il voulait rendre, une visite dernière au vieil Orlando, le héros de l'indépendance, auquel il avait fait la formelle promesse de ne point retourner à Paris, sans venir causer longuement. Et, vers deux heures, il envoya chercher un fiacre qui le conduisit rue du Vingt-Septembre.

Toute la nuit, il avait plu, une pluie fine dont l'humidité noyait la ville d'une vapeur grise. Cette pluie avait cessé, mais le ciel restait sombre, et les grands palais neufs de la rue du Vingt-Septembre, sous ce morne ciel de décembre, avaient des façades livides, d'une mélancolie interminable, avec leurs balcons tous pareils, leurs rangs réguliers de fenêtres qui n'en finissaient pas. Le Ministère des Finances surtout, ce colossal entassement de maçonnerie et de sculptures, prenait une apparence de ville morte, la tristesse infinie d'un grand corps exsangue, dont la vie s'était retirée. La pluie avait adouci l'air, il faisait presque chaud, une tiédeur moite de fièvre.

Pierre, dans le vestibule du petit palais de Prada, fut surpris de se rencontrer avec quatre ou cinq messieurs, en train de retirer leurs paletots; et un serviteur lui dit que monsieur le comte avait une réunion avec des entrepreneurs. Puisque monsieur l'abbé venait voir le père de monsieur le comte, il n'avait d'ailleurs qu'à monter au troisième étage. La petite porte, à droite sur le palier.

Mais, au premier étage, Pierre se trouva brusquement face à face avec Prada, qui recevait ses entrepreneurs. Et il remarqua qu'il devenait, en le reconnaissant, d'une pâleur affreuse. Depuis l'épouvantable drame, ils ne s'étaient pas revus. Aussi le prêtre comprit-il quel trouble sa présence éveillait chez cet homme, quel souvenir importun de complicité morale, quelle mortelle inquiétude d'avoir été deviné.

— Vous venez me voir, vous avez quelque chose à me dire ?

— Non, je pars, je viens faire mes adieux à votre père.

La pâleur de Prada s'accrut, un frémissement agita toute sa face.

— Ah ! c'est pour mon père... Il est un peu souffrant, ménagez-le.

Et son angoisse confessait clairement, malgré lui, tout ce qu'il redoutait, une parole imprudente, peut-être même une mission dernière, la malédiction de cet homme et de cette femme qu'il avait tués. Sûrement, son père en serait mort, lui aussi.

— Ah ! est-ce contrariant, je ne puis monter avec vous ! Ces messieurs sont là qui m'attendent... Mon Dieu ! que je suis contrarié ! Dès que je vais le pouvoir, je vous rejoindrai, oh ! tout de suite, tout de suite !

Ne sachant comment l'arrêter, il fallait bien qu'il le laissât se trouver seul avec son père, pendant que lui-même restait là, cloué par ses affaires d'argent, qui périclitaient. Mais de quels yeux de détresse il le regarda monter, comme il le suppliait de tout son frisson ! Son père, le seul amour véritable, la grande passion pure et fidèle de sa vie !

— Ne le faites pas trop parler, égayez-le, n'est-ce pas ?

En haut, ce ne fut pas Batista, l'ancien soldat si dévoué à son maître, qui vint ouvrir, mais un tout jeune homme que Pierre ne remarqua point d'abord. Et ce dernier retrouva la petite chambre toute nue, toute blanche, tapissée simplement d'un papier clair, à fleurettes bleues, avec son pauvre lit de fer derrière un paravent, ses quatre planches contre un mur, servant de bibliothèque, sa table de bois noir et ses deux chaises de paille, pour tout mobilier. Et, par la fenêtre large et claire, sans rideaux, c'était le même admirable panorama de Rome, toute Rome jusqu'aux arbres lointains du Janicule, une Rome écrasée, ce jour-là, sous un ciel de plomb, envahie d'une ombre de morne tristesse. Mais le vieil Orlando, lui, n'avait pas changé, avec sa tête superbe de vieux lion blanchi, au mufle puissant, aux yeux de jeunesse, étincelant encore des passions qui avaient grondé dans cette âme de feu. Pierre le retrouvait sur le même fauteuil, près de la même table, encombrée par les mêmes journaux, les jambes enveloppées, ensevelies dans la même couverture noire, comme si ces jambes mortes l'eussent immobilisé là dans une gaine de pierre, à ce point qu'à des mois, à des années de distance, on était sûr de l'y revoir sans nul changement possible, avec son buste vivant, sa face qui éclatait de force et d'intelligence.

Cependant, par cette journée grise, il paraissait abattu, le visage assombri.

— Ah! vous voici, cher monsieur Froment. Depuis trois jours, je songe à vous, je vis les atroces jours que vous avez dû vivre, dans ce tragique palais Boccanera. Mon Dieu! quel épouvantable deuil! J'en ai le cœur retourné, ces journaux viennent encore de me bouleverser l'âme, avec les nouveaux détails qu'ils donnent.

Il indiquait les journaux épars sur la table. Puis, il écarta d'un geste la sombre histoire, cette figure de Benedetta morte, qui le hantait.

— Voyons, et vous?

— Je pars ce soir, je n'ai pas voulu quitter Rome sans serrer vos mains vaillantes.

— Vous partez? mais votre livre?

— Mon livre... J'ai été reçu par le Saint-Père, je me suis soumis, j'ai réprouvé mon livre.

Orlando le regarda fixement. Il y eut un court silence, pendant lequel leurs yeux se dirent, sur le cas, tout ce qu'il y avait à dire. Et ni l'un ni l'autre ne sentit la nécessité d'une explication plus longue. Le vieillard conclut simplement :

— Vous avez bien fait, votre livre était une chimère.

— Oui, une chimère, un enfantillage, et je l'ai condamné moi-même, au nom de la vérité et de la raison.

Un sourire reparut sur les lèvres douloureuses du héros foudroyé.

— Alors, vous avez vu, vous avez compris, vous savez maintenant?

— Oui, je sais, et c'est pourquoi je n'ai pas voulu partir sans avoir avec vous la bonne et franche conversation que nous nous sommes promise.

Ce fut une joie pour Orlando. Mais, tout d'un coup, il parut se rappeler le jeune homme qui était allé ouvrir la porte, puis qui avait repris modestement sa place, sur une chaise, à l'écart, près de la fenêtre. C'était presque un enfant, vingt ans à peine, imberbe encore, d'une beauté blonde comme il en fleurit parfois à Naples, avec de longs cheveux bouclés, un teint de lis, une bouche de rose, des yeux surtout d'une langueur rêveuse et d'une infinie douceur. Et le vieillard le présenta paternellement : Angiolo Mascara, le petit-fils d'un de ses vieux camarades de guerre, l'épique Mascara des Mille, qui était mort en héros, le corps troué de cent blessures.

— Je le fais venir pour le gronder, continua-t-il en souriant. Imaginez-vous que ce gaillard-là, avec son air de fille, donne dans les idées nouvelles! Il est anarchiste, des trois ou quatre douzaines d'anarchistes que nous comptons en Italie. Un brave petit au fond, qui n'a plus que sa mère, qui la soutient, grâce au maigre emploi qu'il occupe et d'où il va se faire chasser, un de ces beaux matins... Voyons, voyons, mon enfant, il faut que tu me promettes d'être raisonnable.

Alors, Angiolo, dont les vêtements usés et propres disaient en effet la misère décente, répondit d'une voix grave, musicale :

— Je suis raisonnable, ce sont les autres, tous les autres qui ne le sont pas. Quand tous les hommes seront raisonnables, voudront la vérité et la justice, le monde sera heureux.

— Ah! si vous croyez qu'il cédera! cria Orlando. Ah! mon pauvre enfant, la justice, la vérité, demande à monsieur l'abbé si l'on sait jamais où elles sont. Enfin, il faut te laisser le temps de vivre, de voir et de comprendre!

Et, sans plus s'occuper de lui, il revint à Pierre. Mais Angiolo resta dans son coin, l'air très sage, les yeux ardemment fixés sur les interlocuteurs, les oreilles ouvertes et frémissantes, ne perdant pas une de leurs paroles.

— Je vous l'avais bien dit, mon cher monsieur Froment, que vos idées changeraient et que la connaissance de Rome vous amènerait à des opinions plus exactes, beaucoup mieux que tous les beaux discours dont j'aurais tâché de vous convaincre. Ainsi je n'ai jamais douté que vous retireriez votre livre, de votre plein gré, comme une erreur fâcheuse, dès que les choses et les hommes vous auraient renseigné sur le Vatican... Mais, n'est-ce pas? mettons le Vatican de côté, il n'y a là rien à faire, qu'à le laisser crouler, dans sa ruine lente et inévitable. Ce qui m'intéresse, moi, ce qui me passionne encore, c'est la Rome italienne, notre Rome si amoureusement conquise, si fiévreusement ressuscitée, que vous traitiez en quantité négligeable, et que vous avez vue, et dont nous pouvons parler en gens qui se comprennent, maintenant que vous la connaissez.

Tout de suite, il concéda beaucoup, avoua les fautes commises, reconnut l'état déplorable des finances, les difficultés graves de toutes sortes, en homme d'intelligence et de bon sens, qui, cloué par la paralysie, loin de la lutte, avait les journées entières pour réfléchir et s'inquiéter. Ah! sa conquête, son Italie adorée, pour laquelle il aurait voulu donner encore le sang de ses veines, à quelles inquiétudes mortelles, à quelles indicibles souffrances elle était de nouveau tombée! Ils avaient péché par un légitime orgueil, ils étaient allés trop vite en voulant improviser un grand peuple, en rêvant de faire de l'antique Rome une grande capitale moderne, d'un simple coup de baguette. Et de là cette folie des quartiers neufs, cette spéculation démente sur les terrains et sur les constructions, qui avait mis la nation à deux doigts de la banqueroute.

Doucement, Pierre l'interrompit, pour lui dire la formule à laquelle il en était arrivé, après ses courses et ses études dans Rome.

— Oh! cette fièvre, cette curée de la première heure, cette débâcle financière, ce n'est rien encore. Toutes les plaies d'argent se réparent. Mais le grave est que votre Italie reste à faire... Plus d'aristocratie, pas encore de peuple, et une bourgeoisie née d'hier, dévorante, en train de manger en herbe la riche moisson future.

Il y eut un silence. Orlando hocha tristement sa tête de vieux lion, désormais impuissant. Cette dureté nette de la formule le frappait au cœur.

— Oui, oui, c'est cela, vous avez bien vu. Pourquoi mentir, pourquoi dire non, quand les faits sont là, évidents aux yeux de tous?... Cette bourgeoisie, mon Dieu! cette classe moyenne, dont je vous avais déjà parlé, si affamée de places, d'emplois, de distinctions, de panache, et si avare avec cela, si méfiante pour son argent, qu'elle place dans les banques, sans jamais le risquer dans l'agriculture, dans l'industrie ou dans le commerce, dévorée du seul besoin de jouir en ne faisant rien, inintelligente au point de ne pas voir qu'elle tue son pays par son dégoût du travail, son mépris du peuple, sa passion unique de vivre petitement au soleil, avec la gloriole d'appartenir à une administration quelconque... Et cette aristocratie qui se meurt, ce patriciat découronné, ruiné, tombé à l'abâtardissement des races finissantes, le plus grand nombre réduits à la misère, les autres, les rares qui ont gardé leur argent, écrasés sous les impôts trop lourds, n'ayant plus que des fortunes mortes, incapables de renouvellement, diminuées par les continuels partages, destinées à bientôt disparaître, avec les princes eux-mêmes, dans l'écroulement des vieux palais, devenus inutiles... Et le peuple enfin, ce pauvre peuple qui a tant souffert, qui souffre encore, mais qui est tellement habitué à sa souffrance, qu'il ne paraît seulement pas concevoir l'idée d'en sortir, aveugle et sourd, poussant les choses jusqu'à regretter peut-être l'ancienne servitude, d'un accablement stupide de bête sur son fumier, d'une ignorance totale, l'abominable ignorance qui est l'unique cause de sa misère, sans espoir, sans lendemain, sans cette consolation de comprendre que cette Italie, cette Rome, c'est pour lui, pour lui seul, que nous les avons conquises et que nous tâchons de les ressusciter, dans leur ancienne gloire... Oui, oui, plus d'aristocratie, pas encore de peuple, et une bourgeoisie si inquiétante ! Comment ne pas céder parfois aux terreurs des pessimistes, de ceux qui prétendent que tous nos malheurs ne sont rien encore, que nous allons à des catastrophes bien plus terribles, comme si nous n'en étions qu'aux premiers symptômes de la fin de notre race, précurseurs de l'anéantissement final !

Il avait levé vers la fenêtre, vers la lumière, ses deux grands bras frémissants, et Pierre, très ému, se rappela ce geste de détresse suppliante, qu'il avait vu faire la veille au cardinal Boccanera, dans son appel à la puissance divine. Tous deux, si opposés de croyance, avaient la même grandeur désespérée et farouche.

— Et, je vous l'ai dit le premier jour, nous n'avons pourtant voulu que les seules choses logiques et inévitables. Cette Rome, avec son passé de splendeur et de domination, qui pèse si lourdement sur nous, nous ne pouvions pas ne pas la prendre pour capitale, car elle seule était le lien, le symbole vivant de notre unité, en même temps que la promesse d'éternité, le renouveau de notre grand rêve de résurrection et de gloire.

Il continua, il reconnut toutes les conditions désastreuses de Rome capitale. Une ville de simple décor, au sol épuisé, restée à l'écart de la vie moderne, une ville malsaine, sans industrie ni commerce possibles, invinciblement envahie par la mort, au milieu du désert stérile de sa Campagne. Puis, il la montra devant les autres villes qui la jalousent : Florence, devenue si indifférente, si sceptique pourtant, d'une humeur d'insouciance heureuse, inexplicable après les passions frénétiques, les flots de sang de son histoire; Naples, à qui son clair soleil suffit encore, avec son peuple enfant, qu'on ne sait si l'on doit plaindre de son ignorance et de sa misère, puisqu'il paraît en jouir si paresseusement; Venise, résignée à n'être plus qu'une merveille de l'art ancien, qu'on devrait mettre sous verre, pour la conserver intacte, endormie dans le faste et la souveraineté de ses annales; Gênes, toute à son commerce, active et bruyante, une des dernières reines de cette Méditerranée, de ce lac aujourd'hui infime qui a été la mer opulente, le centre où roulaient les richesses du monde; Turin et Milan surtout, les industrielles, les commerciales, si vivantes, si modernisées, que les touristes les dédaignent comme n'étant pas des villes italiennes, toutes deux sauvées du sommeil des ruines, entrées dans l'évolution occidentale qui prépare le prochain siècle. Ah! cette vieille Italie, fallait-il donc la laisser crouler, telle qu'un musée poussiéreux, pour le plaisir des âmes artistes, comme sont en train de crouler ses petites villes de la Grande-Grèce, de l'Ombrie et de la Toscane, pareilles à ces bibelots exquis qu'on n'ose faire réparer, de crainte d'en gâter le caractère? Ou la mort prochaine, inévitable, ou la pioche des démolisseurs, les murs branlants jetés par terre, des villes de travail, de science, de santé créées partout, enfin une Italie toute neuve sortant vraiment de ses cendres, faite pour la civilisation nouvelle dans laquelle entre l'humanité!

— Mais pourquoi désespérer? reprit-il avec force. Rome a beau être lourde à nos épaules, elle n'en est pas moins le sommet que nous avons voulu. Nous y sommes, nous y resterons, en attendant les événements... D'ailleurs, si la population a cessé de s'y accroître, elle y reste stationnaire, à quatre cent mille âmes environ, et le flot ascendant peut parfaitement reprendre, le jour où disparaîtraient les causes qui l'ont arrêté. Nous avons eu le tort de croire que Rome allait devenir un Berlin, un Paris; toutes sortes de conditions sociales, historiques, ethniques même semblent jusqu'à présent s'y opposer; mais qui sait les surprises de demain, peut-on nous interdire l'espérance, la foi que nous avons dans le sang qui coule en nos veines, ce sang des anciens conquérants du monde? Moi qui ne bouge plus de cette chambre, avec mes deux jambes mortes, foudroyé, anéanti, il est des heures où ma folie me reprend, où je crois à Rome comme à ma mère, invincible, immortelle, où j'attends les deux millions d'habitants qui doivent venir peupler ces douloureux quartiers neufs que vous avez visités, vides et croulants déjà. Certainement, ils viendront. Pourquoi ne viendraient-ils pas? Vous verrez, vous verrez, tout se peuplera, il faudra bâtir encore... Et puis, franchement, peut-on dire une nation pauvre, qui possède la Lombardie? Notre Midi lui-même n'est-il pas d'une richesse inépuisable? Laissez la paix se faire, le Midi se

fondre avec le Nord, toute une génération de travailleurs
grandir ; et, puisque le sol y est si fertile, il faudra bien
qu'un jour la grande moisson attendue pousse et mûrisse
au brûlant soleil !

L'enthousiasme le soulevait, toute une fougue de jeunesse enflammait ses yeux. Pierre souriait, était gagné ;
et, quand il put parler, il dit à son tour :

— Il faut reprendre le problème par le bas, par le
peuple. Il faut faire des hommes.

— Parfaitement, c'est cela ! cria Orlando. Je ne cesse
de le répéter, il faut faire l'Italie. On dirait qu'un vent
d'est ait emporté ailleurs, loin de notre vieille terre, la
semence humaine, la semence des peuples vigoureux et
puissants. Notre peuple, comme le vôtre, en France,
n'est pas un réservoir d'hommes et d'argent, où l'on
puise à mains pleines. C'est ce réservoir inépuisable que
je voudrais voir se créer chez nous. Et c'est donc par en
bas qu'il faut agir, oui ! des écoles partout, l'ignorance
pourchassée, la brutalité et la paresse combattues à coups
de livres, l'instruction intellectuelle et morale nous donnant le peuple travailleur dont nous avons besoin, si
nous ne voulons pas disparaître du concert des grandes
nations. Je le dis encore, pour qui donc avons-nous travaillé en reprenant Rome, en voulant lui refaire une troisième gloire, si ce n'est pour la démocratie de demain ?
et comme on s'explique que tout s'y effondre, que rien
n'y veut plus pousser avec vigueur, du moment que cette
démocratie y est radicalement absente !... Oui, oui ! la
solution du problème n'est pas ailleurs, faire un peuple,
faire une démocratie italienne !

Pierre s'était calmé, inquiet, n'osant dire qu'une nation
ne se modifiait pas facilement, que l'Italie était ce que le
sol, l'histoire, la race l'avaient faite, et que vouloir la
transformer toute, d'un coup, pouvait être une besogne
dangereuse. Les peuples, comme les créatures, n'ont-ils
pas une jeunesse active, un âge mûr resplendissant, une

vieillesse plus ou moins lente, aboutissant à la mort? Une Rome moderne, démocratique, grand Dieu! Les Romes modernes s'appellent Paris, Londres, Chicago. Et il se contenta de dire avec prudence :

— Mais, en attendant ce grand travail de rénovation par le peuple, ne croyez-vous pas que vous feriez bien d'être sages? Vos finances sont dans un si mauvais état, vous traversez de si grosses difficultés sociales et économiques, que vous courez le risque des pires catastrophes, avant d'avoir des hommes et de l'argent. Ah! quel prudent ministre ce serait, si un de vos ministres disait à la tribune : « Eh bien! notre orgueil s'est trompé, nous avons eu tort de nous improviser grande nation du matin au soir, il faut plus de temps, plus de labeur et de patience; et nous consentons à n'être encore qu'un peuple jeune qui se recueille, qui travaille dans son coin pour se fortifier, sans vouloir jouer d'ici à longtemps un rôle dominateur; et nous désarmons, nous rayons le budget de la guerre, le budget de la marine, tous les budgets d'ostentation extérieure, pour ne nous consacrer qu'à la prospérité intérieure, à l'instruction, à l'éducation physique et morale du grand peuple que nous nous jurons d'être dans cinquante ans. » Enrayer, oui! enrayer, votre salut est là!

Orlando l'avait écouté, peu à peu assombri de nouveau, retombé à une songerie anxieuse. Il eut un geste las et vague, il dit à demi-voix :

— Non, non! on huerait un ministre qui dirait ces choses. Ce serait un aveu trop dur qu'on ne peut demander à un peuple. Les cœurs bondiraient, sauteraient hors des poitrines. Et puis, le danger ne serait-il pas plus grand peut-être, si on laissait crouler brusquement tout ce qui a été fait? Que d'espoirs avortés, que de ruines, que de matériaux inutilement épars! Non! nous ne pouvons plus nous sauver que par la patience et le courage, en avant, en avant toujours! Nous sommes un peuple très jeune, nous avons voulu faire en cinquante ans l'unité que d'autres nations ont mis deux cents ans à conquérir. Eh bien! il faut payer cette hâte, il faut attendre que la moisson mûrisse et qu'elle emplisse nos granges.

D'un nouveau geste, raffermi, élargi, il s'entêta dans son espoir.

— Vous savez que j'ai toujours été contre l'alliance avec l'Allemagne. Je l'avais prédit, elle nous a ruinés. Nous n'étions pas encore de taille à marcher de compagnie avec une si riche et si puissante personne, et c'est en vue de la guerre sans cesse prochaine, jugée inévitable, que nous souffrons si cruellement à cette heure de nos budgets écrasants de grande nation. Ah! cette guerre qui n'est pas venue, elle a épuisé le meilleur de notre sang, notre sève, notre or, sans profit aucun! Aujourd'hui, nous n'avons plus qu'à rompre avec une alliée, qui a joué de notre orgueil, sans jamais nous servir en rien, sans qu'il nous soit venu d'elle autre chose que des méfiances et d'exécrables conseils... Mais tout cela était inévitable, et c'est ce qu'on ne veut pas admettre en France. J'en puis parler librement, car je suis un ami déclaré de la France, on m'en garde même ici quelque rancune. Expliquez donc à vos compatriotes, puisqu'ils s'entêtent à ne pas comprendre, qu'au lendemain de notre conquête de Rome, dans notre frénétique désir de reprendre notre rang d'autrefois, il nous fallait bien jouer notre rôle en Europe, nous affirmer comme une puissance avec laquelle on compterait désormais. Et l'hésitation n'était pas permise, tous nos intérêts semblaient nous pousser vers l'Allemagne, il y avait là une évidence aveuglante qui s'est imposée. La dure loi de la lutte pour la vie pèse aussi fatalement sur les peuples que sur les individus, et c'est ce qui explique, ce qui justifie la rupture des deux sœurs, l'oubli de tant de liens communs, la race, les rapports commerciaux, même, si vous le voulez, les services rendus... Les deux sœurs, oui! et elles se déchirent maintenant, elles se poursuivent d'une telle haine, que, de part et d'autre, tout bon sens paraît aboli. Mon pauvre vieux cœur en saigne de souffrance, lorsque je lis les articles que vos journaux et les nôtres échangent comme des flèches empoisonnées. Quand cessera donc ce massacre fratricide? Quelle est celle des deux qui comprendra la première la nécessité de la paix, cette alliance des races latines qui s'impose, si elles veulent vivre, au milieu du flot de plus en plus envahissant des autres races?

Et, gaiement, avec sa bonhomie de héros désarmé par l'âge, réfugié dans le rêve :

— Voyons, voyons, mon cher monsieur Froment, vous allez me promettre de nous aider, dès votre retour à Paris. Dans votre champ d'action, si étroit qu'il puisse être, jurez-moi de travailler à faire la paix entre la France et l'Italie, car il n'est pas de plus sainte besogne. Vous venez de vivre trois mois parmi nous, vous pourrez dire ce que vous avez vu, ce que vous avez entendu, oh! en toute franchise. Si nous avons des torts, vous en avez sûrement aussi. Eh! que diable! les querelles de famille ne peuvent pas être éternelles!

Gêné, Pierre répondit :

— Sans doute. Par malheur, ce sont elles qui sont les plus tenaces. Dans les familles, quand le sang s'exaspère contre son sang, on va jusqu'au couteau et au poison. Il n'y a plus de pardon possible.

Et il n'osa dire toute sa pensée. Depuis qu'il était à Rome, qu'il écoutait et qu'il jugeait, cette querelle entre l'Italie et la France se résumait pour lui en un beau conte tragique. Il était une fois deux princesses nées d'une reine puissante, maîtresse du monde. L'aînée, qui avait hérité du royaume de sa mère, eut le chagrin secret de voir sa cadette, établie en un pays voisin, grandir peu à peu en richesse, en force, en éclat, tandis qu'elle-même déclinait, comme affaiblie par l'âge, démembrée, si épuisée et si meurtrie, qu'elle se sentit battue, le jour où elle tenta un effort suprême pour reconquérir la souveraineté universelle. Aussi quelle amertume, quelle plaie toujours ouverte, à voir sa sœur se remettre des plus effroyables secousses, reprendre son gala éblouissant, régner sur la terre par sa force, par sa grâce et par son esprit ! Jamais elle ne pardonnerait, quelle que fût l'attitude à son égard de cette sœur enviée et détestée. Là était la blessure au flanc, inguérissable, cette vie de l'une empoisonnée par la vie de l'autre, cette haine du vieux sang contre le sang jeune, qui ne s'apaiserait qu'avec la mort. Et même, le jour prochain peut-être où la paix se ferait entre elles, devant l'évident triomphe de la cadette, l'autre garderait au plus profond de son cœur la douleur sans fin d'être l'aînée et la vassale.

— Tout de même comptez sur moi, reprit affectueusement Pierre. C'est en effet une grande douleur, un grand péril, que cette enragée querelle des deux peuples... Mais je ne dirai sur vous que ce que je crois être la vérité. Je suis incapable de dire autre chose. Et je crains bien que vous ne l'aimiez guère, que vous n'y soyez guère préparés, ni par le tempérament, ni par l'usage. Les poètes de toutes les nations qui sont venus et qui ont parlé de Rome, avec le traditionnel enthousiasme de leur culture classique, vous ont grisés de telles louanges, que vous me semblez peu faits pour entendre la vérité vraie sur votre Rome d'aujourd'hui. Vainement on vous ferait la part superbe, il faudrait bien en arriver à la réalité des choses, et c'est justement cette réalité que vous ne voulez pas admettre, en amoureux du beau quand même, très susceptibles, pareils à ces femmes qui ne se sentent plus en beauté et que désespère la moindre remarque sur leurs rides.

Orlando s'était mis à rire, d'un rire enfantin.

— Certainement, on doit toujours embellir un peu. A

quoi bon parler des laids visages? Nous autres, nous n'aimons au théâtre que la jolie musique, la jolie danse, les jolies pièces qui font plaisir. Le reste, tout ce qui est désagréable, ah! grand Dieu, cachons-le!

— Mais, continua le prêtre, je confesse volontiers tout de suite la capitale erreur de mon livre. Cette Rome italienne que j'avais négligée, pour la sacrifier à la Rome papale, dont je rêvais le réveil, elle existe, et si puissante, si triomphante déjà, que c'est sûrement l'autre qui est fatalement destinée à disparaître avec le temps. Comme je l'ai observé, le pape a beau s'entêter à être immuable, dans son Vatican, de plus en plus lézardé, menaçant ruine, tout évolue autour de lui, le monde noir est déjà devenu le monde gris, en se mélangeant au monde blanc. Et jamais je n'ai mieux senti cela qu'à la fête donnée par le prince Buongiovanni, pour les fiançailles de sa fille avec votre petit-neveu. J'en suis sorti absolument enchanté, gagné à votre cause de résurrection.

Les yeux du vieillard étincelèrent.

— Ah! vous y étiez! N'est-ce pas que vous avez eu là un spectacle inoubliable et que vous ne doutez plus de notre vitalité, du peuple que nous devons être, quand les difficultés d'aujourd'hui seront vaincues? Qu'importe un quart de siècle, qu'importe un siècle! L'Italie renaîtra dans sa gloire ancienne, dès que le grand peuple de demain aura poussé de terre!... Et c'est bien vrai que j'exècre ce Sacco, parce qu'il incarne pour moi les intrigants, les jouisseurs dont les appétits ont tout retardé, en se ruant à la curée de notre conquête, qui nous avait coûté tant de sang et tant de larmes. Mais je revis dans mon bien-aimé Attilio, cette vraie chair de ma chair, si tendre et si vaillant, qui va être l'avenir, la génération de braves gens dont la venue instruira et purifiera le pays... Ah! que le grand peuple de demain naisse donc de lui et de cette Celia, l'adorable petite princesse, que Stefana, ma nièce, une femme de raison au fond, m'a amenée l'autre jour. Si vous aviez vu cette enfant se jeter à mon cou, m'appeler des plus doux noms, me dire que je serai le parrain de son premier fils, pour qu'il s'appelât comme moi et qu'il sauvât une seconde fois l'Italie... Oui, oui ! que la paix se fasse autour de ce prochain berceau, que l'union de ces chers enfants soit l'indissoluble mariage entre Rome et la nation entière, et que tout soit réparé, et que tout resplendisse dans leur amour !

Des larmes étaient montées à ses yeux. Pierre, très touché de cette flamme inextinguible de patriotisme, qui brûlait encore chez le héros foudroyé, voulut lui faire plaisir.

— C'est le vœu que j'ai fait moi-même, à la fête de leurs fiançailles, en disant à votre fils à peu près ce que vous venez de dire. Oui ! que leurs noces soient définitives et fécondes, qu'il naisse d'elles le grand pays que je vous souhaite d'être, de toute mon âme, maintenant que j'ai appris à vous connaître !

— Vous avez dit ça ! cria Orlando, vous avez dit ça ! Allons, je vous pardonne votre livre, vous avez compris enfin, et la nouvelle Rome, la voilà ! la Rome qui est la nôtre, que nous voulons refaire digne de son glorieux passé, une troisième fois reine du monde !

D'un de ses gestes amples, où il mettait tout ce qui lui restait de vie, il montra, par la fenêtre claire, sans rideaux, l'immense panorama qui se déroulait, Rome étalée au loin, d'un bout de l'horizon à l'autre. Sous le ciel couleur d'ardoise, sous ce deuil d'hiver si rare, la ville prenait une sorte de majesté plus haute, la mélancolique grandeur d'une cité reine, aujourd'hui déchue encore, qui attend, muette, immobile, dans l'air morne, le réveil éclatant, la royauté enfin reconnue de tous, qu'on lui a de nouveau promise. Des quartiers neufs du Viminal aux arbres lointains du Janicule, des toits roux du Capitole aux cimes vertes du Pincio, la houle des terrasses, des campaniles, des dômes, avait une largeur d'océan, dans un balancement sans fin de vagues profondes et grises.

Mais, brusquement, Orlando avait tourné la tête, saisi d'un accès de paternelle indignation, apostrophant le jeune Angiolo Mascara.

— Et, scélérat que tu es, c'est notre Rome que tu rêves de détruire à coups de bombes, que tu parles de raser comme une vieille maison branlante et pourrie, afin d'en débarrasser à jamais la terre !

Angiolo, jusque-là silencieux, avait écouté passionnément la conversation. Sur son visage imberbe, d'une beauté de fille blonde, les moindres émotions passaient en rougeurs soudaines ; et surtout ses grands yeux bleus avaient brûlé, à entendre parler du peuple, de ce peuple nouveau qu'il s'agissait de faire.

— Oui ! dit-il lentement de sa pure voix musicale, oui ! la raser, n'en pas laisser une seule pierre ! mais la détruire pour la reconstruire !

Orlando l'interrompit d'un rire de tendre raillerie.

— Ah ! tu la reconstruirais, c'est heureux !

— Je la reconstruirais, répéta l'enfant debout, d'une voix tremblante de prophète inspiré, je la reconstruirais, oh ! si grande, si belle, si noble ! Ne faut-il pas pour l'universelle démocratie de demain, pour l'humanité enfin libre, une cité unique, l'arche d'alliance, le centre même du monde ? Et n'est-ce pas Rome qui est désignée, que les prophéties ont marquée comme l'éternelle, l'immortelle, celle en qui s'accompliront les destinées des peuples ? Mais, pour qu'elle devienne le sanctuaire définitif, la capitale des royaumes détruits où s'assembleront, une fois par an, les sages de toutes les contrées, on doit la purifier d'abord par le feu, ne rien laisser en elle des souillures anciennes. Ensuite, quand le soleil aura bu les pestilences du vieux sol, nous la rebâtirons dix fois plus belle, dix fois plus grande qu'elle n'a jamais été. Et quelle ville enfin de vérité et de justice, la Rome annoncée, attendue depuis trois mille ans, toute en or, toute en marbre, emplissant la Campagne, de la mer aux monts de la Sabine et aux monts Albains, si prospère et si sage, que ses vingt millions d'habitants vivront dans l'unique joie d'être, après avoir réglementé la loi du travail. Oui! oui! Rome, la Mère, la Reine, seule sur la face de la terre, et pour l'éternité!

Béant, Pierre l'écoutait. Eh quoi, le sang d'Auguste en venait là? Au moyen âge, les papes n'avaient pu être les maîtres de Rome, sans éprouver l'impérieux besoin de la rebâtir, dans leur volonté séculaire de régner de nouveau sur le monde. Récemment, dès que la jeune Italie s'était emparée de Rome, elle avait aussitôt cédé à cette folie atavique de la domination universelle, voulant à son tour en faire la plus grande des villes, construisant des quartiers entiers pour une population qui n'était pas venue. Et voilà que les anarchistes eux-mêmes, en leur rage de bouleversement, étaient possédés du même rêve obstiné de la race, démesuré cette fois, une quatrième Rome monstrueuse, dont les faubourgs finiraient par envahir les continents, afin de pouvoir y loger leur humanité libertaire, réunie en une famille unique! C'était le comble, jamais preuve plus extravagante ne serait donnée du sang d'orgueil et de souveraineté qui avait brûlé les veines de cette race, depuis qu'Auguste lui avait laissé l'héritage de son empire absolu, avec le furieux instinct de croire que le monde était légalement à elle et qu'elle avait la mission toujours prochaine de le reconquérir. Cela sortait du sol même, une sève qui avait grisé tous les enfants de ce terreau historique, qui les poussait tous à faire de leur ville la Ville, celle qui avait régné, qui régnerait, resplendissante, aux jours prédits par les oracles. Et Pierre se rappelait les quatre lettres fatidiques, le S. P. Q. R. de l'ancienne Rome glorieuse, qu'il avait retrouvées partout dans la Rome actuelle, comme un ordre de définitif triomphe donné au destin, sur toutes les murailles, sur tous les insignes, jusque sur les tombereaux de la voirie municipale qui, le matin, enlevaient les ordures. Et Pierre comprenait la prodigieuse vanité de ces gens hantés par la grandeur des aïeux, hypnotisés devant le passé de leur Rome, déclarant qu'elle renferme tout, qu'eux-mêmes ne parviennent pas à la connaître, qu'elle est le sphinx chargé de dire un jour le mot de l'univers, si grande et si noble que tout y grandit et s'y anoblit, qu'ils en arrivent à exiger pour elle le respect idolâtre de la terre entière, dans cette vivace illusion de la légende où elle demeure, cette inextricable confusion de ce qui a pu être grand et de ce qui ne l'est plus.

— Mais je la connais, ta quatrième Rome, reprit Orlando, qui s'égayait de nouveau. C'est la Rome du peuple, la capitale de la République universelle, que Mazzini a déjà rêvée. Il est vrai qu'il y ajoutait le pape... Vois-tu, mon garçon, si nous, les vieux républicains, nous nous sommes ralliés, c'est que notre crainte a été de voir, en cas de révolution, le pays tomber aux mains des fous dangereux qui t'ont troublé la cervelle. Et, ma foi! nous nous sommes résignés à notre monarchie, qui n'est pas sensiblement différente d'une bonne République parlementaire... Allons, au revoir, et sois sage, songe que ta pauvre mère en mourrait, s'il t'arrivait quelque ennui... Viens que je t'embrasse tout de même.

Angiolo, sous le baiser affectueux du héros, devint rouge comme une jeune fille. Puis, il s'en alla, de son air doux de songeur éveillé, après avoir salué poliment le prêtre, d'un signe de tête, sans ajouter une parole.

Il y eut un silence, et les regards du vieil Orlando ayant rencontré les journaux, épars sur la table, il reparla de l'affreux deuil du palais Boccanera. Cette Benedetta, qu'il avait adorée comme une fille chère, aux jours de tristesse où elle vivait près de lui, quelle mort foudroyante, quel tragique destin, d'avoir été ainsi emportée dans la mort de l'homme qu'elle aimait! Et, trouvant les récits des journaux singuliers, le cœur douloureux et tourmenté par ce qu'il sentait là d'obscur, il demandait des détails, lorsque son fils Prada entra brusquement, la face torturée d'inquiétude, essoufflé d'avoir monté trop vite. Il venait de congédier ses entrepreneurs avec une brutalité impatiente, sans tenir compte de la situation grave, de sa fortune compromise, en train de crouler, cédant à un tel désir d'être en haut près de son père, qu'il ne les écoutait même pas, insoucieux de savoir si la maison n'allait pas s'effondrer sur sa tête. Et, quand il fut en haut, devant le vieillard, son premier regard anxieux fut pour le dévisager, pour se rendre compte si le prêtre, par quelque mot imprudent, ne venait pas de le frapper à mort.

Il frémit de le trouver frissonnant, ému aux larmes de l'aventure terrible dont il causait. Un instant, il crut qu'il arrivait trop tard, que le malheur était fait.

— Mon Dieu ! père, qu'avez-vous ? pourquoi pleurez-vous ?

Et il s'était jeté à ses pieds, agenouillé, lui prenant les mains, le regardant passionnément, dans une telle adoration, qu'il semblait offrir tout le sang de son cœur, pour lui éviter la moindre peine.

— C'est cette mort de la pauvre femme, reprit tristement Orlando. Je disais à monsieur Froment combien elle m'avait désolé, et j'ajoutais que j'en étais encore à comprendre l'aventure... Les journaux parlent d'une mort subite, c'est toujours si extraordinaire !

Très pâle, Prada se releva. Le prêtre n'avait pas parlé. Mais quelle effrayante minute ! S'il répondait, s'il parlait !

— Vous étiez présent, n'est-ce pas ? continua le vieillard. Vous avez tout vu... Racontez-moi donc comment les choses se sont passées.

Prada regarda Pierre. Leurs regards se fixèrent, entrèrent l'un dans l'autre. Entre eux, tout recommençait. C'était encore le destin en marche, Santobono rencontré au bas des pentes de Frascati, avec son petit panier ; c'était le retour à travers la Campagne mélancolique, la conversation sur le poison, tandis que le petit panier roulait, se balançait doucement sur les genoux du curé ; et c'était surtout l'osteria sommeillante au désert, la petite poule noire foudroyée, morte, un filet de sang violâtre au bec. Puis, c'était, dans la nuit même, le bal des Buongiovanni qui resplendissait, toute une odeur de femmes, tout un triomphe de l'amour. Enfin, c'était devant le palais Boccanera, noir sous la lune d'argent, l'homme qui allumait un cigare, qui s'en allait sans retourner la tête, laissant l'obscur destin faire sa besogne de mort. Cette histoire, l'un et l'autre la savaient, la revivaient, n'avaient pas besoin de se la répéter tout haut, pour être certains qu'ils s'étaient devinés, jusqu'au fond de l'âme.

Pierre n'avait pas répondu tout de suite au vieillard.

— Oh! murmura-t-il enfin, des choses affreuses, des choses affreuses...

— Sans doute, c'est ce que j'ai soupçonné, reprit Orlando. Vous pouvez nous tout dire... Mon fils, devant la mort, a pardonné.

Le regard de Prada chercha de nouveau celui de Pierre, s'appuya si lourd, si chargé d'une ardente supplication, que le prêtre en fut remué profondément. Il venait de se rappeler l'angoisse de cet homme pendant le bal, l'atroce torture jalouse qu'il avait subie, avant de laisser au destin le soin de sa vengeance. Et il reconstituait ce qui avait dû se passer au fond de lui, ensuite, après l'effroyable dénouement : d'abord, la stupeur de cette rudesse du destin, de cette vengeance qu'il n'avait pas demandée si féroce; puis, le calme glacé du beau joueur qui attend les événements, lisant les journaux, n'ayant d'autre remords que celui du capitaine à qui la victoire a coûté trop d'hommes. Tout de suite, il avait compris que le cardinal enterrerait l'affaire, pour l'honneur de l'Église. Il gardait seulement au cœur un poids lourd, le regret peut-être de cette femme si désirée, qu'il n'avait pas eue, qu'il n'aurait jamais, peut-être aussi une horrible jalousie dernière, qu'il ne s'avouait pas, dont il souffrirait toujours, celle de la savoir éternellement aux bras d'un autre homme, dans la tombe. Et voilà, de cet effort vainqueur pour être calme, de cette attente froide et sans remords, que se dressait le châtiment, la peur que le destin, cheminant avec les figues empoisonnées, ne se fût pas encore arrêté dans sa marche, et ne vînt par contre-coup frapper son père. Encore un coup de foudre, encore une victime, la plus inattendue, la plus adorée. Toute sa force de résistance avait croulé en une minute, il était là dans l'épouvante du destin, plus désarmé et plus tremblant qu'un enfant.

— Mais, dit Pierre avec lenteur, comme s'il eût cherché ses mots, les journaux ont dû vous dire que le prince avait d'abord succombé et que la contessina était morte de douleur, en l'embrassant une dernière fois... Les causes de la mort, mon Dieu! vous savez que les médecins eux-mêmes, d'ordinaire, n'osent guère se prononcer exactement...

Il s'arrêta, il venait d'entendre soudainement la voix de Benedetta mourante lui donner l'ordre terrible : « Vous qui verrez son père, je vous charge de lui dire que j'ai maudit son fils. Je veux qu'il sache, il doit savoir, pour la vérité et la justice. » Grand Dieu! allait-il obéir, était-ce donc là un de ces ordres sacrés qu'il fallait exécuter quand même, dussent les larmes et le sang couler à flots? Pendant quelques secondes, il souffrit du plus déchirant des combats, partagé entre cette vérité, cette justice invoquées par la morte, et son besoin personnel de pardon, l'horreur qu'il se serait faite à lui-même s'il avait tué ce vieillard, en remplissant son implacable mission, sans bénéfice pour personne. Et, certainement, l'autre, le fils, dut comprendre que quelque lutte suprême se livrait en lui, d'où allait sortir le sort de son père, car son regard se fit plus lourd, plus suppliant encore.

— On a cru d'abord à une mauvaise digestion, continua Pierre. Mais le mal a si vite empiré, qu'on s'est affolé et qu'on a couru chercher le médecin...

Ah! les yeux, les yeux de Prada! Ils étaient devenus si désespérés, si pleins des choses les plus touchantes, les plus fortes, que le prêtre y lisait toutes les raisons décisives qui allaient l'empêcher de parler. Non, non! il ne frapperait pas le vieillard innocent, il n'avait rien promis, il aurait cru charger d'un crime la mémoire de la morte, s'il avait obéi à sa haine dernière. Prada, lui, pendant ces quelques minutes d'angoisse, venait de souffrir une vie entière de douleur, si abominable, que tout de même un peu de justice était faite.

— Alors, acheva Pierre, quand le médecin a été là, il a formellement reconnu qu'il s'agissait d'une fièvre infectieuse. Il n'y a aucun doute... J'ai assisté ce matin aux obsèques, c'était bien beau et bien touchant.

Orlando n'insista pas. D'un geste, il se contenta de dire combien, lui aussi, avait été ému toute la matinée, en songeant à ces obsèques. Puis, comme le vieillard se tournait, rangeant les journaux sur la table, de ses mains restées tremblantes, Prada, le corps glacé d'une sueur mortelle, chancelant, s'appuyant au dossier d'une chaise pour ne pas tomber, regarda Pierre encore, d'un regard fixe, mais d'un regard très doux, éperdu de reconnaissance, qui disait merci.

— Je pars ce soir, répéta Pierre brisé, voulant rompre la conversation. Je vais vous faire mes adieux... N'avez-vous pas de commission à me donner pour Paris?

— Non, non, aucune, dit Orlando.

Puis, tout d'un coup, se souvenant:

— Eh! si, j'ai une commission... Vous vous rappelez, le livre de mon vieux compagnon de batailles Théophile Morin, un des Mille de Garibaldi, ce manuel pour le baccalauréat, qu'il voudrait faire traduire et adopter chez nous. Je suis bien heureux, j'ai la promesse qu'on le lui prendra dans nos écoles, mais à la condition qu'il fera quelques changements... Luigi, donne-moi donc le volume qui est là, sur cette planche.

Et, quand son fils lui eut remis le volume, il montra à Pierre les notes qu'il avait écrites au crayon, sur les marges, il lui fit comprendre les modifications qu'on exigeait de l'auteur, dans le plan général de l'ouvrage.

— Soyez donc assez gentil pour porter vous-même cet exemplaire à Morin, dont l'adresse est au verso de la couverture. Vous m'épargnerez une longue lettre, vous en direz plus en dix minutes, d'une façon plus nette et plus complète, que je ne le ferais en dix pages... Et vous embrasserez Morin pour moi, vous lui direz que je l'aime toujours, ah! de tout mon cœur d'autrefois, lorsque j'avais mes jambes et que l'un et l'autre nous nous battions comme des diables, sous la pluie des balles!

Il y eut un court silence, ce silence, cette gêne attendrie de la minute du départ.

— Allons, adieu! embrassez-moi pour lui et pour vous, embrassez-moi tendrement, ainsi que le petit Angiolo m'a tout à l'heure embrassé... Je suis si vieux et si fini, mon cher monsieur Froment, que vous me permettez bien de vous appeler mon enfant et de vous embrasser comme un aïeul, en vous souhaitant le courage et la paix, la foi en la vie qui seule aide à vivre.

Pierre fut si touché, que des larmes lui montèrent aux yeux, et lorsqu'il baisa de toute son âme, sur les deux joues, le héros foudroyé, il le sentit lui aussi qui pleurait. D'une main vigoureuse encore, pareille à un étau, il le retint un instant, contre son fauteuil d'infirme, tandis que de l'autre, d'un geste suprême, il lui montrait une dernière fois Rome, immense dans son deuil, sous le ciel de cendre. Sa voix se fit basse, frémissante et suppliante.

— Et, de grâce, jurez-moi de l'aimer quand même, malgré tout, car elle est le berceau, elle est la mère!

Aimez-la pour ce qu'elle n'est plus, pour ce qu'elle veut être !... Ne dites pas qu'elle est finie, aimez-la, aimez-la, pour qu'elle soit encore, pour qu'elle soit toujours !

Sans pouvoir répondre, Pierre l'embrassa de nouveau, bouleversé de tant de passion chez ce vieillard, qui parlait de sa ville comme on parle à trente ans d'une femme adorée. Et il le trouvait si beau, si grand, avec son hérissement de vieux lion blanchi, dans sa volonté obstinée de résurrection prochaine, qu'une fois encore l'autre grand vieillard, le cardinal Boccanera, s'évoqua devant lui, entêté également dans sa foi, n'abandonnant rien de son rêve, quitte à être écrasé sur place, par la chute du ciel. Ils étaient toujours face à face, aux deux bouts de leur ville, dominant seuls l'horizon de leur haute taille, attendant l'avenir.

Puis, lorsque Pierre eut salué Prada et qu'il se retrouva dehors, dans la rue du Vingt-Septembre, il n'eut plus qu'une hâte, celle de rentrer au palais de la rue Giulia, pour faire sa malle et partir. Toutes ses visites d'adieu étaient faites, il ne lui restait qu'à prendre congé de donna Serafina et du cardinal, en les remerciant de leur hospitalité si bienveillante. Pour lui uniquement, leurs portes s'ouvrirent, car ils s'étaient enfermés chez eux, au retour des obsèques, résolus à ne recevoir personne. Dès le crépuscule, Pierre put donc se croire complètement seul dans le vaste palais noir, n'ayant plus que Victorine qui lui tînt compagnie. Comme il témoignait le désir de souper avec don Vigilio, elle le prévint que l'abbé, lui aussi, s'était enfermé dans sa chambre ; et, lorsqu'il alla frapper à cette chambre voisine de la sienne, désireux au moins de lui serrer une dernière fois la main, il n'obtint même pas de réponse, il devina que le secrétaire, pris de quelque crise de fièvre et de méfiance, s'entêtait à ne point le revoir, dans la terreur de se compromettre davantage. Dès lors, tout fut réglé, il fut entendu que, le train ne partant qu'à dix heures dix-sept, Victorine lui ferait servir son souper sur la petite table de sa chambre, à huit heures, comme d'habitude. Elle lui apporta elle-même une lampe, elle parla de ranger son linge. Mais il ne voulut absolument pas qu'elle l'aidât, et elle dut le laisser faire tranquillement sa malle.

Il avait acheté une petite caisse, car sa valise ne pouvait suffire, pour emporter le linge et les vêtements qu'il s'était fait envoyer de Paris, à mesure que son séjour se prolongeait. La besogne ne fut pourtant pas longue, l'armoire vidée, les tiroirs visités, la petite caisse et la valise emplies, fermées à clef. Il n'était que sept heures, il avait à attendre une heure, avant le souper, lorsque ses regards, en faisant le tour des murs, pour être certain de ne rien oublier, tombèrent sur le tableau ancien, cette peinture d'un maître ignoré qui l'avait si souvent ému, pendant son séjour. Justement, la lampe l'éclairait en plein, d'une lumière évocatrice; et, cette fois encore, il reçut un coup au cœur, d'autant plus profond, qu'il s'imagina voir, à cette heure dernière, tout un symbole de son échec à Rome, dans cette dolente et tragique figure de femme, demi nue, drapée en un lambeau, assise au seuil du palais dont on l'avait chassée, pleurant entre ses mains jointes. Cette rejetée, cette obstinée d'amour, qui sanglotait ainsi, dont on ne savait rien, ni quel était son visage, ni d'où elle venait, ni ce qu'elle avait fait, n'offrait-elle pas l'image de tout l'effort inutile pour forcer la porte de la vérité, de tout l'abandon affreux où l'homme tombe, dès qu'il se heurte au mur qui barre l'inconnu? Longuement il la regarda, repris du tourment de s'en aller ainsi, avant d'avoir connu sa face, noyée de ses cheveux d'or, cette face de douloureuse beauté, qu'il rêvait rayonnante de jeunesse, si délicieuse dans son mystère. Et il croyait la connaître, il était sur le point de la posséder enfin, lorsqu'on frappa à la porte.

Il eut la surprise de voir entrer Narcisse Habert, parti depuis trois jours à Florence, une de ces fugues où se plaisait la flânerie d'art du jeune attaché d'ambassade. Tout de suite Narcisse s'excusa de son brusque envahissement.

— Voici vos bagages, je sais que vous partez ce soir, je n'ai pas voulu vous laisser quitter Rome sans vous serrer la main... Et que d'épouvantables choses, depuis que nous nous sommes vus! Je ne suis revenu que cette après-midi, je n'ai pu assister au convoi de ce matin. Mais vous devez penser quel a été mon saisissement, lorsque j'ai appris ces deux morts affreuses.

Il le questionna, il se doutait de quelque drame inavoué, en homme qui connaissait la sombre Rome légendaire. D'ailleurs, il n'insista pas, bien trop prudent, au fond, pour se charger inutilement de secrets redoutables. Il se contenta de s'enthousiasmer sur ce que le prêtre lui dit des deux amants, enlacés aux bras l'un de l'autre, d'une beauté surhumaine dans la mort. Et il se fâcha de ce que personne n'en avait pris un dessin.

— Mais vous-même, mon cher! Ça ne fait rien que vous ne sachiez pas dessiner. Vous y auriez mis votre ingénuité, vous auriez peut-être laissé un chef-d'œuvre.

Puis, se calmant :

— Ah! cette pauvre contessina, ce pauvre prince! N'importe, voyez-vous, tout peut crouler dans ce pays, ils ont eu la beauté, et la beauté reste indestructible!

Pierre fut frappé du mot. Et ils causèrent longuement de l'Italie, de Rome, de Naples, de Florence. Ah! Florence, répétait languissamment Narcisse. Il avait allumé une cigarette, sa parole se faisait plus lente, tandis qu'il promenait les regards autour de la chambre.

— Vous étiez bien ici, dans un grand calme. Jamais encore je n'étais monté à cet étage.

Ses yeux continuaient à errer sur les murs, lorsqu'ils furent arrêtés par la toile ancienne, que la lampe éclairait. Un instant, il battit des paupières, l'air surpris. Et, tout d'un coup, il se leva, il s'approcha.

— Quoi donc? quoi donc? mais c'est très bien, mais c'est très beau, ça!

— N'est-ce pas? dit Pierre. Je ne m'y connais point, je n'en ai pas moins été remué dès le premier jour, et que de fois j'ai été retenu là, le cœur battant et gonflé de choses indicibles!

Narcisse ne parlait plus, examinait de près la peinture, avec le soin d'un connaisseur, d'un expert dont le coup d'œil tranchant décide de l'authenticité, fixe la valeur marchande. La plus extraordinaire des joies se peignit sur sa face blonde et pâmée, tandis que ses doigts étaient pris d'un petit tremblement.

— C'est un Botticelli! c'est un Botticelli! Il n'y a pas un doute à avoir... Voyez les mains, voyez les plis de la draperie. Et ce ton de la chevelure, et ce faire, cet envolement de toute la composition... Un Botticelli, ah! mon Dieu, un Botticelli!

Il défaillait, il était débordé par une admiration croissante, à mesure qu'il pénétrait dans ce sujet si simple et si poignant. Est-ce que cela n'était pas d'un modernisme aigu? L'artiste avait prévu tout notre siècle douloureux, nos inquiétudes devant l'invisible, notre détresse de ne pouvoir franchir la porte du mystère, à jamais close. Et quel symbole éternel de la misère du monde, cette femme dont on ne voyait pas le visage et qui sanglotait éperdument, sans qu'on pût essuyer ses larmes! Un Botticelli inconnu, un Botticelli de cette qualité absent de tous les catalogues, quelle trouvaille!

Il s'interrompit pour demander :

— Vous saviez que c'était un Botticelli?

— Ma foi, non! J'ai interrogé un jour don Vigilio, mais il a paru faire peu de cas de cette peinture. Et Victorine, à qui j'en ai parlé également, m'a répondu que toutes ces vieilleries, ce n'étaient que des nids à poussière.

Stupéfait, Narcisse se récria.

— Comment! dans cette maison, ils ont un Botticelli sans le savoir! Ah! que je reconnais bien là mes princes romains, incapables la plupart de se reconnaître parmi leurs chefs-d'œuvre, si l'on n'a pas collé des étiquettes dessus!... Un Botticelli qui a un peu souffert sans doute, mais dont un simple nettoyage ferait une merveille, une toile fameuse, que je crois estimer trop bas en disant qu'un musée la payerait...

Brusquement, il se tut, il ne dit pas le chiffre, achevant la phrase d'un geste vague. La soirée s'avançait, et comme Victorine entrait, suivie de Giacomo, pour mettre le couvert sur la petite table, il tourna le dos au Botticelli, il n'en souffla plus mot. Mais Pierre, dont l'attention était éveillée, devinait tout le travail qui se faisait au fond de lui, en le trouvant maintenant si froid, avec ses yeux mauves devenus d'un bleu d'acier. Il n'ignorait plus que, sous le garçon angélique, sous le Florentin d'emprunt, il y avait un gaillard rompu aux affaires, menant admirablement sa fortune, un peu avare même, disait-on. Et il eut un sourire, lorsqu'il le vit se planter devant l'affreuse Vierge, une mauvaise copie d'une toile du dix-huitième siècle, pendue à côté du chef-d'œuvre, en s'écriant :

— Tiens! ce n'est pas mal du tout! Et moi qu'un ami a chargé de lui acheter quelques vieux tableaux... Dites donc, Victorine, maintenant que voilà donna Serafina et le cardinal seuls, croyez-vous qu'ils se débarrasseraient volontiers de certaines toiles sans valeur?

La servante leva les deux bras, comme pour dire que, si ça dépendait d'elle, on pouvait bien tout emporter.

— Oh! monsieur, à un marchand, non! à cause des vilains bruits qui courraient tout de suite; mais à un ami, je suis certaine qu'ils seraient heureux de faire ce plaisir. La maison est lourde, l'argent y serait le bienvenu.

Vainement, Pierre tenta de retenir Narcisse à souper avec lui. Le jeune homme donna sa parole d'honneur qu'il était attendu. Même il s'était mis en retard. Et il se sauva, après avoir serré les deux mains du prêtre, en lui souhaitant affectueusement un bon voyage.

Huit heures sonnaient. Dès qu'il fut seul, Pierre s'assit devant la petite table, et Victorine resta là, à le servir, après avoir renvoyé Giacomo, qui avait monté la vaisselle et les plats, dans un panier.

— Ils me font bouillir, les gens d'ici, avec leur lenteur, dit-elle. Et puis, monsieur l'abbé, c'est un plaisir pour moi que de vous servir votre dernier repas. Vous voyez, je vous ai fait faire un petit dîner à la française, une sole au gratin et un poulet rôti.

Il fut touché de son attention, heureux d'avoir pour compagne cette compatriote, pendant qu'il mangeait, au milieu de l'énorme silence du vieux palais noir et désert. Elle avait encore sur elle, en toute sa personne grasse et ronde, la tristesse de son deuil, la perte douloureuse de sa chère Dessina. Mais, déjà, sa besogne quotidienne qui l'avait reprise, son servage accepté la redressait, lui rendait son activité alerte, dans son humilité de pauvre fille, résignée aux pires catastrophes de ce monde. Et elle causait presque gaiement, tout en lui passant les plats.

— Dire, monsieur l'abbé, qu'après-demain matin vous serez à Paris! Moi, vous savez, il me semble que j'ai quitté Auneau hier. Ah! c'est la terre qui est belle par là, une terre grasse, jaune comme de l'or, oui! pas de leur terre maigre d'ici, qui sent le soufre. Et les saules si frais, si gentils, au bord de notre ruisseau! et le petit bois où il y a tant de mousse! Ils n'en ont pas, ils n'ont que des arbres en fer-blanc, sous leur bête de soleil qui rôtit les herbes. Mon Dieu! dans les premiers temps, j'aurais donné je ne sais quoi pour une bonne pluie qui me trempât, me nettoyât de leur sale poussière. Aujourd'hui encore, le cœur me bat, dès que je songe aux jolies matinées de chez nous, quand il a plu la veille et que toute la campagne est si douce, si agréable, comme si elle se mettait à rire après avoir pleuré... Non, non! jamais je ne m'y ferai, à leur satanée Rome! Quelles gens, quel pays!

Il s'égayait de son obstination fidèle à son terroir, qui, après vingt-cinq ans de séjour, la laissait impénétrable, étrangère, ayant l'horreur de cette ville de lumière dure et de végétation noire, en fille d'une aimable contrée tempérée, souriante, baignée au matin de brumes roses. Lui-même ne pouvait se dire, sans une émotion vive, qu'il allait retrouver les bords attendris et délicieux de la Seine.

— Mais, demanda-t-il, maintenant que votre jeune maîtresse n'est plus, qui vous retient ici, pourquoi ne prenez-vous pas le train avec moi?

Elle le regarda, pleine de surprise.

— Moi, m'en aller avec vous, retourner là-haut!... Oh! non, monsieur l'abbé, c'est impossible. Ce serait trop d'ingratitude d'abord, parce que donna Serafina est habituée à moi et que j'agirais très mal en les abandonnant, elle et Son Éminence, quand ils sont dans la peine. Et puis, que voulez-vous que je fasse ailleurs? Moi, maintenant, mon trou est ici.

— Alors, vous ne verrez plus Auneau, jamais!

— Non, jamais, c'est certain.

— Et ça ne vous fera rien d'être enterrée ici, de dormir dans cette terre qui sent le soufre?

Elle se mit à rire franchement.

— Oh! quand je serai morte, ça m'est égal d'être n'importe où!... On est bien partout pour dormir, allez, monsieur l'abbé! Et c'est drôle que ça vous inquiète tant, ce qu'il y a, quand on est mort. Il n'y a rien, pardi! Ce qui me rassure, ce qui m'amuse, moi, c'est de me dire que ce sera fini pour toujours et que je me reposerai. Le bon

Dieu nous doit bien ça, à nous autres qui aurons tant travaillé... Vous savez que je ne suis pas une dévote, oh! non. Mais ça ne m'a pas empêchée de me conduire honnêtement, et c'est si vrai que, telle que vous me voyez, je n'ai jamais eu d'amoureux. Lorsqu'on dit cette chose-là, à mon âge, on a l'air bête. Tout de même, je la dis, parce que c'est la vérité pure.

Elle continuait de rire, en brave fille qui ne croyait pas aux curés et qui n'avait pas un péché sur la conscience. Et Pierre s'émerveillait une fois encore de ce simple courage à vivre, de ce grand bon sens pratique, chez cette laborieuse si dévouée, qui incarnait pour lui le menu peuple incroyant de France, ceux qui ne croyaient plus, qui ne croiraient jamais plus. Ah! être comme elle, faire sa tâche et se coucher pour l'éternel sommeil, sans révolte de l'orgueil, dans l'unique joie de sa part de besogne accomplie!

— Alors, Victorine, si je passe jamais par Auneau, je dirai bonjour pour vous au petit bois plein de mousse?

— C'est ça, monsieur l'abbé, dites-lui qu'il est dans mon cœur et que je l'y vois reverdir tous les jours.

Pierre ayant fini de souper, elle fit emporter la desserte par Giacomo. Puis, comme il n'était que huit heures et demie, elle conseilla au prêtre de passer bien tranquillement une heure encore dans sa chambre. A quoi bon aller se glacer trop tôt à la gare? A neuf heures et demie, elle enverrait chercher un fiacre; et, dès que cette voiture serait en bas, elle monterait le prévenir, elle ferait descendre ses bagages. Donc, il pouvait être bien tranquille, il n'avait plus à s'inquiéter de rien.

Quand elle s'en fut allée et que Pierre se trouva seul, il éprouva en effet un sentiment de vide, de détachement extraordinaire. Ses bagages, sa valise et sa petite caisse, étaient par terre, dans un coin de la chambre. Et quelle chambre muette, vague, morte, qui lui apparaissait déjà comme étrangère ! Il ne lui restait qu'à partir, il était parti. Rome autour de lui n'était plus qu'une image, celle qu'il allait emporter dans sa mémoire. Une heure encore, cela lui semblait d'une longueur démesurée. Sous lui, le vieux palais noir et désert dormait dans l'anéantissement de son silence. Il s'était assis pour patienter, il tomba à une rêverie profonde.

Ce fut son livre qui s'évoqua, *la Rome nouvelle*, tel qu'il l'avait écrit, tel qu'il était venu le défendre. Et il se rappela sa première matinée sur le Janicule, au bord de la terrasse de San Pietro in Montorio, en face de la Rome qu'il rêvait, si rajeunie, si douce d'enfance, sous le grand ciel pur, comme envolée dans la fraîcheur du matin. Là, il s'était posé la question décisive : le catholicisme pouvait-il se renouveler, retourner à l'esprit du christianisme primitif, être la religion de la démocratie, la foi que le monde moderne bouleversé, en danger de mort, attend pour s'apaiser et vivre? Son cœur battait d'enthousiasme et d'espoir, il venait, à peine remis de son désastre de Lourdes, tenter là une autre expérience suprême, en demandant à Rome quelle serait sa réponse. Et, maintenant, l'expérience avait échoué, il connaissait la réponse que Rome lui avait faite par ses ruines, par ses monuments, par sa terre elle-même, par son peuple, par ses prélats, par ses cardinaux, par son pape. Non ! le catholicisme ne pouvait se renouveler, non ! il ne pouvait revenir à l'esprit du christianisme primitif, non ! il ne pouvait être la religion de la démocratie, la foi nouvelle qui sauverait les vieilles sociétés croulantes, en danger de mort. S'il semblait d'origine démocratique, il était cloué désormais à ce sol romain, roi quand même, forcé de s'entêter au pouvoir temporel sous peine de suicide, lié par la tradition, enchaîné par le dogme, n'évoluant qu'en apparence, réduit réellement à une telle immobilité, que, derrière la porte de bronze du Vatican, la papauté était la prisonnière, la revenante de dix-huit siècles d'atavisme, dans son rêve ininterrompu de la domination universelle. Où sa foi de prêtre, exalté par l'amour des souffrants et des pauvres, était venue chercher la vie, une résurrection de la communauté chrétienne, il avait trouvé la mort, la poussière d'un monde détruit, sans germination possible, une terre épuisée de laquelle ne pousserait jamais plus que cette papauté despotique, maîtresse des corps ainsi qu'elle était maîtresse des âmes. A son cri éperdu qui demandait une religion nouvelle, Rome s'était contentée de répondre en condamnant son livre, comme entaché d'hérésie, et lui-même l'avait retiré, dans l'amère douleur de sa désillusion. Il avait vu, il avait compris, tout s'était effondré. Et c'était lui, son âme et son cerveau, qui gisait parmi les décombres.

Pierre étouffa. Il quitta sa chaise, alla ouvrir toute grande la fenêtre qui donnait sur le Tibre, pour s'y accouder un instant. La pluie s'était remise à tomber vers le soir; mais, de nouveau, elle venait de cesser. Il faisait très doux, une douceur humide, oppressante. Dans le ciel d'un gris de cendre, la lune devait s'être levée, car on la sentait derrière les nuages, qu'elle éclairait d'une lumière jaune et louche, infiniment triste. Sous cette clarté dormante de veilleuse, le vaste horizon apparaissait noir, fantomatique, le Janicule en face, avec les maisons entassées du Transtévère, la coulée du fleuve là-bas, à gauche, vers la hauteur confuse du Palatin, tandis que le dôme de Saint-Pierre, à droite, détachait sa rondeur dominatrice au fond de l'air pâle. Il ne pouvait apercevoir le Quirinal, mais il le savait derrière lui, il se l'imaginait barrant un coin du ciel, avec sa façade interminable, dans cette nuit si mélancolique, d'un vague de songe. Et quelle Rome finissante, à demi mangée par l'ombre, différente de la Rome de jeunesse et de chimère qu'il avait vue et passionnément aimée, le premier jour, du sommet de ce Janicule, dont il distinguait si mal à cette heure la masse enténébrée ! Un autre souvenir s'éveilla, les trois points souverains, les trois sommets symboliques qui avaient, dès ce jour-là, résumé pour lui l'histoire séculaire de Rome, l'antique, la papale, l'italienne. Mais, si le Palatin était resté le même mont découronné où ne se dressait que le fantôme de l'ancêtre, Auguste empereur et pontife, maître du monde, il voyait avec d'autres yeux Saint-Pierre et le Quirinal, qui avaient comme changé de plans. Ce palais du roi qu'il négligeait alors, qui lui semblait une caserne plate et basse, ce gouvernement nouveau qui lui faisait l'effet d'un essai de modernité sacrilège sur une cité à part, il leur accordait maintenant, ainsi qu'il l'avait dit à Orlando, la place considérable, grandissante, qu'ils tenaient dans l'horizon, au point de l'emplir bientôt tout entier ; pendant que Saint-Pierre, ce dôme qu'il avait trouvé triomphal, couleur du ciel, régnant sur la ville en roi géant que rien ne pouvait ébranler, lui apparaissait à présent plein de lézardes, diminué déjà, d'une de ces vieillesses énormes dont la masse s'effondre parfois d'un seul coup, dans l'usure secrète, l'émiettement ignoré des charpentes.

Un murmure sourd, une plainte grondante montait du Tibre grossi, et Pierre frissonna, au souffle glacé de fosse qui lui passa sur la face. Cette idée des trois sommets, du triangle symbolique, éveillait en lui la longue souffrance du grand muet, du peuple des petits et des pauvres, dont le pape et le roi s'étaient toujours disputé la possession. Cela venait de loin, du jour où, dans le partage de l'héritage d'Auguste, l'empereur avait dû se contenter des corps, en laissant les âmes au pape, qui, dès ce moment, n'avait plus brûlé que du désir de reconquérir ce pouvoir temporel, dont on dépouillait Dieu en sa personne. La querelle avait bouleversé et ensanglanté tout le moyen âge, sans que ni l'Église ni l'Empire pussent s'entendre sur la proie qu'ils s'arrachaient par lambeaux. Enfin, le grand muet, las de vexations et de misère, voulut parler, secoua le joug du pape, aux temps de la Réforme, commença plus tard de renverser les rois, dans sa furieuse explosion de 89. Et l'extraordinaire aventure de la papauté était partie de là, comme Pierre l'avait écrit dans son livre, une fortune nouvelle qui permettait au pape de reprendre le rêve séculaire, le pape se désintéressant des trônes abattus, se remettant avec les misérables, espérant bien cette fois conquérir le peuple, l'avoir enfin tout à lui. N'était-ce pas prodigieux, ce Léon XIII dépouillé de son royaume, qui se laissait dire socialiste, qui rassemblait sous lui le troupeau des déshérités, qui marchait contre les rois, à la tête du quatrième État, auquel appartiendra le siècle prochain? L'éternelle lutte continuait aussi âpre pour cette possession du peuple, à Rome même, et dans l'espace le plus resserré, le Vatican en face du Quirinal, le pape et le roi pouvant se voir de leurs fenêtres, toujours se battant à qui aurait l'empire, ayant sous leurs yeux les toits roux de la vieille ville, cette menue population qu'ils en étaient encore à se disputer, comme le faucon et l'épervier se disputent les petits oiseaux des bois. Et c'était ici, pour Pierre, que le catholicisme se trouvait condamné, voué à une ruine fatale, parce que justement il était d'essence monarchique, à ce point que la papauté apostolique et romaine ne pouvait renoncer au pouvoir temporel, sous peine d'être autre chose et de disparaître. Vainement elle feignait un retour au peuple, vainement elle apparaissait tout âme, il n'y avait pas de place, au milieu de nos démocraties, pour la souveraineté totale et universelle qu'elle tenait de Dieu. Toujours il voyait l'imperator repousser dans le pontife, et c'était là surtout ce qui avait tué son rêve, détruit son livre, amassé le tas de décombres, devant lequel il restait éperdu, sans force ni courage.

Cette Rome noyée de cendre, dont les édifices s'effaçaient, finit par lui serrer tellement le cœur, qu'il revint tomber sur la chaise, près de ses bagages. Jamais encore il n'avait éprouvé une pareille détresse, il lui sembla que c'était la fin de son âme. Il se rappelait comment ce voyage à Rome, cette expérience nouvelle s'était posée pour lui, à la suite de son désastre de Lourdes. Il n'y était plus venu demander la foi naïve et entière du petit enfant, mais la foi supérieure de l'intellectuel, s'élevant au-dessus des rites et des symboles, travaillant au plus grand bonheur possible de l'humanité, basé sur son besoin de certitude. Et si cela croulait, si le catholicisme rajeuni ne pouvait être la religion, la loi morale du nouveau peuple, si le pape à Rome, avec Rome, n'était pas le Père, l'arche d'alliance, le chef spirituel écouté, obéi, c'était à ses yeux le naufrage de l'espérance dernière, un suprême craquement où les sociétés actuelles s'abîmaient. La trop longue souffrance des pauvres allait incendier le monde. Tout cet échafaudage du socialisme catholique, qui lui avait semblé si heureux, si triomphant, pour consolider la vieille Église, il le voyait par terre à cette heure, il le jugeait sévèrement comme un simple expédient transitoire qui, pendant des années, pourrait peut-être étayer l'édifice en ruine; mais ces choses n'étaient construites que sur un malentendu volontaire, sur un mensonge habile, sur de la diplomatie et de la politique. Non, non! le peuple encore gagné et dupé, caressé pour être asservi, cela répugnait à la raison, et tout le système apparaissait bâtard, dangereux, temporaire, fait pour aboutir à de pires catastrophes. Alors, c'était donc la fin, rien ne restait debout, le vieux monde devait disparaître, dans l'effroyable crise sanglante dont des signes certains annonçaient l'approche. Et lui, devant ce chaos, n'avait plus d'âme, ayant de nouveau perdu sa foi, dans cette expérience qu'il avait sentie décisive, convaincu à l'avance d'en sortir raffermi ou foudroyé à jamais. C'était la foudre qui était tombée. Maintenant, grand Dieu ! qu'allait-il faire ?

Son angoisse l'étreignit si rudement, que Pierre se leva, se mit à marcher par la chambre, en quête d'un peu de calme. Grand Dieu ! que faire, à présent qu'il était rendu au doute immense, à la négation douloureuse, et que jamais sa soutane n'avait pesé si lourd à ses épaules ? Il se souvenait de son cri, quand il refusait de se soumettre, disant à monsignor Nani que son âme ne pouvait se résigner, que son espoir du salut par l'amour ne pouvait mourir, et qu'il répondrait par un autre livre, et qu'il dirait dans quelle terre neuve devait pousser la religion nouvelle. Oui, un livre enflammé contre Rome, où il mettrait tout ce qu'il avait vu, tout ce qu'il avait entendu, un livre où serait la Rome vraie, la Rome sans charité, sans amour, en train d'agoniser dans l'orgueil de sa pourpre ! Il voulait repartir pour Paris, sortir de l'Église, aller jusqu'au schisme. Eh bien ! ses bagages étaient là, il partait, il écrirait le livre, il serait le grand schismatique attendu. Ah ! le schisme, est-ce que tout ne l'annonçait pas ? Est-ce qu'il ne semblait pas imminent, au milieu du prodigieux mouvement des esprits, las des vieux dogmes, affamés pourtant du divin ? Léon XIII en avait bien la sourde conscience, car toute sa politique, son effort vers l'unité chrétienne, sa tendresse pour la démocratie, n'avait pas d'autre but que de grouper la famille autour de la papauté, de l'élargir et de la consolider, afin de rendre le pape invincible dans la lutte prochaine. Mais les temps étaient venus, le catholicisme allait bientôt se trouver à bout de concessions politiques, incapable de céder davantage sans en mourir, immobilisé à Rome, tel qu'une vieille idole hiératique, tandis qu'il pouvait évoluer ailleurs, dans ces pays de propagande où il se trouvait en lutte avec les autres religions. C'était bien pour cela que Rome était condamnée, d'autant plus que l'abolition du pouvoir temporel, en habituant l'esprit à l'idée d'un pape purement spirituel, dégagé du sol, semblait devoir favoriser l'avènement d'un antipape, au loin, pendant que le successeur de saint Pierre serait forcé de s'entêter dans sa fiction impériale et romaine. Un évêque, un prêtre était à la veille de se lever, où, qui aurait pu le dire? Peut-être là-bas, dans cette Amérique si libre, parmi ces prêtres dont les nécessités de la lutte pour la vie ont fait des socialistes convaincus, des démocrates ardents, prêts à marcher avec le siècle prochain. Et, pendant que Rome ne pourra rien lâcher de son passé, des mystères ni des dogmes, ce prêtre abandonnera de ces choses tout ce qui tombe de soi-même en poudre. Être ce prêtre, ce grand réformateur, ce sauveur des sociétés modernes, quel rêve énorme, quel rôle de messie espéré, appelé par les peuples en détresse! Un instant, Pierre en fut affolé, un vent d'espérance et de triomphe le soulevait, l'emportait; et si ce n'était en France, à Paris, ce serait donc plus loin, là-bas, de l'autre côté de l'Océan, ou plus loin encore, n'importe où dans le monde, sur une terre assez féconde pour que la semence nouvelle poussât en une débordante moisson. Une religion nouvelle, une religion nouvelle! comme il l'avait crié après Lourdes, une religion qui ne fût surtout pas un appétit de la mort! une religion qui réalisât enfin ici-bas le Royaume de Dieu dont parle l'Évangile, qui partageât équitablement la richesse, qui fît régner, avec la loi du travail, la vérité et la justice!

Pierre, dans la fièvre de ce nouveau rêve, voyait déjà flamboyer devant lui les pages de son prochain livre, où il achèverait de détruire la vieille Rome en proclamant la loi du christianisme rajeuni et libérateur, lorsque ses yeux rencontrèrent un objet resté sur une chaise, dont la présence le surprit d'abord. C'était un livre aussi, le volume de Théophile Morin, que le vieil Orlando l'avait chargé de remettre à son auteur; et il fut fâché contre lui-même, quand il le reconnut, en se disant qu'il aurait pu fort bien l'oublier là. Avant de rouvrir sa valise pour l'y mettre, il le garda un instant, le feuilleta, les idées brusquement changées, comme si, tout d'un coup, un événement considérable s'était produit, un de ces faits décisifs qui révolutionnent un monde. L'œuvre était cependant des plus modestes, le classique manuel pour le baccalauréat, ne contenant guère que les éléments des sciences ; mais toutes les sciences y étaient représentées, il résumait assez bien l'état actuel des connaissances humaines. Et c'était en somme la science qui faisait irruption dans la rêverie de Pierre, soudainement, avec la masse, avec l'énergie irrésistible d'une force toute-puissante, souveraine. Non seulement le catholicisme en était balayé, tel qu'une poussière de ruines, mais toutes les conceptions religieuses, toutes les hypothèses du divin chancelaient, s'effondraient. Rien que cet abrégé scolaire, cet infiniment petit livre classique, rien même que le désir universel de savoir, cette instruction qui s'étend toujours, qui gagne le peuple entier, et les mystères devenaient absurdes, et les dogmes croulaient, et rien ne restait debout de l'antique foi. Un peuple nourri de science, qui ne croit plus aux mystères ni aux dogmes, au système compensateur des peines et des récompenses, est un peuple dont la foi est morte à jamais ; et, sans la foi, le catholicisme ne peut être. Là est le tranchant du couperet, le couteau qui tombe et qui tranche. S'il faut un siècle, s'il en faut deux, la science les prendra. Elle seule est éternelle. C'est une absurdité de dire que la raison n'est pas contraire à la foi et que la science doit être la servante de Dieu. Ce qui est vrai, c'est que, dès aujourd'hui, les Écritures sont ruinées et que, pour en sauver des fragments, il a fallu les accommoder avec les certitudes nouvelles, en se réfugiant dans le symbole. Et quelle extraordinaire attitude, l'Église défendant à quiconque découvre une vérité contraire aux livres saints, de se prononcer d'une façon définitive, dans l'attente que

cette vérité sera convaincue un jour d'être une erreur!
Le pape est seul infaillible, la science est faillible, on
exploite contre elle son continuel tâtonnement, on reste
aux aguets pour mettre ses découvertes d'aujourd'hui en
contradiction avec celles d'hier. Qu'importent, pour un
catholique, ses affirmations sacrilèges, qu'importent les
certitudes dont elle entame le dogme, puisqu'il est certain
qu'à la fin des temps la science et la foi se rejoindront, de
façon que celle-là sera redevenue à la lettre l'humble
esclave de celle-ci? N'était-ce pas prodigieux d'aveuglement volontaire et d'impudente carrure, niant jusqu'à la clarté du soleil? Et le petit livre infime, le manuel de vérité continuait son œuvre, en détruisant quand même l'erreur, en construisant la terre prochaine, comme les infiniment petits, les forces de la vie ont construit peu à peu les continents.

Dans la grande clarté brusque qui se faisait, Pierre enfin se sentait sur un terrain solide. Est-ce que la science a jamais reculé? C'est le catholicisme qui a sans cesse reculé devant elle et qui sera forcé de reculer sans cesse. Jamais elle ne s'arrête, elle conquiert pas à pas la vérité sur l'erreur, et dire qu'elle fait banqueroute parce qu'elle ne saurait expliquer le monde d'un coup, est simplement déraisonnable. Si elle laisse, si elle laissera toujours sans doute un domaine de plus en plus rétréci au mystère, et si une hypothèse pourra toujours essayer d'en donner l'explication, il n'en est pas moins vrai qu'elle ruine, qu'elle ruinera à chaque heure davantage les anciennes hypothèses, celles qui s'effondrent devant les vérités conquises. Et le catholicisme, qui est dans ce cas, y sera demain plus qu'aujourd'hui. Comme toutes les religions, il n'est au fond qu'une explication du monde, un code social et politique supérieur, destiné à faire régner toute la paix, tout le bonheur possible sur la terre. Ce code, qui embrasse l'universalité des choses, devient dès lors humain, mortel comme ce qui est humain. On

ne saurait le mettre à part, en disant qu'il existe par lui-
même d'un côté, tandis que la science existe de l'autre.
La science est totale, et elle le lui a bien fait voir déjà,
et elle le lui fera bien voir encore, en l'obligeant à réparer
les continuelles brèches qu'elle lui cause, jusqu'au jour
où elle le balayera, sous un dernier assaut de l'éclatante
vérité. Cela prête à rire de voir des gens assigner un rôle
à la science, lui défendre d'entrer sur tel domaine, lui
prédire qu'elle n'ira pas plus loin, déclarer qu'à la fin
de ce siècle, lasse déjà, elle abdique. Ah! petits hommes,
cervelles étroites ou mal bâties, politiques à expédients,
dogmatiques aux abois, autoritaires s'obstinant à refaire
les vieux rêves, la science passera et les emportera,
comme des feuilles sèches!

Et Pierre continuait à parcourir l'humble livre, écoutait ce qu'il lui disait de la science souveraine. Elle ne
peut faire banqueroute, car elle ne promet pas l'absolu,
elle qui est simplement la conquête successive de la
vérité. Jamais elle n'a affiché la prétention de donner,
d'un coup, la vérité totale, cette sorte de construction
étant précisément le fait de la métaphysique, de la révélation, de la foi. Le rôle de la science n'est au contraire
que de détruire l'erreur, à mesure qu'elle avance et
qu'elle augmente la clarté. Dès lors, loin de faire banqueroute, dans sa marche que rien n'arrête, elle demeure la
seule vérité possible, pour les cerveaux équilibrés et
sains. Quant à ceux qu'elle ne satisfait pas, à ceux qui
éprouvent l'éperdu besoin de la connaissance immédiate
et totale, ils ont la ressource de se réfugier dans n'importe
quelle hypothèse religieuse, à la condition pourtant, s'ils
veulent sembler avoir raison, de ne bâtir leur chimère
que sur les certitudes acquises. Tout ce qui est bâti sur
l'erreur prouvée, croule. Si le sentiment religieux persiste chez l'homme, si le besoin d'une religion reste
éternel, il ne s'ensuit pas que le catholicisme soit éternel,
car il n'est en somme qu'une forme religieuse, qui n'a pas

toujours existé, que d'autres formes religieuses ont précédée, et que d'autres suivront. Les religions peuvent disparaître, le sentiment religieux en créera de nouvelles, même avec la science. Et Pierre pensait à ce prétendu échec de la science, devant le réveil actuel du mysticisme, dont il avait indiqué les causes dans son livre : le déchet de l'idée de liberté parmi le peuple qu'on a dupé lors du dernier partage, le malaise de l'élite désespérée du vide où la laissent sa raison libérée, son intelligence élargie. C'est l'angoisse de l'inconnu qui renaît, mais ce n'est aussi qu'une réaction naturelle et momentanée, après tant de travail, à l'heure première où la science ne calme encore ni notre soif de justice, ni notre désir de sécurité, ni l'idée séculaire que nous nous faisons du bonheur, dans la survie, dans une éternité de jouissance. Pour que le catholicisme pût renaître, comme on l'annonce, il faudrait que le sol social fût changé, et il ne saurait changer, il n'a plus la sève nécessaire au renouveau d'une formule caduque, que les écoles et les laboratoires, chaque jour, tuent davantage. Le terrain est devenu autre, un autre chêne y grandira. Que la science ait donc sa religion, s'il doit en pousser une d'elle, car cette religion sera bientôt la seule possible, pour les démocraties de demain, pour les peuples de plus en plus instruits, chez qui la foi catholique n'est déjà que cendre !

Et Pierre, tout d'un coup, conclut, en songeant à l'imbécillité de la congrégation de l'Index. Elle avait frappé son livre, elle frapperait certainement le nouveau livre dont il venait d'avoir l'idée, s'il l'écrivait jamais. Une belle besogne en vérité ! de pauvres livres de rêveur enthousiaste, des chimères qui s'acharnaient sur des chimères ! Et elle avait la sottise de ne pas interdire le petit livre classique qu'il tenait là, entre ses mains, le seul redoutable, l'ennemi toujours triomphant qui renverserait sûrement l'Église ! Celui-ci avait beau être modeste, dans sa pauvre allure de manuel scolaire : le danger commençait à l'alphabet épelé par les bambins, et il croissait à mesure que les programmes se chargeaient de connaissances, il éclatait avec ces résumés des sciences physiques, chimiques et naturelles, qui ont remis en question la création du Dieu des Écritures. Mais le pis était que l'Index, déjà désarmé, n'osait pas supprimer ces humbles volumes, ces terribles soldats de la vérité, destructeurs de la foi. Qu'importait alors tout l'argent que Léon XIII prélevait sur son trésor caché du Denier de Saint-Pierre, afin d'en doter les écoles catholiques, dans la pensée d'y former la génération croyante de demain, dont la papauté avait besoin pour vaincre! qu'importait le don de cet argent précieux, s'il ne devait servir qu'à acheter ces volumes infimes et formidables, qu'on n'expurgerait jamais assez, qui contiendraient toujours trop de science, de cette science grandissante dont l'éclat finirait par faire sauter un jour le Vatican et Saint-Pierre! Ah! l'Index imbécile et vain, quelle misère et quelle dérision!

Puis, lorsque Pierre eut mis dans sa valise le livre de Théophile Morin, il revint s'accouder à la fenêtre, et là il eut une extraordinaire vision. Dans la nuit si douce et si triste, sous le ciel nuageux, jauni par la lune, couleur de rouille, des brumes flottantes s'étaient levées, qui cachaient en partie les toitures, derrière des lambeaux traînants, pareils à des suaires. Des monuments entiers avaient disparu de l'horizon. Et il s'imagina que les temps étaient accomplis, que la vérité venait de faire sauter le dôme de Saint-Pierre. Dans cent ans ou dans mille ans, il sera de la sorte, écroulé, rasé au fond du ciel noir. Déjà, il l'avait bien senti qui chancelait et se crevassait sous lui, le jour de fièvre où il y avait passé une heure, désespéré de voir de là-haut la Rome papale entêtée dans la pourpre des Césars, prévoyant dès lors que ce temple du Dieu catholique s'effondrerait, comme s'était effondré le temple de Jupiter, au Capitole. Et c'était fait, le dôme avait jonché le sol de ses débris, il ne restait plus debout,

avec un pan de l'abside, que cinq des colonnes de la nef
centrale, supportant encore un morceau de l'entablement.
Mais surtout les quatre piliers de la croisée, qui avaient
porté le dôme, les piliers cyclopéens se dressaient toujours, isolés et superbes, parmi les écroulements voisins,
l'air indestructible. Des brumes épaissies roulèrent leur
flot, mille années sans doute passèrent encore, et plus
rien ne resta. Maintenant, l'abside, les dernières colonnes,
les piliers géants eux-mêmes étaient abattus. Le vent en
avait emporté la poussière, il aurait fallu fouiller le sol,
pour retrouver sous les orties et les ronces, quelques
fragments de statues brisées, des marbres gravés d'inscriptions, sur le sens desquelles les savants ne pouvaient
s'entendre. Comme autrefois, au Capitole, parmi les décombres enfouis du temple de Jupiter, des chèvres grimpaient, se nourrissaient des buissons, dans la solitude,
dans le grand silence des lourds soleils d'été, empli du
seul bourdonnement des mouches.

Alors seulement, Pierre sentit en lui l'écroulement
suprême. C'était bien fini, la science était victorieuse, il
ne demeurait rien du vieux monde. Être le grand schismatique, le réformateur attendu, à quoi bon? N'était-ce
pas édifier un autre rêve? Seule, l'éternelle lutte de la
science contre l'inconnu, son enquête qui traquait, qui
réduisait sans cesse chez l'homme la soif du divin, lui
semblait importer à présent, le laissait dans l'attente de
savoir si elle triompherait jamais au point de suffire un
jour à l'humanité, en rassasiant tous ses besoins. Et, dans
le désastre de son enthousiasme d'apôtre, en face des
ruines qui comblaient son être, sa foi morte, son espoir
mort d'utiliser le vieux catholicisme pour le salut social
et moral, il n'était plus tenu debout que par la raison.
Elle avait fléchi un moment. S'il avait rêvé son livre, s'il
venait de traverser cette seconde et terrible crise, c'était
que le sentiment l'avait de nouveau chez lui emporté sur
la raison. Sa mère s'était mise à pleurer en son cœur, devant

la souffrance des misérables, dans l'irrésistible désir
de les soulager, afin de conjurer les prochains massacres ; et son besoin de charité lui avait ainsi fait perdre
les scrupules de son intelligence. Maintenant, il entendait la voix de son père, la raison haute, la raison âpre,
la raison qui avait pu s'éclipser, mais qui revenait souveraine. Comme après Lourdes, il protestait contre la glorification de l'absurde et la déchéance du sens commun,
il était la raison. Elle seule le faisait marcher droit et
solide, parmi les débris des croyances anciennes, même
au milieu des obscurités et des avortements de la science.
Ah! la raison, il ne souffrait que par elle, il ne se contentait que par elle, il jurait de la satisfaire toujours
davantage, comme la maîtresse unique, quitte à y laisser
le bonheur!

Ce qu'il fallait faire? il aurait vainement, à cette heure,
tâché de le savoir. Tout restait en suspens, il avait devant
lui l'immense monde, encore encombré des ruines du
passé, débarrassé demain peut-être. Là-bas, dans le faubourg douloureux, il allait retrouver le bon abbé Rose,
qui, la veille encore, lui avait écrit de revenir, de revenir
bien vite soigner ses pauvres, les aimer, les sauver,
puisque cette Rome, si resplendissante de loin, était
sourde à la charité. Et, autour du bon prêtre paisible, il
retrouverait aussi le flot toujours croissant des misérables,
les petits tombés des nids, qu'il ramassait pâles de faim,
grelottant de froid, les ménages d'épouvantable détresse,
où le père boit, où la mère se prostitue, où les fils et les
filles tombent au vice et au crime, les maisons entières
à travers lesquelles la famine soufflait, la saleté la plus
basse, la promiscuité la plus honteuse, pas de meubles,
pas de linge, une vie de bête qui se contente et se soulage
comme elle peut, au hasard de l'instinct et de la rencontre. Puis, ce seraient encore les coups de froid de
l'hiver, les désastres du chômage, des rafales de phtisie
emportant les faibles, tandis que les forts serreraient les

poings, en rêvant de vengeance. Puis, un soir, il rentrerait peut-être dans quelque chambre d'épouvante, où une mère se serait tuée avec ses cinq petits, son dernier-né entre les bras, à sa mamelle vide, les autres épars sur le carreau nu, heureux enfin et rassasiés d'être morts. Non, non! cela n'était plus possible, la misère noire aboutissant au suicide, au milieu de ce grand Paris regorgeant de richesses, ivre de jouissances, jetant pour le plaisir les millions à la rue! L'édifice social était pourri à la base, tout croulait dans la boue et dans le sang. Jamais il n'avait senti à ce point l'inutilité dérisoire de la charité. Et, tout d'un coup, il eut conscience que le mot attendu, le mot qui jaillissait enfin du grand muet séculaire, du peuple écrasé et bâillonné, était le mot de justice. Ah! oui, justice, et non plus charité! La charité n'avait fait qu'éterniser la misère, la justice la guérirait peut-être. C'était de justice que les misérables avaient faim, un acte de justice pouvait seul balayer l'ancien monde, pour reconstruire le nouveau. Le grand muet ne serait ni au Vatican ni au Quirinal, ni au pape ni au roi, car il n'avait sourdement grondé au travers des âges, dans sa longue lutte, tantôt mystérieuse, tantôt ouverte, il ne s'était débattu entre le pontife et l'empereur, qui chacun le voulait à lui seul, que pour se reprendre, pour dire sa volonté de n'être à personne, le jour où il crierait justice. Demain allait-il donc être enfin ce jour de justice et de vérité? Au milieu de son angoisse, partagé entre le besoin du divin qui tourmente l'homme, et la souveraineté de la raison, qui l'aide à vivre debout, Pierre n'était sûr que de tenir son serment, prêtre sans croyance veillant sur la croyance des autres, faisant chastement, honnêtement son métier, dans la tristesse hautaine de n'avoir pu renoncer à son intelligence, comme il avait renoncé à sa chair d'amoureux et à son rêve de sauveur des peuples. Et, de nouveau, de même qu'après Lourdes, il attendrait.

Mais, à cette fenêtre, en face de cette Rome envahie d'ombre, submergée sous les brumes dont le flot semblait en raser les édifices, ses réflexions étaient devenues si profondes, qu'il n'entendit pas une voix qui l'appelait. Il fallut qu'une main le touchât à l'épaule.

— Monsieur l'abbé, monsieur l'abbé...

Et, comme il se tournait enfin, Victorine lui dit :

— Il est neuf heures et demie. Le fiacre est en bas, Giacomo a déjà descendu les bagages... Il faut partir, monsieur l'abbé.

Puis, le voyant battre des paupières, effaré encore, elle eut un sourire.

— Vous faisiez vos adieux à Rome. Un bien vilain ciel.

— Oui, bien vilain, dit-il simplement.

Alors, ils descendirent. Il lui avait remis un billet de cent francs, pour qu'elle le partageât avec les domestiques. Et elle s'était excusée de prendre la lampe et de le précéder, parce que, expliquait-elle, on y voyait à peine clair, tant le palais était noir, cette nuit-là.

Ah! ce départ, cette descente dernière, au travers du palais noir et vide, Pierre en eut le cœur bouleversé! Il avait donné, autour de sa chambre, ce coup d'œil d'adieu qui le désespérait toujours, qui laissait là un peu de son âme arrachée, même quand il quittait une pièce où il avait souffert. Puis, devant la chambre de don Vigilio, d'où ne sortait qu'un silence frissonnant, il se l'imagina la tête au fond de l'oreiller, retenant son souffle, de peur que son souffle ne parlât encore, ne lui attirât des vengeances. Mais ce fut surtout, sur les paliers du second étage et du premier, en face des portes closes de donna Serafina et du cardinal, qu'il frémit de ne rien entendre, pas même un souffle, comme s'il passait devant des tombes. Depuis leur rentrée du convoi, ils n'avaient pas donné signe de vie, enfermés, disparus, immobilisant avec eux la maison entière, sans qu'on pût y surprendre le chuchotement d'une conversation, le pas perdu d'un serviteur. Et Victorine descendait toujours, la lampe à la main, et Pierre la suivait, songeant à ces deux qui restaient seuls, dans le palais en ruine, les derniers d'un monde à demi écroulé, au seuil du monde nouveau. Dario et Benedetta venaient d'emporter tout espoir de vie, il n'y avait plus là que la vieille fille et le prêtre infécond, sans résurrection possible. Ah! ces couloirs interminables d'une ombre lugubre, cet escalier froid et gigantesque qui semblait descendre au néant, ces salles immenses dont les murs se lézardaient de pauvreté et d'abandon! et la cour intérieure, pareille à un cimetière, avec son herbe, avec son portique humide où pourrissaient des torses de Vénus et d'Apollon! et le petit jardin désert, embaumé par les oranges mûres, dans lequel personne n'irait plus, maintenant qu'il n'y rencontrerait plus la contessina adorable, sous le laurier, près du sarcophage! Tout cela s'anéantissait dans l'abominable deuil, dans le silence de mort, où les deux derniers Boccanera n'avaient plus qu'à attendre, en leur grandeur farouche, que leur palais, ainsi que leur Dieu, s'effondrât sur leurs têtes. Et Pierre ne percevait rien autre chose qu'un bruit très léger, un trot de souris sans doute, les dents d'un rongeur peut-être, l'abbé Paparelli en train quelque part, au fond des pièces perdues, d'émietter les murailles, de manger sans fin la vieille demeure à la base, pour en hâter l'écroulement.

Le fiacre stationnait devant la porte, avec ses deux lanternes dont les deux rayons jaunes trouaient l'obscurité de la rue. Les bagages y étaient chargés déjà, la petite caisse près du cocher, la valise sur la banquette. Et le prêtre monta tout de suite.

— Oh! vous avez le temps, dit Victorine, restée debout sur le trottoir. Rien ne vous manque, je suis contente de voir que vous partez à l'aise.

A cette minute dernière, il fut réconforté d'avoir là

cette compatriote, cette bonne âme, qui l'avait accueilli, le jour de l'arrivée, et qui le saluait, au départ.

— Je ne vous dis pas au revoir, monsieur l'abbé, car je ne crois pas que vous reviendrez de sitôt dans leur satanée ville... Adieu, monsieur l'abbé.

— Adieu, Victorine. Et merci bien, de tout mon cœur.

Déjà, la voiture partait, au trot vif du cheval, tournait dans les rues étroites et tortueuses qui mènent au cours Victor-Emmanuel. Il ne pleuvait pas, la capote n'avait pas été relevée; mais l'air humide avait beau être doux, le prêtre se sentit tout de suite pris de froid, sans vouloir perdre le temps à faire arrêter le cocher, un silencieux, celui-ci, qui semblait n'avoir que la hâte de se débarrasser de son voyageur.

Et, lorsque Pierre déboucha sur le cours Victor-Emmanuel, il fut surpris de le trouver déjà si désert, à cette heure peu avancée de la nuit, les maisons barricadées, les trottoirs vides, les lampes électriques brûlant seules dans la mélancolique solitude. A la vérité, il ne faisait guère chaud, et le brouillard paraissait grandir, noyait de plus en plus les façades. Quand il passa devant la Chancellerie, il lui sembla que le sévère et colossal monument se reculait, s'évanouissait dans un rêve. Et, plus loin, à droite, au bout de la rue d'Aracœli étoilée de rares becs de gaz fumeux, le Capitole avait sombré en pleines ténèbres. Puis, le large cours se resserra, la voiture fila entre les deux masses sombres, écrasantes, du Gesù obscur et du lourd palais Altieri; et ce fut dans ce couloir étranglé, où par les beaux soleils eux-mêmes tombait toute l'humidité des temps anciens, qu'il s'abandonna à une songerie nouvelle, la chair et l'âme envahies d'un frisson.

Brusquement, le réveil se faisait en lui de cette pensée, dont il avait eu parfois l'inquiétude, que l'humanité, partie là-bas de l'Asie, avait toujours marché dans le sens du soleil. Un vent d'est avait toujours soufflé, emportant à l'ouest la semence humaine, pour les moissons futures.

Et, depuis longtemps déjà, le berceau était frappé de destruction et de mort, comme si les peuples ne pouvaient avancer que par étapes, laissant derrière eux le sol épuisé, les villes détruites, les populations décimées et abâtardies, à mesure qu'ils marchaient du levant au couchant, vers le but ignoré. C'étaient Ninive et Babylone sur les bords de l'Euphrate, c'étaient Thèbes et Memphis sur les bords du Nil, réduites en poudre, tombées de vieillesse et de lassitude à un engourdissement mortel, sans qu'un réveil fût possible. Puis, de là, cette décrépitude avait gagné les bords du grand lac méditerranéen, ensevelissant dans la poussière de l'âge Tyr et Sidon, allant plus loin encore endormir Carthage, frappée de sénilité en pleine splendeur. Cette humanité en marche, que la force cachée des civilisations roulait ainsi de l'orient à l'occident, marquait ses journées de route par des ruines, et quelle effrayante stérilité aujourd'hui que celle de ce berceau de l'Histoire, cette Asie, cette Égypte, retournées au bégayement de l'enfance, immobilisées dans l'ignorance et dans la caducité, sur les décombres des antiques capitales, jadis maîtresses du monde !

Au passage, à travers sa songerie, Pierre eut conscience que le palais de Venise, noyé de nuit, semblait crouler sous quelque assaut de l'invisible. La brume en avait entamé les créneaux, et les hautes murailles nues, si redoutables, fléchissaient sous la poussée de l'obscurité croissante. Puis, après la trouée profonde du Corso, à gauche, désert lui aussi dans l'éclat blafard des lampes électriques, le palais Torlonia apparut sur la droite, avec son aile éventrée par la pioche des démolisseurs; tandis que, de nouveau sur la gauche, plus haut, le palais Colonna allongeait sa façade morne, ses fenêtres closes, comme si, déserté par ses maîtres, déménagé de son ancien faste, il attendait les démolisseurs à son tour.

Alors, au roulement ralenti de la voiture, qui commençait à gravir la montée de la rue Nationale, la rêverie continua. Est-ce que Rome n'était pas atteinte, est-ce que son heure n'était pas venue de disparaître, dans cette destruction que les peuples en marche laissaient continuellement derrière eux? La Grèce, Athènes et Sparte s'ensommeillaient sous leurs glorieux souvenirs, ne comptaient plus dans le monde d'aujourd'hui. Tout le bas de la péninsule italique était déjà gagné par la paralysie montante. Et, en même temps que Naples, c'était bien le tour de Rome désormais. Elle se trouvait à la limite de la contagion, à cette marge de la tache de mort qui s'étend sans cesse sur le vieux continent, cette marge où l'agonie se déclare, où la terre appauvrie ne veut plus nourrir ni supporter des villes, où les hommes eux-mêmes semblent frappés de vieillesse dès la naissance. Depuis deux siècles, Rome allait en déclinant, s'éliminait peu à peu de la vie moderne, sans industrie, sans commerce, incapable même de science, de littérature et d'art. Et ce n'était plus seulement la basilique de Saint-Pierre, qui s'effondrait, qui semait l'herbe de ses débris, comme autrefois le temple de Jupiter Capitolin. Dans la rêverie noire et douloureuse, c'était Rome entière qui croulait en un suprême craquement, qui couvrait les sept collines du chaos de ses ruines, les églises, les palais, les quartiers entiers disparus, dormant sous les orties et les ronces. Comme Ninive et Babylone, comme Thèbes et Memphis, Rome n'était plus qu'une plaine rase, bossuée par des décombres, au milieu desquels on cherchait vainement à reconnaître la place des anciens édifices, et qu'habitaient seuls des nœuds de serpents et des bandes de rats.

La voiture tournait, et Pierre reconnut, à droite, dans un trou énorme de nuit entassée, la colonne Trajane. Mais, à cette heure, elle se dressait noire, telle que le tronc mort d'un arbre géant, dont le grand âge aurait abattu les branches. Et, plus haut, en traversant la place triangulaire, lorsqu'il leva les yeux, l'arbre réel qu'il distingua sur le ciel de plomb, le pin parasol de la villa Aldobrandini, qui était là comme la grâce et la fierté de Rome, ne fut désormais pour lui qu'une salissure, le petit nuage de poussière charbonneuse qui montait du total écroulement de la ville.

Une épouvante le prenait maintenant, au bout de ce rêve tragique, dans sa fraternité inquiète. Et, lorsque l'engourdissement qui monte à travers le monde vieilli aurait dépassé Rome, lorsque la Lombardie serait prise, que Gênes, et Turin, et Milan, s'endormiraient comme Venise déjà s'endort, ce serait donc ensuite le tour de la France ! Les Alpes seraient franchies, Marseille verrait ses ports comblés par le sable, comme ceux de Tyr et de Sidon, Lyon tomberait à la solitude et au sommeil, Paris enfin, envahi par l'invincible torpeur, changé en un champ de pierres stérile, hérissé de chardons, rejoindrait dans la mort Rome, et Ninive, et Babylone, tandis que les peuples continueraient leur marche du levant au couchant, avec l'éternel soleil. Un grand cri traversa l'ombre, le cri de mort des races latines. L'Histoire, qui semblait être née dans le bassin de la Méditerranée, se déplaçait, et l'Océan aujourd'hui devenait le centre du monde. Où en était-on de la journée humaine ? Partie de là-bas, du berceau, au lever de l'aube, l'humanité, d'étape en étape, semant sa route de ses ruines, se trouvait-elle à la moitié du jour, lorsque midi flamboie ? C'était alors l'autre moitié des temps qui commençait, le nouveau monde après l'ancien, ces villes d'Amérique où s'ébauchait la démocratie, où poussait la religion de demain, les reines souveraines du prochain siècle, avec, là-bas, au delà d'un autre Océan, en revenant vers le berceau, sur l'autre face de la terre, l'Extrême-Orient immobile, la Chine et le Japon mystérieux, tout le pullulement menaçant de la race jaune.

Mais, à mesure que le fiacre gravissait la rue Nationale, Pierre sentait son cauchemar se dissiper. Un air plus léger soufflait, il rentrait dans plus d'espérance et de courage. La Banque, cependant, avec sa laideur neuve, son énormité crayeuse encore, lui fit l'effet d'un fantôme promenant son linceul dans la nuit; tandis qu'en haut des jardins confus, le Quirinal n'était qu'une ligne noire, barrant le ciel. Seulement, la rue montait, s'élargissait toujours, et sur le sommet du Viminal enfin, sur la place des Thermes, lorsqu'il passa devant les ruines de Dioclétien, il respira à pleins poumons. Non, non! la journée humaine ne pouvait finir, elle était éternelle, et les étapes des civilisations se succéderaient à l'infini. Qu'importait ce vent d'est qui roulait les peuples à l'ouest, comme charriés dans la force du soleil? S'il le fallait, ils reviendraient par l'autre face du globe, ils feraient plusieurs fois le tour de la terre, jusqu'au jour où ils pourraient se fixer dans la paix, dans la vérité et la justice. Après la prochaine civilisation, autour de l'Atlantique, devenu le centre, bordé des villes maîtresses, une civilisation encore naîtrait, ayant pour centre le Pacifique, avec d'autres capitales riveraines, qu'on ne pouvait prévoir, dont les germes dormaient sur des rivages ignorés. Puis, d'autres encore, toujours d'autres, en recommençant toujours! Et, à cette minute dernière, il eut cette pensée de confiance et de salut que le grand mouvement des nationalités était l'instinct, le besoin même que les peuples avaient de revenir à l'unité. Partis de la famille unique, séparés, dispersés en tribus plus tard, heurtés par des haines fratricides, ils tendaient malgré tout à redevenir l'unique famille. Les provinces se réunissaient en peuples, les peuples se réuniraient en races, les races finiraient par se réunir en la seule humanité immortelle. Enfin, l'humanité sans frontières, sans guerres possibles, l'humanité vivant du juste travail, dans la communauté universelle de tous les biens! N'était-ce pas l'évolution, le but du labeur qui se fait partout, le dénouement de l'Histoire? Que l'Italie fût donc un peuple sain et fort, que l'entente se fît donc entre elle et la France, et que cette fra-

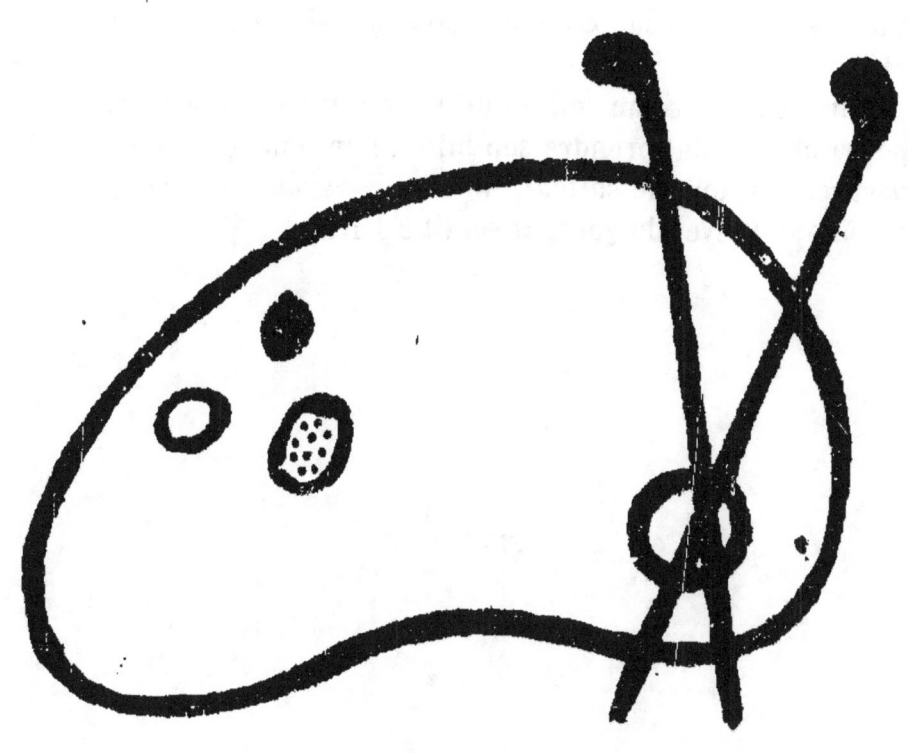

Original en couleur

NF Z 43-120-8

ternité des races latines devînt le commencement de la fraternité universelle! Ah! cette patrie unique, la terre pacifiée et heureuse, dans combien de siècles, et quel rêve!

Puis, à la gare, au milieu de la bousculade, Pierre ne pensa plus. Il dut prendre son billet, faire enregistrer ses bagages. Et, tout de suite, il monta en wagon. Le surlendemain, au lever du jour, il serait à Paris.

FIN

www.ingramcontent.com/pod-product-compliance
Lightning Source LLC
Chambersburg PA
CBHW060902300426
44112CB00011B/1304